Pour Marina, compagne de traversée
de cet autre Rubicon.

« Quand le monde ne prendra pas fin, en l'an 2000, l'œuvre de Paulo Coelho n'aura plus aucun intérêt. »

Wilson MARTINS,
critique littéraire, avril 1998,
journal *O Globo*

« Le Brésil, c'est Rui Barbosa et Euclides da Cunha, mais c'est aussi Paulo Coelho. Je ne suis ni lecteur de ses livres, ni son admirateur, mais il doit être accepté comme une donnée de la vie brésilienne contemporaine. »

Le même MARTINS, juillet 2005, *O Globo*

1

Paulo aujourd'hui : Budapest – Prague – Hambourg – Le Caire

Un après-midi tristement gris de mai 2005, l'énorme Airbus A600 blanc d'Air France se pose doucement sur la piste mouillée de l'aéroport de Ferihegy, à Budapest. C'est là que se termine un vol de deux heures qui a commencé à Lyon. Dans la cabine, l'hôtesse annonce qu'il est 18 heures dans la capitale hongroise et que la température sur place est de 8 °C. Assis près de la fenêtre au premier rang de la classe affaires, la ceinture de sécurité encore attachée, un homme en tee-shirt noir lève les yeux et fixe un point abstrait devant lui, très loin de la cloison en plastique. Indifférent à la curiosité des autres passagers, le regard toujours rivé au même endroit, il tend l'index et le médius de la main droite comme pour bénir quelqu'un et s'immobilise un instant. Une fois l'avion arrêté, quand il se lève pour retirer son sac à dos du compartiment à bagages, on découvre qu'il est tout en noir – chaussures de toile, jean, tee-shirt, tout est noir. Quelqu'un a dit que, sans la lueur malicieuse dans son regard, on pourrait le confondre avec un curé. À un détail sur sa veste en laine, noire également, les passagers – les Français du moins – comprennent que leur compagnon de voyage n'est pas un mortel ordinaire : accrochée au revers, la minuscule broche en or émaillée de rouge, un peu plus grosse qu'une puce d'ordinateur, révèle à la foule que son porteur est Chevalier de l'Ordre national de la Légion d'honneur, la plus haute et la plus convoitée des décorations en France, créée en 1802 par Napoléon Bonaparte et accordée par décret personnel du président de la République. Mais l'insigne, remis par Jacques Chirac, n'est pas son seul signe extérieur de singularité. Des cheveux blancs clairsemés, coupés au rasoir, ressort une touffe au-dessus de la nuque, une mini-queue-de-cheval, blanche aussi, longue de quatre doigts : c'est la *sikha*, un ornement utilisé par les brahmanes, les hindous orthodoxes et les moines de Hare Krishna. Moustache et barbiche blanches, soigneusement taillées, finissent d'encadrer un visage fin, en bonne santé, bronzé. Mesurant 1,69 mètre, l'homme est mince mais musclé, sec, sans un gramme de graisse apparente sur le corps.

Sac au dos et mourant d'envie de fumer, il se mêle à la troupe des passagers dans les couloirs de l'aéroport, portant à ses lèvres une cigarette Galaxy Light, fabriquée au Brésil, pas encore allumée. Dans sa main, un briquet Bic est prêt à entrer en action dès que cela sera permis, ce qui ne semble pas pour tout de suite. Même quelqu'un qui ne comprendrait pas le hongrois ou la signification de l'expression *Tilos adohányzás* ne pourrait manquer de remarquer partout les affiches portant une cigarette allumée coupée par un ruban rouge. Budapest à son tour a capitulé devant la phobie antitabac et l'on ne peut fumer nulle part dans l'aéroport. Immobile près du tapis roulant contenant les bagages, l'homme en noir regarde anxieusement vers le mur en verre transparent qui sépare les passagers internationaux de l'entrée principale de l'aéroport de Ferihegy. Grâce à une ruse de son propriétaire, la mallette noire à roulettes se reconnaît de loin : c'est celle qui porte un cœur blanc dessiné à la craie. Et elle est si petite qu'elle aurait pu être embarquée comme bagage à main, s'il n'était pas quelqu'un qui déteste porter des objets.

Franchissant la porte vitrée après être passé à la douane, il découvre, visiblement désemparé, que son nom ne figure sur aucun des panneaux exhibés par les chauffeurs et agents de tourisme qui attendent les passagers de ce vol. Et, plus grave, photographes, reporters ou caméras de télévision ne l'attendent pas non plus. Il n'y a personne. Il marche jusqu'au trottoir, regarde de tous les côtés et, avant même de relever le col de sa veste pour se protéger du vent froid qui balaie Budapest, il allume sa Galaxy et tire dessus si fort qu'il réduit en cendres la moitié de la cigarette. Les autres passagers d'Air France se dispersent bientôt dans les autobus, taxis et voitures particulières, le trottoir de l'aéroport est désert et la déception fait place à une mauvaise, très mauvaise humeur. Il allume une autre cigarette, passe un appel international de son téléphone portable et grommelle en portugais, avec un fort accent carioca et une voix légèrement nasillarde :

— Il n'y a personne pour m'attendre à Budapest ! Oui ! Tu as bien entendu.

Il répète mot à mot, comme s'il devait les marteler un à un dans la tête de son interlocuteur :

— C'est ça : il-n'y-a-personne-pour-m'attendre-à-Budapest. Non, personne. J'ai dit personne !

Il raccroche sans dire au revoir, jette son mégot dans une poubelle, commence à fumer une troisième cigarette et marche d'un coin à l'autre d'un air désolé. Quinze interminables minutes sont déjà passées depuis son arrivée quand il perçoit l'écho d'un attroupement familier. Il se retourne vers l'endroit d'où vient le bruit et ses yeux s'illuminent. Un énorme sourire apparaît sur son visage. Le motif de sa joie se trouve à quelques mètres : une meute de reporters, photographes, cameramen et paparazzi court dans sa direction et crie son nom, tous, ou presque, microphone et magnétophone au poing. Derrière eux vient un groupe plus nombreux, les fans.

« *Mister Colê-rô ! Mister Paulo Colê-rô !* »

Colê-rô, c'est la façon dont les Hongrois prononcent le nom de l'écrivain brésilien Paulo Coelho, l'homme en noir qui vient de débarquer à Budapest comme invité d'honneur du Festival international du Livre. Il y est invité par la Russie, pays vedette en 2005 (et pas le Brésil, qui n'a ni stand ni local), pour la simple raison qu'il est à l'époque l'auteur le plus lu dans une nation qui, avec cent quarante-trois millions d'habitants, est l'une des plus peuplées de la planète. Avec les reporters s'avancent aussi des personnes tenant des exemplaires de son plus récent succès, *Le Zahir*, ouverts à la première page, se heurtant à la rangée de cordes barrant le trottoir et affrontant la rigueur des journalistes dans l'espoir d'obtenir un autographe. Le crépitement des flashs, mêlé à la lumière bleutée des réflecteurs, donne à la tête dégarnie de l'écrivain une apparence étrange, comme s'il se trouvait sur la piste de danse d'une boîte de nuit des années 1970, éclairée par des lampes stroboscopiques. Malgré le tumulte et l'inconfort, il arbore un sourire permanent et angélique, et même noyé sous une marée de questions en anglais, français et hongrois, il donne l'impression de jouir d'un plaisir inégalable : la renommée planétaire. Comme un poisson dans l'eau. Alors, les yeux étincelants et le sourire le plus sincère qu'un homme puisse offrir, *Mister Colê-rô* redevient Paulo Coelho, la superstar, l'écrivain aux 100 millions de livres vendus, le membre de l'Académie brésilienne des Lettres qui a l'habitude d'être reçu comme une pop star par ses lecteurs dans soixante et onze langues et dialectes, répandus dans plus de cent soixante pays. Il raconte aux journalistes qu'il est venu en Hongrie une seule fois, il y a plus de deux décennies. « J'ai bien peur qu'en quinze ans le tourisme capitaliste n'ait produit à Budapest plus de dégâts que les Russes en un demi-siècle », provoque-t-il, faisant allusion à la période où le pays vivait sous la tutelle de l'ex-Union soviétique.

Le même jour, l'écrivain a eu une autre occasion de savourer la reconnaissance publique. Pendant qu'il attendait l'avion dans l'aéroport de Lyon, un Brésilien à la barbe blanche s'approcha et se présenta comme son lecteur et admirateur. Appelés pour prendre le bus qui les conduirait à l'avion, ils marchèrent ensemble dans la file jusqu'au portail d'embarquement. Au moment de présenter sa carte d'embarquement, le Brésilien ne trouvait pas la sienne, perdue dans une liasse de brochures et de cartes touristiques. Pour éviter que les autres passagers ne s'impatientent, l'agent d'Air France le fit se ranger de côté, pendant qu'il cherchait la souche, tandis que la file avançait. Par délicatesse, Paulo se posta près de son compatriote, mais il en fut dispensé :

— Vraiment, ne m'attendez pas. Dans une minute, j'aurai trouvé ma carte d'embarquement.

Tous les passagers installés dans le bus, la file avait pris fin, et avec elle, l'humour de l'agent français, qui menaçait de fermer la porte.

— *Désolé*, mais sans ticket, vous ne pouvez pas embarquer.

Le Brésilien comprit que ses vacances prenaient une mauvaise tournure, mais il ne s'avoua pas vaincu :

— Monsieur, je l'ai le ticket, j'en suis certain. Il y a quelques minutes, je l'ai montré à l'écrivain Paulo Coelho qui était avec moi, pour savoir si nous allions voyager sur des sièges voisins.

Le Français écarquilla les yeux :

— Paulo Coelho ? Vous voulez dire que ce type un peu chauve avec la *Légion d'honneur*, c'est Paulo Coelho ?

Devant la confirmation, l'agent fit quelques mètres en courant jusqu'au bus dans lequel les passagers attendaient la solution du problème et s'écria :

— *Monsieur Paulô Coelô !*

Il suffit que l'écrivain se présente et confirme qu'il avait bien vu le ticket pour que l'agent, soudain poli et cordial, fasse un geste de la main vers le retardataire pour l'autoriser à embarquer.

La nuit est tombée sur Budapest quand un jeune homme grand et mince déclare l'interview terminée. Sous les protestations des journalistes et des fans, Paulo est jeté à l'arrière d'une Mercedes-Benz dont l'âge et la dimension impressionnante laissent penser qu'elle a peut-être transporté les chefs du régime communiste hongrois. Dans le véhicule se trouvent aussi ceux qui seront ses compagnons pour les trois jours à venir : le chauffeur et garde du corps Pál Szabados, un jeune à la chevelure coupée ras qui mesure deux mètres ou presque, et Gergely Huszti, le pâle cicérone qui l'a libéré des reporters, tous deux mis à la disposition de l'écrivain par Athenäum, sa maison d'édition en Hongrie.

Quand le véhicule décampe, et avant même que Gergely ne se soit présenté, Paulo demande un instant de silence et fait comme dans l'avion : les yeux fixés sur l'infini, index et médius levés, il n'a besoin que de quelques secondes pour prononcer une prière silencieuse. Cette cérémonie solitaire a lieu au moins trois fois par jour – au réveil, à 6 heures du soir et à minuit – et elle est répétée quand l'avion se pose ou décolle et au départ des voitures (il peut s'agir d'une rapide course en taxi comme d'un long voyage international). Sur le chemin de l'hôtel, Gergely lit le programme prévu pour l'écrivain : un débat suivi d'une séance de signatures au Festival du Livre, une visite du métro de Budapest en compagnie du préfet Gábor Demszky, cinq interviews en tête à tête pour des programmes de télévision et publications importantes, une collective, une séance de photos avec Miss Pérou, une de ses lectrices (qui se trouve en Hongrie dans le cadre de sa campagne pour le titre de Miss Univers), deux dîners, un show dans une boîte en plein air... Paulo interrompt Gergely en anglais :

— Arrêtez-vous là, s'il vous plaît. Vous pouvez supprimer la visite du métro, le show et Miss Pérou. Ce n'était pas au programme.

Le guide insiste :

— Je crois que nous devons au moins garder la visite du métro, qui est le troisième plus ancien du monde... Et la femme du préfet est l'une de vos fans, elle a lu tous vos livres.

— Pas question. Je dédicacerai un livre spécialement pour elle, mais je ne prendrai pas le métro.

Une fois le métro, la boîte et la miss (qui apparaîtra finalement à la soirée de signatures) abandonnés, le programme est enfin approuvé par l'écrivain, qui ne semble pas fatigué malgré une semaine épuisante. En plein marathon de lancement du *Zahir*, il a affronté, dans une succession d'interviews individuelles, des reporters du journal chilien *El Mercurio*, du magazine français *Paris Match*, du quotidien hollandais *De Telegraaf*, de la revue de la Maison Cartier, du journal polonais *Fakt* et du magazine féminin norvégien *Kvinner og Klær*. À la demande d'un ami, assesseur de la famille royale saoudienne, Paulo Coelho a encore accordé un long témoignage à Nigel Dudley et Sarah MacInnes, responsables de la revue *Think*, publication britannique spécialisée dans les affaires et l'économie.

Une demi-heure après avoir quitté l'aéroport, la Mercedes s'arrête devant l'hôtel Gellert, un imposant et très ancien quatre étoiles au bord du Danube, où sont installés les thermes les plus anciens d'Europe centrale. Avant même de signer la fiche de renseignements de l'hôtel, Paulo échange une chaleureuse embrassade avec une jolie femme à la peau claire et aux cheveux noirs qui vient d'arriver de Barcelone et l'attendait dans le hall de l'hôtel. Elle tient par la main un petit garçon grassouillet aux yeux bleus. C'est la Brésilienne Mônica Antunes, 36 ans, et l'enfant est son fils et celui de l'éditeur norvégien Øyvind Hagen. Ils se sont connus à la Foire de Francfort, en 1993, quand elle négociait la vente des droits de *L'Alchimiste* pour la Scandinavie. Mais la considérer uniquement comme l'agent littéraire de Paulo Coelho, comme on a l'habitude de le faire, c'est ne reconnaître qu'une infime partie du travail que Mônica réalise depuis la fin des années 1980. Il avait alors 41 ans et était un auteur inconnu quand cette jolie étudiante en ingénierie chimique, âgée de 20 ans, portant un jean en velours vert, lui tendit la main et se présenta :

— J'ai lu tes deux livres et j'ai adoré. Je suis ton admiratrice.

Pour preuve, elle ouvrit son sac et montra un exemplaire en mauvais état du *Pèlerin de Compostelle*. Enivré par l'ardeur de la jeune fille, Paulo lui fit la cour pendant des semaines jusqu'à ce qu'il découvrît que Mônica était amoureuse et qu'elle avait l'intention de partir pour l'Europe avec son petit ami Carlos Eduardo Angel. Contrairement à ses intentions, leur longue relation n'alla jamais plus loin que d'innocentes et fraternelles embrassades. Devenue du jour au lendemain agent littéraire – et celle que l'écrivain lui-même reconnaît comme co-auteure de son succès mondial –, Mônica Antunes allait devenir en quelques années l'une des personnes les plus influentes sur le marché international des droits d'auteur. Mais son joli visage, sa voix douce et son sourire timide aux dents très blanches, chuchote-t-on dans la jet-set littéraire, cachent un impitoyable Cerbère. Elle est célèbre et redoutée pour la dureté avec laquelle elle traite tous ceux qui menaceraient les intérêts de l'écrivain. Beaucoup d'éditeurs parlent d'elle, méchamment – et toujours derrière son dos évidemment –, comme de la « Sorcière de Barcelone », une allusion à la ville où elle vit et d'où elle contrôle tout ce qui se passe dans la vie professionnelle de l'unique auteur qu'elle représente. Plus que simple marchande de droits, Mônica est devenue le pont qui relie l'écrivain au monde éditorial. Tout ce qui concerne ou implique, directement ou indirectement, sa production littéraire, passe obligatoirement par le septième étage de l'immeuble moderne où est située l'agence littéraire Sant Jordi Associados – nom catalan de saint Georges, patron des livres. L'éditeur qui tenterait d'approcher directement Paulo Coelho, sans passer par l'agence, verrait son nom inscrit sur la liste noire de Mônica – liste dont elle nie l'existence avec véhémence. D'importants libraires européens et latino-américains en ont témoigné, le châtiment peut prendre du temps, mais il vient, inévitablement.

Pendant que la nounou péruvienne s'occupe de son fils dans l'entrée de l'hôtel, Mônica va s'asseoir avec l'écrivain à une table isolée et ouvre la serviette qui contient des documents extraits des ordinateurs de Sant Jordi. À l'ordre du jour, il n'y a que des bonnes nouvelles : en trois semaines *Le Zahir* s'est vendu à 16 000 exemplaires en Hongrie. En Italie, sur la même durée, les chiffres ont atteint 420 000.

Mônica Antunes (ci-dessus avec Paulo et des amis, à Dubaï, et ci-dessous dans les bureaux de Sant Jordi) : plus qu'un agent, elle est le fidèle gardien qui gère les centaines de contrats d'édition de Paulo Coelho dans le monde entier.

Dans les listes de best-sellers du pays, le livre a même réussi à dépasser *Mémoire et identité : conversations au passage entre deux millénaires*, les mémoires du pape Jean-Paul II décédé récemment. L'écrivain ne paraît pas satisfait.

— Mais ce sont des chiffres absolus, Mônica. Je veux connaître le résultat du *Zahir* comparé au livre précédent, dans la même période.

La réponse ne vient pas tout de suite, mais sur un autre graphique que Mônica lit avec un sourire de victoire; parlant un portugais qui au bout de presque vingt ans en Espagne commence à présenter des accents catalans :

— Sur la même période, *Onze Minutes* s'est vendu à 328 000 exemplaires en Italie. Donc, *Le Zahir* a vendu presque 30 % de plus. Tu es satisfait maintenant ?

— Oui, bien sûr. Et en Allemagne, quelles sont les nouvelles ?

— Là-bas, *Le Zahir* est deuxième sur la liste de *Der Spiegel*, juste derrière le *Da Vinci Code*.

Comme pour la Hongrie, l'Italie et l'Allemagne, l'auteur demande des nouvelles des ventes en Russie, il veut savoir si Arash Hejazi, son éditeur iranien, a résolu ses problèmes avec la censure et où en est l'affaire des éditions pirates en Égypte. D'après les comptes de Mônica, l'auteur bat ses propres records dans tous les pays où le livre paraît. En France, une semaine après le lancement, *Le Zahir* était en tête des listes, y compris la plus convoitée, celle de l'hebdomadaire *L'Express* ; en Russie, les ventes avaient dépassé les 530 000 exemplaires ; au Portugal, 130 000 (où *Onze Minutes* avait atteint 80 000 exemplaires six mois seulement après le lancement). Au Brésil, *Le Zahir* s'était vendu à 160 000 exemplaires en moins d'un mois (60 % de plus que *Onze Minutes* dans la même période). Et pendant que Paulo fait sa tournée en Hongrie, 500 000 copies d'*El Zahir* en castillan sont répandues depuis le sud des États-Unis jusqu'en Patagonie, couvrant dix-huit pays latino-américains en plus de la communauté hispanique nord-américaine. La dernière nouvelle paraît être la seule surprise du rapport : la veille, un groupe armé a attaqué un camion dans une banlieue de Buenos Aires, emportant tout le précieux chargement – 2 000 exemplaires du *Zahir* qui venaient de sortir de chez l'imprimeur, en route pour les librairies de la ville. Même devant des chiffres aussi solides, quelques jours après, un critique littéraire espagnol du *Diario de Navarra* a avancé l'hypothèse que le vol avait été un coup de publicité monté par l'écrivain pour vendre encore plus de livres.

Cette ambiance d'anxiété et de stress se répète tous les deux ans, à chaque fois que Paulo Coelho lance un nouveau titre. Durant ces périodes, lui qui est l'un des auteurs les plus lus dans le monde se comporte avec le manque d'assurance d'un débutant. Il en a toujours été ainsi. Quand il a écrit son premier livre, *O Diário de um Mago* (*Le pèlerin de Compostelle*), il partageait avec sa femme, l'artiste plasticienne Christina Oiticica, la tâche de distribuer des prospectus publicitaires à l'entrée des théâtres et des cinémas de Rio de Janeiro et, ensuite, il parcourait les librairies de la zone Sud de la ville pour savoir combien d'exemplaires avaient été vendus. Vingt ans plus tard, la méthodologie et la technologie ont peut-être changé, mais l'écrivain reste le même : par téléphone ou en recevant sur son notebook des services en ligne exclusifs, il contrôle, où qu'il se trouve, l'édition, la distribution, la répercussion dans les médias et la place de chacun de ses livres sur les listes des meilleures ventes – de la Terre de Feu au Groenland, de l'Alaska à l'Australie.

Il n'a toujours pas rempli la fiche de renseignements de l'hôtel et n'est pas encore monté dans sa chambre lorsque Léa arrive. Sympathique quinquagénaire mariée à un ministre suisse de l'Intérieur, elle est une lectrice passionnée de l'auteur. Ils se sont rencontrés au Forum économique mondial de Davos. Lisant dans un journal que le Brésilien serait dans la capitale hongroise, Léa a pris un train à Genève, traversé toute la Suisse, l'Autriche et la moitié de la Hongrie pour passer, au bout de mille kilomètres de voyage, quelques heures près de son idole à Budapest. Il est presque 8 heures du soir quand

Paulo entre finalement dans la suite qui lui a été réservée au Gellert. La chambre prend des airs de palace en comparaison du bagage franciscain de son hôte – le même qu'il emporte dans le monde extérieur : quatre tee-shirts noirs, quatre caleçons en soie de couleur, cinq paires de chaussettes, un jean Levi's noir, un bermuda en toile et une cartouche de cigarettes Galaxy (le stock est réapprovisionné en permanence par son bureau de Rio ou par la gentillesse de ses amis brésiliens qui lui rendent visite). Pour les occasions solennelles, il ajoute dans son bagage la veste avec laquelle il est venu de France, une chemise, une cravate et des « chaussures de société » : une paire de bottines à petit talon, comme celles des cow-boys – le tout noir. Contrairement à ce qu'on pourrait croire à première vue, le choix de la couleur des vêtements ne relève pas du hasard, de questions mystiques ou spirituelles. Fort de l'expérience de quelqu'un qui passe deux tiers de l'année hors de chez lui, l'écrivain assure que les tissus noirs résistent mieux aux laveries industrielles des hôtels – même si, le plus souvent, il lave lui-même ses chaussettes, tee-shirts et caleçons en voyage. Dans un coin de la valise se trouve un petit vanity contenant une brosse à dents et du dentifrice, un rasoir manuel, du fil dentaire, un déodorant, de l'eau de Cologne, une bombe de mousse à raser et un tube de Psorex, une pommade qu'il utilise quand le psoriasis provoque démangeaisons et squames irritantes aux jointures des mains et aux coudes. Dans l'autre coin, protégée entre les chaussettes et les caleçons, une petite image de Nhá Chica, une béate du sud du Minas, et un flacon d'eau bénite recueillie au sanctuaire catholique de Lourdes. Dans le sac se trouve un notebook HP – la marque dont il est devenu l'icône –, un téléphone cellulaire, des documents, des cigarettes, de l'argent et des cartes de crédit.

Au bout d'une demi-heure, il réapparaît dans le hall de l'hôtel, fraîchement rasé et sentant la lavande, semblant aussi frais qu'après une bonne nuit de sommeil (la veste jetée sur les épaules laisse voir au dos de l'avant-bras gauche un tatouage en forme de petit papillon bleu, ailes écartées). Le dernier rendez-vous de la journée sera un dîner chez une artiste plasticienne, dans un chalet sur les collines de Buda, la partie haute de la ville, sur la rive droite du Danube, d'où il aura une vue privilégiée sur la capitale millénaire recouverte d'une légère brume. À la lueur des bougies, il est attendu par une centaine d'invités, artistes, écrivains et diplomates, la plupart jeunes, la trentaine. Et beaucoup de femmes, comme partout ou presque où sa présence est annoncée. Ils sont bientôt tous étalés sur les sofas ou assis par terre – bavardant, ou du moins essayant, tellement le volume du rock qui sort des amplis est puissant. Un cercle entoure l'écrivain, qui parle sans arrêt. La petite assistance comprend bientôt deux de ses curieuses habitudes : à intervalles réguliers, il se passe la main droite devant les yeux, comme s'il chassait une mouche que personne ne voit. Quelques minutes plus tard, le tic se répète, mais cette fois c'est comme si la mouche invisible bourdonnait dans son oreille droite. À l'heure du dîner, toujours dans un anglais parfait, il remercie pour l'hommage qui lui est rendu et loue la prouesse de la cuisine hongroise qui transforme un modeste ragoût de viande en un mets inoubliable, le goulasch. À 2 heures du matin, après le café et plusieurs tournées de Tokay, l'équivalent local du Porto, tout le monde s'en va.

À 10 heures moins le quart le lendemain matin, les premiers journalistes invités pour une conférence de presse sont installés sur les trente fauteuils rembourrés de la petite salle de réunion de l'hôtel Gellert. Maintenant, même ceux, les plus ponctuels, qui arriveront à 10 heures devront rester debout. Celui qui intéresse les reporters s'est réveillé à 8 heures et demie. S'il ne pleuvait pas, il aurait fait son habituelle promenade matinale d'une heure. Comme il n'aime pas commander en service de chambre (« C'est le malade qui mange dans sa suite », dit-il souvent), il a pris son petit déjeuner dans le salon-bar, il est monté prendre un bain et maintenant il lit les journaux et surfe sur Internet. En général il lit un journal de Rio et un autre de São Paulo, plus l'édition parisienne de l'*International Herald Tribune*. Le reste viendra plus tard dans des *clippings* et résumés qui filtrent uniquement les nouvelles concernant l'auteur et ses livres.

À 10 heures tapantes, il entre dans le salon éclairé par les projecteurs et bourré de journalistes et s'assoit derrière la petite table sur laquelle sont posés une bouteille d'eau minérale, un verre, un cendrier et un bouquet de roses rouges. Gergely prend le micro, explique les raisons de la visite de l'écrivain dans le pays et annonce la présence, au premier rang, de son agent Mônica Antunes. Vêtue d'un élégant tailleur bleu marine, elle se lève, visiblement intimidée, pour remercier des applaudissements.

Paulo parle pendant quarante minutes en anglais, si l'on compte le temps qu'il faut à Gergely pour traduire chaque phrase en hongrois. Il rappelle son voyage à Budapest en 1982, il raconte un peu sa vie personnelle et sa carrière d'écrivain. Il révèle, par exemple, qu'après la sortie du *Pèlerin de Compostelle*, l'afflux de pèlerins sur le Chemin de Saint-Jacques, en Espagne, est passé de quatre cents par an à quatre cents par jour – en remerciement, le gouvernement galicien a baptisé « rue Paulo Coelho » une artère de la ville de Saint-Jacques-de-Compostelle, point final du pèlerinage. Au moment des questions, non seulement les journalistes révèlent leur connaissance de son œuvre, mais, laissant de côté toute objectivité, manifestent aussi une admiration explicite. Certains citent l'un de ses livres en disant « mon préféré ». La rencontre se déroule sans question indiscrète ni contretemps. L'atmosphère de fraternité donne l'impression que l'on se trouve dans une réunion du club des lecteurs de Paulo Coelho à Budapest. Quand Gergely déclare l'interview terminée, les reporters applaudissent l'écrivain. Une petite queue se forme devant la table et commence alors une matinée de signatures, exclusivement pour les journalistes hongrois – on comprend que presque tous avaient apporté leurs livres dans leur sac.

L'écrivain, qui déjeune rarement, prend une rapide collation sur place, au restaurant de l'hôtel. Il mange une tranche de pain grillé avec du pâté de foie, boit un verre de jus d'orange et un expresso. Il profite de la demi-heure de liberté avant le rendez-vous suivant pour jeter un œil sur les pages internationales du *Monde* et d'*El Pais*. Que ce soit sur Internet, à la télévision ou dans les journaux, Paulo est branché en permanence sur ce qui se passe dans le monde. Il lit avec voracité les nouvelles de politique internationale, ce qui fait de lui une personne bien informée sur les guerres et les crises qui font la une – où qu'elles se passent. Il est courant de le voir parler avec assurance (mais toujours avec naturel, sans paraître professoral ou snob) de questions aussi diverses que la recrudescence de la crise libanaise ou la nationalisation du pétrole et du gaz en Bolivie. Il a défendu publiquement l'échange d'otages détenus par les guérilleros marxistes en Colombie contre des prisonniers politiques du gouvernement colombien et, en 2003, suscité la polémique avec sa lettre-manifeste – lue par plus de 400 millions de personnes –, « Merci, Président Bush », dans laquelle il fustigeait le chef de l'État américain pour l'invasion imminente de l'Irak.

Les journaux parcourus, il est temps de se remettre au travail. C'est maintenant le tour de la blonde Marsi Anikó, animatrice vedette de l'émission *Fókusz2,* de la télévision RTL Club, championne imbattable d'audience le dimanche soir. Outre le talent et les avantages physiques de la présentatrice, *Fókusz2* a pour particularité d'offrir une douceur à l'invité de la semaine à la fin de l'émission : une spécialité culinaire hongroise préparée par Marsi en personne. Dans le petit studio improvisé dans une salle de l'hôtel, le programme, dans le style tête-à-tête, se déroule, cette fois encore, sans surprises (même les croisements de jambes sensuels de Marsi), si ce n'est la légère rougeur sur le visage de l'animatrice quand Paulo Coelho, de bonne humeur, se met à discourir sur le sexe et la pénétration. Finalement il reçoit deux baisers sur les joues, un plateau portant un *almásrétes* – un gâteau traditionnel hongrois fourré de pétales de pavot que Marsi jure avoir confectionné de ses propres mains – et une bouteille de *pálinka*, la très forte eau-de-vie locale. En quelques minutes, le décor du *Fókusz2* est démonté pour laisser place à un autre, plus jovial et plus coloré, destiné à l'entrevue avec András Simon, de MTV Hongrie. Quand, au bout d'une heure, l'enregistrement se termine, au lieu de cadeaux, le Brésilien reçoit du journaliste une pile de sept de ses livres à dédicacer.

Entrecoupées de brèves pauses de quelques minutes – suffisantes pour que l'auteur prenne un expresso et fume une Galaxy –, les interviews individuelles pour les principaux médias se succèdent jusqu'à la fin de l'après-midi. Quand le dernier reporter quitte l'hôtel, la ville est dans le noir. Malgré ses yeux cernés, Paulo assure qu'il n'est pas fatigué :

— Au contraire. Parler de tant de choses différentes en si peu de temps, cela fait monter l'adrénaline. Cette activité finit par me rendre encore plus électrique…

Qu'il soit mu par le professionnalisme, la vanité ou quelque autre source d'énergie, il est certain que, à l'aube de ses 60 ans, l'écrivain est d'une forme enviable. Un bain et un expresso lui suffisent pour réapparaître, se frottant les mains, à 8 heures et demie du soir dans le hall de l'hôtel où l'attendent Mônica, la Suissesse Léa, qui semble s'être intégrée au groupe, le silencieux garde du corps Szabados et Gergely. Il reste un rendez-vous avant de mettre fin au programme de la journée : un dîner avec des écrivains, éditeurs et journalistes chez Tamás Kolosi, propriétaire de la maison d'édition Athenäum et l'un des responsables de la venue de l'écrivain en Hongrie. Lorsque Gergely demande s'il est fatigué par cette journée, il éclate de rire :

— Non, bien sûr ! Aujourd'hui ce n'était qu'un apéritif, c'est demain que le boulot commence.

Après le dîner avec l'éditeur, Mônica profite des dix minutes en voiture sur le chemin de retour à l'hôtel pour l'informer qu'elle a établi avec Gergely le planning du lendemain :

— L'inauguration du Festival du Livre est à 2 heures de l'après-midi. Comme le matin tu as encore des interviews à l'hôtel, tu n'auras pas le temps de déjeuner. J'ai fait une réservation dans un restaurant en chemin où nous mangerons des sandwiches et une salade.

Paulo a la tête ailleurs :

— Je suis préoccupé par l'éditeur israélien qui n'aime pas le titre du *Zahir* et qui veut le changer. S'il te plaît, appelle demain et dis que je ne donne pas l'autorisation. Ou ils gardent le titre, ou ils ne publient pas le livre. Déjà qu'ils ont traduit le nom du berger Santiago, le personnage de *L'Alchimiste,* par Jakobi...

Il était têtu même avant d'être une vedette. Mônica rappelle que, quand *L'Alchimiste* a été publié aux États-Unis, l'éditeur voulait le rebaptiser *The Shepherd and his Dreams* (« Le Berger et ses rêves »), mais l'auteur a tapé du pied et ne l'a pas permis. Il écoute l'histoire avec plaisir et sourit :

— Je n'étais personne et ils étaient HarperCollins. Mais j'ai tout de suite tapé du pied et j'ai dit « jamais », et j'ai gagné leur respect.

Le lendemain matin, le pâle soleil sur la ville encourage l'écrivain à faire sa promenade d'une heure sur les bords du Danube. Un bain, un tour rapide sur Internet, petit déjeuner, deux interviews et le voilà prêt pour le second round de la journée, l'ouverture du Festival. En chemin, ils s'arrêtent à l'endroit réservé par Mônica, un établissement de restauration rapide d'où apparemment tous les clients ont été chassés par le son assourdissant qui sort d'un antique juke-box. Paulo va baisser le volume, met deux cents florins en pièces et choisit un tube romantique des années 1950, *Love Me Tender,* chanté par Elvis Presley. Il regagne la table en souriant, imitant la voix mélodieuse du rocker :

— *Love me tender, love me true...* J'adore les Beatles, mais ce mec est éternel, il le restera toujours...

Gergely veut connaître la raison de tant de joie, et il écarte les bras :

— Aujourd'hui, c'est la Saint-Georges, le patron des livres. Tout va bien se passer !

Réalisé chaque année dans un centre de conventions au milieu d'un parc encore roussi par la neige de l'hiver, le Festival international du Livre de Budapest est connu pour attirer des centaines de milliers de personnes. Reçu à une entrée privée par trois corpulents gardes du corps et emmené dans un petit salon pour VIP, Paulo proteste en apprenant que presque cinq cents personnes font la queue pour un autographe au stand de la maison d'édition :

— Ce n'est pas ce que nous avions prévu. Nous étions convenus que cent cinquante billets seulement seraient distribués.

La directrice de la maison d'édition explique qu'il n'y a pas eu moyen de disperser les lecteurs et les fans :

— Je suis désolée, mais quand les derniers billets ont été distribués, les gens ont dit tout simplement qu'ils ne s'en iraient pas. En réalité, ils étaient beaucoup plus nombreux, mais ceux qui restaient se sont rendus à l'auditorium où vous allez parler. Le problème est qu'il peut contenir trois cent cinquante personnes et qu'il en est entré huit cents. Nous avons dû placer en hâte des écrans à l'extérieur pour ceux qui n'ont pas réussi à entrer.

Mônica quitte la salle discrètement, va jusqu'au stand d'Athenäum, et revient cinq minutes plus tard, secouant la tête d'un air préoccupé :

— Un désastre. Ça ne va pas marcher, il va y avoir une émeute.

Les agents de sécurité affirment que non, que personne ne risque rien. Au pire, ils recommandent que le petit et la nounou attendent la fin des activités dans le petit salon. Les informations selon lesquelles le festival regorge de fans et de lecteurs dissipent totalement la mauvaise humeur de Paulo. Il se lève en souriant, se frappe les mains et décide :

— Il y a trop de monde ? Tant mieux ! Nous allons recevoir les lecteurs. Mais avant, accordez-moi cinq minutes.

Il feint d'aller aux toilettes, mais à l'intérieur, il s'arrête devant un mur et répète, les yeux dans l'infini, sa prière silencieuse, à la fin de laquelle il prie Dieu que tout se passe bien au cours de la journée :

— Maintenant, c'est à Toi.

Dieu semble l'avoir entendu. Protégé par les trois gardes du corps – et par Szabados, qui obéit littéralement à l'ordre de ne jamais le quitter d'une semelle – Paulo arrive au salon Béla Bartók sous les lumières des équipes de télé et des flashs des photographes. Tous les sièges sont occupés et il n'y a plus personne dans les corridors, les couloirs et les galeries. Il y a autant d'hommes que de femmes dans le public, mais la plupart sont des jeunes. Conduit sur la scène par les agents de sécurité, il remercie l'assistance pour ses applaudissements les mains croisées sur la poitrine. La puissante lumière des projecteurs et la foule rendent la chaleur insupportable à l'intérieur. L'écrivain parle debout pendant une demi-heure, dans un français aussi parfait que son anglais – son histoire, son combat pour être écrivain, la réalisation de son rêve, ses croyances... Son discours est traduit en hongrois par une jeune femme. L'exposé terminé, un nombre limité de personnes est retenu pour poser des questions, au terme desquelles l'écrivain se lève pour remercier de l'accueil qui lui est fait. Le public se met à crier qu'il ne veut pas qu'il parte. Ses livres sont jetés en l'air dans un grand tintamarre :

— *Ne ! Ne ! Ne !*

Au milieu du vacarme, l'interprète explique que *ne* en hongrois signifie « non » – ils ne veulent tout simplement pas que l'auteur quitte le local sans dédicacer leurs livres. Le problème est que les agents de sécurité eux aussi disent *ne* – il n'est pas possible d'organiser une séance de signatures ici, avec cette foule. Face aux cris du public – le *ne ! ne ! ne !* continue – Paulo feint d'ignorer les agents de sécurité, sort un stylo de sa poche et, le tenant à la main, retourne au micro en souriant :

— Si on s'organise, ça marche pour quelques autographes !

Cela n'a pas marché. En quelques instants, des dizaines de personnes se précipitent, montent sur la scène et entourent l'écrivain. Le risque d'émeute rend l'atmosphère tendue et les agents de sécurité décident d'intervenir sans attendre les ordres. Ils le prennent par les épaules, le soulèvent du sol et l'emportent dans un espace vide derrière les rideaux, puis il est emmené dans une salle protégée. Il éclate de rire :

— Vous auriez pu me laisser là-bas. Je n'ai pas peur de mes lecteurs. Ce dont j'ai peur, c'est d'une émeute. En 1998, à Zagreb, en Croatie, un type essayait de se frayer un passage dans la foule en arborant un pistolet à la ceinture, vous imaginez le danger ! Mes lecteurs ne me feraient jamais aucun mal.

Deux gardes du corps le précédant et deux le suivant, l'écrivain est emmené dans les couloirs du centre de conventions sous les regards curieux de l'assistance, puis il atteint le stand d'Athenäum où l'attendent des piles d'exemplaires du *Zahir*. La file de cinq cents lecteurs est devenue un énorme agglomérat que personne ne parvient à contrôler. Les cent cinquante détenteurs de billets agitent en l'air les cartons numérotés, entourés par la majorité qui n'a comme passeport pour l'autographe que l'essentiel : des livres de Paulo Coelho. Fort de son expérience de situations semblables, il prend aussitôt le commandement. Parlant en français, avec l'aide de l'interprète, il lève les bras et s'adresse en criant à la foule – oui, ce qui l'attend est bien une petite foule, de combien de personnes ? Mille cinq cents, deux mille ? Impossible de savoir qui est là pour réclamer un autographe, pour voir l'idole ou simplement attiré par le tumulte. Ayant du mal à se faire entendre, il hurle :

— Merci pour votre présence. Je sais que beaucoup sont ici depuis midi et j'ai demandé à la maison d'édition de vous servir de l'eau à tous. Nous allons faire deux files : une pour ceux qui ont un billet, une autre pour ceux qui n'en ont pas. Je vais essayer de satisfaire tout le monde. Merci beaucoup !

Maintenant c'est une épreuve de force. Pendant que des serveurs parcourent le local avec des plateaux pleins de petites bouteilles d'eau minérale bien fraîche, l'écrivain tente de mettre de l'ordre dans la confusion : il signe trente livres pour les lecteurs de la file puis trente autres pour ceux qui sont restés à l'extérieur. Toutes les cinquante minutes, une heure plus ou moins, il fait une pause rapide pour aller aux toilettes ou sortir vers une petite pièce à l'air libre, la seule zone de tout le centre de conventions où il peut fumer. À la troisième visite à ce local – qu'il baptise *bad boy's corner* – il rencontre un non-fumeur livre à la main, attendant un autographe hors de la file. C'est le Brésilien Jacques Gil, un carioca de 20 ans qui s'est installé en Hongrie pour jouer au centenaire Újpest, le plus vieux club de football du pays. Il signe le livre au passage, tire quatre ou cinq profondes bouffées, et voilà encore une cigarette fumée. À pas rapides, il regagne le stand, devant lequel la foule demeure patiente. De temps à autre, quelqu'un se plaint que la file avance trop lentement. Au milieu des lecteurs qui n'ont pas obtenu de billet, une voix se détache chaque fois que l'écrivain s'approche. C'est un grand jeune homme à la barbe noire, qui agite dans ses mains un exemplaire de *Lo Zahir* et scande les mots, en italien :

— *Maestro ! Maeeeestro ! Per piacere, firmi il mio libro ! Io sono il unico italiano qui !* (Maître ! Maître ! Je vous en prie, dédicacez mon livre ! Je suis le seul Italien ici !)

Par les claires-voies vitrées, on voit qu'il fait nuit quand les derniers lecteurs s'approchent de la table. L'emploi du temps officiel terminé, c'est maintenant l'heure de la détente. Le groupe d'origine, augmenté d'une demi-douzaine de filles et de garçons qui ont refusé de quitter les lieux, décide de se retrouver après le dîner à l'entrée de l'hôtel pour un programme nocturne. À 10 heures du soir, ils arrivent tous dans un karaoké au Mammut, un centre commercial moderne dont tout le monde parle. Les jeunes Hongrois qui accompagnent l'écrivain sont désolés quand ils apprennent que le son est défectueux.

— Quelle mauvaise nouvelle ! se plaint l'un d'eux auprès du gérant. Le jour où nous avions réussi à convaincre Paulo Coelho de chanter...

La mention du nom de l'écrivain ouvre de nouvelles portes : le type chuchote à l'oreille d'un blond à la tête rasée, qui attrape un casque sous la table et sort à toute vitesse. Le gérant revient vers le groupe en souriant :

— Ce n'est pas parce que l'équipement ne marche pas que nous allons manquer une prestation de Paulo Coelho. Mon associé a pris sa moto et il va rapporter le matériel d'une maison voisine. Vous pouvez vous asseoir.

Le motard traîne tellement que la présentation attendue se réduit finalement à ce que les musiciens appellent un « bœuf », et des plus modestes. Paulo se lance dans un duo avec Andrew, un jeune étudiant américain en vacances en Hongrie, chantant *My Way*, la chanson immortalisée par Frank Sinatra, puis il fait un solo de *Love Me Tender*, mais ne répond pas aux demandes de rappel. Ils rentrent tous à l'hôtel à minuit et, le lendemain matin, le groupe se sépare. Mônica retourne avec son fils et Juana à Barcelone, Lea part pour la Suisse et l'écrivain, après une promenade d'une heure dans le centre de Budapest, se trouve sur le siège arrière de la Mercedes conduite par Szabados. À côté de lui, une caisse en carton bourrée de ses livres qu'il ouvre à la première page, signe simplement et passe à Gergely, sur le siège avant, l'un après l'autre. Il dédicace les deux derniers au chauffeur et au guide. Une heure plus tard il se trouve de nouveau en classe affaires d'un autre avion d'Air France – cette fois à destination de Paris – et fait sa prière silencieuse. Quand l'appareil finit de décoller, une jeune et jolie Noire aux cheveux répartis en mille petites tresses s'approche de lui, tenant en main un exemplaire du *Pèlerin de Compostelle* en portugais. C'est Patrícia, la secrétaire de la plus grande vedette du Cap-Vert, la chanteuse Cesária Évora. Avec l'accent caractéristique des anciens colons portugais d'Afrique, elle demande un autographe :

— Ce n'est pas pour moi, c'est pour Cesária, qui est assise là, derrière. Elle est l'une de vos plus grandes fans, mais elle est très timide.

Deux heures et quelque plus tard, à Paris, Paulo affronte encore une brève et inattendue séance d'autographes et de photos à l'aéroport Charles-de-Gaulle, où il est reconnu par une bande de rastafaris cap-verdiens qui attendaient la chanteuse. Leur vacarme attire des curieux qui, reconnaissant l'écrivain, veulent aussi le prendre en photo. Bien que visiblement fatigué, il répond à tous un sourire aux lèvres. À la sortie, Georges, le chauffeur, l'attend déjà, à bord d'une Mercedes-Benz gris métallisé mise à sa disposition par son éditeur français. Bien qu'une suite à 1 300 euros la journée soit à sa disposition à l'hôtel Bristol, l'un des plus luxueux de la capitale française, il préfère dormir chez sa nièce, dans un vaste appartement de quatre chambres et 210 m² dans l'élégant 16ᵉ arrondissement, où il peut jouir d'une vue romantique sur les courbes de la Seine. Le problème est d'y arriver : aujourd'hui c'est l'anniversaire du massacre perpétré par l'Empire turco-ottoman contre les Arméniens, et une manifestation bruyante se déroule aux abords de l'ambassade de Turquie, installée à quelques mètres de l'immeuble de l'écrivain. Sur le chemin, on peut voir placardée chez les marchands de journaux et sur les kiosques une affiche pleine page du magazine *Femina* (supplément féminin hebdomadaire tirant à 4 millions d'exemplaires et inséré dans plusieurs journaux français) offrant un chapitre du *Zahir* aux lectrices. Une énorme photo de l'écrivain se trouve aussi sur la une du *Journal du Dimanche* qui annonce une interview exclusive avec lui.

Au prix de petites infractions, comme monter sur les trottoirs et rouler à contresens, Georges parvient finalement à se garer devant la porte de l'édifice – un immeuble semblable à des centaines, des milliers d'autres constructions érigées à Paris au début du XXᵉ siècle, exemples de ce qu'on appelle l'« architecture bourgeoise ». C'est une maison si peu familière à Paulo Coelho que, bien qu'elle ait été acquise depuis plus de quatre ans, il n'a pas encore réussi à retenir le code à deux lettres et quatre chiffres qui ouvre automatiquement la porte d'entrée de l'immeuble. Christina, sa femme, l'attend en haut, mais elle n'a pas de mobile – et il ne se souvient pas non plus du numéro du téléphone de la maison. Il n'a d'autre choix qu'attendre l'arrivée d'un voisin ou crier pour qu'elle jette la clé. Une petite pluie fine tombe et, comme l'« architecture bourgeoise » ne prévoyait pas de marquises, l'attente commence à devenir inconfortable. En outre, dans un immeuble de six étages avec un seul appartement par étage, le risque est grand de passer là des heures jusqu'à ce qu'un samaritain entre ou sorte. La solution est de crier – en espérant que Christina est réveillée. Planté au milieu de la rue, les mains en porte-voix autour de la bouche, il hurle :

— Chris !

Rien. Il essaie encore :

— Christina !

Il regarde partout vers les fenêtres du voisinage, redoutant d'être reconnu, et s'époumone de nouveau :

— Chris-tiii-naaaaa !

Comme une mère qui regarderait un enfant turbulent, elle apparaît souriante, en jean et pull en laine, au petit balcon du troisième étage et jette le trousseau de clés pour que son mari (semblant à présent vraiment fatigué) puisse entrer dans l'immeuble. Le couple ne dort là qu'une nuit. Le lendemain, ils sont installés tous les deux dans la suite 722 de l'hôtel Bristol, réservée par la maison d'édition Flammarion. Le choix du Bristol, un temple du luxe dans la rue du Faubourg-Saint-Honoré, n'est pas fortuit : c'est là, dans les fauteuils Louis XV du vestibule, que l'écrivain a situé des passages du *Zahir*. Dans l'œuvre, le personnage central a l'habitude de retrouver sa femme, la journaliste Esther, pour prendre avec elle à la cafétéria de l'hôtel un chocolat chaud adouci d'une écorce d'orange cristallisée. Pour saluer cet hommage, le Bristol a décidé de baptiser cette boisson *Le chocolat chaud de Paulo Coelho*, inscription gravée en sucre d'or sur les carrés de chocolat servis aux hôtes pour dix euros.

En cette fin d'après-midi, l'hôtel devient le point de rencontre des journalistes, personnalités et invités étrangers qui se rendront au dîner au cours duquel Flammarion va annoncer la bombe de l'année sur le marché éditorial euro-

Le chocolat chaud de Paulo Coelho, une exclusivité de l'hôtel Bristol.

péen : le transfert de Paulo Coelho. Depuis 1994 l'écrivain restait fidèle à la toute petite maison des Éditions Anne Carrière, détentrice de chiffres capables d'éveiller la convoitise des maisons d'édition traditionnelles : en un peu moins de dix ans, elle avait vendu 8 millions de livres de l'auteur. Après avoir refusé pendant des années des propositions qui devenaient de plus en plus séduisantes et irrécusables, l'écrivain venait de craquer devant une montagne de 1,2 million d'euros empilés sur son compte bancaire par Flammarion, un chiffre que les deux parties préfèrent ne pas confirmer.

Paulo et Christina arrivent dans le hall du Bristol. Elle, c'est une femme de 55 ans, jolie et un peu plus petite que son mari, avec qui elle est mariée depuis 1980. Discrète et élégante, la peau claire, les yeux châtains et le nez délicat, elle porte, tatoué à l'intérieur de l'avant-bras gauche, un petit papillon bleu, identique à celui que son mari porte au bras gauche, mais à l'extérieur. Christina a les cheveux brillants coupés juste au-dessous de l'oreille. À côté de l'écharpe d'un rouge éclatant qui recouvre sa longue robe noire, ce qui attire l'attention c'est la paire de mystérieux anneaux qu'elle porte aux doigts (« bénis par un cacique », explique-t-elle), un cadeau rapporté par son mari du Kazakhstan. Lui, comme toujours, est tout en noir – pantalon, veste, bottines de cow-boy. Le seul changement par rapport à sa tenue quotidienne est l'usage de la chemise et de la cravate, les deux noires, évidemment.

Le premier ami qui se présente loge aussi au Bristol et il est venu de loin. C'est le journaliste russe Dmitry Voskoboynikov, un grand type jovial qui montre encore sur ses jambes corpulentes les cicatrices laissées par le tsunami qui, lors du Réveillon de 2005, a balayé l'Indonésie – où lui et sa femme, Evgenia, passaient le Nouvel An. Ex-correspondant à Londres de la TASS (agence officielle d'informations de la défunte Union soviétique) et fils d'un ex-dirigeant du redouté KGB, le service secret soviétique, Dmitry est le patron d'Interfax, une méga-agence d'informations dont le siège est à Moscou et qui couvre du Portugal aux confins orientaux de l'Asie. Ils se donnent l'accolade tandis que Paulo sort de son paquet la surprise que Flammarion vient de laisser dans sa suite : un téléphone cellulaire Nokia, un de ces modèles capables de tout faire ou presque.

Ils s'assoient tous les quatre autour d'une petite table du hall en marbre beige et Evgenia, opulente blonde kazakhe, offre à l'écrivain un cadeau spécial : une édition de luxe du *Zahir* dans la langue de son pays natal. Quatre coupes de champagne arrivent sur la table, accompagnées de petites coupes en cristal contenant des pistaches décortiquées. Le sujet porte vite sur la gastronomie, et Evgenia raconte qu'elle a mangé un « couscous à la Paulo Coelho » à Marrakech, au Maroc. Dmitry rappelle qu'ils sont allés dans un « Restaurant Paulo Coelho » dans la station de ski de Gstaad, en Suisse. La conversation est interrompue par la présence d'un autre journaliste célèbre, le Brésilien Caco Barcellos, chef du bureau européen de la Rede Globo de Televisão. Récemment arrivé de son siège à Londres, il a été envoyé à Paris exclusivement pour couvrir le dîner de Flammarion. Le journaliste est seul, sans aucun assistant ou auxiliaire pour s'occuper de l'éclairage ou même faire marcher la caméra. À l'heure de l'interview, il ouvre le trépied de neuf kilos qu'il porte sur le bras, y visse la caméra avec flash préinstallé, allume le projecteur, actionne le bouton *rec*, se retourne, s'empare du microphone et se met à faire l'interview pour ce qui, à première vue, semble être une caméra-fantôme, sans opérateur.

À 7 heures du soir, Georges arrive avec la Mercedes pour les conduire à la cérémonie. L'endroit choisi par Flammarion pour le banquet de deux cent cinquante couverts ne laisse aucun doute quant au caractère efficace de la fête : le restaurant *Le Chalet des Îles*, une grande bâtisse que Napoléon III fit venir de Suisse, démontée et reconstruite, pierre par pierre, dans une île du bois de Boulogne, comme preuve d'amour pour sa femme, la comtesse espagnole

Eugénie de Montijo. L'identité des convives est vérifiée par les agents de sécurité sur le bateau qui les mène à l'île Supérieure, où se trouve le restaurant. Au débarcadère, des réceptionnistes les accompagnent jusqu'à la porte principale du restaurant, où les directeurs de Flammarion se relaient pour saluer les nouveaux arrivants. Éditeurs, critiques littéraires, artistes, diplomates et personnalités de la vie culturelle européenne sont entourés par les paparazzi et les équipes de magazines people pour photos et interviews. Il y a beaucoup d'hommes en smokings et de femmes en robes longues et, peu à peu, tous se mettent à chercher leurs noms marqués sur les vingt-cinq tables à dix places disposées dans le salon central et dans les vérandas avec vue sur le lac.

Il y a au moins deux ambassadeurs présents, le Brésilien Sérgio Amaral, et Kuansysh Sultanov, représentant du Kazakhstan, pays où a été située une partie du *Zahir*. La seule absence notable est celle du polémiste Frédéric Beigbeder. Ex-publicitaire, écrivain et critique littéraire au style provocateur, Beigbeder occupe depuis 2003 la fonction d'éditeur chez Flammarion. Rien de plus, si ce n'est qu'il y a quelques années, quand il était critique à l'hebdomadaire à scandales français *Voici*, il a démoli Paulo Coelho après le lancement en France du *Manuel du guerrier de la lumière*. Quand tous sont installés à leur place, l'écrivain passe de table en table pour saluer les invités. Avant que les entrées soient servies, le public écoute un bref discours de Frédéric Morel, directeur général de Flammarion à ce moment-là, exprimant sa fierté d'accueillir Paulo Coelho dans la maison qui a lancé quelques-uns des plus grands écrivains français. Ému, l'auteur parle lui aussi rapidement, remerciant pour l'hommage qui lui est rendu et la présence de tant de monde. Après le dessert, toasts au champagne et bal animé par un ensemble musical mettent fin à la rencontre qui, comme cela se passe en général en France, doit finir à l'heure. À 11 heures du soir, il n'y a plus personne.

L'ambassadeur du Brésil, Sérgio Amaral, Paulo Coelho, Christina Oiticica et l'ambassadrice Rosária Amaral au banquet donné par les Éditions Flammarion au Bois de Boulogne.

Le lendemain matin, un vol d'une heure conduit l'écrivain et Christina à l'aéroport de Pau. Là, ils prennent la voiture que Paulo a laissée au parking quelques jours plus tôt – une modeste Renault Scénic, identique à celle de sa femme. Son désintérêt manifeste pour les biens de consommation, ajouté à une certaine avarice, a fait que, même très riche, il n'a eu sa première voiture de luxe qu'en 2006, et encore acquise sous forme de troc. Cela s'est passé lorsque la chaîne de montage allemande Audi lui a commandé un texte de six mille caractères – l'équivalent de deux pages dactylographiées – pour accompagner le rapport annuel envoyé à ses actionnaires. On lui a demandé combien il voulait recevoir pour ce travail et il a plaisanté :

— Une voiture !

Il a écrit le texte et l'a envoyé par e-mail. Quelques jours plus tard, un camion venant d'Allemagne déchargeait devant chez lui un étincelant 4 x 4 Audi Avant noir flambant neuf. Apprenant que c'était une voiture qui coûtait près de 100 000 euros chez les concessionnaires, une journaliste brésilienne fit les comptes et écrivit que l'écrivain avait gagné seize euros par lettre écrite.

— C'est très bien, réagit-il quand il lut l'information, car on m'a dit qu'Hemingway recevait cinq dollars par mot.

Une demi-heure après avoir quitté Pau, Paulo et Christina sont à Tarbes, petite ville mélancolique de 50 000 habitants à la lisière du pays Basque français, à quelques kilomètres de la frontière espagnole. Encore quatre kilomètres en direction du sud, par un chemin vicinal quasi désert, et ils arrivent enfin chez eux, à Saint-Martin, minuscule commune au milieu de champs de blé et de pâturages abritant quelques vaches de la race Holstein, où trois cent seize âmes vivent dans quelques dizaines de maisons. Le couple a choisi ce lieu insolite pour vivre en 2001, au cours d'un pèlerinage au sanctuaire de Lourdes, à seize kilomètres de là. Destination de fidèles venus de tous les coins du monde, la ville de Lourdes n'avait pas un seul lit disponible, et ils durent descendre à l'hôtel Henry IV, un modeste trois étoiles de Tarbes. La tranquillité de la région, la proximité du sanctuaire de Lourdes et la vue magnifique sur les Pyrénées les poussèrent à prendre une décision radicale : établir résidence dans cette région. Pendant qu'ils cherchaient, sans se presser, une maison à acheter, Paulo et Christina logèrent pendant presque deux ans dans l'unique suite du Henry IV, une vieille bâtisse commode et sans aucun des conforts auxquels ils étaient habitués dans les grands hôtels. L'absence de ces luxes – il n'y avait même pas de connexion Internet – était compensée par la gentillesse avec laquelle ils étaient traités par Mme Geneviève Phalipou, la propriétaire, ou par son fils Serge, qui selon l'heure pouvait être gérant, garçon ou portier de l'hôtel. La dénommée « suite » occupée par le couple n'était qu'une chambre avec salle de bains, comme les autres, avec en plus une seconde pièce transformée en salon.

Le séjour prolongé dans une toute petite ville comme celle-là fit du Brésilien un natif. N'ayant jamais eu de secrétaires ou d'assistants, il allait lui-même à la poste, faisait les courses au supermarché, se rendait à la pharmacie et à la boucherie, exactement comme les autres habitants des lieux. Au début on voyait encore en lui une célébrité (surtout à cause de la présence de journalistes étrangers devant la porte du Henry IV), mais aucune renommée ne résiste à la fréquentation quotidienne à la file d'attente chez le boulanger ou le coiffeur : en quelques mois il devint un légitime *Tarbais*. Personne, en réalité, ne comprend vraiment pourquoi, plutôt que de choisir un des lieux de prédilection des célébrités – Paris, New York, une villa sur la Côte d'Azur française ou sur l'élégante Costa d'Amalfi, en Italie –, Paulo Coelho a décidé de passer trois mois par an dans ce bout du monde, qui se trouve littéralement au bout de la ligne : Tarbes est le point final d'une des lignes du TGV qui dessert le sud-ouest de la France. Même après qu'il a quitté l'hôtel et s'est installé dans la maison de Saint-Martin, les habitants de la ville ont continué de le considérer comme un des leurs – relation que Paulo tient à récompenser. Au cours d'un séjour à Paris, il en a donné la preuve alors qu'il était interviewé dans *Tout le monde en parle*, programme présenté en direct par la chaîne France 2, dont le présentateur, Thierry Ardisson, est connu pour mettre ses invités dans une situation critique. Ce jour-là le chanteur Donovan et le styliste Paco Rabanne participaient également. Ardisson a attaqué :

— Paulo Coelho, une question m'intrigue depuis longtemps. Vous êtes riche, célèbre, universellement connu, et pourtant, vous vivez... Vous vivez à Tarbes ! Pourquoi cette stupidité ?

L'écrivain n'a pas relevé la provocation. Il a éclaté de rire et a répondu :

— Les habitants eux-mêmes n'en sont pas revenus. Ç'a été le coup de foudre. Seul l'amour explique ces choses.

L'animateur-vedette ne renonçait pas :

— Maintenant, sérieusement, sans rire, expliquez-nous : pourquoi avez-vous choisi d'habiter Tarbes ?

— Par amour.

— Je ne le crois pas. Avouez-le : vous avez perdu un pari et vous avez dû déménager à Tarbes ?

— Non ! non !

— Ils gardent votre épouse en otage pour vous obliger à vivre là-bas ?

— Non ! Pas du tout !

— Mais quelqu'un qui vit à Tarbes n'est-il pas obligé de prendre la route pour faire ses courses dans les magasins de Laloubère ou d'Ibos ?

— Oui, c'est cela. C'est là que je fais les courses.

— Et vous êtes connu à Tarbes ? Quelqu'un sait que vous êtes Paulo Coelho ?

— Bien sûr, tout le monde me connaît...

— Puisque vous vous y plaisez tellement, voulez-vous envoyer un message pour *l'habitant* de Tarbes, pardon, pour *les habitants* de Tarbes ?

— Bien sûr : *Tarbaises*, je vous aime. Merci beaucoup de m'avoir accueilli comme un fils de votre ville.

Paolo Coelho a défendu « sa » ville de Tarbes. *Photo DDM.*

Télévision. Paolo Coelho était l'invité de Thierry Ardisson.

Tout le monde en parle de Tarbes

La ville de Tarbes a connu son « moment de gloire » dans l'émission de Thierry Ardisson « Tout le monde en parle », diffusée samedi soir sur France 2, avec l'interview de l'écrivain Paolo Coelho.

Thierry Ardisson, bien aidé par son compère, le truculent Laurent Baffie, a prouvé à sa façon qu'il connaissait la ville : « Tarbes avec sa place Verdun, sa place Marcadieu, son jardin Massey et son usine Giat qui va bientôt fermer ? » La classe.

Et puis, la machine à grandes vannes est lâchée, méritant quelques réponses : « Vous avez déjà vu une Tarbaise en string ? [...] C'est le mot « putaing cong » qui vous a séduit ? » Visiblement Thierry Ardisson n'avait pas, lors de son passage, tout à fait terminé sa visite de la capitale des Hautes-Pyrénées. Au sujet des dessous des Bigourdanes, il n'y a qu'à voir les articles proposés par les magasins de lingerie pour s'apercevoir que, tanga ou brésilien, les Tarbaises sont à la page. À moins qu'ils ne soient réservés aux touristes franciliennes de passage. Quant à l'expression prononcée « avé l'accent », elle figure assurément dans le répertoire toulousain, beaucoup moins dans celui de la Bigorre.

Enfin, Thierry Ardisson trouva bon d'ajouter : « Avec ces conneries vous allez finir par vivre à Roubaix ? » Et pourquoi pas à Visan dans une ferme avec quatorze autres célébrités ? Merci en tout cas Paolo Coelho d'avoir défendu Tarbes avec une sobriété et une discrétion, aussi insolentes que les attaques de ces comiques du samedi soir.

Dimitri Germain et Julien Munoz.

Thierry Ardisson houspille Paulo au cours d'une interview à la télévision : pourquoi une star comme vous vit-elle dans une ville aussi rustique que Tarbes ?

Et à gauche, un journal local fête la réaction du Brésilien comme « un moment de gloire » pour la ville.

Ces déclarations résonnèrent comme une musique aux oreilles de ses nouveaux compatriotes. Quelques jours plus tard, le journal *La Dépêche*, qui couvre toute la région des Hautes-Pyrénées, célébrait la déclaration de Paulo Coelho, affirmant que « samedi soir, Tarbes avait vécu son moment de gloire nationale ». Contrairement à ce que les médias ont l'habitude de publier, il n'habite pas dans un château. L'endroit où vit le couple est l'ancien *Moulin Jaeanpoc*, un moulin désaffecté que lui et Christina ont transformé en résidence. La surface habitable de la propriété semble atteindre à peine 300 m^2, répartis sur deux étages. Une maison très confortable, mais sans grand luxe. Au rez-de-chaussée se trouvent la salle de séjour avec cheminée (à côté de laquelle il a installé sa table de travail), une petite cuisine, la salle à manger et un lavabo. Pendant la rénovation, le couple a fait ajouter un espace tout en verre Blindex, y compris le plafond, ce qui permet de dîner à la lueur des étoiles. Un vieux silo a été transformé en un agréable atelier rempli de chevalets, de toiles, de pinceaux et de tubes de peinture sous une mezzanine en bois : c'est là que Christina Oiticica passe les journées à peindre ses tableaux. Au second étage se trouve la chambre du couple, celle des hôtes et une troisième où dort Maria de Oliveira, une excellente cuisinière originaire de l'État du Minas, que Christina a ramenée du Brésil mais qui reçoit une rémunération européenne – deux mille euros par mois. Cependant, ce qui fait le charme de la maison n'est pas à l'intérieur, mais dehors. De tout le terrain, on a une vue magnifique sur les Pyrénées – la cordillère de 430 kilomètres de large et 3 000 mètres d'altitude, frontière naturelle entre la France et l'Espagne, unissant l'Atlantique à la Méditerranée. La vue acquiert une beauté encore plus grande dans la période qui va de novembre à mars, quand la neige recouvre le massif, rendant le mastodonte de pierre entièrement blanc. Pour jouir de ce privilège, l'écrivain a dû acheter et démolir la maison d'un voisin qui élevait des mules et des brebis. Il ne se souvient pas exactement combien il a payé la maison (ni celle du voisin), mais les courtiers de la région estiment que la propriété, sans le terrain qui l'entoure, vaut environ 900 000 euros. Le patrimoine immobilier de l'écrivain, qui comprenait la maison de Tarbes et l'appartement à Copacabana, à Rio, allait grossir substantiellement en 2007. Son Altesse le cheik Mohammed ben Rashid Al Maktoum, émir de Dubaï et Premier ministre des Émirats arabes unis, lui offrit une résidence meublée d'une valeur de 4,5 millions de dollars, construite dans l'un des ensembles les plus sélects de Dubaï (un cadeau semblable fut offert par le monarque au pilote allemand Michael Schumacher, au milieu de terrain David Beckham et au joueur de football brésilien Pelé).

Comme la famille ne compte sur l'aide d'aucun domestique autre que Maria, pas même d'un chauffeur, le responsable des tâches de routine est Paulo lui-même. Fendre le bois pour la cheminée, soigner les rosiers, ôter les mauvaises herbes et ramasser les feuilles mortes à l'aide d'un râteau font partie de son quotidien. Systématique et organisé comme le sont, dit-on, ceux qui sont nés sous le signe de la Vierge, il tente d'imposer une certaine discipline aux horaires de la maison au moyen de règles qu'il appelle en plaisantant le « règlement du monastère ». Sauf quand il est engagé dans le lancement d'un nouveau livre ou répond à des invitations pour des débats et conférences dans le monde entier, ses habitudes ne varient pas beaucoup. Sans être bohème, il se couche rarement avant minuit. Comme, en matière d'alcool, il ne boit quasiment que du vin, et en général avec modération, il se réveille toujours bien disposé, vers 8 heures du matin. Il prend du café avec du pain, du beurre, du fromage et, qu'il pleuve ou qu'il fasse soleil, il sort pour une heure de promenade quotidienne dans les champs de blé autour de la maison, ou s'il fait beau, dans les collines voisines, escarpées et pierreuses, qui forment le bas des Pyrénées. Sa compagnie dans ces promenades est presque toujours Christina ; mais si elle est absente ou n'a pas envie de le suivre, il va seul. Quand des amis sont hébergés dans la maison, ils savent qu'ils seront contraints d'accompagner leur amphitryon – c'est l'une des règles du monastère. L'un des trajets préférés est celui qui se termine en face de la chapelle de Notre-Dame-de-Piétat, dans la commune de Barbazan-Debat, voisine de Saint-Martin et de Tarbes. Là, à genoux il se signe, fait une prière rapide, met une pièce dans le coffre en laiton et allume un cierge devant la petite statue en bois peint de la Vierge Marie qui tient dans ses bras un Enfant Jésus insolite : bien qu'il ait les formes d'un bébé, son corps porte les traces du martyre et sa barbe a poussé.

De retour chez lui, Paulo s'occupe du jardin, taille les fleurs, coupe les broussailles qui bouchent la petite rigole qui traverse le terrain. Alors seulement il monte prendre un bain, après quoi il allume son ordinateur pour la première fois de la journée. Il lit les versions en ligne de deux journaux brésiliens au moins – la *Folha de São Paulo* et *O Globo* –, jette un œil sur le *clipping* électronique contenant tout ce qui a été publié la veille sur lui et ses livres dans les médias internationaux. Avant de cliquer sur la touche *enter* qui va ouvrir un site avec les listes des meilleures ventes, il pose les mains doigts écartés sur l'écran du micro, comme quelqu'un qui se réchauffe à une cheminée, ferme les yeux et fait une opération mentale d'un instant, cherchant, à ce qu'il dit, à attirer les énergies positives. Il frappe l'index avec force sur le clavier et sourit à mesure que les pages défilent : dans les pays qui comptent, le *Zahir* occupe la première place sauf en Allemagne et... au Brésil. Dans ces deux pays, cette position est occupée par l'Américain Dan Brown et son *Da Vinci Code*. Le courrier électronique n'apporte pas non plus de grandes surprises : aujourd'hui sont arrivés presque mille messages, venant de pas moins de 111 pays, organisés en ordre alphabétique sur une liste qui va

Sur ces deux photos, l'écrivain dans sa maison de Saint-Martin, un ancien moulin au cœur des Pyrénées.

Paulo reçoit les clés de la maison dont on lui fait cadeau à Dubaï.

d'Andorre au Venezuela, en passant par le Burkina Faso, en Afrique, Niue, sur les côtes de la Nouvelle-Zélande, et Tuvalu en Polynésie. Paulo déclare à Christina, assise à côté de lui :

— Regarde, Chris : quand nous sommes rentrés de promenade, il était 11 heures 11 minutes et le thermomètre marquait 11 °C. Maintenant j'ai ouvert ma boîte aux lettres et il y a des messages venant de 111 pays. Je dois déchiffrer ce que signifie ce signe.

Il n'est pas rare d'entendre de sa part ce genre de considérations. Là où la plupart des gens ne voient qu'une coïncidence – comme dans le cas du nombre 1 qui apparaît si souvent en si peu de temps – l'écrivain voit des signes à interpréter. Ses préoccupations pour les noms, les lieux, les dates, les couleurs, les choses et les nombres qui à ses yeux pourraient attirer des malheurs – comme la mouche invisible qu'il tente de chasser avec les doigts – font soupçonner qu'il pourrait être atteint d'une forme bénigne de ce que la médecine moderne a baptisé Trouble obsessionnel compulsif, ou simplement TOC. Au moins trois autres vedettes, l'Anglais David Beckham, le compositeur italien Ennio Morricone et le chanteur brésilien Roberto Carlos ont affirmé publiquement qu'ils étaient atteints de TOC. Morricone n'entre pas dans des locaux dont les murs sont de couleur violette. Roberto Carlos, entre autres manies, ne portait pas de vêtements marron et n'entrait pas dans des locaux où étaient exposés des animaux empaillés. Beckham remplissait son réfrigérateur de produits en double et, arrivant dans les hôtels, il ne pouvait dormir qu'après avoir enfermé dans un tiroir tous les papiers qui se trouvaient dans la chambre. Paulo ne prononce pas les noms du Paraguay, de l'ex-président Fernando Collor (et de sa ministre de l'Économie, Zélia Cardoso de Mello), et il ne s'est remis à prononcer le nom d'Adalgisa Rios, une de ses quatre ex-femmes, qu'après sa mort, survenue en juin 2007. Quant aux autres, si quelqu'un prononce le mot interdit en sa présence, il se dépêche d'aller chercher un objet en bois qu'il frappe trois fois avec la jointure des doigts pour éloigner l'énergie négative. Il s'arrête chaque fois qu'il voit une plume de pigeon sur le trottoir et ne marche jamais dessus. Un de ses meilleurs amis, l'administrateur urugayo-brésilien José Antonio Dominguez, Pepe, témoigne que ces bizarreries de l'écrivain sont anciennes. Il se souvient qu'une nuit, au début des années 1970, ils sortaient ensemble d'un bar de Rio de Janeiro quand soudain Paulo l'a attrapé par le bras, a traversé la rue, le tirant imprudemment au milieu des véhicules, jusqu'à ce qu'il ait trouvé un arbre (la surface en bois la plus proche) et frappé dessus trois fois, vigoureusement. Quand Pepe, intrigué, demanda une explication, il lui confia :

— Je venais de voir une femme enceinte qui parlait dans un téléphone public. Cela attire des énergies très négatives.

Contrairement à Beckham et à Roberto Carlos, qui ont eu recours à des spécialistes pour se libérer de ces pulsions incontrôlables, Paulo vit avec ses manies sans aucune gêne. En avril 2007, quand il fit l'objet d'un reportage de huit pages du très raffiné magazine américain *The New Yorker*, il avoua candidement à la reporter Dana Goodyear qu'il refusait de dîner à des tables où se trouvent treize personnes. Non seulement Christina comprend le côté excentrique de son mari, mais elle partage aussi ses frayeurs et ses interprétations. Souvent, c'est elle qui l'avertit des risques qu'il y a, selon les astres, à faire ou ne pas faire quelque chose.

Un après-midi par semaine est réservé à la lecture de la correspondance papier. Tous les sept jours, il reçoit par la poste les volumes venant de son bureau au Brésil et de Sant Jordi, à Barcelone. Empilés sur une table dans le jardin, les paquets sont ouverts à l'aide d'un canif au manche en os et les lettres organisées en tas, réparties par taille. De temps à autre le silence est interrompu par le mugissement d'une vache ou par le bruit lointain d'un tracteur. Pour lire la plus grande partie du courrier, Paulo a besoin de l'une des cinquante paires de lunettes en plastique qu'il range dans un tiroir du salon. Elles sont exactement comme celles qui sont vendues dans les supermarchés ou sur les trottoirs des grandes villes et sont arrivées là par hasard. Un jour, dans une émission de la télévision française, on a demandé à l'écrivain quelle était la griffe des lunettes qu'il portait et il a répondu que ce n'était pas une marque célèbre, mais qu'il les avait achetées sur les gondoles des boutiques Afflelou, une chaîne populaire spécialisée dans l'optique qui a des filiales dans toute la France. Une chance pour lui : Mme Rosalie Afflelou, la femme du propriétaire de la chaîne, regardait l'émission, et le lendemain elle a fait livrer à Saint-Martin une caisse de cinquante paires de lunettes pour vue fatiguée.

Des piles de papiers ou de disquettes contenant des manuscrits d'auteurs débutants ne sont même pas déballées et vont directement à la poubelle – conformément à ce qui est indiqué sur les sites et blogs de l'écrivain sur Internet. Au milieu, il voit deux petits paquets, emballés avec le soin et la délicatesse que seules ont des mains maternelles ou passionnées. Les expéditrices sont des nonnes norvégiennes qui lui envoient douze savonnettes qu'elles ont fabriquées (six au benjoin et six à la lavande) et plusieurs boîtes en carton du type Tetra Pak sans aucune marque imprimée, contenant du lait d'avoine, de riz et de soja – produits également dans leur monastère et qui, grâce à un mystérieux sortilège, ont été convertis, assurent les nonnettes, en produits alchimiques. À l'époque où les lettres piégées et les enveloppes contenant des poudres chimiques empoisonnées sont devenues des armes létales, il en est arrivé à redouter qu'un fou ne décide de le faire exploser ou de le contaminer, mais il n'a jamais rien reçu de suspect. En cas de doute, les paquets qui arrivent par courrier, même s'ils ont été préalablement expertisés à Rio de Janeiro ou à Barcelone, sont soumis à une rapide opération mentale pour recevoir de bonnes vibrations avant d'être ouverts. Un emballage en carton de la taille d'une boîte de chemises, venu du bureau de Rio de Janeiro, apporte les réponses aux lettres de lecteurs pour qu'il les signe. Les plus longues sont imprimées sur des feuilles de papier officiel surmontées du symbole de l'Académie brésilienne des Lettres, institution dont Paulo est membre depuis 2002. Des réponses courtes viennent sur des cartes timbrées avec son nom. Le travail épistolaire s'achève par des autographes sur cent photographies sollicitées par des lecteurs, sur lesquelles l'écrivain apparaît comme d'habitude : pantalon, chemise et pull noirs.

Après quelques coups de téléphone, il fait une heure de relaxation : dans le stand improvisé monté dans le jardin (ou dans les bois autour de la maison) il pratique le kyūdō, l'art martial japonais de tir à l'arc, qui unit force physique et discipline mentale. En milieu d'après-midi, il s'assoit devant son ordinateur pour écrire la petite colonne hebdomadaire de cent vingt mots qui est publiée dans trente journaux des cinq continents, du Liban (*Al Bayan*) à l'Afrique du Sud (*Odyssey*), en passant entre autres par le Venezuela (*El Nacional*), l'Inde (*The Asian Age*), le Brésil (*O Globo*) et la Pologne (*Zwierciadlo*).

Pour le reste, les journées de Paulo et de Christina ne diffèrent pas beaucoup du quotidien tranquille des trois cents habitants du village. Le cercle de relations du couple est étroit et ne comporte pas d'intellectuels, de personnalités ou d'habitués des pages mondaines. Le plus connu du groupe est Frédéric Bonomelli, 47 ans, résidant à quatre kilomètres de la maison des Coelho, distance suffisante pour arriver à une autre commune, celle d'Hibarette. Il est propriétaire des Salaisons pyrénéennes, qui produisent un mets célèbre et onéreux connu sous le nom de *Noir de Bigorre*, le jambon de porc ibérique – le « porc noir », comme on dit – parent du célèbre Patanegra de l'Espagne voisine. En voie d'extinction il y a quelques décennies, la race a été reprise par Eugène Bonomelli, le père de Frédéric, qui était fier de compter parmi ses clients le pape Jean XXIII en personne. Les autres amis sont le radiologue de Tarbes Hervé Louit, le représentant de Renault dans la région, Allen Tanni, la cardiologue Sylvie et son mari Patrice Pinta.

« J'ai cinq cents chaînes de télévision à ma disposition », a déclaré Paulo voilà quelques années, dans une interview au journal *The New York Times,* « mais j'habite dans une ville qui n'a pas de boulangerie. » Elle n'a ni boulangerie, bar ou supermarché, ni station-service. Comme il arrive souvent dans la plupart des 35 000 minuscules communes de France, dans l'indolente Saint-Martin, il n'y a pas un seul établissement de commerce. Pour faire les courses ou simplement sortir de la routine, Tarbes est la solution la plus commode, à condition d'y arriver avant 5 heures du soir, l'heure où la petite ville commence à s'éteindre. Le programme nocturne consiste à se rendre dans l'un des trois bons restaurants de l'endroit, le vietnamien *Thanh Thúy,* le tunisien *L'Oriental,* où l'on sert un couscous honnête, et le meilleur, le français *Le Petit Gourmand,* qui était une extension de la maison des Coelho dans la période où ils habitaient Tarbes – non seulement parce que la cuisine de la maîtresse de maison, Marie-Christine Espagnac, est délicieuse, mais aussi qu'il présentait la commodité de se trouver à cinq pas de l'hôtel Henry IV.

Au cours d'un dîner au *Petit Gourmand,* à cette époque, Paulo et Christina ont vécu un moment d'angoisse. Comme les autres clients, qui occupaient la moitié des tables, ils furent surpris quand les lumières s'éteignirent brusquement, des hommes se mirent à courir dans tous les sens et le bruit assourdissant d'hélicoptères allant et venant au-dessus du petit immeuble de deux étages résonna. Par les portes de devant et du fond entrèrent deux groupes de soldats visages masqués, équipés de casques avec viseurs infrarouges et armement lourd. Ils traversèrent la salle dans le noir, renversant les tables, et grimpèrent le petit escalier qui mène au second étage, brisant à coups de pied les portes qu'ils trouvaient devant eux. Le bruit des hélices des hélicoptères donnait l'impression que les appareils étaient à l'intérieur du restaurant, ce qui effrayait encore plus les commensaux. C'était un commando antiterroriste de l'Armée française sur la piste d'un groupe de guérilleros de l'ETA, l'organisation indépendantiste du Pays basque. Bien qu'elle agisse principalement en Espagne, l'ETA a aussi un bras en France et, selon certaines sources, il se pouvait qu'elle ait loué le petit appartement de l'étage supérieur pour l'utiliser comme cachette. Une chance pour la clientèle présente, les soldats ne trouvèrent personne.

Le repos à Saint-Martin s'achève, il est temps de retourner au travail pour de bon. Un e-mail de Sant Jordi propose un programme exténuant pour les trois semaines à venir, qui, s'il le valide, obligera l'écrivain à effectuer un tour complet du globe terrestre. Pour Paulo Coelho, ces voyages ont cessé d'avoir pour seul objectif ce que font presque tous les auteurs : la promotion de ses livres, un expédient auquel il n'a plus besoin de recourir depuis des années. En se rapprochant de certains de ses fans célèbres, qui vont de l'ex-président Bill Clinton à la superstar d'Hollywood Julia Roberts, en passant par le président russe Vladimir Poutine, il a fini par rejoindre un autre monde, celui de la jet-set internationale. Sur la liste qui est arrivée de Barcelone sont programmées à l'avance des invitations pour les lancements du *Zahir* en Argentine, au Mexique, en Colombie, à Porto Rico et à Paris ; la réception du prix Goldene Feder à Hambourg, en Allemagne ; des soirées d'autographes en Égypte, en Syrie et au Liban, ainsi qu'un voyage à Varsovie pour l'anniversaire de Jolanda, femme de l'actuel président polonais, Aleksander Kwasniewski. Ensuite il devrait se rendre à Londres pour participer – avec le joueur de tennis Boris Becker, le chanteur Cat Stevens et l'ex-secrétaire général de l'ONU, Boutros-Ghali – à un dîner de bienfaisance pour la campagne contre les mines antipersonnel, et le lendemain retourner en France pour dîner au château de Versailles avec Lily Marinho, la veuve de Roberto Marinho, patron des Organizações Globo. Quatre jours après sont prévus les lancements du *Zahir* au Japon et en Corée du Sud. De retour en Europe, il ferait une escale à Astana, capitale du Kazakhstan, pour la fête du 65e anniversaire du président de la République, Noursoultan Nazarbaev. Le dernier rendez-vous suggéré ne devait surtout pas être manqué : une invitation du chef d'entreprise Klaus Schwab, fondateur et président du Forum économique mondial, qui a lieu tous les ans à Davos, en Suisse, pour que l'écrivain parle à l'ouverture d'une autre de ses célèbres initiatives – le Festival culturel de Verbier, qui réunit de jeunes musiciens classiques du monde entier dans un canton suisse.

Paulo chasse la mouche invisible deux, trois fois de devant ses yeux et, contrarié, grommelle quelque chose comme « aucun être humain ne peut assurer un emploi du temps comme celui-là ». Près de l'ordinateur, dans le salon de la maison, Christina entend la plainte et taquine son mari en souriant :

— Oh ! c'est toi qui as choisi d'être champion du monde de Formule 1, non ? Alors, prends la Ferrari, et conduis !

La phrase désarme son malaise. Il rit beaucoup et reconnaît que oui, non seulement il a choisi, mais il a lutté toute sa vie pour être ce qu'il est devenu, et qu'il n'a pas à se plaindre :

— C'est vrai, mais tout de même cet agenda ne peut pas être tenu. Ce sont des événements trop proches les uns des autres, et sur trois continents différents !

La plupart du temps, le stress des voyages ne réside pas dans les engagements en eux-mêmes, mais dans l'enfer que sont devenus les aéroports modernes, surtout après les attentats terroristes du 11 septembre 2001 contre les tours jumelles de New York, quand la surveillance, la bureaucratie, les méfiances et, par conséquent, les attentes ont beaucoup augmenté. Comme la célébrité n'assure pas tous les privilèges, il affronte les files, les retards et surréservations comme n'importe lequel de ses millions de lecteurs. Très attaché à son image d'homme discret et ascétique – et très peu enclin aux dépenses inutiles –, il résiste à une idée que lui ont suggérée plusieurs amis : s'acheter un jet privé. Défenseur de la politique de « tolérance zéro » pour les compagnies aériennes, Paulo Coelho souffre de fréquents maux de tête dans les aéroports. Victime d'une surréservation dans la classe affaires sur un vol Londres-Madrid de l'espagnole Iberia, il s'est plaint avec une telle véhémence auprès de l'équipage qu'à l'arrivée à l'aéroport de Barajas, dans la capitale espagnole, cinq policiers attendaient le couple – Christina était avec lui. Même une lettre officielle d'excuses du président de la compagnie n'a pas pu dissiper son malaise.

Le problème du programme proposé par Sant Jordi, c'est qu'il devrait être entièrement assuré par des vols commerciaux. Paulo imprime la liste sur une feuille de papier et, stylo à la main, il commence à renoncer d'abord aux engagements qui exigent des vols intercontinentaux, ce qui signifie reporter Amérique latine, Japon et Corée, et écarter la fête d'anniversaire au Kazakhstan. Syrie et Liban sont aussi éliminés, mais l'Égypte reste. Varsovie est remplacée par Prague, ville où l'écrivain a l'intention de tenir une promesse qu'il a faite vingt ans plus tôt. À la fin, il décide que, après la République tchèque, début du périple, il ira à Hambourg recevoir le prix et, de là, poursuivra vers Le Caire. Mais le problème, de nouveau, ce sont les avions : il n'y a pas de connexions disponibles pour être à l'heure aux rendez-vous en Allemagne et en Égypte. Les Allemands refusent de modifier le programme, déjà imprimé et distribué, mais ils proposent une solution de rechange : le jet privé de Klaus Bauer, président du groupe de presse Bauer Verlagsgruppe, qui patronne le Goldene Feder, emmènera Paulo et d'éventuels accompagnateurs de Hambourg au Caire dès la cérémonie terminée. Quelques heures plus tard, quand le programme a reçu l'agrément de toutes les parties concernées, l'écrivain téléphone à Mônica d'un air polisson :

— Puisque nous allons à Prague, si nous faisions un *blitzkrieg* là-bas ?

Blitzkrieg – « guerre éclair » en allemand – est le nom donné aux séances d'autographes réalisées par surprise, souvent quelques heures après qu'il a pris la décision, sans affiche ni publicité. Il entre simplement dans une librairie choisie au hasard, salue le gérant d'un « enchanté, je suis Paulo Coelho » et offre de dédicacer ses livres, au cas où un client serait intéressé. Certains disent qu'au fond, les *blitzkriegs* sont une sorte d'exhibitionnisme que l'écrivain adore faire, surtout en compagnie de journalistes – comme, de fait, c'est arrivé à la reporter qui l'accompagnait en Italie alors qu'elle préparait le long portrait pour le *New Yorker*. Dana Goodyear eut droit à Milan à un *blitzkrieg* qui avait cette particularité d'avoir été conçu spécialement pour elle. À Prague, en réalité, il propose quelque chose d'intermédiaire : prévenir la veille l'éditeur de ses livres pour ne pas lui donner le temps d'organiser interviews, débats et talk-shows, mais qu'il s'assure au moins qu'il y aura des livres pour tous, s'il y a du monde.

Pourtant, l'objectif de ce voyage en République tchèque n'a rien à voir avec le lancement d'un livre. Alors qu'il entreprenait son retour au catholicisme, en 1982, après une période durant laquelle il avait abjuré la foi et adhéré à des sectes démoniaques, Paulo se rendit à Prague avec Christina, avec qui il était déjà marié, au cours d'un long voyage dans le style hippie riche qu'ils firent en Europe. Passant dans la sombre rue Karmelitská, il entra dans la petite église Notre-Dame-de-la-Victoire, coincée entre des résidences simples et des boutiques de souvenirs religieux, pour faire une promesse à l'Enfant Jésus de Prague. La présence d'un Brésilien n'avait rien d'extraordinaire. Depuis des temps immémoriaux, et pour des raisons inexpliquées, les chrétiens brésiliens ont toujours manifesté leur dévotion pour le petit enfant sanctifié au XVIIe siècle, qui peut se mesurer, au Brésil du moins, par l'infinité d'annonces classées qui sont publiées depuis des décennies dans les journaux de tout le pays, dans lesquels les fidèles écrivent simplement une phrase, suivie de leurs initiales : « À l'Enfant Jésus de Prague, pour la grâce obtenue. D. » Comme des millions de ses compatriotes, Paulo avait aussi une demande à faire, et pas des moindres. Il s'agenouilla devant le petit autel latéral où est exposée l'image de l'enfant, fit une prière et murmura de façon inaudible, même pour Christina qui se trouvait à côté :

— Je veux être un écrivain lu et respecté dans le monde entier.

Il savait bien que c'était une demande exigeante et qu'il faudrait que sa parole soit à la hauteur. Pendant qu'il priait, il s'attendrit devant les vêtements rongés par les vers qui couvraient la statue – copies de la tunique et du manteau tissés à la main par la princesse Polyxène de Lobkowicz en 1620 pour la première statue connue de l'Enfant Jésus de Prague. Murmurant toujours, il fit la promesse qui, sur le moment, lui parut la plus grandiose :

— Le jour où je serai un écrivain lu et respecté dans le monde entier, je reviendrai ici et j'apporterai un manteau brodé de fils d'or pour couvrir ton corps.

La proposition de *blitzkrieg* était un prétexte pour le vrai motif de son voyage à Prague : au bout de presque trois décennies, il allait finalement tenir sa parole et remercier de la grâce obtenue. Confectionné exactement aux mesures de la statue – qui fait près de cinquante centimètres de haut –, le manteau en velours rouge brodé de fils d'or très fins était le résultat de semaines de travail de Paula Oiticica, la mère de Christina. Emballé dans une caisse d'acrylique pour être transporté en toute sécurité, le présent provoqua un petit incident à l'aéroport Charles-de-Gaulle, à Paris : les policiers exigeaient que l'emballage soit passé dans l'appareil à rayons X, pour prouver qu'il ne dissimulait pas de drogues ou d'explosifs, mais il n'entrait pas dans la machine de l'aéroport. Sans le manteau, Paulo n'embar-

Christina et Paulo à Prague : vingt ans plus tard, l'écrivain vient tenir sa promesse faite à l'Enfant Jésus et le recouvre d'un manteau brodé de fils d'or.

quait pas. Et s'il ne passait pas aux rayons X, le manteau ne sortait pas, affirmaient les policiers. Le petit attroupement qui s'était formé attira l'attention d'un officier supérieur qui reconnut *Monsieur Coelô* et mit fin à l'impasse : le manteau fut finalement emporté dans l'avion sans être radiographié.

Quand le couple arrive dans la petite église de Prague pour remettre à la statue du saint ce qui lui est dû, un peu plus de deux dizaines de fidèles se trouvent sur place, apparemment tous étrangers. Comme il ne parle que tchèque et italien, le prêtre carmélite Anastasio Roggero ne semble pas très bien comprendre qui est et que fait dans son église cet individu portant la sikha et tenant un manteau rouge. Se frottant les mains avec impatience sur sa soutane usée, le prêtre entend ce que Paulo lui dit en anglais, fait celui qui comprend, sourit, remercie et se prépare à ranger la caisse contenant le manteau dans une armoire dans la sacristie contiguë à la nef, quand une vieille femme française reconnaît l'auteur. Sur un ton de voix supérieur de quelques décibels à ce qu'il convient dans cet endroit, elle avertit les membres de son excursion :

— Regardez qui est là : l'écrivain Paulo Coelho !

En quelques instants, tous les petits groupes de touristes convergent dans sa direction, parlant fort et réclamant autographes et photos à ses côtés. Le père Anastasio fait demi-tour, regarde de nouveau le manteau qu'il tient dans ses mains et commence à comprendre qu'il a commis une gaffe. Il s'excuse auprès de Paulo de ne pas l'avoir reconnu et réalise alors seulement la signification du présent que l'Enfant Jésus vient de recevoir. Il retourne à la sacristie et revient équipé d'un Nikon numérique pour faire des photos du manteau, des touristes et, bien sûr, de lui et de l'illustre visiteur, dont il jure qu'il connaît très bien l'œuvre.

Les comptes réglés avec le petit saint, le couple profite de son temps libre pour revisiter la ville et rendre visite à

Leonardo Oiticica, le frère de Chris, marié à Tatiana, diplomate en poste à l'ambassade du Brésil à Prague. Comme les journaux *Pravó* et *Komsomolskaya* ont devancé les autres et ont annoncé la visite de l'écrivain dans la ville, le *blitzkrieg* ici ne sera pas authentique. À 3 heures de l'après-midi, une heure avant le rendez-vous prévu, des centaines de personnes font la queue à la porte de l'Empik Megastore, l'énorme et moderne librairie choisie par la maison d'édition de Paulo dans le pays, Argo. Il arrive à l'heure fixée et trouve une situation semblable à celle de Budapest : cette fois encore, cent cinquante lecteurs seulement ont obtenu des billets, mais derrière eux une vague de centaines de personnes se répand dans les couloirs du magasin et envahit la chaussée de la place Venceslas, l'une des plus animées de Prague. Ils veulent tous un autographe. L'écrivain reprend la recette hongroise – il demande à la librairie de servir de l'eau à tout le monde, il sépare les groupes et signe, en alternance, pour les détenteurs de billets et les sans-billets. À 6 heures du soir, il regarde sa montre, sursaute et demande la permission d'aller aux toilettes, mais il ne s'éloigne que de quelques pas pour faire une prière silencieuse derrière un rayon. La nuit est tombée quand les derniers lecteurs sont servis. À la tête d'un petit groupe d'amis et de gens qui les ont rejoints, il finit la soirée en dégustant des plats de la nouvelle cuisine tchèque dans un élégant restaurant installé dans une cave de la vieille ville.

Le lendemain, il est de retour à Paris pour une autre activité : une soirée d'autographes à la Fnac proche de la place des Ternes. Bien qu'il ait prévu la présence de seulement cent clients tirés au sort par le magasin, la nouvelle a circulé et près de trois cents personnes se tassent dans le petit auditorium. Dans une avant-salle, le public joue des coudes pour trouver livres, CD et DVD exposés sur une gondole géante. C'est une petite exposition-vente non seulement de tous ses titres publiés en France, mais de ses préférences littéraires, musicales et cinématographiques. Les livres de prédilection de l'écrivain sont *L'Étranger* d'Albert Camus, *Tropique du Cancer* de Henry Miller, *Fictions* de Jorge Luis Borges, *Gabriela, Girofle et Cannelle* de Jorge Amado, et *Ou tu porteras mon deuil,* la biographie du torero El Cordobés écrite par Dominique Lapierre et Larry Collins, inédite au Brésil. Les fans qui sont venus à la Fnac peuvent aussi acquérir son éclectique sélection de films : *Blade Runner* (Ridley Scott), *Il était une fois dans l'Ouest* (Sergio Leone), *2001 : l'Odyssée de l'espace* (Stanley Kubrick), *Lawrence d'Arabie* (David Lean) et le brésilien *O Pagador de Promessas (La Parole donnée)* (Anselmo Duarte). Le catalogue des CD préférés de Paulo est encore plus varié : *Abbey Road* (les Beatles), *Neuvième Symphonie* (Beethoven), *Atom Heart Mother* (Pink Floyd) et *Premier Concert pour piano et orchestre* (Chopin). Le dernier disque de la liste est *Greatest Hits,* de Roberto Carlos – chanteur très populaire au Brésil avec qui Paulo allait s'affronter publiquement quelques mois plus tard, quand le musicien obtint que la Justice retire de la circulation sa biographie, non autorisée, qui circulait au Brésil. Les Français qui occupent le salon de la Fnac ne sont pas moins discrets et réservés que les lecteurs hongrois et tchèques. Ni moins patients : ayant parlé une demi-heure et répondu aux questions du public, l'écrivain signe encore des livres pour tous les présents avant de quitter le magasin.

En contrepoint à la décontraction des lancements de Budapest, Prague et Paris, le protocole de remise du prix Goldene Feder, le jour suivant, est d'une rigueur quasi militaire. Hambourg s'est mise à vivre en état d'alerte permanent (et de tension) depuis que l'on a découvert qu'y était active une cellule de l'organisation terroriste Al-Qaida auteur des attaques du 11 septembre 2001 aux États-Unis. Des vingt auteurs des attentats-suicide directement impliqués, neuf habitaient dans un appartement de la périphérie de la ville – parmi eux, le chef du groupe, l'Égyptien Mohammed Atta, pilote de l'un des deux avions lancés contre les tours du World Trade Center. À en juger par la quantité de Rolls-Royce et de Jaguar qui déversent les invités à la porte de la Handelskammer, la Chambre de commerce et d'industrie, et par le nombre d'agents de sécurité privés qui les entourent, on dirait que la cérémonie d'hommage à Paulo Coelho est clairement considérée comme une cible majeure pour des attentats. Banquiers, industriels, chefs d'entreprise, éditeurs et personnalités ont afflué de divers points de l'Europe pour la cérémonie. Pour éviter des problèmes, l'organisation de l'événement réserve seulement cinq minutes à la presse pour photographier les invités et lauréats (le prix sera remis également à un scientifique, un professeur, une administratrice et un religieux). Les caméras de télévision ne peuvent pas fonctionner avec des batteries, seulement avec des câbles reliés à des prises sur place, et les transmissions radiophoniques ne seront pas autorisées. Le public est séparé par la couleur des tapis : les lauréats sur le rouge, les invités sur le bleu – la sécurité fera sortir de l'enceinte les journalistes qui se feraient prendre sur l'un des deux tapis. Pendant la cérémonie de remise des prix, les reporters (parmi lesquels un invité de Paulo, accrédité au préalable) sont rassemblés avec les agents de sécurité et les chauffeurs dans une cantine des fonctionnaires, d'où ils regardent tout sur des écrans de télévision installés sur les murs.

Cinq heures après son arrivée dans l'immeuble de la Handelskammer, sac au dos dans une salle pour VIP de l'aéroport de Hambourg, l'écrivain s'apprête à embarquer dans le Falcon Jet qui va le mener au Caire. Son arrivée dans la capitale égyptienne coïncide avec la présence de la première dame des États-Unis, Laura Bush, aussi les autorités ont-elles encore renforcé l'oppressif appareil de sécurité du pays. La fréquence des attentats terroristes en Égypte perpétrés par des groupes islamistes radicaux – touchant principalement les touristes – préoccupait les amis de l'écrivain. « As-tu pensé qu'un groupe religieux fanatique pourrait te séquestrer », s'est enquis l'un d'eux, « et exiger la libération de cent prisonniers politiques pour te relâcher ? ». Mais l'écrivain ne semble pas inquiet. Non seulement parce qu'il a consulté ses oracles, mais parce qu'il sait que, pendant le voyage, il sera sous la protection non armée de Heba Raouf Ezzat, qui l'a invité pour une conférence à l'Université du Caire. Musulmane, 40 ans, mère de trois enfants, professeure invitée de l'Université de Westminster, à Londres, la charismatique spécialiste de sciences politiques a surmonté les préjugés d'une société cramponnée à son machisme et a pris une place importante dans la lutte pour les droits de l'homme et pour le dialogue entre l'islamisme et les autres religions. En Égypte, être l'invité de Heba signifie circuler avec aisance (et sécurité) parmi les courants politiques et religieux les plus divers.

Mais Paulo a aussi des raisons objectives d'effectuer ce voyage : l'Égypte est probablement le champion du monde du piratage de ses livres. Même s'il s'agit d'un pays où la moitié – ou presque – de la population est analphabète, on calcule que plus de 400 000 copies illégales – près de 5 % de ses livres piratés dans le monde entier – y circulent. Depuis *Le pèlerin de Compostelle* jusqu'au *Zahir*, il est possible de trouver l'œuvre complète de l'auteur en arabe, dans les vitrines des librairies les plus élégantes comme sur les trottoirs du Caire, d'Alexandrie et de Louxor. Et il y a des livres pour toutes les bourses, tous piratés – des éditions grossières, visiblement produites au fond d'un potager, aux volumes à couverture cartonnée, imprimés sur du papier de bonne qualité, produits par des maisons d'édition établies, certaines d'État. Outre l'auteur, qui n'a pas touché un sou de droits d'auteur provenant d'Égypte, la grande victime est le lecteur, qui lit des éditions avec des chapitres supprimés ou en désordre, ou encore de longs passages contrefaits dans des traductions d'autres pays arabes, très souvent incompréhensibles pour un Égyptien. L'impunité des pirates est telle que, à la dernière Foire internationale du livre du Caire – un événement officiel important sur le calendrier culturel égyptien –, les œuvres de Paulo Coelho figuraient en tête des ventes, comme si elles avaient été publiées par des maisons d'édition respectueuses des lois et des accords internationaux. Déterminé à en finir avec ce problème, il débarque au Caire escorté par Mônica Antunes et Ana Zendrera, patronne de la maison d'édition Sirpus, installée en Espagne mais spécialisée dans les publications en arabe distribuées dans les pays du Moyen-Orient et d'Afrique du nord. Depuis lors, en mai 2005, seules deux entreprises, All Prints, au Liban, et Sirpus, sont légalement autorisées à publier ses livres en Égypte.

Dans l'aéroport bourré de soldats armés de mitrailleuses, ils sont tous les trois accueillis par Heba et son mari, Ahmed Mohammed, lui aussi militant. Lui porte des vêtements occidentaux, mais d'elle on ne peut voir que le visage souriant et les mains très blanches – le reste est protégé des regards indiscrets par un large tchador beige qui la fait paraître encore plus grosse. Tous parlent anglais, la deuxième langue de l'Égypte. Les visiteurs connaissent les règles rigides des lieux : hommes et femmes ne se saluent que d'un sec et formel serrement de mains, sans les habituelles embrassades et petits baisers des Occidentaux. Le petit groupe se rend directement à l'hôtel Four Seasons – on y a réservé pour l'écrivain une suite au dernier étage avec vue sur Gizeh, au commencement du désert du Sahara, où se trouve l'une des sept merveilles du monde, l'ensemble formé par les pyramides de Khéops, Khéphren et Mykérinos.

Le programme organisé par Heba n'est pas moins ficelé que d'habitude : interviews et talk-shows avec les principaux organes de presse et stations de télévision du pays, visites à des personnalités (parmi lesquelles le prix Nobel de Littérature Naguib Mahfouz, nonagénaire et presque aveugle, mais qui tient à recevoir le Brésilien pour un thé chez lui), une conférence à l'Université du Caire et deux débats – un à l'Association égyptienne des écrivains et l'autre chez sa principale concurrente, l'Union des écrivains égyptiens. À la demande de Paulo, Heba a organisé, dans un salon du Four Seasons, un déjeuner où ont été conviés les principaux éditeurs et libraires du pays et des représentants du ministère de la Culture. C'est lors de cette rencontre que l'écrivain prétend dégainer son épée pour la défense de ses droits. Il réitère, l'œil malicieux :

— Et vous le savez très bien, Heba : quand un guerrier tire l'épée, il doit s'en servir. Il ne peut pas la remettre dans son fourreau sans qu'il y ait du sang.

Le lendemain matin, le hall du Four Seasons est assiégé par les chaînes de télévision qui attendent l'heure des interviews organisées par Mônica – ce ne sont que caméras, trépieds, projecteurs, câbles et batteries empilés dans les coins ou éparpillés sur les tables et les sofas. Les interviews individuelles seront un privilège des télés : les reporters des journaux et magazines devront se consoler par une collective. La seule exception est pour *Al Ahram,* le principal journal du pays – d'État, comme presque tout paraît l'être en Égypte – qui a encore le privilège d'être le premier de la file. L'interview terminée, le reporter Ali Sayed ouvre un porte-documents et demande à l'écrivain de lui dédicacer trois livres, *L'Alchimiste, Maktub* et *Onze Minutes* – tous piratés, achetés dans la rue pour sept dollars chacun. Au début de l'après-midi, ils se rendent tous les cinq dans un restaurant typique pour un déjeuner rapide arrosé de Fanta, de Coca-Cola, de thé et d'eau minérale. Bien qu'il y ait du vin et de la bière en vente, comme la note sera réglée par Ahmed, un musulman, la bienséance commande que l'on ne consomme pas de boisson alcoolisée à table.

Une fois liquidés les rendez-vous avec la presse, il participe à de rapides débats dans les deux associations d'écrivains. Le public y est deux ou trois fois plus nom-

Paulo en pleine séance de dédicace au Caire.
Ci-dessous, l'auteur avec Heba, Ahmed, Mônica et Ana Zendrera.

breux que les lieux ne peuvent contenir et aux inévitables demandes d'autographes l'invité donne finalement satisfaction avec gentillesse et bonne humeur. Avant de retourner à l'hôtel, il est conduit chez Mohamed Heikal, un politicien vétéran et influent qui a commencé sa carrière aux côtés du défunt président Gamal Abdel Nasser, qui a gouverné de 1954 à 1970, et a survécu jusqu'à ce jour aux tempêtes politiques qui ont balayé l'Égypte. Entouré de gardes du corps, Heikal reçoit le visiteur dans un petit appartement. Les murs sont couverts de photos de lui en compagnie de grands dirigeants de la politique internationale du XXe siècle, comme le défunt dirigeant soviétique Nikita Khrouchtchev et les Premiers ministres, morts également, Zhou Enlai, de Chine, Jawaharlal Nehru, de l'Inde, et Willy Brandt, de ce qui était alors l'Allemagne de l'Ouest, le président soviétique Leonid Brejnev, et bien sûr, Nasser lui-même. La rencontre avec Naguib Mahfouz a lieu aussi sous l'étroite surveillance d'agents de sécurité (quelques années auparavant, il a échappé de justesse à la mort devant sa porte, blessé au cou par un fondamentaliste islamique qui l'accusait de blasphémer le Coran, le livre sacré des musulmans). Ils conversent rapidement en anglais, échangent des livres dédicacés et c'est tout. Le programme du jour s'achève, la soirée est réservée à une promenade en bateau sur le Nil.

Le lendemain, la matinée libre lui permet de se lever plus tard, faire sa promenade sans se presser, et consacrer plus de temps à la pêche aux informations sur Internet. À une heure de l'après-midi, ils sont de retour au salon de l'hôtel pour le déjeuner proposé par l'écrivain. Malgré les sourires et les salamalecs des présentations d'usage, on perçoit dans l'atmosphère un climat de règlement de comptes. Avant que les plats ne soient servis, et tous les invités à leur place, un des éditeurs se lève et tient à affirmer qu'il s'agit d'une rencontre entre amis.

— L'écrivain Coelho a donné des preuves de son engagement envers le peuple arabe, non seulement dans son œuvre, avance-t-il, mais dans de courageuses manifestations publiques, comme sa lettre « Merci, président Bush », condamnation claire de l'invasion de l'Irak par les États-Unis.

Nouvel orateur, nouveaux échanges d'amabilités, et arrive enfin le moment où Paulo prend la parole. Sur la table, à côté des couverts, il laisse trois exemplaires pirates de ses livres, posés là délibérément pour provoquer un malaise chez les éditeurs, d'élégants messieurs en veston et cravate assis devant lui. Ayant une longue pratique dans l'art de parler en public (chose que, paradoxalement, il déteste faire), il commence affable, rappelle que l'Égypte et la culture arabe ont inspiré certains de ses livres et recourt à une boutade pour aborder le thème épineux de la contrefaçon, face à face avec les pirates.

— N'importe quel auteur adorerait voir son livre publié en Égypte. Mon problème est exactement le contraire : j'ai trop d'éditeurs en Égypte...

Personne ne trouve drôle cette raillerie, mais cela ne le décourage pas. Toujours debout, il regarde un instant vers le ciel, comme s'il demandait à saint Georges des forces pour défendre ses livres et il décide de parler d'une voix forte et grave. Il prend un exemplaire piraté de *L'Alchimiste* et l'agite en l'air :

— Je suis ici en tant qu'invité du professeur Heba, c'est-à-dire du peuple égyptien. Mais je suis venu pour moi, parce que je veux résoudre une fois pour toutes le problème du piratage de mes livres ici.

Maintenant les convives, hommes et femmes, semblent se sentir mal à l'aise sur leurs chaises, et s'agitent nerveusement. Certains griffonnent des dessins imaginaires sur leur serviette, la tête baissée. Paulo sait que parmi eux se trouvent des hauts fonctionnaires du ministère de la Culture (entité actionnaire de beaucoup des maisons d'édition incriminées) et il profite de cette occasion :

— Le gouvernement ne punit ni ne réprime le piratage, mais l'Égypte est signataire de traités internationaux sur les droits d'auteur et il doit les appliquer. Je pourrais recruter le meilleur avocat et gagner ce procès devant des cours internationales, mais je ne défends pas ici seulement des valeurs matérielles. Je défends des principes. Mes lecteurs achètent des livres à vil prix et reçoivent des ouvrages au contenu très mauvais. Cela doit cesser.

La proposition d'armistice proposée par Paulo ne semble satisfaire aucun des convives présents :

— Le passé ne m'intéresse pas, oublions ce qui s'est produit jusqu'à présent. Je ne poursuivrai personne en justice pour recouvrer des droits sur les 400 000 de mes livres publiés ici, un pays où je n'ai jamais eu d'éditeur. À partir de ce jour, tout livre de moi publié en Égypte qui ne le serait pas par Sirpus ou All Prints sera considéré comme illégal et, par conséquent, fera l'objet d'une action en justice.

Pour prouver qu'il ne bluffe pas, l'écrivain annonce pour l'après-midi, à la librairie Dar El Shorouk, près de l'hôtel, un *blitzkrieg* spécial : il va dédicacer le livre qui marque le début de la nouvelle phase (une version poche de *L'Alchimiste* en arabe, sous le sceau de Sirpus) et des exemplaires de l'édition anglaise du *Zahir.* L'indigeste rencontre se termine sans applaudissements et la plupart des convives ont l'air crispé. Tout semble se dérouler comme Paulo le prévoyait : la soirée d'autographes est une réussite et à tous les journalistes qui viennent le voir, il réitère le discours du déjeuner.

— Je suis convaincu que les éditeurs ont accepté ma proposition, a-t-il répété plusieurs fois. À partir de maintenant, les Égyptiens ne liront mes livres que dans des traductions officielles, éditées par Sirpus.

Cependant, cette joie ne devait pas durer longtemps : moins de six mois plus tard, l'écrivain recevrait des rapports révélant que la situation de ses livres restait exactement la même. Le seul changement intervenu sur le marché éditorial égyptien après sa visite, c'était que les pirates avaient désormais un concurrent de plus, Sirpus.

La conférence à l'Université du Caire, le lendemain, dernier jour du voyage en Égypte, se déroule sans problèmes. L'organisation fait penser davantage à un internat qu'au campus d'une université : dans un auditorium de trois cents places, il y a exactement trois cents personnes, pas une de plus. La plupart sont des femmes jeunes qui, contrairement à Heba, sont habillées à la mode occidentale, en robes décolletées, jeans étroits et tee-shirts qui laissent voir les épaules et la taille. Après le discours de l'invité, l'idolâtrie a raison de la discipline et les personnes l'assiègent livres au poing en quête d'un autographe.

En route vers l'hôtel, Heba suggère une activité hors programme. Des lecteurs membres du fan-club officiel de Paulo Coelho en Égypte qui n'ont pu assister à aucune de ses apparitions publiques veulent se réunir avec lui en fin d'après-midi pour discuter. Encouragé par le succès supposé du déjeuner avec les éditeurs, il accepte sans demander de détails. Sa réponse affirmative oblige Heba à se détacher du groupe et à se mettre en campagne pour mobiliser le public. L'endroit choisi est un auditorium improvisé à l'air libre sous un pont du Nil. Personne ne sait quels moyens de divulgation l'hôtesse a utilisés pour rassembler tout ce monde, mais la surprise est générale quand les Brésiliens arrivent sur les lieux et se trouvent devant une masse de plus de deux mille personnes. L'endroit ressemble à une construction à demi abandonnée, avec des dalles de béton et des bouts de fer apparents. L'espace rempli, les gens s'entassent dans les vides entre les fauteuils et les galeries latérales. C'est incroyable que tous ces gens aient pu se rassembler un jour de semaine, sans une seule affiche ou annonce dans les journaux, à la radio ou à la télévision. Jusque sur les murs et les arbres qui entourent l'auditorium, il y en a qui sont accrochés. Sous une chaleur infernale, Paulo est conduit par Heba vers une petite tribune dans le coin de l'estrade, près de laquelle se trouvent une petite table centrale et trois fauteuils. Quand il prononce les premiers mots, en anglais – « Bonsoir, merci à vous tous d'être présents » –, un silence d'église s'impose par-dessus le vacarme général. Pendant une demi-heure, il parle de sa vie, de son combat pour devenir un écrivain reconnu, de sa fréquentation des drogues, des sorcelleries, des internements dans des asiles, de la répression politique et de la critique, pour finalement retrouver le chemin de la foi et réaliser son rêve. Les gens le regardent fixement, comme s'ils étaient non pas devant l'auteur de leurs livres favoris, mais face à quelqu'un qui a des leçons de vie à leur donner. Beaucoup ne parviennent pas à dissimuler leur émotion et ils ont des larmes plein les yeux. Quand il prononce son dernier « merci beaucoup », Paulo Coelho pleure aussi.

Les applaudissements paraissent interminables. Ne contenant plus ses larmes, le Brésilien remercie plusieurs fois, croisant les bras sur sa poitrine et s'inclinant légèrement en avant. Les gens restent debout et ne cessent pas de frapper dans leurs mains. Une jeune fille portant un tchador sombre monte sur la scène et lui remet un bouquet de roses. Pourtant habitué à des situations semblables, l'écrivain paraît sincèrement ému et ne sait pas comment réagir. Le public continue d'applaudir, debout. Il fait demi-tour rapidement, se cache derrière les rideaux un instant, tourne les yeux vers le ciel, se signe et répète pour la énième fois la prière de remerciement à saint

Joseph, le saint qui, presque soixante ans auparavant, avait béni sa renaissance.

*

Ce pouvoir de mobiliser et d'émouvoir des foules partout dans le monde, au point que des éditeurs pirates se battent au corps à corps pour publier ses œuvres même dans un pays comme l'Égypte où vivent tant de pauvres et d'analphabètes, n'est pas tombé du ciel pour Paulo Coelho. C'est vrai, le rêve d'être un écrivain lu dans le monde entier et d'avoir « célébrité, fortune et pouvoir » a guidé sa vie, avec ténacité, depuis son adolescence. Mais ce rêve ne devait commencer à se réaliser qu'en 1987, quand, déjà quadragénaire, il publia *Le pèlerin de Compostelle.* En moins d'un an, l'auteur avait vendu 40 000 exemplaires du célèbre récit de son voyage sur le Chemin de Saint-Jacques. Les ventes seraient un puissant levier pour le deuxième livre, *L'Alchimiste,* publié en 1988. À la fin de l'année suivante, les deux avaient atteint le chiffre astronomique du demi-million d'exemplaires. Le succès permit à Paulo Coelho de se faire un nom dans son pays et lui ouvrit les portes de maisons d'édition aux États-Unis, en Europe et ailleurs. Vingt ans après le lancement de son premier livre en dehors du Brésil, il serait l'auteur le plus traduit pour le même livre (*L'Alchimiste,* soixante et onze langues).

Mais avant d'écrire *Le pèlerin de Compostelle,* le gamin maigrichon élevé dans les quartiers de Botafogo et de Gávea, à Rio, allait parcourir un long et mouvementé chemin. Élève rebelle et relaps, supportant les rigueurs d'un père très sévère et implacable, il finit par être interné de force à trois reprises dans un asile, et soumis à de brutales séances d'électrochocs. Perturbé quant à son identité sexuelle, il prit l'initiative de coucher avec des hommes, pour décider alors seulement que ce n'était pas sa voie. Le jeune homme qui avait tellement de mal à s'y prendre avec les femmes adolescent ferait place, une fois adulte, à un collectionneur de conquêtes amoureuses – certaines se répandraient dans les médias. Sa façon particulière d'envisager les femmes et d'avoir des relations avec elles ne l'a pas empêché, ne l'empêche pas, de vivre un mariage solide depuis vingt-sept ans avec l'artiste plasticienne Christina Oiticica, dont, assure-t-il, rien ni personne ne le fera « jamais » se séparer. L'homme qui depuis plus de trois décennies a laissé tomber la cocaïne et depuis des années ne fume plus de marijuana a plongé profondément, et pour longtemps, dans le monde des drogues, sans exclure pratiquement rien. Son aversion pour les études, raison de son échec scolaire permanent, n'a pas empêché Paulo de devenir un vorace consommateur de livres. La lecture indiscriminée, qui incluait des classiques parfaits et des sottises sans valeur, allait favoriser son incursion dans le monde de ses rêves, qui commença par le théâtre pour enfants avec de petits rôles non rémunérés, avant qu'il se risque, déjà professionnel, à écrire puis diriger et produire de petits spectacles. Parallèlement, il se mit à voyager et trouva des boulots occasionnels dans la presse alternative – et c'est en tant qu'éditeur d'une modeste revue underground que viendrait le trouver quelqu'un qui allait marquer sa vie, le désormais mythique rockeur Raul Seixas, dont il deviendrait le partenaire et parolier pour six ans et quarante et une chansons. Il gagna ainsi plus de célébrité, d'argent et de pouvoir qu'il n'en avait rêvé jusque-là – et beaucoup, beaucoup moins qu'il n'en gagnerait par la suite.

Avant et pendant son association avec Raul, le désir permanent de nouvelles expériences, d'un côté, et de l'autre sa tendance omnivore à la lecture l'entraînèrent dans des plongeons effrayants. Franchissant les frontières du mystérieux univers des ténèbres, il arriverait à des extrémités dangereuses et se livrerait à des pratiques incroyables, par exemple prendre pour esclave, avec contrat signé, un jeune étudiant qui s'initiait à l'ésotérisme. Il invoquait le Démon pendant qu'il prenait des bains d'herbes, et alla jusqu'à proposer un pacte formel au diable : il lui remettrait son âme en échange de pouvoirs absolus. Sa carrière dans le satanisme s'acheva après un épisode effroyable et terrifiant qui dura douze interminables heures et que Paulo décrit comme sa rencontre avec le Démon. La terrible vision, partagée par sa petite amie, représenterait le début du retour de Paulo à la foi chrétienne que lui avaient inspirée les rigoureux pères jésuites du collège où il avait fait ses études. Il continuait pourtant à croire qu'il avait trouvé des moyens d'atteindre le surnaturel et d'agir sur les forces de la nature, faisant, par exemple, venter et pleuvoir par la force de sa pensée.

Le fait qu'il ait été un adolescent, puis un jeune homme égaré et hostile à la politique ne l'empêcha pas d'être arrêté deux fois par la dictature militaire et, lors d'un troisième épisode, séquestré par le DOI-Codi, l'instrument le plus brutal de la répression – ce qui lui laissa des marques profondes et accentua les traits d'une paranoïa latente. Un autre genre de persécution, celle de la critique brésilienne qui, à de rarissimes exceptions, méprise ses livres et le traite comme un sous-écrivain, ne semble pas l'affecter. Il ne déclare son indignation que lorsque les accusations envers son travail impliquent du mépris pour une entité qu'il cultive avec un total dévouement et une patience orientale : ses lecteurs. Pour contrebalancer le dédain de la critique brésilienne, Paulo peut présenter beaucoup de manifestations allant dans le sens contraire. Et l'on ne parle pas ici de son élection à l'Académie brésilienne des lettres, ou même des décorations indiscutablement honorables qui lui ont été conférées à l'étranger, mais d'un important catalogue d'éloges reçus de critiques du monde entier, parmi lesquels le très respecté écrivain et sémiologue italien Umberto Eco.

Ces faits de la vie de Paulo ne sont qu'un modeste échantillon de l'extraordinaire parcours d'un Brésilien dont le rayonnement international ne peut se comparer qu'à celui de Pelé. Mais pour un peu, rien de tout cela n'aurait été possible, car Paulo aurait dû mourir à la naissance.

2
L'enfance

Paulo Coelho de Souza naquit par un petit matin pluvieux, le 24 août 1947, jour de saint Barthélemy, à la Maison de Santé São José, à Humaitá, quartier populaire de Rio de Janeiro. Il était mort à la naissance. Les médecins prévoyaient un accouchement difficile, le premier de la jeune maîtresse de maison Lygia Araripe Coelho de Souza, 23 ans, mariée à l'ingénieur Pedro Queima Coelho de Souza, 33 ans. Le bébé devait être non seulement l'aîné du couple, mais aussi le premier petit-fils de ses quatre grands-parents et le premier neveu de tantes et d'oncles des deux côtés. Les premiers examens signalaient un risque considérable : l'enfant semblait avoir ingéré un mélange fatal de méconium – c'est-à-dire ses propres excréments – avec du liquide amniotique. Après cela, seul un miracle pouvait le sauver. Inerte dans le ventre maternel, ne manifestant pas la moindre intention de prendre la direction du monde, le nouveau-né dut être retiré au forceps. À minuit cinq exactement, quand on le sortit à l'aide des mouvements de rotation de l'instrument, le médecin dut entendre un léger bruit, semblable au craquement d'un crayon qui se brise : c'était la délicate clavicule du bébé qui n'avait pas résisté à la pression d'une branche du forceps. Mais il n'y avait pas lieu de regretter l'accident : le bébé, un petit garçon, était mort, apparemment asphyxié par le liquide qui l'avait protégé pendant neuf mois dans le ventre de sa mère.

Dans son désespoir, le premier nom qui vint à l'esprit de Lygia, fervente catholique, pour l'appeler au secours fut celui du saint protecteur de la maternité :

— Mon divin saint Joseph, ramène-moi mon fils ! Sauve-le, saint Joseph, mon bébé est entre tes mains !

En larmes, les parents réclamèrent la présence de quelqu'un qui pût donner l'extrême-onction au petit mort-né. Faute d'un prêtre, on trouva une sœur de l'hôpital pour les derniers sacrements, et puis aux pleurs des parents s'ajouta un gémissement, presque un miaulement : c'était lui, le petit, qui était bien vivant. En état de coma profond, mais vivant. Naître avait été le premier défi imposé par le destin à ce petit gamin, et il avait survécu.

Ses trois premiers jours dans le monde se passèrent dans une couveuse. Durant ces soixante-douze heures décisives, le père le veilla, restant tout le temps seul, assis sur une chaise dont il se leva seulement quand il sut que son fils ne courait plus aucun risque. Au quatrième jour de vie, quand Paulo quitta la couveuse, mais toujours en observation constante et objet de soins intensifs, Pedro accepta de dormir une nuit en compagnie de Lygia et fut remplacé dans sa surveillance par sa belle-mère Maria Elisa. Six décennies plus tard, Paulo affirmera sans hésiter que c'était là son plus lointain souvenir : voyant cette femme entrer dans la chambre, le bébé en vie depuis quelques heures comprit qu'il s'agissait de sa grand-mère. De toute façon, sa présence auprès de son petit-fils se révéla cruciale : le premier matin où elle montait la garde, Maria Elisa dut porter secours au bébé pris d'une dangereuse convulsion respiratoire – d'après les médecins, une séquelle de l'accident dû au forceps. Malgré tout, l'enfant paraissait en bonne santé : il pesait à la naissance 3,33 kg et mesurait 49 centimètres. Selon les premières annotations de Lygia dans l'« Album

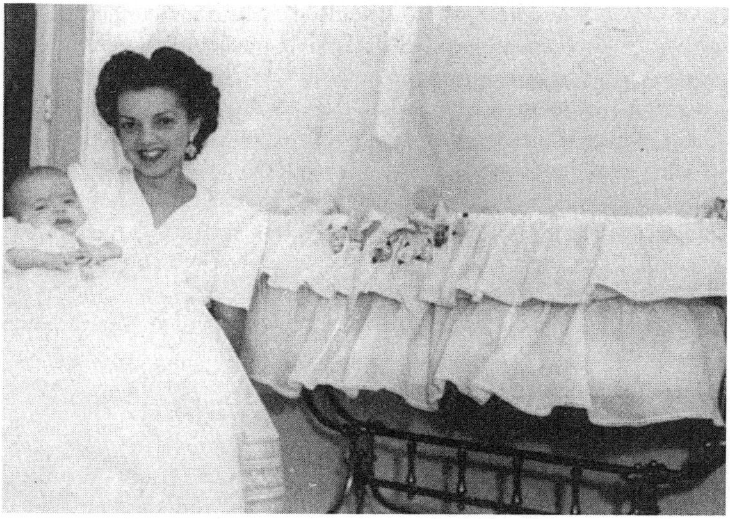

Lygia porte dans ses bras le bébé qui vient de naître et qui est complimenté de façon étrange : il a le visage de son père.

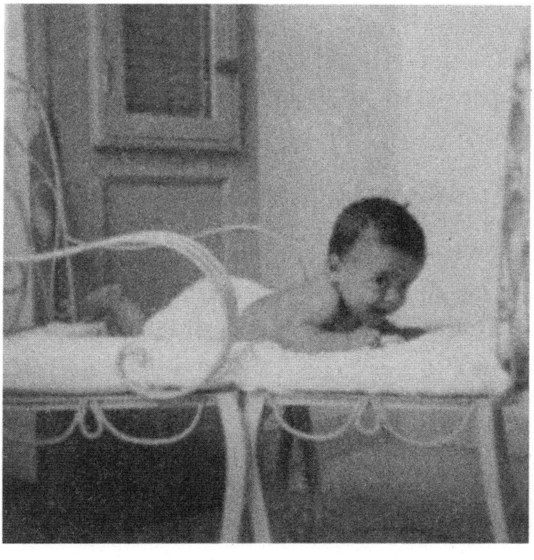

du Bébé », il avait les cheveux bruns, les yeux marron, la peau claire, et il ressemblait à son père (ce qui ne pouvait être considéré comme une qualité, vu que, contrairement à sa femme, Pedro, un homme de 1,80 mètre, n'était pas précisément beau). Le prénom choisi était un hommage à un oncle du bébé, mort précocement à la suite d'une crise cardiaque.

Frappé d'une aversion persistante pour tout ce qui concerne le passé, l'écrivain arriverait à 60 ans sans jamais manifester le moindre intérêt pour l'histoire de ses ancêtres. Les informations qu'il avait sur ses origines se limitaient aux grands-parents maternels, Maria Elisa et Arthur Araripe Junior (« Lilisa » et « Maître Tuca » comme il les appelait), nés tous deux à Rio de Janeiro, et paternels, Maria Crescência, du Rio Grande do Sul et Marcos Coelho, du Ceará (« Cencita » et « Cazuza »).

Autant que les archives permettent de l'affirmer, dans la généalogie des Coelho ne brillent ni grandes figures ni personnalités connues. Du grand-père Cazuza, Paulo sait seulement qu'il était médecin et qu'il passa sa vie à Belém do Pará fidèle au serment d'Hippocrate – « de ceux qui reçoivent un poulet ou un cochon de lait pour règlement de la consultation » –, raison pour laquelle il mourut pauvre.

— Je ne peux même pas imaginer, déclara l'écrivain, déjà adulte et célèbre, ce qui a pu pousser ma grand-mère Cencita à quitter Porto Alegre et à faire huit mille kilomètres, jusqu'à Belém do Pará, où elle a rencontré mon grand-père.

Dans la même déposition, il dit avoir « un souvenir » d'un oncle « qui fut ministre d'un gouvernement de gauche » (il faisait allusion au frère de la grand-mère Lilisa, son grand-oncle Cândido de Oliveira Neto, ministre de la Justice et procureur général de la République dans le gouvernement João Goulart, renversé par le coup d'État militaire de 1964). Mais si un jour l'écrivain avait eu la curiosité de s'engager dans les branches compliquées du vaste arbre généalogique des Araripe Alencar, nom de sa mère, il aurait pu trouver en abondance, dans sa propre famille, des personnages qui ont inspiré ceux de ses livres – héros ou vilains, au choix de l'auteur.

L'archéologie commence avec son aïeule en remontant cinq générations, Bárbara de Alencar, l'une des rares femmes dirigeantes dans la lutte pour l'indépendance du Brésil. En 1817, cinq ans avant que le pays se libère du joug portugais, elle proclama la République du Brésil en plein Crato, dans l'extrême sud du Ceará. Arrêtée, elle fut emmenée à Fortaleza une chaîne en fer au cou. La Métropole voua à cette révolutionnaire de 57 ans une haine si forte que les Portugais parvinrent à faire disparaître toutes les traces de son image. À tout jamais : sur la statue qui lui rend hommage dans la capitale du Ceará, Bárbara de Alencar est représentée par une femme sans visage. Comme s'il ne suffisait pas qu'elle incarnât une héroïne qui semble sortie d'un roman d'aventures, Bárbara allait être la grand-mère paternelle de José de Alencar, un des romanciers brésiliens les plus respectés et les plus populaires, le grand-oncle de Paulo Coelho en remontant trois générations. Décédé en 1877, José de Alencar fut choisi par Machado de Assis en personne pour occuper son fauteuil, lors de la création de l'Académie brésilienne des Lettres (ABL). Dans les premières années de l'institution, deux de ses arrière-grands-oncles avaient accédé à l'immortalité : le critique littéraire Tristão de Alencar Araripe Júnior et le poète Mário Cochrane de Alencar, fils de José de Alencar, qui succéda à José do Patrocínio au fauteuil numéro 21 – celui-là même que Paulo occupera des décennies plus tard. En 1997, alors que la vétuste maison avait un siècle, l'écrivain Rachel de Queiroz – cousine au quatrième degré de l'auteur de *L'Alchimiste* – rompit avec une tradition centenaire et fut élue première femme membre de l'ABL.

La famille laisserait des traces également dans la vie politique contemporaine du Brésil. Le général Tristão de Alencar Araripe (homonyme du père de l'académicien), arrière-grand-oncle de l'écrivain et auteur des livres *Família Alencar (Famille Alencar)* et *Expedições Militares contra Canudos (Expéditions militaires contre Canudos),* gouverneur militaire du stratégique archipel de Fernando de Noronha, alors territoire fédéral. Et comme il y avait des Alencar et des Araripe pour tous les goûts et toutes les idéologies, Paulo Coelho était cousin, au cinquième degré, du principal chef militaire du coup d'État de 1964 (et premier président de la République de la période de la dictature), le maréchal Humberto de Alencar Castello Branco, mais aussi de Miguel Arraes de Alencar, à l'époque gouverneur du Pernambouc. Déposé le premier jour du coup d'État, Arraes sortit du palais du gouvernement directement pour la prison, où il passa onze mois avant de s'exiler en Algérie, puis en France.

Il semble qu'un résidu du sang révolutionnaire de Bárbara de Alencar ait été légué à la fille de son arrière-petite-fille, Lygia. Si son mariage avec un homme extrêmement autoritaire étouffa certains de ses rêves – comme celui d'être artiste plasticienne, une audace que Pedro Queima Coelho n'aurait jamais permise – il était courant qu'elle l'affronte, de face ou de biais. Son mari lui ayant interdit d'apprendre à conduire (une chose tenue à l'époque pour une extravagance réservée aux femmes dites « avancées »), Lygia n'hésita pas à s'inscrire dans une auto-école, suivit les leçons, passa les examens en cachette, et se présenta à la maison en exhibant son permis comme un trophée. Interdite de plage, elle attendait que son mari soit sorti, allait rejoindre ses amies et passait des heures au bord de la mer. S'il s'étonnait de voir son visage et ses bras bronzés, elle disait qu'elle avait bruni à la fenêtre de la maison. Et à la fin de sa vie – Lygia mourut en 1993, à 69 ans, des suites de la maladie d'Alzheimer – la catholique pratiquante conservatrice ferait place à une militante de la progressiste Théologie de la Libération. L'ancienne bigote adhéra corps et âme à la prédication de deux religieux reniés par le Vatican, le dominicain Frei Betto et le franciscain Leonardo Boff. Cependant ce ne furent pas ces quelques soupirs de révolte, mais bien les traits aristocratiques des Alencar Araripe qui finirent par prédominer dans l'éducation que Lygia donna à son aîné. Ou, du moins, tenta de donner.

Mis à part une légère bronchite – qui plus tard évoluerait en coqueluche –, le petit garçon eut une enfance normale. À 8 mois, il prononça son premier mot, à 10 poussèrent les premières dents, et à 11, il marcha, sans s'être jamais traîné à quatre pattes. D'après Lygia, c'était un enfant « câlin, obéissant, extrêmement vif et intelligent ». Il avait 2 ans quand naquit son unique sœur, Sônia Maria, avec qui il fut toujours affectueux et pour laquelle, apparemment, il n'éprouva jamais de jalousie. À 3 ans, il apprit à faire le signe de croix, un geste plus tard accompagné de prières à Dieu pour la santé de ses parents, grands-parents, cousins et oncles. De sa naissance jusqu'à ses 13 ans, lui et sa famille vivaient dans un ensemble de onze maisons construites par le père au croisement des rues Teresa Guimarães et Mena Barreto, à Botafogo, un quartier agréable de la classe moyenne de Rio. La plus belle demeure, et la seule avec jardin, fut pour les beaux-parents Lilisa et Tuca, propriétaires du terrain. L'une fut donnée à Pedro, en rémunération de son travail, et les neuf restantes louées, vendues ou occupées par des parents. Le long du mur latéral, on planta une rangée d'arbres, qui devint le lieu de prédilection pour les jeux des enfants. C'étaient des maisons à deux étages, modestes et sans luxe, mais confortables et bien finies. Ingénieur de l'IAPI – Institut de Retraite et Pension des Industriels – aujourd'hui disparu, Pedro avait de l'expérience dans cette branche, au point qu'il gardait avec fierté la médaille reçue pour avoir construit en un temps record et au moindre coût un grand ensemble d'habitations dans le quartier populaire de Penha, dans la zone Nord de la ville.

Dans la villa construite par son père, Paulo joue avec ses cousins : ils s'amusent en organisant des courses de poussins ou en mettant de l'eau dans la laque des filles.

La préoccupation des Coelho pour la sécurité était telle que, bien que le groupe de maisons fût protégé par de hauts portails, portes et fenêtres de la maison restaient tout le temps fermées. Un jour Lygia sortit tôt et en fin de journée, à son retour, elle s'aperçut qu'elle avait enfermé à l'intérieur un maçon qui faisait des réparations dans la salle de bains. Bien que la villa se trouvât à quelques blocs de la plage de Botafogo, la vie hors des murs était inaccessible aux enfants. Le paisible Rio des années 1950 faisait peur à ses parents (et à ceux des voisins) qui firent de l'endroit une bulle pour protéger les enfants contre le monde périlleux que tous appelaient simplement « la rue ». Paulo et les autres enfants pouvaient s'amuser à leur guise, mais dans les limites de la villa. Pas question d'amitié avec les menaçants garçons « de la rue ». Petit déjà, Paulo révéla une personnalité aux traits originaux. Pour se sortir d'embarras, il recourait à des tirades qui déconcertaient son interlocuteur. À 3 ans, alors que Lygia le disputait, il répondit :

— Tu sais pourquoi je suis méchant aujourd'hui, maman ? C'est parce que mon ange gardien ne fonctionne pas. Il a trop travaillé et sa pile est usée.

La persistance des problèmes respiratoires conduisit les parents à le faire admettre dans une clinique privée, à 5 ans, afin qu'on l'opérât pour un début de sinusite et qu'on lui retirât les amygdales et les végétations qui le gênaient et l'obligeaient à se promener tout le temps un mouchoir à la main, pour moucher son nez dégoulinant. Trois jours après l'opération, il était à la maison et faisait de la bicyclette comme si de rien n'était. Un de ses plaisirs était de s'amuser à aider le grand-père Tuca quand il réparait le moteur de sa grosse Packard. À la grande fierté de son père, cela ne laissait aucun doute quant à la vocation professionnelle du petit garçon, l'ingénierie. Pedro avait lui aussi une voiture, une Vanguard, bien plus modeste que celle du beau-père, mais qui tombait rarement en panne, pour la simple raison que le véhicule ne sortait presque jamais du garage. Pour l'irascible et méthodique Pedro Coelho, si la famille pouvait se déplacer en autobus dans la ville, il n'y avait pas de raison de gaspiller l'argent en essence.

Le contrôle rigide que son père exerçait sur les finances domestiques est l'un des plus anciens souvenirs que Paulo Coelho garde de la période où il vécut dans la villa.

L'ingénieur Pedro Queima Coelho de Souza rêvait de construire pour la famille non pas une maison modeste, comme celles de la villa, mais une vraie grande demeure, avec salons, jardin d'hiver, vérandas et toilettes. La première pierre pour l'édification de cette cathédrale fut offerte par le beau-père Tuca : un terrain de 400 m^2 dans la rue Padre-Leonel-Franca, dans l'élégant quartier de Gávea. D'après les plans de Pedro, un terrain comme celui-là, en plein cœur de Gávea, méritait une maison à sa hauteur. Dès lors, toutes les dépenses non essentielles de la famille furent réduites au nom de la maison de Gávea.

— Puisque nous allons construire une maison pour tous, décréta le Dr Pedro, comme on l'appelait, tous doivent limiter leurs frais au minimum.

Pas de vêtements neufs, de fêtes d'anniversaire, de cadeaux et de gaspillage d'essence dans des promenades en voiture.

— Ce fut un temps où nous n'avions rien, se rappellera l'écrivain plus tard, mais nous ne manquions de rien non plus.

Les Noëls des enfants étaient sauvés grâce aux petits trains électriques allemands et aux poupées françaises offerts par les grands-parents maternels. C'est seulement quand les enfants atteignirent l'âge d'aller à l'école que les restrictions financières connurent leur unique exception : il n'y avait pas d'argent pour le luxe, mais le collège des enfants devait être le meilleur. Outre le budget serré, le rêve de la maison de Gávea produisit une gêne supplémentaire pour la famille. Au lieu de placer les économies domestiques dans une institution financière, le Dr Pedro s'entêta à les immobiliser littéralement dans la pierre et la chaux, c'est-à-dire des matériaux de construction. Et faute d'un hangar pour entreposer ce qu'il achetait, il rangea tout dans la maison de la villa, avant de disposer d'un capital suffisant pour entreprendre les travaux. Ainsi, le frère et la sœur gardèrent le souvenir d'avoir passé leur enfance au milieu de cuvettes sanitaires, robinets, sacs de ciment et carreaux de céramique empilés dans tous les coins libres.

La période de vaches maigres, cependant, n'appauvrit en rien la vie intellectuelle des Coelho. Le Dr Pedro cessa d'acheter des disques d'opéra et de musique classique, mais il ne perdit pas l'habitude d'écouter tous les soirs des airs qui demeureront à tout jamais dans la mémoire de la famille. Quand ce n'était pas le phonographe du père, les voisins qui tendaient l'oreille devant la maison n° 11 pouvaient entendre des accords de Bach et de Tchaïkovski que Lygia faisait vibrer sur le piano qui l'accompagnait depuis l'époque où elle était célibataire. Les gens se souviennent aussi que les murs de la maison, par ses soins plus que ceux de son mari, étaient garnis d'étagères de livres formant une bibliothèque digne de ce nom, qui serait agrandie d'ouvrages pour enfants après la naissance du fils et de la fille.

Au début de 1952, les parents inscrivirent Paulo, âgé de 4 ans et demi, à la maternelle São Patrício, où il passa deux ans. Comme elle souhaitait que son fils étudie au collège Santo Inácio, la mère le transféra en 1954 à l'école Nossa Senhora das Vitórias, installée dans une grande maison entourée d'arbres à quelques blocs de la villa, dont on pouvait lire la devise sur le portail d'entrée : « Tout pour l'élève et l'élève pour Dieu. » Bien qu'elle ne fût pas formellement rattachée à la Compagnie de Jésus, Nossa Senhora das Vitórias était considérée comme le meilleur chemin pour entrer au collège Santo Inácio, l'institution la plus traditionnelle du genre à Rio. Dirigé par les jésuites, Santo Inácio partageait avec Pedro II la réputation d'être le plus respectable établissement d'éducation de la ville pour les petits. En plus d'offrir un enseignement de qualité, Pedro II avait pour atout le grand avantage d'être une école publique fédérale et, par conséquent, gratuite. Mais seul le coûteux Santo Inácio garantissait quelque chose d'essentiel pour les Coelho : la rigueur et la rude discipline avec laquelle les jésuites imposaient à leurs élèves la connaissance et, surtout, la foi. Durant des décennies, professeurs et parents se plurent à répéter fièrement que Santo Inácio non seulement transmettait la connaissance, mais forgeait le caractère de ses élèves. Son coût élevé n'avait pas d'importance, car dans l'esprit de Lygia et de Pedro, c'était exactement ce dont leur fils avait besoin : discipline rigoureuse dans les études et rudesse dans la formation du caractère.

En effet, dans le cas de Paulo du moins, il semble que le cordon sanitaire établi autour de la villa pour protéger les enfants des maux qui proliféraient dans la rue n'avait donné aucun résultat. À peine avait-il plus de 5 ans, que les voisins considéraient qu'il avait une influence négative sur leurs fils. Comme il y avait deux autres garçons de la villa qui portaient le même prénom (ses cousins Paulo Arraes et Paulo Araripe), lui, on l'appelait simplement « Coelho ». Au grand désespoir de Lygia et de Pedro, ce qui n'était auparavant qu'un simple soupçon s'avéra être la triste vérité : Coelho était responsable de beaucoup de choses étranges qui se produisaient dans la petite communauté. Ce fut d'abord une petite fille que l'on trouva serrée contre un arbre, pieds et mains attachés par des cordes, et qui n'eut pas le courage de dénoncer l'auteur du méfait. Puis on apprit que, dans le silence de la nuit, les garçons organisaient des courses de petits poussins – compétitions qui se terminaient par la mort par étouffement de tous les concurrents, à l'exception du vainqueur. Un jour, quelqu'un remplaça par de l'eau le contenu des flacons de laque des filles de la villa. Et ce fut l'une des victimes, Cecília Arraes, une cousine plus âgée de quelques années, qui déchiffra le mystère. Dans une cachette des garçons, elle trouva une serviette bourrée de papiers révélateurs : tout cela était l'œuvre d'une « organisation secrète » avec statuts, direction et procès-verbaux des réunions régulières. C'était l'« Organisation Arco » – sigle provenant des deux premières lettres des noms Araripe, de Paulo Araripe, et Coelho, de Paulo Coelho, les auteurs des petits délits. Cecília coinça le futur écrivain :

— Qu'est-ce que c'est que cette affaire d'Arco ? Que fait cette organisation ? Si tu ne m'expliques pas, je raconte tout à tes parents.

Il prit peur :

— C'est une organisation secrète, alors je n'ai pas le droit de dire quoi que ce soit.

Comme la cousine insistait et menaçait, il implora :

— Pour l'amour de Dieu, je ne peux rien dire. La seule chose que je peux révéler, c'est que l'Arco est une organisation spécialisée dans le sabotage.

Et il alla plus loin : l'eau dans la laque de Cecília tout comme la petite fille attachée à l'arbre, c'étaient pour les punir d'avoir envahi la frontière tracée à la craie sur le sol de la villa, ligne qui démarquait les limites du territoire de l'Arco, « interdit aux filles ». Quand les indices de l'implication de Paulo arrivèrent à la maison numéro 11, il était indiscutable que le garçon était prêt pour être confié aux mains rudes et sages des pères jésuites.

Le premier changement imposé dans sa vie par Nossa Senhora das Vitórias fut l'inversion du calendrier scolaire. Pour qu'ils s'habituent au régime qui les attendait à Santo Inácio, les élèves ne jouiraient plus du repos hebdomadaire le samedi, comme dans toutes les autres écoles du pays, mais le mercredi. Cela réduisait à un jour par semaine – le dimanche – le temps disponible pour jouer avec les amis de la villa. Le samedi, quand tout le monde était de repos, il était obligé de passer la journée à l'école. En congé le mercredi, sans aucun compagnon, il n'avait d'autre choix que de rester à la maison à lire et étudier.

Paulo et la bande de la dangereuse Organisation Arco, qui parfois substituait aux sabotages la vente de petits sachets parfumés pour femmes.

Comme elle s'occupait d'enfants âgés de 7 à 11 ans, Nossa Senhora das Vitórias tenait à leur inculquer très tôt d'autres valeurs que la réussite scolaire, le respect mutuel par exemple. Ce n'est pas un hasard si l'un des articles du décalogue de l'école, imprimé sur tous les cahiers et que les élèves devaient savoir par cœur, était le suivant : « Mortifier par des mots et par des rires les camarades moins talentueux ou moins préparés est un manque de civilité, de charité chrétienne et de camaraderie. » L'efficacité des jésuites pour lui inculquer la foi, qui allait affecter profondément sa vie, n'a pas d'équivalence dans l'éducation traditionnelle. Paulo ne parvint jamais à apprendre à étudier par plaisir. Il détestait toutes les matières, sans exception. Seule l'obligation de passer dans la classe supérieure le faisait se soumettre à la torture qu'était pour lui de passer ses journées penché sur les livres. De ce fait, durant ses deux premières années à Nossa Senhora das Vitórias, il obtint de bons résultats, reçu avec des notes supérieures à 8, bien au-dessus de la moyenne générale. Même en conduite, il s'en sortit bien, ne recevant jamais de notes en dessous de 7. Mais à partir de la troisième année, les choses commencèrent à dégringoler. La chute dans ses résultats est visible dans une lettre qu'il envoie au Dr Pedro à l'occasion de la Fête des Pères en 1956 :

Papa,

Il faut maintenant que j'étudie tous les soirs avec toi, car j'ai eu 1 à l'épreuve de Mathématiques. Dans les autres matières, j'ai progressé. Voyons la différence : en Religion je suis passé de 0 à 6. Portugais : de 0 à 6,5. Mathématiques : de 4,5 à 2,5. Mon classement est très mauvais, bien que j'aie un peu progressé, passant de la 25e place à la 16e.

Cordialement

Paulo

Paulo à 10 ans, à Nossa Senhora das Vitórias : au premier rang, le deuxième en partant de la gauche.

La 25e place à laquelle il fait allusion était en réalité la dernière, car les classes de Nossa Senhora das Vitórias n'avaient que 25 garçons – oui, seulement des garçons, comme c'était le cas également à Santo Inácio, institution exclusivement masculine à l'époque. Mais qu'il soit la lanterne rouge de la classe ne signifiait pas que les Coelho élevaient chez eux un âne bâté. Au contraire. Leur fils détestait étudier, mais il adorait lire. Il lisait des contes de fées, Monteiro Lobato, Tarzan, il lisait des livres que ses parents achetaient ou que des amis lui prêtaient. Il n'était pas encore arrivé dans l'enseignement secondaire et son auteur favori était Malba Tahan, pseudonyme du mathématicien carioca Júlio César de Mello e Souza, qui écrivit des dizaines de romans situés dans le monde arabe. Peu à peu Paulo devint le conteur d'histoires de la villa. La tante Cecília Dantas Arraes, dont la fille avait été victime du coup de la laque, se souviendrait, des années plus tard, du « gamin aux jambes maigrichonnes flottant dans un short trop large. Quand il n'était pas en train de fomenter un mauvais coup, il s'asseyait sur le trottoir, les amis se rassemblaient autour de lui, et il racontait des histoires. »

Des histoires réelles ou vraies, personne n'est capable de s'en souvenir, mais qui pouvaient parler de guerres, de princes ou d'espions. Un soir, il tenait compagnie à ses parents et grands-parents devant la télévision, tous regardaient un célèbre jeu télévisé, *O Céu é o Limite*. Un professeur répondait à un questionnaire portant sur l'Empire romain, et quand le présentateur demanda qui avait succédé à Jules César, Paulo fit un bond et, à la surprise générale, répondit le premier :

— Auguste.

Et le gamin savait plus encore que le prénom :

— J'ai toujours trouvé l'empereur Auguste sympathique. Après tout, c'est lui qui a donné son nom au mois d'août, celui de ma naissance.

En savoir plus que ses amis, c'était un moyen de compenser sa fragilité physique. Pas bien gros, fluet, menu, à la villa comme à l'école Paulo était le *pele*, ce qui désignait dans l'argot carioca de l'époque le gamin qui ne se battait jamais et ne faisait que prendre des coups. Victime favorite de ses camarades, il découvrit tout de suite la façon de se faire valoir et de s'imposer : savoir des choses que personne ne savait, lire des histoires qu'aucun de ses camarades ne connaissait. Certain qu'il ne serait jamais parmi les premiers, il ne participait aux compétitions sportives au collège que lorsqu'il était noté. Mais quand il apprit qu'un concours de rédaction avait été ouvert pour les élèves de la classe, il pensa qu'il pouvait s'inscrire. Le thème était le « Père de l'Aviation », Alberto Santos-Dumont, et la limite était deux pages de cahier manuscrites. Sans l'aide de personne, il écrivit un texte court, de moins de deux cents mots :

Il était une fois un garçon du nom d'Alberto Santos-Dumont. Tous les jours tôt le matin, Alberto voyait les petits oiseaux voler et parfois il pensait : « Si les aigles volent, pourquoi ne volerais-je pas, moi qui suis plus intelligent que les aigles ? » Santos-Dumont décida alors d'étudier, son père et sa mère Francisca Dumont le mirent dans une école d'aéromodélisme.

Beaucoup avaient déjà tenté de voler, comme le père Bartolomeu et Augusto Severo. Le ballon que ce dernier avait construit est tombé, et il est mort. Mais Santos-Dumont ne renonça pas. Il construisit un dirigeable qui est un tube rempli de gaz et il vola, contourna la tour Jefel [sic] *à Paris et retourna se poser à l'endroit d'où il était parti.*

Il décida alors d'inventer un aéroplane plus lourd que l'air. L'armature était faite de bambou et de soie. En 1906 dans le parc de Bagatelle l'avion fut esprimenté [sic]. *Beaucoup de gens riaient en pensant qu'il ne volerait pas. L'essai commença, Santos-Dumont, après quatorze répétitions, parcou-*

rut plus de 220 mètres, soudain les roues se levèrent. La foule voyant cela s'écria « oh ! » et voilà. L'aviation était inventée.

Les élèves de la classe devaient voter pour choisir la meilleure composition. Paulo semblait avoir si peu confiance en lui qu'à l'heure de voter il finit par choisir la rédaction d'un camarade. Les votes dépouillés, quelle ne fut sa surprise d'apprendre qu'il avait gagné le concours. Le camarade pour lequel il avait voté était en deuxième place, mais il fut disqualifié quand on découvrit qu'il avait intégralement plagié le texte d'un article de journal.

Cependant, il ne parvint pas à reproduire dans les autres matières son succès au concours. Quand vint l'heure de passer l'examen d'admission au collège Santo Inácio, la rigueur et les sacrifices imposés par le dur régime de Nossa Senhora das Vitórias ne lui furent d'aucun secours, et il fut recalé. Le châtiment ne tarda pas : pour se préparer aux examens de rattrapage, il serait obligé de rester à Rio pour prendre des cours particuliers, et il n'aurait pas droit aux vacances annuelles avec la famille à Araruama, une ville agréable au bord d'un lac sur le littoral de l'État de Rio, à cent kilomètres de Rio de Janeiro, où vivait un de ses oncles. Pour qu'il n'ait pas de temps morts, sa mère, préoccupée également par la fragilité physique de son fils, décida que le matin il suivrait un cours d'éducation physique dans une colonie de vacances de la Fortaleza de São João, une unité de l'Armée située dans le tranquille et romantique quartier d'Urca, dans la région centre de Rio. Contraint à deux choses qu'il détestait – les exercices physiques le matin et l'étude l'après-midi –, Paulo eut l'impression de passer deux mois en enfer.

Tous les matins, Lygia prenait avec le gamin un autobus qui allait directement de Botafogo à Urca et le livrait à ses bourreaux. Le comble du cauchemar était le maudit saut dans la rivière que les garçons – une cinquantaine – étaient obligés de faire tous les jours, au terme d'un interminable parcours de flexions, courses et exercices à la barre. Toujours accompagnés d'instructeurs adultes, les garçons étaient mis en rang et devaient sauter d'un pont dans l'eau glacée du cours d'eau qui traverse le bois entourant la Forteresse. Même s'il savait que personne ne risquait de se noyer ou de se blesser, Paulo paniquait au seul souvenir de cette scène. Tous les jours, pendant les premières semaines, il était le dernier de la file. Jusqu'à ce qu'arrive son heure de poser les mains sur le parapet et de sauter dans le vide, il souffrait à chaque fraction de seconde. Son cœur battait, ses mains étaient trempées de sueur froide, il avait envie de pleurer, d'appeler sa mère, de pisser dans son pantalon, n'importe quoi, il aurait fait n'importe quoi pour ne pas avoir à sauter de là-haut. Mais la peur de passer pour un lâche était la plus forte et il se résigna à souffrir tous les jours. Et puis, sans le conseil de personne, il trouva la solution :

— Si je suis le premier de la file, je souffrirai moins longtemps.

Le problème était résolu.

— Ce n'est pas que je n'avais plus peur de sauter, se souviendra-t-il des années plus tard. Mais la souffrance avait pris fin et j'ai appris ma première leçon dans la vie : si tu vas avoir mal, affronte le problème tout de suite, au moins cela met fin à la douleur.

Le fait est que ces deux mois avaient été un gaspillage d'argent et de souffrance. D'abord parce que les cours particuliers se révélèrent un échec. Paulo ne réussit pas l'examen d'admission et le cours d'éducation physique de la Fortaleza de São João eut des résultats encore plus médiocres. Il continua à se faire tabasser chaque fois qu'il se mêlait à une bagarre. Un jour, il rentra de son nouveau collège en pleurant et raconta à sa mère qu'il avait encore été rossé par un camarade. Lygia réagit durement.

— Mais qu'est-ce que c'est que ça ? s'enquit-elle, refusant de consoler son fils. Tu te fais tabasser à l'école et tu viens en pleurant te cacher dans les jupes de ta mère ?

Comme cette fois il s'agissait d'un gamin plus âgé, elle alla à l'école dénoncer l'agresseur, mais elle en profita pour se plaindre de la réaction de son fils, inconcevable pour un pupille d'Ignace de Loyola, le saint guerrier.

Ce qui importait, cependant, c'est qu'après avoir passé toute l'année 1958 à se préparer, il avait réussi à intégrer Santo Inácio à la seconde tentative, avec, en plus, une excellente moyenne de 8,3. Des notes élevées comme celles-ci assuraient non seulement son admission au collège mais aussi attribuaient au candidat un titre de noblesse – dans son cas, 8,3 signifiait qu'il serait désormais le *comte* Paulo Coelho de Souza. Si au cours de l'année ses résultats s'amélioraient encore, il pouvait être promu *marquis* ou peut-être même, comme le rêvaient tous les parents, *duc*, titre réservé à ceux qui terminaient l'année avec 10 dans toutes les matières.

Mais, il ne donnerait pas cette joie à ses parents. Si l'on considère toute l'histoire de sa scolarité, de la maternelle à l'université, la réussite à l'examen d'admission fut le seul moment de gloire dans sa vie d'étudiant. Le graphique produit par ses bulletins scolaires depuis 1959 révèle une courbe descendante qui ne se terminera qu'à la fin du cours scientifique, en 1965, dans l'un des plus mauvais collèges de Rio de Janeiro. Comparée à ses performances postérieures, cette approbation surprenante acquiert l'apparence d'un message aux parents. C'est comme s'il avait dit à Lygia et à Pedro : votre rêve d'avoir un fils à Santo Inácio est réalisé, maintenant laissez-moi en paix. Ce 8,3 paraît, comme dans l'expression qu'il utilisera dans son œuvre, des années plus tard, son dernier haut fait dans le monde normal.

3
La scolarité

Si le Diable se cachait dans les vénérables murs du collège Santo Inácio, le paradis se trouvait à une centaine de kilomètres de Rio et s'appelait Araruama. C'était là que Paulo Coelho passait les vacances scolaires, presque toujours en compagnie de sa sœur Sônia Maria, de deux ans sa cadette. Quand les finances familiales le permettaient – ce qui était peu fréquent, vu que l'excédent du budget domestique était drainé vers le projet de la maison de Gávea –, ils allaient à Belém do Pará, la ville où vivaient les grands-parents paternels. Cette routine ne s'interrompait que si l'un des deux était obligé de passer les vacances à Rio, s'accrochant à un rattrapage ou prenant des cours de soutien. En réalité, cela n'arriverait qu'à Paulo, car sa sœur, elle, se montrait une fille exemplaire. Selon le même critère, donner aux enfants la meilleure éducation sans regarder à la dépense, Sônia avait été inscrite très tôt au collège Jacobina, une sorte de Santo Inácio en version féminine, où elle se révélerait une étudiante appliquée, responsable et intéressée par la chimie, ce qui pouvait laisser prévoir qu'elle deviendrait, adulte, une scientifique respectée.

Située dans la région des Lacs dans l'État de Rio de Janeiro et célèbre pour ses salines interminables, Araruama n'avait pas été choisie par les Coelho pour ses beautés naturelles, ni pour les propriétés curatives de ses sables, mais parce que l'hospitalité y était assurée à tous dans la maison

Paulo à 15 ans, en classe de secondaire au Collège Santo Inácio : chaque année, Paulo devient un élève de plus en plus mauvais.

d'un grand-oncle de Paulo, l'excentrique José Braz Araripe. Formé en ingénierie mécanique, il avait été recruté dans les années 1920 par le Lóide Brasileiro, une entreprise d'État de navigation, pour diriger les ateliers de réparation navale que la compagnie maintenait aux États-Unis. Aidé par un autre ingénieur brésilien, Fernando Iehly de Lemos, Araripe passait tout son temps libre sur les machines et dans les laboratoires du Lóide, travaillant au développement d'une invention qui allait changer sa vie – et celle de millions et de millions de consommateurs dans le monde entier, quelque chose que l'écrasante majorité des Brésiliens ignore totalement : la boîte de vitesses automatique. Oncle José était parti d'un prototype créé en 1904 par les frères Sturtevant, de Boston, aux États-Unis, et qui n'avait pas été développé industriellement parce qu'il n'avait que deux vitesses et fonctionnait uniquement si le moteur tournait à plein. Ce n'est qu'en 1932, après des milliers d'heures d'essais, que l'engin révolutionnaire d'Araripe et Lemos fut enfin breveté. Cette année-là, General Motors leur acheta les droits de production en série – qui commencerait en 1938, quand la GM annonça que l'Oldsmobile, une des marques que produisait l'entreprise, serait équipée en option de la plus grande nouveauté depuis l'invention de l'automobile, le système *Hydra-Matic*, un luxe pour lequel le consommateur payait un supplément de soixante-dix dollars, environ un dixième du prix total de la voiture. Les informations concernant la forme de rémunération des deux Brésiliens sont contradictoires : certains assurent que chacun empocha une petite fortune en argent, à vue, et rien de plus. D'autres affirment qu'ils auraient tous les deux choisi de recevoir, tant qu'ils vivraient, un pourcentage sur chaque boîte de vitesse commercialisée. Quoi qu'il en soit, dès lors, l'argent ne fut plus jamais un problème pour Araripe – « tonton José », comme l'appelaient ses petits-neveux.

Son compte bancaire bien garni et n'ayant pas à se préoccuper de son avenir, il démissionna du Lóide et retourna au Brésil. Normalement il aurait dû revenir habiter Rio, où vivait la famille. Mais au cours de son séjour aux États-Unis, il avait eu un petit accident de travail qui avait limité en partie les mouvements de son bras gauche – et quelqu'un lui avait dit que les sables noirs d'Araruama étaient bénéfiques pour ce type de problème. Il s'y installa, acheta un grand terrain dans la rue Oscar-Clark, l'une des grandes rues de la ville, et construisit ce qui serait sa plus visible extravagance : une maison de six chambres avec cloisons et meubles amovibles. Sur ordre du propriétaire, murs, lits et tables remontaient, et en quelques minutes la résidence redevenait le vaste hangar dans lequel l'oncle concevait et construisait ses inventions.

L'été, le système de poulies faisait redescendre murs et meubles, et la maison était prête pour recevoir les enfants. Un soir par semaine, en période de vacances, les murs disparaissaient de nouveau pour faire place à un projecteur de films 35 mm professionnel, et le hangar se transformait en salle de cinéma. Certains étés, oncle José recevait plus de vingt hôtes, parmi lesquels ses petits-neveux, leurs copains et les quelques adultes qui avaient l'impossible mission de surveiller les petits. Les parents des enfants désapprouvaient le comportement extravagant de l'oncle, mais les commodités qu'il offrait avaient le dernier mot. Les mères inquiètes se chuchotaient à l'oreille que José non seulement était athée, mais qu'il organisait des séances fermées de films pornographiques, quand il n'y avait que des enfants dans la maison – ce qui, d'ailleurs, était vrai. L'inventeur, un homme de 60 ans qui ne s'était jamais marié, mais qui se découvrirait beaucoup plus tard une fille dont il ignorait l'existence, ne retirait que dans les grandes occasions sa salopette en toile tachée d'huile (sous laquelle il ne portait jamais de caleçon). Quand il décida de changer de voiture, par exemple, il alla à Rio, rendit visite à plusieurs concessionnaires et finalement choisit une Mercedes flambant neuve. Mais il ne réussit à la sortir du magasin

Les souvenirs d'un paradis appelé Araruama : la fantastique maison de l'oncle José et les ailes du premier petit oiseau tué par Paulo.

qu'après maints appels téléphoniques et vérifications auprès de sa banque, car le vendeur redoutait de livrer une voiture aussi luxueuse à quelqu'un qui portait une salopette immonde et râpée à l'arrière, qui laissait entrevoir ses fesses blanches. Ouvert et généreux, il partageait les excentricités de la maison avec le voisinage. Apprenant que la télévision qu'il venait d'acheter était la seule de la ville, il n'hésita pas à tourner l'écran vers la rue et improviser une petite rangée de bancs pour que tout le monde puisse profiter, de 7 heures à 10 heures du soir, de la nouvelle mode nationale.

Michele Conte et Jorge Luiz Ramos, deux amis de Paulo à Araruama, se souviennent que chaque année il arrivait de Rio avec une nouveauté. Une fois ce fut le fusil Diana à air comprimé, avec lequel il tua son premier oisillon, un *tiziu* dont les ailes noires furent soigneusement sectionnées et collées sur un morceau de papier avec la date et les caractéristiques de l'oiseau (un trophée qui demeurerait parmi les objets souvenirs d'enfance de l'écrivain, chez lui à Rio). L'année suivante il apparut avec un masque de plongée et des palmes en caoutchouc, ce qui encouragea oncle José à lui fabriquer un harpon pour la pêche sous-marine dont les flèches étaient propulsées par un ressort en cuivre, comme dans les anciennes arbalètes du Moyen Âge.

Comme les autres garçons, visiteurs ou natifs, Paulo se réveillait tous les jours avant le lever du jour. Le souvenir qu'il a laissé dans la ville est celui d'un garçon aux jambes maigres avec des chaussettes jusqu'aux genoux, une culotte trop large et un mouchoir à la main pour moucher un nez qui semblait couler sans arrêt. La bande disparaissait dans les bois et près des lacs de la région, volait des bateaux pour aller à la pêche, envahissait les vergers, explorait grottes et cavernes. De retour à la maison à la fin de la journée, le produit de l'expédition – des tourterelles tuées à coup de petits plombs ou des poissons de rivière, *traíras* et *carapebas*, attrapés avec le harpon de l'oncle José – était remis à

Rosa, la cuisinière de la maison, qui nettoyait et préparait tout pour le dîner. Il était courant que quelqu'un revienne blessé ou, comme cela arriva une fois à Paulo, soit arrêté par le garde forestier pour avoir chassé des animaux de la forêt.

Les fins de semaine où elle venait à la ville voir les enfants, Lygia se mêlait au climat de lupanar, prenait son violon et passait les soirées à faire vibrer les chansons du chanteur américain d'origine mexicaine Trini Lopez et du débutant Roberto Carlos, accompagnée par la jeunesse. La seule activité qui ne plaisait pas à Paulo, c'étaient les bals du Carnaval. Il trouvait beaux les défilés costumés de Rio, mais il détestait danser. Il se sentait ridicule quand ses amis l'obligeaient à sautiller dans les bals d'Araruama. Pour ne pas se sentir humilié, dès qu'il arrivait au club, il allait droit aux toilettes, passait sa chemise sous le robinet et la remettait, trempée. Si quelqu'un l'invitait à entrer dans les cordons qui tournaient dans le salon, il avait une excuse manifeste :

— Je viens de danser, regarde, je suis en sueur. Je m'arrête un peu et je reviens.

Araruama serait aussi le cadre des découvertes adolescentes, comme la première cuite. Deux bouteilles de rhum achetées en secret à Rio et cachées au milieu des vêtements, au fond de la valise, furent consommées en quelques minutes par lui et deux amis sur une plage déserte de la ville. Le choc fut si violent que Paulo s'endormit sur la plage et se réveilla des heures plus tard le corps enflé par les brûlures du soleil. Il fut malade plusieurs jours. L'effet de l'ivresse fut tellement dévastateur que, contrairement à une bonne partie des garçons de sa génération, Paulo ne serait jamais un buveur invétéré.

Il connut également son premier baiser dans une de ces fêtes. Bien qu'il affirmât avec ostentation à ses amis, de manière théâtrale, que le destin lui avait réservé « un autre sort pour son premier baiser – une prostituée », il eut bien lieu dans l'atmosphère innocente d'Araruama, donné par Élide, la Dedê, sœur aînée de l'ami Michele et un peu plus jeune que Paulo –, qui, officiellement, devint la première petite amie de l'écrivain. Et ce fut aussi à Araruama qu'il éprouva sa première pulsion sexuelle. Cela se produisit après qu'il eut découvert que les cloisons fabriquées par l'oncle José étaient d'un bois peu épais, pour être hissées facilement. Le neveu se mit à percer, petit à petit et silencieusement, le mur proche de son lit avec la pointe d'un canif, sans attirer l'attention de personne, et il ouvrit ainsi un petit orifice. C'était suffisant pour qu'il jouisse désormais d'un privilège solitaire, avant de dormir : espionner les cousines, qui occupaient la chambre voisine, complètement nues. La première fois ce fut un choc : en voyant de ses propres yeux, émerveillé, que les filles avaient un sexe couvert de poils crépus, Paulo en eut le souffle coupé, il fut pris de tachycardie et ses jambes se mirent à trembler. L'émotion était telle qu'il redouta de souffrir d'une crise d'asthme et de tout fiche en l'air.

Ce fut en effet la mauvaise nouvelle qui vint avec la puberté. Les complications respiratoires qui ne le quittaient pas depuis l'enfance avaient évolué vers un asthme handicapant. Provoquées par des causes diverses – changements de climat, poussière, moisissure, fumée –, les crises étaient imprévisibles. Elles commençaient par un manque d'air, une toux et un sifflement dans la poitrine, et produisaient une sensation d'asphyxie qui exigeait un tel effort pour expulser l'air qu'il semblait lui crever les poumons. Depuis la première manifestation de la maladie, pendant un court voyage de la famille sur la plage de Guarapari, dans l'Espírito Santo, Paulo garda toujours sur lui un sac plein de sirops, de bronchodilatateurs (en général des comprimés à base de cortisone) et son inséparable « petite bombe » de spray contenant le médicament qui soulageait les crises. Il était courant que les parents se relaient plusieurs nuits de suite près de son lit pour lui porter secours en cas d'urgence. Désespérée, Lygia alla jusqu'à le conduire chez un médecin spirite, recommandé par des amis. Quand ils entrèrent dans le cabinet de consultation, l'homme regarda fixement dans les yeux Paulo assis devant lui, et ne prononça que cinq mots :

— Je vois le Dr Fritz[1].

Il n'en fallut pas plus pour que la mère prenne son fils par la main et l'emmène, grommelant que « ce n'était pas un endroit pour un chrétien ». Quand l'asthme se manifestait à Araruama, loin des soins maternels, l'échange de lettres entre Paulo et sa mère devenait plus fréquent, et parfois affligeant. « Tu ne pourrais pas venir avec tante Elisa pour t'occuper de moi ? » demandait-il en pleurant. Ce qui provoquait souvent des télégrammes inquiets de Lygia à la tante qui s'occupait des enfants à la plage : « Je me fais beaucoup de souci pour l'asthme de Paulo. Le médecin a prescrit une ampoule de Reductil pendant trois jours et deux comprimés de Medicorten par jour. Donne des nouvelles. »

Bien qu'il eût l'habitude de dire qu'il aimait beaucoup recevoir des lettres, mais pas les écrire, dès qu'il sut lire et écrire, Paulo profitait de toutes les fêtes pour remplir des pages et des pages adressées surtout à ses parents. Leur contenu révèle un garçon mûr, délicat et inquiet de sa réputation de mauvais élève indocile. Celles écrites à Lygia étaient doucereuses et se confondaient en gentillesses, comme celle-ci, envoyée pour la Fête des Mères en 1957, quand il avait 9 ans :

Chère maman, non, nous n'avons pas besoin du 8 mai pour nous rappeler toutes les bonnes choses que nous avons reçues de toi. De ta tendresse et de ton dévouement qui sont

1. Adolf Fritz, appelé Dr Fritz, était un médecin dont l'esprit, raconte-t-on, habitait de nombreux chirurgiens psychiques au Brésil, depuis José Arigó dans les années 1950 à aujourd'hui. Il n'y a jamais eu de preuve qu'il ait réellement existé. (N.d.E.)

constants bien que nous soyons très souvent des enfants affreux et désobéissants [...].

Mais c'est vraiment ton amour qui nous sauve. Cet amour qui est élastique et qui n'éclate jamais comme ces chewing-gums... Que Dieu te garde, maman chérie et pardonne mes erreurs parce que je suis encore petit et je promets de m'amender le plus vite possible.

Affectueusement,

Paulinho

Malgré quelques étincelles de tendresse ici et là, les lettres adressées au père étaient plus formelles, y compris dans la signature, et presque toujours revendicatives :

Papa,

As-tu déjà fait rédiger mes imprimés ? Et la nouvelle maison, c'est pour bientôt ? Quand allons-nous déménager ?

Je compte sur ta présence ici quand tu viendras.

Amicalement,

Paulo Coelho

Avec le temps, écrire des lettres devint une habitude. Il écrivait à ses parents, oncles, grands-parents et amis. S'il n'y avait plus de destinataires possibles, il inscrivait simplement des idées sur des petits bouts de papier, puis il cachait les notes dans un endroit secret, à l'abri des regards indiscrets. Vers 12 ans, il acheta un agenda, de ceux qui tiennent dans la paume de la main d'un adulte, sur les pages duquel il se mit à faire des annotations quotidiennes. Il écrivait toujours à l'encre, d'une écriture encore irrégulière et mal assurée, mais dans un portugais presque parfait. Il commença en enregistrant les tâches typiques d'un adolescent – « ranger ma table », « anniversaire de Fred » ou « télégraphier à pépé Cazuza » – et peu à peu il se mit à noter non seulement les pense-bêtes, mais aussi ce qu'il avait fait. Ou vu, ou simplement pensé. Quelquefois c'étaient de courtes inscriptions avec des mots-clés qui ne semblaient faire sens que pour lui, comme « échanger s. avec Zeca », « papa : équations » ou « faire la partie E du plan ». Sa première ébauche d'autoportrait date de cette époque :

Je suis né le 24 août 1947 à la Maison de Santé São José. Depuis que je suis tout petit, j'habite dans cette villa. J'ai étudié dans trois collèges et dans tous les trois j'ai été considéré comme un prince, pour la manière dont je m'habillais. Dans tous les collèges où j'ai été j'ai toujours eu des bonnes notes.

J'aime beaucoup étudier, mais j'aime bien aussi m'amuser. Je ne me suis jamais intéressé à l'opéra ni aux chansons romantiques. Je déteste le rock'n'roll, mais j'aime beaucoup la musique populaire brésilienne. Je n'aime le carnaval que quand on m'emmène aux bals costumés.

J'aime beaucoup les aventures, mais j'ai très peur des choses dangereuses. [...] J'ai déjà eu plusieurs copines. J'adore le sport. Plus tard, je voudrais devenir chimiste, parce que j'aime bien toucher les flacons et les médicaments. J'aime beaucoup le cinéma, la pêche et l'aéromodélisme.

J'aime beaucoup lire des BD et les mots croisés. Je déteste faire des pique-niques et des excursions et je n'aime pas non plus ce qui fatigue.

Cet exercice régulier d'écriture sur lui-même ou sur des faits de son quotidien séduisit Paulo de telle manière qu'il se mit à tout enregistrer – soit dans un journal manuscrit, soit en dictant à un petit magnétophone et en gardant les cassettes. Avec l'avènement de l'informatique, il échangea les cahiers à spirales contre des archives numériques. Il rassembla toute la production accumulée jusque-là et déposa dans un coffre, fermé par un cadenas, pas moins de quatre décennies de confessions. Dans ces 170 gros cahiers manuscrits et 94 CD audio reposent les petits faits de sa vie et de son âme depuis 1959, quand il avait 12 ans, jusqu'en

1995 où, à 48 ans, il se mit à écrire directement sur l'ordinateur. Déjà adulte et célèbre, il fixa dans un testament public que, immédiatement après sa mort, le coffre devrait être incinéré avec tout son contenu – décision postérieurement révoquée au bénéfice de cette biographie. On tient pour certain que, sauf dans les cas où ils sont produits pour la publication, les journaux contiennent l'espoir implicite qu'un jour quelqu'un lira tout cela – sinon ils n'auraient pas été écrits. Comme ces notes ont été produites quasi simultanément à l'émotion ou à l'action décrites, sans le temps suffisant pour que les faits soient mieux élaborés, elles finissent le plus souvent par être de véritables exercices de catharsis pour l'auteur. C'est évident dans les journaux de Paulo : ce qui attire l'attention, c'est le nombre important des pages consacrées aux aspects sombres, parfois pervers, de sa personnalité, au détriment de son côté plus généreux et sensible, comme de ses conquêtes et de ses moments heureux qui, bien que moins fréquents au cours de cette période, ne devraient pas manquer de figurer pour autant.

Le journal donnait à l'auteur la liberté d'imaginer à sa guise. Contrairement à ce qu'il a écrit, Paulo s'habillait rarement avec soin, il abominait l'étude autant que la pratique des sports, et ses amours n'avaient pas toujours une fin heureuse. D'après sa comptabilité, pouvaient être considérées comme des petites amies la cousine Cecília (celle de la laque), avec qui il avait eu un flirt ; la voisine Mônica ; et Ana Maria, la Tatá, une jolie brunette portant un appareil dentaire. Perturbante comme le sont souvent les passions juvéniles, l'apparition de cette fille dans sa vie le bouleversa, et mérita des rapports aux couleurs dramatiques. « Pour la première fois j'ai pleuré à cause d'une fille », écrivit-il. « Avec elle j'ai connu le malheur, le dégoût de la vie. » La nuit, se retournant dans son lit, insomniaque, il se voyait en personnage d'une tragédie de Nelson Rodrigues : passant en bicyclette devant la maison de la petite amie, il était renversé par une voiture et tombait à terre, ensanglanté. Venue on ne sait d'où, elle s'agenouillait en pleurs au-dessus de son corps, à temps pour l'entendre prononcer ses dernières paroles, avant de rendre l'âme :

— Ceci est mon sang. Il a été versé pour toi. Ne m'oublie pas...

Bien que ce fût une relation platonique, le rejet des parents de la jeune fille fut immédiat. Interdite de poursuivre son amourette avec ce « garçon bizarre », piquée dans son amour-propre, elle affronta l'opposition de sa famille. Sa mère l'avait même frappée, lui confia-t-elle, mais elle ne renonça pas à lui pour autant. Paulo passait les vacances à Araruama quand la nouvelle lui parvint par la poste, en deux lignes écrites par Chico, un ami de la villa : « Tatá te fait dire que tout est terminé. Elle a un autre amoureux. » Ce fut comme si les murs de la maison de l'oncle José s'écroulaient sur sa tête. Il ne s'agissait pas seulement de la perte de la petite amie, mais de l'humiliation devant ses copains pour avoir été si misérablement trahi, trompé par une femme. Il acceptait tout, sauf de « perdre la face à la villa ». Alors, il inventa une histoire abracadabrante, transmise par courrier à l'ami, le lendemain : Chico était autorisé à révéler à tous le secret qui entourait son histoire avec Tatá. En réalité, mentit-il, il n'avait jamais rien éprouvé pour elle, mais comme il était un « agent secret du CIC – Central Intelligence Center –, agence d'espionnage des États-Unis », il avait reçu la mission de ficher la petite. Il l'avait approchée pour cette unique raison. Une semaine plus tard, après avoir lu la nouvelle lettre de Chico, il nota dans son journal : « Il a cru à mon histoire, mais à partir de maintenant je devrai vivre de mensonges collectifs. Les apparences sont sauves, mais mon cœur est en feu. »

Lygia et Pedro avaient aussi le cœur en feu, et ce n'était pas par amour. Les premiers mois de leur fils au cours d'enseignement secondaire de Santo Inácio avaient été un désastre. La remise des bulletins de notes mensuels était jour de querelle à la maison. Tandis que sa sœur Sônia

Maria brillait aux premières places à Jacobina, Paulo tombait de plus en plus bas. À de rares exceptions – en général des matières sans importance, comme le chant ou les travaux manuels –, il atteignait à peine le 5 de moyenne exigé pour le maintien au collège. Seulement après que lui fut imposée une sévère surveillance domestique, l'obligeant à étudier des heures de suite à la maison, et à coup de cours de soutien dans plusieurs disciplines, il parvint à terminer la sixième, et encore avec la médiocre moyenne générale de 6,3. En cinquième, la situation empira. Il avait toujours de bonnes notes en chant, mais il n'atteignait même pas la moyenne dans les matières importantes : les mathématiques, le portugais, l'histoire, la géographie, le latin, l'anglais...

Les parents, toutefois, savaient que leur fils était un bon garçon et que la main de fer des jésuites le remettrait sur le bon chemin. Avec le temps, Paulo devenait de plus en plus timide, renfermé et mal assuré. Peu à peu, il perdit tout intérêt, même pour le programme préféré des camarades de Santo Inácio : faire le planton à la porte du collège Jacobina, où étudiait sa sœur Sônia Maria, pour assister à la sortie des filles. C'était un rafraîchissement dont beaucoup se souviendraient pour le restant de leur vie, comme l'ex-élève Ricardo Hofstetter, qui allait devenir écrivain et scénariste :

— C'était magique de franchir ces deux ou trois pâtés de maisons pour les voir sortir. Je garde encore aujourd'hui cette image en tête : les jambes délicates et délicieuses des filles, moitié à l'air, moitié cachées par ces jupes plissées. Elles sortaient en bandes, des bandes de jambes et de jupes plissées que le vent rendait encore plus intéressantes. Ceux qui réussissaient cet exploit assurent qu'il n'y avait rien de plus sublime au monde, mais je ne suis jamais sorti avec une fille de Jacobina.

Paulo non plus. Ni de Jacobina ni d'un autre collège. Mis à part les flirts et les petits billets échangés avec les filles de la villa ou d'Araruama, il était arrivé à l'adolescence sans avoir jamais eu véritablement de petite amie. Quand les copains se réunissaient pour fanfaronner à propos de leurs charmantes conquêtes – en réalité, rien de plus que baisers rapides, serrements de mains et éventuels attouchements – il était le seul qui n'avait aucune aventure à raconter. Le destin n'avait pas fait de lui un joli garçon. Sa tête était trop grosse pour son corps fluet et ses épaules étroites. Ses lèvres étaient épaisses, comme celles du père, et son nez paraissait trop imposant pour le visage d'un garçon de cet âge. Chaque jour plus solitaire, Paulo se réfugiait dans les livres – pas ceux dont les pères de Santo Inácio exigeaient la lecture, qu'il détestait, mais dans les récits d'aventures et dans les romans. Même s'il était devenu un lecteur vorace, cela ne contribuait pas à améliorer ses résultats scolaires. Chaque fin d'année, à la cérémonie publique de remise des prix aux meilleurs élèves, il s'était habitué à voir ses camarades, dont certains étaient de futures grandes figures de la vie publique brésilienne, se lever pour recevoir diplômes et médailles, tandis que son nom n'était jamais appelé pour monter sur l'estrade. Ce qui est certain, c'est que c'était de justesse qu'il n'avait pas perdu son année et dû trouver une autre école, vu que, à Santo Inácio, le redoublement était synonyme de renvoi.

Si, comme étudiant, leur fils échouait de façon retentissante, les parents nourrissaient encore l'espoir qu'il devînt un bon chrétien. Et sur ce terrain, il semblait en bonne voie. Réfractaire aux études, il se sentait à l'aise dans la lourde atmosphère religieuse du collège. Habillé en uniforme de gala, il allait sans protester à la messe obligatoire du dimanche, entièrement célébrée en latin, et s'était familiarisé avec les rituels énigmatiques, comme recouvrir de manteaux rouges les statues de saints pendant le Carême. Même les catacombes ténébreuses où reposaient les restes mortels de certains jésuites éveillaient sa curiosité, bien qu'il n'eût jamais eu le courage d'y entrer. Lygia et Pedro retrouvèrent l'espoir de sauver l'âme de leur fils quand, en troisième, il prit l'initiative de s'inscrire à l'une des retraites spirituelles proposées par Santo Inácio. Les rencontres duraient de trois à quatre jours et étaient réalisées pendant la semaine, pour éviter toute ressemblance avec une colonie de vacances ou de récréation. Et elles avaient toujours lieu à la Casa de Retiros Padre Anchieta, ou simplement Casa da Gávea, ainsi qu'elle était connue, une maison de campagne perchée dans ce qui était alors le lointain quartier de São Conrado, à quinze kilomètres du centre de Rio. Construit en 1935 et entouré d'un bois fermé, le siège était une pesante demeure blanche de trois étages avec trente fenêtres bleues sur la façade, correspondant aux trente chambres où restaient les hôtes. De partout on avait une vue splendide sur la plage déserte de São Conrado. Les jésuites ne se lassaient pas de répéter que le silence dans la Maison était si profond et si rigoureusement respecté qu'à tout moment du jour ou de la nuit – et de n'importe quel point du bâtiment –, il était possible d'entendre les vagues de la mer se briser en bas sur la plage.

Et ce fut lors d'une chaude matinée d'octobre 1962 que Paulo partit pour sa rencontre avec Dieu. Dans la petite valise préparée par sa mère se trouvaient, outre les vêtements et les objets personnels, ses nouveaux et inséparables compagnons : un cahier à couverture solide et un stylo à encre pour les annotations qui prenaient jour après jour la forme d'un journal. À 8 heures du matin, tous les garçons étaient à leur poste dans la cour de Santo Inácio. Tandis qu'il attendait l'autobus qui allait les conduire à la retraite, le futur écrivain fut pris d'un soudain courage. Accompagné de deux amis, il entra dans la chapelle sombre, contourna l'autel et descendit l'escalier menant aux catacombes. Éclairé par des bougies, le souterrain rempli de cercueils semblait encore plus lugubre. À sa grande surprise, il ne fut pas saisi de terreur, comme il l'avait toujours imaginé, mais sentit un réconfort indescriptible. Il paraissait inspiré en cherchant des explications à cette vaillance inattendue. « J'ai peut-être vu non pas la mort avec ses traits affreux », écrirait-il dans son journal, « mais le repos éternel de ceux qui ont vécu et souffert pour Jésus ».

Une demi-heure plus tard ils étaient tous dans la Maison de Gávea. Les jours suivants, Paulo partagerait avec un autre jeune une cellule dépouillée avec deux lits, une penderie, une table, deux chaises et un oratoire fixé au mur. Dans un coin, un évier en porcelaine surmonté d'un miroir – « certainement pour que nous puissions apprécier notre rajeunissement dans les jours que nous passerons ici », nota-t-il, optimiste, dans son journal. Les valises défaites, ils descendirent tous les deux au réfectoire, où l'on servait du thé et des biscuits. Orienteur spirituel de la classe, le père João Batista Ruffier annonçait les règles de la retraite, dont la première entrerait en vigueur dix minutes plus tard : le vœu de silence. À partir de cet instant, et jusqu'à la fin de la retraite, personne ne pourrait prononcer ne serait-ce qu'un mot. Défenseur zélé de l'accomplissement des règles du jeu, le père Ruffier – un homme du sud, gros et énergique, fils de Français, dont le hobby était l'élevage des abeilles – allait entreprendre encore une de ses célèbres prédications qui resteraient dans la mémoire de générations d'ignatiens :

— Vous êtes ici comme des machines que l'on envoie à la révision. Essayez de vous démonter pièce par pièce. N'ayez pas peur de voir la saleté qui restera. Le plus important est que vous remettiez chaque pièce à sa place, avec l'honnêteté la plus absolue.

Le sermon dura presque une heure, mais ce furent ces premiers mots qui résonnèrent toute la journée dans la tête de Paulo, qui passa l'après-midi tout seul, à se promener dans le bois autour de la maison. Le soir, il nota dans le cahier : « J'ai revu toutes mes pensées des derniers jours et je suis prêt à me corriger. » Il récita un *Ave*, un *Pater* et s'écroula de sommeil.

Bien que le père Ruffier n'ait laissé aucun doute quant au sens de la retraite – « ici vous vous éloignerez des sollicitations de la vie pour vous consacrer à la méditation et à la prière » – tous n'étaient pas là pour des réflexions chrétiennes. On savait que le dîner terminé et après la dernière prière de la journée, des silhouettes s'égaillaient dans les couloirs sombres de la grande maison pour des parties chuchotées de poker et de Sept et Demi. Si un gamin avait réussi à cacher dans ses bagages une petite radio à piles – ce qui était formellement interdit – capable de capter la Radio Jornal do Brasil, quelqu'un proposait tout de suite de parier sur les courses de chevaux du Jockey Club. Vers le petit matin, l'atmosphère religieuse était profanée par le jeu, le tabac et même des saouleries au whisky introduit clandestinement dans des emballages de shampoing. Quand la lumière allumée dans une cellule dénonçait des activités suspectes, un prêtre un peu attentif coupait immédiatement le courant de la chambre. Ce qui ne résolvait pas toujours le problème, car l'hérétique bordel se poursuivait à la lueur des cierges soustraits dans la chapelle au cours de la journée.

Le deuxième jour Paulo se réveilla à 5 heures du matin les idées confuses, mais son état d'esprit s'améliora un peu quand il ouvrit les fenêtres de la chambre et entrevit les premiers rayons de soleil sur la mer. À 6 heures pile, encore à jeun, quand il retrouva ses camarades dans la chapelle pour la messe quotidienne, il était prêt à régler ses comptes avec Dieu et à faire quelque chose qu'il reportait depuis presque un an : communier. Le problème n'était pas la communion, mais le sacrifice que signifiaient les confessions – un rituel connu des garçons. Ils arrivaient au confessionnal disposés à ne révéler que les péchés sans importance, mais ils savaient que personne ne s'agenouillait là impunément. À la fin arrivait l'inévitable, le prêtre demandant sans détours :

— As-tu péché contre la chasteté, mon fils ?

Si la réponse était affirmative, les questions suivantes fusaient :

— Seul ou accompagné ?

Si c'était accompagné, le prêtre continuait, à la plus grande honte des plus timides :

— Avec une personne ou un animal ?

Si c'était « avec une personne », le pécheur n'avait pas à donner le nom de son partenaire, seulement le sexe :

— Avec un garçon ou avec une fille ?

Paulo avait beaucoup de mal à aborder ce sujet et il ne comprenait pas en quoi cela pouvait être un péché. Il avait la totale conviction que personne ne devait avoir honte de la masturbation et il en arriva à écrire en toutes lettres dans son cahier : « Personne dans ce monde ne peut me jeter la première pierre, car personne n'a échappé à cette tentation. » Malgré cela, il n'avait jamais eu le courage d'avouer à un prêtre qu'il se masturbait, et cette fréquentation permanente du péché le mortifiait. L'âme troublée, il préféra faire acte de contrition par la prière et communier sans la confession. Après la messe, le père Ruffier revint à la charge dans un rude sermon. Devant une assemblée ébahie, le prêtre peignit une vision terrifiante de l'endroit où iraient tous les pécheurs.

— Nous sommes en enfer ! Le feu brûle sans pitié ! Ici on ne voit que des larmes et l'on n'entend que le grincement des dents de ceux qui se haïssent les uns les autres. Je rencontre alors un camarade et je le maudis d'avoir causé ma condamnation. Et pendant que nous pleurons de douleur et de remords, le Démon sourit d'un sourire qui nous fait souffrir encore davantage. Mais le pire châtiment, la pire douleur, la pire souffrance, c'est de n'avoir aucun espoir. Nous sommes ici pour l'éternité.

Paulo n'en doutait pas : celui dont parlait le père Ruffier, c'était lui. Au bout de douze mois sans se confesser – pour ne pas avoir à aborder le tabou de la masturbation – il comprit que s'il mourait brusquement, ce serait cela son destin : l'Enfer. Il imagina le Démon le regardant dans les yeux et riant à gorge déployée d'un air sarcastique : « Mon cher, ta souffrance n'a même pas commencé. » Il se sentait désarmé, impuissant et troublé. Il n'avait personne pour l'aider, mais il savait qu'une retraite ignatienne était un lieu de certitudes, pas de doutes. Entre souffrir éternellement dans les flammes infernales et renoncer au plaisir solitaire, il opta pour la foi. Saisi d'émotion, seul et agenouillé sur la dalle de pierre de la terrasse, il s'adressa à Dieu et fit le vœu solennel de ne plus jamais se masturber. La décision le fit se sentir courageux et apaisa son cœur. Mais la sensation n'allait pas durer. Le lendemain, le Démon contre-attaqua avec une telle énergie qu'il ne résista pas à la tentation et, vaincu, il se masturba. Il sortit des toilettes comme s'il avait les mains rouges de sang, s'agenouilla devant l'oratoire et implora :

— Seigneur ! Je veux me repentir, mais je ne peux pas me contenir ! J'ai fait des millions d'actes de contrition, mais je n'arrête pas de pécher. Je pèche en pensée, en paroles et en actes. Donne-moi des forces ! Je t'en prie ! Je t'en prie !

Désespéré, il n'éprouva de soulagement que lorsqu'il apprit, par un murmure chuchoté dans le bois, qu'il aurait une compagnie dans sa souffrance éternelle : un camarade de retraite se masturbait, lui aussi. Honteux de sa faiblesse, il subirait encore avant de partir deux prédications du père Ruffier qui semblaient avoir été choisies méticuleusement pour assommer les enfants. Encore une fois le religieux allait recourir à des images dramatiques et terrifiantes, pour les mettre en garde cette fois contre les dangers de l'attachement aux valeurs matérielles. Du haut de la chaire, il gesticulait comme un acteur, agitant en l'air ses bras courts et musclés :

— Car en vérité, en vérité je vous le dis, mes enfants : l'heure arrivera où nous serons tous couchés. Imaginez-vous en train d'agoniser. Dans la chambre d'hôpital, des parents livides et nerveux. La table de chevet remplie de médicaments, désormais inutiles. C'est à cette heure-là que vous voyez combien vous êtes faibles. Humblement, vous reconnaissez votre impuissance. À quoi vous serviront à l'instant fatal la renommée, l'argent, les automobiles, le luxe ? À quoi bon tout cela, si la fin appartient au Créateur ?

Poings fermés, ses poignets ressemblaient à deux tours en bois. Le père Ruffier vociférait comme s'il était possédé par la fureur divine :

— Abandonnons tout, mes enfants ! Abandonnons tout !

Personne ne devait confondre ces mots avec la plus lointaine référence au socialisme ou quelque chose de semblable. Et ce n'était pas seulement parce que dans l'assistance se trouvaient les fils de certaines des plus riches familles de Rio de Janeiro. Politiquement conservateur, Santo Inácio présentait continuellement des films montrant des exécutions dans le Cuba de Fidel Castro pour dénoncer auprès des jeunes « le caractère sanguinaire du communisme ». Le père Ruffier lui-même se vantait d'être sorti en toute hâte de Colombie « fuyant le communisme » (il faisait allusion à la révolte populaire qui s'était produite à Bogota en 1948, connue sous le nom de « Bogotazo »). Tandis que les garçons se regardaient effrayés, le religieux reprit haleine. Le sujet était de nouveau l'Enfer. Comme si la première partie du sermon n'avait pas été assez claire, il répéta le caractère éternel de la souffrance à laquelle seraient condamnés les pécheurs :

— L'Enfer, c'est comme la mer que nous avons devant les yeux. Imaginez qu'une hirondelle vienne, tous les cent ans, retirer une goutte d'eau. Cette hirondelle, c'est vous, et c'est votre pénitence. Vous souffrirez des millions et des millions d'années, mais un jour, la mer sera vide. Et vous direz : enfin tout est fini, je peux maintenant reposer en paix.

Le père Ruffier faisait une pause stratégique et achevait :

— Mais alors le Créateur sourira de ses hauteurs et il dira : ce n'était que le début. Maintenant viendront d'autres mers et il en sera ainsi pour toute l'éternité. L'hirondelle vidait, moi, je remplis de nouveau.

Père Ruffier et ses terrifiantes retraites spirituelles à la Casa da Gávea : la masturbation est promesse des flammes éternelles de l'Enfer.

Paulo passa le restant de la journée avec ces mots résonnant dans la tête. Il marcha dans le bois qui entoure la retraite, tenta de se distraire avec la beauté de la vue, mais le verbe du père Ruffier était le plus fort. Le soir, dans une ultime réflexion avant de s'endormir, il fit des annotations dans le cahier, dans lesquelles il apparaît qu'il s'était rendu compte de l'efficacité de la retraite spirituelle.

Ici j'ai oublié complètement le monde. J'ai oublié que j'allais être recalé en mathématiques, j'ai oublié que le Botafogo est en première position et j'ai oublié que je vais me promener dans l'île d'Itaipu la semaine prochaine. Mais je sens qu'à chaque minute d'oubli j'apprends à mieux comprendre le monde. Je retourne dans le monde qu'avant je ne comprenais pas et que je détestais, mais que la retraite m'a appris à aimer et à comprendre. Ici j'ai appris à voir la beauté dans un brin de foin et dans une pierre. En somme, j'ai appris à vivre.

Le plus important, c'est qu'il rentrait à la maison certain d'avoir acquis la vertu qui, avec des hauts et des bas, serait la grande ligne conductrice de sa vie : la foi. Même ses parents, qui paraissaient avoir perdu l'espoir de le remettre sur les rails, reprirent courage avec le nouveau Paulo que les jésuites leur restituaient.

— Nous sommes heureux que tu sembles finalement avoir pris le bon chemin, se réjouit Lygia, à son retour.

La conversion du fils était ce qui manquait pour compléter l'harmonie domestique, car la partie matérielle des rêves de Pedro Queima Coelho venait de se réaliser : quelques mois plus tôt, la famille avait enfin emménagé dans la grande maison rose qu'il était fier d'avoir construit de ses propres mains. En réalité, le déménagement à Gávea avait eu lieu avant même que la construction ne soit terminée, ce qui signifiait vivre encore pas mal de temps au milieu des pots de peinture, éviers et baignoires empilés dans les coins. Mais c'était tout de même une maison à en mettre plein la vue à n'importe qui, avec ses salles à manger, ses salons et salles de réception, ses salles de bains particulières dans toutes les chambres, son grand escalier en marbre, son balcon majestueux. Le jardin d'hiver était un patio intérieur tellement spacieux que Paulo pensa, au bout de quelque temps, l'utiliser pour des répétitions de pièces de théâtre. Malgré une localisation privilégiée, à mi-chemin entre la lagune Rodrigo de Freitas et la plage d'Ipanema, il n'y avait pas, en ce début des années 1960, une seule construction dans le quartier qui commençait à s'urbaniser. En plus de la maison que le Dr Pedro construisait pour son beau-père, sur un terrain contigu, ce qui de fait commençait à transformer le paysage était la favela connue sous le nom de Parc Prolétaire de Gávea, qui commençait à s'étendre dans les alentours. Comme la phase de pénurie touchait à sa fin, Lygia pouvait enfin mettre en pratique ses dons de femme sophistiquée. Elle équipa la maison de couverts en argent authentique et de services de table en fine porcelaine, acheta le piano dont elle jouait pour le plus grand plaisir de ses enfants et de son mari – la *Sonate au clair de lune* était son morceau de prédilection –, et elle recruta un employé qui faisait parfois fonction d'intendant et de sommelier. Toujours précédés d'une prière, le déjeuner et le dîner furent désormais servis à la française, à heure fixe et toute la famille autour de la table.

Pour Paulo, le déménagement fut un choc. Le passage de la villa de Botafogo, lieu où il était né et territoire dans lequel il était le chef incontesté, à Gávea, à l'époque un immense terrain vague, avec de rares maisons et des immeubles aux alentours, fut un processus douloureux. Mais le changement de quartier ne diminua en rien les vieilles craintes de ses parents – ou, plus précisément, de son père. Préoccupé jusqu'à l'obsession par les dommages que « la rue » risquait de causer au caractère et à la formation de son fils, le Dr Pedro jugea qu'il valait mieux interdire ses sorties nocturnes. Aussi cessa-t-il d'un jour à l'autre d'avoir des amis. La bande de la villa, avec laquelle il avait grandi, avait disparu d'un claquement de doigts. La vie se résuma désormais à trois activités : dormir, aller aux cours à Santo Inácio et lire, à la maison. La lecture n'était pas une nouveauté. Même dans les statuts des « Organisations Arco », il avait réussi à introduire une clause ayant trait aux livres, établissant que « outre ses diverses activités, il devrait chaque jour y avoir une lecture récréative ». Il avait commencé en lisant les classiques pour la jeunesse que les parents brésiliens donnaient à leurs enfants, comme Monteiro Lobato et *O Tesouro da Juventude*. Puis il passa à Conan Doyle et bientôt, il avait avalé toute la collection de Sherlock Holmes. Quand il fit, à la demande du collège, la lecture commentée du roman *O Cortiço,* d'Aluísio Azevedo, il nota ses opinions dans le cahier, à mesure qu'il lisait. D'abord cela lui déplaît : « Je n'aime pas le livre. Je ne sais pas pourquoi Aluísio Azevedo y explore tellement le sexe. » Quelques chapitres plus loin, il change radicalement d'avis et ne tarit plus d'éloges au sujet du livre : « Finalement, je comprends *O Cortiço* : la vie sans idéal, pleine de trahison, le remords qui enivre et humilie. La leçon que j'en ai tirée est que la vie est longue et décevante. *O Cortiço* est un livre sublime. Il nous fait méditer sur le malheur de notre prochain. » Ce qui n'était à l'origine qu'une obligation scolaire devint un plaisir. Dès lors, tous les livres lus méritaient une critique. Ses notes pouvaient être de courts verdicts – comme « intrigue faible » pour faire allusion à *Aimez-vous Brahms...,* de Françoise Sagan – ou les paragraphes interminables qu'il lui fallut pour dire que le livre *Vuzz,* de P.A. Hourey, était « magnifique ».

Paulo se mit effectivement à lire beaucoup et à lire de tout. Il lisait tout ce qui lui tombait sous la main, des poèmes lyriques de Michel Quoist aux textes ardus de Jean-Paul Sartre. Il lisait les best-sellers de Leon Uris, les séries policières d'Ellery Queen et des ouvrages pseudo-scientifiques comme *O Homen no Cosmos* (classé dans ses notes comme « pure propagande rouge mal dissimulée »). En quelques mois d'exil nocturne, il lut trente livres. Parfois il dévorait un roman dans la nuit, comme ce fut le cas d'*Informação ao Crucificado*, de Carlos Heitor Cony, qui l'impressionna beaucoup : « Le meilleur livre que j'aie lu cette année. Indescriptible tout ce que j'ai ressenti. Sublime. » Enthousiasmé par sa découverte, il chercha immédiatement à se procurer un exemplaire de *Matéria de Memória*, autre succès de l'écrivain carioca. Seulement cette fois il n'en sortirait pas des éloges pour Cony : « Son défaut, c'est que l'auteur, influencé par le magazine *Senhor*, présente les idées de la femme très semblables à celle de l'homme, en matière de pornographie. » Ce jugement prétentieux, extravagant, montrait que le marmot lisait *Senhor*, la plus sophistiquée des publications brésiliennes de l'époque, mais manifestait des traits précocement conservateurs quand il s'agissait de sexualité. Ses petits comptes rendus littéraires donnaient l'impression qu'il lisait un œil tourné vers l'esthétique et l'autre vers les bonnes mœurs. Des considérations du type « c'est de la poésie qui contient des aspects dégradants de la morale humaine, dont on peut parfaitement se dispenser » (parlant du livre *Para Viver um Grande Amor*, de Vinicius de Moraes) ou « le Brésilien n'est pas encore suffisamment mûr pour ce type de lecture » (faisant allusion à la pièce *Bonitinha, Mas Ordinária*, de Nelson Rodrigues) étaient fréquentes sur ses listes. À propos de Nelson Rodrigues, il dit encore : « On dit qu'il est esclave du public, mais je ne suis pas d'accord. Il est né pour ce type de littérature, ce n'est pas le peuple qui l'oblige. »

Ses idées politiques n'étaient pas moins bourrées de préjugés. Quand il assista au film *Seara Vermelha* (*Les Chemins de la faim*), inspiré du livre homonyme de Jorge Amado, il regretta qu'il s'agît d'une œuvre « sensiblement communiste, montrant l'exploitation de l'homme par l'homme ». D'où son agréable surprise quand il termina la lecture d'un autre best-seller de l'écrivain bahianais. Contrairement à son expérience avec Cony, il était exalté par la lecture de *Gabriela, Cravo e Canela* (*Gabriela, girofle et cannelle*) : « Quel naturel... Pas une ombre de communisme dans ses pages. J'ai beaucoup aimé. » Il considérait Manuel Bandeira comme le plus grand poète brésilien (« parce qu'il laisse de côté les aspects sales de la vie, pour son style simple et sobre »), il détestait João Cabral de Melo Neto (« j'ai lu quelques vers et j'ai fermé le livre tout de suite »), et il avouait ne pas comprendre Carlos Drummond de Andrade (« il a un style abstrait et confus qui rend sa poésie difficile à interpréter »).

C'est, semble-t-il, à cette époque, entre 13 et 14 ans, qu'apparurent les premiers symptômes d'une irrépressible idée fixe, une véritable obsession qui ne le quittera plus jamais : être écrivain. Presque un demi-siècle plus tard, consacré comme l'un des auteurs les plus lus de tous les temps, il révélera, dans un paragraphe de son livre *Le Zahir*, les raisons qui l'ont conduit à ce rêve :

J'écris parce que, quand j'étais adolescent, je ne jouais pas bien au football, je n'avais pas de voiture, je n'avais pas beaucoup d'argent de poche, je n'avais pas de muscles. Je ne portais pas non plus de vêtements à la mode. Les filles de ma bande ne s'intéressaient qu'à cela, et elles ne faisaient pas attention à moi. Le soir, quand mes amis étaient avec leurs petites copines, je profitais de mon temps libre pour m'inventer un monde où je pouvais être heureux : mes compagnons, c'étaient les écrivains et leurs livres.

À vrai dire, Paulo se considérait écrivain avant même de le proclamer. En dehors du concours de rédaction de Nossa Senhora das Vitórias qu'il avait gagné, dès qu'il avait su lire et écrire, il était devenu poète. Il commettait des vers et des rimes pour ses parents, grands-parents, amis, cousins, petites copines, et même pour les saints vénérés par la famille.

Des choses comme « Madame, en cette nuit fébrile d'adolescence/Je vous offre mon enfance pure/Que maintenant le feu dévore/Et transforme en fumée pour qu'elle monte jusqu'à vous/Que le feu pareillement me libère du passé », inspiré par la Vierge Marie, ou des quatrains écrits pour ses parents : « Si le plus grand bien du monde/Dieu l'accorde à ceux qui sont parents/C'est aussi certitude profonde/Ce sont eux qui souffrent le plus ». S'il n'avait personne à qui dédier ses vers, il les écrivait pour lui-même : « Le passé s'est éteint/Et le futur n'est pas encore venu/J'erre dans l'invivable présent/Avec amour, idéal, incrédulité/On dirait que je ne fais que/Traverser la vie ».

Quand, plus vieux, il entra dans l'intimité des livres et des bibliothèques, il lui tomba dans les mains une citation attribuée à Émile Zola, dans laquelle l'auteur de *J'accuse* aurait affirmé, au sujet de la poésie, quelque chose ressemblant à « ma muse est devenue une bégueule inutile ; dorénavant je serai prosateur ». Fausse ou authentique, la phrase parut à Paulo faite sur mesure pour lui et il décida de la faire sienne. « Je mets fin aujourd'hui à ma phase poétique », nota-t-il dans le journal, « pour me consacrer uniquement au théâtre et au roman ». Il rassembla tout ce qu'il avait écrit jusque-là – des quantités industrielles de poèmes, sonnets et quatrains –, en fit une montagne dans le jardin de la maison et y mit le feu. Si elle était sérieuse, la promesse aurait été une manifestation d'ingratitude envers l'art de versifier. Après tout, c'était un poème dont il était l'auteur – « Mulher de Treze Anos » (Femme de Treize Ans) – qui l'avait sorti de l'anonymat parmi les 1 200 élèves de Santo Inácio. Une des traditions ignatiennes était l'Académie des Lettres de Santo Inácio (ALSI), créée en 1941 et responsable de l'agitation culturelle chez les étudiants. Il était courant de voir de grands noms de la culture nationale dans les événements de l'ALSI, comme les chroniqueurs Paulo Mendes Campos et Fernando Sabino, des poètes du calibre de Bandeira et Drummond, et des penseurs chrétiens comme Alceu Amoroso Lima ou Tristão de Athayde. À 14 ans, Paulo était apparu pour la première fois dans les pages de la revue *Vitória Colegial,* organe officiel de l'ALSI, avec un petit texte intitulé « Pourquoi j'aime les livres ». C'était une défense sans équivoque des auteurs, dépeints dramatiquement comme des êtres qui passaient des nuits sans dormir, « sans manger, exploités par les éditeurs », pour plus tard mourir dans l'oubli :

Que représente un livre ? Un livre représente un capital culturel inégalable. C'est le livre qui nous ouvre la fenêtre sur le monde. Par l'intermédiaire du livre, nous vivons les grandes aventures de Don Quichotte et de Tarzan comme si nous étions les personnages ; nous rions des péripéties hilarantes de Don Camilo, nous souffrons comme souffrent les figures d'autres grandes œuvres de la littérature universelle. C'est pourquoi j'aime les livres aux heures de repos. À travers un livre, nous nous formons pour l'avenir. Nous apprenons, d'un simple coup d'œil, des théories qui ont coûté des sacrifices et même la mort de leurs découvreurs. Chaque livre didactique signifie un pas vers l'horizon glorieux du pays. C'est pour cette raison que j'aime les livres, aux heures d'étude. Mais qu'a-t-il fallu pour que nous ayons un livre dans la main ? Il a fallu le sacrifice des auteurs. Combien de nuits blanches n'ont-ils passé, sans manger, oubliés, éclairés parfois à la flamme tremblante d'une bougie ? Et puis, exploités par les éditeurs, ils mouraient oubliés, injustement oubliés. Quelle force de volonté fallut-il à d'autres pour qu'ils aient un peu de renommée ? C'est pour cela que j'aime les livres.

La publication ouvrit des portes à Paulo et il fut élu membre de l'académie, occupant le fauteuil dans lequel avait siégé l'auteur d'*O Cortiço* en personne. Quelques mois après son entrée, l'ALSI annonça l'ouverture des inscriptions pour son traditionnel prix annuel de poésie. Il venait de voir la production franco-italienne *La paysanne aux pieds nus* (*La Ciociara*), dirigée par Vittorio de Sica, et il était sorti du cinéma impressionné. Basé sur le roman de l'écrivain italien Alberto Moravia, le film raconte l'histoire de Cesira (Sophia Loren) et de sa fille de 13 ans Rosetta (Eleanora Brown), violées par des soldats alliés pendant la Seconde Guerre. Et c'est en pensant à Rosetta qu'à peine arrivé à la maison, il écrivit le poème « Femme de Treize Ans », sorti du tiroir pour concourir au prix de l'académie. Le jour du choix fut une interminable agonie. Paulo ne pouvait penser qu'au concours. Au début de la soirée, avant la séance où seraient annoncés les trois gagnants, il réprima sa timidité et demanda à l'un des jurés, professeur de portugais, pour qui il avait voté. La réponse le rendit livide :

— J'ai voté pour toi, Átila et Chame.

À la fin vingt poèmes furent sélectionnés. Paulo connaissait au moins l'un des finalistes, « Introduce », de José Átila Ramos, qui à son avis était le grand favori. Peu lui importait que son camarade fût le vainqueur. S'il réussissait à accéder au moins à la troisième place, ce serait la gloire des gloires. À 9 heures du soir, l'auditoire était en ébullition, les garçons nerveux complotant sur les votes et calculant les chances de classement. Dans un silence général, le jury formé de deux professeurs et d'un élève (le futur compositeur de musique populaire Sidney Miller) annonça, en ordre inversé, les trois gagnants. Entendant que la troisième place revenait à « Serpentina e Colombina » et la deuxième à « Introduce », il perdit espoir. Et il faillit tomber de sa chaise quand de la table on annonça :

« Le gagnant est le poème... "Femme de Treize Ans", de Paulo Coelho de Souza, à l'unanimité des voix du jury ! »

Première place ! Il n'en croyait pas ses oreilles. Le cœur battant et les jambes flasques sous l'effet de l'émotion et de la timidité, le garçon délicat traversa le salon sous les applaudissements et monta sur la scène pour recevoir le diplôme et le prix, un chèque de mille cruzeiros – environ trente euros. La cérémonie terminée, il fut l'un des premiers à quitter le collège, désireux de rentrer tout de suite à la maison et, cette fois au moins, annoncer à ses parents la bonne nouvelle. Dans le tramway, sur le chemin de Gávea, il choisissait les mots et répétait la meilleure façon de révéler à son père qu'il avait découvert sa véritable et unique vocation : être écrivain. Quelle ne fut sa surprise, quand il arriva à la grande maison rose, de trouver le Dr Pedro debout sur le trottoir, avec son air funèbre habituel et tapant de l'index sur sa montre :

— Il est presque 11 heures, et tu devrais savoir que dans cette maison les portes se ferment à 10, sans exception.

Mais Paulo avait maintenant dans la manche un atout capable de toucher la sensibilité de l'aride cœur paternel. Souriant, il agita en l'air le trophée qu'il venait de gagner – le chèque de mille cruzeiros – et il raconta tout, d'un seul jet : le prix, le choix unanime, les dizaines de concurrents, la découverte de sa vocation. Ce ne serait pourtant pas encore cette fois qu'il allait émouvoir le taciturne Dr Pedro. Comme s'il n'avait rien entendu, ce dernier jeta un seau d'eau glacée sur cet enthousiasme :

— J'aurais préféré que tu aies de bonnes notes au collège. Et que tu ne rentres pas à la maison aussi tard.

L'illusion que sa mère au moins fêterait sa victoire se dissipa en quelques secondes. Voyant qu'elle l'attendait à la porte d'entrée, le gamin répéta, de nouveau les yeux brillants, les nouvelles qu'il avait données à son père : le prix, le choix à l'unanimité, les concurrents, la vocation. Face à la déception de son fils, Lygia reprit, gentiment et un ton en dessous, comme c'était sa manière, la même cantilène que le père :

— Mon fils, ce n'est pas la peine de nourrir ce rêve d'être écrivain. C'est très bien que tu écrives toutes ces choses, mais la vie est différente. Regarde : le Brésil est un pays de soixante-dix millions d'habitants, il a des milliers d'écrivains et, cependant, seul Jorge Amado peut vivre de ses livres. Et Jorge Amado, il n'y en a qu'un.

Profondément malheureux, déprimé et pris d'une incontrôlable envie de pleurer, il ne s'endormit qu'au lever du jour. Dans le journal, il laissa une seule ligne : « Maman est une idiote. Papa est bouché. » Au réveil, il n'avait plus de doutes : la famille avait vraiment tout fait pour enterrer à tout jamais ce que, théâtral, il appelait « ma seule raison de vivre » – son projet d'être écrivain. Pour la première fois Paulo semble avoir eu conscience qu'il était prêt à payer cher pour réaliser ce rêve, même si le prix devait en être d'affronter ses parents. Lygia et Pedro Queima Coelho ne perdaient rien pour attendre.

4
Premier amour

Lorsqu'il termina l'enseignement secondaire, fin 1962, son père imposa à Paulo de s'inscrire à des études scientifiques, et non classiques comme il l'aurait souhaité. Son histoire scolaire avait été chaotique et il avait fini l'année avec une épreuve à repasser en mathématiques. Ironie du sort, c'était justement la matière dans laquelle son père excellait et proposait ses connaissances à son fils avant les examens. À la fin, il fut reçu avec un 5, même pas un millième de point de plus que le nécessaire pour passer dans la classe supérieure et rester à Santo Inácio. À l'époque, le collège offrait deux choix aux étudiants : celui qui voulait faire carrière dans les sciences exactes suivait les cours scientifiques, et celui qui choisissait les sciences humaines allait en classique. Il se trouve que, malgré sa vocation déclarée pour les lettres, les parents insistèrent pour qu'il se forme en ingénierie – et après ses très mauvais résultats scolaires, Paulo n'avait aucune autorité pour imposer sa volonté à la maison.

Mais de son point de vue, le méthodique Dr Pedro avait des raisons objectives de nourrir l'espoir que son fils pouvait encore être récupéré pour le Bien – c'est-à-dire pour l'ingénierie. Et ces signes extérieurs ne résidaient pas seulement dans son intérêt pour les aventures du grand-père en mécanicien amateur. Tout gamin déjà, il demandait souvent à ses parents de lui acheter des exemplaires de la revue *Mecánica Popular*, un succès éditorial des années 1950 qui apprenait comment réparer des cireuses ou construire des bateaux et des maisons de ses propres mains. Quand il avait dans les 10-11 ans, le petit se consacra avec une telle passion à l'aéromodélisme que n'importe quel père y aurait vu les penchants d'un futur ingénieur aéronautique. La différence, c'est que, tandis que n'importe quel enfant se contentait de jouer avec les modèles réduits, le méticuleux Paulo monta le « Club Sunday », dont les associés étaient lui et son cousin Fred, résidant à Belém. Et comme une distance de 3 000 kilomètres séparait les maisons et les avions des associés, l'activité du club se résumait à enregistrer l'historique des modèles réduits acquis par l'un et par l'autre. D'après ses informations et celles qui étaient envoyées par la poste par Fred, chaque fin de mois Paulo enregistrait les activités du club dans un carnet : noms et caractéristiques des petits modèles acquis, préfixe, envergure, date et lieu d'achat, dépenses générales pour le montage, date, lieu et motif de la perte de l'appareil, quand elle se produisait. Aucune de ces données n'avait d'utilité, mais « il valait mieux que les choses soient organisées », selon Paulo. Quand il s'écrasa contre un mur de Gávea, le planeur « Chiquita » mérita une mention spéciale : « Il n'a volé qu'une fois, mais comme il a été détruit en héros, j'octroie à cet avion la Croix du Combat. Paulo Coelho de Souza, directeur. »

La fièvre des modèles réduits passa rapidement, mais elle allait faire place aussitôt à une manie encore plus prometteuse pour quelqu'un qui voulait un fils ingénieur : la fabrication de fusées. Pendant des mois, lui et Renato Dias, camarade de classe à Santo Inácio, consacrèrent tout leur temps disponible à cette nouveauté. Sans qu'on sût jamais d'où l'idée leur était venue – même Paulo ne s'en souviendrait plus –, ils passèrent tous les deux leurs heures libres de la semaine sur les tables de la Bibliothèque nationale à essayer de déchiffrer des précis sur des thèmes comme « propulsion et expulsion », « comburants solides » et « combustibles métalliques ». Les dimanches et jours fériés, la petite place devant la maison des Coelho devenait plateforme de lancement. Comme il arrivait presque toujours avec Paulo, avant que l'activité ne se matérialise, il fallait tout mettre sur le papier. Méticuleux, il ouvrit un carnet d'annotations intitulé « Astronautique – Activités que doit accomplir le Programme de construction de fusées spatiales ». Des chronogrammes précisaient le temps passé en recherches dans les livres, la spécification des matériaux utilisés dans la construction et le type de combustible. Le jour du lancement, il remplissait une fiche dactylographiée avec des espaces en blanc qui étaient remplis à la main à l'heure de l'essai : date, lieu, heure, température, humidité et visibilité.

Faites de tubes d'aluminium d'environ vingt centimètres de longueur et d'un poids de deux cents grammes, les fusées à ogives en bois étaient propulsées par un combustible préparé par les gamins eux-mêmes, à base de « sucre, poudre, magnésium et acide nitrique ». Une fois le cocktail explosif mélangé et concentré dans un récipient à la base du vaisseau spatial, la détonation se faisait à l'aide d'une mèche trempée dans le kérosène. Les fusées étaient ambitieusement baptisées de noms illustres, comme Goddard I, II et III, ou Von Braun I, II et III – en hommage, respectivement, au pionnier américain de l'industrie aérospatiale Robert H. Goddard, et au créateur des bombes volantes allemandes qui dévastèrent Londres pendant la Seconde Guerre, Wernher von Braun, qui serait plus tard l'un des pères du programme spatial américain. Toutefois, même projetées pour s'élever jusqu'à dix-sept mètres d'altitude, elles furent un fiasco. Les jours de lancement, Paulo montait un attirail devant la porte de la maison : il isolait un bout du trottoir « pour le public », transformait un trou que la compagnie de téléphone avait oublié de fermer en tranchée souterraine pour que lui et son ami se mettent à l'abri, et il convoquait son père, les domestiques de la maison ou de simples passants pour qu'ils signent les bulletins comme des « contrôleurs gouvernementaux ». Mais rien de tout cela n'avait d'effet sur le comportement des fusées. Aucune n'alla jamais au-delà de quelques centimètres d'altitude et la plupart explosèrent avant de quitter le sol. La phase astronautique passa aussi vite qu'elle était venue, et en moins de six mois le programme spatial mettait fin à ses activités sans être parvenu à construire la septième fusée.

À part de rapides détours – une autre passion fugace fut la philatélie –, l'aîné du Dr Pedro continuait à nourrir un rêve unique, celui de toujours : être écrivain. Quand il eut 16 ans, le père, dans un geste conciliateur, lui offrit un billet d'avion pour Belém, pour le fils un paradis aussi convoité qu'Araruama. Il refusa simplement, disant qu'il préférait pour son anniversaire une machine à écrire. Le vieux accepta et lui donna la Smith Corona qui devait l'accompagner dans la vie avant d'être remplacée par une Olivetti électrique et, des décennies plus tard, par un micro-ordinateur. Son désintérêt olympien pour la vie scolaire le plaça parmi les derniers de la classe en première année des études scientifiques, et en fin d'année, il passa de nouveau de justesse, avec un modeste 5,2 de moyenne générale. Le bulletin fut remis chez lui la veille de Noël. Paulo ne sut jamais très bien si c'était à cause de ses mauvaises notes ou à cause d'une discussion concernant la longueur de ses cheveux, mais le 25 décembre 1963, alors que les premiers parents arrivaient pour le souper de Noël, sa mère lui annonça sèchement :

— J'ai pris rendez-vous pour une consultation. Le 28, je t'emmène chez un médecin spécialiste des nerfs.

Terrorisé par ce que cela pouvait signifier – diable, c'était quoi un spécialiste des nerfs ? –, il s'enferma dans sa chambre et griffonna un bilan sévère, presque cruel de ses relations familiales :

Je vais aller chez un médecin des nerfs. J'ai les mains glacées de peur. Mais la nervosité que cela m'a causée m'a permis de mieux examiner ma maison et ceux qui la composent.

Maman ne me punit pas pour m'éduquer, mais pour montrer sa force. Elle ne comprend pas que je suis nerveux et que mes nerfs explosent et elle me punit toujours pour cela. Les choses qui sont pour mon bien, elle y voit une menace, un ultimatum, de l'égoïsme. Elle-même est profondément égoïste. Jamais cette année elle ne m'a donné la main, ou rarement.

Papa a la vue étroite. Mieux vaudrait l'appeler le financeur de la maison. Parce que, comme maman, il ne me parle pas, ses attentions sont toujours tournées vers la maison et vers son travail. C'est horrible.

Sônia n'a aucune personnalité. Elle suit toujours maman. Mais elle n'est pas égoïste ni mauvaise. Peu à peu je me sens moins en froid avec elle.

Maman est une idiote. Elle passe son temps à me bourrer de complexes. C'est une idiote, une très grande idiote. Papa, la même chose.

Le journal révèle également que les frissons provoqués par la visite chez le spécialiste des nerfs étaient injustifiés. Le lendemain de la consultation, le sujet est seulement mentionné au milieu de banalités :

Hier je suis allé chez le psychiatre. Visite d'introduction. Pas de commentaires importants à faire.

J'ai vu la pièce « Pobre Menina Rica », de Carlos Lyra et Vinicius de Moraes et après j'ai mangé une pizza.

J'ai décidé de reporter tout mon programme littéraire de 1964 en 1965. Je vais attendre de mûrir un peu plus.

La vérité, c'est qu'il était passé dans l'année suivante et que d'après les règles de la maison, il avait droit à des vacances, qui pour le coup seraient à Belém. Les vacances avec les grands-parents paternels, Cencita et Cazuza, avaient un grand avantage par rapport à Araruama. À une époque où les postes mettaient des semaines à délivrer une lettre et où pour un appel téléphonique interurbain il fallait attendre des heures, quelquefois des jours, les plus de 3 000 kilomètres de distance mettaient le garçon à l'abri du contrôle ou des visites imprévues de Lygia et Pedro. Des aventures inimaginables à Rio de Janeiro étaient routine dans la capitale du Pará, comme boire de la bière, jouer au billard et dormir hors de la maison avec les trois cousins orphelins de mère et élevés par le grand-père. L'agitation était telle qu'en quelques jours de vacances, Paulo avait perdu son canif, sa montre, sa lampe de poche et son précieux stylo à bille Sheaffer's acheté avec l'argent du prix littéraire. Une habitude demeurait : quelle que soit l'heure à laquelle il allait se coucher, les trente dernières minutes avant de trouver le sommeil étaient consacrées à l'écriture de lettres à des amis et à la lecture de la sélection œcuménique de livres qu'il avait apportée dans ses bagages – des titres qui allaient du policier *The Case of the Calendar Girl*, d'Erle Stanley Gardner, à l'encyclique *Pacem in Terris,* lancée en mars 1963 par le pape Jean XXIII (« la lecture de ce livre me donne une grande compréhension sociale », nota-t-il).

Si pour les amis il remplissait des feuilles de nouvelles de ses aventures dans le Pará, dans les lettres qu'il écrivait à son père il n'y avait qu'un sujet : l'argent.

Tu n'as jamais employé ton argent aussi bien que dans l'achat de ce billet. Je me suis diverti comme jamais. Mais pour que tout l'argent employé me profite j'ai besoin d'un supplément. Il n'est pas juste que tu dépenses 140 000 dans un voyage où je ne m'amuse pas. Si tu ne l'as pas, tant pis. Mais ce n'est pas juste de mettre tout l'argent dans la maison pendant que ma courte vie passe.

Belém semblait une ville prédestinée à provoquer chez lui de grandes émotions. Trois ans auparavant, c'était aussi un voyage de vacances dans la capitale du Pará qui lui avait donné l'occasion d'éclaircir un doute perturbateur : comment, finalement, naissent les bébés ? Paulo avait d'abord fait le plein de courage et posé la question à Rui, un ami un peu plus vieux, mais la réponse, donnée avec une rudesse déconcertante, l'avait troublé :

— C'est très simple : l'homme enfile son bâton dans la chatte de la femme et au moment où il jouit il laisse une graine dans son ventre. Cette graine pousse et nous voilà.

Il ne le crut pas. Il ne lui passait pas par la tête que son père puisse pratiquer une telle perversion avec sa mère. Comme ce n'était pas quelque chose qui s'écrit dans des lettres, il attendit les vacances pour s'informer auprès de la personne indiquée : le cousin Fred, plus âgé et membre de la famille, et il pouvait lui faire confiance. Dès la première occasion où il put parler seul à seul avec son cousin, il se débrouilla pour aborder le sujet et lui répéta l'histoire dégoûtante rapportée par son ami carioca. Il faillit avoir une crise d'asthme en entendant ce que disait Fred :

— Ton ami de Rio a raison, c'est bien comme ça. L'homme pénètre la femme et dépose une goutte de sperme dans son vagin. C'est comme ça que naissent les êtres humains.

Paulo réagit furieusement :

— Tu dis ça parce que tu n'as pas de mère et que tu n'es pas obligé de supporter cette vision. Tu peux imaginer ton père en train de pénétrer ta mère, Fred ? Tu deviens fou !

La perte de l'innocence ne serait pas le seul choc que Belém lui réservait. La ville allait aussi devenir le cadre de son premier contact avec la mort. Au commencement de la soirée du samedi de Carnaval, arrivant chez ses grands-parents après être allé à un bal au Club Tuna Luso, il trembla en entendant une tante demander à quelqu'un :

— Paulinho le sait ?

Le grand-père Cazuza venait de mourir brusquement, victime d'un infarctus. Paulo fut très triste et secoué par la nouvelle, mais il se sentit très important en apprenant que, dans l'impossibilité d'arriver à Belém à temps, Lygia et Pedro l'avaient nommé représentant de la famille à l'enterrement du grand-père. Comme cela devenait son habitude, il préféra manifester ses sentiments en solitaire, dans les annotations qu'il faisait dans son journal avant de dormir :

Samedi de Carnaval, 8 février
Cette nuit ne se terminera pas par un jour pour le vieux Cazuza. Je suis troublé et bouleversé devant cette tragédie. Hier il riait avec plaisir de nos blagues et aujourd'hui c'est le silence. Son rire ne répandra plus le bonheur. Ses bras accueillants, ses histoires du Rio d'autrefois, ses conseils, ses mots d'encouragement – tout est fini. Les écoles de samba et les chars du carnaval passent dans la rue, mais tout est fini.

Le soir même il allait encore créer « Souvenirs », un poème de trois longues strophes dédié au grand-père. La douleur chantée par l'adolescent en prose et en vers paraissait sincère, mais mêlée d'autres sensations. Le cadavre encore exposé dans la salle de réception de la maison, le lendemain, Paulo se fit prendre plusieurs fois en train de pécher contre la chasteté, en pensée, évidemment, devant les jambes des cousines présentes à la veillée. Le dimanche en fin d'après-midi eut lieu l'enterrement de Cazuza – « de toute première classe », écrivit le petit-fils dans son journal –, mais le Mardi gras, en pleine semaine de deuil, les cousins se précipitaient déjà dans les clubs de la ville. Ces vacances à Belém non seulement seraient les dernières qu'il y passerait, mais elles signifieraient un partage des eaux dans sa vie. Au-delà des expériences qu'il vivait, il savait qu'il allait affronter une année scolaire très dure. Sa disposition pour les études encore plus mauvaise que les années précédentes, il était facile de prévoir que ses jours à Santo Inácio étaient comptés, avec toutes les conséquences familiales que cela entraînerait. Et ce n'était pas seulement sur sa vie scolaire que planaient des nuages noirs. La veille de son retour à Rio, à la fin du mois, il revint dans les pages du journal jusqu'au jour où était enregistrée la mort du grand-père, et profita d'un petit espace blanc pour écrire, d'une écriture menue mais lisible : « Aujourd'hui j'ai un peu réfléchi et j'ai approché la terrible vérité : je suis en train de perdre la foi. »

Ce n'était pas un sentiment nouveau. Comme des termites rongeant de façon implacable et silencieuse, ses premiers questionnements en matière religieuse étaient arrivés au cours de la retraite spirituelle de Santo Inácio. Tourmenté par le désir sexuel et torturé par la culpabilité, il était pris de panique à l'idée de souffrir éternellement dans les flammes apocalyptiques dépeintes par le père Ruffier. Dans cet état d'esprit, il recourut au journal pour s'adresser à Dieu – sur un ton de défi pas très convenable pour un vrai chrétien :

C'est Vous qui avez inventé le péché ! Vous êtes coupable de ne pas m'avoir créé assez fort pour résister ! Si je n'ai pas réussi à tenir ma parole, c'est Votre faute !

Le lendemain matin, il fut encore plus angoissé en lisant le blasphème qu'il avait écrit. Désespéré, il attira dans un endroit sûr son camarade Eduardo Jardim, rompit délibérément son vœu de silence et ouvrit son âme. Ce choix n'était pas un hasard. Jardim était son modèle : intelligent, il lisait beaucoup et était bon poète sans être exhibitionniste. C'était dans le garage de sa maison qu'un petit groupe de Santo Inácio, dont Paulo faisait partie, se réunissait pour discuter les lectures de chacun. Mais c'était surtout la fermeté de ses convictions religieuses qui faisait de Jardim non seulement un exemple, mais l'écoute idéale pour l'ami qui avait l'âme en détresse. Il lui raconta que tout avait commencé par un doute : s'il existait un Dieu, et si ce Dieu l'avait créé à Son image, pourquoi se complaisait-Il à sa souffrance ? De question en question, il en était arrivé à la grande question, le doute inavouable : Dieu existe-t-il vraiment ? Redoutant des oreilles indiscrètes, Jardim s'approcha et lui susurra, comme s'il était dans un confessionnal, des mots qui allaient avoir l'effet d'un jet de sel sur les blessures de son ami :

— Quand j'étais plus jeune, sentant que ma foi en Dieu s'enfuyait, j'ai fait les plus grands sacrifices pour la retenir. Je priais désespérément, je prenais des bains froids en hiver, mais petit à petit ma foi disparaissait, lentement, jusqu'à s'évanouir complètement. Ma foi s'est éteinte.

Alors, cela voulait dire que même Jardim avait capitulé. Il avait beau essayer d'écarter cette pensée, il ne parvenait pas à effacer de sa tête l'image d'un garçon fragile se sacrifiant dans le bain froid, en plein hiver, pour que Dieu ne disparaisse pas – et Dieu simplement l'ignorait ! Ce jour-là, Paulo Coelho détesta Dieu. Et il écrivit, pour qu'il ne plane aucun doute sur ses sentiments :

Je sais qu'il est risqué de détester Dieu.

Un épisode banal, intervenu au retour de la retraite, avait encore envenimé ses relations avec Dieu et ses pasteurs. Sur le chemin entre la Maison de Gávea et Santo Inácio, Paulo pensa avec appréhension que le chauffeur de l'autobus roulait trop vite, mettant en danger la vie de tous. Ce qui n'était qu'une préoccupation tourna au film de terreur : si l'autobus avait un accident et qu'il mourait, avant midi son âme brûlerait dans l'Enfer. Il avait beaucoup plus peur que honte. Il marcha jusqu'à l'avant du véhicule, où était assis le directeur spirituel, et lui dit la vérité :

— Père Ruffier, le chauffeur conduit trop vite. J'ai très peur de mourir.

Furieux, le religieux grogna, à quelques centimètres du visage du garçon :

— Tu as peur de mourir, et moi, je suis indigné par ta couardise.

Avec le temps, les doutes firent place à des certitudes. Il se mit à haïr les prêtres (« une bande de rétrogrades ») et toutes les obligations qu'ils imposaient, qu'elles soient religieuses ou scolaires. Il se sentait trompé par les jésuites. De loin, les sermons qui auparavant lui semblaient des vérités immuables lui revenaient comme des « doses d'un poison administré lentement pour que nous détestions être en vie », ainsi qu'il l'enregistra dans le journal. Il regretta profondément d'avoir pris un jour au sérieux ce verbiage vide. « Quel idiot, j'en suis arrivé à croire vraiment que la vie ne valait pas la peine », nota-t-il. « Et avec la mort toujours aux aguets, j'étais obligé de me confesser en permanence, pour ne pas risquer d'aller en Enfer. » Au prix de beaucoup de souffrance et d'innombrables nuits d'insomnie, à presque 17 ans, Paulo avait ses certitudes. Il ne voulait plus entendre parler d'église, de sermon, de péché, de rien de tout cela. Et il n'avait pas la moindre intention de devenir un bon élève en deuxième année du cours scientifique, qui commençait. Avec une égale conviction, il était décidé à tout mettre en jeu, à investir toute son énergie dans l'idée fixe qu'il n'appelait pas vocation, mais « profession », être écrivain.

Un semestre suffit largement pour que tout le monde sache que le collège avait perdu toute signification pour lui. « Moi qui étais déjà un mauvais élève, je suis devenu un très mauvais élève. » Les notes sur son bulletin scolaire prouvaient qu'il ne s'agissait pas d'une exagération. C'était l'un des plus en retard de la classe, à chaque série d'examens, c'était pire. Aux premiers contrôles, il avait obtenu une moyenne à peine supérieure à 5, grâce à un 9 très suspect obtenu en chimie. En mai la moyenne tombait à 4,4, mais l'alerte ne serait sonnée qu'en juin, quand le bulletin tomba à 3,7. Ce mois-là, avec le carnet de notes de leur fils, Pedro et Lygia furent convoqués pour une réunion au collège. Les nouvelles n'auraient pu être plus mauvaises. Un prêtre relut au couple le cinquième article du règlement de Santo Inácio – document que les parents étaient obligés de signer lors de l'inscription des enfants et qui prévoyait l'exclusion de ceux qui n'atteindraient pas la moyenne minimale exigée – et alla droit au sujet, sans détours. Si au second semestre il continuait à ce rythme, Paulo serait inévitablement recalé, ce qui signifiait imprimer sur son parcours scolaire la tache d'avoir été expulsé de l'un des collèges les plus prestigieux du pays. Il n'y avait qu'une seule issue pour éviter la mise à la porte – et sauver les apparences, épargnant cet embarras à l'élève et aux parents. Le religieux proposait que les parents, avant l'inévitable renvoi, prennent l'initiative de transférer immédiatement leur fils dans un autre établissement. Et il expliqua que Santo Inácio ne ferait jamais rien de tel. On faisait une exception par respect pour l'élève en question, petit-fils d'un pionnier de la première classe du collège, inscrite en 1903, le vieil Arthur Araripe Júnior, « maître Tuca ».

Pedro et Lygia rentrèrent chez eux brisés. Ils savaient que leur fils fumait en cachette, son haleine dénonçait souvent la consommation de boissons alcooliques, et certains parents en étaient arrivés à se plaindre que Paulo devienne un mauvais exemple.

— Ce gamin est une menace, murmuraient les tantes, il va finir par débaucher tous ses jeunes cousins.

Mais jusque-là, ce qu'ils appelaient un « comportement bizarre » de Paulo était un problème limité au cadre familial. Cependant, sortir de Santo Inácio par la porte de derrière, c'était l'humiliation, l'exposition publique de l'incompétence des parents à bien l'éduquer. Et si un fils, comme le père l'avait répété des dizaines de fois, était bien la carte de visite d'une famille, les Coelho n'avaient que trop de raisons de sentir leur image salie. À une époque où la violence physique était la pédagogie ordinaire chez les parents brésiliens, Pedro et Lygia n'avaient jamais porté la main sur Paulo, mais ils étaient rigoureux dans les châtiments imposés. Quand il lui annonça qu'il avait décidé de l'inscrire au collège Andrews – où il poursuivrait ses études scientifiques – le père lui fit savoir aussi que les futures vacances étaient supprimées et la pension temporairement suspendue. S'il voulait de l'argent pour acheter des cigarettes ou de la bière, il n'avait qu'à se débrouiller pour trouver un travail.

Si ce choix était une forme de punition, c'était raté, parce que Paulo adora le changement. Laïque et infiniment plus libéral que Santo Inácio, Andrews était un collège mixte, ce qui apportait une nouveauté délicieuse dans le quotidien scolaire : des filles. En plus, il y avait des discussions politiques, des groupes d'étude de cinéma et même un club de théâtre amateur, auquel il se joignit avant même de connaître tous les professeurs. Un an plus tôt, il s'était aventuré dans le monde de la dramaturgie : lors des vacances de la Toussaint, il s'était enfermé dans sa chambre décidé à écrire une pièce de théâtre. Il ne sortait qu'aux heures du déjeuner et du dîner, et justifiait ce confinement auprès de ses parents en affirmant qu'il étudiait pour les examens de fin d'année. Au bout de quatre jours de travail, il mit le point final à *O Feio* (*L'Affreux*), pièce à laquelle il faisait allusion de façon prétentieuse comme à « un *petit guignol* à la Aluísio Azevedo », dont il laisserait le synopsis enregistré dans le journal :

Dans cette pièce, je présente le laid dans la société. C'est l'histoire d'un jeune rejeté qui finit par se suicider. Les scènes se déroulent à travers des silhouettes, tandis que quatre bouffons déclament les sentiments et décrivent les actions des personnages. Dans l'intervalle entre le premier et le deuxième acte, un sujet, au fond de l'assistance, chante une bossa-nova très lente, en rapport avec le premier acte. J'ai trouvé de bonnes indications de mise en scène. Dès cette année elle sera montée ici à la maison, dans le jardin d'hiver.

Son sens critique serait plus fort que sa vanité et une semaine plus tard il allait déchirer cette première incursion dans la dramaturgie, lui consacrant une épitaphe de cinq mots : « Je l'ai trouvée mauvaise. Bientôt, j'en écrirai une autre. » Et ce fut en tant que dramaturge (inconnu, comme les autres) qu'il approcha le Théâtre amateur du collège

Andrews, le TACA, en 1964. Quant à la vie scolaire, aux professeurs, aux examens, rien de tout cela ne semblait faire partie de ses préoccupations. Les rares fois où le sujet méritait d'être consigné dans le journal, c'était toujours des notes courtes, négatives et révélatrices d'un manque de perspectives. « Les études se passent mal, je suis menacé d'être recalé en géométrie, en physique et en chimie » ; « Je n'arrive pas à m'attacher aux livres : n'importe quelle bêtise me distrait » ; « Les heures de cours me semblent de plus en plus longues » ; « Vraiment, je ne sais pas ce qui m'arrive, c'est indescriptible ». Avouer que les études allaient mal, c'était une façon de dissimuler la vérité. Il était sur la mauvaise pente.

Jusqu'en octobre, à deux mois de la fin de l'année, toutes ses notes, dans toutes les disciplines, avaient été inférieures à 5. Le père trouva qu'il était temps de serrer la vis une bonne fois et mit sa menace à exécution : il trouva pour son fils, grâce au cousin Hildebrando Góes Neto, une place d'employé dans une entreprise chargée du dragage de l'entrée du port de Rio de Janeiro. Le salaire ne couvrait même pas le transport et les cigarettes. Tous les jours après les cours du matin, il rentrait en courant à la maison, déjeunait, prenait un autobus et descendait à Santo Cristo, quartier du centre de Rio, au bord du quai. Un remorqueur le transportait jusqu'à la drague, où il passait ses journées une planchette à la main, traçant un X chaque fois que la machine recueillait les détritus au fond de la mer et les déposait dans une barque à fond plat. Cela lui semblait être un geste inutile et sans perspective, et lui rappelait un récit qui lui était familier : le mythe grec de Sisyphe, dans lequel le personnage est obligé de pousser un rocher vers le haut d'une montagne, et quand il arrive au sommet, la pierre roule de nouveau en bas, le forçant, chaque fois, à recommencer sa tâche. « C'est un travail qui n'a jamais de fin », écrivit-il dans le journal. « Quand je pense que c'est terminé, tout recommence. » La punition, cependant, ne produisit aucun effet positif. Il restait mauvais à l'école et quand il apprit qu'il courait le risque de perdre son année scolaire, il consigna la nouvelle d'une façon ironique : « Un ami m'a raconté que j'allais devoir repasser les mathématiques », nota-t-il. « Et pourtant, la matinée est si belle, si musicale, que je suis même content. Oh, Dieu, quelle bonne vie. Quelle vie, mon Dieu, quelle vie. » À la fin de l'année, le bulletin confirma les attentes générales : la moyenne finale de 4,2 signifiait qu'il était recalé dans toutes les disciplines.

Paulo semblait de jour en jour plus indifférent à ce monde. Il supportait sans protester le travail dans la drague et s'était même moqué de ne recevoir de ses parents, pour Noël, qu'un modeste canif. Il ne s'intéressait qu'aux lettres, que ce fût sous forme de romans, de pièces de théâtre ou de vers. En effet, des mois après avoir rompu avec la poésie, il s'était remis à versifier furieusement. Après mûre réflexion, il conclut qu'il n'était nullement honteux de composer des vers tant qu'on n'était pas prêt à écrire un roman. « Et pourtant, j'ai des tonnes d'idées pour écrire un roman ! Diable, c'est que je ne trouve pas un bon début, ni la patience suffisante pour le continuer », grommelait-il, pour conclure, résigné : « Et pourtant, c'est le métier que je me suis choisi. » Quand il se mit à fréquenter le milieu de Gávea, il découvrit qu'il y avait d'autres jeunes qui s'intéressaient aux livres et à la littérature. Comme ils étaient en tout quinze filles et garçons, ils créèrent aussitôt un club littéraire, intitulé Rota 15 – le nom était tiré des initiales de la rue Rodrigo-Otávio, une transversale de la rue Padre-Leonel-Franca, où se trouvait sa maison, et au coin de laquelle le groupe se réunissait. La production poétique de Paulo Coelho était tellement prolifique que quand le Rota 15 décida de lancer un livret polycopié de poésies, il y contribua par une anthologie de treize poèmes (parmi lesquels « Femme de Treize Ans » qui avait été primé), à la fin de laquelle venait son curriculum : « Paulo Coelho a commencé sa carrière littéraire en 1962 en écrivant de petites chroniques, pour adopter plus tard le genre poétique. Il est entré à l'Académie littéraire Santo Inácio en 1963 et la même année a gagné le grand prix de cette association. » Le Rota 15 ferma ses portes sur un scandale, Paulo accusant le trésorier d'avoir vidé les caisses et utilisé l'argent pour voir le show de la diva pop française Françoise Hardy, qui se présentait à Rio.

Il se considérait déjà en poète de stature suffisante pour ne plus dépendre de petits journaux de quartier ou de classe. Avec l'assurance d'un vétéran, il sentit que l'heure était venue de s'envoler plus haut. Son rêve, c'était de voir publié son travail – une simple citation, ç'aurait été parfait – dans la respectable colonne littéraire « Écrivains et Livres » que José Condé, du Pernambouc, signait chaque semaine dans le journal *Correio da Manhã*. Capable de bâtir ou de démolir des réputations en quelques lignes, l'irascible Condé se flattait alors d'être coauteur d'*Os Sete Pecados Capitais,* un recueil lancé par la maison d'édition Civilização Brasileira, dans lequel il avait pour collègues Guimarães Rosa, Otto Lara Resende, Carlos Heitor Cony et Lygia Fagundes Telles, entre autres personnes importantes. Paulo admirait le style sec de Condé et il espérait que le regard subtil du critique apercevrait le talent caché sous ses écrits. Il ajouta de nouveaux poèmes à l'anthologie publiée par le Rota 15, se fit un point d'honneur de les dactylographier et expédia la liasse soigneusement reliée à la rédaction du *Correio.* Le mercredi suivant, jour d'« Écrivains et Livres », il courut au kiosque à journaux anxieux de lire l'opinion de Condé à son sujet. La surprise fut telle qu'il découpa la colonne, la colla dans son journal et écrivit au-dessus : « Il y a une semaine, j'ai écrit à J. Condé pour lui envoyer mes poésies, et lui demander sa critique. Et aujourd'hui voilà ce qui paraît dans le journal. » Le motif de son indignation était le P.-S. de dix lignes au bas de la colonne de l'écrivain :

Aux jeunes téméraires, anxieux de se montrer et de publier des livres, il conviendrait de rappeler l'exemple de Carlos Drummond de Andrade, qui pendant quinze ans n'a publié que trois petits volumes, avec un total de cent quarante-quatre poésies… Et l'autre jour encore un critique mettait l'accent sur le fait qu'Ernest Hemingway réécrivit pas moins de vingt fois ce petit chef-d'œuvre qu'est Le Vieil Homme et la Mer.

Le prenant personnellement, il fut abattu par l'agressivité de cette réponse. Si, peu de temps avant, il remerciait Dieu du bonheur d'avoir découvert sa vocation, l'autosuffisance faisait maintenant place à un océan de doutes. « Peut-être que je m'entête à être écrivain », réfléchissait-il. « Serait-ce que je ne suis pas fait pour être écrivain ? » Mais il écartait aussitôt ces incertitudes. Comme l'ami qui prenait des bains glacés pour ne pas perdre foi en Dieu, il devait lutter sans hésitation ni faiblesse pour réaliser son rêve. Il avait encaissé le coup porté par Condé, mais il n'était pas prêt à reconnaître sa défaite. Toute la journée, il ne pensa à rien d'autre qu'à la colonne littéraire. Pour se distraire, il tenta le soir de regarder à la télévision le célèbre feuilleton américain *Dr Kildare,* qui racontait les aventures d'un jeune médecin, joué par l'acteur Richard Chamberlain, dans un grand hôpital. Il éteignit l'appareil avant la fin de l'épisode et écrivit dans son cahier :

Aujourd'hui, dans la série Dr Kildare, *le directeur de l'hôpital dit au médecin : « Je n'aurais pas dû tenter de changer votre vie, Jim. Nous sommes tous nés avec un idéal. » J'ai appliqué ces mots à la profession d'écrivain et je me suis décidé à l'être.*

Enthousiasmé par sa propre détermination, il composa une parodie du poème « If… », du britannique Rudyard Kipling :

Si tu es capable de demander à tes amis et à tes ennemis de te donner une chance
Si tu es capable d'entendre un « non » et de le considérer comme un « peut-être »

Si tu es capable de partir de rien et, cependant, de valoriser le peu qui t'échoit

Si tu es capable de te perfectionner à chaque instant et parvenir au sommet sans te laisser dominer par la vanité

Alors tu seras un écrivain.

Plongé dans ces hautes transcendances, il envisageait avec découragement la perspective de retourner affronter les pupitres d'Andrews. Torturé par cette idée, il conçut un plan qui, s'il réussissait, le délivrerait du collège pour deux bonnes années : obtenir une bourse d'étude et quitter le pays, comme l'avaient fait plusieurs de ses camarades. Ses parents reprirent espoir quand ils le virent s'inscrire à l'American Field Service, programme d'échanges culturels très en vogue à l'époque. À en juger par ses notes, il ne devait pas être une nullité absolue en anglais (discipline dans laquelle il était rarement mauvais, pour ses critères), ce qui signifiait que la moitié du chemin était accomplie pour obtenir la bourse. Pendant deux semaines, son temps libre fut consacré à préparer les papiers pour l'inscription : certificats scolaires, photos aux dimensions du passeport, lettres de présentation. Quand les examens commencèrent, les sept autres concurrents pour la place de son groupe se réduisirent à quatre, et finalement ne restèrent que Paulo et deux autres qualifiés pour l'examen décisif : l'entretien oral réalisé par quelqu'un venu des États-Unis – entièrement en anglais, naturellement.

Le jour fixé, il était tellement nerveux que, s'asseyant devant l'examinatrice – une jeune fille de son âge – il sentit le premier coup, comme un poing en pleine poitrine. Il mit de côté l'hérésie et en silence implora Dieu que ce fût une fausse alerte. Ce n'en était pas une – il avait une crise d'asthme. Un crissement sec sortait de ses poumons tandis que, les yeux écarquillés, il tâtait ses poches à la recherche de son inhalateur. Il essayait de parler, mais au lieu de la voix sortait un souffle. Effrayée par la scène, l'Américaine, paralysée, ne savait que faire. Au bout de quelques minutes, la crise cessa. Une fois calmé, il parvint à terminer l'entretien, mais il sortit de là avec de mauvais pressentiments : « Je pense que l'asthme a tout fait rater. » De fait, un mois avant le départ, arriva le télégramme annonçant qu'il n'avait pas été choisi. Plutôt que de se sentir abattu par ce refus, Paulo l'attribua non pas à sa mauvaise prestation, mais au fait que sa mère s'était rendue aux États-Unis auparavant. « Je crois qu'ils préfèrent des gens dont les proches ne sont jamais allés aux États-Unis », écrivit-il, pour terminer par une appréciation digne du renard de la fable devant la grappe de raisin : « Ils croient, du moins ce fut mon interprétation, que je suis trop intellectuel pour l'Amérique. »

C'est aussi à cette époque que survient une nouvelle et asservissante passion dans sa vie. Une passion en chair et en os, aux yeux noisette et jambes longilignes, qui répondait au prénom de Márcia. À 17 ans, Paulo était toujours maigre et petit, même pour les canons brésiliens. Il pesait 50 kilos, au moins dix en dessous de la moyenne pour quelqu'un qui mesurait 1,69 mètre, une stature qu'il allait conserver le restant de sa vie. Il n'était pas un bel adolescent, selon sa propre opinion :

— J'étais laid, maigre, dépourvu de charme et incapable d'éveiller l'intérêt d'une petite amie, répétera-t-il des dizaines de fois tout au long de sa vie au cours d'interviews, avec de petites variantes dans le vocabulaire. À cause de mon apparence, j'avais un complexe d'infériorité.

Tandis que la plupart des garçons portaient des chemises à manches courtes et serrées pour exhiber leurs muscles, il portait toujours une chemise de ville à manches longues qui dissimulait ses épaules étroites et ses bras maigres. Un ceinturon en cuir disproportionné pour les mensurations de son propriétaire retenait le jean décoloré et, comme le voulait la mode, collé aux jambes fines. Le costume était complété par les lunettes cerclées de métal aux verres de couleur, qui des années plus tard deviendraient la marque déposée du membre des Beatles John Lennon. Les cheveux couvraient les oreilles et tombaient sur les épaules, et dans les derniers temps, il s'était laissé pousser une petite moustache clairsemée et une petite touffe de poils sous la lèvre inférieure, comme une barbichette.

D'un an plus jeune que Paulo, Márcia était presque sa voisine, car elle habitait dans un immeuble au croisement des rues Rodrigo-Otávio et Padre-Leonel-Franca. Elle étudiait aussi au collège Andrews et faisait partie du Rota 15. Cheveux clairs et lisses, un nez de poupée et des yeux parfaits, Márcia passait pour une fille facile malgré la surveillance étroite de ses parents et de son frère aîné. Elle était devenue l'une des plus courtisées de la classe. Vu le peu d'estime qu'il avait de lui-même, le futur auteur de best-sellers ne comprit jamais qu'elle le regardait d'une manière particulière. Surtout quand il polémiquait avec l'autre « intellectuel » du groupe, Alcides Lins, ou Cidinho, sur des films, des livres et des pièces de théâtre. Même si la plupart ne savaient pas exactement ce que signifiait ce mot, presque tous se sentaient « existentialistes ». Paulo ne portait pas de vêtements chics, il n'avait pas de voiture, il n'était pas fort, mais Márcia se pâmait en l'entendant raconter des passages de livres ou déclamer des vers de poètes célèbres. Quant à lui, il n'avait jamais flairé aucune sympathie de la part de la jeune fille, jusqu'à ce qu'elle fasse le premier pas.

Le soir du 31 décembre 1964, Paulo ferma encore un cahier du journal d'une phrase mélancolique : « Aujourd'hui c'est le dernier jour de 1964, une année qui finit par un gémissement secret dans la nuit. Une année couronnée d'amertume. » Et c'est l'air déprimé qu'il se joignit à ses amis, deux jours plus tard, un samedi, pour assister au show *Opinião,* avec la chanteuse Nara Leão, au Teatro de Arena, à Copacabana. Le groupe se répartit les fauteuils et ce fut Márcia qui s'assit à côté de lui, ce qui tombait à merveille. Quand les lumières s'éteignirent, et que la voix douce de Nara commença à entonner les premiers vers de « Peba na Pimenta », de João do Vale, la fille sentit une caresse très douce, presque un souffle sur sa main. Elle jeta un regard de biais, sans bouger le visage, et vit la main de Paulo appuyée contre la sienne. Elle croisa immédiatement ses doigts dans les siens et serra légèrement. Il eut tellement peur que sa première réaction fut la panique : et si l'asthme venait à cet instant ? Non, se tranquillisa-t-il.

— J'avais la certitude que Dieu avait guidé la main de Márcia jusqu'à la mienne, se souviendrait-il plus tard. Si c'était le cas, pourquoi m'aurait-il envoyé une crise d'asthme à ce moment ?

Et c'est en respirant comme n'importe quel mortel qu'ils tombèrent éperdument amoureux l'un de l'autre. Quand le show prit fin, Nara Leão dut reprendre plusieurs fois la chanson-titre, une protestation de Zé Kéti contre la dictature militaire qui s'était installée au Brésil neuf mois plus tôt. Toujours main dans la main, le petit couple profita de l'obscurité, s'éclipsa de la salle bondée et sortit. Sur le trottoir, ils entendaient encore Nara chanter les premiers vers d'*Opinião* au quatrième rappel :

Vous pouvez me frapper, vous pouvez m'arrêter
Vous pouvez même me priver de nourriture
Je ne changerai pas d'opinion
De ma butte non je ne descendrai pas

Ils retirèrent leurs chaussures et marchèrent nu-pieds et main dans la main sur le sable de Copacabana. Paulo serra Márcia contre lui et tenta de l'embrasser, mais elle recula gentiment :

— Je n'ai jamais été embrassée sur la bouche.

Il réagit avec le naturel d'un vieux Dom Juan :

— Ne t'en fais pas, j'ai déjà embrassé plusieurs filles. Ça va te plaire.

Dans la chaleur étouffante et sous le ciel étoilé de la nuit, les deux menteurs échangèrent un long baiser, dont ils se souviendraient avec nostalgie plus de quarante ans plus tard. Décidément, l'année 1965 n'aurait pu mieux commen-

Márcia, son premier amour, finira par abandonner son petit ami pour deux robes.

cer. La liaison amoureuse avec Márcia lui apporta une paix de l'esprit qu'il ne se rappelait pas avoir jamais connue, même aux meilleurs moments d'Araruama et de Belém. Se sentant sur un nuage, il ne fut même pas ennuyé en apprenant qu'il avait été déclassé dans un concours de poésies sous l'égide de l'Instituto Nacional do Mate. « Qu'est-ce qu'un prix de plus, un prix de moins », écrivit-il magnanime, « pour quelqu'un qui est aimé par une femme comme Márcia ? ». Des pages entières du journal étaient maintenant occupées par des dessins représentant des cœurs transpercés par les flèches de l'amour, avec leurs prénoms gravés.

Le bonheur fut de courte durée. Avant la fin de l'été, les parents de Márcia apprirent qui était ce nouvel amoureux et ils furent intransigeants : avec celui-là, non. Et comme elle voulait connaître les raisons de ce veto, sa mère fut d'une franchise déconcertante :

— Tout d'abord, il est très laid. Je ne sais pas ce qu'une jolie fille comme toi a trouvé chez un garçon aussi laid et dégingandé. Tu es une jeune fille qui aime les fêtes et il ne sait même pas danser, il a honte d'emmener une fille danser. Il n'y a que les livres qui l'intéressent. Et puis ce garçon a un air maladif, je ne sais pas...

Márcia répliqua que Paulo était en bonne santé. Il souffrait d'asthme, comme des millions d'autres, mais c'était une maladie curable, ce n'était pas un défaut de caractère. Si l'asthme se soignait, la mère craignait qu'il ne souffrît aussi d'autres maladies, contagieuses, celles-là :

— On m'a même dit qu'il était existentialiste et communiste. Inutile de poursuivre cette discussion.

Pour la fille, le sujet était loin d'être clos. Elle raconta toute l'histoire à son petit ami et ils décidèrent d'affronter ensemble la situation. Ils se rencontrèrent désormais en cachette, chez des amis communs, et faute d'endroits sûrs, les moments d'intimité étaient rarissimes – ils avaient lieu en général sur les pédalos de la lagune Rodrigo de Freitas.

Et ils n'allaient jamais au-delà des préliminaires. Paulo simulait le naturel, mais en réalité il n'avait eu jusque-là qu'une relation sexuelle, quelques mois auparavant. Profitant de l'absence de ses parents, qui étaient allés au cinéma, il avait convaincu Madalena, une jolie employée de maison que sa mère avait recrutée récemment, de monter dans sa chambre. Bien qu'elle n'eût que 18 ans, Madá était une jeune fille assez expérimentée pour que le garçon garde de bons souvenirs de sa première nuit.

Lorsque les parents de Márcia apprirent que leur fille continuait de voir « cet individu » dans leur dos, ils renforcèrent leur surveillance et lui interdirent de téléphoner à Paulo. Ils découvrirent bientôt qu'ils mettaient l'un et l'autre un réveil à sonner sous leur traversin à 4 heures du matin et là, protégés par le silence de la nuit, se murmuraient des mots d'amour la bouche collée au téléphone. La punition pour cette désobéissance fut très dure : elle resterait un mois enfermée à la maison. Mais Márcia ne s'avoua pas vaincue : aidée par la bonne, elle envoyait des petits billets à son amoureux pour déterminer l'heure où il se posterait dans une rue derrière l'immeuble pour la voir à la fenêtre de la chambre où elle était emprisonnée. Un matin au réveil, elle regarda par la fenêtre et vit sur l'asphalte de la rue une déclaration d'amour tracée en lettres énormes : « M., je t'aime. P. »

Alors que la punition prenait fin, la mère revint à la charge : Paulo n'était pas bon pour elle, ça ne marcherait pas, il s'agissait d'un individu sans avenir ni perspective. Têtue, la petite répondait qu'elle ne romprait pas. Elle projetait de se marier un jour avec Paulo. Entendant cela, une tante en vint à insinuer qu'un garçon aussi fragile n'avait peut-être même pas la force physique d'accomplir ses obligations conjugales.

— Tu sais ce dont je parle, n'est-ce pas, ma chérie ?, insista la tante. Le mariage, le sexe, les enfants... Fragile comme il l'est, peut-il avoir une vie normale ?

Márcia ne semblait faire aucun cas des menaces. Dès qu'elle eut accompli sa peine, elle rencontra de nouveau Paulo. Ils avaient découvert un endroit idéal : l'intérieur de l'église Nossa Senhora da Conceição, qui se trouvait près de chez eux. Ils ne s'asseyaient jamais côte à côte, mais l'un devant l'autre, pour ne pas éveiller les soupçons, et se parlaient bas à l'oreille. Malgré leurs précautions, le père de Márcia finit par les surprendre ; il la traîna à la maison en hurlant et lui infligea un châtiment proportionnel au péché commis : une vigoureuse correction à coups de ceinture.

Mais la jeune fille paraissait fermement déterminée à sortir avec son prince charmant, se fiancer et se marier. Si ses parents étaient contre, ceux de Paulo ne semblaient pas non plus très enthousiasmés par le choix de leur fils. Comme il était courant d'organiser de petites fêtes chez les amis, Paulo parvint à fléchir la rigidité de Lygia et de Pedro et d'en donner une à la maison. Ce fut un désastre. Voyant son fils danser joue contre joue avec sa petite amie, le père se planta les bras croisés à côté d'eux, les regardant avec une ostensible contrariété, jusqu'à ce que Márcia, honteuse, s'excuse et rejoigne un groupe d'amies. Et c'était comme cela avec tous les autres. Si un couple dansait joue contre joue ou si la main du garçon se trouvait au-dessous de la taille de la fille, cela suffisait pour que le père répète sa grossièreté : il se plantait à côté d'eux, croisait les bras et ne les détachait que lorsqu'ils « retrouvaient de bonnes manières ». Toute la fête se passa dans une rigoureuse sobriété, puisque, sur ordre du maître de maison, les boissons alcoolisées avaient été interdites – sans exception, ne serait-ce qu'une innocente petite bière.

Pour toutes ces raisons, la première fête donnée par les Coelho dans la grande maison rose serait aussi la seule. Mais rien, pas même les insultes de son père, ne semblait ébranler le bonheur de Paulo.

L'anniversaire de Márcia approchait et leur amour n'avait pas encore deux mois quand la mère de la jeune fille l'appela pour qu'elles aient une conversation. Doutant que la violence eût des résultats, elle mit le paquet :

— Si tu cesses de sortir avec ce garçon, tu peux choisir la meilleure boutique de Rio et acheter toutes les robes que tu voudras.

La mère savait qu'elle avait touché un point faible de sa fille – la vanité – mais la première réaction de Márcia fut de trouver la proposition inacceptable, « un chantage monstrueux ». Cependant, après avoir beaucoup réfléchi, elle parvint à la conclusion qu'elle avait donné des démonstrations plus qu'éloquentes de son amour. Et que, en regardant la vérité en face, ils savaient l'un comme l'autre qu'il était illusoire d'imaginer qu'ils pourraient poursuivre cette relation contre la volonté de leurs parents. Ils étaient tous les deux mineurs, dépendants, quel avenir avait cette histoire ? Quitte à capituler, au moins que ce soit pour un bon prix, et elle accepta la proposition. Quand il lut la lettre de Márcia lui annonçant la fin de la romance, Paulo éclata en larmes et il nota dans son journal sa frustration de n'avoir pu vivre avec la jeune fille un amour tragique comme celui de Roméo et Juliette : « Pour quelqu'un comme moi, qui rêvait de faire de Rio une Vérone brésilienne, il ne pourrait y avoir fin plus mélancolique qu'être échangé contre deux robes. »

Abandonné par le Grand Amour – c'était comme ça, avec des majuscules initiales, qu'il évoquait Márcia dans son journal –, il retomba dans la dépression. Préoccupés par l'état de leur fils, les parents compatirent et décidèrent de faire une exception : bien que les vacances à Araruama aient été interdites pour le punir de son échec à Andrews, il pourrait passer là-bas le Carnaval avec ses cousins. Paulo arriva dans la ville en autocar, le vendredi soir, et passa la fin de la semaine taciturne, sans même avoir le courage d'aller voir les filles dans les bals. Le lundi soir trois amis lui proposèrent d'aller boire un demi dans une buvette près de chez l'oncle José, et il accepta. Alors que la table était couverte de sous-verre en carton, ce qui révélait la quantité excessive de bière consommée, un des garçons, Carlinhos, eut une idée :

— Mes parents sont en voyage et on peut piquer la voiture dans le garage de la maison. Si l'un de vous sait conduire, on peut faire un tour dans la ville.

Bien qu'il n'eût jamais mis les mains sur le volant d'une voiture, Paulo s'aventura :

— Moi je sais.

Sans délai ils réglèrent l'addition, se rendirent chez Carlinhos et prirent la voiture. Alors qu'ils roulaient tous les quatre sur l'avenue principale, où défilaient les groupes et les écoles de samba, une baisse d'énergie fit s'éteindre complètement les éclairages de la ville. Malgré l'obscurité, Paulo continua à avancer dans la confusion, au milieu des passants et des personnages déguisés. Soudain il vit un groupe d'individus venir dans la direction de la voiture. Ne sachant comment réagir à l'inattendu, il s'écarta et accéléra, affolé. Un de ses compagnons s'écria :

— Attention au gosse !

Il était trop tard. Ils sentirent tous un énorme fracas contre le pare-chocs avant de la voiture, mais Paulo continua à accélérer, tandis que ses camarades regardaient en arrière et criaient effrayés :

— Fonce, Paulo ! Fonce ! Tire-toi d'ici ! Tu as tué l'enfant !

5

Rencontre avec le Dr Benjamin

L'enfant était Luís Cláudio, Claudinho, fils du tailleur Lauro Vieira de Azevedo. Il avait 7 ans et habitait rue Oscar-Clark, près de la maison où Paulo était hébergé. La violence du choc avait été tellement forte que le gosse fut projeté très loin, l'abdomen ouvert et les viscères sortant de son corps. Il fut transporté, inconscient, à La Charité, le seul hôpital d'Araruama, où l'on constata que sa rate s'était déchirée. Pour contenir l'hémorragie, le médecin de garde lui fit une transfusion sanguine, mais la pression artérielle baissa brusquement. Claudinho était entre la vie et la mort.

Après l'accident, sans avoir porté secours au petit garçon, Paulo et ses amis s'enfuirent à toute vitesse. Ils garèrent le véhicule dans la maison de Carlinhos et, la ville toujours dans le noir, allèrent à pied jusque chez Maurício, un autre occupant de la voiture. En chemin, ils comprirent que la nouvelle se répandait. Effrayés par les rumeurs selon lesquelles l'enfant était mort, ils passèrent un pacte de silence perpétuel : aucun d'eux n'ouvrirait jamais la bouche sur cet événement. Chacun reprit sa route. Pour ne pas éveiller de soupçons, Paulo rentra chez l'oncle José comme si de rien n'était – selon ses propres mots, « avec le plus grand cynisme ». Mais une demi-heure plus tard, la bombe éclatait : dénoncés par un témoin, Maurício et Aurélio, le quatrième membre du groupe, avaient été arrêtés et, pressés par les policiers, avaient révélé qui conduisait la voiture. L'oncle l'emmena dans une chambre et exposa la gravité de la situation :

— Le gosse est entre la vie et la mort. Prions pour qu'il survive, parce que sinon les choses iront très mal pour toi. Tes parents sont au courant de tout et ils viennent de Rio pour parler avec les policiers et avec le juge de la ville. En attendant, tu ne sors pas de la maison. Ici, tu es en sécurité.

L'oncle connaissait la réputation de fier-à-bras mal dégrossi du tailleur et il craignait que le voisin ne fît une bêtise. Ses craintes se confirmèrent le soir même. Après avoir rendu visite à son fils agonisant, Lauro se présenta au portail de la maison où Paulo se cachait, accompagné de deux individus à la mine patibulaire. Le revolver en évidence à la ceinture et contrôlant mal son émotion, il agita un doigt menaçant devant le nez de l'oncle José :

— Dr Araripe, Claudinho est peut-être en train de mourir à La Charité. Tant qu'il n'a pas son bon de sortie, votre neveu ne quitte pas Araruama. Et si mon fils meurt, Paulo sera enterré avec lui, parce que je viendrai le tuer.

En fin de soirée, Lygia et Pedro arrivèrent à Araruama et, avant même d'avoir vu leur fils, se rendirent chez le juge chargé de l'enquête, qui leur déclara que « l'auteur » ne pourrait quitter la ville qu'avec son autorisation. La présence de ses parents ne diminua en rien le désespoir de Paulo, qui passa une nuit de chien, ne pouvant fermer l'œil. Couché dans son lit, il écrivit d'une écriture tremblante :

Ce jour est le plus long de ma vie. C'est dans l'angoisse que je passe cette nuit, ne sachant dans quel état est l'enfant. Mais le moment le plus angoissant, ce fut quand nous sommes arrivés chez Maurício, après l'accident, et qu'ils disaient tous que l'enfant était mort. J'ai eu envie de m'évanouir, de disparaître. Ma pensée n'a été, et n'est encore que pour toi, Márcia. Je vais recevoir une mise en demeure pour avoir conduit sans permis. Et si l'enfant meurt, on me fera un procès et je risque d'aller en maison de correction.

C'était l'enfer sur terre. Le matin du Mardi gras, les deux nouvelles – l'accident et la menace proférée par le tailleur – s'étaient répandues dans la ville, attirant vers la rue Oscar-Clark des groupes de curieux qui attendaient le dénouement du drame. À la première heure, Lygia et Pedro décidèrent de rendre une visite de courtoisie aux parents de Claudinho pour leur présenter des excuses et obtenir des nouvelles de l'état de santé du petit garçon, qui était toujours inconscient. Lygia arrangea une superbe corbeille de fruits pour que sa mère la porte au petit. Alors qu'elle et son mari s'approchaient de la maison, sur le même trottoir que celle de l'oncle José, Lauro leur enjoignit de faire demi-tour, parce qu'il n'avait aucune envie de causer. Il réitéra sa menace – « votre fils ne sortira vivant de la ville que si le mien survit » – et dit à Lygia qu'elle pouvait remporter ses fruits :

— Personne ici ne meurt de faim. Je ne veux pas d'aumône, je veux que mon fils revienne.

Paulo ne sortait de la chambre que pour demander des nouvelles du gosse. Chaque information qui lui parvenait était consignée dans le cahier :

[...] Ils sont allés à l'hôpital ce matin. La fièvre du garçonnet baisse, pourvu que le père retire sa plainte auprès de la police.

[...] Toute la ville sait déjà tout et je ne peux pas sortir de la maison, parce que je suis recherché. Ils m'ont dit qu'hier au bal il y avait un agent de police à la porte, qui m'attendait.

[...] La fièvre du garçonnet est remontée.

[...] Il paraît que je peux être arrêté à tout moment, parce que quelqu'un a dit à la police que j'étais majeur. Maintenant tout dépend du gosse.

La fièvre monta et descendit plusieurs fois. Claudinho reprit conscience le mercredi matin, deux jours après l'accident, mais l'attente angoissante ne prit fin que tard dans la nuit, quand les médecins affirmèrent qu'il était hors de danger et qu'il pourrait sortir dans quelques jours. Tôt le jeudi, Pedro Coelho emmena son fils témoigner devant le juge, en présence duquel il dut signer une déclaration écrite par laquelle il engageait sa responsabilité pour toutes les dépenses médicales et hospitalières faites par la famille du gosse. Ce dernier survécut sans aucune séquelle, sauf une énorme cicatrice à l'abdomen qui marquerait son corps à tout jamais. Mais le destin semble avoir décidé que sa rencontre avec la mort aurait lieu un lundi de Carnaval. À plus de 34 ans, le 15 février 1999, Luís Cláudio, alors commerçant, marié et père de deux filles, fut arraché de sa maison à Araruama par deux hommes de main masqués, apparemment à la solde de la mafia, qui attaquaient les camions. Torturé sauvagement, il était encore conscient quand les hommes l'attachèrent, inondèrent son corps d'essence et y mirent le feu. Il mourut carbonisé.

Mais en cette année 1965 la survie du garçonnet n'améliora pas l'humeur de Pedro Coelho. De retour à Rio, Paulo comprit que, pour le punir de l'accident et de ses mensonges, il serait privé de sortie pendant un mois. Et la pension, qu'il avait récupérée après avoir démissionné de la drague, en décembre, serait de nouveau suspendue jusqu'à ce que son père soit indemnisé des 100 000 cruzeiros (environ 1 150 euros) déboursés pour couvrir les dépenses dues à l'accident. Deux mois après la reprise des cours, le premier bulletin de notes d'Andrews fit renaître les espoirs de la famille Coelho : malgré de mauvais résultats dans quelques disciplines, leur fils avait reçu des notes tellement bonnes en portugais, en philosophie et en chimie que sa moyenne générale était montée à 6,1 – un chiffre médiocre, certes, mais assurément un progrès pour quelqu'un qui depuis longtemps ne parvenait même pas à atteindre la note 5. Ils en restèrent tous à l'espoir : au deuxième bulletin, la moyenne tombait à 4,6 et, au troisième, elle atteignait péniblement 2,5. L'arrivée des notes devint le jour des règlements de comptes dans la famille. Pedro Queima Coelho grimpait aux murs, se déchaînait, supprimait les privilèges, menaçait de punitions de plus en plus sévères, mais Paulo semblait indifférent à ces questions.

— J'en ai marre du collège, répétait-il à ses amis. Dès que je pourrai me tirer, je le ferai.

L'énergie et l'enthousiasme qu'il économisait dans les épreuves scolaires étaient intégralement canalisés vers son projet de devenir écrivain. Loin de se résigner à n'être pas encore un auteur connu, et convaincu de son talent, il avait conclu que ses problèmes se résumaient en un mot : publicité. Au cours de longues promenades nocturnes avec son ami Eduardo Jardim sur la plage de Copacabana, en ce début de 1965, il avait beaucoup réfléchi au sujet – ou, selon ses propres mots, « sur mes problèmes à m'affirmer comme écrivain consacré ». Son équation semblait simple : le monde devenant de plus en plus matérialiste (dans le communisme ou dans le capitalisme, c'était pareil) la tendance naturelle était que les arts disparaîtraient et, avec eux, la littérature. Et seule la publicité pourrait les sauver de l'Armageddon culturel. Son principal souci était les lettres, ainsi qu'il l'avait souvent exposé de façon didactique à Jardim : parce qu'elle n'était pas diffusée autant que la musique, la littérature ne trouvait pas un terrain fertile chez les jeunes.

— Si personne n'inspire à cette génération le goût des lettres, expliquait-il à son ami, elles disparaîtront en très peu de temps.

Pour finir, il révélait sa recette du succès :

— C'est pourquoi la publicité sera le principal élément de mon programme littéraire. Et c'est moi qui la gérerai. Par la publicité, j'obligerai le public à lire et à juger ce que j'écris. Ainsi, mes livres se vendront mieux, mais ce sera une conséquence secondaire. L'important est que j'exciterai la curiosité populaire au sujet de mes idées, de mes théories.

En dépit de l'air étonné avec lequel Jardim l'écoutait, il poursuivait avec les projets pour la phase postérieure à la conquête du public :

— Après, à l'exemple de Balzac, j'écrirai, sous un pseudonyme, des articles contre moi et pour ma défense, mais ça, c'est pour la fin.

Jardim ne semblait pas trop approuver ce qu'il entendait :

— Tu penses comme un commerçant, Paulo. Souviens-toi que la publicité est mensongère, qu'elle force les gens à faire ce qu'ils ne veulent pas.

Cependant, il était tellement convaincu de l'efficacité de ces idées que depuis janvier, il gardait collé sur la planche de sa table d'étude, à la maison, un exposé sommaire des tâches qu'il aurait à accomplir au long de l'année pour atteindre la consécration :

Programme littéraire pour l'année 1965

Acheter tous les journaux de Rio, en semaine.

Éplucher les pages littéraires, voir qui sont leurs responsables respectifs, et les directeurs de ces journaux. Envoyer des compositions aux responsables et une lettre d'explication aux directeurs. Entrer en contact téléphonique avec eux, vérifier le jour où l'écrit sort. Informer les directeurs de mes ambitions.

Trouver des pistons pour la publication.

Répéter l'opération avec les magazines.

Savoir si un destinataire de mes écrits désire les recevoir périodiquement.

Répéter l'opération avec les stations de radio. Suggérer ma propre émission ou envoyer mes contributions aux program-

mes qui existent déjà. Reprendre contact par téléphone, en vérifiant quel jour sera transmis ce que j'écris, si ça l'est.

Me procurer l'adresse des grands écrivains et leur écrire en envoyant mes poésies et demandant leurs critiques, ainsi que leur place dans les journaux où ils écrivent. Insister chaque fois que la lettre n'a pas reçu de réponse.

Apparaître toujours aux soirées d'autographes, conférences, premières de pièces de théâtre, pour essayer de parler avec les grands et de me faire remarquer.

Monter des pièces de théâtre dont je serai l'auteur avec des invités appartenant à la société littéraire de la vieille génération, obtenant ainsi leur « parrainage ».

Essayer d'entrer en contact avec la nouvelle génération d'écrivains, en donnant des cocktails et apparaissant dans les lieux qu'elle fréquente. Continuer la propagande interne, en avertissant toujours les collègues de mes victoires.

Sur le papier, le plan paraissait infaillible, mais la vérité, c'est que Paulo demeurait tristement et honteusement inconnu. Il n'arrivait pas à publier quoi que ce soit, il ne connaissait pas un critique, pas un journaliste, personne pour lui ouvrir une porte ou lui tendre la main pour le propulser vers le succès. Pour aigrir plus encore son âme, ses résultats scolaires ne s'amélioraient pas et c'était avec un découragement manifeste qu'il s'obligeait à se rendre tous les jours à Andrews – pour rien, car ses notes étaient de plus en plus mauvaises. Il passait les journées absent, comme s'il avait la tête dans un autre monde. Ce fut au milieu de cette léthargie qu'il rencontra un camarade du nom de Joel Macedo, étudiant en classique. Ils avaient le même âge, mais Joel était son opposé : extraverti et structuré politiquement, il constituait une espèce de benjamin de ce qu'on appelait la « génération Paissandu » – des cinéphiles et des intellectuels qui se réunissaient au traditionnel Cine Paissandu, dans le quartier de Flamengo. Agitateur culturel, il dirigeait le groupe de théâtre TACA et était responsable d'*Agora*, un petit journal interne des élèves d'Andrews – dont Paulo intégra la rédaction à son invitation. Le journal connaissait des démêlés avec la direction conservatrice du collège parce qu'il dénonçait les arrestations et les actes arbitraires commis par le gouvernement militaire.

Un monde nouveau s'ouvrit devant ses yeux. Entrer dans la bande du Paissandu, c'était fréquenter la crème des intellectuels cariocas et voir de près les étoiles de la contestation de gauche au régime militaire. La clientèle du cinéma et les deux bars qui l'entouraient, l'Oklahoma et le Cinerama, était constituée de cinéastes mais aussi de musiciens, dramaturges et journalistes qui dictaient la mode culturelle à Rio. Les plus récentes nouveautés du cinéma européen étaient présentées lors de « séances maudites », le vendredi à minuit, où les sept cents places de la salle s'évaporaient en quelques minutes. Paulo n'avait pas d'inquiétudes politiques ou sociales, mais ses profondes angoisses existentielles entraient parfaitement dans le profil de l'habitué typique du Paissandu, et en peu de temps il y circulait avec la même désinvolture que s'il y était né. Un jour arriva où il dut avouer à Joel pourquoi il ne venait jamais aux séances maudites, précisément les plus recherchées.

— D'abord parce que je n'aurai 18 ans que dans quelques mois, et les films présentés là sont en général interdits aux mineurs, expliqua-t-il, ajoutant que le second motif était tout aussi impérieux : Si j'arrive chez moi après 11 heures, mon père ne m'ouvre pas la porte.

Joel ne se résignait pas à voir un garçon de 18 ans devant rentrer à l'heure à la maison :

— Il est temps que tu pousses ton cri de liberté. La question de l'âge, c'est simple : il suffit que tu modifies la date de naissance sur ta carte d'étudiant, comme je l'ai fait.

Et il lui proposa de résoudre aussi le problème de l'horaire :

— Après les séances de minuit, tu vas dormir chez mes parents, à Ipanema.

Grâce à Joel Macedo, Paulo entre dans le cercle fermé des « Paissandu », pour lequel il falsifiera sa date de naissance sur sa carte d'étudiant et se vieillira de deux ans.

Dès lors, la carte dûment falsifiée et un toit assuré, Paulo allait entrer dans le monde enchanté de Jean-Luc Godard, Glauber Rocha, Michelangelo Antonioni, Ingmar Bergman et Roberto Rossellini.

Il restait cependant une difficulté. Les billets, la bière, les cigarettes et les transports coûtaient de l'argent. Pas une fortune, évidemment, mais la pension coupée, il n'avait pas un sou en poche et ne savait même pas comment se nourrir. À sa surprise, la solution vint de son père. Le Dr Pedro était ami de Luís Eduardo Guimarães, directeur du *Diário de Notícias,* à l'époque un journal influent de Rio, et gendre de la propriétaire, Ondina Dantas. Il obtint un rendez-vous pour son fils avec le journaliste et quelques jours plus tard Paulo commençait à travailler comme *foca* – un débutant, dans le jargon journalistique – dans le vieil immeuble de la rue Riachuelo, au centre de la ville. Il travaillerait sans rien gagner, jusqu'à son éventuel recrutement. Le problème de l'argent demeurait, mais il y avait une compensation : cet emploi était un pas pour se libérer du contrôle paternel. Il sortait le matin pour Andrews, rentrait en vitesse à l'heure du déjeuner, passait les après-midi au journal et les soirées au Paissandu. Il dormait tellement souvent chez Joel que son appartement devint sa seconde maison.

Comme dans toutes les rédactions, c'est aux petits nouveaux que revenait toujours le travail le moins intéressant, comme les trous dans la chaussée qui bloquaient la circulation, des querelles conjugales qui se terminaient à la police, ou la collecte de listes des morts anonymes dans les hôpitaux publics pour la page nécrologique du lendemain. Il était courant que le nouveau arrive à la rédaction et entende Silvio Ferraz, chef de reportage du *Diário de Notícias,* donner des ordres du genre « va causer avec les boutiquiers pour voir si le commerce est en crise ou pas ». Mais même s'il ne gagnait rien et s'occupait de faits sans importance, il se sentait intellectuel, quelqu'un qui écrivait tous les jours, peu importait le sujet. Sans parler du grand avantage que présentait l'emploi. Maintenant, quand les camarades d'Andrews ou quelqu'un de la faune du Paissandu demandaient ce qu'il faisait, Paulo prenait un air naturel et disait :

— Je suis journaliste, j'écris dans le *Diário de Notícias*.

Journal, cinéma, théâtre amateur – avec toute cette activité, les jours étaient de plus en plus courts, et il restait de moins en moins de temps pour Andrews. Pedro faillit s'arracher les cheveux quand il apprit que son fils avait terminé le mois d'avril avec 2,5 de moyenne (à laquelle avaient contribué les zéros obtenus en portugais, en anglais et en chimie) au collège, mais Paulo semblait graviter autour d'une autre orbite. Il n'en faisait qu'à sa tête et ne rentrait à la maison qu'à l'heure qu'il voulait. S'il trouvait une porte ouverte, il entrait. Si le père avait pris soin de tout fermer à 11 heures du soir, comme il en avait l'habitude, il tournait les talons, prenait le bus Leblon-Lapa et quelques minutes plus tard il s'endormait chez Joel. Les parents ne savaient plus quoi faire.

Au mois de mai, un ami lui demanda de lui faire une gentillesse : il postulait pour un emploi au Banco de Crédito Real de Minas Gerais et il avait besoin de deux lettres de recommandation. Comme c'était justement dans cette banque que le Dr Pedro avait un compte, le vieux ne pouvait-il pas lui donner une de ces lettres ? Paulo promit d'obtenir la lettre, mais quand il aborda le sujet avec son père, la réplique fut cinglante :

« En aucune manière ! Il n'y a que toi pour imaginer que j'engagerais ma signature pour tes vagabonds de copains... »

Désappointé et n'osant dire la vérité à son ami, il n'eut aucune hésitation : il s'enferma dans sa chambre et tapa à la machine une lettre débordant d'éloges pour le candidat à l'emploi, signée d'un solennel « Ingénieur Pedro Queima Coelho de Souza ». Il s'appliqua sur la signature, mit le papier dans une enveloppe et voilà, l'affaire était terminée.

Tout marcha si bien que le bénéficiaire de la lettre se sentit dans l'obligation de téléphoner au père de Paulo pour le remercier. Le Dr Pedro ne comprit pas de quoi le garçon parlait :

— Une lettre ? Mais quelle lettre ?

Entendant « gérant de la banque », il ne laissa pas l'autre terminer :

— Je n'ai fait aucune lettre ! Apportez cette lettre ici. Apportez cette lettre ici immédiatement ! Encore un coup de Paulo ! Paulo a falsifié ma signature !

Il raccrocha et s'empressa d'aller en personne à la banque chercher l'arme du crime – la lettre, la preuve que son fils s'était transformé en falsificateur, en fraudeur. Ignorant tout des événements, quand Paulo rentra à la maison le soir, il trouva son père un peu renfrogné, mais ce n'était pas précisément une nouveauté. Avant de se coucher, il fit une brève annotation dans son journal :

En un mois et demi j'ai publié neuf reportages dans le Diário de Notícias. *Je dois me rendre le 12 juin à Furnas, où j'affronterai les plus hautes personnalités du monde politique, comme le président, les gouverneurs les plus importants et les ministres d'État.*

Le lendemain matin, il se réveilla particulièrement excité, car au *Diário de Notícias,* le bruit courait que ce jour-là il allait être recruté, ce qui signifiait devenir journaliste pour de bon, avec carte de presse et salaire garanti. En descendant il s'étonna de trouver ses parents debout dans le salon, à l'attendre. Le Dr Pedro, silencieux et menaçant, semblait le fusiller du regard. Ce fut Lygia qui prit la parole :

— Mon fils, ton asthme nous préoccupe beaucoup, alors nous avons pris rendez-vous chez le médecin pour que tu fasses un *check-up*. Prends vite ton petit déjeuner, nous devons y aller bientôt.

Quelques minutes plus tard, le père sortait la Vanguard du garage, ce qu'il faisait rarement, et ils prenaient tous les trois la route du bord de mer en direction du centre-ville. Assis sur le siège arrière et absorbé dans ses pensées, Paulo admirait les énormes blocs de brume sèche qui à cette époque de l'année planaient au-dessus de la mer, donnant à la baie de Guanabara un aspect à la fois sombre et poétique. Quand ils furent au milieu de la plage de Botafogo, la voiture tourna à gauche, dans la rue Marquês-de-Olinda, fit le tour de trois pâtés de maisons et s'arrêta près d'un mur haut de plus de trois mètres. Ils descendirent tous les trois et marchèrent jusqu'au portail en fer qui gardait les lieux. Paulo entendit son père dire quelque chose au portier et un moment plus tard il vit arriver une bonne sœur qui allait les accompagner jusqu'à la consultation. Ils étaient à la Maison de Santé Dr Eiras, un grand hôpital qui occupait plusieurs édifices et grandes bâtisses dans un bois au pied d'une colline. La religieuse passa devant, indiquant le chemin au couple, et juste derrière venait Paulo, qui ne comprenait pas ce qui se passait. Ils prirent un ascenseur jusqu'au neuvième étage et, tandis qu'ils empruntaient un long corridor pour se rendre au cabinet de consultation, la religieuse ouvrit une porte et montra à Pedro et à Lygia une chambre avec deux lits et une fenêtre protégée par une grille de fer, annonçant, souriante :

— C'est là que le petit gars va dormir. Voyez comme la chambre est spacieuse et bien éclairée.

Paulo ne comprit pas ce qu'il entendait, mais il n'eut même pas le temps de poser une question, car ils entrèrent tous dans le cabinet du médecin. Assis derrière une table en bois se trouvait le psychiatre Benjamin Gaspar Gomes, un homme de 52 ans, chauve, au regard tatillon et à l'air sympathique. Interdit, Paulo s'adressa à ses parents :

— Si je suis venu ici faire des examens pour l'asthme, pourquoi est-ce qu'ils m'ont réservé une chambre ?

Pedro n'ouvrit pas la bouche et Lygia essaya d'expliquer gentiment à son fils qu'il était interné dans un asile psychiatrique.

— Tu ne vas plus à l'école, tu ne couches plus à la maison. Tu as quitté Santo Inácio parce que tu as raté l'examen de passage et tu as été recalé d'Andrews. Après tu as renversé le gosse à Araruama...

Le père parla pour la première fois :

— Cette fois tu es allé trop loin. Falsifier une signature comme tu l'as fait, ce n'est plus une folie de jeunesse, c'est un crime.

Le reste se passa très vite. La mère raconta qu'elle et le père avaient discuté longuement avec le psychiatre, le Dr Benjamin – collègue de Pedro au IAPI, qui avait toute la confiance de la famille – et tous étaient tombés d'accord sur une chose : il était trop nerveux, il fallait lui administrer des médicaments, et le mieux serait qu'il passe quelques jours dans cette « maison de repos ». Avant qu'il soit remis de sa stupeur, ses parents s'étaient levés, avaient pris congé et disparu dans le couloir carrelé. Soudain il se vit seul, enfermé dans un asile, un carnet scolaire sous le bras et un pull sur le dos, paralysé. Comme s'il était encore possible d'échapper à ce cauchemar, il dit au médecin :

— Mais, vous allez m'interner comme si j'étais fou sans avoir fait aucun examen, aucun entretien, rien ?

Benjamin Gomes le tranquillisa d'un sourire :

— Vous n'êtes pas interné parce que vous êtes fou. C'est une maison de repos. Vous allez prendre des médicaments et vous reposer. Et l'entretien n'est pas nécessaire, j'ai toutes les informations vous concernant.

Les fameuses informations que le psychiatre avait reçues du père auraient difficilement justifié, aux yeux d'une personne de bon sens, la violence dont Paulo était victime : irritable, hostile, mauvais élève et « même politiquement, il se montre opposé à son père » – c'est-à-dire aucune différence avec ce dont se plaignaient la majorité des parents d'adolescents. La mère avait déjà des préoccupations plus précises et elle pensait que le garçon « était confronté à des problèmes d'ordre sexuel ». Les raisons de ce soupçon étaient surprenantes venant de Lygia, si intelligente et sophistiquée : son fils ne parvenait pas à trouver de petite amie, il refusait l'opération du phimosis et, dernièrement, ses mamelons paraissaient pousser comme ceux d'une fille. En réalité, il y avait une explication à tous ces « symptômes », y compris la modification des mamelons : ce n'était que l'effet secondaire d'une hormone de croissance prescrite par un médecin chez lequel elle avait emmené son fils. Le seul épisode se rapprochant davantage d'une question psychiatrique qui aurait pu attirer l'attention des parents ne vint même pas à leur connaissance. Quelques mois plus tôt, un de ses innombrables petits matins d'insomnie et d'angoisse, Paulo décida de se suicider. Il alla à la cuisine et se mit à recouvrir les bouches d'aération avec une bande de crêpe et des torchons. Mais au moment d'ouvrir le robinet du gaz, il perdit courage. Pris d'une lucidité soudaine et salvatrice, il réalisa qu'il ne voulait pas mourir, mais seulement attirer l'attention de ses parents sur son désespoir. Alors qu'il retirait le dernier morceau de crêpe de derrière la porte et se préparait à regagner sa chambre, il comprit, dit-il, terrorisé, qu'il avait une compagnie : l'Ange de la Mort. Seul cet événement pouvait expliquer les angoisses de Paulo, car il avait lu quelque part que, appelé sur Terre, l'Ange ne repartait jamais les mains vides. Le dénouement de la macabre rencontre mérita évidemment d'être consigné dans le journal :

Je sentais l'odeur de l'Ange rôder autour de moi, la respiration de l'Ange, le désir de l'Ange d'emporter quelqu'un. Je suis resté silencieux et en silence je lui ai demandé ce qu'il voulait. Il m'a dit qu'il avait été appelé et qu'il devait emporter quelqu'un, se faire payer ses services. Alors j'ai pris un couteau dans la cuisine, j'ai bondi sur la murette qui donnait sur un terrain en friche, où les habitants des favelas élevaient des chèvres en liberté, j'en ai attrapé une et je lui ai tranché la gorge dans toute la largeur. Le sang a giclé en l'air, passant par-dessus la murette et éclaboussant jusqu'aux murs de ma maison. Mais l'Ange est parti satisfait. Dès lors, j'ai eu la certitude que je ne tenterais plus jamais de me suicider.

À moins que les parents n'aient commis l'indiscrétion de lire ses écrits – ce que lui-même soupçonnerait quelque temps après – le sacrifice de la chèvre, attribué à l'époque à un malfaiteur pervers, n'aurait pu être pris en compte par Lygia et Pedro pour l'interner. Tandis qu'il encaissait le choc, il fut conduit dans une chambre par un infirmier et, s'appuyant à la grille de fer de la fenêtre, il fut surpris par la beauté de la vue que l'on découvrait depuis cet endroit lugubre. Du neuvième étage, on pouvait voir les sables blancs de la plage de Botafogo, les jardins du terre-plein de Flamengo récemment inauguré et encadrant le tout, au fond, le merveilleux profil de la colline d'Urca et du Pain de Sucre. Le lit voisin du sien était vide, ce qui signifiait qu'il devrait traverser seul le calvaire. L'après-midi, quelqu'un de chez lui apporta à la réception de l'hôpital une valise contenant des vêtements, des livres et des objets personnels. La journée se passa sans que rien n'arrivât. Allongé sur le lit, Paulo pensait aux options qui s'offraient à lui : la première, bien sûr, était de persister dans son projet d'être écrivain. Si cela ne marchait pas, le plus viable serait de devenir fou par intérêt. Il serait nourri par l'État, il n'aurait plus jamais à travailler, et il n'aurait aucune responsabilité à assumer. Cela signifiait passer beaucoup de temps dans des institutions psychiatriques, mais, après une journée à circuler dans les couloirs, il avait compris que les patients de la clinique Dr Eiras ne se comportaient pas « comme les fous que l'on voit dans les films d'Hollywood » :

Si l'on excepte quelques cas pathologiques de catatonie ou de schizophrénie, tous les autres patients sont parfaitement capables de parler de la vie et d'avoir des idées personnelles sur le sujet. De temps en temps ils ont des crises de panique, de dépression ou d'agressivité, mais elles ne durent pas.

Paulo passa les jours suivants à essayer de connaître le lieu dans lequel ses parents l'avaient relégué. Conversant avec les infirmiers et les fonctionnaires qui marchaient à pas lents dans les interminables couloirs, il découvrit que 800 malades mentaux étaient internés dans cette clinique, répartis selon leur degré de folie et leur classe sociale. L'étage où Paulo était logé était le privilège de ceux qu'on appelait les « fous calmes » et ceux qui étaient soignés par des médecins privés, tandis que les autres, « dangereux » et dépendants des services publics de santé, occupaient un autre bâtiment. Les premiers dormaient dans des chambres avec au maximum deux lits et une salle de bains particulière, et la journée, ils pouvaient circuler librement dans tout l'étage. Mais il n'était possible de prendre les ascenseurs – dont les portes étaient fermées à clé – qu'en compagnie d'un infirmier et avec un bulletin signé par un médecin. Les fenêtres, balcons et vérandas étaient protégés par des grilles de fer ou des éléments remplis de ciment. Les agents de l'assurance sociale dormaient dans des chambres collectives contenant dix, vingt et jusqu'à trente lits, tandis que les malades considérés comme violents restaient enfermés dans des cellules individuelles.

La Maison de Santé Dr Eiras n'était pas seulement un asile, comme Paulo l'avait d'abord imaginé, mais un ensemble de cliniques de neurologie, cardiologie et désintoxication pour alcooliques et consommateurs de drogues. Deux de ses directeurs, les médecins Abraão Ackerman et Paulo Niemeyer, étaient parmi les neurochirurgiens les plus respectés au Brésil. De même que des centaines d'ouvriers, usagers de l'assurance sociale, faisaient la queue devant sa porte pour une consultation, la clinique était le lieu de villégiature favori des célébrités ayant des problèmes de santé.

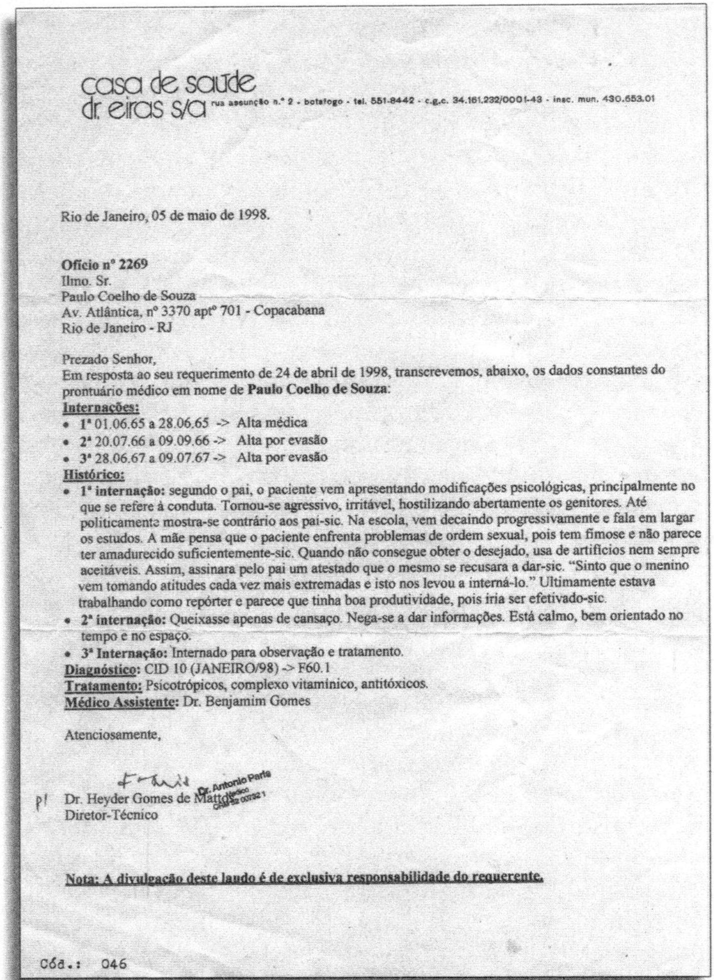

casa de saude
dr. eiras s/a rua assunção n.º 2 - botafogo - tel. 551-8442 - c.g.c. 34.161.232/0001-43 - insc. mun. 430.653.01

Rio de Janeiro, 05 de maio de 1998.

Ofício nº 2269
Ilmo. Sr.
Paulo Coelho de Souza
Av. Atlântica, nº 3370 aptº 701 - Copacabana
Rio de Janeiro - RJ

Prezado Senhor,
Em resposta ao seu requerimento de 24 de abril de 1998, transcrevemos, abaixo, os dados constantes do prontuário médico em nome de **Paulo Coelho de Souza**:
Internações:
- 1ª 01.06.65 a 28.06.65 -> Alta médica
- 2ª 20.07.66 a 09.09.66 -> Alta por evasão
- 3ª 28.06.67 a 09.07.67 -> Alta por evasão

Histórico:
- **1ª internação:** segundo o pai, o paciente vem apresentando modificações psicológicas, principalmente no que se refere à conduta. Tornou-se agressivo, irritável, hostilizando abertamente os genitores. Até politicamente mostra-se contrário aos pai-sic. Na escola, vem decaindo progressivamente e fala em largar os estudos. A mãe pensa que o paciente enfrenta problemas de ordem sexual, pois tem fimose e não parece ter amadurecido suficientemente-sic. Quando não consegue obter o desejado, usa de artifícios nem sempre aceitáveis. Assim, assinara pelo pai um atestado que o mesmo se recusara a dar-sic. "Sinto que o menino vem tomando atitudes cada vez mais extremadas e isto nos levou a interná-lo." Ultimamente estava trabalhando como repórter e parece que tinha boa produtividade, pois iria ser efetivado-sic.
- **2ª internação:** Queixasse apenas de cansaço. Nega-se a dar informações. Está calmo, bem orientado no tempo e no espaço.
- **3ª Internação:** Internado para observação e tratamento.

Diagnóstico: CID 10 (JANEIRO/98) -> F60.1
Tratamento: Psicotrópicos, complexo vitamínico, antitóxicos.
Médico Assistente: Dr. Benjamim Gomes

Atenciosamente,

Dr. Heyder Gomes de Mattos
Diretor-Técnico

Nota: A divulgação deste laudo é de exclusiva responsabilidade do requerente.

Cód.: 046

La fiche d'admission de Paulo à La Maison de Santé Dr Eiras : en plus d'être agressif, irritable, hostile et politiquement en contradiction avec ses parents, sa mère pensait qu'il avait des problèmes sexuels.

Cinq ans avant l'internement de Paulo, le magnat Assis Chateaubriand, patron d'un empire de communication, y avait passé quatre mois, dans un chalet isolé spécialement pour lui, victime d'une thrombose cérébrale. Et deux idoles populaires brésiliennes devaient finir leurs jours à Dr Eiras, le génie du football Garincha, en 1983, victime d'alcoolisme, et la chanteuse Dircinha Batista, internée pour dépression, qui mourrait en 1999 d'un arrêt cardiaque.

Durant la période où il fut interné, sa mère lui rendit visite toutes les semaines. Une fois, Lygia vint accompagnée de sa fille Sônia Maria, âgée de 15 ans à l'époque, qui avait beaucoup insisté pour voir son frère à l'hôpital. Sônia en sortit choquée.

— L'atmosphère était effroyable, des gens parlaient tout seuls dans les couloirs, se souviendra avec indignation la sœur, des années plus tard. Et perdu dans cet enfer, Paulo, un enfant, quelqu'un qui n'aurait jamais dû se trouver là.

Elle sortit avec l'envie de le dire à ses parents, de les implorer d'ouvrir leur cœur et de retirer son frère de l'asile, mais elle manquait de courage. Si elle ne protestait même pas pour la défense de ses propres droits, que pouvait-elle faire pour lui ? Contrairement à Paulo, Sônia allait passer sa vie soumise à ses parents – à tel point que, mariée et mère de plusieurs enfants, elle ne fumait pas devant son père et lui cachait qu'elle portait un maillot deux-pièces.

Quant aux souffrances de Paulo, si elles ne s'aggravèrent pas, selon les mots du Dr Benjamin qui lui rendait visite tous les matins, ce fut grâce « à la magie, à une bonne étoile bien à lui, même quand il protestait contre le fait d'être interné ». D'après le psychiatre, « si Paulo n'a pas souffert davantage », c'est qu'il « parlait bien ». Et ce fut grâce à ces « belles paroles » qu'il échappa à une violence fréquemment pratiquée à l'encontre des malades mentaux de la clinique : les électrochocs. Il avait beau être un spécialiste des maladies mentales, le Dr Benjamin Gomes était un inflexible défenseur de ce traitement, pourtant déjà largement condamné.

— Dans certains cas, comme dans les dépressions irrémédiables, il n'y a pas d'alternative, répétait-il avec assurance. Toute autre thérapie est une tromperie, un leurre, un palliatif, et un ajournement dangereux.

Le fait est que, pendant son internement, Paulo fut soumis à des doses tellement lourdes de psychotropes qu'il passait toute la journée abruti, à traîner ses savates dans les couloirs. Et lui qui n'avait jamais expérimenté aucune sorte de drogue – même pas la marijuana –, il passa quatre semaines à consommer des boîtes et des boîtes de médicaments, prétendument destinés à la désintoxication, qui l'abrutissaient encore plus.

Comme personne ou presque ne savait qu'il était interné, il avait du mal à avoir des nouvelles de ses amis. Un jour, il reçut la visite inattendue du responsable indirect de sa présence dans l'établissement, l'ami qui lui avait demandé la lettre de recommandation, qui sortit de là avec une idée folle, qui ne se réaliserait jamais : organiser un commando avec des garçons du défunt groupe Rota 15 pour le délivrer de cet endroit épouvantable.

Mais son âme souffrante ne trouvait vraiment la paix que quand venait le voir son plus récent flirt : Renata Sochaczewski, une jolie fille qu'il avait rencontrée dans un groupe de théâtre amateur et qui deviendrait une grande actrice brésilienne sous le nom de Renata Sorrah – que Paulo appelait tendrement « Rennie » ou « Pato ». Quand elle ne pouvait pas entrer pour lui rendre visite, Renata lui faisait passer furtivement de courts billets d'amour. Des choses comme « Montre-toi à la fenêtre, je t'attends pour te dire au revoir », ou « Écris une liste de ce que tu veux et donne-la moi vendredi. Hier j'ai téléphoné, mais ils ne t'ont pas appelé. »

Quand il reçut son billet de sortie, quatre semaines après avoir été interné, Paulo était très fragilisé, mais il tentait encore de tirer une leçon positive de ce passage par l'enfer. Ce n'est qu'en rentrant chez lui qu'il trouva le courage de reprendre ses annotations dans le journal :

En milieu de trimestre, j'ai été interné à la Maison de Santé Dr Eiras, comme déséquilibré. J'y ai passé vingt-huit jours, j'ai manqué les cours, j'ai perdu mon travail, et je suis sorti comme si j'allais bien, sans aucun motif d'internement. Mes vieux n'en ratent pas une ! Ils me font perdre mon boulot, ils me font perdre l'année scolaire et ils dépensent de l'argent pour constater ensuite que je n'avais rien. Il faut tout recommencer. Mettre ce qui s'est passé sur le compte de la plaisanterie et de la démagogie. (Le pire c'est que j'allais être intégré au journal le jour de mon internement.)

Mais cela a eu du bon. Comme le disait un interné de mon étage, « toutes les expériences que nous devons traverser sont bonnes, même les mauvaises ». Oui, j'en ai tiré un grand profit. J'ai pu mûrir et gagner de l'assurance. J'ai pu mieux étudier mes amis, et noter certaines choses dans mes idées qui étaient passées inaperçues. Maintenant je suis un homme.

S'il avait quitté la clinique convaincu qu'il « n'avait rien », ce n'était pas l'avis du psychiatre Benjamin Gomes. La fiche d'hôpital archivée à son nom dans les sous-sols de Dr Eiras présentait un diagnostic pessimiste, qui ressemblait beaucoup à une condamnation : « Patient à la personnalité schizoïde, réfractaire aux contacts sociaux et affectifs. A une préférence pour les activités solitaires. Est incapable d'exprimer des sentiments et d'éprouver du plaisir. »

À en juger par ce bout de papier, la souffrance ne faisait que commencer.

6

Les débuts de « Batatinha »

Les rares amis qui avaient accompagné les vingt-huit jours de souffrance de Paulo à la clinique furent surpris par sa sortie. Bien que physiquement abattu et semblant plus fragile qu'auparavant, il n'avait aucunement l'intention de cacher qu'il avait été interné dans un asile. Au contraire, la première fois qu'il apparut sur le petit mur de la rue Rodrigo-Otávio, il attira un cercle d'amis pour se vanter d'avoir vécu une expérience qu'aucun autre n'avait connu : être considéré comme fou. Il décrivit des personnages et relata des épisodes qui avaient eu lieu dans la maison de santé, souvent inventés, tellement mirobolants que certains de ses amis en vinrent à manifester de la jalousie de ne s'être jamais trouvés dans un endroit aussi intéressant. Lygia et Pedro s'inquiétèrent du comportement de leur fils. Craignant que l'internement ne risque de le stigmatiser à l'école et au travail, ils traitèrent le sujet avec une discrétion absolue. Le père s'était chargé en personne de faire savoir à Andrews et au *Diário de Notícias* que son absence était due à « un voyage inattendu ». Apprenant que son fils disait la vérité à tout le monde, le Dr Pedro l'avertit :

— Arrête avec ça. Si les gens apprennent que tu as été interné pour des problèmes mentaux, tu ne pourras jamais être candidat à la présidence de la République.

Ne prétendant nullement devenir président de quoi que ce fût, Paulo semblait revenu de la clinique avec un appétit redoublé pour ce qu'il appelait la « vie intellectuelle ». Et maintenant il avait un nouveau lieu où s'y consacrer, en plus du théâtre amateur d'Andrews et du Cine Paissandu. La directrice du Service national du Théâtre (SNT), Bárbara Heliodora, avait obtenu l'autorisation du gouvernement pour transformer l'ancien siège de l'UNE, l'Union nationale des Étudiants (qui avait été saccagé et incendié par des groupes d'extrême droite le jour du coup d'État militaire), et en faire le nouveau Conservatoire national de Théâtre. Sans qu'on ait restauré ou peint les marques laissées par les flammes des vandales, là où avait fonctionné le Centre populaire de Culture, le célèbre CPC de l'UNE, fut créé le Teatro Palcão, une salle de spectacles de 150 places qui allait redevenir, sans la liberté d'autrefois, un centre d'agitation culturelle, occupé en permanence par des laboratoires, des répétitions et des mises en scène de troupes de théâtre. C'est là également qu'allait naître l'embryon du Théâtre universitaire national (TUN), compagnie non régulière composée uniquement d'étudiants. Toute l'expérience de Paulo dans le domaine se résumait à la pièce *O Feio,* détruite avant d'avoir atteint un jour d'existence, et deux ou trois autres qu'il avait écrites et qui n'avaient pas dépassé non plus les limites de la maison. Mais il était convaincu qu'il avait quelque chose à faire là et il plongea tête la première dans le Conservatoire national de Théâtre qui venait d'être créé.

Quand il retourna au *Diário de Notícias*, il devint clair pour Paulo que son absence de presque un mois avait anéanti, ou du moins reporté, ses chances d'être engagé comme reporter, mais il y resta sans rien gagner ni se plaindre. Travailler dans un lieu qui lui permettait d'écrire tous les jours – même si c'étaient les sujets ennuyeux qui lui revenaient le plus souvent – c'était très bien, même gratuitement, il prenait. Fin juin 1965, on l'envoya faire un reportage sur l'histoire de la Congrégation de Marie au Brésil. Commençant à avoir de l'expérience, il n'eut aucune difficulté à s'acquitter de la tâche : au siège de l'institution, il interviewa des religieux, nota des numéros et écrivit un petit article racontant tout sur les maristes, depuis leur arrivée au Brésil avec les premiers missionnaires jésuites portugais. Le lendemain matin, en route vers Andrews, il acheta le *Diário de Notícias* au kiosque et sourit fièrement en voyant son article publié. Malgré une confusion ici, une autre là dans la rédaction finale, c'était l'essence de son texte qui, à cette heure, était lue par des milliers de lecteurs.

En arrivant à la rédaction, après le déjeuner, il sut que sa tête était mise à prix. Furieux du reportage, les membres de la Congrégation des maristes étaient allés se plaindre directement auprès de la propriétaire du journal. Les religieux l'accusaient d'avoir inventé des informations, les attribuant aux dirigeants de l'institution. Le jeune débutant fut indigné d'entendre cela – après tout, l'épisode de la lettre lui avait donné une leçon pour le restant de sa vie et il ne voulait plus entendre parler de falsification.

En dépit des recommandations de ses collègues, lui conseillant de faire le mort jusqu'à ce que l'affaire soit retombée, il se rappela l'expérience du saut au-dessus de la rivière, à la forteresse de São João, et il décida : plutôt que de souffrir du risque d'être puni injustement, il fallait aller tout de suite éclaircir l'affaire. Il s'assit devant la salle vitrée de la direction, appelée l'« aquarium », et attendit l'arrivée de la patronne du journal. Deux heures plus tard, introduit dans l'aquarium, il resta debout devant sa table :

— Dona Ondina, je suis la personne qui a écrit le reportage sur la Congrégation de Marie et je suis venu éclaircir...

Interrompu en plein discours, il ne put terminer sa phrase :

— Vous êtes remercié.

Surpris, il tenta encore d'argumenter :

— Mais, Dona Ondina, je suis sur le point d'être engagé au journal...

Sans lever les yeux du papier, elle répéta :

— Vous êtes remercié. Vous pouvez vous retirer, je vous prie.

Paulo sortit en déplorant sa naïveté. S'il avait attendu quelques jours, comme on le lui avait conseillé, elle aurait probablement oublié l'affaire. Maintenant, il n'y avait plus de salut. Il rentra chez lui la queue entre les jambes. Bien qu'il fût ébranlé par la nouvelle, sa capacité d'imagination paraissait infinie. Quand il écrit dans le journal son regret d'avoir pris l'initiative, il donne à son licenciement une motivation politique.

Ah ! J'aurais pu faire tellement de choses pour éviter ce qui m'est arrivé ! J'aurais pu céder et devenir de droite simplement pour conserver mon emploi au journal. Mais non. J'ai voulu être le martyr crucifié pour ses idées, et ils m'ont mis sur la croix avant que j'aie pu dire quelque chose à l'humanité. Je n'ai même pas pu expliquer que j'étais innocent, que je luttais pour le bien de tous. Mais non ! Crève maintenant, chien immonde. Je suis une vermine. Un L-Â-C-H-E ! J'ai été licencié du « DN » pour subversion. Maintenant, il ne me reste plus rien que le collège et beaucoup de temps à ne rien faire.

Le *Diário de Notícias* n'était pas un journal de droite et il n'avait pas été démis pour des raisons politiques, mais Paulo semblait disposé à tirer profit de l'internement. Puisqu'il avait « l'aval de la folie », il allait jouir de l'irresponsabilité qui protège les malades mentaux et faire ce qui lui passerait par la tête. L'école et les parents pouvaient aller au diable, car il avait l'intention de poursuivre son rêve. Selon ses propres mots, il était devenu un « marginal » qui fréquentait des bandes, mais comme il n'avait pas de muscles comme les autres garçons, il pensa qu'il pouvait être un « intellectuel marginal », quelqu'un qui lisait des choses qu'aucun de ses amis n'avait lues et savait des choses que personne ne connaissait. Il fréquentait trois bandes différentes – celle du Paissandu, celle du Conservatoire et celle de ce qui restait du Rota 15 –, mais chaque fois que la violence affleurait, il avait honte de n'avoir aucun courage, même pas celui de faire cesser une rixe.

Il savait, cependant, que ce n'était pas par des manifestations de force physique qu'il triompherait. Et si auparavant il se sentait « un existentialiste sur le chemin du communisme », il se considérait maintenant comme « le communiste de la rue ». Il avait lu la célèbre trilogie d'Henry Miller – *Sexus, Plexus* et *Nexus* –, il avait jeté un œil sur les œuvres de Marx et Engels, et il se sentait à l'aise pour parler de thèmes comme le « socialisme réel », la « guerre froide » et l'« exploitation de la force de travail ». Dans un texte intitulé « L'art au Brésil », il cite Lénine pour affirmer que le dirigeant bolchevique « parlait déjà de la nécessité de faire deux pas en arrière quand on voit que c'est le seul moyen pour faire un pas en avant. L'art ne peut pas échapper à ces prémisses. Il doit d'abord s'adapter à l'homme et après avoir gagné sa confiance, son respect et son amour, le conduire vers la réalité. » Son engagement sur un terrain qu'autrefois il rejetait reposait sur un sophisme simple : je suis un intellectuel, et comme un intellectuel est toujours communiste, je suis communiste. La mère d'une jeune fille avec qui il avait flirté était allée jusqu'à l'accuser de « mettre des sottises » dans la tête des pauvres de la rue. « D'Henry Miller au communisme, il n'y a qu'un pas », écrivit-il, « alors je suis déjà communiste. » Ce qu'il n'avouait qu'à son journal, c'est qu'il détestait Bergman, trouvait Godard « chiant » et Antonioni « emmerdant ». En réalité, ce qu'il aimait, c'était écouter les Beatles, mais il n'était pas convenable pour un communiste de dire cela en public.

Les études, ainsi qu'il l'avait promis, étaient passées au deuxième ou au troisième plan. Craignant qu'il ne perde son année, en août, la direction d'Andrews convoqua Lygia et Pedro pour traiter de trois sujets : mauvaises notes, absentéisme important et « problèmes personnels de l'élève ». Depuis la reprise des cours, après les vacances de juillet, le jeune homme n'avait obtenu aucune note supérieure à 2,5 et, au cours de cette période, il n'avait pas assisté à un seul cours de mathématiques – ce qui expliquait qu'il n'ait pas obtenu plus de 3 dans cette matière depuis qu'il était entré à Andrews. Il quittait de fait la maison tous les matins et se rendait au collège, mais en arrivant, il s'occupait du groupe de théâtre et passait des journées sans entrer dans la salle de classe. Le diagnostic présenté aux parents était préoccupant : ou bien leur fils surmontait son découragement et se trouvait une stimulation pour étudier, ou bien il serait renvoyé. Bien qu'Andrews n'adoptât pas le système d'éloignement de Santo Inácio, le conseiller d'orientation suggéra subtilement aux parents que, « pour éviter le pire », il était peut-être plus convenable de le transférer, avant la fin de l'année, dans une institution d'enseignement « moins exigeante ». Autrement dit : s'ils ne voulaient pas connaître la honte de voir leur fils renvoyé une fois de plus, le mieux était de l'inscrire tout de suite dans une « boîte » – ainsi qu'on appelait les collèges où il suffisait que l'élève paie régulièrement les mensualités pour avoir l'assurance d'être reçu. Ce conseil les indigna. Ni Lygia ni Pedro n'avaient perdu l'espoir de ramener Paulo vers le monde du Bien, et accepter une suggestion comme celle-là aurait vraiment été une capitulation humiliante. Pour rien au monde il ne terminerait l'enseignement secondaire dans une école de cinquième catégorie.

Paulo, cependant, semblait vivre sur une autre planète. La fréquentation du milieu du théâtre, où était retranchée l'opposition au régime militaire, l'avait rapproché de jeunes qui commençaient leur activité militante en politique. Maintenant il ne voyait que des films et des pièces de théâtre engagés et il avait incorporé à son vocabulaire des slogans gauchistes tels que « plus de pain, moins de canons » et « le peuple, uni, ne sera jamais vaincu ». Le soir où, avec un groupe d'amis, il assistait à une représentation de *Liberdade, Liberdade,* mise en scène par Oduvaldo Viana Filho et Paulo Autran, au théâtre *Opinião*, la pièce fut interrompue en plein milieu. Un garçon échevelé au fort accent du Nordeste monta sur la scène et improvisa un « meeting-éclair » contre la dictature militaire. C'était le leader étudiant et futur député fédéral Vladimir Palmeira, alors président du Centre académique Cândido de Oliveira (CACO), de ce que l'on appelait encore la Faculté nationale de Droit, appelant le public à une nouvelle marche de protestation des étudiants contre le régime. Signe de l'aggravation de la situation politique dans le pays, quelques années plus tard Vladimir Palmeira, emprisonné par le régime militaire, serait échangé contre l'ambassadeur des États-Unis, Charles Burke Elbrick, kidnappé par un commando de la guérilla. Les rares fois où Paulo osa participer à une manifestation contre le gouvernement, son réel objectif était d'être vu par son père, dont le bureau se trouvait dans la région centrale de la ville, terrain obligé des marches de protestation qui commençaient à se multiplier à Rio. En réalité il s'éveillait à un monde qui n'avait jamais fait partie de ses préoccupations, celui de la politique. À de rares exceptions, comme le résultat des élections présidentielles de 1960, remportées par Jânio Quadros, son journal reflétait l'indifférence avec laquelle il voyait la politique et les politiciens. Quand les militaires avaient pris le pouvoir, en avril de l'année précédente, Paulo se livrait à de hautes divagations au sujet du Ciel et de l'Enfer. Deux semaines avant le coup d'État, pendant que le pays bouillait des répercussions du discours du président João Goulart dans le célèbre « comité des réformes », Paulo avait usé plusieurs pages de son journal pour raconter l'infortune d'une « blonde de 16 ans » qu'il avait rencontrée dans la rue. « Imaginez que cette fille s'est enfuie de chez elle et, pour pouvoir vivre, doit se soumettre aux pires humiliations, bien qu'elle conserve encore sa virginité. Pourtant elle sera obligée de la perdre pour pouvoir manger. » Et il concluait : « Dans ces moments-là, j'en viens à douter de l'existence de Dieu. »

Mais ça, c'était le passé. Maintenant le futur auteur de best-sellers se sentait un militant de la résistance, même si ses manifestations contre la dictature n'allèrent jamais plus loin que les limites de son journal, et encore de façon très timide. C'était là qu'il enregistrait son refus de se conformer à la situation en vigueur, comme dans le libelle qu'il intitula « J'accuse » – une salade dans laquelle il oppose, d'un côté, les Beatles, Franco, Salazar et Lyndon Johnson et, de l'autre, de Gaulle, Glauber Rocha et Luís Carlos Prestes.

J'accuse les riches, qui ont acheté la conscience des politiciens. J'accuse les militaires qui dominent par les armes le sentiment du peuple. J'accuse les Beatles, le Carnaval et le football d'avoir détourné les facultés intellectuelles de la génération qui se formait et qui avait assez de sang pour noyer les tyrans. J'accuse Franco et Salazar, qui vivent de l'oppression de leurs compatriotes. J'accuse Lyndon Johnson, qui vit de l'oppression de pays qui ne peuvent pas réagir à un torrent de dollars. J'accuse le pape Paul VI, qui a dénaturé les paroles du Christ.

Mais y a-t-il du bon dans le monde qui m'entoure ? Oui, tout n'est pas décevant. Il y a de Gaulle, qui a relevé la France et prétend répandre dans le monde entier la liberté. Il y a Evtouchenko, qui a élevé la voix contre un régime, sachant qu'il risquait d'être broyé à l'insu de tous, mais a vu finalement que l'humanité savait accepter ses idées, libres comme des colombes. Il y a Khrouchtchev, qui a permis au poète de s'exprimer comme il l'entendait. Il y a Francisco Julião et Miguel Arraes, deux vrais leaders qui ont su lutter jusqu'au bout. Il y a Ruy Guerra et Glauber Rocha, qui ont apporté à l'art populaire un message de révolte. Il y a Luís Carlos Prestes, qui a tout sacrifié pour un idéal. Il y a la vie qui palpite en moi, pour que je puisse un jour parler moi aussi.

Il y a le monde, qui appartient aux jeunes. Avant qu'il ne soit trop tard, ils prendront peut-être conscience de ce que cela signifie. Et lutteront jusqu'à la mort.

La première opportunité de travail qui se présenta était cependant à des années-lumière de la lutte contre la dictature militaire et la spoliation des peuples sous-développés par l'impérialisme yankee. Une coopérative d'acteurs appelée Grupo Destaque répétait un classique pour enfants, *Pinocchio*, dont la première était fixée à la fin de cette année 1965, et la direction avait un problème compliqué. Comme les décors étaient changés sept fois au cours du spectacle, elle craignait qu'à chaque tombée du rideau, le public, composé surtout d'enfants, ne se disperse dans la salle, retardant la reprise de la pièce. La solution trouvée par le producteur, le Français Jean Arlin, était simple : appeler un acteur supplémentaire qui, à chaque interruption, se présenterait sur la scène pour distraire les enfants jusqu'à ce que le rideau soit relevé. Pour le rôle, il pensa à un petit jeune laid et dégingandé, mais très spirituel, qui lui avait été présenté par Joel Macedo, et s'appelait Paulo Coelho. Ce n'était pas du théâtre de résistance, le rôle qu'on lui offrait n'avait même pas de texte, il s'agissait de quelques minutes d'improvisation, et il était peu probable que ce travail lui rapporte de l'argent. Comme il s'agissait d'une coopérative, après les spectacles, le revenu de la vente des billets serait distribué, en liquide, pour payer d'abord le loyer du théâtre, puis les techniciens, éclairagistes et machinistes, et le restant – s'il restait quelque chose – fraternellement partagé entre les acteurs. Chacun recevrait de quoi se payer un petit repas. Malgré tout Paulo accepta la proposition sur-le-champ.

À sa première répétition, il prit dans le vestiaire une salopette en haillons et un vieux chapeau et il attendit dans le couloir entre les rangées de fauteuils l'heure d'entrer. La seule orientation qu'il avait reçue du directeur, l'Argentin

Luís Maria Olmedo, qu'on appelait « Cachorro », c'était d'improviser. Quand le rideau tomba, au premier changement de décor, il monta sur la scène et en faisant des grimaces, déclama ce qui lui vint à l'esprit :

— Petite patate, quand elle naît, s'étale sur le sol. Petite maman, quand elle dort, met la main sur son cœur.

Sous les éclats de rire, il obtint le rôle et un nouveau surnom. Désormais, pour les amis du théâtre, il serait Petite Patate, ou Batatinha. Bien qu'il se considérât comme un très mauvais acteur, au cours des semaines suivantes il se donna avec un tel dévouement à ce travail qu'avant la première de *Pinocchio*, ses entrées avaient été intégrées au spectacle, et il eut droit à voir son nom apparaître sur le programme et sur les affiches. À chaque répétition, il élaborait davantage son texte – respectant toujours les quelques minutes du changement de décor –, il inventait des noms bizarres, faisait des grimaces, sautait et criait. Au fond, il trouvait tout cela ridicule, mais si on lui avait ouvert cette porte, c'est par elle qu'il entrerait dans le monde du théâtre. La phase du petit théâtre familial avait pris fin. Dans le Grupo Destaque, il allait fréquenter des professionnels, des personnes qui vivaient du théâtre – des gens d'expérience comme Geraldo José, responsable de la bande sonore de la pièce, et de jeunes acteurs, comme José Wilker, du Ceará. Bien qu'il eût le même âge que Paulo, Wilker était déjà un professionnel au théâtre et venait de faire une apparition dans le film *A Falecida*, réalisé par Leon Hirszman, un des cardinaux du Cinema Novo. Après les répétitions, la troupe joyeuse et colorée de *Pinocchio* sortait du théâtre Miguel Lemos, marchait sur la plage jusqu'à la rue Sá-Ferreira, à quatre blocs de là, et s'arrêtait invariablement au bar Gôndola. C'était là que se retrouvait la faune des acteurs, actrices, techniciens et directeurs qui tous les soirs remplissaient les scènes de la vingtaine de théâtres qui existaient alors à Copacabana.

Paulo avait l'impression d'être au paradis. Enfin, il avait atteint ses 18 ans, et cela signifiait qu'il pouvait boire s'il en avait envie, voir toutes sortes de films ou de pièces de théâtre et traîner la nuit dans la rue sans avoir à rendre de comptes à personne. Excepté, naturellement, à son père. L'ingénieur Pedro Queima Coelho voyait d'un très mauvais œil la vocation naissante de son fils pour le théâtre. Et ce n'était pas seulement parce qu'il n'allait plus beaucoup au collège et que son nouveau renvoi était imminent. Pour les parents, le monde du théâtre était un « repaire d'homosexuels, de communistes, de drogués et de fainéants » et ils préféraient tenir leur fils à distance. Mais, fin décembre, ils finirent par capituler et acceptèrent de se rendre à l'avant-première de *Pinocchio*. Après tout, il s'agissait d'un classique pour enfants, pas de ce théâtre indécent ou subversif qui avait tant de succès dans le pays. Paulo avait réservé des places pour ses parents, sa sœur et ses grands-parents et, à sa surprise, tous se présentèrent. Le jour de la première, le *Caderno B* du *Jornal do Brasil* publia une note et pour la première fois son nom apparaissait en lettres imprimées. Il était le dernier de la liste, mais pour quelqu'un qui débutait, c'était normal. La sensation d'être sur une scène fut enregistrée d'une façon brève mais émue dans le journal :

Hier c'étaient mes débuts. Émotion. Mais une réelle émotion. Inoubliable quand je me suis vu devant le public, avec les spots qui m'aveuglaient, et mes propos qui provoquaient les rires. Sublime, mais réellement sublime. Ce fut ma première réalisation cette année.

La venue de sa famille à la première ne signifia pas un armistice. Apprenant qu'il était recalé à Andrews, et encore accrochés à l'idée fixe que Paulo avait des problèmes mentaux, ses parents l'obligèrent à suivre une psychothérapie de groupe trois fois par semaine. Indifférent à l'air hostile qu'il respirait dans l'atmosphère domestique, le fils vivait des moments inoubliables. En quelques semaines, il avait pratiquement créé un nouveau personnage dans la pièce : quand le rideau tombait, il s'asseyait à l'extrémité de la scène, retirait du papier un caramel appétissant ou un bonbon, et se mettait à le manger voluptueusement. Les gamins regardaient la scène en bavant d'envie et l'acteur en herbe demandait à un mouflet du premier rang :

— Tu veux une petite boule ?

Le public hurlait :

— J'en veux une ! J'en veux une !

Il répondait d'un air sadique :

— Eh bien, continue à vouloir. Je ne donne pas !

Batatinha remettait un coup de dents, ou de langue, et il se tournait de nouveau vers quelqu'un dans l'assistance :

— Tu veux un bonbon ?

Les cris redoublaient, et une fois de plus Paulo refusait, et cela se répétait jusqu'à ce que le rideau se relève pour un acte suivant de la pièce. Un mois et demi après la première, *Pinocchio* fut mis en scène au théâtre Carioca, installé au rez-de-chaussée d'un immeuble d'habitation à Flamengo, à quelques mètres du Cine Paissandu. Un après-midi, tandis qu'il répétait, Paulo remarqua que dans un des derniers fauteuils de la salle s'était assise une fille très jolie, yeux bleus et longs cheveux tombant sur les épaules, qui semblait le regarder fixement. C'était Fabíola Fracarolli, locataire du huitième étage de l'immeuble, qui avait vu la porte ouverte et, par curiosité, était entrée pour connaître l'intérieur du théâtre. Le lendemain Fabíola revint, et le troisième jour il décida de l'aborder. La gamine avait 16 ans, elle était orpheline de père et vivait dans un petit appartement loué avec sa mère, couturière, et sa grand-mère maternelle, une vieille dame atteinte de sclérose qui passait toute sa journée cramponnée à un sac plein de vieux papiers dont elle disait qu'ils étaient « sa fortune ». Jusqu'à 15 ans Fabíola avait vécu avec un problème esthétique – un nez énorme, caricatural, à la Cyrano de Bergerac. Quand elle découvrit que le seul garçon dont elle avait fait la conquête avait été payé par ses cousines pour sortir avec elle, elle n'hésita pas une seconde. Elle grimpa sur la fenêtre de l'appartement, se suspendit dans le vide, et défia sa mère :

— Ou bien vous me payez une opération de chirurgie plastique ou bien je me jette !

Quelques semaines plus tard, remise de la chirurgie et arborant un petit nez de miss sculpté au bistouri, elle prit une première mesure, en finir avec le petit ami, qui eut du mal à reconnaître dans cette beauté la fille au grand nez d'autrefois. Et ce fut la nouvelle Fabíola qui tomba éperdument amoureuse de Paulo. De plus en plus doué avec les femmes, il poursuivait son flirt avec Renata Sorrah tout en ayant décidé de pardonner à Márcia et de la reprendre comme petite amie. Il se mit pourtant à sortir régulièrement avec Fabíola. La mère de celle-ci semblait avoir pris en pitié ce garçon fluet à la respiration difficile, au point de l'intégrer à la famille. L'amoureux vint déjeuner et dîner presque tous les jours avec elles, ce qui lui facilitait grandement la vie de Petite Patate. Comme si toute cette délicatesse ne suffisait pas, dona Beth allait vite transporter son lit dans la chambre de sa mère malade, de manière à libérer une pièce, que Paulo se mit à utiliser comme atelier, bureau et salle de réunions. Pour donner à l'endroit une apparence moins domestique, il colla des feuilles de journaux dans tous les espaces disponibles, tapissant les murs, le plafond et même le sol de la chambre. Pendant les absences de la mère de Fabíola, le local de travail faisait place à l'alcôve dans laquelle la jeune fille vécut, avec son amoureux, son initiation sexuelle. Mais Paulo ne comprenait toujours pas qu'une femme aussi jolie, sur laquelle les hommes se retournaient dans la rue, ait pu choisir le misérable sujet qu'il jugeait être. Rongé par le manque d'assurance, et mû par une pensée assurément malsaine, il lança un ultimatum à sa petite amie :

— Je ne peux pas croire qu'une femme qui a ta beauté, ton charme, qui porte des vêtements si beaux, soit amoureuse de moi. J'ai besoin d'une preuve que tu m'aimes vraiment.

Fabíola répondit par un « tu peux me demander ce que tu veux » tellement ferme qu'il s'arma de courage et proposa :

— Si tu m'aimes, laisse-moi éteindre cette cigarette sur ta cuisse. Sans pleurer.

La petite souleva le bord de la jupe indienne qui lui descendait jusqu'aux pieds, laissant apparaître un bout de jambe comme quelqu'un qui attend qu'on lui fasse une piqûre, et lui adressa un sourire, sans un mot de plus. Paulo tira profondément sur la Continental sans filtre et, alors que le bout de la cigarette était bien rouge, il la pressa fortement sur la cuisse lisse et dorée par le soleil. Les yeux fermés, Fabíola entendit le grésillement et sentit l'odeur désagréable de la braise brûlant sa peau – elle garderait cette cicatrice toute sa vie –, mais elle n'ouvrit pas la bouche et ne laissa pas échapper une larme. Paulo demeura silencieux, mais il pensa : celle-là m'aime. Malgré des déclarations d'amour sans fin, son sentiment à l'égard de Fabíola était ambigu. Si d'un côté il était fier de circuler dans les endroits à la mode main dans la main avec cette femme superbe, de l'autre sa frivolité et son épouvantable ignorance dans tous les domaines le faisaient mourir de honte. Fabíola était ce qu'on appelait à l'époque une « petite poule » – ou une « minette », ainsi qu'on appellerait plus tard les filles jolies, élégantes et intellectuellement vides. Le jour où elle déclara en public, dans une brasserie, que Mao Tsé-toung était « le couturier français qui avait créé les costumes Mao », Paulo eut envie d'enfoncer la tête dans un trou. Celle de la fille, bien sûr. Mais c'était une relation amoureuse tellement commode, qui n'exigeait rien de lui, et elle était tellement jolie que cela valait la peine de supporter ces sottises avec bonne humeur.

Le jour où elle fut invitée à connaître sa maison à lui, la jeune fille sursauta. À en juger par l'apparence dépenaillée de son petit ami et le fait qu'il était fauché en permanence (elle prenait fréquemment de l'argent sur sa propre pension pour que Paulo achète des cigarettes et prenne l'autobus), Fabíola avait toujours imaginé que son partenaire était un pauvre mendiant qui n'avait nulle part où se poser. D'où sa surprise quand elle fut reçue par un majordome en gants blancs et dolman à boutons dorés. Pendant un instant, elle en vint à l'imaginer fils d'un domestique, mais non, il était fils du maître de maison en personne.

— Une énorme bâtisse rose, avec un piano à queue et d'énormes jardins intérieurs, dira Fabíola en se souvenant de cette journée. Vous imaginez, au milieu du salon il y avait un escalier identique à celui d'*Autant en emporte le vent*...

À l'heure du déjeuner, Lygia indiqua à chacun la place où il devait s'asseoir. Simulant la familiarité avec cette quantité de couverts en argent de plusieurs tailles et une grande assiette vide devant elle, Fabíola n'osa pas poser de questions. Le majordome s'arrêta derrière elle, tendit le bras et déposa sur l'assiette une jatte en porcelaine avec de la soupe. Des décennies plus tard, elle éclatera de rire en reconstituant la scène :

— Comme je n'avais jamais été servie à la française, je n'ai pas hésité : j'ai pris la jatte de soupe et je l'ai mise au centre de la table, pour que tout le monde se serve. Au lieu de me soutenir, Paulo a été pris d'une crise de rire. Il a tellement ri qu'il est tombé de sa chaise.

Bien que majeur et jouissant d'une relative indépendance, Paulo souffrait encore de fréquentes rechutes dans l'enfance. Un soir il écouta jusque tard dans la nuit des disques de poésie avec Marcía (dont la famille avait rendu les

Pour prouver son amour, la belle Fabíola permit à Paulo d'écraser une cigarette sur sa jambe.

armes et décidé d'accepter le petit ami) et, en rentrant chez lui, à quelques dizaines de mètres de là, il tomba, selon ses mots, sur « une bande d'individus à l'air méchant ». En réalité ce n'étaient que des gosses de la rue avec qui Paulo avait eu des mots quelques jours plus tôt, se plaignant du bruit qu'ils faisaient en jouant au ballon. Mais les voyant armés de bouts de bois et de bouteilles, il prit peur, retourna à l'appartement de la jeune fille et téléphona chez lui, réveillant Pedro Queima Coelho et sa mauvaise humeur. Toujours dramatique et théâtral, il implora :

— Papa, viens me chercher chez Marcía. Mais viens armé de ton revolver, je suis menacé de mort par douze criminels.

Et il n'osa sortir que quand, de la fenêtre de l'appartement de sa petite amie, il vit dans la rue son père, cet homme distingué, en pyjama et espingole à la main, protéger son retour. Le zèle paternel ne signifiait pas que la situation à la maison s'était améliorée. Elle restait tendue, comme toujours, mais le contrôle parental avait diminué. Ses résultats à Andrews au second semestre avaient été tellement mauvais que l'élève à problèmes n'avait pas été habilité à passer les épreuves finales. La seule issue était de s'engager dans la voie que Pedro avait toujours refusée : chercher un collège « moins exigeant ». Le choix se porta sur Guanabara, à Flamengo, où il avait l'espoir de terminer l'enseignement secondaire et de tenter alors une faculté – qui en aucun cas ne serait celle d'ingénierie, comme le rêvait le père. L'option pour un cours du soir avait obligé la famille à relâcher sa vigilance au sujet de ses horaires et à lui donner une copie de la clé de la maison, mais cette libéralité allait avoir un prix : s'il voulait avoir son indépendance, choisir son école, faire du théâtre et rentrer à la maison à l'heure qu'il entendait, alors il devrait travailler. Pedro avait trouvé un emploi dans lequel son fils pourrait gagner un peu d'argent en vendant des annonces pour les programmes de courses du Jockey Club, mais, après des semaines d'insistance, le nouvel arrivant sur le marché du travail n'avait pas obtenu un seul centimètre carré de publicité.

Cet insuccès ne découragea pas son père, qui lui trouva une seconde opportunité, cette fois chez Souza Alves Acessórios, une entreprise spécialisée dans la vente d'équipements pour les usines. Bien qu'il détestât faire les choses sous la contrainte, il décida d'accepter au nom de son indépendance financière. Parce que, cette fois, c'était un emploi avec salaire fixe, sans nécessité de vendre quoi que ce soit à qui que ce soit. Le premier jour, Paulo se présenta en costume cravate, la tignasse domptée à coups de brosse. Il arriva curieux de savoir où serait sa table de travail, et s'étonna quand le chef l'emmena jusqu'à un énorme hangar, lui indiqua un balai et ordonna :

— Tu peux commencer. D'abord tu vas balayer ce dépôt. Quand tu auras terminé, préviens-moi.

Balayer ? Mais il était acteur, écrivain, et son père lui avait trouvé un emploi de garçon de corvées ? Non, ce ne pouvait être qu'une plaisanterie, un bizutage qu'ils devaient imposer à tous les nouveaux le premier jour de travail. Il décida d'entrer dans le jeu et, manches retroussées, balaya le sol jusqu'à l'heure du déjeuner, où il commençait à sentir des douleurs dans les bras. La tâche terminée, il remit sa veste et annonça en souriant à son supérieur qu'il était prêt. Sans un regard pour le nouvel employé, l'individu lui remit une facture et du doigt lui indiqua une porte :

— Retire vingt caisses d'hydromètres dans cette salle, et porte-les à l'expédition, au rez-de-chaussée, avec cette facture.

C'était donc vrai ! On n'avait pu faire cela que délibérément pour l'humilier : son père l'avait obligé à travailler à temps complet dans une usine. Anéanti, il fit ce qu'on lui demandait, et en quelques jours il découvrit la routine : porter des caisses, emballer des régulateurs d'eau et de lumière, balayer le sol du dépôt et de l'administration. Comme autrefois dans la drague, le travail ici semblant n'avoir pas de fin, Paulo se compara à Sisyphe de nouveau. Quand il terminait une chose, une autre se présentait. Quelques semaines plus tard, il nota dans le journal :

Je suis en train de me suicider petit à petit, sans le sentir. Je ne vais plus supporter de me lever à 6 heures, d'être au travail à 7 et demie pour balayer le sol et porter des outils en fer toute la journée, sans déjeuner, et de devoir après assurer des répétitions jusqu'à minuit.

Il supporta un mois et demi, et n'eut même pas besoin de démissionner. Le gérant se chargea d'appeler le Dr Pedro pour l'informer que le garçon ne convenait pas « pour ce type de service ». En quittant le bâtiment de Souza Alves pour la dernière fois, Paulo emportait dans sa poche les trente cruzeiros de salaire qu'il avait fait de son mieux pour mériter. Il destina immédiatement cet argent à l'achat d'un 45 tours des plus récents succès de Roberto Carlos, *Quero Que Vá Tudo Pro Inferno* et *Escreva Uma Carta, Meu Amor*. Il était compréhensible qu'il n'ait pas supporté ce travail. En plus de *Pinocchio*, joué six jours par semaine, il avait commencé à répéter une seconde pièce pour enfants, *A Guerra dos Lanches,* dirigée aussi par l'Argentin Luis Olmedo, Cachorro. « J'ai obtenu le rôle dans cette nouvelle pièce », notera-t-il, présomptueux, « grâce à mon jeu spectaculaire de Petite Patate dans *Pinocchio* ». Il allait maintenant travailler vraiment comme acteur, partageant la scène avec son ami Joel Macedo et une jolie brune du nom de Nancy, sœur de Roberto Mangabeira Unger, l'élève exemplaire qui avait raflé presque toutes les premières places à Santo Inácio. Après la routine épuisante des répétitions, la pièce fut présentée à la mi-avril 1966. Le voyant nerveux, Cachorro lui écrasa un baiser sur le front :

— Batatinha, j'ai confiance en toi !

Paulo monta sur scène tout heureux. Habillé en cow-boy, à peine était-il entré en scène qu'il arrachait des éclats de rire au public, et ainsi jusqu'à la fin. Quand le spectacle se termina, il était consacré meilleur acteur de la soirée. Au milieu des compliments, devant Pedro et Lygia embarrassés, présents à la soirée de gala, Cachorro lui donnait l'accolade et l'embrassait :

— Petite Patate, je n'ai pas de mots pour décrire ta prestation. Tu as produit un court-circuit en scène, tu as magnétisé tout le public. Tu étais top.

Lors du spectacle de clôture de la saison de *Pinocchio*, la scène allait se répéter. Patate fut le seul acteur – lui qui n'était même pas vraiment acteur – capable d'arracher des applaudissements au public à plusieurs reprises. S'il n'avait pas été absolument fauché, il aurait mené la vie qu'il demandait à Dieu. Il avait plusieurs petites amies, il réussissait comme acteur et il allait bientôt produire et mettre en scène ses propres pièces. Il apprit à jouer de la guitare et maintenant il allait et venait avec son instrument sur le dos, comme le faisaient ses idoles de la bossa-nova. Mais comme cela arriverait fréquemment dans sa vie, les vagues de joie étaient presque toujours interrompues par des accès de profonde dépression, comme en témoigne la mention qu'il inscrit dans son journal après avoir lu une biographie de Toulouse-Lautrec à cette période, pourtant heureuse et stimulante :

Je viens de terminer, à l'instant, une des histoires vraies les plus émouvantes que j'aie jamais lues. C'est la vie d'un peintre riche, de famille noble, talentueux, qui connut la gloire alors qu'il était encore jeune, mais, parallèlement, l'homme le plus malheureux de l'humanité, car il n'a jamais été aimé, du fait de son corps grotesque et de sa laideur sans égale. À cause de l'alcool, il est mort dans la fleur de l'âge, car son organisme était à bout de forces. Un homme qui, dans les cafés obscurs et bruyants de Montmartre, fréquenta Van Gogh, Zola, Oscar Wilde, Degas, Debussy, et vécut depuis ses 18 ans la vie à laquelle tous les intellectuels aspiraient. Un homme dont l'argent et la position sociale ne servirent jamais à humilier les autres, mais ne donnèrent jamais non plus une miette d'amour sincère à son cœur affamé de tendresse. D'une certaine manière, cet homme me ressemble beaucoup. Henri de Toulouse-Lautrec, dont Pierre La Mure a admirablement raconté la vie dans les 450 pages de Moulin Rouge. *Je n'oublierai jamais ce livre.*

Il continuait à lire beaucoup, mais maintenant avec une habitude supplémentaire : chaque livre lu faisait l'objet d'un petit compte rendu dans le journal, comme avant, mais accompagné d'un classement, pareil à celui des critiques professionnels. Une étoile, mauvais ; deux, bon ; trois, très bon ; quatre étoiles, génial. Sur une page du mois de juin, il s'étonnerait lui-même de son énorme voracité littéraire : « J'ai battu un record : je lis cinq livres en même temps. Je ne vais pas m'en sortir. » Et ce n'est pas qu'il lisait des petits livres à l'eau de rose. Ce jour-là, il y avait sur sa table de chevet *Crime et Châtiment*, de Dostoïevski ; *Crainte et Tremblement,* de Kierkegaard ; *Pour les nerveux et les angoissés – Un guide médical,* de David Harold Fink ; *Chefs-d'œuvre de la poésie universelle,* sous la direction de Sérgio Milliet ; et *Panorama du théâtre brésilien,* de Sábato Magaldi.

Toujours en juin 1966, Paulo s'arma de courage et montra à Jean Arlin sa première production adulte : une pièce en trois actes, intitulée *Juventude sem Tempo*. En réalité, il s'agissait d'un mélange d'extraits de poèmes, de discours et de phrases frappantes d'auteurs qui allaient de Bertolt Brecht à Carlos Lacerda, en passant par Morris West, Manuel Bandeira, Vinicius de Moraes, Carlos Drummond de Andrade, Jean-Paul Sartre et, bien sûr, Paulo Coelho. Le Français trouva cela intéressant, apporta quelques corrections ici ou là et décida de mettre en scène le spectacle. Plus encore, comme c'était une pièce simple, presque sans décor ni costume, il décida de la présenter au premier Festival de la Jeunesse qui devait avoir lieu à Teresópolis, une ville de

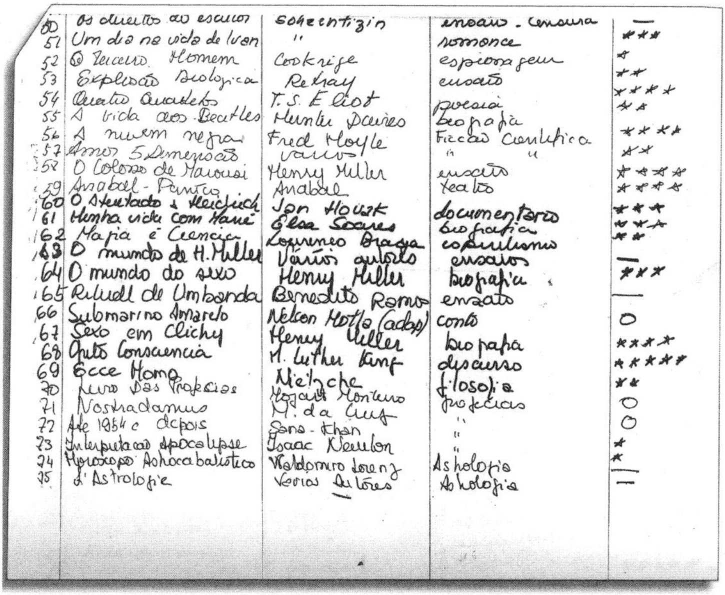

50	Os direitos do escritor	Solzhenitsin	ensaio - censura	—
51	Um dia na vida de Ivan	"	romance	***
52	O terceiro Homem	Cookrige	espionagem	*
53	Explosão Biológica	Retray	ensaio	**
54	Quatro Quartetos	T.S. Eliot	poesia	****
55	A vida dos Beatles	Hunter Davies	biografia	**
56	A nuvem negra	Fred Hoyle	Ficção científica	****
57	Amor 5 Dimensões	vários	" "	**
58	O Colosso de Marussi	Henry Miller	ensaio	****
59	Anabel - Pânico	Anabel	teatro	****
60	O Atentado a Heidrich	Jon Houzk	documentário	***
61	Minha vida com Mané	Elza Soares	biografia	***
62	Magia e Ciência	Lourenço Braga	espiritismo	**
63	O mundo de H. Miller	Vários autores	ensaio	—
64	O mundo do sexo	Henry Miller	biografia	***
65	Ritual de Umbanda	Benedito Ramos	ensaio	—
66	Submarino Amarelo	Nelson Motta (adap)	conto	O
67	Sexo em Clichy	Henry Miller	biografia	****
68	Grito Consciência	M. Luther King	discurso	*****
69	Ecce Homo	Nietzche	filosofia	**
70	Livro das Profecias	Mozart Monteiro	profecias	O
71	Nostradamus	M. da Cruz	"	O
72	Até 1954 e depois	Sons-Khan	"	*
73	Interpretação Apocalipse	Isaac Newton	"	*
74	Horóscopo Astrocabalístico	Waldomiro Lorenz	Astrologia	—
75	A Astrologia	Vários Autores	Astrologia	—

Lecteur compulsif, Paulo lisait beaucoup, de T.S. Eliot à Henry Miller, en passant par Elza Soares. Il se mit à critiquer et classifier chaque livre avec un système d'étoiles.

montagne à cent kilomètres de Rio. Comme l'auteur était aussi acteur, la deuxième semaine de juillet, Paulo monta dans la sierra avec la troupe du Grupo Destaque – contre l'interdiction de ses parents, bien sûr. Encouragé par l'atmosphère de fête, il inscrivit encore une de ses poésies, « Revolta », à un petit concours promu par le Festival, dont le jury serait le poète Lêdo Ivo et le critique Walmir Ayala. La pièce fut un fiasco et le résultat du concours de poèmes ne serait connu qu'un mois plus tard, mais ce qui importait, c'est qu'il avait eu le courage de le tenter.

Le climat à la maison n'avait pas changé. Outre qu'ils continuaient à vouloir lui imposer des horaires – il rentrait rarement avant une heure du matin – ses parents lui enjoignaient de se couper les cheveux, une habitude qu'il avait abandonnée depuis six mois. Quand le père entendait, tard dans la nuit, le bruit de la clé à la porte d'entrée, Paulo pouvait s'attendre à un sermon d'une demi-heure avant de se coucher. Un de ces matins-là, il trouva le Dr Pedro qui l'attendait à la porte de sa chambre, les bras croisés et l'œil menaçant.

— Tu as encore dépassé les bornes. À partir de demain, nous revenons à l'ancien régime : à 11 heures du soir, les portes de cette maison sont fermées et celui qui est dehors dort dans la rue.

Paulo passa la journée suivante à circuler entre l'atelier dans l'appartement de Fabíola et les répétitions d'*A Guerra dos Lanches,* dont le public diminuait à vue d'œil. Le soir il alla au Paissandu voir *La Chinoise,* le film le plus récent de Godard. Bien qu'il n'appréciât pas le réalisateur, il était intéressé par le débat au sujet du film, prévu après la séance. Il y retrouva Renata et à la fin de la soirée ils allèrent manger un canard rôti aux pommes et boire le célèbre demi bien frais du Zeppelin, à Ipanema – un repaire de la gauche friquée que Paulo ne pouvait fréquenter, comme cette nuit-là, qu'à condition d'être invité. Il n'y avait quasiment plus personne quand ils réglèrent l'addition et prirent la direction de Leblon. Main dans la main, ils parcoururent presque trois kilomètres sur la plage, jusqu'à la rue Rita-Ludolf, où habitait Renata. Mort de sommeil, Paulo attendit longtemps que passe un autobus de la ligne Lapa-Leblon et il devait être 4 heures du matin quand il mit la clé dans la serrure de la porte d'entrée. Enfin, il essaya, parce que la clé n'entrait pas. Alors seulement il comprit que son père avait mis à exécution la menace de la veille et avait fait changer la serrure. À cette heure, il n'y avait plus moyen d'aller se reposer chez Joel ou chez Fabíola. Furieux, il se mit à briser, une par une, toutes les vitres des portes et des fenêtres de la façade de la maison en jetant des pierres. Réveillés par le vacarme, les parents tentèrent de l'ignorer mais, craignant que les voisins n'appellent la police, Pedro Coelho descendit et ouvrit la porte à son fils. Laissant voir qu'il avait bu plus que de raison, Paulo traversa la salle remplie de débris de verre et monta l'escalier sans écouter son père.

Cette nuit-là il s'endormit tout de suite, mais fit un horrible cauchemar. Il rêva qu'un médecin, assis au bord du lit, lui prenait la tension, sous les yeux de deux infirmiers qui tenaient une camisole de force à la porte de la chambre. Alors seulement, abasourdi, il comprit que ce n'était pas un rêve. Son père avait appelé les urgences de l'asile pour l'interner de nouveau. Cette fois, de force.

7

Ballade de la geôle du repos[1]

Mercredi 20 juillet

8 heures. Ils m'ont réveillé pour prendre ma tension. Encore à moitié abruti de sommeil, j'ai pensé que c'était un rêve. Mais petit à petit je me suis pénétré de la réalité. C'était la fin. Ils m'ont fait habiller à toute vitesse. À la porte de la maison un véhicule des Urgences psychiatriques. Je n'aurais jamais pensé que c'était aussi déprimant de monter dans une de ces voitures.

Des voisins épient de loin le garçon maigre et chevelu qui baisse la tête pour monter dans la voiture. Il baisse la tête. Il est vaincu.

9 heures 30. Les questions bureaucratiques ont été expédiées. Et me revoilà au neuvième étage. Ç'a été rapide ! Hier encore je marchais avec Rennie, joyeux, un peu inquiet, mais je ne m'attendais pas à cela. Et me revoilà ici parce que je n'ai pas voulu passer une nuit dans la rue. Je pense à elle parfois. Je me sens un peu niais.

Ici ils sont tous tristes. Il n'y a pas de sourires. Des regards fixes, cherchant quelque chose, une rencontre avec soi-même. Mon camarade de chambre est cousin d'un ministre important. Il a l'obsession de la mort. Sa jouissance, c'est de jouer

1. Titre inspiré par le poème *La Ballade de la geôle de Reading*, d'Oscar Wilde.

à la guitare la Marche funèbre. C'est bon d'avoir une guitare. On oublie tout. Ça met un peu de joie dans cette ambiance chargée de tristesse. La tristesse profonde de ceux qui n'aspirent plus à rien et ne désirent rien de la vie. Ce qui me console c'est qu'ils savent chanter.

15 heures. J'ai parlé avec un garçon qui est ici depuis deux ans. Je lui ai dit que j'étais angoissé et que je voulais sortir d'ici. Et il m'a dit en toute sincérité : « Pourquoi ? Ici c'est très bien. On n'a pas à se faire de souci. Pourquoi lutter ? Au fond, personne n'aime rien. » J'ai peur. Peur d'en arriver à penser comme lui. Je sens l'angoisse. L'angoisse de ne pas savoir quand je cesserai de voir le monde à travers des barreaux. C'est une angoisse indescriptible. L'angoisse d'un prisonnier condamné à la prison à perpétuité, sachant qu'un jour il obtiendra sa libération conditionnelle. Mais quand viendra ce jour ? Dans un mois ? Trois mois ? Un an ? Ou ne viendra pas ?

17 heures. Ou ne viendra pas ?

19 heures 20. Je ne peux pas quitter cet étage, je ne peux pas téléphoner ni écrire de lettres. Il y a peu j'ai tenté de parler (en cachette) avec Rennie et elle était en train de dîner. Mais si elle ne l'avait pas été ? Qu'avais-je à dire ? Me plaindre ? Me vanter ? Qu'allais-je dire, avec qui allais-je parler ? Est-ce que je peux encore parler, mon Dieu ?

Je suis impressionné par le calme avec lequel ils acceptent cette prison. J'ai peur de l'accepter pareillement. « Tout homme est incendiaire à 20 ans et pompier à 40 » – alors je pense que j'ai 39 ans et 11 mois. Je suis au bord de la défaite. Je l'ai senti quand maman était là cet après-midi. Elle me regarde de haut. Le premier jour je me sens déjà à demi vaincu. Mais je dois gagner.

Jeudi 21 juillet

8 heures. Hier ils m'ont donné une drogue très puissante pour dormir et je me réveille seulement. Dans la nuit, sans raison, mon compagnon m'a réveillé pour demander si je suis pour la masturbation. Je lui ai dit oui et je me suis retourné. Franchement je n'ai pas compris le pourquoi de cette question. D'ailleurs, je ne sais même pas si je l'ai rêvé, en tout cas c'était bizarre. Flávio, mon camarade de chambre, a de longues périodes de silence. Quand il parle c'est pour répéter la même question : comment vont les choses et les gens dehors. Il veut encore rester en contact avec le monde. Pauvre malheureux ! Il est fier de sa vie de bohème, mais maintenant il est ici et reconnaît qu'il est malade.

Je ne ferais jamais cela. Je me porte bien.

11 heures 30. Je viens de vérifier qu'ils avaient vidé mon portefeuille. Je ne peux rien acheter pour Pato. D'ailleurs, hier j'ai parlé à Pato. Elle a promis de venir aujourd'hui me rendre visite. Je sais que c'est interdit mais je veux lui parler. J'ai parlé au téléphone, mais sur un ton plaisant, pour masquer ma déprime.

Le personnel ici aime me montrer des choses nouvelles. Au fond, je les aime bien. Roberto passe son temps à me montrer des choses – moyen de calculer l'âge, voltmètre, etc. Flávio a la manie de connaître des gens importants. Les cas curieux sont innombrables ici. L'un a la manie de respirer la nourriture, un autre ne fait rien de peur de grossir, un troisième ne parle que de sexe et d'aberrations sexuelles. Mon compagnon de chambre est allongé le regard fixe et le visage triste. La radio joue « Menina Flor ». À quoi pense-t-il ? Son regard cherche-t-il désespérément une rencontre avec lui-même ou est-il abandonné, livré au hasard, perdu, vaincu ?

Je cause avec quelques internés. Certains sont là depuis trois mois, d'autres neuf, d'autres depuis des années. Je ne supporterai pas tout cela.

« Et le ciel s'assombrit de la sixième à la neuvième heure, et à la neuvième heure Il dit : Père, Père, pourquoi M'as-tu abandonné ? »

La musique, le soleil de l'autre côté des barreaux, les rêves, tout cela apporte une immense mélancolie. Je me rappelle Teresópolis, où nous montions « Juventude sem Tempo ». Échec public, mais une grande expérience. Des jours heureux, où l'on pouvait voir librement le soleil se lever, faire du cheval, s'embrasser, sourire.

Maintenant, plus rien. Plus rien. Nous allions présenter la pièce ici, à Rio. Maintenant eux seuls vont la présenter. C'est triste de commencer à réaliser quelque chose et d'être interrompu. Vraiment triste. Je suis trop paresseux pour écrire sur la pièce, mais je ne peux pas dormir. Le sommeil émousse le raisonnement, et je serai comme les autres ici. Mais il y a des coupures de journaux publiées avant que nous allions à Teresópolis. Ce qui est venu après je le raconte plus tard. On a le temps.

On a beaucoup de temps.

14 heures 10. J'attends Pato. Mon médecin est venu dans ma chambre m'apporter une anthologie de poètes français. C'est bien parce que j'apprends un peu cette langue. Il m'a dit que j'étais calme, cela semblait lui faire plaisir. Parfois je me plais un peu ici. C'est un monde à part, où l'on mange et on dort. Rien d'autre. Mais arrive un moment où je pense au monde extérieur et cela me donne envie de sortir. Maintenant pas trop. Hier c'était pire. Je suis déjà en train de m'habituer. Il manque seulement la machine à écrire.

Je sais que Pato viendra ou essaiera de venir aujourd'hui. Elle doit être curieuse de voir ce qui m'arrive. Après elle viendra encore deux ou trois fois et alors je serai oublié. C'est la vie. Et je ne peux rien faire. J'aimerais qu'elle vienne tous les jours me distraire avec sa façon d'être différente, mais cela n'arrivera pas. Je ne sais pas s'ils permettront qu'elle me rende visite aujourd'hui. Mais, en tout cas, c'est une perspective agréable, ce plaisant suspense de l'attente.

14 h 45. Il est déjà 3 heures moins le quart et Pato n'arrive pas. Elle ne va pas venir. Ou peut-être qu'ils ne l'ont pas laissée entrer.

Vendredi 22 juillet

11 h 50. Pato est venue hier. Elle m'a apporté un tas de photos d'elle aux States et m'en a promis une dédicacée. J'aime bien Pato. J'ai la triste impression de ne pas l'avoir traitée comme j'aurais dû. J'ai été froid et distant. Et elle était tellement affectueuse...

Jusqu'à présent le reste de mes affaires n'est pas arrivé de la maison. Dès que la machine arrivera je devrai taper un travail sur la psychiatrie que le Dr Benjamin m'a donné. J'ai terminé son livre Antologia dos Poetas da França. *Maintenant je vais essayer de lire* Le Guépard, *de Lampedusa.*

Bizarre, je m'habitue à l'idée de rester ici.

12 heures. Je commence à me laisser vaincre par le sommeil. Un sommeil lourd, sans rêves, le sommeil-fuite, le sommeil qui me fait oublier que je suis ici.

14 heures. Je n'ai pas réussi à continuer à lire Le Guépard. *C'est un des livres les plus emmerdants que j'aie lus de toute ma vie. Monotone, une affectation idiote et sans valeur. Je me suis arrêté définitivement maintenant, à la page 122. Désolé. C'est emmerdant de laisser tomber quelque chose en plein milieu, mais je ne supporte pas. Ça me donne envie de dormir. Et je dois éviter le sommeil à tout prix.*

14 heures 30. C'est emmerdant de laisser tomber quelque chose en plein milieu.

14 heures 45. Dialogue avec le camarade de chambre.

— Je ne veux pas habiter à Dr Eiras, à Flamengo, à Copacabana, dans aucun de ces endroits...

— Alors où, Flávio ?

— Au cimetière São João Batista. La vie a perdu tout son sens pour moi depuis le Carnaval de 1964.

— Pourquoi ?

— La personne qui me plaisait le plus dans ce monde n'a pas voulu venir avec moi au Municipal.

— Allons, Flávio, arrête tes conneries. Il y a encore beaucoup de femmes à aimer. (Pause) Tu l'aimes toujours, elle ?

— Lui. C'était un garçon. Aujourd'hui il est dehors, il passe l'examen pour entrer en médecine, et moi je suis là, attendant la mort.

— Arrête tes conneries, Flávio.

— Hier il m'a téléphoné. Il est un peu efféminé. Je serais très heureux s'il venait ici. À cause de lui j'ai tenté de me suicider en avalant le contenu d'un vaporisateur d'éther mélangé à du whisky la nuit du bal. J'ai échoué aux Urgences. Aujourd'hui il est dehors et moi je suis là à attendre la mort.

Flávio est un type bizarre. D'aspect totalement schizoïde. Mais parfois il parle, comme maintenant. Et je me sens triste et impuissant. Il a tenté de se suicider plusieurs fois ici. Il m'a beaucoup parlé de sa vie de bohème et je note une certaine fierté à raconter ça. Par expérience, je sais que tout bohème se sent fier de sa bohème.

Flávio pleure.

Mes amis, au fond, vraiment au fond, je pense que la plupart des internés sont ici par manque d'amour (de leurs parents ou de quelqu'un). Je me range dans le premier cas (amour des parents).

15 heures. Les malades d'ici sont parfois facétieux. Le souffre-douleur, m'sieur Ápio, un vieux de 56 ans, m'a dit hier que la Révolution bolchevique avait été financée par les Américains. Il y a un garçon, le seul de mon âge ici, qui fait un joyeux tapage à l'intérieur. Quelquefois je joue à la canasta le soir.

Je ne peux plus écrire, Flávio pleure.

Samedi 23 juillet

10 heures. Hier soir j'ai réussi à téléphoner à Luís et à Pato. Pato a dit qu'elle était ma petite amie, qu'elle m'aimait beaucoup. J'étais heureux et j'ai dû dire pas mal de bêtises à cause de cela. Je suis un benêt, un bouffon. À la fin de ma conversation avec Pato, la téléphoniste s'en est mêlée et je n'ai rien pu dire de plus. Elle vient ici lundi. J'ai peur de beaucoup me lamenter avec elle. C'est emmerdant, je me sens en infériorité.

Luís a décidé de venir ici à midi.

À côté de moi il y a maintenant un emmerdeur du nom de Marcos. Il est ici depuis que je suis sorti, c'est-à-dire un an. Il me prend ma radio tout le temps pour écouter le football.

Je l'ai chassé de la chambre avec diplomatie.

20 heures 30. Il est 8 heures et demie du soir, mais ici on a l'impression qu'il est beaucoup plus tard. Luís est venu. Il m'a un peu remonté le moral. J'ai téléphoné à Pato et j'ai encore dit des idioties.

Dimanche 24 juillet

C'est dimanche matin. J'écoute la radio et je ressens une immense solitude, qui me tue à petit feu. C'est dimanche matin, un dimanche sombre, triste. Je suis ici derrière des barreaux, sans parler à personne, plongé dans ma solitude. J'aime bien cette expression : plongé dans ma solitude.

C'est dimanche matin. Personne ne chante, la radio joue une mélodie triste qui parle d'amour et de larmes. Voilà une journée sans perspectives.

Pato est loin. Mes amis sont loin. Certainement en train de dormir, après une nuit de bombance et de joie. Je suis seul ici. La radio joue encore une vieille valse. Je pense à mon père. Il me fait de la peine. Ce doit être triste d'avoir un fils comme moi.

Ce dimanche matin je sens mon amour pour Rennie mourir un peu. Je suis certain que le sien doit être en train de mourir aussi. J'ai les mains vides, je ne peux rien offrir, je ne peux rien donner. Je me sens impuissant et sans défense comme une hirondelle privée de ses ailes. Je me sens mauvais, pervers, je me sens seul. Seul au monde.

Ici tout est monotone et imprévisible. Je range craintivement les portraits de Pato, mon argent et mes cigarettes. Ce sont les seules choses qui peuvent me distraire un peu.

Lundi 25 juillet

Je t'attends et plus l'heure approche plus mon envie de te voir augmente. Hier au téléphone tu as dit que tu étais ma petite amie. Eh bien, je suis très heureux d'avoir une petite amie. On se sent moins seul ici, le monde paraît plus beau, même derrière des barreaux. Et il sera encore plus beau quand tu arriveras. Alors, ce matin, j'ouvre entièrement ma poitrine et je te livre mon cœur, mon amour. Je me sens un peu triste parce que tu es loin, parce que tu ne peux pas rester tout le temps avec moi. Mais je suis déjà un homme et je dois surmonter seul ce moment difficile.

Amusant, je me sens possessif. Hier j'ai parlé avec Luís et Ricardo au téléphone. Ils viendront ici mardi. Je sais que pour eux c'est un effort. Luís a son père dans une maison de santé et Ricardo a ses études. Mais ils viendront. Et je m'en réjouis. J'ai découvert qu'on pouvait tirer joie et bonheur des choses les plus tristes. J'ai découvert que je n'étais pas aussi seul que je le pensais. Il y a des gens qui ont besoin de moi et qui m'aiment. Je me sens nostalgique, mais heureux.

Mardi 26 juillet

J'ai lu hier soir tout Notre agent à La Havane, *de Graham Greene. Je n'ai pas encore eu le temps (ah ! ah ! ah !) de faire une étude du livre. Mais cela m'a distrait. Cela m'a plu.*

Dimanche 31 juillet

13 heures. À 13 heures aujourd'hui, dans cette maison de santé, je viens d'apprendre qu'au concours de poésies du Diário de Notícias, *parmi 2 500 concurrents j'ai obtenu la neuvième place dans le classement général et la deuxième place dans la mention honorable. Je serai probablement dans une anthologie qui sera publiée.*

Je suis heureux. Je voudrais être dehors, pour le raconter à tout le monde, parler à tout le monde. Je suis super-heureux.

Derrière les barreaux, je me demande si Tatá se souvient de moi, de son premier petit ami. Je ne sais pas si elle a beaucoup grandi, si elle est maigre ou grosse, si elle est intellectuelle ou high society. *Peut-être qu'elle est estropiée, ou qu'elle a perdu sa mère, elle a peut-être déménagé pour un petit palais. Cela fait huit ans que je ne l'ai pas vue, mais aujourd'hui j'aimerais être avec elle. Je n'ai plus jamais eu de ses nouvelles. L'autre jour j'ai téléphoné et j'ai demandé si elle avait été amoureuse d'un certain Coelho. Elle a seulement dit oui et elle a raccroché.*

Samedi 6 août

Patinho, mon amour, je sens un terrible besoin de parler avec toi en ce moment. Maintenant que le Dr Benjamin m'a menacé d'insuline et d'électrochocs, maintenant que j'ai été accusé d'être un toxicomane, maintenant que je me vois comme un animal aux abois, sans défense, j'ai envie de parler avec toi. Si c'était le moment d'une transformation de ma personnalité, si dans quelques instants commençait l'effondrement systématique de mon moi, je voudrais que tu sois auprès de moi.

Alors nous évoquerions les sujets les plus banals du monde. Tu partirais en souriant, avec l'espoir de me revoir dans quelques jours. Tu ne saurais rien et moi je laisserais paraître que tout va bien. À la porte de l'ascenseur tu remarquerais une larme ridicule dans mes yeux, et je dirais que c'était un bâillement parce que la conversation était ennuyeuse. Sur le petit tourne-disque que tu m'as prêté passerait « Olê Olá » avec Nara Leão. Et d'en bas tu lèverais les yeux et tu verrais ma main entre les barreaux te disant au revoir. Alors je retournerais dans ma chambre et je remplirais de mes larmes un mouchoir entier en pensant à ce qui a été et à ce qui aurait dû être et à ce qui n'a pas pu être. Alors les médecins entreraient avec leur mallette noire et le choc électrique pénétrerait en moi, dans tout mon corps.

Et dans la solitude de la nuit je saisirais la lame de rasoir, je regarderais ton portrait collé sur le lit et le sang coulerait et je te dirais tout bas, en contemplant ton sourire sur le portrait : « Ceci est mon sang ». Et je mourrais sans sourire, sans pleurer. Je mourrais, simplement, laissant beaucoup de choses inachevées.

Dimanche 7 août

Dialogue avec le Dr Benjamin

— Vous n'avez aucun amour-propre. Après votre premier internement, j'ai pensé que vous ne reviendriez

jamais, que vous feriez le maximum pour devenir indépendant. Mais bon. Vous voilà de nouveau ici. Qu'avez-vous réalisé pendant ce temps ? Rien. Que vous a rapporté le voyage à Teresópolis ? Quel profit en avez-vous tiré ? Pourquoi êtes-vous incapable de réaliser quelque chose tout seul ?

— Personne ne réalise rien tout seul.

— Bon, peut-être... Mais dites-moi : quel bénéfice, quel avantage avez-vous trouvé en allant à Teresópolis ?

— De l'expérience.

— Vous êtes du genre qui va passer toute sa vie à expérimenter.

— Docteur, tout ce qui est fait avec amour vaut la peine. Voilà ma philosophie : aimer les choses, cela suffit pour donner une justification à nos actes.

— Si je prenais quatre schizophrènes du quatrième étage, de vrais schizoïdes, ils auraient de meilleurs arguments que vous.

— J'ai dit une bêtise ?

— C'est clair ! Maintenant regardez : vous passez tout votre temps à fabriquer une image de vous-même, une image fausse, sans remarquer que rien de ce qui est en vous n'est mis à profit. Vous êtes réduit à zéro.

— Je sais. Quoi que je dise est pure défense. Face à moi, je suis bon à rien.

— Alors, réagissez ! Mais vous en êtes incapable. Vous êtes satisfait de ce qui est arrivé. Vous vous êtes accommodé de cette situation. Vous voyez, au train où vont les choses, je vais renoncer à ma responsabilité et faire appel à un conseil médical pour vous donner des électrochocs, de l'insuline, du glucose, des choses pour vous faire oublier et vous rendre plus doux. Je vais vous donner un peu de temps. Allons, soyez un homme ! Surmontez ça !

Dimanche 14 août – Fête des Pères

Bonjour, papa. Aujourd'hui c'est ta fête.
Pendant des années c'était l'heure où tu te réveillais en souriant
et en souriant prenais le cadeau que j'apportais dans ta chambre,
et en souriant tu baisais mon front, en me bénissant.
Bonjour, papa, aujourd'hui c'est ta fête
et je ne peux rien te dire ou te donner
car ton cœur plein d'amertume est resté sourd aux mots.
Tu n'es plus le même. Ton cœur est vieux,
tes oreilles sont pleines de désespoir,
ton cœur est malade. Mais tu sais encore pleurer. Et je crois que tu pleures
les larmes timides du père rigoureux et tout-puissant :
tu pleures pour moi, parce que je suis là derrière les barreaux,
tu pleures parce qu'aujourd'hui c'est la Fête des pères et je suis loin
faisant pénétrer l'amertume et la tristesse
dans ton cœur.

Bonjour, papa. Le soleil qui se lève est beau,
aujourd'hui c'est jour de fête et de joie pour beaucoup,
mais tu es triste. Et je sais que ta tristesse c'est moi,
sans le vouloir je suis devenu une lourde croix
que tu portes sur ton dos, qui lacère ta chair
et blesse ta poitrine.
À cette heure ma sœur entrera dans ta chambre
avec un joli cadeau emballé dans le crépon
et tu souriras, pour ne pas l'attrister elle aussi. Mais au fond
ton cœur fond en pleurs
et je ne peux rien dire, sinon des paroles morbides de révolte,

et je ne peux rien faire, sinon augmenter ta souffrance
et je ne peux rien te donner, sinon des larmes et le regret
de m'avoir mis au monde.

Peut-être que, si je n'existais pas, maintenant tu serais heureux,
le bonheur d'un homme qui a lutté toute son existence
pour une vie calme
et maintenant, le jour de la Fête universelle des pères
reçoit la récompense de sa lutte, sous forme de baisers,
de quincailleries achetées avec la petite pension
qui pendant des semaines est restée intacte dans le tiroir
pour pouvoir devenir un cadeau
qui, si petit soit-il, est immense dans le cœur de tous les pères.

Aujourd'hui c'est la Fête des pères. Mais papa m'a fait interner
dans une maison de santé pour les fous. Je suis loin
je ne peux pas l'embrasser, je suis loin de la famille
loin de tout, et je sais que lui,
voyant les autres pères avec leurs fils autour d'eux,
leur prodiguant de l'affection, sentira une douleur aiguë
dans son pauvre cœur amer. Mais je suis interné,
il y a vingt jours que je n'ai pas vu la lumière du soleil,
et si je pouvais lui donner quelque chose, ce serait l'obscurité
de quelqu'un qui n'aspire plus à rien et ne désire plus rien dans la vie.
Alors je me tais. Alors je ne peux même pas dire
« Bonjour, père chéri, que le bonheur soit avec toi ;
tu as été homme, tu m'as engendré une nuit quelconque,
ma mère m'a mis au monde dans la douleur
mais maintenant je peux te donner un peu du trésor
déposé dans mon cœur
par tes mains qui ont peiné au travail. »

Même cela je ne peux pas le dire. Je dois me taire
pour ne pas l'attrister davantage
pour qu'il ne pense pas que je souffre, que je suis malheureux ici,
au milieu de ce calme immense, qu'on ne rencontre qu'au ciel,
si le ciel existe vraiment.
Ce doit être triste d'avoir un fils comme moi, mon père.

Bonjour, mon père. Les mains vides
je te donne ce soleil qui se lève, rouge, tout-puissant,
pour que tu sois moins triste et plus content,
pour que tu penses que tu es juste et que je suis heureux.

Mardi 23 août

C'est l'aube, la veille de mon anniversaire. J'aimerais maintenant écrire dans ce cahier un message d'optimisme et de compréhension : c'est pour cela que j'ai arraché les feuilles précédentes, profondément incompréhensibles et tristes. Il est dur, surtout pour une personne de mon tempérament, d'avoir déjà supporté 32 jours sans descendre. C'est vraiment dur, croyez-moi. Mais au fond, je sais que je ne suis pas le plus malheureux des hommes. La jeunesse coule dans mes veines, et je peux tout recommencer des milliers de fois.

Veille du jour de ma naissance. Dans ces lignes que j'écris à l'aube, j'aimerais me redonner un peu confiance en moi.

« Regarde, Paulo, l'examen d'entrée à l'université, tu le passes l'année prochaine, tu as encore des années devant toi. Il n'y a pas lieu de te plaindre. Profite de ces jours pour penser un peu et écrire beaucoup. Rosetta, ta machine à écrire, compagne solidaire de tes combats, est avec toi, prête à te servir quand tu le veux. Tu te souviens de Salinger ? "Garde tes expériences. Plus tard elles serviront peut-être à quelqu'un, comme t'ont servi celles de ceux qui sont

venus avant toi." Ne te considère pas comme abandonné. Finalement, au début, tes amis t'ont pas mal soutenu. L'oubli est une loi de la vie. Toi aussi tu oublierais quelqu'un qui est parti. Ils ont fait ce qui était à leur portée. Ils se sont découragés, comme tu te découragerais si tu étais à leur place. »

Jeudi 1er septembre

Depuis juillet je suis ici. Et maintenant ce n'est qu'une question de lâcheté. Je suis le coupable de tout. Hier, par exemple, j'ai été le seul à prendre la piqûre pour dormir, quand j'ai obéi à l'infirmier et me suis allongé, alors que les autres se débattaient. La bonne sœur s'est fâchée avec ma copine et je ne peux plus recevoir ses visites. Ils ont su que j'allais vendre mes chemises, et non : j'ai perdu l'occasion et l'argent. Ils m'ont vu avec le Beretta dans la main et ils m'ont balancé.

Interruption : coupe des cheveux

Bon, je n'ai plus de cheveux. Maintenant, j'ai une tête de bébé, sans aucune assurance, et rien dans le pantalon. Maintenant m'est venue l'envie redoutée, qui est l'envie de rester ici. Cela ne m'intéresse plus de sortir. Je suis démoli. Depuis février que je ne me coupais pas les cheveux. Jusqu'à ce que dans une maison de santé on m'impose ce choix : couper ou ne pas sortir. J'ai préféré couper. Mais après est venue cette sensation qu'on détruisait la dernière chose qui me restait. Cette page allait être écrite comme un manifeste de révolte. Mais maintenant je n'ai plus envie de rien. Foutu, complètement foutu. Je suis démoli. Je ne me révolte plus. Maintenant, je suis sur le point de m'accommoder.

Samedi 3 septembre

Et ainsi se termine cette ballade et c'est ainsi que je termine.
Sans message, sans rien, sans aucune volonté de vaincre,
détruite dans son intimité par la haine humaine.
C'était bon de sentir cela. La défaite totale. [...]
Nous allons tout recommencer.

8

Le traitement de choc

Paulo errait en pyjama dans les couloirs après le déjeuner de ce dimanche de septembre 1966. Il venait de relire la *Ballade de la geôle du Repos*, terminée la veille, et il était fier de la liasse de trente-cinq pages dactylographiées qu'il avait produite en un mois et demi à l'asile. À dire vrai, elle n'était pas si éloignée de l'original dont elle s'était inspirée, la *Ballade de la geôle de Reading*, poème écrit en 1898 par Oscar Wilde pour décrire la prison dans laquelle il avait purgé une peine de deux ans pour pratiques homosexuelles dans l'Angleterre victorienne. En lisant la phrase finale – « Nous allons tout recommencer » –, il pouvait jurer que ce n'étaient pas cinq mots vains, choisis pour enjoliver la fin d'un texte. Tout recommencer, cela n'avait qu'une signification : sortir le plus vite possible de l'enfer qu'était la clinique et se remettre à vivre. Une idée terrifiante devenait chaque jour plus palpable : si cela dépendait des médecins ou de ses parents, il resterait à moisir au neuvième étage encore longtemps.

Absorbé dans ces pensées, il ne remarqua pas les deux infirmiers qui, s'approchant, lui demandèrent de l'accompagner jusqu'à l'autre zone du bâtiment. Ils le conduisirent dans une cellule au sol carrelé et aux murs revêtus de carreaux de céramique, où le Dr Benjamin l'attendait. Au centre de la pièce se trouvait un lit recouvert d'un épais drap en caoutchouc et, à côté, un petit appareil ressemblant à un transformateur d'énergie domestique, avec fils et manivelle – c'était ce qu'on appelait *maricota*, la gégène, semblable à l'équipement utilisé clandestinement par la police pour torturer les prisonniers et obtenir des aveux, et il prit peur :

— Ça veut dire que je vais avoir des électrochocs ?

Toujours gentil et souriant, le psychiatre tenta de le tranquilliser :

— Ne vous en faites pas, Paulo. Vous savez que cela ne fait pas mal. C'est beaucoup plus traumatisant de voir quelqu'un traité que de recevoir le traitement. Vous le savez, cela ne fait pas mal.

Allongé sur le lit, il vit un infirmier lui enfiler dans la bouche un tube en plastique, pour empêcher que sa langue ne s'enroule pendant la convulsion et qu'il ne s'étouffe. L'autre infirmier vint derrière lui et colla sur chaque tempe une électrode semblable à un petit défibrillateur cardiaque. Tandis qu'il fixait la peinture écaillée du plafond, la machine fut mise en route. Une séance de thérapie électroconvulsive commença. Au premier mouvement de l'infirmier sur la manivelle, un rideau sembla lui descendre sur les yeux. Sa vision se rétrécit, elle se fixa sur un point unique et tout devint noir. À chaque coup de manivelle, son corps était secoué, sans aucun contrôle, cahotant, et sa bouche rejetait des jets de salive, comme des vomissements d'écume blanche. Paulo ne parvint jamais à calculer le temps que durait une séance – quelques minutes ? une heure ? un jour ? – et il ne se sentait pas mal. Quand il reprenait conscience, il avait l'impression de sortir d'une anesthésie générale : il perdait la mémoire et parfois il restait des heures couché sur le lit, les yeux ouverts, avant de reconnaître l'endroit où il se trouvait et se rappeler ce qu'il y faisait. À part la taie d'oreiller et le col du pyjama trempés de bave, il ne restait dans la pièce aucune trace de la brutalité dont il avait été victime. L'électrochoc semblait assez puissant pour détruire ses neurones, mais le médecin avait raison : cela ne faisait pas mal.

La thérapie électro-convulsive reposait sur l'idée que les troubles mentaux résultent de « désorganisations électriques cérébrales ». Après dix à vingt séances d'électrochocs appliqués à deux jours d'intervalle, les convulsions provoquées par la succession de décharges électriques avaient le pouvoir de « réorganiser » le cerveau du patient, permettant son retour à la normalité. Ce traitement présentait un grand avantage par rapport aux autres (le Metazol et le choc insulinique) : il provoquait une amnésie rétroactive, c'est-à-dire effaçait le souvenir des événements précédant immédiatement les décharges, y compris leur application. Ne se rappelant pas exactement ce qui lui était arrivé et qui l'avait provoqué, le patient cessait d'avoir des sentiments négatifs à l'égard des médecins ou de sa propre famille.

Paulo se réveilla en fin d'après-midi la bouche amère. Atteint de la paralysie qui engourdissait souvent la tête et les muscles après des électrochocs, il se leva lentement, comme un petit vieux, et marcha jusqu'aux barreaux de la fenêtre. Il vit qu'il tombait une pluie fine, mais il ne reconnaissait pas sa chambre, où il avait été ramené après la séance. Il tenta de se rappeler ce qu'il y avait au-delà de la porte d'entrée, mais n'y parvint pas. Quand il alla vers elle, il sentit ses jambes flasques et son corps brisé par les chocs. Se déplaçant difficilement, il sortit de la chambre. Dehors, il vit un immense couloir vide et il eut envie de marcher un peu dans ce cimetière de vivants. Le silence était tel qu'on entendait de partout, lui semblait-il, le bruit de ses semelles se traînant dans les couloirs blancs et désinfectés. Quand il fit les premiers pas, il eut la nette impression que les murs se rapprochaient à mesure qu'il avançait, puis il commença à se sentir écrasé, les côtes douloureuses. Les murs étaient si près et l'oppressaient de telle façon qu'il ne pouvait plus marcher. Terrorisé, il tenta de raisonner :

— Si je reste tranquille, il ne m'arrivera rien. Mais, si je marche, je détruirai les murs, ou je serai écrasé.

Que faire ? Rien. Arrêté il était, et arrêté il demeura, sans bouger un muscle. Il resta là, il ne sait pas combien de temps, jusqu'à ce qu'une infirmière le prît par le bras pour le reconduire, lentement, à sa chambre, et le mettre au lit. En se réveillant il aperçut quelqu'un debout à côté de lui, qui apparemment lui parlait dans son sommeil. C'était Luís Carlos, patient de la chambre voisine, un mulâtre maigrichon à l'air de voyou qui avait tellement honte de son bégaiement que, devant des étrangers, il se faisait passer pour muet. Comme tous les autres internés, il assurait ne pas être fou.

— Je suis ici parce que j'ai décidé de prendre ma retraite, chuchotait-il, comme s'il révélait un secret d'État. Je me suis arrangé avec un médecin pour avoir un certificat de maladie mentale, et si je reste ici plus de deux ans, je pourrai prendre ma retraite.

De même que Paulo avait été jeté là par ses parents, chacun de ses camarades d'infortune avait une explication à sa présence à la Maison de Santé Dr Eiras. L'un disait qu'il était là pour échapper à une dette de jeu, un autre avait été interné par son épouse jalouse, un troisième affirmait que sa seule maladie était son goût pour l'eau-de-vie. En réalité, Paulo ne supportait plus d'entendre ces histoires. Lors des visites de ses parents, Paulo s'agenouillait par terre, pleurait et leur demandait les mains jointes de le tirer de là, mais la réponse était toujours la même :

— Attends encore quelques jours, tu vas presque bien, le Dr Benjamin va bientôt te donner ton bulletin de sortie.

Son seul contact avec le monde extérieur, c'étaient les visites de plus en plus rares des amis qui parvenaient à tromper la surveillance. Profitant du va-et-vient à la réception, celui qui avait un peu de patience arrivait à entrer avec ce qu'il voulait. C'est ainsi que, perdu dans un délire de persécution, il obtint qu'un ami fasse entrer clandestinement dans la clinique, caché dans son caleçon, un pistolet automatique calibre 7.65, chargé. À peine le bruit que Paulo se promenait armé dans les couloirs circula-t-il parmi les malades, qu'il s'empressa de glisser le Beretta dans le sac de Renata, qui disparut avec l'arme. C'est elle qui lui rendait visite le plus souvent. Quand elle ne parvenait pas à éviter le contrôle, elle laissait à la réception des petits billets à lui remettre :

[...] Le gros bouffon de l'ascenseur me connaît et aujourd'hui il ne m'a pas laissée monter. J'ai dit au personnel ici que tu t'es disputé avec moi, comme ça cette bande de canailles arrêtera peut-être de t'emmerder.

[...] Je suis triste, pas parce que tu m'as rendue triste, mais parce que je ne sais pas quoi faire pour t'aider.

[...] Le pistolet est bien rangé dans mon armoire. Je ne l'ai montré à personne. Si, je l'ai montré à Antônio Cláudio, mais il est tellement chouette qu'il n'a même pas demandé à qui il était. Mais je l'ai dit.

[...] C'est demain que je vais là-bas remettre cette lettre. Ce sera un jour triste. De ces jours qui nous font mal à l'intérieur. Après je vais rester quinze minutes en bas à regarder vers ta fenêtre pour voir si tu l'as reçue. Si tu n'apparais pas, c'est qu'ils ne t'ont pas remis la lettre.

[...] Patate, j'ai tellement peur que parfois j'ai envie d'aller parler à ta mère ou au Dr Benjamin. Mais cela n'avancerait à rien. Alors essaie de tenir bon là-bas. Tiens vraiment. J'ai eu une idée formidable : quand tu sortiras, on prend un cargo et on va au Portugal, vivre à Porto, c'est pas génial ?

[...] Tu sais, j'ai acheté un paquet de Continental, comme ça j'ai un peu de ton petit goût dans la bouche.

Le jour de son anniversaire, ce fut Renata qui apparut avec un paquet de billets et de lettres recueillis parmi les amis avec des messages optimistes et encourageants, tous espérant ardemment que Batatinha remonterait bientôt sur

Renata Sorrah.

les planches. Au milieu de ce tas de papiers pleins de baisers et de promesses de visites, un message l'excita particulièrement. C'était un petit mot de trois lignes de Jean Arlin : « Petite Patate mon ami, notre *Juventude sem Tempo* sera jouée le 12 septembre ici à Rio. Nous comptons sur la présence de l'auteur. » L'idée de s'enfuir ressurgit, plus forte encore, quand il comprit que, cheveux coupés, il était devenu méconnaissable, même pour son camarade de chambre. Il passa deux jours assis sur une chaise dans le couloir, faisant semblant de lire un livre, mais en réalité, contrôlant du coin de l'œil le mouvement de l'ascenseur – seule solution, non seulement pour fuir, mais même pour circuler à l'intérieur du bâtiment, car l'escalier était fermé par des grilles de fer. En embuscade, il acquit une certitude : la période la plus agitée était le dimanche, entre midi et une heure de l'après-midi, quand les médecins, infirmiers et fonctionnaires changeaient d'équipes et jouaient des coudes avec des centaines de visiteurs qui entraient et sortaient de l'ascenseur bourré.

En pantoufles et pyjama, les risques d'être rattrapé étaient énormes. Mais habillé en « vêtements de rue » et en chaussures, il était possible de s'infiltrer sans être remarqué dans la foule qui se bousculait pour ne pas rater l'ascenseur et quitter le complexe de bâtiments. Toujours protégé par le livre ouvert devant ses yeux, Paulo refit des dizaines, des centaines de fois le trajet de sa fuite. Il considéra tous les obstacles et imprévus qui pourraient surgir et il conclut que les chances de s'échapper étaient très grandes. Mais il fallait que ce soit tout de suite, avant que les gens se soient habitués à sa nouvelle physionomie, sans l'ancienne crinière bouclée qui lui tombait sur les épaules.

Il ne fit part de son plan qu'à deux personnes : Renata et Luís Carlos, le faux muet, son voisin de chambre. Non seulement sa petite amie l'encouragea, mais elle lui donna 30 000 cruzeiros pris sur ses économies, pour le cas où il devrait graisser la patte de quelqu'un dans sa fuite. Et Luís

Carlos s'échauffa tellement à cette idée qu'il décida de partir avec lui, car « il en avait marre » du marasme de la maison de santé. Paulo lui demanda si cela signifiait qu'il renonçait au projet de prendre sa retraite comme fou, mais le camarade répondit, en bégayant, comme toujours :

— Fuir fait partie de la maladie. Tous les dingues s'enfuient au moins une fois. J'ai déjà fui, après je reviens ici.

Enfin arriva le dimanche tant attendu, le 4 septembre 1966. Dûment parés de « vêtements de gens normaux », les deux camarades vécurent des instants qui paraissaient interminables, tandis que l'ascenseur descendait, s'arrêtant à tous les étages. Tout le temps la tête baissée, ils redoutaient qu'à un étage n'entre un médecin ou un infirmier connu. Ce fut un soulagement quand ils arrivèrent au rez-de-chaussée et marchèrent jusqu'au portail – comme Paulo l'avait calculé des centaines de fois, ni trop vite, ce qui aurait éveillé des soupçons, ni trop lentement, ce qui aurait permis à quelqu'un de les reconnaître. Tout se passa exactement comme prévu. Comme ils n'avaient eu à soudoyer personne, l'argent leur permettrait de subvenir à leurs besoins quelques jours.

Toujours en compagnie de Luís Carlos, Paulo se rendit à la gare routière et acheta deux tickets d'autocar pour Mangaratiba, une petite ville du littoral à une centaine de kilomètres au sud de Rio de Janeiro. Le soleil commençait à se coucher quand ils négocièrent tous les deux avec un batelier pour qu'il les transporte jusqu'à une petite île à une demi-heure du continent. Tellement petite que le quartier d'Ipanema n'y aurait pas tenu entier, l'île de Guaíba était un paradis qui vivait ses dernières années protégé de la main humaine – avant que Paulo ne devienne adulte, elle serait transformée en un énorme terminal d'exportation de minerai de fer. À une de ses pointes, sur la plage de Tapera, se trouvait une maison qui appartenait à Heloísa Araripe, la « tante Helói », sœur de sa mère – et ce n'est qu'en arrivant là, traînant toujours le faux muet, qu'il se considéra à l'abri de la maudite clinique, des médecins et des infirmiers.

L'endroit semblait idéal comme refuge, mais quelques heures après y être arrivés, ils constatèrent qu'ils ne pourraient pas rester là très longtemps, du moins dans ces conditions. Rarement utilisée par la tante Helói, la maison n'avait absolument rien, à part un filtre en terre à demi rempli d'eau – et encore d'une très suspecte coloration verdâtre. Vu que le métayer, un paysan qui vivait dans une cabane à quelques mètres de la maison, n'avait manifesté aucun intérêt à partager son dîner, lorsqu'ils eurent faim, il ne leur resta qu'à s'attaquer à un bananier du jardin pour faire taire leur estomac. En se réveillant le lendemain, bras et jambes couverts de piqûres de moustiques, ils durent aller chercher sur le même bananier le petit déjeuner, puis le déjeuner, et encore en fin de journée le dîner. Le deuxième jour, le muet suggéra qu'ils tentent un autre régime, qu'ils aillent pêcher un poisson, mais l'idée tomba à l'eau quand ils découvrirent que le fourneau de la maison n'avait pas de gaz et, dans la cuisine, il n'y avait pas de couverts, pas d'huile, pas de sel, rien. Le mardi, trois jours après leur arrivée, ils passèrent tous les deux des heures dans le magasin au bord de la mer à attendre le premier batelier qui les ramènerait sur le continent. Quand l'autocar de Mangaratiba les laissa à la gare routière de Rio, Paulo fit savoir à son compagnon de fuite qu'il allait passer quelques jours caché jusqu'à ce qu'il ait décidé quoi faire de sa vie. Luís Carlos pensait lui aussi que l'aventure avait assez duré et il décida de retourner à la Maison de Santé Dr Eiras.

Ils se séparèrent au milieu des éclats de rire, souhaitant tous les deux se retrouver un jour. Le fils du Dr Pedro prit un autobus et frappa à la porte de Joel Macedo, à qui il avait l'intention de demander l'hospitalité jusqu'à ce qu'il ait recouvré ses esprits. L'ami le reçut très gentiment, mais il craignait que sa maison ne soit pas une bonne cachette, car Lygia et Pedro savaient que c'était là qu'il venait dormir les nuits où il rentrait tard. Et, s'il devait sortir de Rio, l'idéal était une autre maison – celle que son père venait de construire dans un condominium de Cabo Frio, à quarante kilomètres d'Araruama. Avant qu'ils prennent la route, il exigea de Paulo une mesure prophylactique – qu'il prenne un bon bain et se change – faute de quoi il ne pourrait pas voyager en compagnie de l'ami qui entamait son quatrième jour sans s'être lavé. Quelques heures plus tard ils prenaient la route dans la camionnette DKW-Vemag de Joel – conduite par son propriétaire, Paulo n'ayant jamais osé remettre les mains sur le volant d'une voiture après le traumatisme de l'accident. Les amis passèrent leurs journées à boire de la bière dans le quartier d'Ogiva, marcher sur la plage des Conchas, et lire les pièces de théâtre de Maxime Gorki et Nicolas Gogol, la nouvelle passion de Joel. Quand fut parti le dernier sou de l'argent que Renata lui avait donné, Paulo pensa qu'il était temps de rentrer. Cela faisait une semaine qu'il s'était enfui et cela n'avait plus de sens de déambuler sans but. Il alla dans une cabine téléphonique et appela en PCV chez lui. Quand il entendit sa voix à l'autre bout de la ligne, son père ne lui parut pas fâché, mais sincèrement préoccupé de sa santé et de son état physique et mental. Sachant que son fils était à Cabo Frio, Pedro proposa, subitement gentil, d'aller le chercher en voiture, mais Paulo préféra rentrer avec Joel.

Après avoir passé une semaine à chercher désespérément leur fils dans les morgues et les commissariats de police, Lygia et Pedro se comportaient de façon méconnaissable. Ils avaient accepté qu'il ne retourne pas à la clinique et, délicats et gentils, se disaient intéressés par son travail au théâtre et semblaient avoir suspendu définitivement l'heure limite du retour à la maison. Paulo voyait cette libéralité avec méfiance.

— Au bout d'une semaine de panique, sans nouvelles de moi, dira-t-il plus tard, ils auraient accepté n'importe quelle condition, alors je me suis arrangé pour en profiter.

Ses cheveux et une parodie de barbe poussaient sans que personne ne l'ennuie et le peu de temps que lui laissaient ses activités était consacré aux filles. En plus de Renata et de Fabíola (Márcia était un peu à l'écart), il était maintenant sous le charme de Genivelda, une Nordestine plutôt laide aux jambes fines mais d'une intelligence brillante. Geni, comme elle préférait qu'on l'appelât, ne s'habillait pas bien, n'habitait pas la zone Sud et n'étudiait pas à la PUC ou dans des collèges chics, mais comme elle semblait tout savoir, elle avait une place réservée dans les cercles du Paissandu.

Son succès grandissant auprès des femmes n'était pas dû à une intervention chirurgicale, comme dans le cas de Fabíola, mais à un changement dans les mœurs qui commençait à arriver au Brésil. La révolution de ce qu'on appelait la « contre-culture » qui stupéfiait le monde transformait les modèles non seulement politiques et comportementaux, mais aussi esthétiques. Ainsi, des hommes que l'on pouvait jusque-là trouver laids, comme le rocker Frank Zappa ou, au Brésil, le musicien Caetano Veloso, étaient devenus soudainement des modèles de cette beauté moderne. Selon le nouveau critère de beauté, l'homme viril, sain et rasé de près était remplacé par le garçon échevelé, déguenillé et d'apparence fragile. Un publicitaire dirait que c'était John Wayne laissant place à Woody Allen comme objet du désir des femmes. Bénéficiant de cette nouvelle tendance, le seul problème de Paulo consistait à trouver un endroit pour faire l'amour. Avide de récupérer le temps perdu, en plus de ses petites amies régulières, il faisait aussi la conquête des femmes de passage qui croisaient sa route par hasard, pour leur plaisir ou par profession. À une époque où les motels n'existaient pas et où le moralisme exigeait que les couples qui s'inscrivaient dans les hôtels présentent un certificat de mariage, il restait peu de solutions pour les jeunes qui, comme lui, ne disposaient pas d'une garçonnière. Il n'avait pas de quoi se plaindre, car, outre la mansuétude de la mère et de la grand-mère de Fabíola, qui fermaient les yeux et les oreilles sur ce qui se passait dans l'atelier tapissé de journaux, il comptait encore sur la collaboration de l'oncle José, à Araruama, dont les portes étaient toujours ouvertes, quelle que soit la compagnie que Paulo amenait le week-end ou les jours fériés.

Tout de même, quand se présentait une conquête inattendue, il réglait le problème comme il pouvait. Une fois il passa des heures en préliminaires amoureux avec une jeune candidate actrice sur un pédalo sur la lagune Rodrigo Freitas. Après une virée dans les boîtes et déjà un peu endormis – par l'alcool, car aucun des deux ne consommait aucune sorte de drogue –, Paulo et la fille passèrent le reste de la nuit à faire l'amour dans la maison où elle habitait avec une grand-tante. Comme l'appartement était un studio, ils s'amusèrent en baisant devant les yeux ébahis de la vieille dame, sourde, muette, et sénile – expérience qui, d'ailleurs, se répéterait quelques fois. À une autre occasion, il avoua à son journal qu'il avait eu un rapport sexuel dans des circonstances encore plus insolites :

J'ai invité Maria Lúcia à faire un tour sur la plage avec moi, après nous sommes allés discuter dans le cimetière. C'est pour ça que j'écris aujourd'hui : pour me rappeler, plus tard, que j'ai eu une maîtresse d'un jour. Une fille complètement dépourvue de préjugés, favorable à l'amour libre le plus radical, une fille qui est femme. Elle a dit que mon physique révélait, avant toute chose, que j'étais chaud au lit. Et tous les deux, interrompus de temps à autre par la fatigue, ou par un enterrement qui passait, on s'est aimés toute la soirée.

Quelques semaines après sa fuite de la clinique, ces problèmes devaient prendre fin. Grâce à l'intervention de son grand-père maternel, Paulo obtint l'autorisation de ses parents pour faire une expérience : habiter seul quelque temps. La nouvelle maison fut offerte par Maître Tuca en personne : un petit appartement qu'il conservait dans l'édifice Marquês de Herval, avenue Rio-Branco, en plein centre de Rio. À quelques blocs de la zone des bas-fonds et de prostitution de la ville, l'endroit n'aurait pu être pire. Dans la journée, la région était un bruyant tumulte de camelots, petits commerçants, vendeurs de billets de loterie et mendiants, avec des autobus et des voitures circulant dans tous les sens. À partir de 7 heures du soir c'était comme si on avait changé les décors d'une pièce. Les couleurs de la journée laissaient place aux ombres et les personnages du jour étaient remplacés par des prostituées, des voyous, des travestis, des proxénètes et des trafiquants. Rien dans les alentours ne rappelait le monde d'où venait Paulo, mais cela n'avait pas d'importance, c'était chez lui, là, c'était lui qui commandait et personne d'autre. En outre, il avait découvert que l'immeuble avait des ondes très positives. À cet endroit avait fonctionné, dans les années 1920, le célèbre Palace Hotel, *rendez-vous* de très jolies Françaises, auprès desquelles deux jeunes garçons se taillaient un beau succès : son grand-père, Maître Tuca, et un ancien camarade d'école, le compositeur Bororó, auteur de la célèbre chanson *Da Cor do Pecado*.

Dès qu'il alla trouver les amis du Grupo Destaque, Paulo apprit que la production de *Juventude sem Tempo* à Rio avait été annulée faute de moyens. Une partie de la troupe qui avait fait *Pinocchio* et *A Guerra dos Lanches* était maintenant engagée dans une nouvelle aventure, à laquelle il fut immédiatement intégré : la mise en scène d'une pièce de théâtre pour adultes. Sous la bannière du Théâtre universitaire national, cela faisait des semaines qu'ils répétaient une adaptation de *Capitães da Areia* (*Capitaines des Sables*), œuvre célèbre et polémique écrite trente ans auparavant par Jorge Amado. Blond aux yeux bleus, bronzé, le metteur en scène et auteur de l'adaptation ressemblait à ces surfeurs qui passaient la journée à prendre les vagues à l'Arpoador. À 15 ans, le précoce Francis Palmeira avait déjà eu une pièce, *Ato Institucional,* interdite par la censure. C'était tellement stimulant de voir cette bande de jeunes gens faire du théâtre de grands que Jorge Amado – auteur mondialement célébré et membre de l'Académie brésilienne des Lettres – non seulement autorisa l'adaptation mais écrivit un texte sympathique pour le programme de la pièce :

J'ai confié aux étudiants l'adaptation au théâtre de mon roman Capitães da Areia *et je l'ai fait avec joie et confiance : les étudiants sont aujourd'hui à l'avant-garde de tout ce qui se fait de bien au Brésil. Ils luttent sans relâche pour la démocratie, pour les droits de l'homme, pour le progrès, pour que progresse le peuple brésilien, contre la dictature et l'oppression. Dans le roman sur lequel ils se sont basés pour leur pièce de théâtre, j'ai moi aussi transmis une parole de foi dans le peuple brésilien et de protestation contre toutes les formes d'injustice et d'oppression. La première édition des* Capitães da Areia *a été publiée une semaine avant la proclamation de l'« Estado Novo », une dictature cruelle et obscurantiste – qui a saisi l'édition et interdit le livre. Ce roman a été une arme de lutte. Aujourd'hui il acquiert une nouvelle dimension : la scène, qui rend immédiat le contact avec le public. Je ne peux que souhaiter aux étudiants du Théâtre universitaire national le plus grand succès, certain qu'ils sont encore une fois au service de la démocratie et du Brésil.*

Il était évident que cela allait poser des problèmes. Le premier, ce fut avec le juge des mineurs, qui menaça d'interdire les répétitions tant qu'ils ne produiraient pas une autorisation des parents pour tous ceux qui avaient moins de 18 ans, à commencer par le directeur du spectacle. Quelques jours avant la première, les répétitions furent interrompues par la présence du commissaire Edgar

Façanha, chef de la Censure à Rio de Janeiro, accompagné d'un agent du Service national d'Informations, le SNI, venu chercher le certificat de libération, sans lequel la pièce ne pourrait être présentée. Comme il n'y avait aucun certificat, dans l'altercation qui s'ensuivit, les policiers finirent par arrêter un des acteurs, Fernando Resky, et ils se retirèrent avec un avertissement : s'ils voulaient vraiment que la pièce soit jouée à la date prévue, le 15 octobre 1966, ils devaient se débrouiller pour leur apporter au plus vite une copie du texte qui serait soumis au crible officiel. Quelques jours plus tard, *Capitães da Areia* serait libérée avec des suppressions révélatrices de l'obscurantisme qui étouffait de plus en plus le pays sous le régime militaire. Avaient été interdits les mots « camarade », « dialogue », « révolution » et « liberté », et coupée une phrase entière : « Tous les foyers lui seraient ouverts, parce que la révolution est une patrie et une famille pour tous. »

Les difficultés pour arriver jusqu'aux représentations avaient été telles que le groupe préféra supporter les coupures sans protester ni tenter de remanier le texte. Bien que perdu parmi les trente acteurs et actrices qui foulaient la scène au cours du spectacle, Paulo jouait un personnage qui se détachait raisonnablement. Il était Almiro, homosexuel, amant de Barandão, qui mourait de la variole – ou de la « petite vérole », comme on disait à l'époque – à la fin de la pièce. Jorge Amado avait promis d'être présent à l'avant-première, mais comme il était à Lisbonne pour le lancement de son dernier succès, le roman *Dona Flor e seus Dois Maridos* (*Dona Flor et ses deux maris*), il se fit représenter par « Volta Seca », un des enfants des rues de Salvador dont il s'était inspiré pour créer les personnages-titre de la pièce. Les journaux de Rio avaient annoncé l'attaque de la censure contre *Capitães da Areia*, ce qui eut un tel effet d'attraction que les quatre cents places du théâtre Serrador, dans le centre de Rio, ne suffirent pas à accueillir tout le public le soir de la première. Sur la liste de ses invi-

Le monde fascinant du théâtre s'ouvre pour Paulo tandis que ses résultats scolaires chutent de plus en plus.

tés personnels Paulo nota seulement deux absences : Renata et le Dr Benjamin.

À partir du deuxième internement Paulo allait avoir avec le psychiatre une relation curieuse. Ce n'était pas uniquement de l'affection. Malgré tout ce que Paulo avait subi à la clinique, la proximité du médecin ou son opinion au sujet de ses doutes lui apportèrent une assurance qu'il n'avait pas auparavant. À l'époque ce type de comportement était considéré comme un des effets secondaires de cette amnésie rétroactive. Bien des années plus tard, cependant, Paulo lui-même diagnostiquerait cela comme un « syndrome de Stockholm » : une soudaine et inexplicable dépendance affective des otages envers leurs ravisseurs, de personnes privées de liberté envers ceux qui les détiennent et, dans son cas, de patients en psychiatrie à l'égard des responsables de leur internement.

— J'ai établi avec le Dr Benjamin la même relation que l'otage avec son ravisseur, dira l'écrivain mûr au cours d'une interview. Même après être sorti de la clinique, dans les grandes crises de ma jeunesse, quand j'avais des problèmes avec mes petites amies, j'allais là-bas parler avec lui.

Capitães da Areia allait rester à l'affiche pendant deux mois. Si la pièce n'eut pas un succès retentissant, elle eut un public suffisant pour que les dépenses soient couvertes, et il resta encore une petite somme à partager entre les artistes et techniciens, sans parler des éloges qu'elle reçut de critiques respectés, comme Walmir Ayala, du *Jornal do Brasil,* et Van Jafa (pseudonyme du Bahianais José Augusto Faria do Amaral), du *Correio da Manhã.* « Un spectacle de premier ordre », et « excellente surprise » étaient des références courantes à la pièce. Passée l'euphorie du montage, Paulo allait retomber dans la dépression. Il se sentait vide, perdu, et il lui arrivait souvent de détruire à coups de pied tout ce qu'il trouvait devant lui dans le petit appartement du grand-père. Seul dans cet environnement étranger et hostile, sans personne pour l'aider dans les heures de mélancolie ni avec qui partager les rares moments de joie, il sombrait souvent dans le désespoir. Quand ces crises venaient, le journal grossissait à vue d'œil. Une fois, il passa la nuit à remplir des pages et des pages dactylographiées sans interligne, auxquelles il donna le nom de « Confidences d'un Écrivain » :

[...] Soudain ma vie s'est transformée. Je me suis jeté dans ce qui au Brésil ressemble le plus à un trou : la ville, le centre commercial de Rio. Personne la nuit. Le jour, des milliers de personnes lointaines. Et la solitude qui se matérialise tellement que je la sens maintenant comme quelque chose de vivant et de dur, qui remplit tous les coins et tous les chemins. Moi, Paulo Coelho, 19 ans, j'ai les mains vides.

La proximité avec la zone de la prostitution finit par faire de lui un client régulier des maisons de tolérance qui s'alignaient, l'une derrière l'autre, du fond de Lapa jusqu'au Mangue. Peu importait que ces femmes n'aient pas l'élégance des filles qui l'excitaient dans la zone Sud, ni aucune ressemblance physique avec elles. Avec les prostituées, il pouvait parler de n'importe quel sujet, sans aucune censure, et réaliser tous ses fantasmes secrets sans scandaliser personne. Même quand ces fantasmes signifiaient ne rien faire du tout, comme dans l'expérience pathétique qu'il enregistra par écrit :

Hier je suis allé avec la femme la plus vieille de la zone – et la plus vieille avec qui j'aie couché de toute ma vie (je n'ai pas baisé, j'ai payé seulement pour regarder). Le sein ressemblait à un sac vide et elle était devant moi, nue, se passant la main sur la chatte. Je la regardais sans comprendre pourquoi elle m'inspirait pitié et respect en même temps. Elle était pure, extrêmement tendre et professionnelle, mais c'était une femme très vieille, personne ne peut imaginer son âge. Peut-être 70 ans. Française, elle avait le journal France Soir *jeté par terre. Elle m'a traité avec le plus grand soin. Elle travaille de 18 à 23 heures, après elle prend un autobus, rentre chez elle, et là où elle habite c'est une petite vieille respectable. Ne le dites à personne, mon Dieu ! Je ne peux pas penser à elle nue parce que cela me fait trembler et provoque chez moi un très grand mélange de sentiments. Cette petite vieille ne me sortira jamais de la tête. Très étrange.*

Si quelquefois il payait sans avoir de rapport sexuel, il lui arrivait aussi de faire l'amour sans payer, ou presque («... hier, j'étais inspiré et j'ai réussi à me faire une prostituée sans rien payer – à la fin elle a emporté un pull que j'avais volé à un ami »). De même qu'elle permettait des relations platoniques, la zone pouvait éveiller des passions dévastatrices, dignes des tangos et des boléros. Paulo n'allait pas échapper à ce destin. Des semaines de suite, il consacra toutes les pages de son journal à un amour hallucinant pour une jeune prostituée. Un jour, la femme disparut avec un autre client, sans laisser de nouvelles, et il fut de nouveau perturbé. Il avait beau être adulte, seule l'innocence d'un enfant envers les choses de l'amour aurait pu justifier sa crise de jalousie pour avoir été trahi par une prostituée. « Faites bien attention ! J'ai eu envie de pleurer comme je n'avais jamais pleuré, parce que dans cette femme résidait tout mon être », se lamenta-t-il, mélancolique. « Avec sa chair, je pouvais tenir la solitude un peu à distance. » Quand il entendit que la bien-aimée était revenue et qu'elle révélait ses secrets intimes dans le quartier, il s'effondra :

J'ai su qu'elle me diffamait, racontant des choses que mon immense amour m'avait conduit à faire. Plus jamais elle n'a prononcé un mot gentil me concernant. J'ai découvert que pour elle j'étais un zéro absolu, un port détruit. Je vais citer le nom de la femme à qui j'ai livré ce qu'il y avait de pur dans mon être putréfié : Tereza Cristina de Melo.

Le jour et la nuit faisaient, à ce stade de sa vie, une grande différence pour Paulo. La journée, il continuait à mener une vie de rêve : petites amies, répétitions, groupes d'études, débats sur le cinéma et l'existentialisme. Bien qu'il ait à peine mis les pieds dans le nouveau collège, il avait réussi son année, ce qui le mettait à un pas de l'examen d'entrée à l'université, qui décidément ne serait pas d'ingénierie, comme le désirait le Dr Pedro. Les rares fois où il apparaissait dans la maison familiale – en général pour se raccrocher à une bouée ou demander de l'argent –, il inventait des mensonges pour choquer ses parents, disant qu'il était allé dans les endroits les plus extravagants de Rio. « Je lisais dans les journaux des informations sur les lieux fréquentés par la jeunesse libre et je prétendais que j'y étais allé, rien que pour scandaliser mon père et ma mère. » Où qu'il aille, il portait sur le dos la guitare dont il ne jouait presque jamais, seulement « pour impressionner les filles ». Majeur, il s'amusait des semonces du juge des mineurs qui donnait la chasse aux adolescents consommateurs de boissons alcoolisées.

Avec l'arrivée de la nuit, toutefois, les crises de mélancolie et de solitude revenaient impitoyablement. Il vint un moment où il ne supportait plus. Cela faisait trois mois qu'il résistait à un cauchemar constant, nuit après nuit, et il sentit qu'il lui faudrait retourner en arrière. Il emballa toutes ses affaires et, morose et humilié, demanda à ses parents de le recevoir dans cette maison où il avait imaginé qu'il ne retournerait jamais vivre.

9

L'échappée belle

L'aisance avec laquelle Paulo circulait entre des femmes de tous les niveaux, des prostituées du Mangue aux poulettes élégantes du Paissandu, transmettait à tout le monde l'impression qu'il était un homme à la sexualité bien arrêtée. Mais il ne s'agissait que d'une impression. La fréquentation de l'univers du théâtre, où l'homosexualité s'affichait sans aucune répression, avait éveillé en lui un doute si secret que, même à son journal, il ne l'avait pas révélé : et s'il avait vraiment des « problèmes sexuels », comme sa mère l'avait soupçonné en le faisant interner pour la première fois ? Ou, pour être plus clair : et s'il était homosexuel ? Bien qu'il fût sur le point d'avoir 20 ans, c'était encore une zone sombre et mystérieuse pour Paulo. Contrairement à ce qui arrivait le plus souvent parmi les jeunes Brésiliens de l'époque, il avait connu l'initiation sexuelle avec la précoce et expérimentée Madá, et pas en faisant un « échange » – ou, comme on disait dans le Rio d'alors, en « tricotant une chaussette » – avec un ami. Il n'avait jamais ressenti le désir d'une intimité physique avec un homme, et il n'était même pas arrivé à fantasmer des expériences de ce genre. Plusieurs fois, cependant, en voyant des groupes d'amis homosexuels converser, dans les intervalles entre les répétitions, il se surprenait à faire des investigations silencieuses et perturbantes :

— Et s'ils avaient raison ? Et si leur choix sexuel était meilleur que le mien ?

La vie lui avait appris qu'il valait mieux être le premier à sauter dans la rivière glacée que de souffrir dans la file jusqu'à ce que vienne son heure. Au lieu de se martyriser avec des doutes interminables, il savait qu'il n'y avait qu'une manière de résoudre le problème : expérimenter. Lisant dans un texte de Karl Marx quelque chose qui ressemblait à « la pratique est déterminante », il interpréta la phrase comme une nouvelle stimulation pour la décision qu'il avait prise. Un soir, alors qu'il habitait encore dans l'appartement du grand-père au centre-ville, il s'arma de courage et décida de tirer la question au clair. Il circula plusieurs heures dans des boîtes gays dans le lourd *bas-fond* des galeries Alaska et Menescal, à Copacabana, puis, gonflé à bloc par quelques whiskys, il décida de passer à l'attaque. Au comptoir d'une petite boîte, il s'approcha d'un garçon de son âge – un professionnel, qui était là pour avoir des rapports sexuels pour l'argent – et il alla droit au but :

— Eh, ça va ? J'ai envie de coucher avec toi, tu veux ?

Paulo était préparé à tout, mais pas à la réponse qu'il entendit :

— Non, je ne veux pas coucher avec toi.

La surprise n'aurait pas été plus grande s'il avait reçu un coup de poing. Comment non ? Mais il payait ! Le sujet lui tourna le dos et le laissa son verre à la main. Quand il tenta de nouveau dans une autre boîte, et devant le second refus, il mit fin à son expérience homosexuelle courte et frustrée. Quelques semaines plus tard, plongé dans une activité professionnelle fébrile, il paraissait avoir oublié.

Si la carrière de l'écrivain Paulo Coelho demeurait un échec retentissant, on ne pouvait en affirmer autant du dramaturge. Sa première aventure en solo dans le monde des arts de la scène, toujours dans le théâtre pour enfants, fut une production du *Magicien d'Oz*. Non seulement il se chargea de l'adaptation du texte de Lyman Frank Baum, mais il dirigea la pièce et se donna le rôle du Lion. Sans ressources pour de riches costumes, à l'heure du spectacle, il se peignait simplement des moustaches sur le visage, s'attachait deux oreilles en tissu sur la tête, et la queue était une corde cousue sur son pantalon, dont il entortillait le bout sur son index pendant tout le spectacle. De la version originale, il n'avait pratiquement gardé que la chanson *Over the Rainbow*. Le restant de la bande-son fut composé par Antônio Carlos Dias, dit Kakiko, musicien et acteur avec qui Paulo avait partagé une loge pendant la saison de *Capitães da Areia*. À la surprise de tous, non seulement *Le Magicien d'Oz* permit de couvrir les frais de la production et de payer les salaires des acteurs et techniciens, mais il fit des bénéfices – un argent que Paulo garderait avec avarice pour un nouveau spectacle. Si avoir son nom imprimé en toutes lettres dans les pages spectacles des journaux était d'une certaine façon synonyme de succès, il n'avait pas à se plaindre : en un seul jour de 1967, son nom se trouvait dans trois endroits différents des cahiers culturels de la presse carioca. Au Teatro de Arena, il était l'auteur et le metteur en scène d'*O Tesouro do Capitão Berengundo* ; au Santa Terezinha, était à l'affiche une adaptation de lui, *Aladim e a Lâmpada Maravilhosa* ; et au théâtre Carioca il apparaissait comme acteur dans *A Onça de Asas*, de Walmir Ayala.

Les pièces pour enfants rapportaient bien un peu d'argent, mais seul le théâtre adulte lui permettrait d'atteindre la célébrité et le prestige qu'il cherchait. Les retombées de *Capitães da Areia* l'avaient montré clairement. Au mois de mars, on l'invita à intervenir dans une grosse production : *L'Opéra de Quat'sous*, de Bertolt Brecht et Kurt Weill, dont la traduction avait été commandée à l'académicien Raimundo Magalhães Júnior, et qui serait mise en scène par José Renato. Le spectacle avait eu un grand succès à São Paulo avec une troupe de comédiens célèbres comme Leilah Assumpção, Maria Alice Vergueiro, Ruth Escobar et Sílvio de Abreu. Composée également de stars, la troupe de

À la première de *Capitães da Areia* au Théâtre Serrador : les problèmes de censure et les éloges de Jorge Amado.

Rio n'était pas en reste, formée, entre autres, par Dulcina de Moraes, Fregolente, Marília Pêra, Francisco Milani, José Wilker, Denoy de Oliveira et, dans le rôle du révérend Kinball, le vieux Bororó, ex-compagnon d'orgies du grand-père Maître Tuca. La chorégraphie avait été confiée au danseur consacré Klauss Vianna et la pièce inaugurerait le théâtre de la Sala Cecília Meireles, à Lapa. Paulo jouait le rôle d'un mendiant aveugle, un rôle peu important, mais son nom serait imprimé sur le programme à côté de tous ces cracks. Après plusieurs semaines de répétitions, ils étaient tous prêts pour la première. Quelques jours plus tôt, la compagnie fut invitée à jouer une scène de la pièce en direct, dans les studios de la TV Rio, la plus importante de la ville. À l'heure de la présentation, on constata l'absence de l'acteur Oswaldo Loureiro, qui devait chanter la chanson-thème. Et comme Paulo était le seul du groupe qui savait par cœur le texte de « Mack the Knife », c'est lui qui fut le plus remarqué dans l'émission télévisée. Le succès raisonnable de *L'Opéra de Quat'sous* le fixa encore plus dans sa nouvelle profession.

Il était déjà de nouveau installé chez ses parents et la pièce était toujours à l'affiche quand le démon de l'homosexualité décida de le tenter encore. Cette fois, l'initiative ne vint pas de lui, mais d'un acteur d'une trentaine d'années, qui travaillait aussi dans la pièce. En réalité, ils n'avaient échangé que quelques mots et quelques regards, mais un soir, après le spectacle, l'autre l'aborda sans détour :

— Tu veux venir dormir avec moi ?

Nerveux et surpris par cet appel inattendu, Paulo répondit ce qui lui vint :

— Oui, je veux bien.

Ils passèrent la nuit ensemble. Bien qu'il se rappelât, longtemps après, avoir ressenti une certaine abjection en se voyant échanger des caresses avec un homme, il fit l'amour avec lui, le pénétrant et se laissant pénétrer. Paulo rentrerait chez lui le lendemain encore plus confus qu'avant. Il n'avait ressenti aucun plaisir et il ne savait toujours pas s'il était ou non homosexuel. Des mois plus tard il reviendrait à la charge et choisirait de nouveau parmi ses camarades de scène un compagnon d'expérimentation. Chez celui-ci, un petit studio à Copacabana, il sentit une gêne énorme quand son partenaire lui proposa qu'ils prennent un bain ensemble. Le malaise se poursuivit jusque dans la nuit. Le soleil commençait à entrer dans le petit appartement quand finalement ils arrivèrent à faire l'amour – et Paulo Coelho fut convaincu, une fois pour toutes, qu'il n'était pas homosexuel.

Pour quelqu'un qui avait tellement de doutes sur sa sexualité, il avait toujours un succès surprenant auprès des femmes. Il avait renoncé à Márcia, avait mis fin à l'aventure avec Renata et poursuivait son mariage informel avec Fabíola, qui paraissait plus belle de jour en jour. Mais, bigame précoce, il s'était épris de Genivalda, la fille du Sergipe, la laide et brillante Geni qui enivrait les oreilles de l'*intelligentsia* du Paissandu et du Zeppelin. Après des semaines de siège quotidien et infructueux, il avait enfin réussi à l'emmener pour un week-end chez l'oncle José, à Araruama. Leur première nuit ensemble, quelle ne fut sa surprise quand il entendit Geni, cette femme d'expérience, à l'air tellement mûr qu'elle semblait tout savoir, lui demander dans un murmure d'aller doucement, parce que ce serait le premier rapport sexuel de sa vie. Faute d'un endroit adéquat pour qu'ils se rencontrent, les premiers mois de la lune de miel furent inconfortables, mais fertiles : début juin, Geni téléphona pour lui faire savoir qu'elle était enceinte de lui. Immédiatement Paulo décida qu'il voulait avoir l'enfant, mais il n'eut même pas le temps de le dire, parce qu'elle lui annonça qu'elle allait avorter. Il proposa un rendez-vous pour qu'ils puissent parler, mais Geni fut intraitable : elle était déterminée et voulait mettre fin à leur histoire d'amour. Elle raccrocha et disparut comme si elle n'avait jamais existé.

Peu à peu Paulo entra de nouveau en crise. Nerveux à cause de la nouvelle de la grossesse et de la disparition soudaine de Geni, il se mit à la chercher dans tous les coins jusqu'à ce qu'il apprît que sa petite amie était retournée dans sa ville natale, Aracaju, où elle avait l'intention d'avorter. Désireux de la faire changer d'avis, mais n'ayant aucun moyen de la localiser à deux mille kilomètres ou presque de distance, il retomba dans des crises de dépression, séparées par de brèves manifestations d'euphorie. Et c'était cela que reflétaient des pages et des pages du journal écrites les nuits d'insomnie :

Je respire la solitude, je suis habillé de solitude, je défèque la solitude. C'est la merde. Je ne me suis jamais senti aussi seul. Même dans les longues journées amères de mon adolescence abandonnée. D'ailleurs, la solitude pour moi n'est pas une nouveauté. Seulement j'en ai assez. Je ferai bientôt une folie qui terrorisera le monde.

Je veux écrire. Mais pourquoi ? Pour qui ? Seul, les problèmes existentiels occupent mon cerveau, et de cet intense brouhaha, je ne distingue qu'une chose : l'envie de mourir.

La veine dramatique dont il usait pour raconter ses misères apparaissait aussi dans les bouffées de joie. Rares et peu durables, les moments d'optimisme étaient enregistrés absolument sans aucune modestie.

L'heure de mon enfantement est arrivée, déjà chantée dans une poésie que j'ai faite à la Maison de Santé. Ce matin, avec la lumière, je nais. L'heure est arrivée de montrer au monde qui je suis.

Jusqu'au milieu de l'année 1967, le monde ne savait pas encore qui était Paulo Coelho, mais courait le risque de le perdre, à en juger par la fréquence de ses accès dépressifs et par l'insistance avec laquelle il parlait de mort et de suicide. Fin juin, après avoir enduré une autre nuit d'insomnie, il eut une impulsion soudaine. Il rangea le journal dans le tiroir, donna deux tours de clé dans la porte, s'assura qu'elle était bien fermée et se mit à tout casser. Il commença par la guitare, brisée en mille morceaux sur la petite table de travail dans un fracas qui ressemblait à l'explosion d'une bombe. Les voisins qui à cette heure-là, vers 6 heures du matin, ne s'étaient pas encore levés pour un nouveau jeudi de travail, allaient se réveiller effrayés par ce vacarme chez les Coelho. Avec les débris de la guitare, il fit éclater l'électrophone portatif en plastique rouge, la radio à ondes courtes, et détruisit tout ce qu'il trouvait devant lui.

Il n'y avait plus rien à détruire, mais sa rage n'était toujours pas apaisée. Paulo marcha jusqu'à l'étagère et commença par les dix volumes de la collection de Sherlock Holmes. Il les déchira un par un puis entra sur le rayon des auteurs brésiliens, ceux de prose, de poésie, de philosophie, jusqu'à ce que le sol de la chambre soit couvert de livres détruits. Il entra dans la petite salle de bains contiguë et, se servant du manche de la guitare comme d'une massue, il fit éclater le miroir de l'armoire. Quand le tapage diminua quelques instants, il entendit son père donner des coups de poing dans la porte et exiger qu'il ouvre, mais il ne bougea pas. Il arracha et découpa en petits morceaux deux textes qu'il avait placés derrière la porte – une prière de saint François d'Assise et le texte de *Barbara*, poème de Jacques Prévert – et il en fit autant avec les posters de tableaux qui décoraient la chambre : la *Maja desnuda* de Goya, le *Jardin des délices* de Bosch, et la *Crucifixion* de Rubens. Haletant, il vit qu'une seule chose avait survécu, intacte : le fauteuil blanc où il avait l'habitude de « pleurer ou regarder le ciel étoilé », comme il l'avait écrit un jour. N'ayant aucun instrument pour détruire ce meuble, il n'hésita pas à ouvrir la fenêtre et à le jeter bruyamment dans un jardin latéral de la maison. Alors seulement, quand il n'y avait plus rien debout ou entier, il décida d'ouvrir la porte. Il eut à peine le temps de remarquer que ce n'était plus son père qui frappait : deux infirmiers l'immobilisèrent et l'un d'eux lui injecta un puissant sédatif.

En ouvrant les yeux, il reconnut la peinture écaillée du plafond : il était de nouveau couché dans un lit au neuvième étage de la Maison de Santé Dr Eiras. La première mesure que prirent les infirmiers, dès qu'il se réveilla de la cure de sommeil, fut de le mener aux garçons d'ascenseur et de les prévenir :

— C'est le patient qui s'est enfui d'ici l'année dernière. Retenez bien ce visage et, cette fois, attention à lui.

À la clinique, rien n'avait changé par rapport à ses internements précédents. Sauf Flávio, le neveu du ministre qui avait tenté de se tuer au whisky et à l'éther, ils étaient tous là, y compris le bègue et faux muet Luís Carlos, son compagnon de fuite. Les visages étaient les mêmes et le supplice également. Dès le premier jour, Paulo fut soumis à une séance d'électrochocs tellement lourde que, quand Fabíola vint lui rendre visite, quelques heures plus tard, il était encore inconscient, souillé de bave et la physionomie défaite par la violence des décharges électriques dans le cerveau. En dépit de la gentillesse et de l'empressement que lui prodigua sa petite amie – au troisième internement Fabíola fut la seule personne, en plus de ses parents, à lui rendre visite – il ne parvenait pas à se sortir de la tête Geni et son bébé.

Une semaine après son retour à Dr Eiras, période au cours de laquelle il fut soumis à trois séances d'électrochocs, Paulo pensait de nouveau à s'enfuir. Et encore une fois le compagnon choisi fut Luís Carlos, qui ne supportait plus lui non plus la routine de l'asile. L'occasion se présenta le jour où un membre de l'équipe du Dr Benjamin effectua un examen superficiel dans sa bouche et vit qu'une dent de sagesse était en train de pousser. Le médecin semblait avoir découvert la poudre :

— Je sais quel est ton problème : c'est une dent qui pousse et fait pression sur ta tête. Ça te rend nerveux et ça provoque ces crises. Je vais demander à notre dentiste d'extraire cette dent et ce sera fini.

Pendant qu'ils cherchaient un infirmier pour l'accompagner à la clinique dentaire de Dr Eiras, il rencontra Luís Carlos et l'avisa :

— C'est maintenant ! Ils vont m'emmener chez le dentiste et je vais essayer de m'échapper. Vois si toi aussi tu arrives à te tirer. Si tout marche bien, on se retrouve dans une heure au café en face de la clinique.

Il traversa les allées qui séparaient les bâtiments de la clinique, toujours surveillé de près par l'infirmier, qui à la porte du cabinet de consultation regarda la pendule et s'arrangea avec le dentiste : comme l'extraction prendrait près d'une demi-heure, il irait aux toilettes et reviendrait ensuite pour raccompagner le patient au bâtiment des malades mentaux. La consultation, cependant, ne dura même pas cinq minutes. Après l'avoir examiné rapidement avec des petits miroirs et lui avoir tripoté les dents avec des pinces pointues, le dentiste le congédia :

— Je ne sais pas qui a inventé cette sottise ! Depuis quand une dent de sagesse rend-elle fou ? Vous pouvez vous asseoir dehors et attendre l'infirmier pour regagner votre étage.

C'était l'heure. Paulo déguerpit dans les couloirs, traversa tête baissée et à pas rapides le bois intérieur, se joignit aux visiteurs et aux médecins agglutinés à l'entrée et quelques minutes plus tard il était en liberté. Il arriva en courant au café au croisement des rues Assunção et Marquês-de-Olinda et, à sa surprise, il vit Luís Carlos qui l'attendait un verre de bière à la main – c'était tout ce qu'il pouvait acheter avec les quelques pièces qu'il avait emportées dans sa poche. Ils fêtèrent leur exploit par des éclats de rire et songèrent à se tirer de là avant qu'on ne se rende compte de leur absence au neuvième étage et qu'on ne vienne les capturer (en réalité, la corde ne semblait pas très serrée à la clinique : ce n'est que le 9 juillet, deux jours après la fugue, que les médecins notèrent leur disparition). À la sortie, Paulo réussit encore à vendre sa montre à la caisse du bar, et comme il n'avait pas le temps de beaucoup négocier, il finit par en obtenir seulement 300 nouveaux cruzeiros, moins de la moitié de sa valeur réelle. Les fugitifs dépassèrent trois blocs dans la rue Marquês-de-Olinda, s'assirent sur la pelouse du remblai et pendant des heures, en silence, jouirent d'un plaisir bon marché qui pour tous les deux avait une saveur indescriptible : le spectacle de l'éblouissante plage d'Urca, avec le Pain de Sucre au fond. C'était exactement la vue qu'ils avaient des fenêtres de l'asile – mais, à présent, sans barreau. Paulo raconta à Luís Carlos ce qu'il préparait :

— Je vais à la gare routière acheter un billet de car pour Aracaju. Je dois localiser une petite amie qui est là-bas, ou y était, qui attend un bébé de moi. Si tu veux qu'on y aille ensemble, l'argent de la montre permet de payer aussi ton billet.

Le bègue était effrayé par la longueur du voyage, mais faute d'un meilleur programme et n'ayant nulle part où aller, il accepta l'invitation. Comme le car de l'Expresso Paraibano, qui desservait la capitale du Sergipe, ne partait qu'à 8 heures le lendemain matin, les deux compères passèrent la nuit sur les bancs de la gare routière. Les billets avaient coûté 80 nouveaux cruzeiros, ce qui laissait au duo plus qu'assez d'argent pour se nourrir durant cet interminable voyage. Luís Carlos voulut savoir comment ils survivraient en arrivant à destination, mais Paulo le tranquillisa d'un « on s'en inquiétera là-bas ». Après avoir traversé les États de Rio de Janeiro, du Minas Gerais et de Bahia, avec des arrêts dans quinze villes, le matin du 9 juillet 1967, ils arrivèrent tous les deux dans la capitale du Sergipe. À Aracaju, Luís Carlos apprit finalement que Paulo n'avait ni adresse ni téléphone, ni aucun autre moyen de localiser sa bien-aimée Genivalda dans une ville de 170 000 habitants. Sa seule recommandation sur place était le nom de Mário Jorge Vieira, un jeune poète et militant du Parti communiste brésilien (PCB) clandestin, dont le contact était l'étudiante en médecine et agitatrice culturelle Ilma Fontes.

Grâce aux mensonges qu'il inventa, au bout d'une journée, Paulo était installé dans la confortable maison du journaliste Marcos Muti avec son ami – qu'il présentait à tous comme « mon secrétaire muet » – et apparaissait dans les colonnes mondaines de la presse locale, soit comme « universitaire et acteur », soit comme « jeune dramaturge carioca », mais toujours accompagné d'histoires fantaisistes :

Circulant dans les milieux artistiques du Sergipe l'acteur de théâtre Paulo Coelho, qui a monté récemment à Rio Œdipe Roi *avec Paulo Autran. Il paraît que Coelho est venu nous stimuler et planter de nouvelles semences dans l'histoire débutante de l'art de la scène dans ces contrées.*

Au bout d'une semaine de recherches, il perdit l'espoir de retrouver Geni – dont il n'entendrait parler de nouveau que bien des années après, quand il apprit qu'elle avait effectivement avorté et était morte dans un accident quelque temps plus tard. Frustré dans le seul objectif qui l'avait mené à Aracaju, il se préparait à rentrer tout de suite à Rio de Janeiro, mais l'hospitalité était formidable, et il resta. Traité avec les honneurs dus à une vedette, il donna une longue interview à la *Gazeta de Sergipe*, à l'occasion de laquelle il fut présenté aux lecteurs :

Le 9 est arrivé chez nous un personnage étrange. Cheveux longs, barbe mal rasée, corps fin, un air bizarre, mais dans la tête beaucoup d'idées, beaucoup d'espoir et une immense envie de diffuser l'art dans le Brésil des Brésiliens. Un artiste.

Un garçon de 20 ans qui abandonne le foyer (fils d'une des plus respectables familles de Rio de Janeiro) pour l'amour de l'art. Un esprit tourné vers l'Humanité.

Protégé par la distance (ou, qui sait, par l'absence d'imputabilité assurée aux fous, aux enfants et aux Indiens), Paulo s'arma subitement de courage et profita de l'espace du journal, pour la première fois, pour éreinter la dictature militaire – ou, plus grave encore, le président de la République d'alors, le maréchal Arthur da Costa e Silva.

— Je ne vais pas fermer ma gueule parce qu'un maréchal en pyjama a pris un fusil et dit qu'il défend la morale et la liberté d'un peuple qui ne sait même pas ce qu'est la liberté, déclara-t-il, soudain provocateur – cela ne ressemblait plus à une interview, mais à un manifeste, à un appel. Je n'ai pas fait des milliers de kilomètres jusqu'à Aracaju pour me taire. Je ne me mentirai pas à moi-même ni à ceux qui m'entourent.

Une telle véhémence n'aurait pu avoir meilleure répercussion, au point qu'on lui offrit un espace dans la *Gazeta de Sergipe* pour publier un article politique signé dans l'édition du samedi suivant.

Mais le vendredi, il apprit qu'il y avait dans la ville deux individus qui cherchaient « le type qui était venu de Rio » pour le tuer. Certain que c'étaient des parents de Geni prêts à laver dans le sang l'honneur de la jeune fille, il vit son courage disparaître comme peau de chagrin. Il rassembla ses affaires et il était sur le point de s'enfuir quand le bègue lui rappela l'article promis au journal. Paulo ouvrit le sac en cuir qu'il portait en bandoulière et en retira la coupure d'un journal carioca qu'il avait ramassé sur un banc de la gare routière de Vitória da Conquista, dans l'État de Bahia, un des quinze arrêts de l'autocar pour Aracaju. Il demanda aux maîtres de maison d'utiliser leur machine à écrire et copia, mot pour mot, un article fustigeant la dictature militaire qui mettait fin aux libertés au Brésil. Il garda le même titre et ne changea que le nom de l'auteur. Il substitua son nom à celui de Carlos Heitor Cony, écrivain et journaliste du *Correio da Manhã* devenu célèbre pour avoir dénoncé avec courage, dès les premiers jours, le coup d'État militaire. Traînant toujours Luís Carlos, il dépensa l'argent qui restait pour deux billets d'autocar à destination de Salvador – le plus loin possible avec cette somme. Des décennies plus tard, indignés d'apprendre qu'ils s'étaient fait avoir tout le temps, y compris dans l'article entièrement plagié de Cony, les gens du Sergipe qui avaient fréquenté l'écrivain à l'époque racontent une autre version de son départ soudain d'Aracaju.

— Lui et ce secrétaire muet ont passé deux semaines sans se laver et à fumer de la marijuana toute la journée, se souvient Ilma Fontes. C'est pour cela que Paulo Coelho a été chassé de la maison de Marcos Muti : parce qu'il passait la journée à fumer de la marijuana dans une rue strictement résidentielle.

Deux semaines sans se laver, ce n'était peut-être pas une nouveauté dans sa vie, mais la consommation de marijuana ne faisait pas partie des habitudes de Paulo en juillet 1967.

Quand ils débarquèrent tous les deux dans la capitale bahianaise sans un sou en poche, ils firent dix kilomètres pour arriver aux Œuvres sociales Sœur Dulce, une institution de charité connue dans tout le Brésil. Après qu'ils eurent affronté une longue file de mendiants tenant des calebasses en aluminium pour recevoir leur portion quotidienne de soupe, ils s'approchèrent d'une petite table où les miséreux étaient reçus en personne par la religieuse – que Paulo appelait, dans son journal, « Irma la Douce », une plaisanterie hérétique sur le nom de la prostituée brillamment interprétée par l'actrice Shirley MacLaine dans le film de Billy Wilder. Il expliqua à la petite sœur au regard triste qu'il avait besoin d'argent pour acheter deux billets d'autocar pour Rio. Comme il n'y avait pas meilleure preuve de pauvreté que l'apparence déguenillée des deux mendiants, elle ne posa même pas de questions et écrivit en minuscule, sur un morceau de papier portant le nom de l'institution imprimé :

Ces deux garçons demandent un transport gratuit jusqu'à Rio.
Sœur Dulce – 21 juillet 1967

Maintenant il suffisait d'échanger le papier au guichet de la gare routière contre les deux billets. À Bahia, n'importe quel bout de papier signé par la sœur avait valeur de bon pour obtenir une assiette de nourriture, l'internement d'un parent ou, comme dans leur cas, des billets d'autocar. Paulo utilisa les quarante heures de voyage de Salvador à Rio pour élaborer l'avant-projet d'un livre sur la fuite et le voyage au Nordeste. Un livre, non. Avec son tempérament mégalomaniaque habituel, il prévoyait d'écrire pas moins de neuf livres, de chacun douze chapitres. Bien que, à la fin du voyage, il eût tous les tomes en ordre et les titres de chapitres *(Préparer la fuite ; Mes compagnons de voyage ; Le fils du général ; Mes cheveux longs et les idées courtes des autres ; Le pistolet de Pedro ou Quand les Bahianais ont la trouille ; Dormir dans des bidons de kérosène à 7 °C...),* un travail qui occupa quinze pages du journal, le projet resta un projet. À la gare routière de Rio, Luís Carlos et lui se séparèrent émus. Encore une fois Paulo allait prendre le chemin de la maison et le faux muet retourner à l'asile, où il passerait le restant de ses jours comme faux fou pour obtenir la retraite de ses rêves. Et comme il manquait quelques mois pour cela, ils savaient tous les deux que les chances qu'ils se revoient étaient minces.

Si cela avait dépendu de la volonté de Paulo, ils se seraient retrouvés quelques mois après la séparation. Il ne s'était pas encore passé un an depuis cet internement quand, de nouveau plongé dans des accès de mélancolie et de dépression, le futur auteur de best-sellers se remit à tout casser dans sa chambre. La bruyante routine se répéta, à l'exception de la fin. Cette fois, quand il ouvrit la porte, il ne trouva aucun infirmier avec seringue et camisole de force à la main, mais un jeune et sympathique médecin, qui lui demanda délicatement :

— Je peux entrer ?

C'était le psychiatre Antônio Ovídio Clement Fajardo, dont le cabinet avait l'habitude d'envoyer des patients pour traitement à la Maison de Santé Dr Eiras. Quand Lygia et Pedro entendirent les premiers fracas de la casse dans la chambre de leur fils, ils appelèrent le Dr Benjamin, mais comme personne ne parvenait à le localiser et qu'il s'agissait d'une urgence, ils entrèrent en contact avec le Dr Fajardo. Parlant au téléphone avec Pedro Coelho, le médecin demanda des informations de base au sujet du malade :

— Est-il armé ?

— Non.

— Est-il alcoolique ?

— Non.

— Est-il drogué ?

— Non.

C'était plus simple.

Fajardo insista :

— Je peux entrer ?

Cette question insolite laissa Paulo muet.

— Entrer ici ? Mais vous n'êtes pas venu pour m'interner ?

Le médecin répondit par un sourire :

— Seulement si vous le voulez. Mais vous n'avez pas répondu : je peux entrer ?

Assis sur le lit le médecin regarda dans toute la chambre, comme s'il évaluait l'étendue des dégâts, et poursuivit avec un naturel absolu :

— Vous avez tout cassé, hein ? Très bien. Parfait.

Paulo ne comprenait pas ce qui se passait. Le médecin continuait son explication, sur un ton professoral :

— Ce que vous avez détruit, c'est votre passé. C'est parfait. Maintenant qu'il n'existe plus, nous allons commencer à penser à l'avenir, ça va ? Je suggère que vous commenciez à passer deux fois par semaine à mon cabinet pour que nous puissions parler de votre avenir.

Il restait interdit :

— Mais docteur, j'ai eu une crise de folie et vous n'allez pas m'interner ?

Le médecin demeurait impassible :

— Tout le monde a un côté un peu dingue. Moi aussi je dois avoir le mien, et ce n'est pas une raison pour interner les gens à tort et à travers. Vous n'êtes pas un malade mental.

Ce n'est qu'à partir de cet épisode que la paix régna de nouveau chez les Coelho.

— Je pense que mes parents étaient convaincus que j'étais un cas perdu et qu'ils préféraient me tenir à portée de vue et m'entretenir pour le restant de la vie, se souviendra Paulo, très longtemps après. Ils savaient que j'allais recommencer à avoir de « mauvaises fréquentations », mais il ne leur vint pas à l'esprit de m'interner de nouveau.

Le problème c'est que le fils n'était pas disposé à continuer à vivre sous le contrôle paternel. Il aurait pu accepter n'importe quelle solution qui ne fût pas de retourner dans le déprimant studio du grand-père dans le centre de la ville. La solution intermédiaire, qui allait durer quelques mois, vint cependant de nouveau des grands-parents. Cela faisait plusieurs années que Maître Tuca et la grand-mère Lilisa avaient déménagé pour une maison toute proche, à Gávea, et au-dessus du garage avait été construite une annexe d'une seule chambre, mais avec salle de bains et entrée indépendante. Le petit-fils, s'il le voulait – et si le Dr Pedro était d'accord, bien sûr – pourrait s'y installer.

Le petit-fils voulait tellement que, avant même que son père ait eu le temps de dire « non », il avait transféré à la nouvelle adresse tout ce qui était resté de l'émeute dans la chambre : le lit, la petite table de travail, les quelques vêtements et la machine à écrire, prudemment épargnée de la furie de la fin juin. En peu de temps, il comprit qu'habiter là, c'était être dans l'antichambre du paradis : devant l'extrême libéralité de ses grands-parents, il entrait et sortait quand bon lui semblait et, dans les généreuses limites de la décence, il pouvait recevoir qui il voulait, de jour comme de nuit. La tolérance était telle que Paulo se souviendra des années plus tard, très vaguement, que l'édicule a peut-être été l'endroit où il a expérimenté la marijuana pour la première fois.

Sans aucun contrôle sur son fils et sans aucune plainte des grands-parents au sujet de son comportement, le père suggéra quelques mois plus tard que Paulo déménage pour un lieu plus confortable. Si cela l'intéressait, il pourrait de nouveau vivre seul, plus dans le studio de Maître Tuca, mais dans un bel appartement que le Dr Pedro avait reçu en rémunération pour avoir construit un édifice dans la rue Raimundo-Correa, à Copacabana. Se méfiant d'une telle générosité, Paulo découvrit que cette offre cachait des intérêts matériels : le véritable objectif de son père était de faire sortir de là le locataire qui payait fréquemment le loyer en retard. Et comme, d'après la loi, le contrat ne pouvait être rompu par le loueur que si le bien immobilier venait à être utilisé par un parent au premier degré du propriétaire, le déménagement réglait deux problèmes, le sien et celui de son père. Comme presque tout ce qui venait du Dr Pedro, l'agrément avait aussi ses singularités : Paulo ne pourrait utiliser qu'une des trois chambres, parce que les deux autres resteraient tout le temps fermées et vides. Et l'accès devrait toujours se faire par la porte de derrière, parce que la porte principale serait fermée et le vieux resterait en possession de la clé. De l'ancien locataire, il restait un vieux réfrigérateur qui effrayait ceux qui n'étaient pas préparés à ses secousses inattendues, mais qui, à part cela, fonctionnait parfaitement. Paulo n'eut qu'à acheter dans un magasin d'occasions des environs quelques lampes, une étagère, et voilà, la maison pouvait être occupée.

Si la saison passée dans l'appartement du grand-père avait été sombre, Paulo garderait de la rue Raimundo-Correa les plus agréables souvenirs. Des amours avaient commencé et pris fin, mais Fabíola lui demeurait fidèle. Elle ravalait sa jalousie et supportait les « Renata, Geni et Márcia qui allaient et venaient », ainsi qu'elle s'en souviendrait, « mais dans les moments difficiles, c'était moi qui étais près de lui, par pur amour – par pur amour ». Des années plus tard, devenu une célébrité internationale, Paulo se rappellerait avec nostalgie cette époque :

J'ai connu une période de grande joie en essayant d'exercer ma liberté, afin, finalement, de pouvoir vivre la « vie d'artiste ». J'ai abandonné les études et je me suis consacré exclusivement au théâtre et à la fréquentation des bars préférés des intellectuels. Pendant un an j'ai fait exactement ce que j'ai voulu. C'est alors que Fabíola est entrée pour de bon dans ma vie.

Dramaturge à temps plein, il transforma la salle à manger du nouvel appartement en atelier de décors, costumes, compositions et répétitions. Il mit la puce à l'oreille des voisins quand il peignit en italien, au-dessus de la porte d'entrée – qu'il n'utiliserait jamais – la phrase qui apparaît sur la porte de l'Enfer, dans l'œuvre de Dante Alighieri : *Lasciate ogni speranza, voi ch'entrate* (« Vous qui entrez, laissez toute espérance »). Paulo traduisait des pièces, dirigeait et travaillait comme acteur. Les mises en scène qui avaient du succès couvraient les pertes des autres, et ainsi il survivait sans dépendre exclusivement de ses parents.

Quand il commençait à racler le fond du coffre, il s'efforçait d'assurer le minimum sur des tables de poker et de billard ou en pariant sur des chevaux au Jockey Club. Reçu au Guanabara, il avait réussi à terminer le cours scientifique, mais il n'avait pas le projet de se présenter si tôt à un examen d'entrée à l'université. À la fin de l'année 1968, Paulo décida de s'aventurer dans le seul domaine du théâtre qu'il n'avait pas encore fréquenté : la production. Il fit lui-même l'adaptation du classique *Peter Pan,* qu'il avait l'intention de diriger et dans lequel il pensait également jouer, mais il prit une douche froide en découvrant, désolé, que ses économies étaient une bagatelle à côté de la somme nécessaire à la production. Il ruminait encore sa frustration quand Fabíola apparut un soir dans son appartement, ouvrit son sac et en sortit des paquets de billets retenus par des élastiques – c'étaient plus de 5 000 nouveaux cruzeiros – qu'elle répandit sur le lit, expliquant ce que cela signifiait :

— C'est mon cadeau pour que tu montes *Peter Pan*.

Fabíola raconta qu'elle allait avoir 18 ans et qu'elle avait décidé de dire à sa mère, à sa grand-mère et à tous ses amis et parents, qu'au lieu de vêtements et de cadeaux, elle préférait recevoir de l'argent. Elle récolta ici et là, découvrit de riches clients de sa mère et des parrains qu'elle ne voyait pas depuis des années et, à la fin, le résultat était là : les petits paquets jetés sur le lit ne faisaient pas une fortune, mais c'était de l'argent qui donnait largement de quoi rendre viable le projet de produire une pièce. Déclamatoire, comme toujours, Paulo s'émut de l'offre :

— Une petite amie m'a échangé contre deux robes et maintenant tu échanges toutes tes robes et tes cadeaux pour moi. Ton geste réhabilite les femmes dans la conception que je m'en fais.

Non seulement Fabíola trouva les ressources pour la production, mais elle vendit encore des annonces dans le programme de la pièce et obtint des accords avec les restaurants des abords immédiats du théâtre Santa Terezinha, au Jardim Botânico – en échange de leurs noms imprimés dans le matériel publicitaire, ils permettaient aux acteurs et techniciens de dîner à l'œil. Paulo rétribua à sa juste valeur un tel engagement et lui proposa de jouer le rôle titre. Lui, il ferait le

Ci-dessous, Fabíola lorsqu'elle interprétait la Fée Clochette et Paulo en Capitaine Crochet dans la pièce *Peter Pan*.

Capitaine Crochet. Avec une bande sonore composée par Kakiko, *Peter Pan* fit salle comble pendant tout le temps où il fut à l'affiche, ce qui permit que chaque centime investi soit récupéré. Et, contrairement à la légende qui veut que succès public soit échec de la critique, la pièce vit sa carrière couronnée par un prix au premier Festival de théâtre pour enfants de l'État de Guanabara. Le rêve de Paulo restait le même – être un grand écrivain – mais tant que cela n'arrivait pas, il ne lui restait d'autre choix que de vivre du théâtre. Les bons résultats l'encouragèrent à se professionnaliser, et bientôt il exhibait fièrement sa carte de la Société brésilienne des Auteurs de théâtre (SBAT), signée par son président, Raimundo Magalhães Júnior, le traducteur de l'*Opéra de Quat'sous* qu'il avait mis en scène.

En 1969 vint la proposition de travailler comme acteur dans la pièce *Viúva porém Honesta,* de Nelson Rodrigues. Entre deux répétitions, il sirotait une bière au bar voisin du théâtre Sérgio Porto quand il remarqua qu'une jolie blonde assise au comptoir l'observait. Il feignait de ne pas lui prêter attention et quand il se retournait, elle était là, les yeux fixés sur lui, et un discret sourire aux lèvres. Le flirt ne dura sans doute pas plus de dix minutes, mais Paulo fut impressionné. Le soir, il écrivit dans son journal :

Je ne peux préciser comment tout a commencé. Elle est apparue soudainement. Je suis entré et j'ai pressenti tout de suite son regard. Entre des dizaines de personnes je savais que c'était moi qu'elle regardait et je n'ai pas eu le courage de lui faire face. Je ne l'avais jamais vue avant. Mais quand j'ai senti son regard, quelque chose s'est révélé. C'était une histoire d'amour qui commençait à se raconter.

La belle blonde mystérieuse était Vera Prnjatovic Richter, qui avait onze ans de plus que lui et à ce moment tentait de mettre un point final à ses quinze ans de mariage avec un riche industriel. Toujours très bien habillée, elle avait une voiture, chose encore peu courante chez les femmes à l'époque, et habitait un appartement d'un étage entier à l'une des adresses les plus chères du Brésil, l'avenue Delfim-Moreira, à Leblon. Du point de vue de Paulo, elle n'avait qu'un défaut visible : elle était la maîtresse de l'acteur Paulo Elísio, un apollon barbu connu pour son mauvais caractère et pour être ceinture noire de karaté. Mais les pressentiments enregistrés dans le journal seraient plus forts que les arts martiaux. Deux semaines plus tard Vera Richter deviendrait la première femme de Paulo Coelho.

10

Vera

Lorsque l'année 1969 commença, le Brésil était plongé dans la plus brutale dictature de toute son histoire. Le 13 décembre 1968, le président de la République, le maréchal Arthur da Costa e Silva – le « maréchal en pyjama » auquel Paulo faisait allusion dans sa fanfaronnade du Sergipe –, avait expédié l'Acte Institutionnel n° 5, un instrument juridique qui fermait les dernières brèches de liberté subsistant encore après le coup d'État militaire de 1964. Signé par le président avec l'adhésion de tous ses ministres – y compris celui de la Santé, le Dr Leonel Miranda, propriétaire de la Maison de Santé Dr Eiras – l'AI-5, entre autres nombreuses violences contre les libertés publiques et les droits des citoyens, suspendait l'habeas corpus et donnait au gouvernement des pouvoirs pour censurer la presse, le théâtre, les livres, et écarter le Congrès national. Mais le Brésil n'était pas seul sur le point de s'embraser en 1968.

Dans la sixième année d'une guerre d'agression contre le Viêtnam, où avaient été envoyés plus d'un demi-million de soldats, les États-Unis avaient choisi pour président le faucon belliciste Richard Nixon. En mai, le leader pacifiste noir Martin Luther King Jr. avait été assassiné. Et moins de soixante jours plus tard le sénateur Robert Kennedy, représentant les courants les plus libéraux, mourait à son tour criblé de balles. Un des symboles de la contre-culture était la pièce *Hair,* présentée à New York, dans laquelle les acteurs apparaissaient nus sur la scène. En mai, les étudiants français avaient occupé la Sorbonne et transformé Paris en champ de bataille, obligeant le général Charles de Gaulle à s'entretenir avec des chefs militaires français à Baden-Baden, en Allemagne. La fièvre mondiale avait traversé le Rideau de Fer pour arriver en Tchécoslovaquie sous la forme du « Printemps de Prague », un projet de libéralisation auquel dut renoncer le secrétaire général du Parti communiste tchèque, Alexandre Dubcek, qui serait anéanti en août par les tanks du Pacte de Varsovie, l'alliance militaire de l'Union soviétique et de ses satellites.

Au Brésil, l'opposition à la dictature se mettait en place. D'abord sous la forme de manifestations estudiantines pacifiques – auxquelles Paulo participait rarement, et quand il le faisait, c'était plus pour le plaisir et pour l'aventure d'« affronter la police » que par conviction à proprement parler. La température politique s'éleva encore avec l'éclosion de grèves ouvrières à São Paulo et dans le Minas Gerais, atteignant des niveaux alarmants quand les services de renseignements militaires détectèrent l'apparition de groupes de guérilla, que le gouvernement dénommait indistinctement « terroristes ». À la fin de l'année, en réalité, il y avait au moins quatre organisations armées menant des actions de guérilla urbaine – Vanguarda Armada Revolucionária (VAR-Palmares), Ação Libertadora Nacional (ALN), Vanguarda Popular Revolucionária (VPR), et Comando de Libertação Nacional (Colina). Le Parti communiste du Brésil – PCdoB, d'inspiration chinoise –, quant à lui, avait expédié à Xambioá, au nord du Goiás (aujourd'hui aux limites de l'État de Tocantins), les premiers militants qui allaient monter un foyer de guérilla paysanne dans la région de l'Araguaia, à la lisière de la forêt amazonienne. L'extrême gauche braquait des banques et faisait exploser des bombes dans des casernes, et l'extrême droite organisait des attentats contre l'un des foyers les plus visibles de l'opposition au régime, le théâtre.

À São Paulo, pendant la représentation de *Roda Viva,* de Chico Buarque, un groupe du Commando de Chasse aux Communistes (CCC) envahit et saccagea le théâtre Ruth Escobar, dépouillant et rossant acteurs et techniciens, parmi lesquels l'actrice Marília Pêra, collègue de Paulo Coelho dans l'*Opéra de Quat'sous.* La même chose se produirait quelques mois plus tard au théâtre Opinião, à Rio (où Paulo avait vu Vladimir Palmeira faire un « meeting éclair »), renversé par un attentat à la bombe, réalisé aussi par le CCC. En octobre, la police politique arrêta presque mille étudiants qui participaient à Ibiúna, dans la région sud de São Paulo, à un congrès clandestin de l'UNE, proscrit par le régime. Selon des statistiques relevées par le journaliste Elio Gaspari, l'année 1968 se termina avec des chiffres effrayants : 18 morts (12 dans des manifestations de rue et six victimes d'attentats de la guérilla, parmi lesquelles deux officiers étrangers – un capitaine nord-américain et un major allemand), 21 attaques de banques et 85 dénonciations de tortures sur des prisonniers politiques dans des casernes et commissariats de police. Immédiatement après la publication du AI-5, des centaines de personnes furent arrêtées dans tout le pays, parmi lesquelles l'ex-gouverneur de Guanabara et dirigeant civil du coup de 1964, Carlos Lacerda, les compositeurs Caetano Veloso et Gilberto Gil, et le journaliste Carlos Heitor Cony, celui-là même que Paulo avait plagié à Aracaju.

Bien qu'il se vantât d'être « le communiste de la bande », et même s'il était témoin de la violence qui frappait sa catégorie professionnelle – car il était enfin un auteur de théâtre, encarté et tout le reste – Paulo manifestait une solennelle indifférence face à l'ouragan politique qui dévastait le Brésil. De même que pendant le coup militaire, pour lui l'AI-5 passa sans encombre, ne mérita pas une virgule, pas un trait d'union dans ses abondants journaux. Les premiers mots écrits en 1969 sont révélateurs de ce à quoi il destinait son énergie :

Aujourd'hui, c'est le Nouvel An. J'ai passé la nuit avec des femmes adultères, des homosexuels, des lesbiennes et des cocus.

En 1964 on pouvait attribuer son désintérêt pour la politique à son jeune âge, mais maintenant il était un adulte allant sur ses 22 ans, l'âge limite de la plupart des noms qui commençaient à apparaître comme les leaders des mouvements politiques et culturels qui agitaient le pays. Et si un changement important se produisait dans sa vie, il n'était pas dû au chaudron politique dans lequel le Brésil se débattait, mais à sa nouvelle passion, Vera Richter.

Menue, blonde et bien habillée à toute heure du jour ou de la nuit, elle était née en 1936 à Belgrade, alors capitale de la Yougoslavie (aujourd'hui de la Serbie), dans une famille de riches propriétaires terriens. Jusqu'à 20 ans, elle avait mené la vie typique d'une jeune fille de la classe supérieure, et alors qu'elle était en première année de la faculté de théâtre, où elle fréquentait le cours de mise en scène, elle commença à sentir dans sa peau les changements politiques en cours en Europe centrale. La mort de Staline rapprocha Moscou du grand dirigeant yougoslave, le maréchal Josip Broz Tito. Après qu'il eut imposé d'une main de fer l'unification du pays, Tito collectivisa l'agriculture, transformant les propriétés privées en biens sociaux n'appartenant pas à l'État, administrés par les travailleurs. L'heure était venue pour les riches de quitter la scène. Comme elles avaient des amis établis à Rio de Janeiro, les Prnjatovic – la mère veuve, la sœur aînée et Vera – décidèrent que ce serait aussi leur destination. En pleine guerre froide, les frontières étaient fermées, ce qui signifiait que les sorties devaient se faire avec toute la discrétion possible. La mère et la sœur aînée partirent en avant et seulement quelques mois plus tard, déjà installées à Copacabana, elles envoyèrent son billet à Vera. Ne parlant que l'anglais et le dialecte teinté d'italien de son pays, se sentant déracinée au Brésil, elle finit par accepter un mariage, arrangé par la famille, avec un compatriote millionnaire, de douze ans plus âgé qu'elle. Vera elle-même se souviendrait, des années plus tard, que même les étrangers remarquaient à quel point les conjoints étaient incompatibles. Comme la plupart des jeunes filles de 20 ans, elle était bruyante, elle aimait danser, pratiquer les sports et chanter ; timide et silencieux, le mari consacrait à la lecture et à la musique classique toutes les heures où il ne s'occupait pas de son entreprise de commerce extérieur.

Quand leurs regards se croisèrent ce soir-là, au bar du théâtre, le mariage de Vera n'était plus qu'une formalité. Elle et son mari vivaient sous le même toit mais ils ne formaient plus un couple. Elle avait été attirée au théâtre Carioca par une annonce de journal selon laquelle le jeune metteur en scène bahianais Álvaro Guimarães – tenu pour l'homme qui « découvrit » Caetano Veloso – sélectionnait des élèves pour un cours de théâtre. Presque quatre décennies plus tard, elle se souviendrait que la première impression que lui causa Paulo ne fut pas flatteuse :

— Il ressemblait au professeur Abronsius, le scientifique à la grosse tête du film *Le Bal des vampires,* de Roman Polanski. C'était cela : une tête énorme sur un corps fluet. Laid, plein de boutons, ces grosses lèvres tombantes, les yeux écarquillés, Paulo n'avait rien d'une beauté...

Mais il avait des charmes facilement identifiables aux yeux d'une femme amoureuse :

— Paulo était un Don Quichotte ! C'était un mec halluciné... Tout lui semblait facile, tout était simple. Il vivait dans les nuages, il ne touchait pas le sol. Mais il était en permanence angoissé par une idée fixe : être quelqu'un. Il aurait tout fait pour arriver à être quelqu'un. C'était ça, Paulo.

Avec l'arrivée de Vera, la relation avec Fabíola était condamnée de toute façon, mais elle prit fin quand cette dernière le surprit avec l'autre. Fabíola se demandait si

Paulo ne venait pas retrouver clandestinement une jeune actrice hollandaise qui s'était présentée aux répétitions et elle décida d'en avoir le cœur net : un soir elle s'assit sur le seuil de la porte de l'appartement de la rue Raimundo-Correa et elle n'en décolla qu'en fin de matinée quand il dut finalement sortir avec l'étrangère. Trompée dans ses espérances par quelqu'un qui avait reçu de sa part les déclarations d'amour les plus sincères, elle mit fin à leur aventure. Quelques mois plus tard, Fabíola, qui avait noué une certaine intimité avec les Coelho, scandaliserait Lygia et Pedro en apparaissant nue sur la couverture de l'hebdomadaire satirique *Pasquim*.

Comme Paulo lui-même s'en souviendrait des années plus tard, ce fut l'experte Vera qui lui apprit à vraiment faire l'amour, à parler anglais et à s'habiller un peu mieux. Mais elle ne parvint pas à l'aider à surmonter le traumatisme d'Araruama : il continuait à trembler à la seule idée de prendre le volant d'une voiture. La convergence de goûts et d'intérêts s'étendrait également à leur vie professionnelle : l'argent de Vera était le combustible qui manquait pour qu'il pût enfin se jeter dans le théâtre. Se partageant entre son ancienne adresse à Copacabana et le luxueux appartement de Vera à Leblon, où il se mit à dormir presque toutes les nuits, il martela sa machine à écrire des semaines d'affilée avant d'ânonner fièrement à sa petite amie sa première pièce pour adultes, intitulée *O Apocalipse*. Ils paraissaient vraiment faits l'un pour l'autre : non seulement Vera comprit toute la pièce (un prodige auquel très peu de gens parvenaient), mais elle lui plut tellement qu'elle était disposée à la monter professionnellement, en tant que productrice – c'est-à-dire en la finançant – du moment que Paulo se chargeait de la mise en scène. Tout marcha si bien qu'à la fin d'avril 1969, les critiques et rédacteurs en chef des pages culture des journaux recevaient l'invitation pour l'avant-première et le programme annonçant la distribution, dans laquelle Vera brillait comme actrice principale.

À un spectable du Canecão, à Rio, Paulo et sa nouvelle passion, Vera Richter.
Ci-dessous, son ex-petite amie, Fabíola, a scandalisé la famille Coelho en apparaissant nue dans l'hebdomadaire *Pasquim*.

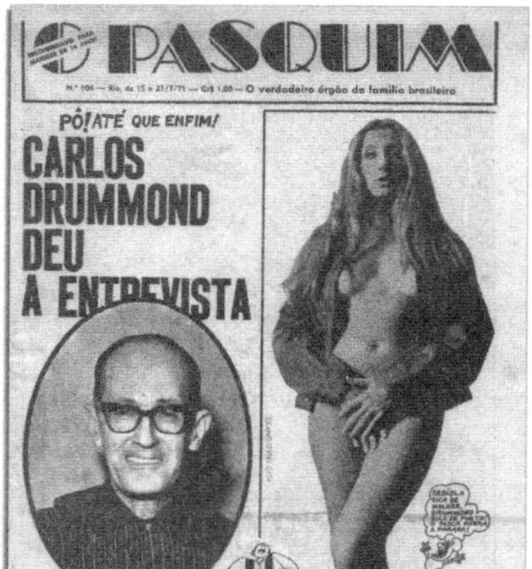

Au second plan dans le cœur de l'auteur et metteur en scène, Fabíola Fracarolli avait un rôle secondaire ; pour composer la bande sonore, Paulo avait invité l'ami Kakiko qui, récemment formé en odontologie, partageait à présent son temps entre le cabinet et la musique. Et c'est avec Kakiko pour partenaire qu'il écrivit son premier texte de chanson, un *frevo* intitulé « Tragiblefe » qui, bien qu'il ne fût pas retenu pour la pièce, serait des années plus tard enregistré par la chanteuse Nara Leão :

Notre monde va finir/Seule nous reste cette seconde/Nous allons boire le sang immonde/Qui va jaillir à n'en plus pouvoir/Et les femmes sortent nues/Cheveux épars dans la rue/Tandis que le sexe se répand au clair de lune/Automobiles particulières, bombe atomique partout/De l'amour viendra la radiation qui détruit notre cœur.

Eéé... Poésie, mort lente, agonie/Qu'un large sourire vienne content, nous chercher et nous laisser/Nous allons quitter la solitude de cette civilisation/Où l'homme a trop aimé son frère... Le sourire pur de l'enfance/Il a perdu l'espérance et va changer en couleurs/L'argent a ordonné un rythme chaud, la bombe a chanté...

Eéé... radiation, ééé... radiation/Je vais tuer mon frère, il n'y a plus d'autre solution. Eéé... vois le danger, cours vite te mettre à l'abri/C'est ton frère, mais c'est aussi ton ennemi.

Avec l'invitation et le programme, journalistes et critiques reçurent un dossier de presse rédigé dans un langage prétentieux et hermétique, mais qui donnait une idée de ce que serait la mise en scène d'*O Apocalipse*. « La pièce est un portrait du moment actuel, de la crise de l'existence humaine, qui perd toutes ses caractéristiques individuelles au profit d'une massification plus commode parce qu'elle dogmatise la pensée », disait le texte de divulgation, qui poursuivait, toujours sur le même ton incompréhensible : « *O Apocalipse* est une transcendance du présent tentant une revalorisation totale des archaïques concepts actuels. Elle suit une ligne évolutive, partant du classique et arrivant à une forme de langage qui touche le sentiment plus que la raison. » Et il promettait, pour finir, la grande révolution de la dramaturgie moderne : l'abolition totale des personnages, « permettant que le travail de l'acteur soit circonscrit au personnage qu'il interprète ». Éliminer les personnages d'une pièce de théâtre, de fait, paraissait une audace que même le metteur en scène révolutionnaire polonais Jerzy Grotowski n'avait pas osé essayer. Le spectacle commençait par la projection d'extraits d'un documentaire sur la mission de la navette Apollo 8 sur la Lune, après quoi la troupe devait faire une chorégraphie « tribale avec des influences orientales », selon le programme. Acteurs et actrices se succédaient sur scène, déclamant des recréations de passages de *Prométhée enchaîné* d'Eschyle, de *Jules César* de Shakespeare, et des Évangiles. À la clôture, avant d'adresser des provocations au public, chaque acteur jouait son propre rôle, révélant des situations traumatisantes vécues dans l'enfance.

O Apocalipse permit à Paulo de sentir pour la première fois sur sa peau un fouet qui allait le poursuivre toute sa vie : la critique. Les jours suivant l'avant-première, la pièce fut massacrée dans tous les journaux de Rio. La mise en scène, les décors et les costumes, le texte et l'interprétation, tout, sans exception, fut pulvérisé par les critiques. Clóvis Levi, du journal *O Dia,* accusait l'auteur d'avoir mélangé dans un mixer les pièces *Roda Viva, Os Fuzis, Galileu Galilei* et *Cemitério de Automóveis* pour essayer de tirer de ce jus cette « plasticité d'une nouvelle esthétique » annoncée dans le programme. Et la colonne se terminait par un anathème : « Il faut empêcher qu'un acte d'irresponsabilité artistique comme *O Apocalipse* vienne détruire un travail sérieux qui coûte des heures d'étude à de grands artistes du théâtre brésilien. » Les tirs venant de Jaime Rodrigues, dans le *Diário de Notícias,* étaient du même calibre : « On ne peut même pas parler de jeu ou d'interprétation dans cette équivoque totale, dans cette lamentable perte de temps qui est à l'affiche au Teatro Nacional de Comédia. » Mais le dernier mot sur ce qui restait d'*O Apocalipse* revint à Sa Sainteté Yan Michalski, un des critiques de théâtre les plus redoutés et respectés du pays. Dans une colonne entière du *Jornal do Brasil,* intitulée « Extravagance apocalyptique », Michalski disséquait les raisons de l'échec de la pièce :

Pauvre théâtre d'avant-garde, combien de crimes sont commis en ton nom !

[...] O Apocalipse *est d'une profonde immaturité intellectuelle et culturelle, d'un ennui insupportable. Paulo Coelho semble avoir entendu le coq chanter, mais de si loin qu'il lui était impossible de distinguer d'où venait le chant du coq.*

[...] La devise du jour, c'est protester contre les injustices de l'Histoire. Alors il proteste contre les chaînes de Prométhée, contre l'assassinat de César, contre la crucifixion du Christ, contre les crimes nazis, contre l'invasion de la Tchécoslovaquie, contre le projet Apollo, contre le tabou de la virginité, etc., etc., le tout emballé dans un sac et bien mélangé avant d'être servi au client insouciant.

Au bout d'une heure de plaisanteries de ce genre – durant lesquelles les interprètes sont victimes d'horribles contorsions, comme si la véritable apocalypse était arrivée sous la forme d'un violent mal de ventre – chacun des acteurs arrive sur l'avant-scène, dit son nom, raconte une triste affaire qui lui est arrivée dans l'enfance et l'a traumatisé, et lance au public la menace : « Je vous attends dehors », après quoi il se retire dans l'assistance. Mais rien n'attend là-dehors : très bientôt ils seront tous de nouveau sur scène, remerciant, en riant, les applaudissements qu'une partie du public – qui pense qu'un tel spectacle, parce qu'il est différent, est du théâtre d'avant-garde – persiste à leur accorder.

Enfin, Paulo Coelho put au moins confirmer la maxime de Nelson Rodrigues, selon laquelle « la chance des dramaturges est que la critique n'arrive même pas à apporter une bactérie dans les théâtres ». *O Apocalipse* fut un échec du côté de la critique et un désastre de la part du public. Elle resta seulement quelques semaines à l'affiche et laissa un bon trou dans la caisse de leur première initiative conjointe – un découvert que Vera se chargea promptement de couvrir.

La production coïncida avec un changement important dans leur vie. Le mariage de Vera s'était désagrégé, mais comme le mari vivait toujours dans l'appartement du couple, elle décida de mettre fin à cette situation gênante en allant s'installer avec son petit ami dans un endroit qui deviendrait une adresse symbole de la contre-culture – ou, comme on disait à l'époque, du délire – carioca en cette fin des années 1960 : le Solar Santa Terezinha, entretenu par l'église du même nom, qui serait immortalisé sous le nom de Solar da Fossa. Créé à l'origine pour abriter la nuit les indigents, le Solar était un immense manoir rectangulaire avec un patio central, autour duquel se trouvaient les chambres. Comme il s'agissait d'un emplacement privilégié – il se trouvait dans la rue Lauro-Muller, à mi-chemin entre Copacabana et Botafogo, près du Canecão, une salle de spectacles récemment inaugurée – l'endroit fut occupé par la jeune *intelligentsia* désargentée de Rio de Janeiro. Il avait des airs de grande ruche décadente, même si y habiter était considéré comme *cult*.

Le loyer mensuel d'une *suite* – chambre avec salle de bains –, comme celle occupée par l'écrivain du Minas Ruy Castro, tournait autour de 200 cruzeiros, mais dans la plupart des cas, chaque résident devait partager une salle de bains avec plus d'une demi-douzaine d'hôtes. Parmi les légendes qui entourent le Solar, il y a celle qui dit que la chanson « Panis et Circensis », composée par les résidents Gilberto Gil et Caetano Veloso, contient dans son texte une sorte d'hommage au lieu : le vers « J'ai fait planter des feuilles de rêve dans le jardin du manoir » serait une référence aux pieds de marijuana qui poussaient dans les parterres du patio de la grande demeure coloniale. D'innombrables futures célébrités habitèrent là, parmi lesquelles les compositeurs Zé Keti, Rogério Duarte, Torquato Neto et Capinam, et des acteurs comme Betty Faria, Cláudio Marzo, Tânia Scher, Odete Lara, Ítala Nandi et Darlene Glória, qui serait consacrée en 1973 avec le film *Toda Nudez Será Castigada (Toute nudité sera châtiée)*. Une présence provoquait des frissons de peur chez les gauchistes et les consommateurs de drogues : tous les soirs apparaissait dans les lieux le policier Mariel Mariscotte, membre de l'Escadron de la Mort et petit ami de Darlene.

Paulo et Vera occupaient une suite au Solar, à la fin du mois de juin 1969, quand ils décidèrent de se faire un programme différent. À la mi-août, la sélection brésilienne de football allait disputer contre l'équipe du Paraguay, à Asunción, un match pour les éliminatoires de la Coupe du monde qui aurait lieu en 1970 au Mexique. Bien qu'il s'intéressât peu au football, un dimanche Paulo avait impressionné sa petite amie étrangère en l'emmenant assister à un *Fla-Flu* dans un Maracanã bondé. Hypnotisée par le spectacle, Vera se mit à apprécier le sport, et ce fut elle qui suggéra qu'ils se rendent en voiture au Paraguay pour assister au match. Il ne savait même pas que le Brésil allait jouer, mais il adora l'idée et, comme dans tout ce qu'il faisait, il se consacra à la préparation du voyage. Il écarta d'emblée la possibilité qu'ils se lancent tout seuls dans presque deux mille kilomètres de route – un marathon qui aurait uniquement Vera comme chauffeur, puisque son petit ami n'avait pas encore trouvé le courage d'apprendre à conduire. La solution consista à faire appel à deux accompagnateurs pour l'aventure : le musicien-dentiste Kakiko et Arnold Bruver Jr., un nouveau compagnon que le théâtre avait fait entrer dans le quotidien de Paulo et de Vera. Ils avaient songé à Kakiko avec une arrière-pensée : outre qu'il possédait un permis de conduire, il assurerait à tous l'hébergement à Asunción, chez une petite amie paraguayenne de son père. Et Bruver, comme presque toute la faune dans l'orbite de laquelle Paulo gravitait, était un type singulier : âgé de 33 ans, fils d'un père letton et d'une mère galicienne, il était danseur, musicien, acteur et chanteur d'opéra et avait été expulsé, pour subversion supposée, de la Marine – armée dans laquelle il avait atteint le poste de capitaine de corvette – après un *Inquérito Policial-Militar*, procès sommaire mené par l'autorité militaire instaurée par le coup d'État de 1964. Ce n'est qu'après avoir accepté la proposition qu'Arnold révéla que lui non plus ne savait pas conduire. La mesure suivante consista à demander à Maître Tuca, qui avait fait avec la grand-mère Lilisa un voyage en voiture à Foz do Iguaçu, à la frontière du Brésil et du Paraguay, de préparer un itinéraire avec les indications des lieux où faire le plein, manger et dormir.

Dans le matin froid et ensoleillé du 14 août, un jeudi, ils se retrouvèrent tous les quatre à la porte du Solar da Fossa et montèrent dans la Volkswagen blanche de Vera. Quand la voiture passa par le remblai de Flamengo, Paulo revit le paysage qui avait attiré son attention un an auparavant : d'énormes ballons de nuages blancs flottant au-dessus de la surface de la baie de Guanabara. Et il respira, soulagé, quand il se rendit compte qu'il était maintenant en route vers la liberté et non vers un asile, comme la dernière fois. Tracé sur une carte routière, le minutieux itinéraire préparé par le grand-père Tuca prévoyait que, dans la première longue trotte, ils iraient jusqu'à São Paulo d'où ils prendraient la route de la vallée du Ribeira, ne s'arrêtant pour dormir que dans la ville pauliste de Registro. Le voyage se passa sans problème, Vera et Kakiko se relayant au volant tous les 150 kilomètres. Il faisait nuit quand la voiture s'arrêta devant la porte du petit hôtel de Registro, où ils arrivèrent tous les quatre mal en point, mais heureux : en douze heures de route, ils avaient fait 600 kilomètres, près d'un tiers de la distance totale. La population locale regardait avec une méfiance justifiée tous les étrangers qui se présentaient. Depuis que, quelques mois plus tôt, le Département de l'ordre politique et social (DOPS), la police politique présente dans les États à l'époque avait démantelé le congrès de l'UNE à Ibiúna, à cent kilomètres de là, les petites villes de la vallée du Ribeira, la région la plus pauvre de l'État de São Paulo, étaient fréquentées par des gens bizarres, dont on ne savait pas très bien s'ils étaient de la police ou s'ils venaient Dieu sait d'où. Mais les quatre étaient tellement fatigués que leur présence n'eut même pas le temps de susciter la curiosité de qui que ce soit. À peine arrivés, ils allèrent directement se coucher.

Sans savoir qu'ils sont sur la route du guérillero Lamarca, Kakiko, Paulo, Vera et Arnold font escale pour la première fois de leur voyage dans la ville de Registro.

Le vendredi, ils se levèrent tôt, parce que le tronçon suivant était le plus long de tout le voyage qu'ils devaient parcourir en un seul jour. Si tout se passait bien, à l'heure du dîner, ils seraient à Cascavel, dans la région ouest du Paraná, à 750 kilomètres de là, la dernière escale avant d'arriver à Asunción. Mais tout ne se passa pas bien. L'important trafic de camions les obligeait à attendre très longtemps avant de doubler en toute sécurité. Résultat, à 10 heures du soir, ils étaient tous affamés et il restait 200 kilomètres pour arriver à Cascavel. C'est à ce moment que Vera arrêta la voiture sur l'accotement et demanda à Kakiko de descendre pour vérifier s'il y avait un problème avec les pneus, parce qu'elle avait l'impression que la voiture dérapait. Comme il n'y avait rien d'anormal, ils conclurent que c'était la brume épaisse qui recouvrait toute la région qui rendait la piste glissante. Kakiko suggéra à Vera de passer à l'arrière et de se reposer, il allait conduire jusqu'à Cascavel. Après avoir roulé plus d'une heure, il s'arrêta dans un poste d'essence pour faire le plein. Comme les quatre se partageaient toutes les dépenses communes immédiatement, quand elle chercha son portefeuille, Vera s'aperçut qu'elle avait perdu son sac contenant l'argent et tous les documents, y compris le permis de conduire et le certificat de propriété de la voiture. Et elle conclut qu'il n'avait pu tomber qu'au moment où elle avait passé le volant à Kakiko. Il n'y avait d'autre issue que de retourner à l'endroit où ils s'étaient arrêtés, plus de 100 kilomètres en arrière, pour tenter de retrouver le sac. Ils perdirent plus de trois heures aller et retour, mais sans succès. Ils avaient eu beau chercher de tous les côtés, sous les phares de la voiture, il n'y avait aucune trace du sac, et dans les bars et les postes d'essence des environs, personne n'avait d'informations à leur donner. Certain que c'était un mauvais présage, un signe à interpréter, Paulo proposa qu'ils fissent demi-tour et retournent à Rio – après tout, personne ici ne s'intéressait le moins du monde au football – mais aucun de ses trois compagnons n'accepta. Ils poursuivirent le voyage et ils n'arrivèrent à Cascavel qu'au petit jour le samedi, la voiture présentant la première panne : l'embrayage avait cessé de fonctionner et il n'était pas question d'aller plus loin.

Parce que le Brésil jouait, le lendemain, tout ou presque à Cascavel était fermé, y compris les garages où ils tentèrent de faire réparer l'automobile. La décision de ne terminer le voyage qu'à Asunción était majoritaire et ils décidèrent d'aller en autocar jusqu'au bout. Ils achetèrent des billets pour Foz do Iguaçu et, comme Vera n'avait pas de papiers, ils se mêlèrent aux hordes de touristes et de supporters pour traverser le pont qui sépare le Brésil du Paraguay. En territoire paraguayen, ils prirent un autre autocar à destination de la capitale. Peu après qu'ils se furent installés chez la petite amie du père de Kakiko, les quatre apprirent que tous les billets d'entrée pour le match de football avaient été vendus depuis des jours, mais ils s'en moquèrent. Le week-end fut consacré à la visite de tribus d'Indiens Guarani dans la banlieue de la ville et à de fastidieuses promenades en bateau sur le Paraguay. Le lundi matin, ils commencèrent à chercher un moyen de réparer la voiture à Cascavel. Le sac disparu, ils devaient prendre pour le voyage de retour des précautions supplémentaires : sans les papiers de la Volks, ils ne pourraient commettre aucune infraction sur la route ; et sans l'argent de Vera, les dépenses des quatre devraient être partagées en trois – ce qui signifiait manger moins et passer la nuit dans des endroits moins chers. Ils refirent l'itinéraire du grand-père et décidèrent de continuer vers Curitiba, où ils dormiraient et tenteraient d'obtenir un duplicata des documents de la voiture et du permis de conduire de Vera.

Vers 10 heures du soir, aucun des voyageurs ne se souviendrait plus tard à quelle heure exactement, la faim les obligea à s'arrêter avant la capitale du Paraná. Quand ils garèrent la voiture sur le parking d'un restaurant de grillades, à l'entrée de la ville de Ponta Grossa, ils avaient roulé près de 400 kilomètres. Pour faire des économies, ils appliquèrent la tactique dont ils se servaient depuis que Vera avait perdu son sac : Paulo et elle s'asseyaient seuls à la table et commandaient des plats pour deux. Quand la nourriture était servie, Kakiko et Arnold apparaissaient et ils partageaient les plats avec eux. Dûment nourris, les quatre se préparaient à reprendre la route quand un groupe de soldats de la Police militaire, armés de mitrailleuses, entra dans la salle du restaurant. Celui qui semblait être le chef se dirigea vers la table :

— La Fusca blanche immatriculée dans le Guanabara qui est là sur le parking, elle est à vous ?

Le seul du groupe ayant le permis de conduire, Kakiko, se sentit dans l'obligation de répondre :

— Oui, elle est à nous.

Quand le militaire demanda à voir le certificat de propriété de la voiture, Kakiko expliqua en détail, sous le regard terrorisé des amis, que Vera avait laissé son sac près de la porte de la voiture, raconta la perte du portefeuille et le projet de dormir à Curitiba et d'obtenir le duplicata des documents perdus. L'homme écouta d'un air incrédule et décida :

— Va falloir expliquer tout ça au commissaire. Vous venez avec nous.

Emmenés dans un commissariat, les quatre passèrent la nuit dans un froid glacial, assis sur un banc en bois, et puis à 6 heures du matin, le commissaire apparut enveloppé dans des ponchos et des écharpes pour leur annoncer en personne la nouvelle :

— Vous êtes accusés de terrorisme et d'attaque de banque. Alors, ce n'est plus moi que ça regarde, c'est l'Armée.

Bien qu'aucun d'eux ne s'intéressât le moins du monde au sujet, la situation politique s'était beaucoup aggravée au cours des derniers mois au Brésil. Depuis la publication de l'AI-5, en décembre 1968, plus de deux cents professeurs d'Université et chercheurs avaient été mis à la retraite d'office, arrêtés ou exilés – sur la liste des punis se trouvaient des noms prestigieux sur le plan international, comme ceux du sociologue et futur président de la République Fernando Henrique Cardoso, de l'historien Caio Prado Júnior et du physicien Mário Schenberg. Au Congrès national, cent dix députés et quatre sénateurs avaient vu leur mandat cassé, près de cinq cents personnes avaient été écartées de l'administration publique, directement ou indirectement accusées de subversion. Après la cassation de trois juges du Tribunal fédéral suprême, la violence avait atteint la plus haute cour du pays. En janvier, le capitaine Carlos Lamarca avait déserté d'une caserne de l'Armée à Quitaúno, quartier d'Osasco (SP), emportant pour la guérilla urbaine un véhicule contenant 63 fusils automatiques, trois mitraillettes et des munitions. À São Paulo, le gouverneur en titre Abreu Sodré avait créé l'Opération Bandeirantes (Oban), un organe qui réunissait des policiers et militaires des trois armées, destiné à réprimer l'opposition, qui deviendrait bientôt un centre de torture des adversaires du régime et d'où viendrait le premier nom sur une liste de 139 prisonniers politiques « disparus » sous la dictature : Virgílio Gomes da Silva, dit « Jonas ».

Deux jours avant l'arrestation de Paulo et de ses amis, quatre guérilleros armés de mitrailleuses – trois hommes et une femme blonde – utilisant une Volks blanche immatriculée dans le Guanabara, avaient braqué une banque et un supermarché dans la ville de Jandaia do Sul, à cent kilomètres au nord de Ponta Grossa. Ça ne pouvait être qu'eux, s'imaginèrent les organes de répression. Tremblant de froid et de peur, les quatre furent transportés dans un fourgon vert olive gardé par des soldats lourdement armés jusqu'au siège du 13e Bataillon d'infanterie blindée (BIB), dans le quartier d'Uvaranas, à l'autre bout de la ville. Obsédé par sa manie d'interpréter les signes, Paulo aurait pu nourrir l'espoir de sortir sain et sauf de cette confusion s'il avait lu

Des heures avant que le cauchemar commence, le groupe fait du tourisme à Assunção, au Paraguay, et à Foz do Iguaçu.

le nom inscrit dans le ciment sur l'imposant portail d'entrée de la caserne – c'était le bataillon Tristão de Alencar Araripe, nom donné en hommage à l'illustre conseiller de l'Empire qui se trouvait être le bisaïeul de Maître Tuca. Peut-être parce qu'il n'avait pas vu le signal, rien n'indiquait que cela se terminerait bien. Dépenaillés, puants et morts de froid, les quatre descendirent du fourgon dans un énorme patio où près de mille recrues étaient à l'exercice. Pour les terroriser encore plus, certains soldats frappaient le plat de la main droite sur la gauche repliée, geste obscène dont tout Brésilien connaissait la signification : ils étaient foutus.

Placés dans des cellules séparées, déshabillés et fouillés, une demi-heure plus tard, ils étaient interrogés. Le premier appelé fut Kakiko, emmené dans une cellule où il y avait seulement une table et deux chaises, dont l'une était occupée par un homme brun, grand et fort, en brodequins et uniforme de campagne avec une identification brodée sur la poitrine : *Maj. Índio.* Ce n'était pas un faux nom, comme Kakiko le supposait. Descendant d'Indiens Charruas et né à Alegrete, dans le Rio Grande do Sul, le major Índio do Brasil Lemes, alors âgé de 39 ans, n'allait pas entrer dans l'histoire du Brésil parce qu'il avait l'honneur d'être le petit-fils du général Honório Lemes, génial stratège gaucho connu comme « le Lion du Caverá », ni à cause de la tragédie qui l'avait rendu témoin à 15 ans du meurtre de son père, le fonctionnaire public Gaspar Lemes. Avec la chute de la dictature, des années plus tard, son nom apparaîtrait trois fois sur les listes des « éléments directement impliqués dans les tortures » du *Projet Brésil Plus jamais ça,* coordonné par l'Archidiocèse de São Paulo.

Le major Índio ordonna à Kakiko de prendre une chaise et de s'asseoir en face de lui. Il joignit l'index et le médium de sa main droite, les autres doigts pliés, et les agita en l'air, comme une spatule, à quelques millimètres du nez du prisonnier. Alors seulement il commença à prononcer la phrase que le musicien-dentiste se rappellerait pour le restant de sa vie, mot pour mot :

« Personne jusqu'à maintenant ne vous a touchés, mais fais attention à ce que je vais te dire. Si une seule information que tu donneras ici est fausse – une seule suffira – je t'enfile ces deux doigts dans l'œil gauche, je t'arrache le globe oculaire et je le bouffe. Ton œil droit sera préservé pour témoigner de la scène. On s'est compris ? »

Les crimes dont la responsabilité était attribuée à Paulo et à ses amis s'étaient produits quelques jours avant leur arrestation. Le premier, l'attaque à main armée des caisses d'un supermarché à Jandaia do Sul, n'avait pas fait de victimes. Mais en tentant de s'emparer des mallettes contenant de l'argent qu'on apportait à l'agence du Banco de Crédito Real de Minas Gerais, dans la même ville, la bande tira sur le gérant José Santamaría Filho, et le tua. Les ressemblances entre les quatre voyageurs et les guérilleros paraissaient justifier les soupçons des militaires de Ponta Grossa. Bien que les assaillants se soient servis de bas de nylon pour couvrir leurs visages, il n'y avait aucun doute : c'étaient trois hommes blancs, l'un d'eux chevelu, comme Paulo, et une femme blonde, comme Vera, et ils occupaient une Volks blanche immatriculée dans le Guanabara, identique à celle des voyageurs. La carte que Paulo portait parut aussi aux autorités trop minutieuse et professionnelle pour avoir été faite par un grand-père zélé pour son hippie de petit-fils. En outre, le trajet choisi n'aurait pu être plus compromettant : des informations des organes de renseignement militaire rapportaient qu'un groupe du capitaine Carlos Lamarca préparait peut-être l'implantation d'un foyer de guérilla dans la vallée du Ribeira – exactement sur le trajet qu'ils avaient parcouru en allant vers Asunción. Un dossier avec les fiches des quatre et des informations sur la voiture avait été envoyé aux organes de sécurité de Brasília, de Rio et de São Paulo.

Outre la détention illégale et les intimidations de plus en plus effrayantes, aucun des quatre n'avait subi jusque-là aucune sorte de violence physique. Le major Índio avait répété aux autres la promesse de leur bouffer un œil, insistant sur le fait que ce n'était pas une simple menace :

« Jusqu'à maintenant personne n'a posé la main sur vous. Nous vous donnons à manger et des couvertures parce que nous présumons que vous êtes innocents. Mais n'oubliez pas : s'il y a une syllabe de mensonge dans vos dépositions, je mets ma promesse à exécution. J'ai déjà arraché les yeux à d'autres terroristes et je le ferai avec vous, sans le moindre problème. »

La situation s'aggrava vraiment en fin de matinée le mardi, quand des employés du supermarché de Jandaia do Sul furent amenés à la caserne du 13ᵉ BIB pour la reconnaissance des suspects. Pour Paulo et Vera, la visualisation se fit à travers la petite fenêtre de la porte des cellules, sans qu'ils s'aperçoivent qu'ils étaient épiés. Dans le cas d'Arnold et de Kakiko, les portes furent simplement ouvertes, pour permettre aux personnes, aussi effrayées que les prisonniers, de regarder rapidement à l'intérieur. Bien que les assaillants eussent eu le visage couvert au moment des faits, et même s'ils voyaient les prisonniers de biais, dans des cellules sans éclairage, les témoins furent unanimes : c'étaient eux les criminels. Les interrogatoires s'intensifièrent et devinrent plus intimidants, et les mêmes questions étaient répétées quatre, cinq, six, dix fois. Vera et Arnold durent expliquer à tous – maintenant, en effet, civils et militaires se succédaient dans les cellules pour poser des questions – ce que faisaient dans la région une Yougoslave et un officier de Marine dégradé pour subversion. Paulo répondit, il ne sait combien de fois, aux mêmes doutes : s'ils avaient fait un voyage aussi long, pourquoi n'étaient-ils pas allés voir le match et étaient-ils revenus au Brésil ? Comment Vera avait-elle réussi à traverser la frontière avec le Paraguay dans les deux sens sans documents ? Pourquoi la carte suggérait-elle autant de solutions pour dormir et faire le plein ? Paulo dirait à Arnold, dans l'un des rares moments où ils étaient seul à seul dans la même cellule, que c'était un cauchemar kafkaïen : même la présence de l'innocent petit aérosol qui soulageait ses crises d'asthme, il dut l'expliquer en détail plusieurs fois.

Le cauchemar dura cinq jours. Le samedi matin, des soldats en armes entrèrent dans les cellules et ordonnèrent aux prisonniers de ramasser leurs affaires parce qu'ils allaient être « transférés ». Serrés à l'arrière du même fourgon vert olive, les quatre étaient convaincus qu'ils étaient sur le point d'être exécutés. Quand le véhicule s'arrêta quelques minutes plus tard, quelle ne fut pas leur surprise quand ils débarquèrent devant un bungalow entouré de rosiers soigneusement taillés. En haut de l'escalier un souriant militaire aux cheveux grisonnants les attendait, un bouquet de fleurs à la main. C'était le résident de la maison, le colonel Ivan Lobo Mazza, 49 ans, commandant du 13e BIB et héros de la Force expéditionnaire brésilienne, qui avait combattu en Italie pendant la Seconde Guerre. Mazza expliqua aux voyageurs abasourdis que tout avait été éclairci et qu'ils étaient de fait innocents. Les fleurs, cueillies par l'officier en personne, furent offertes à Vera pour lui présenter des excuses. Le colonel expliqua les raisons de leur arrestation – la progression de la lutte armée, leur ressemblance avec les assaillants de Jandaia do Sul, leur passage par la vallée du Ribeira – et demanda avec insistance à chacun s'il avait subi des violences physiques. Devant l'apparence pitoyable de la bande, qui venait de passer sept jours sans voir d'eau, il leur proposa de se servir de la salle de bains de la maison puis leur offrit des petits pâtés salés sur un plateau, accompagnés de whisky écossais. Le défaut dans l'embrayage de la voiture avait été réparé au garage de la caserne et pour qu'ils puissent arriver à Rio en toute sécurité, ils emporteraient un sauf-conduit signé par le colonel Mazza en personne. Le voyage touchait à sa fin.

11
Les années marijuana

De retour à Rio, Paulo allait entrer dans les années 1970 avec un nouveau combustible : la marijuana. Après vinrent d'autres drogues, mais au début ce fut seulement la marijuana. Dès qu'ils goûtèrent l'herbe ensemble, Vera et lui devinrent des consommateurs réguliers. Novices dans ce domaine et peu familiarisés avec ses effets, avant de fumer, ils enfermaient tous les couteaux et objets coupants dans un tiroir de la maison, « pour prévenir tout risque », comme elle disait. Ils fumaient tous les jours et sous le moindre prétexte : l'après-midi pour mieux jouir des couchers de soleil rouges de Leblon, la nuit pour supporter l'émotion de dormir à l'extrémité de la piste de l'aéroport Santos Dumont, avec le bruit assourdissant des avions qui se posaient et décollaient à quelques mètres. Et s'il n'y avait pas de motif, ils fumaient pour chasser l'ennui. Paulo se souviendra, longtemps après, avoir passé des jours de suite sous l'effet de la marijuana, sans même un intervalle d'une demi-heure.

Définitivement libéré du contrôle paternel, il était devenu un hippie légitime, quelqu'un qui non seulement s'habillait et se comportait comme tel, mais pensait en hippie. Il avait cessé d'être communiste, sans jamais l'avoir été, quand il avait reçu en public un sermon d'un militant du PCB pour avoir affirmé qu'il avait adoré le film *Les Parapluies de Cherbourg* – comédie musicale française avec Catherine

Deneuve. Aussi légèrement qu'il était passé du christianisme des jésuites au marxisme, il était maintenant un adepte de l'insurrection hippie qui était en marche dans le monde. « Ce sera la dernière révolution de l'humanité », écrivit-il dans son journal. « Le communisme est passé, il naît une nouvelle fraternité, le mysticisme pénètre dans l'art, la drogue est l'aliment essentiel. Quand Christ a consacré le vin, il a consacré la drogue. La drogue est un vin d'un cépage supérieur. »

Après quelques mois au Solar da Fossa, Vera et lui louèrent en communauté avec un ami un appartement de deux chambres à Santa Teresa, un quartier bohème posé sur une colline proche de Lapa, dans le centre de la ville, traversé par un romantique tramway qui faisait des embardées en montant les côtes. Entre les deux adresses, ils durent habiter quelques semaines dans l'appartement de Leblon, période où le couple vécut avec l'ex-mari de Vera, qui n'avait pas encore déménagé.

Si la marijuana, comme l'affirment certains spécialistes, mène souvent l'usager à des états prolongés de léthargie et de prostration, chez Paulo la drogue semblait provoquer l'effet inverse. Pris d'une soudaine hyperactivité, dans les premiers mois de 1970, il monta une adaptation théâtrale de *La Guerre des mondes,* de H.G. Wells, participa à des laboratoires avec le dramaturge Amir Haddad, inscrivit des textes au Concours de Contes du Paraná et au Prix Esso de Littérature. Et il trouva encore du temps pour écrire trois pièces de théâtre, *Os Caminhos do Misticismo,* sur le père Cícero Romão Batista, un Nordestin qui croyait aux miracles ; *À Revolta da Chibata – História à Beira de um Caís,* sur le soulèvement de marins qui eut lieu à Rio de Janeiro en 1910 ; et *Limitès da Resistência,* un collage de textes. Il envoya *Limites* avec une demande de coédition à l'Institut national du livre, organe du gouvernement fédéral, mais il ne passa même pas le premier obstacle, la Commission de lecture. Son ouvrage fut confié au critique et romancier

Octavio de Faria, qui, tout en mettant en avant des qualités ponctuelles, expédia les originaux droit aux archives, avec un avis éloquent :

Je ne cacherai pas ma perplexité devant un livre aussi étrange que ces « Limites da Resistência » que, même après l'avoir lu, je ne parviens pas à savoir dans quel genre littéraire classer, et qui porte seulement l'indication en couverture : Os Limites da Resitência – composées de « Onze Différences fondamentales », avec une épigraphe d'Henry Miller, et prétend être tout en matière d'« appréhension » de la vie. Divagations, constructions surréalistes, témoignages d'expériences psychédéliques, blagues d'espèces les plus variées. Au total, un amas de « différences fondamentales », inégalement bien écrites, intelligentes, mais qui ne me paraissent pas du genre de celles qui entrent dans nos cadres de valorisation. Cela appartient au type d'ouvrages que les maisons d'édition mettent « en avant », dans l'espoir de révéler des « génies », pas au type d'ouvrages de l'Institut national du Livre, quel que puisse être l'avenir littéraire de M. Paulo Coelho de Souza.

Il lui resterait la consolation d'être en excellente compagnie. La même Commission de lecture qui avait rejeté *Os Limites da Resistência* avait écarté au moins deux œuvres d'auteurs qui deviendraient des classiques de la littérature brésilienne : *Sargento Getúlio (Sergent Getulio),* le livre qui lancerait au Brésil et aux États-Unis l'écrivain João Ubaldo Ribeiro, et *Objeto Gritante,* de Clarice Lispector, qui serait publié sous le titre d'*Água Viva.* Comme si une force avait voulu l'éloigner de l'idée fixe d'être écrivain, le théâtre lui offrait plus de reconnaissance que la prose. Bien que Paulo eût placé beaucoup de confiance dans la pièce sur le père Cícero, lui prévoyant un avenir brillant, en vérité seule *A Revolta da Chibata* aurait un certain succès. Résultat d'une recherche minutieuse sur le soulèvement conduit par le marin noir Jão Cândido, *A Revolta* fut inscrite par l'auteur au prestigieux Concours du Théâtre Opinião, plutôt par devoir, sans grand espoir qu'elle soit classée. Le prix offert au gagnant était plus que de l'argent : la pièce serait jouée par la troupe de l'Opinião, le groupe d'avant-garde le plus célébré du Brésil. Quand il apprit, par un coup de téléphone de Viera, que *A Revolta* était en deuxième place, Paulo, sans aucune modestie, réagit avec mauvaise humeur :

— Je n'ai eu que la deuxième place ? Quelle merde ! Je suis assigné à la deuxième place.

La première était allée à la comédie policière *Os Dentes do Tigre,* de Maria Helena Kühner, du Minas, débutante elle aussi. Mais si son objectif était la renommée, il n'avait pas à se plaindre. Outre qu'il était cité dans tous les journaux et loué par des critiques tels que João das Neves et José Arrabal, *A Revolta da Chibata,* placé deuxième, avait gagné le droit d'entrer dans le disputé Cycle de lectures de l'Opinião, ouvert au public, et tenu toutes les semaines. Bien qu'il eût dédaigné le prix, Paulo fut saisi d'une grande anxiété les jours qui précédèrent la lecture au théâtre. Durant toute la semaine, il ne parvint pas à penser à autre chose et se sentit fier quand il vit une actrice consacrée comme Maria Pompeu lire un texte de lui, un soir de salle comble.

La proximité avec l'Opinião le conduirait, quelques mois plus tard, à connaître de près – ou du moins, tenter – un des mythes internationaux de la contre-culture, le groupe de théâtre révolutionnaire américain The Living Theater, à l'époque en tournée au Brésil. Créé en 1947 à New York par le couple Julian Beck et Judith Malina – celle-ci seule sera connue du grand public beaucoup plus tard, comme la macabre grand-mère du film *La Famille Adams* –, le Living parcourait le monde en prêchant la révolution esthétique qui allait fortement influencer le théâtre et le cinéma engagés des années 1960 et 1970. Un an avant, le rocker Jim Morrison avait été arrêté à Miami pour avoir exhibé son pénis devant une assistance de dix mille personnes, au cours d'un show. Au commissariat, le musicien déclara que l'exhibitionnisme était une technique dramaturgique apprise dans un cours avec le Living. Quand il apprit qu'il avait obtenu des billets pour assister à une représentation du groupe américain, Paulo fut tellement ému qu'il se sentit « intimidé, comme si c'était une grande décision ». Craignant d'être pressé de donner son opinion, lors des entractes ou après la pièce, il lut des passages de Nietzsche avant d'aller au théâtre « pour avoir quelque chose à dire ». À la fin, lui et Vera furent tellement frappés par ce qu'ils avaient vu qu'ils cherchèrent à obtenir une invitation pour se rendre dans la maison où la troupe était hébergée – y compris Beck et Malina – et sortirent de là pour visiter la favela du Vidigal. À en juger par les annotations dans le journal, pourtant, la rencontre ne se serait pas très bien passée :

Contact intime avec le Living Theater. Nous sommes allés chez Julian Beck et Judith Malina et personne ne nous a adressé la parole. Un amer sentiment d'humiliation. Nous sommes allés avec eux à la favela. C'était la première fois de ma vie que je montais dans une favela. C'est un monde à part.

Le lendemain, bien qu'ils aient déjeuné avec le groupe et assisté aux répétitions, l'indifférence des Nord-Américains à leur égard n'allait pas changer. « Julian Beck et Judith Malina restent de glace à notre égard », écrivit-il. « Mais je ne les blâme pas. Je sais qu'il a dû être très difficile d'arriver où ils sont. » Paulo n'aurait des nouvelles du Living et de ses dirigeants que quelques mois plus tard, en entendant à la radio dans un taxi que tout le groupe avait été arrêté à Ouro Preto, dans le Minas Gerais, sous l'accusation d'usage et détention de marijuana. Le couple avait loué une grande maison dans la ville historique pour en faire un laboratoire permanent d'expériences dramaturgiques avec des acteurs venant de plusieurs États. Quelques semaines après leur installation, la police cerna la maison, arrêta les dix-huit membres du groupe le 1er juillet 1971, et les transféra immédiatement dans les cellules du DOPS de Belo Horizonte. Dès qu'il entendit la nouvelle, le taxi en marche, Paulo sortit de sa poche son stylo, un petit bloc de papier, et d'une écriture tremblante, écrivit une mini-pièce de théâtre en un acte, dans laquelle il imaginait les raisons de l'arrestation :

Le Théâtre de la Vie

Julian Beck et Judith Malina se réveillent le matin à Ouro Preto.

Judith Malina. – Ici, ça ne va plus. Tirons-nous.

Julian Beck. – D'accord, mais avant il faut une grande pièce, un laboratoire ravageur.

Les deux réfléchissent cinq minutes.

JB – J'ai la solution. Téléphone à la police. Dis que tu sais qu'il y a de la marijuana dans la salle où un groupe de théâtre fait des expériences. Donne toutes les pistes qu'ils demanderont.

Judith téléphone, le commissaire de police pose mille questions, auxquelles elle répond patiemment. Ils allument et fument un joint pendant dix minutes.

JB – OK, appelle le groupe. Préviens que nous allons avoir une répétition maintenant. Nous allons réaliser un laboratoire dont le thème sera l'arrestation.

Julian Beck et Judith Malina se réunissent avec leurs douze apôtres. La police arrive.

Malgré les protestations de personnalités du monde entier – Jean-Paul Sartre, Michel Foucault, Pier Paolo Pasolini, Jean-Luc Godard et Umberto Eco, entre autres – le gouvernement militaire maintint le groupe en prison pendant soixante jours, au terme desquels il expulsa tous les étrangers du Brésil sous l'accusation de « trafic de drogue et subversion ».

Quant à Paulo et Vera, quelques mois après avoir fait la connaissance de la marijuana, ils reçurent d'un ami, l'artiste plasticien Jorge Mourão, une barrette de la taille d'un paquet de chewing-gum qui paraissait faite d'une cire très sombre, presque noire. C'était du haschich. Bien qu'originaire de la même plante dont est tirée la marijuana, le haschich est plus fort et a toujours été une drogue plus consommée en Europe et dans le nord de l'Afrique qu'en Amérique du Sud, raison pour laquelle il était considéré comme une nouveauté chez les usagers brésiliens. Obsessionnel dans la préparation et l'organisation de tout ce qu'il entreprenait, Paulo décida de faire d'une simple « taffe » une expérience scientifique solennelle. À partir du moment où il ingéra la drogue pour la première fois, il se mit à raconter toutes ses sensations à un magnétophone, tandis que le temps était chronométré. Le résultat final fut dactylographié et placé dans le journal :

Notes brèves sur l'Expérience avec le Haschich
À Edgar Allan Poe

Nous commençons à fumer dans ma chambre, à 10 heures 40 du soir. Sont présents moi, Vera et Mourão. Le haschich est mélangé avec du tabac ordinaire, dans la proportion d'un à sept, approximativement, et placé dans une pipe spéciale en argent. Cette pipe fait passer la fumée à travers de l'eau froide, pour permettre un filtrage parfait. Trois bouffées chacun est une proportion suffisante. Mais Vera ne participera pas à l'expérience, parce qu'elle est chargée de l'enregistrement et des photos. Mourão, un vieux routier des drogues, indiquera la marche à suivre.

3 min. – Sensation d'euphorie et de légèreté. Joie sans retenue. Agitation intérieure assez forte. Je marche d'avant en arrière dans une sensation d'ivresse totale.

6 min. – Paupières lourdes. Sensation de vertige et d'endormissement. La tête commence à atteindre des proportions effrayantes, les images légèrement distordues prenant une forme circulaire. Dans cette phase de l'expérience sont venus à la surface certains blocages (d'ordre moral). Note : les effets ont pu souffrir de l'excès de nervosité.

10 min. – La sensation de sommeil est énorme. Les nerfs complètement relâchés je me couche par terre. Je commence à transpirer, à cause de l'angoisse plus que de la chaleur. Aucune initiative : si la maison prenait feu, je préférerais mourir plutôt que de me lever de là.

20 min. – Je suis conscient, mais j'ai perdu toute orientation auditive. C'est un état agréable qui mène à une absence totale de préoccupation.

28 min. – La sensation de relativité du temps est quelque chose d'impressionnant. Ce doit être comme ça qu'Einstein l'a découverte.

30 min. – Brusquement, je perds totalement conscience. J'essaie d'écrire, mais je ne comprends pas que c'est seulement une tentative, un test. Je commence à danser, à danser comme un fou, la musique vient d'une autre planète et possède une dimension inconnue.

33 min. – Le temps passe avec une lenteur exagérée. Je n'ai pas le courage d'essayer le LSD...

45 min. – La peur de m'envoler par la fenêtre est si grande que je sors de mon lit et me couche par terre, au bout de la chambre, bien éloigné de la rue dehors. Mon corps n'exige pas de confort. Je peux rester couché par terre sans bouger.

1 h – Je regarde la montre sans comprendre pourquoi j'essaie de tout enregistrer. Pour moi tout ça n'est qu'une éternité dont je ne sortirai jamais.

1 h 15 – Soudain une immense envie de sortir de transe. Dans l'hiver le plus rigoureux je suis pris d'un courage subit et j'accepte un bain froid. Je ne sens pas l'eau sur mon corps. Je suis nu. Mais je n'ai pas réussi à sortir de transe. Je prends peur devant la possibilité de rester comme ça éternellement. Des livres que j'ai lus sur la schizophrénie paraissent se promener dans la salle de bains. Je veux sortir. Je veux sortir !

1 h 30 – Je suis rigide, allongé, suant de peur.

2 h – Le passage de la transe à l'état normal se fait imperceptiblement. Il n'y a pas de nausée, de somnolence ou de fatigue, mais une faim inhabituelle. Je cherche un restaurant au coin. Je marche, j'avance. Un pied devant l'autre.

Non content d'avoir fumé et enregistré les effets du haschich, Paulo commit une effronterie qui au bon temps du Dr Pedro lui aurait coûté une séance d'électrochocs à l'asile : il fit une copie des « Notes brèves... » et faillit tuer ses parents de crise cardiaque quand il la leur donna à lire. De son point de vue, le geste n'était peut-être pas seulement une provocation contre Lygia et Pedro. Il avait beau avouer à son journal qu'il avait « découvert un autre monde » et que « la drogue était la meilleure chose qui existe », Paulo ne se considérait pas comme un vulgaire fumeur de marijuana, mais comme « un idéologue militant du mouvement hippie » qui ne se lassait pas de répéter parmi ses amis cette bravade, qu'il enregistra par écrit : « La drogue est pour moi la même chose que la mitrailleuse pour les communistes et les guérilleros. » Ou alors des choses incompréhensibles comme celle-là : « Les terroristes pensent que c'est le gouvernement qui distribue la marijuana, mais ils ne savent pas que c'est là que se passe la plus grande inversion de valeurs dont l'humanité ait connaissance. »

En plus de la marijuana et du haschich, le couple était devenu consommateur fréquent de drogues de synthèse. Depuis son premier internement, Paulo prenait, sur prescription médicale, des doses régulières de Valium, utilisé dans le traitement contre l'anxiété. Sans craindre les ravages que ces cocktails pouvaient produire sur leurs neurones, les amoureux se bourraient de drogues comme le Mandrix, l'Artane, le Dexamil, le Pervitin. Présente dans certains de ces médicaments, l'amphétamine agissait sur le système nerveux central, accélérait le rythme cardiaque et augmentait la pression sanguine, produisant une agréable sensation de détente musculaire, suivie d'états d'euphorie qui pouvaient durer jusqu'à quatorze heures. Quand l'organisme se fatiguait, ils prenaient un inducteur de sommeil, comme le puissant Mandrix, et sombraient. Des médicaments utilisés dans le contrôle des crises d'épilepsie ou dans le traitement de la maladie de Parkinson assuraient des séances interminables de « trips » qui les faisaient voyager des jours et des nuits sans interruption. Un week-end chez Kakiko, à Friburgo, à cent kilomètres de Rio, Paulo réalisa un « test de limites » pour savoir combien de temps il pouvait rester drogué, sans arrêter, même pour dormir. Il fêta son record : vingt-quatre heures sans dormir et complètement « défoncé ». Sur le chemin périlleux sur lequel il était engagé, seule la drogue semblait compter. « Notre alimentation est devenue quelque chose de très subjectif », écrivit-il dans le journal. « On ne sait pas quand on a mangé pour la dernière fois et pourtant la nourriture n'a pas manqué. »

Une seule amarre paraissait le relier encore au monde des normaux, ceux qui ne consommaient pas de drogue : l'idée fixe d'être écrivain. Il était décidé à s'enfermer chez l'oncle José, à Araruama, et seulement écrire. « Écrire, écrire beaucoup, écrire tout » était son projet immédiat. Vera l'approuvait et le poussait, mais elle proposa, avant qu'il s'enferme, qu'ils aillent se détendre en vacances. En avril de cette année 1970, le couple décida de se rendre dans un des lieux saints du mouvement hippie dans les Andes péruviennes : le Machu Picchu, la cité sacrée des Incas, située à 2 400 mètres d'altitude. Encore traumatisé par le voyage au Paraguay, Paulo craignait qu'un malheur ne lui arrive s'il quittait le Brésil. Ce n'est qu'après beaucoup de préparation, exigée par lui, bien sûr, et des semaines passées au-dessus de cartes et de circuits touristiques que le couple partit enfin. S'inspirant d'*Easy Rider*, le film avec Peter Fonda et Dennis Hopper qui avait eu un énorme suc-

Fin de semaine de détente chez Kakiko : vingt-quatre heures sans dormir en fumant de la marijuana.

cès en 1969 et était devenu un film culte pour les hippies, ils n'avaient ni destination bien définie ni de date de retour. Le 1er mai, ils prirent un avion du Lloyd Aéreo Boliviano en direction de La Paz pour un voyage riche en nouveautés – pami lesquelles la neige, que Paulo découvrit en débarquant à l'aéroport El Alto, dans la capitale bolivienne. Il fut tellement ému, à la descente d'avion, quand il vit la couche d'un blanc immaculé qui recouvrait tout, qu'il n'y résista pas : il se jeta par terre et se mit à manger de la neige. C'était le commencement d'un mois de repos absolu. Mise hors de combat par l'air raréfié des presque 4 000 mètres d'altitude de La Paz, Vera passa la journée dans la chambre d'hôtel. Paulo sortit pour connaître la ville et, habitué à l'apathie politique qui régnait au Brésil sous la dictature, il fut choqué par les manifestations ouvrières à l'occasion de la Fête du Travail. Le soir, en rentrant à l'hôtel, il déclara à Vera :

— Je suis impressionné par les manifestations et les réunions des travailleurs pour le 1er Mai. Il semble qu'ici la situation pourrait se retourner à tout moment.

Même si les prévisions politiques n'étaient pas son fort, cette fois il avait visé juste : quatre mois plus tard, prendrait fin le gouvernement du général Alfredo Ovando Candia, qui était arrivé à la présidence de la République, pour la troisième fois, en septembre de l'année précédente. Profitant du coût de la vie très bas en Bolivie, ils louèrent une voiture, restèrent dans de bons hôtels et fréquentèrent des restaurants de luxe. De temps à autre, l'élégante Vera prenait le temps d'aller chez le coiffeur, pendant que Paulo se familiarisait avec les pentes raides de La Paz. Et ce fut dans cette ville que tous deux franchirent la frontière vers un nouveau type de drogue, pratiquement inexistante au Brésil : la mescaline – appelée également *peiote, peyotl* ou *mescal,* des noms qui changent selon le pays pour désigner la même tisane hallucinogène distillée à partir de cactus coupés et séchés. Émerveillés par la sérénité et la tranquillité transmises par le breuvage, ils plongèrent dans d'interminables hallucinations visuelles, et connurent des moments splendides de synesthésie, une confusion des sens qui donne à l'usager la sensation de pouvoir sentir l'odeur d'une couleur ou d'entendre une saveur.

Ils passèrent cinq jours à La Paz à prendre cette tisane, à visiter des maisons de musique typique, les *peñas*, et à fréquenter des *diabladas*, des lieux de représentation théâtrale où un homme jouait le rôle de Supay, l'équivalent inca du démon des chrétiens. Ils étaient dans la gare ferroviaire de La Paz, où ils devaient prendre un train en direction du lac Titicaca, quand Paulo s'aperçut qu'il avait oublié un vieux caleçon à l'hôtel et, pris d'un accès d'avarice, sous les protestations de Vera, faillit gâcher le voyage ; il perdit quarante minutes et une course en taxi pour récupérer le vêtement et revint quelques instants avant le départ. Arrivés à destination, ils traversèrent en bateau le Titicaca, le lac navigable situé à l'altitude la plus élevée du monde, continuèrent en train vers Cuzco et le Machu Picchu, et ensuite, en avion, allèrent jusqu'à Lima.

Dans la capitale du Pérou, ils louèrent une voiture et partirent pour Santiago du Chili, passant par Arequipa, Antofagasta et Arica. Leur plan était de passer plus de temps dans cette région, mais les hôtels étaient tellement modestes que Paulo et Vera décidèrent d'aller plus loin. Aucun des deux ne trouva beaucoup de grâce à la capitale chilienne – « une ville comme une autre », écrivit-il, mais ils eurent là l'occasion de voir *Z*, le film du réalisateur grec Costa-Gavras, qui dénonçait la dictature des colonels en Grèce et était interdit au Brésil. Presque toujours dopés par la tisane de mescaline, après trois semaines de voyage, ils étaient à Mendoza, en Argentine, en route vers Buenos Aires. Paulo était rongé de jalousie quand il voyait l'attirante Vera courtisée par des hommes, surtout quand elle se mettait à parler avec eux en anglais, une langue qu'il ne parlait pas encore très bien. Si à La Paz la vue de la neige

Paulo et Vera dans les ruines du Machu Picchu, au Pérou : drogue, promenades touristiques et visites quotidiennes.

l'avait hypnotisé, à Buenos Aires la surprise serait de prendre le métro pour la première fois. Habitués à des prix peu élevés dans les lieux qu'ils avaient traversés, dans la capitale argentine ils s'aventurèrent à dîner au Michelangelo, un restaurant connu comme « la cathédrale du tango », où ils eurent le privilège d'entendre un classique du genre interprété par le chanteur Roberto « Polaco » Goyeneche. Quand arriva la note de 20 dollars, l'équivalent d'environ 120 dollars en 2008, Paulo faillit tomber de sa chaise en découvrant qu'ils étaient dans l'un des restaurants les plus chers de la ville.

Alors que son asthme avait vécu en paix avec les altitudes andines, c'est à Buenos Aires, au niveau de la mer, qu'elle ressurgit de toute sa force. Avec une fièvre de 39 degrés, et torturé par des crises respiratoires, il resta cloué au lit pendant trois jours, et ne se remit qu'à Montevideo, le 1er juin, la veille d'embarquer pour le Brésil. Il avait exigé que le retour n'ait pas lieu sur le Lloyd Aéreo Boliviano. Ce changement n'était pas dû à une superstition, ni au fait qu'ils devraient retourner à La Paz et de là embarquer pour Rio, mais à la statue en bronze d'un pilote civil que Paulo avait vue à l'aéroport de La Paz, en hommage « aux héros pilotes du LAB morts en action » :

— Seul un fou voyagerait sur une compagnie qui traite en héros les pilotes dont les avions sont tombés ! Tu imagines si le pilote de notre vol rêvait d'avoir sa statue ?

C'est finalement par Air France que les deux revinrent à Rio de Janeiro, où ils arrivèrent le 3 juin, à temps pour assister à la télévision au premier match du Brésil dans la Coupe du monde de 1970, où la sélection brésilienne battit celle de la Tchécoslovaquie par 4 à 1, avec des buts de Petras, Rivelino, Pelé et Jairzhino. De retour à la routine, encore impressionnée par la crise d'asthme qu'il avait eue au cours du voyage, Vera le convainquit d'essayer d'arrêter de fumer, une abstinence dont Paulo fit la promesse à saint Joseph pour que réussisse une opération de la cataracte que devait subir son père (quand le Dr Pedro sortit, le fils laissa dans le journal une curieuse note : « Qu'il ne reste aucun doute – la guérison de mon père est due exclusivement au Caboclo Cobra Coral »). Peu à peu sa femme devenait plus que la riche balzacienne qui lui avait appris à faire l'amour et qui l'obligeait à lire des livres entiers en anglais. D'une certaine manière elle exerçait aussi des fonctions maternelles – soit pour le faire revenir sur terre, quand Paulo volait trop haut dans ses rêveries, soit pour le stimuler dans les moments de dépression.

Le rêve de devenir écrivain ne le quittait pas. Aucun de ses contes ou romans ne fut classé dans les concours auxquels il avait participé. « Le cœur en morceaux, j'ai entendu la nouvelle dans le Repórter Esso », pleurnicha-t-il dans le journal. « J'ai encore perdu un concours de littérature. Je n'ai même pas gagné une mention honorable. » Sans se laisser abattre par les défaites, il continuait cependant à noter des thèmes pour de futures œuvres littéraires, des choses comme « soucoupes volantes », « Jésus », « l'abominable homme des neiges », « esprits incarnés dans des cadavres » et « télépathie ». Seulement les prix continuaient de lui passer sous le nez, ainsi qu'il est enregistré dans ses annotations :

Mon bon Joseph, mon saint protecteur. Tu es témoin que j'ai beaucoup tenté cette année. J'ai perdu tous les concours. Hier, apprenant l'échec au concours de pièces pour enfants, Vera a dit que quand la chance viendrait pour moi, elle viendrait d'un seul coup. C'est vrai ? Un jour je répondrai.

Le 24 août, pour ses 23 ans, Vera lui donna un microscope sophistiqué et elle se réjouit de voir le succès de son cadeau : des heures après avoir ouvert le paquet, Paulo était toujours penché sur les lentilles, examinant attentivement les plaquettes de verre et faisant des annotations dans un cahier. Curieuse, elle se mit à lire ce qu'il écrivait :

Je suis né il y a vingt-trois ans, jour pour jour. J'ai été cette chose que je regarde dans le microscope. Agité, courant vers la vie, infiniment petit, mais avec tous les caractères héréditaires de l'espèce derrière moi. Mes deux bras, mes jambes et mon cerveau étaient déjà programmés. Du spermatozoïde j'allais me reproduire, les cellules se multiplier. Et je suis là, avec mes 23 ans.

Seulement alors elle comprit que Paulo avait mis son sperme dans les plaquettes de verre du microscope pour voir ses propres spermatozoïdes. Le rapport continuait :

Voilà un possible ingénieur. Plus loin meurt celui qui aurait dû être médecin. Un scientifique capable de sauver la Terre meurt aussi, et je regarde tout ça impassible, à travers mon microscope. À portée de mon œil, mes spermatozoïdes s'agitent furieusement, cherchant un ovule, pour se perpétuer.

Bonne compagne pour le divertissement, Vera était rigoureuse quand elle devait l'encadrer. Comprenant que si cela ne dépendait que de lui, Paulo n'irait jamais plus loin que le diplôme d'enseignement secondaire qu'il avait reçu au Guanabara, elle l'obligea pratiquement à se préparer pour l'examen d'entrée dans une école supérieure. La tutelle produisit des résultats surprenants. À la fin de l'année, le petit ami réussit l'entrée dans pas moins de trois facultés : droit, à Cândido Mendes ; direction théâtrale, à l'École nationale de théâtre ; et communications, à la Pontifícia Universidade Católica (PUC) de Rio. Il est clair que cette réussite ne pouvait être portée au crédit exclusif des dons de Vera. L'explication au fait qu'il ait terminé le secondaire dans une école sans tradition de qualité et réussisse trois examens d'entrée à l'université résidait aussi dans l'appétit littéraire de Paulo. Depuis qu'il avait entrepris l'annotation systématique de ses lectures, quatre ans auparavant, il avait lu plus de trois cents livres, soit soixante-quinze par an – un nombre exorbitant si l'on considère que chaque Brésilien lisait en moyenne, à l'époque, un seul livre par an. Lui lisait beaucoup et il lisait de tout. De Cervantès à Kafka, de Jorge Amado à Scott

Fitzgerald, d'Eschyle à Aldous Huxley. Il lisait des dissidents soviétiques, comme Alexandre Soljenitsyne, et des Brésiliens fichés comme l'humoriste Stanislaw Ponte Preta. Il lisait, il faisait un petit commentaire sur chaque ouvrage et, comme les critiques littéraires qui le feraient tellement souffrir, il distribuait des étoiles selon son bon plaisir. Recevoir quatre étoiles, la plus haute cotation, était le privilège de quelques-uns, comme Henry Miller, Borges et Hemingway. Et avec le plus grand sans-gêne, il était capable de mettre dans le même sac des livres comme *Un rêve américain* (Norman Mailer), *Révolution dans la Révolution* (Régis Debray), et deux classiques brésiliens, *Os Sertões (Hautes Terres)* (Euclides da Cunha) et *História Econômica do Brasil* (Caio Prado Jr.), tous classés dans l'humiliante catégorie des « Sans cotation – Zéro étoile ».

Au milieu de cette salade de thèmes, phases et auteurs, un genre paraissait commencer à susciter l'intérêt de Paulo : les livres qui traitaient d'occultisme, de sorcellerie et de satanisme. Depuis qu'il avait posé les yeux sur *Alquimia Secreta do Homen,* un petit livre écrit par le sorcier espagnol José Ramon Molinero, il s'était mis à dévorer tout ce qui se rapportait au monde qui échappe aux sens humains. Quand il termina la lecture du *Matin des Magiciens,* best-seller mondial du réalisme magique écrit par le Belge Louis Pauwels et le Franco-Ukrainien Jacques Bergier, il se sentait déjà membre de cette nouvelle tribu. « Je suis un magicien qui se prépare à s'éveiller », écrivit-il dans le journal. À la fin de 1970 il avait accumulé une cinquantaine d'ouvrages consacrés à ce genre. Dans cette période, il avait lu et commenté, leur attribuant des étoiles, les six livres publiés au Brésil de l'écrivain de langue allemande Hermann Hesse (y compris, bien sûr, *Le Jeu des perles de verre,* du prix Nobel de Littérature en 1946), les best-sellers du Suisse Erik von Daniken (*Les Dieux étaient-ils astronautes ?* et *Retour vers les étoiles*), ainsi qu'un mélange qui allait de classiques aussi denses que *Faust,* de Goethe, qui ne reçut que trois étoiles, à des escroqueries comme *Magie noire et magie blanche,* d'un certain V.S. Foldej, qui ne mériterait aucune classification. L'un des auteurs les plus fêtés de cette nouvelle vague non seulement écrivait sur l'occultisme, mais gardait le mystère autour de sa propre histoire. C'était Carlos Castaneda, qui était peut-être né en 1925 au Pérou (ou en 1935 au Brésil, selon d'autres sources) et qui avait étudié l'anthropologie à l'Université de Californie, à Los Angeles. Alors qu'il préparait sa thèse de doctorat, il décida de transformer en livres autobiographiques ses expériences de terrain faites au Mexique au sujet de l'utilisation de drogues naturelles comme le peyotl, le champignon et le datura (la fameuse « herbe du diable ») dans les rituels indigènes. Le succès mondial de Castaneda, qui fit la couverture du magazine *Time,* attira dans le désert de Sonora, à la frontière de la Californie et de l'Arizona avec le Mexique, où son ouvrage était situé, des hordes de hippies qui arrivaient des quatre coins de la planète en quête de la nouvelle terre promise.

Pour quelqu'un qui, comme Paulo, ne croyait pas aux coïncidences, le fait que, justement à cette occasion, sa mère lui offrît un voyage précisément... aux États-Unis sonna comme un « signe ». La grand-mère Lilisa devait aller à Washington rendre visite à sa fille Lúcia, mariée au diplomate Sérgio Weguelin, il pourrait l'accompagner jusqu'à la capitale américaine et, s'il voulait, il poursuivrait le voyage seul ou avec son cousin Serginho, plus jeune de quelques années. Outre qu'il lui permettait de connaître de près la région des chamans de Castaneda, le cadeau tombait à merveille également parce que la relation avec Vera paraissait arriver à son terme. « La vie avec elle devient compliquée », se plaignait-il début 1971 auprès de son journal. « Nous ne faisons plus l'amour, elle est infernale avec moi et je suis infernal avec elle. Je ne l'aime plus. C'est seulement une habitude. » La situation avait atteint un tel niveau d'usure qu'ils avaient cessé de vivre ensemble. Vera avait regagné l'appartement de Leblon et il avait échangé Santa Teresa pour le réduit qu'il avait occupé dans la maison des grands-parents avant de déménager à Copacabana. Dans son journal, d'ailleurs, il annonçait aussi qu'il était « à moitié marié » avec une nouvelle femme, la jeune actrice Christina Scardini, qu'il avait connue à l'école de théâtre et dont il se jurait éperdument amoureux. C'était un mensonge, mais cela n'en avait pas l'air : en un mois et demi de voyage, la jeune fille allait recevoir pas moins de quarante-quatre lettres envoyées des États-Unis.

Après un joyeux dîner de départ offert par les parents à ses amis, les premiers jours de mai, il embarquait avec les grands-parents sur un vol de Varig pour New York, où ils prendraient un pont aérien pour Washington. En posant le pied à l'aéroport Kennedy, Paulo et la grand-mère Lilisa s'étonnèrent de l'empressement inattendu dont fut saisi Maître Tuca, qui insistait pour prendre le vol de 11 heures du matin pour la capitale américaine, dont le check-in était fermé, ainsi que l'annonçait le haut-parleur. Lilisa et le petit-fils firent valoir qu'il n'y avait aucune raison de s'énerver, car s'ils rataient cet avion, ils embarqueraient sur le vol suivant, une demi-heure plus tard. Mais le grand-père têtu ne voulait rien savoir. Stressés par la course, les trois montèrent dans l'appareil juste au moment où les portes se fermaient. Le vieux ne se calma que quand ils furent tous assis, les ceintures de sécurité attachées. Le soir, regardant un journal télévisé chez son oncle, Paulo comprit que c'était la main du Destin qui avait fait se presser Maître Tuca à l'aéroport : peu après le décollage, l'avion du vol de 11 heures 30, un bimoteur Convair de l'entreprise Allegheny (plus tard US Airways), avait eu des problèmes mécaniques et, en tentant de se poser en urgence aux environs de New Haven, à soixante-dix kilomètres de

New York, s'était écrasé au sol, tuant les trente passagers et membres d'équipage.

Hébergé chez l'oncle diplomate dans la ville de Bethesda, dans l'État de Maryland, à une demi-heure de Washington, plutôt que de faire un journal de voyage, Paulo avait décidé d'enregistrer dans la torrentielle correspondance adressée à Christina tout ce qui se passait devant ses yeux. Et il semblait abasourdi par ce qu'il voyait. Il pouvait rester plusieurs minutes debout, hébété, devant des distributeurs automatiques de timbres, de journaux et de sodas, ou passer des heures de suite dans des grands magasins sans rien acheter, en extase devant la variété des produits. Dès la première lettre, il regretta de n'avoir pas apporté du Brésil « un sac de fric », car il avait découvert que la pièce de 20 centimes de cruzeiro était acceptée dans toutes les machines comme 25 centimes de dollar, bien que la monnaie brésilienne valût à cette époque cinq fois moins que l'américaine.

— J'aurais fait pas mal d'économies si j'avais apporté plus de pièces, avoua-t-il, parce que 25 cents, c'est ce que je paie pour poster une lettre pour le Brésil ou pour voir des films libertins dans les nombreuses boutiques pornographiques qui existent ici.

Tout était nouveau et tout le mettait en émoi, des gondoles de supermarché bourrées de superflu aux œuvres de la National Gallery of Art – où Paulo pleura quand il toucha de ses propres mains *La Mort de l'Avare,* du hollandais Jérôme Bosch. Eh oui, il avait beau savoir que toucher une œuvre est considéré comme un péché capital dans n'importe quel musée sérieux, il mit les doigts non seulement sur le panneau peint par Bosch vers 1485, mais sur plusieurs autres raretés. Il s'arrêtait devant l'œuvre quelques minutes, regardait autour et, quand il avait la certitude de ne pas être observé par les gardiens, sans aucune cérémonie, il commettait l'hérésie de poser les doigts en éventail sur le tableau.

— J'ai touché Van Gogh, Gauguin, Degas, et j'ai senti quelque chose pousser en moi, tu sais ? révéla-t-il à sa petite amie. Je grandis ici. J'apprends beaucoup.

Rien, cependant, ne semble l'avoir autant impressionné, dans la capitale américaine, que les visites qu'il fit dans un musée militaire et au FBI. Le premier, contenant un grand nombre de pièces sur la participation des États-Unis dans les deux guerres mondiales, lui apparut comme « un endroit où l'on envoie les enfants apprendre à haïr les ennemis des États-Unis ». Pas seulement les enfants, à en juger par sa réaction. Après avoir parcouru tout le musée et vu des avions, des fusées et des films sur la puissance militaire américaine, il sortit de là « haïssant les Russes, voulant tuer, tuer, bavant de haine ». Dans la visite organisée au FBI, guidé par un agent fédéral, il vit le Musée des Gangsters, avec les armes et vêtements originaux portés par des bandits célèbres comme Dillinger, « Baby Face » ou « Kelly la Mitraille », ainsi que des billets authentiques de victimes de grandes prises d'otages. Dans le coin d'une salle, il fut émerveillé par une lampe clignotante sous laquelle se trouvait une plaque portant le texte suivant : « Chaque fois que cette lampe s'allume, un crime de type A (assassinat, enlèvement ou viol) est commis aux États-Unis. » Le problème c'est que la lumière s'allumait toutes les trois secondes. Au stand de tir, l'agent se targua du fait qu'au FBI on ne tirait que pour tuer. Le soir, dans une lettre ponctuée de points d'exclamation, il résumerait les émotions de la visite :

Les sujets ne ratent pas un tir ! Ils tirent au revolver et à la mitraillette et tous dans la tête des cibles ! Aucun à côté ! Et des enfants ! Des enfants, mon amour, assistent à tout ça ! Des écoles entières au stand de tir du FBI pour voir comment ils défendent la patrie ! C'est lourd, mon amour ! L'agent m'a raconté que les exigences pour entrer au FBI étaient : mesurer au moins 1,80 mètre, savoir tirer et permettre une investigation complète de sa vie passée. C'est tout. Il n'y a aucun examen d'intelligence, seulement l'habileté au tir. Je suis dans le pays le plus avancé du monde, dans le pays du confort absolu et de la plus haute perfection sociale. Et pourquoi ces choses arrivent-elles ici ?

Soucieux de son image publique, au bas de presque toutes les lettres, Paulo insistait pour que Christina ne montre ses écrits à personne. Elle pouvait révéler le contenu des lettres à qui bon lui semblait, mais pas les exposer. « Elles sont très intimes et sans la moindre préoccupation de style », expliquait-il. « Raconte ce que j'écris, mais ne le montre pas. » Au bout d'une semaine marathonienne de visites, il acheta un billet de train pour New York, où il avait l'intention de décider quelle serait sa destination suivante. À bord d'un confortable wagon rouge et bleu de deuxième classe de l'entreprise Amtrak, quelques minutes après avoir quitté la capitale américaine, il eut froid dans le dos en apprenant que les casemates en béton avec les mots *fallout shelter* peints en lettres jaunes qu'il voyait au bord de la voie ferrée étaient des abris anti-nucléaires où les gens devraient se diriger en cas de guerre atomique. Ces mauvaises pensées furent éloignées par une tape sur son épaule quand le train se préparait pour le premier arrêt, dans la ville d'Elizabeth, dans le New Jersey. C'était le contrôleur, en uniforme bleu, sac en cuir attaché à la ceinture, qui s'adressa à lui :

— *Hi, guy, can you show me your ticket ?*

Effrayé et ne comprenant pas qu'il devait montrer son billet, il répondit en portugais :

— Pardon ?

Le sujet avait l'air pressé et de mauvaise humeur :

— *Don't you understand ? I asked for your ticket ! Without a ticket nobody travels in my train.*

Alors seulement, pris d'un profond découragement, Paulo comprit que tous les efforts de Vera pour faire de lui un impeccable anglophone avaient été vains. Sans personne à qui recourir, il découvrit que c'était une chose de lire des textes en anglais, et encore avec l'aide de sa femme ou de dictionnaires, mais que c'en était une autre, bien différente, de parler et, surtout, de comprendre ce que les gens disaient dans cette langue. La désolante vérité c'est qu'il était tout seul aux États-Unis, et qu'il ne parvenait pas à prononcer un traître mot en anglais.

12
La découverte de l'Amérique

Sa première impression de New York fut terrible. Contrairement à la propreté et aux couleurs qu'il voyait habituellement sur les écrans de cinéma et dans les livres, la ville qui défilait par les fenêtres du train, dès que les voitures traversèrent le tunnel de Brooklyn et entrèrent dans l'île de Manhattan, lui parut infestée de mendiants et de gens laids, mal habillés et menaçants. Mais il ne se laissa pas déprimer par cette vision. Il avait l'intention de rester quelques jours dans la ville et de se hâter vers le but véritable de ce voyage : le Grand Canyon, dans l'Arizona, et les déserts magiques du Mexique, tellement célébrés dans l'œuvre du gourou Castaneda. Les premiers conseils de survie dans cette jungle lui furent encore donnés dans le train par le passager d'origine hispanique qui l'avait secouru quand le préposé aux billets lui avait causé des ennuis. Comme Paulo ne disposait que de 300 dollars et prétendait passer deux mois à « traverser les États-Unis d'un bout à l'autre », la première mesure allait être d'échanger le train, comme moyen de transport, contre les autocars de la compagnie Greyhound. Ceux-là, oui, il se rappelait les avoir vus très souvent au cinéma, roulant sur des routes qui traversaient des déserts, un élégant lévrier peint sur la carrosserie. En achetant un passe pour 99 dollars, le passager acquérait le droit de voyager pendant quarante-cinq jours vers n'importe quel point desservi par

Greyhound, soit plus de deux mille villes à travers les États-Unis, le Mexique et le Canada. Et si son plan était vraiment de se promener deux mois, l'argent restant l'obligerait à loger dans l'une des nombreuses auberges de l'Association chrétienne de jeunesse – Young Men's Christian Association (YMCA) –, où la nuit revenait à 6 dollars, petit-déjeuner et dîner compris.

Mais deux jours avaient suffi pour que New York se charge d'éloigner le désappointement dont il avait été saisi en arrivant. D'abord parce que les logements de l'YMCA, bien que petits – la moitié de sa chambre chez sa grand-mère – et sans salle de bains, télé ou air conditionné, étaient individuels et très propres, et la literie était changée tous les jours. Le personnel de la réception était courtois, et la nourriture servie sur le plateau n'était pas d'une grande finesse, mais bien faite et appétissante. S'il n'y avait eu l'inconfort de devoir partager une seule salle de bains avec tous les autres occupants du couloir, Paulo aurait pu habiter l'auberge un certain temps. Le problème restait la langue. L'enfer se répétait tous les jours, à l'heure de choisir la nourriture au réfectoire. Plateau à la main et nerveux, pressé par une file d'hôtes affamés et impatients, il n'arrivait pas à prononcer correctement les noms des aliments. Il eut du mal à comprendre qu'on ne prononçait pas le nom du steak haché *hambúrguer,* mais *râmber'guer* (« *râm-ber' – guer ! râm-ber' – guer !,* répétait tout fort le cuisinier), que légume était *vég'teibol* et non *vegetêibol,* comme il le supposait, et que *lettuce* (laitue) ne se prononçait pas *lêitiuce,* mais *lére'ce.* L'angoisse diminua quand Paulo apprit que le savoureux haricot servi par la YMCA s'appelait *poroto.* Et comme c'était un mot qu'il prononçait sans difficulté, le problème était résolu : tant qu'il n'aurait pas saisi les trucs de la langue, il ne mangerait que des porotos, et c'était très bon.

En plus de l'agréable hospitalité de l'auberge, l'atmosphère de tolérance et de libéralité des mœurs que l'on respirait à New York le réconcilia en quelques jours avec la ville. Paulo découvrit que, comme le sexe, la marijuana et le haschich étaient disponibles dans les rues, surtout aux abords de Washington Square, une place où des bandes de hippies venus de tous les coins passaient leur journée à jouer de la guitare et à profiter des premiers rayons de soleil du printemps. Un soir, il arriva au restaurant de l'auberge cinq minutes avant la fermeture des portes. Toutes les places étaient vides, mais il prit son plateau et s'assit devant une fille qui semblait avoir une vingtaine d'années, maigre, bras longs et blancs, vêtue de ce qui semblait être l'uniforme officiel des hippies du monde entier – une grande robe indienne en coton multicolore tombant sur les pieds. Elle le gratifia d'un sourire sur un visage plein de taches de rousseur, et Paulo, certain qu'il avait l'anglais pour un propos galant, avança :

— *Excuse me ?*

La fille ne comprit pas :

— *What ?*

Comprenant qu'il était incapable de prononcer même un banal *excuse me,* il se détendit et se mit à rire de lui-même. Sa décontraction facilita les choses et à 11 heures du soir le Brésilien et Janet – c'était le prénom de la fille – se promenaient ensemble dans les rues de la ville. Paulo avait beau insister pour savoir ce que faisait la jeune fille, il ne parvenait pas à comprendre ce que signifiait le mot *belêi,* ce cours qu'elle faisait à l'université. *Belêi ?* Mais qu'est-ce que c'était étudier le *belêi ?* Janet s'écarta de quelques mètres, dans un geste théâtral, et elle fit un saut en l'air, les bras écartés, faisant tourner son corps. Elle sautilla sur la pointe des pieds encore deux ou trois fois, sous le regard curieux des passants, et se posa délicatement devant lui, simulant la révérence d'un sujet devant son roi. Alors c'était ça ! *Belêi,* c'était ballet, elle était danseuse ! À la fin de la soirée, en route vers le logement, où hommes et femmes dormaient dans des pavillons séparés, le petit couple s'arrêta dans un recoin du bâtiment du Madison Square Garden pour les adieux. Entre baisers et embrassades, Janet glissa la main sous la ceinture de Paulo, par-dessus le jean, mais interrompit aussitôt ses caresses et lui murmura à l'oreille, épelant presque les mots, pour qu'il comprenne :

— J'ai déjà été avec d'autres garçons avant, mais toi... *Wow !* Toi t'es le premier qui a le *dick* carré.

De nouveau au milieu des éclats de rire, il dut expliquer que non, il n'avait pas le pénis carré. Pour ne pas laisser ses documents dans l'armoire de la YMCA, il avait mis tout son argent et son billet de retour au Brésil dans le passeport à couverture rigide et il avait tout rangé à l'endroit supposé le plus sûr : dans son caleçon. Et ce fut guidé par la main de la danseuse Janet – avec qui il ferait l'amour régulièrement, dans des recoins cachés de parcs et de jardins – qu'il connut un nouveau monde appelé New York, avec tout ce que la ville avait de culture et de folie au début des années 1970. Il accompagna des marches d'activistes contre la guerre du Viêtnam, il assista à des concerts de musique baroque à Central Park et fut surpris quand il descendit les marches sous le stade et découvrit les lumières féeriques de Pennsylvania Station. « C'est une gare plus grande que la Centrale du Brésil, à Rio », raconta-t-il dans une lettre à sa petite amie, « sauf qu'elle est entièrement construite sous terre. » Il fut ému en entrant au Madison Square Garden, « où trois mois plus tôt Cassius Clay avait été battu par Joe Frazier ». La passion de Paulo pour le boxeur qui avait adopté le nom de Mohammed Ali était telle que non seulement il suivait tous ses combats, mais comparait souvent ses maigres mesures physiques à celles du gigantesque Américain. Bien qu'il n'eût pas de date de retour, le temps paraissait court pour profiter de tout ce que New York offrait à un jeune venant d'un pays pauvre et sous une dictature militaire. Émerveillé – ou *délirant*, comme il disait se sentir dans la ville –, il vit tout ce qu'il pouvait voir. Il

Paulo et Janet et, ci-dessous, le voyage *Easy Rider* aux États-Unis.

alla au show de l'un des plus grands groupes américains de rock, Creedence Clearwater Revival, vit le thriller *Les Chiens de paille* de Sam Peckinpah avec Dustin Hoffman, ainsi que des pièces de théâtre dans lesquelles les acteurs avaient des rapports sexuels explicites sur scène. Et il faillit perdre le souffle dans un cinéma de Greenwich Village, le quartier bohème de New York, en voyant le documentaire *Gimme Shelter*, tourné quelques mois plus tôt, pendant la représentation des Rolling Stones au festival d'Altamont, en Californie. *Gimme Shelter* montre les scènes dans lesquelles un adolescent noir, Meredith Hunter, est tué à coups de couteau devant les caméras par un groupe de Hells Angels qui assurait la sécurité des musiciens anglais. Quand il trouvait un peu de temps libre, il tentait de résumer dans ses lettres l'abîme dont il faisait l'expérience :

Il y a des quartiers où tout – livres, journaux, affiches – est écrit en chinois, d'autres en espagnol ou en italien. Mon hôtel abrite une faune : des hommes enturbannés, des militants des Panthères noires, des Indiennes en robe longue, il s'y passe tout. Hier soir, en sortant de la chambre, j'ai séparé deux vieux de 60 ans qui se querellaient violemment ! Les petits vieux se battaient pour de bon ! Je ne t'ai pas encore parlé de Harlem, mais c'est un truc écrasant, dément. C'est quoi N.Y. ? Je crois que N.Y. ce sont les putes qui font le trottoir à midi à Central Park, c'est l'édifice où Rosemary's Baby *a été tourné, c'est l'endroit où* West Side Story *a été tourné.*

Avant de fermer les enveloppes, il parsemait les marges des lettres de mielleuses déclarations d'amour (« adorée, aimée, femme admirable » ou « je vais te téléphoner même si je dois rester une journée sans manger pour entendre ta voix pendant une minute ») et de quelques mensonges du genre « ne crains pas une trahison de ma part » et « tu peux avoir confiance en moi sans restriction ». Le fait est qu'au bout de deux semaines d'une lune de miel torride avec la plus grande ville américaine, Paulo était convaincu d'au moins deux limitations : ni son anglais balbutiant, ni ses économies ne seraient suffisants pour réaliser le projet d'une promenade solitaire de deux mois à travers les États-Unis. Il pouvait contourner la question de l'argent grâce à l'astuce suggérée par Janet : utiliser le billet de Greyhound seulement pour des voyages de nuit et d'une durée supérieure à six heures, ce qui permettrait de faire de l'autocar un lieu pour dormir. Mais le problème de la langue paraissait insoluble. Son vocabulaire de lycée lui permettrait de satisfaire les besoins de base, comme dormir et manger, mais Paulo savait que le voyage perdrait de son charme s'il ne comprenait pas correctement ce que les autres disaient. Entre rentrer au Brésil et appeler au secours, il opta pour la solution la plus commode : il appela en PCV chez sa tante, à Washington, et invita le cousin Sérgio, qui parlait anglais couramment, à poursuivre le voyage en sa compagnie. Quelques jours plus tard, les deux garçons, sac au dos et utilisant les cars Greyhound comme hôtel, partaient en direction de Chicago, première longue trotte vers le Grand Canyon, au cœur de l'Arizona, à plus de quatre mille kilomètres de Manhattan – un lieu tellement éloigné que les montres y marquaient deux heures de moins qu'à New York.

Les seules traces de cette période sont les lettres envoyées à Christina, et l'attention est attirée par l'absence de toute allusion au compagnon qui, après tout, sauvait son voyage. Ce n'est pas un lapsus, parce que, outre qu'il ignorait la présence de Serginho, Paulo disait à sa petite amie qu'il voyageait seul. « Je dois peut-être laisser l'appareil à grand-père pendant le voyage, écrivit-il, parce que je suis seul et je ne peux pas faire de photos de moi-même et gaspiller de la pellicule avec le paysage, il vaut mieux acheter une carte postale. » Comme il essayait de donner au voyage le caractère d'une aventure qui exigeait du courage, il laisse l'impression de vouloir se faire valoir aux yeux de sa petite

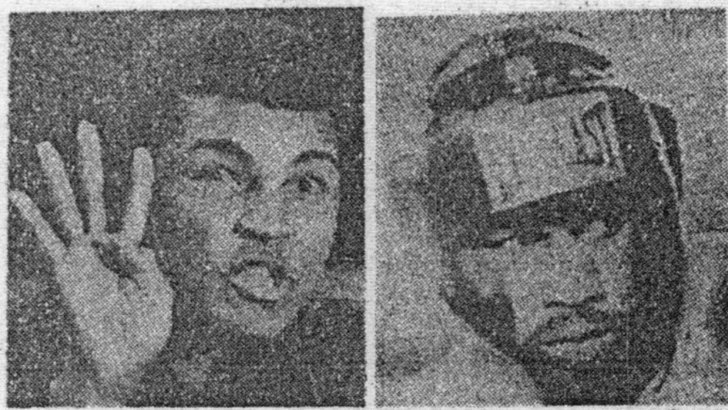

Ali		Norton	EU
34	Idade	31	29
99,7 kg	Peso	97,51 kg	64
1,90 m	Altura	1,90 m	1.69
1,11 m	Tórax (normal)	1,14 m	88 cm
1,76 m	Tórax (dilatado)	1,22 m	96 cm
2 m	Envergadura	2 m	1.72 m
38,1 cm	Bíceps	40,6 cm	29 cm
34,3 cm	Antebraço	33 cm	29 cm
94 cm	Cintura	83,8 cm	82 cm
66 cm	Coxa	63,5 cm	48 cm
43,2 cm	Barriga da perna	39,4 cm	34 cm
33 cm	Punho	33 cm	26 cm
24,1 cm	Tornozelo	25,4 cm	
20,3 cm	Pulso	20,3 cm	17 cm
44,4 cm	Pescoço	44,4 cm	37 cm

Paulo compare ses mensurations à celles de deux poids lourds, Mohammed Ali et Ken Norton.

amie en disant qu'il est seul dans ce marathon. Quelle que fût la raison de cette omission, la vérité c'est que désormais le cousin disparaîtrait mystérieusement des lettres, toujours écrites à la première personne.

L'argent étant compté, Paulo enregistrait toutes les dépenses sur un bout de papier avec les valeurs en dollars et en monnaie brésilienne : un paquet de cigarettes, 60 cents (3 cruzeiros), un hamburger, 80 cents, un ticket de métro, 30 cents, une place de cinéma, 2 dollars. Chaque fois qu'ils rataient le car Greyhound de nuit, la caisse était défalquée de 7 dollars, prix de la journée dans les plus modestes hôtels de bord de route. Le bain de civilisation et de barbarie pris à New York l'avait laissé en un tel état de choc – « perturbé mentalement » fut l'expression qu'il utilisa – qu'il eut du mal à s'orienter dans les États agricoles du Middle West. « Après N.Y.C., il n'y a plus grand-chose à dire », se plaignit-il auprès de Christina dans une lettre inintelligible griffonnée dans un autocar en mouvement. « J'écris seulement parce que ma femme me manque beaucoup. » Les autres villes par où ils passaient ne méritaient que des notes superficielles dans la correspondance. De Chicago, il garda l'impression que c'était la ville « la plus froide » du voyage, jusque-là. « Les gens sont complètement névrosés, d'une agressivité totale et incontrôlable. C'est la ville du travail sérieux. »

Après cinq jours passés sur la route, les yeux de Paulo se mirent à briller quand apparut à la fenêtre empoussiérée de l'autocar un panneau routier qui indiquait : « Cheyenne – 100 miles ». Située dans l'État du Wyoming, à la frontière avec le Colorado, au cœur de l'Ouest américain, c'était une ville qu'il lui semblait connaître depuis l'enfance. Paulo avait lu tellement de livres et de magazines et vu au cinéma tellement de westerns situés à Cheyenne qu'il se sentait capable de reconstituer, de mémoire, les noms des rues, des hôtels et des saloons où se passaient les aventures des cowboys et des peaux-rouges. Son étonnement en voyant la plaque venait du fait qu'il ne savait pas que la ville existait vraiment. Dans son esprit, Cheyenne était née dans l'imagination des indigènes avant que s'en emparent les auteurs de livres, de films et de bandes dessinées contenant des histoires du Far West qu'il avait lus et vus dans son enfance et son adolescence. Bien que le contraire eût été surprenant, c'est avec désolation qu'il découvrit que s'il y avait encore des cow-boys dans la ville – portant bottes à talons surélevés, grands chapeaux, ceintures avec têtes de taureaux reproduites sur les boucles et revolvers à la ceinture –, ils se déplaçaient maintenant en Cadillac décapotables. Les seules traces de la Cheyenne qu'il avait vue dans un western classique de John Ford, étaient les diligences utilisées par une communauté locale du groupe Amish – une secte chrétienne conservatrice installée au Canada et aux États-Unis, qui prohibe l'usage des technologies modernes comme les ascenseurs, les téléphones et les automobiles. Mais sa grande déception fut de découvrir que la vieille et poussiéreuse Pioneer Street, lieu préféré des cow-boys pour les duels en fin d'après-midi dans la mythique Cheyenne, avait été transformée en une avenue mouvementée à quatre voies asphaltées où se concentraient des dizaines de boutiques de bimbeloterie électronique. Avant de prendre le car vers l'Arizona et son Grand Canyon, Paulo acheta le seul souvenir que son argent lui permettait : un diplôme de hors-la-loi signé par le bandit légendaire Jesse James.

De la région où les deux garçons se trouvaient, le chemin naturel vers le Grand Canyon consistait à descendre près de mille kilomètres en direction du sud-ouest, traverser le Colorado et une partie du Nouveau-Mexique, puis entrer dans l'État d'Arizona. Mais comme ils voulaient tous les deux connaître le parc national de Yellowstone, et qu'ils étaient désireux d'utiliser jusqu'au dernier centime le passe de Greyhound, ils partirent dans l'autre sens, vers le nord. Apprenant que le point le plus proche du parc desservi par cette ligne était la ville d'Idaho Falls, à trois cents kilomètres de Yellowstone, Paulo fit deux extravagances successives : d'abord il gaspilla 30 dollars dans la location d'une voiture. Et ensuite, comme il n'avait toujours pas réussi à obtenir son permis de conduire, traumatisé par l'accident d'Araruama, il mentit à la société de location et présenta sa carte de membre du Syndicat des acteurs de Rio comme si c'était le permis brésilien. Même en sachant qu'il risquait la prison si un policier de la route l'arrêtait, il roula toute la journée entre les glaciers du parc et les geysers qui lançaient de l'eau chaude et du soufre sur la neige, et il vit des ours et des cerfs traverser la piste. Le soir, ils rentrèrent pour rapporter le véhicule et se débrouiller pour trouver tout de suite un car Greyhound dans lequel ils pourraient s'abriter du froid. Bien que ce fût le plein été et qu'ils aient connu tous les deux des températures allant jusqu'à 38 °C, le froid, à deux heures de la frontière du Canada, était tellement insupportable que l'air conditionné de la voiture paraissait insuffisant pour réchauffer l'atmosphère. Comme aucun des deux n'avait les vêtements adéquats pour des températures aussi basses, en arrivant à la gare routière de Boise, capitale de l'Idaho, ils coururent au guichet de Greyhound pour savoir à quelle heure partait le prochain car de nuit. Pour où ? N'importe où il ne ferait pas si froid. Et si la seule destination disponible à cette heure était San Francisco, en Californie, c'était là qu'ils iraient.

En pleine nuit, quand le car traversait le désert du Nevada, il écrivit une lettre à Christina se vantant d'avoir trompé le fonctionnaire de la société de location avec sa fausse carte, mais regrettant que la dépense superflue de la location de la voiture ait « fait exploser le budget ». Et il raconta aussi qu'il avait découvert l'origine de la très forte odeur de whisky qui empestait les autocars Greyhound : « Tout le monde ici se balade avec sa petite bouteille dans la poche. On boit beaucoup aux États-Unis. » La lettre est interrompue au milieu et reprise quelques heures plus tard :

J'allais directement à San Francisco, mais j'ai découvert que le jeu au Nevada était libre et j'y ai passé la nuit. Je ne me suis fait aucun ami au casino, ils étaient tous trop préoccupés à jouer. J'ai fini par perdre cinq dollars dans les jackpots, les petites machines à sous où l'on tire un levier, tu sais ? À côté de moi est assis un cow-boy, portant bottes, chapeau et foulard comme dans les films. D'ailleurs, tout le car est rempli de cow-boys. Je suis au Far West en route vers San Francisco, où je dois arriver à 11 heures du soir. Dans sept heures j'aurai traversé tout le continent américain, ce que peu de gens ont réalisé.

Quand ils arrivèrent à la ville, épuisés après 22 jours de voyage, les cousins s'inscrivirent dans une auberge de la YMCA et dormirent toute la journée, tentant de se remettre des plus de cent heures qu'ils avaient passées serrés dans le car. Berceau du mouvement hippie et des manifestations de protestation de 1968, San Francisco provoqua chez Paulo un choc aussi grand que New York. « Cette ville est beaucoup plus libre que N.Y.C. Je suis entré dans un cabaret de grand luxe et j'ai vu des femmes nues faire l'amour avec des hommes sur scène, devant les riches Américains et leurs épouses », raconta-t-il, excité et se plaignant de n'avoir pas pu tout voir. « Je suis entré rapidement et j'ai vu un petit bout, mais comme je n'avais pas d'argent pour m'asseoir, un individu m'a jeté dehors. » Il s'étonna de voir des adolescents acquérir et consommer des cachets de LSD au grand jour, acheta du haschich dans le quartier hippie – et fuma son joint sans être importuné par personne –, participa à des manifestations contre la guerre au Viêtnam et vit une marche pacifiste de moines bouddhistes dispersée à coups de casse-tête par un gang de jeunes Noirs. « On respire un air de folie totale dans les rues de cette ville », résumerait-il dans une lettre adressée à Christina. Après cinq jours de « délire total » dans ce Disneyland underground qu'était devenue la ville, les cousins montèrent de nouveau dans un car en direction du Grand Canyon. Ils descendirent à mi-chemin, à Los Angeles, mais comme l'arrêt tombait le 4 juillet, jour de l'Indépendance des États-Unis, c'était ville morte et ils ne restèrent que quelques heures.

— Il n'y a rien d'ouvert, et j'ai eu un mal fou à trouver un endroit pour boire un café, se plaignit-il. Le fameux Hollywood Boulevard était un désert complet, sans personne dans les rues, mais on pouvait voir que tout ici est extrêmement luxueux, jusqu'au bar le plus canaille.

Et comme le coût de la vie à Los Angeles paraissait incompatible avec la bourse de garçons qui voyageaient avec un sac à dos, ils ne passèrent même pas une nuit dans la ville. Ils prirent un autre autocar et, vingt-quatre heures après avoir quitté San Francisco, ils arrivaient à Flagstaff, porte d'entrée pour le Grand Canyon.

Aussi impressionnants que la beauté de ce défilé au fond duquel coulaient les eaux boueuses du Colorado étaient les prix exorbitants des hôtels et restaurants, presque aussi élevés que ceux des grandes villes américaines. Comme il n'y avait pas d'auberges de la YMCA dans la région, ils achetèrent une tente en nylon – ce qui provoqua un trou de 19 dollars dans la maigre caisse – et passèrent la première nuit dans un campement de hippies, où ils étaient au moins assurés d'avoir du haschich gratuit. Dès que le soleil pointa, ils démontèrent la tente, emplirent leurs sacs à dos de bouteilles d'eau et de nourriture en conserve et partirent à pied en direction du Grand Canyon. Ils marchèrent sous un violent soleil toute la journée et quand ils décidèrent de s'arrêter, épuisés et affamés, ils découvrirent qu'ils étaient dans la partie la plus large de la crevasse – qui là mesure 20 kilomètres d'une rive à l'autre – et aussi la plus profonde : 1 800 mètres entre eux et le lit du fleuve. Ils montèrent la tente, firent un petit feu pour réchauffer les boîtes de soupe et, écrasés de fatigue, sombrèrent dans le sommeil, pour ne se réveiller qu'à la première lueur du soleil, le lendemain.

Quand Serginho proposa qu'ils descendent jusqu'au Colorado, Paulo fut effrayé. Comme il n'y avait absolument personne, à part eux deux, il craignait qu'ils ne se trouvent sur un sentier peu fréquenté par les touristes et qu'ils ne puissent pas appeler à l'aide en cas de difficulté. Mais Serginho était décidé : si Paulo ne se secouait pas, il descendrait tout seul. Il passa la corde dans son sac, l'accrocha sur son dos et commença à descendre, sous les protestations de son cousin, qui criait, essayant de le dissuader :

— Serginho, le problème ce n'est pas la descente, mais le retour ! Il va faire très chaud et nous devrons monter l'équivalent de l'escalier d'un immeuble de cinq cents étages ! Et sous le soleil !

Rien à faire, le cousin ne se retourna même pas pour l'écouter. Il n'y avait d'autre remède que de prendre son propre sac et descendre lui aussi, sur les pas du garçon qui se trouvait cent mètres devant. La beauté de l'endroit fit fuir les mauvais augures. Le Grand Canyon ressemblait à une plaie de 450 kilomètres de long, ouverte dans un désert de sables rouges, au fond de laquelle coulait ce qui semblait être un minuscule filet d'eau. En réalité il s'agissait du torrentueux Colorado, qui prend sa source dans les Montagnes Rocheuses, dans l'État du Colorado, et parcourt plus de 2 300 kilomètres avant de se jeter dans la mer de Cortès, au Mexique, traversant six États américains (Arizona, Californie, Nevada, Utah, Nouveau-Mexique et Wyoming). Se trouver là-dedans c'était vraiment une émotion indescriptible. Au bout de cinq heures de marche, Paulo s'arrêta, exténué, et suggéra au cousin qu'ils mettent fin à l'aventure et commencent à remonter :

— Nous n'avons pas bien dîné hier, nous n'avons pas pris un bon petit déjeuner et jusqu'à présent nous n'avons pas déjeuné. Lève les yeux et vois la distance que nous aurons à monter.

Mais l'autre se montra intraitable.

— Alors, tu m'attends ici, parce que moi, je vais descendre jusqu'au bord du fleuve.

Et il continua à marcher. Paulo trouva une ombre où s'asseoir, fuma une cigarette, jouit de la splendeur du paysage dans un silence absolu, et quand il regarda sa montre, il constata qu'il était midi. Il descendit quelques mètres pour essayer de localiser Serginho, mais il ne le vit pas. Ni lui ni personne, d'ailleurs : au plus loin que la vue pouvait porter, il n'y avait pas signe d'un être vivant. Ni un touriste, ni des habitants de la région, il n'y avait personne dans un rayon d'innombrables kilomètres. Il comprit que s'il descendait un peu plus, il arriverait à une plate-forme rocheuse d'où il aurait une vision panoramique des lieux. Problème, même de là, le cousin était introuvable. Il commença à crier son nom, les mains en porte-voix. Il criait, se taisait quelques instants, attendant la réponse, se remettait à crier, et rien. Sa voix résonnait en écho sur les parois de pierre rouge, mais aucun signe de l'autre. Il était évident qu'ils avaient choisi tous les deux un sentier inhospitalier et peu fréquenté. Il passa de la peur à la panique. Se sentant absolument sans défense et seul dans ce bout du monde, il se mit à délirer. « Je vais mourir ici », répétait-il à haute voix :

« Je vais mourir. Je ne vais pas y arriver. Je ne vais pas en sortir. Je vais mourir ici, face à cette nature merveilleuse. »

Paulo savait bien qu'à cette heure, au plus fort de l'été, les températures dans la région du Grand Canyon dépassaient souvent les 50 °C. Il n'avait plus d'eau et rien n'indiquait qu'il pût y avoir une fontaine au milieu de ce désert. Et en réalité il ne savait même pas où il était, tellement les sentiers étaient enchevêtrés et se confondaient les uns avec les autres. Il se mit à appeler au secours en hurlant, mais personne n'apparaissait, et il n'entendait que l'écho de sa propre voix. Il était déjà plus de 4 heures de l'après-midi. Désespérant de retrouver son cousin, il commença à descendre en courant, vacillant, en direction du fleuve, même s'il savait qu'il aurait à remonter chaque pas qu'il faisait vers le bas de la pente. Le soleil lui brûlait le visage, quand il heurta un signe de civilisation. Scellée dans la roche, il y avait une plaque en fer avec un bouton rouge et un avertissement écrit en relief : « Si vous êtes perdu, appuyez sur le bouton rouge et vous serez récupéré par des hélicoptères ou des mules. Vous paierez une amende de 500 $US. » Il ne lui restait que 80 dollars – le cousin devait en avoir autant dans sa poche – mais la découverte de la plaque lui donnait deux certitudes : ils n'étaient pas les premiers qui avaient fait la bêtise de prendre ce chemin, et le risque qu'ils meurent là était écarté, même s'il leur en coûtait quelques jours de prison avant que les parents envoient l'argent de l'amende. Mais avant, Paulo devait trouver Serginho. Il descendit encore quelques dizaines de mètres, sans jamais perdre de vue le bouton rouge, unique repère visible, et après un virage, tomba sur un belvédère naturel sur lequel était vissée une lunette métallique avec une fente latérale pour les pièces. Il enfila 25 cents, la lentille s'ouvrit et il se mit à balayer les rives du fleuve, à la recherche de son compagnon de voyage. Il était là : caché à l'ombre d'un rocher et apparemment aussi mal en point que Paulo, Serginho dormait à poings fermés. La nuit était tombée quand ils arrivèrent tous les deux à Flagstaff, où les avait laissés le car deux jours plus tôt. Ils étaient morts de fatigue, la peau enflée par les coups de soleil, mais vivants. Après cette journée exténuante, la perspective de dormir une autre nuit au camping des hippies était tellement décourageante que Paulo risqua une suggestion :

« Je pense que nous méritons deux choses aujourd'hui : dîner au restaurant et dormir à l'hôtel. »

Ils trouvèrent un motel confortable et bon marché, laissèrent leurs sacs et entrèrent dans le premier restaurant, où chacun prit son *T-bone steak* – une généreuse pièce de viande qui entrait à peine dans l'assiette et coûtait dix dollars, aussi cher que l'hébergement. Ils étaient en train tous les deux de jeter l'argent par les fenêtres. Le malaise causé par le soleil les avait laissés sans force et ils n'avaient même pas le courage de tenir leurs couverts. Comme ils avaient une faim de loup, ils mangèrent à toute vitesse jusqu'à ce qu'ils aient raclé leur assiette, et cinq minutes plus tard ils étaient aux toilettes et vomissaient le dîner mal digéré. Ils regagnèrent le motel et s'écroulèrent sur leurs lits pour la dernière nuit qu'ils passeraient ensemble dans ce voyage : le lendemain Serginho retournerait chez ses parents, à Washington, et Paulo continuerait vers le Mexique.

Bien qu'il se fût terminé sans aucun accident plus grave, le voyage aux États-Unis gardait une certaine ressemblance avec celui que Paulo avait fait avec Vera, Kakiko et Arnold au Paraguay, deux ans plus tôt. Lors du premier, il s'était préparé à faire presque deux mille kilomètres en voiture pour assister à un match du Brésil, et en arrivant à Asunción il ne s'était même pas soucié du fait que les billets pour la partie étaient épuisés. Cette fois, ce qui l'avait conduit à accepter l'offre de sa mère, c'était la possibilité de faire un pèlerinage dans les mystérieux déserts qui avaient inspiré le sorcier Castaneda – et pourtant Paulo, occupé par tant de nouveauté, l'avait entièrement oublié. Et maintenant, avec des douleurs dans tout le corps, conséquence de l'aventure dans le Grand Canyon, et de moins en moins d'argent, la tentation de rentrer au Brésil était grande. Mais comme le délai de validité du passe de Greyhound lui donnait encore quelques jours de liberté, il poursuivit son plan d'origine. Habitué à l'abondance américaine, durant les cinq jours qu'il passa au Mexique, Paulo fut scandalisé par la misère exposée dans les rues, comme au Brésil. Il expérimenta tous les sirops de champignons et tisanes de cactus hallucinogènes possibles, et quand il ne lui resta plus un sou, il prit un autocar pour New York – dans lequel il passa plus de trois jours – et embarqua pour le retour au Brésil.

13
Gisa

Remis du voyage, une semaine après son retour au Brésil, Paulo n'avait pas encore décidé ce qu'il allait faire de sa vie. La seule certitude, c'est qu'il ne retournerait plus à la faculté de droit et abandonnerait le cours au milieu de la première année. Il continuait à suivre les leçons du cours de Direction à la Faculté de Philosophie de l'État de Guanabara (Fefieg), la future Université de Rio de Janeiro (UniRio), et tentait par tous les moyens de publier ses textes dans des journaux cariocas. Fruit de sa propre expérience, il écrivit un article sur la libéralité avec laquelle les drogues étaient traitées aux États-Unis, et l'envoya à la publication la plus en vogue à l'époque, l'hebdomadaire satirique *Pasquim,* qui deviendrait un véhicule influent de l'opposition à la dictature. Il promit à saint Joseph d'allumer quinze cierges en son nom si le texte était publié et chaque mercredi il était le premier à se précipiter au kiosque à journaux au coin de la rue. Il feuilletait le tabloïd avec avidité et le remettait dans la pile, morose. Ce n'est qu'au bout de trois semaines qu'il comprit que l'article avait été refusé. Même s'il les ressentait comme des claques qui le laissaient mortifié pendant des jours, ces refus ne suffisaient pas pour qu'il abandonne son vieux rêve de devenir écrivain. Quand il comprit que le silence de *Pasquim* était un « non » retentissant, Paulo fit une curieuse annotation dans son journal. « J'ai réfléchi aux problèmes de la renommée, et j'ai conclu que la chance n'avait pas de visage », pleurnicha-t-il, pour conclure aussitôt, prophétique : « Mais c'est bien qu'elle n'ait pas de visage. Quand elle éclate, elle éclate d'un coup. » Le problème c'est que, tant qu'elle n'éclatait pas, il fallait gagner sa vie. Faire du théâtre continuait à lui plaire, mais l'argent des billetteries était souvent insuffisant, même pour payer les dépenses de la mise en scène. Aussi finit-il par accepter la proposition de donner des cours dans un établissement privé qui préparait les élèves pour l'examen d'entrée au cours de théâtre de la Fefieg. Cette activité ne contribuait en rien à ses projets d'avenir, mais elle ne lui prendrait pas beaucoup de temps et lui garantirait un salaire mensuel de 1 600 cruzeiros.

Le vendredi 13 août 1971, un peu plus d'un mois après son retour des États-Unis, Paulo répondit à un appel téléphonique de Washington qui lui annonçait une nouvelle terrible : le grand-père Arthur Araripe venait de décéder. Maître Tuca avait subi un traumatisme crânien en tombant d'une échelle chez sa fille, à Bethesda, où il logeait. Il était mort sur le coup. Choqué par la nouvelle, il s'assit et resta silencieux quelques minutes, tentant de se remettre les idées en place. Une des dernières images qu'il gardait de lui, souriant et béret sur la tête, à leur arrivée à l'aéroport de Washington, paraissait trop fraîche pour qu'il accepte le fait que le vieux était mort. Paulo avait la nette impression que s'il sortait sur la véranda, il y trouverait Maître Tuca sommeillant bouche ouverte sur les pages du magazine *Seleções*. Ou, comme il adorait le faire, provoquant son petit-fils hippie avec ses idées réactionnaires et ses préjugés, en disant que Pelé était « un Nègre grossier » et Roberto Carlos « un braillard hystérique ». Ou défendant tous les dictateurs de droite, à commencer par le Portugais Salazar et l'Espagnol Franco (dans ces circonstances, le Dr Pedro se mêlait souvent à la conversation et rajoutait que « n'importe quel analphabète » était capable de peindre comme Picasso ou de jouer de la guitare comme Jimi Hendrix). Loin de se mettre en colère, Paulo mourait de rire en écoutant les exagérations du grand-père obstiné, qui, malgré tout son conservatisme et peut-être parce qu'il avait été bohème dans sa jeunesse, était le seul de la famille à respecter et comprendre les amis bizarres qu'il fréquentait. Une longue intimité, approfondie au cours de ses exils dans la petite pièce, avait fait de Maître Tuca un second père pour Paulo. Un père généreux et tolérant, l'opposé du vrai, le dur et irascible Dr Pedro. Pour toutes ces raisons, la mort inattendue du grand-père devenait encore plus douloureuse, et la blessure ouverte par sa perte mettrait du temps à cicatriser.

Il continua à donner des leçons au *pré-vestibular* et à fréquenter le cours de théâtre, auquel il commençait aussi à trouver des défauts. « La première année d'école, l'élève apprend à ruser et à se servir de son prestige personnel pour obtenir ce qu'il veut, écrivit-il dans le journal. La deuxième année, l'élève perd son sens de l'organisation et la troisième, il finit par devenir une tapette. » Sa paranoïa proverbiale atteignit des niveaux insupportables quand il sut que le détective Nelson Duarte, accusé de faire partie de l'Escadron de la Mort, circulait dans l'École nationale de théâtre à la recherche de « fumeurs de marijuana et de communistes ». Lors d'une de ses descentes, le policier fut bravé par une femme courageuse, la professeur et phonoaudiologiste Glória Beutenmüller, qui le reçut doigt tendu :

— Mon élève porte les cheveux de la longueur qu'il veut – et s'il est arrêté, il faudra le traîner pour le sortir d'ici.

Protégé par le secret du journal, Paulo protestait en solitaire contre les actes arbitraires :

Nelson Duarte a de nouveau menacé élèves et professeurs qui portent les cheveux longs, et l'École vote un décret interdisant l'entrée aux chevelus. Aujourd'hui, je ne suis même pas allé au cours parce que je n'avais pas encore décidé si je les coupais ou non. Cela m'a touché profondément. Se couper les cheveux, ne pas porter de collier, ne pas s'habiller en hippie... C'est incroyable. Avec ce journal je suis en train de faire de véritables archives secrètes de mon époque. Un jour je publierai tout. Ou bien je garderai tout dans une urne à l'abri de la radiation et avec un code facile à déchiffrer, pour que quelqu'un lise un jour ce que j'ai écrit. En réfléchissant bien, je trouve un peu dérangeant de garder ce cahier.

Il avait déjà prouvé avec fougue qu'il ne partageait pas les idées de beaucoup de ses amis de gauche qui s'opposaient à la dictature. Le journal était parsemé d'affirmations comme « ça n'avance à rien d'en finir avec ça et d'installer le communisme, qui serait la même merde », ou « prendre les armes n'a jamais été une solution pour rien ». Mais le pays vivait l'apogée de la répression contre la lutte armée et les rafles finissaient par atteindre même les simples sympathisants et leurs amis. Bien que censurées dans les journaux, les nouvelles concernant les violences du gouvernement contre les opposants finissaient par lui parvenir aux oreilles, et l'ombre des organes de sécurité paraissait se rapprocher de jour en jour. Un ami avait été arrêté par le DOPS, seulement parce qu'il avait fait renouveler son passeport pour se rendre au Chili, gouverné à l'époque par le socialiste Salvador Allende. Un an plus tôt, Paulo avait cru avoir un infarctus sous le coup de l'effroi en lisant dans les journaux qu'une femme qu'il avait tenté de conquérir, la belle Nancy Unger, avait été blessée par balles et arrêtée à Copacabana, en résistant par les armes à son arrestation. Maintenant, il venait d'apprendre que Nancy avait été bannie du Brésil avec plus de soixante-neuf prisonniers politiques, échangés contre l'ambassadeur de Suisse Enrico Giovanni Bucher, qui avait été kidnappé par un commando de la Vanguarda Popular Revolucionária. À la fin, c'était le tour de ceux qui n'étaient pas dans la résistance armée. Poursuivi par la censure, le compositeur Chico Buarque s'était exilé en Italie. Les Bahianais Gilberto Gil et Caetano

Veloso, après s'être fait raser la tête dans une caserne de l'Armée à Rio, furent mis dans un avion et expédiés à Londres. Peu à peu Paulo sentit monter sa haine contre les militaires, mais rien ne lui fit surmonter sa peur et dire publiquement ce qu'il pensait. Accablé de ne rien pouvoir faire contre un régime qui torturait et tuait, il déprimait.

En septembre 1971, l'Armée encercla et tua, dans le *sertão* de Bahia, le capitaine Carlos Lamarca. Quand il lut des passages du journal du guérillero mort, divulgués par la presse, Paulo rédigea une longue et amère confession qui reproduit fidèlement les contradictions dans lesquelles il se débattait. Il avoua encore une fois qu'il évitait de traiter de politique dans son journal pour une seule raison : la peur. Non pas qu'il eût quoi que ce soit à se reprocher. « Ce n'est pas mon terrain », expliquait-il, « je pense que la politique et la guérilla sont deux choses vouées à l'échec. » Il allait aux manifestations pour se divertir plus que par conviction et, bien qu'il fût contre ce qui se passait au Brésil, il ne voulait pas entendre parler de communisme. « Je pense vraiment que si le pays aujourd'hui était une commune, les choses iraient aussi mal qu'elles vont maintenant. » Mais comment ne pas protester devant ce qui se passait autour de lui ? Et c'était seul, enfermé dans sa chambre, qu'il pleurait toutes les larmes de son corps :

Je vis dans un climat terrible, TERRIBLE ! Je ne supporte plus les conversations qui parlent à tout moment d'arrestations et de tortures. Il n'y a plus de liberté au Brésil. Mon domaine est sous une putain de censure idiote.

J'ai lu le journal de Lamarca. Je l'admirais seulement parce qu'il luttait pour ses idées, rien de plus. Mais aujourd'hui, voyant les commentaires humiliants que fait la presse, ça m'a donné envie de crier, de gueuler. Ça m'a rendu malade. Et j'ai découvert dans son journal un grand amour pour quelqu'un, un amour poétique et passionné, que le journal appelle « dépendance du terroriste envers son amante ». J'ai décou-

vert un homme bourré d'autocritique, hyper-honnête envers lui-même, bien qu'il ait lutté pour une idée que je considère fausse.

Le gouvernement torture et j'ai peur de la torture, j'ai peur de la douleur. Mon cœur bat maintenant trop vite, parce que ces lignes sont compromettantes. Mais je dois écrire, tout n'est qu'une merde. Toutes les personnes que je connais ont déjà été arrêtées ou se sont fait tabasser. Et personne n'y était pour rien.

Je pense toujours qu'un jour ils vont fouiller cette chambre et prendre ce cahier. Mais saint Joseph me protège. Maintenant que ces lignes sont écrites, je sais que je vais vivre en alerte, mais je ne pouvais pas continuer comme ça, j'avais besoin de m'épancher. Je vais écrire à la machine parce que c'est plus rapide. Et je dois être rapide. Plus tôt ce cahier disparaîtra de ma chambre, mieux ce sera. J'ai très peur de la douleur physique. J'ai peur d'être encore arrêté comme je l'ai été. Et je veux que cela n'arrive plus jamais, c'est pour ça que je ne veux même pas penser à la politique. Je ne pourrais pas résister. Mais je vais résister. Jusqu'à ce jour, 21 septembre 1971, j'avais peur. Mais aujourd'hui est un jour historique – ou peut-être que ce ne sont que quelques heures historiques. Je me libère de la prison que j'ai moi-même construite, grâce à tout leur mécanisme.

Il m'a été très difficile d'écrire ces lignes. Je répète cela pour n'être jamais dupe, quand je relirai ce journal dans un endroit sûr, dans une trentaine d'années, au sujet du temps dans lequel je vis. Mais maintenant c'est fait. Les dés sont jetés.

Mais Paulo savait que son opposition au régime resterait à tout jamais sur le papier, et cela l'entraînait de nouveau dans ses étouffantes crises de dépression et de solitude. Il passait les journées enfermé dans la chambre du fond de la maison des grands-parents, à fumer de la marijuana et tenter de commencer le livre tant rêvé. Ou au moins une pièce de théâtre, un essai. Des blocs remplis d'idées pour l'un ou l'autre de ces genres étaient là, à sa portée, mais il manquait quelque chose – disposition ? inspiration ? – et les fins d'après-midi arrivaient sans qu'il ait produit une ligne. Il donnait trois heures de cours et il allait à la faculté. Il entrait, échangeait un mot par-ci par-là, et comme il trouvait cela de plus en plus ennuyeux, finissait seul dans un bar au coin de l'école, prenait un café, fumait une Continental à filtre à la suite de l'autre et remplissait des feuilles de cahier d'annotations. C'est un de ces soirs que la jeune fille apparut, en minijupe, bottes cuissardes et abondante chevelure noire tombant sous les épaules. Elle s'assit à côté de lui au comptoir du bar, demanda un café et engagea la conversation. C'était l'architecte récemment diplômée Adalgisa Eliana Rios de Magalhães, dite Gisa, d'Alfenas au Minas et de deux ans plus vieille que Paulo. Elle avait quitté le Minas pour Rio afin d'étudier à l'université fédérale et gagnait maintenant sa vie en faisant des projets pour le Banco Nacional da Habitação, mais ce qu'elle aimait c'était dessiner des histoires en bandes dessinées. Maigre comme les mannequins des podiums, Gisa avait un visage particulier dans lequel ressortaient ses mélancoliques yeux noirs et sa bouche aux lèvres charnues et sensuelles. Ils conversèrent quelque temps, échangèrent leurs téléphones et se séparèrent. De nouveau tel le renard devant les raisins, Paulo, en rentrant chez lui, enterra brièvement toute chance que cette rencontre allât plus loin : « Elle est moche et sans sex-appeal. »

Contrairement à lui, et sans que Paulo ne l'ait jamais su, Gisa avait été une militante active de l'opposition au régime militaire. Elle n'avait jamais participé à des actions armées ni à rien qui puisse mettre une vie en jeu – ce qui dans le jargon de la répression signifiait être une *subversive*, pas une *terroriste*. Depuis sa première année d'architecture, en 1965, elle déambula dans des cellules de plusieurs groupements clandestins de gauche infiltrés dans le mouvement

La belle Gisa entre tel un ouragan dans la vie de Paulo : un mois après leur première rencontre, ils sont ensemble.

étudiant. Par la porte du conseil académique, elle entra d'abord au Parti communiste brésilien, le PCB ou Grand Parti, où sa fonction était de tracter dans les assemblées estudiantines avec des exemplaires du tabloïd *Voz Operária*. Elle quitta le Parti en même temps que la Dissidence de Guanabara, une organisation qui en 1969 prendrait le nom de Mouvement révolutionnaire du 8 octobre, ou seulement MR-8, un des groupes responsables de l'enlèvement de l'ambassadeur des États-Unis, Charles Elbrick. Bien qu'elle n'ait jamais été plus qu'une militante de base, Gisa était active. Outre la distribution de tracts, elle avait participé aux deux occupations de la faculté de médecine, elle avait donné des cours de lecture du *Capital,* de Karl Marx, elle était dans le groupe qui envahit et occupa le restaurant de la faculté d'architecture, et elle était chargée d'insérer, dans tous les numéros de la revue *Arquitetura,* une publication légale, une page libre contenant un discours marxiste. À deux reprises, elle représenta des organisations politiques dans des congrès de l'Institut des architectes du Brésil (IAB) tenus à São Paulo, et contribua à enrégimenter des étudiants pour les assemblées et les manifestations qui avaient pris possession de Rio en 1968, la marche de protestation pour la mort de l'étudiant Edson Luis de Lima Souto, en mars, puis la plus célèbre, la Marche des Cent Mille, en juin.

Quand elle fit la connaissance de Paulo Coelho, Gisa sortait avec un jeune architecte du Pernambouc, qui s'était formé aussi à Rio, du nom de Marcos Paraguassu de Arruda Câmara. Plus que simple militant, Marcos était fils de Díogenes de Arruda Câmara, membre de la haute direction du Parti communiste du Brésil, emprisonné depuis 1968. Tenu pour un stalinien pur et dur, « Arrudão », ainsi qu'on l'appelait, était en prison à Rio depuis 1968, année de son retour au Brésil après quatre ans d'exil dans ce qui était alors la Tchécoslovaquie avec sa famille – y compris le fils. La même année, Marcos fut arrêté par le DOPS alors qu'il représentait le PCdoB au congrès de l'UNE à Ibiúna. En cette fin de 1971, pendant que Marcos rédigeait les manifestes que Gisa se chargeait de distribuer, son père, de la cellule où il était prisonnier, au 2e Bataillon de Cavalerie de l'Armée, envoyait des militants en Amazonie avec pour instructions de monter la première base de ce qui allait devenir la plus dramatique aventure de l'histoire du parti : la guérilla de l'Araguaia.

Malgré le dédain avec lequel Paulo l'avait traitée après la première rencontre, ils se revirent tous les soirs au petit bar à côté de l'école de théâtre. Une semaine plus tard, il l'accompagna jusqu'à la porte de l'immeuble où elle vivait avec son frère Luiz Fernando, sur la plage de Flamengo. La jeune fille l'invita à monter dans son appartement, où ils écoutèrent de la musique et fumèrent de la marijuana jusqu'à une heure tardive. Quand il enfila la clé dans la porte pour rentrer chez lui, à 2 heures du matin, le frère les trouva nus, couchés sur le tapis du salon. Il n'y avait pas un mois qu'ils s'étaient vus pour la première fois quand Gisa mit fin à sa romance avec Marcos Paraguassu : elle et Paulo avaient décidé de vivre ensemble. Pour que l'union se matérialise, le couple dut attendre encore trois semaines, le temps de déloger le frère qu'elle hébergeait dans son petit appartement. La première nuit passée sous le même toit, Paulo proposa qu'ils se marient la veille de Noël, dans un mois et demi. Gisa accepta, un peu étonnée tout de même de la rapidité avec laquelle il avait emménagé chez elle avec armes et bagages – et bien qu'elle trouvât très bizarre l'habitude qu'il avait de se promener en permanence nu dans la maison.

Peut-être mue par l'espoir que le mariage remettrait son fils dans le droit chemin, quand elle connut Gisa, dona Lygia réagit comme elle avait coutume de le faire avec les autres petites amies de Paulo : elle dit qu'elle était ravie de l'avoir pour belle-fille et que, s'ils étaient d'accord, elle se chargerait de trouver l'église et le prêtre pour la cérémonie.

Mais le 22 novembre, trois mois après leur premier échange de regards, le journal enregistra : « Gisa est enceinte. Si c'est comme ça, nous allons avoir l'enfant. » Et comme les astres garantissaient que le bébé serait un garçon du signe du Lion, la perspective de la paternité semblait l'enthousiasmer encore davantage. « Mes forces renaîtront avec cet enfant », se réjouit-il. « Dans les huit prochains mois, je vais redoubler d'ardeur, et toujours monter, de plus en plus. »

Le rêve ne résista pas à une semaine d'inquiétude. Passé les premiers jours d'enthousiasme pour la nouveauté, Paulo commença à frissonner d'effroi chaque fois qu'il y pensait – c'est-à-dire tout le temps. Quand finalement il retomba sur terre et conclut que ce serait une folie achevée d'avoir un enfant dans ces conditions – sans travail fixe, sans profession définie et sans moyen d'entretenir une famille –, la première personne à être informée de sa décision ne fut pas Gisa, mais sa mère. Contrairement à ce que Paulo imaginait, cependant, dona Lygia ne se montra pas une catholique intégriste quand elle entendit son fils raconter qu'il allait suggérer à sa petite amie d'avorter. Elle admettait que cela ne marcherait pas.

— En plus du fait que tu n'as pas les conditions matérielles pour élever un enfant, expliqua la mère, ta façon d'envisager le monde et ton instabilité émotionnelle recommandent vraiment de ne pas avoir cet enfant.

Apprenant le changement de plans, Gisa résista beaucoup avant de tomber d'accord, mais elle finit par se convaincre elle aussi que ce serait irresponsable d'avoir le bébé. Aidés par des amis, ils trouvèrent une clinique spécialisée dans les avortements – clandestine, évidemment, car il s'agissait d'un crime – et ils prirent rendez-vous pour l'opération le 9 décembre 1971, un jeudi. Aucun des deux ne parvint à fermer l'œil la nuit précédente. Le matin, ils se levèrent en silence, prirent un bain et sortirent en quête d'un taxi. À 7 heures pile, l'heure fixée, ils arrivèrent à la clinique.

Ce fut une surprise pour l'un et pour l'autre de voir qu'il y avait là une trentaine de femmes, la plupart très jeunes, beaucoup accompagnées des maris ou petits amis – et toutes d'apparence patibulaire. En arrivant, chacune donnait son nom à l'infirmière, laissait un petit paquet de billets sur la table – l'établissement n'acceptait pas les chèques – et attendait qu'on l'appelle. Bien qu'il y eût assez de chaises pour tout le monde, la plupart préféraient attendre debout. Au bout de cinq minutes, Gisa fut emmenée par une autre infirmière jusqu'à un escalier carrelé qui donnait au deuxième étage. Elle sortit tête baissée, sans dire au revoir. En quelques minutes, toutes les femmes avaient été appelées, ne restaient dans la salle d'attente que quelques hommes. Paulo s'assit sur une chaise, retira un cahier de son sac et se mit à prendre des notes, en prenant soin d'écrire en lettres minuscules pour échapper à la curiosité de ses partenaires d'infortune. Consciemment ou non, chacun des accompagnants tentait de masquer son anxiété d'une façon ou d'une autre. Paulo clignait des yeux de manière répétée, le voisin de chaise à sa droite versait dans le cendrier la moitié du tabac de chaque cigarette avant de l'allumer, l'autre feuilletait un magazine de la fin au début, l'air absorbé. Malgré son tic, Paulo ne semblait pas nerveux. Il avait été pris, ça oui, d'une désagréable sensation de petitesse physique, comme s'il avait été saisi d'une crise de nanisme et avait rapetissé. Deux haut-parleurs déversaient une musique d'ambiance et, bien que personne dans cet endroit n'ait vraiment envie de l'écouter, tous se laissaient vaincre et accompagnaient le rythme avec les pieds ou en tripotant leur porte-clés. Observant le mouvement, Paulo nota dans le journal : « Tous veulent s'occuper les membres, le plus longtemps et des manières les plus diverses possibles, parce que l'ordre de leur subconscient est clair : ne pas penser à ce qui se passe ici. » Il y en avait toujours un qui regardait sa montre, et chaque fois que l'on entendait des pas les têtes se tournaient dans la direction de l'escalier. Parfois quelqu'un se plaignait que le temps n'avançât pas. Un petit groupe tentait d'éloigner les mauvaises pensées en parlant à voix basse de football. Paulo regardait et écrivait :

Un garçon à côté de moi se plaint de l'attente et dit qu'il va arriver en retard pour prendre sa voiture au garage. Mais je sais que ce n'est pas son genre. Il ***ne*** *pense* ***pas*** *à la voiture, mais il veut que je le croie pour que je garde de lui l'impression d'****un type fort****. Je souris et je vois dans ses neurones : là-bas il y a sa femme jambes écartées, le médecin qui place une pince, coupe, gratte et remplit tout de coton à la fin. Il sait que je sais, il se tourne de l'autre côté et il se calme, le regard dans le vide, respirant seulement assez pour se maintenir en vie.*

À 8 heures et demie du matin, la moitié des femmes étaient parties et Gisa ne revenait pas. Paulo alla jusqu'au bar du coin, prit un café, fuma une cigarette et revint vers le cahier, impatient et inquiet que quelque chose se soit mal passé pour sa petite amie. Encore une heure et pas de nouvelle. À 9 heures et demie il glissa la main dans sa poche, prit subitement un stylo et écrivit :

J'ai senti que c'était maintenant. Mon fils a pénétré dans l'éternité d'où il n'était jamais sorti. Je passe par un moment où je ne sais même pas quoi dire.

Soudain, sans qu'on sache d'où il venait ni pourquoi, on entendit un son difficilement imaginable dans ce lieu : des pleurs de bébé sains et stridents, immédiatement suivis du cri d'émerveillement d'un petit jeune dans la salle d'attente :

— Il est né !

Pendant un instant, ces hommes parurent libérés de la douleur, de la tristesse et de la peur qui les unissaient dans cet endroit funèbre et ils éclatèrent d'un rire collectif incontrôlable et sauvage. Remis de sa crise de rire, Paulo entendit des pas dans l'escalier : c'était Gisa qui revenait du curetage, presque trois heures après leur arrivée. Pâle comme il ne l'avait jamais vue, d'énormes cernes violacés sous les yeux, elle semblait à moitié groggy, encore sous l'effet de l'anesthésie. Dans le taxi, en rentrant à la maison, Paulo demanda au chauffeur d'essayer de rouler doucement « parce que la jeune fille s'est coupé le pied et elle a très mal ».

Gisa dormit tout l'après-midi et quand elle se réveilla elle ne cessa plus de pleurer. Elle raconta, en larmes, qu'au moment où on l'anesthésiait, elle avait eu envie de sortir en courant :

— Le médecin a enfilé un cylindre en moi et il a retiré un petit garçon qui allait naître parfait. Mais maintenant notre fils est en train de pourrir quelque part, Paulo...

Ni l'un ni l'autre ne parvenait à dormir. Il était tard dans la nuit quand elle le vit se traîner jusqu'au petit bureau où il prenait des notes.

— Je n'ai pas le courage de te demander une chose : je dois changer le pansement et je crois que j'arriverai à le faire toute seule. Mais si cela fait très mal, tu viendras jusqu'à la salle de bains m'aider ?

Paulo sourit et répondit par un solidaire « évidemment », mais, à peine la porte de la salle de bains était-elle fermée qu'il implora mille fois saint Joseph de lui épargner cette tâche ingrate.

— Pardonne-moi ma lâcheté, mon saint Joseph, murmura-t-il, les yeux au ciel, mais changer le pansement de l'avortement de Gisa, ce serait trop pour moi. Trop ! Trop !

À son grand soulagement, quelques minutes plus tard elle tirait la chasse et se remettait au lit. Depuis qu'elle avait quitté la clinique, Gisa ne cessait de pleurer que dans ses rares heures de sommeil. Le samedi, comme elle semblait aller un peu mieux, Paulo profita de l'après-midi pour passer au petit cours où il donnait des leçons. À son retour, le soir, il la trouva à l'arrêt de l'autobus, à la porte de l'immeuble. Ils rentrèrent à la maison et ce n'est qu'après beaucoup d'insistance qu'elle avoua ce qu'elle faisait dans la rue :

— Je suis sortie pour mourir.

La réaction de Paulo fut surprenante. D'un air grave, pour qu'il ne subsistât aucun doute sur le sérieux de ses propos, il répondit immédiatement :

— Je suis très emmerdé d'avoir interrompu un processus aussi important. Si tu as décidé de mourir, vas-y, suicide-toi.

Mais elle avait perdu tout courage. Sa troisième nuit blanche de suite, Gisa n'ouvrit la bouche que pour pleurer, et lui ne cessa pas de parler une seconde. Il expliqua avec didactisme qu'elle n'avait pas d'issue : quand il était convoqué sur Terre, l'Ange de la Mort ne repartait qu'en emportant une âme. Il raconta que reculer était inutile, parce que l'Ange la poursuivrait éternellement, et même si elle ne voulait plus mourir, il pourrait la tuer plus tard, par accident, par exemple. Il rappela son affrontement avec l'Ange, dans son adolescence, quand il avait dû égorger une chèvre pour ne pas livrer sa propre vie. L'issue était celle-là, affronter l'Ange :

— Tu dois le défier. Fais ce que tu as prévu : tente de te suicider, mais désire ardemment en sortir vivante.

Quand Gisa, épuisée, ferma les yeux, il se précipita vers son journal, dans lequel il réfléchit à la folie qu'il était en train de suggérer à sa petite amie :

Je sais que Gisa ne va pas mourir, mais elle ne le sait pas et elle ne peut pas vivre dans le doute. Il faut donner une réponse à l'Ange d'une manière ou d'une autre. Il y a quelques jours, une de nos amies, Lola, s'est tailladé tout le corps avec une lame de rasoir, mais elle a été sauvée au dernier moment.

Beaucoup de gens ont tenté de se suicider dernièrement. Mais peu ont réussi et c'est bien, parce qu'ils en sortaient vivants et réussissaient à tuer une personne qui était en eux qu'ils n'aimaient pas.

Cette macabre théorie n'était pas seulement le fruit de l'imagination malade de Paulo, elle avait une base scientifique pour un psychiatre dont il fréquentait le cabinet – et qu'il nommait seulement dans son journal « Dr Ombre ». Et l'axe théorique de sa thérapie se concentrait exactement sur ce qu'il avait fait avec Gisa : renforcer les traumas du patient. Le médecin lui avait dit d'un ton péremptoire que personne n'est guéri par les méthodes conventionnelles.

— Si vous êtes perdu et pensez que le monde est beaucoup plus fort que vous, prescrivait-il à ses patients, alors il ne vous reste que le suicide.

C'est exactement là, selon Paulo, que résidait le caractère génial de la thèse :

— Le sujet sort du cabinet de consultation complètement démoli. Alors seulement il comprend qu'il n'a plus rien à perdre et commence à faire des choses qu'il n'aurait jamais eu le courage de faire en d'autres circonstances. En somme, la méthode du Dr Ombre est vraiment la seule chose en termes de subconscient dans laquelle j'ai une certaine confiance. C'est la cure par le désespoir.

Quand ils se réveillèrent le lendemain – un radieux dimanche d'été ensoleillé – Paulo n'eut pas de difficulté à convaincre Gisa de quoi que ce soit. Il vit sa petite amie mettre un maillot, prendre un flacon de barbituriques dans l'armoire de la salle de bains – la petite bouteille paraissait contenir de l'Orap, le médicament qu'il prenait depuis son premier internement – et le vider entier dans sa bouche, noyant le tout d'un verre d'eau. Ils sortirent ensemble dans la rue, elle encore chancelante, et ils marchèrent jusqu'à la plage. Paulo resta sur la chaussée et Gisa entra dans l'eau, s'avançant loin dans la mer. Il avait beau savoir qu'avec cette quantité de médicaments sa petite amie n'aurait jamais la force de revenir à la nage, il attendit debout, regardant ce qui bientôt deviendrait un point noir qui se confondait avec les reflets du soleil dans les vagues. Un point noir de plus en plus lointain. « J'ai eu peur, j'ai eu envie de céder, de l'appeler, de lui dire de ne pas faire ça », écrivit-il par la suite, « mais je savais que Gisa n'allait pas mourir. » Deux hommes qui faisaient du yoga sur le sable vinrent l'interpeller, préoccupés par la fille qui disparaissait à l'horizon :

— Il vaudrait mieux appeler un maître nageur. L'eau est très froide et si elle a une crampe, elle ne pourra plus revenir.

Paulo les tranquillisa d'un sourire et d'un mensonge :

— Ce n'est pas la peine, c'est une nageuse professionnelle.

Une demi-heure plus tard, alors qu'un groupe de gens s'agglomérait sur la chaussée, prévoyant une tragédie, Gisa commença à revenir. Quand elle arriva sur le sable, tellement pâle qu'elle avait une apparence spectrale, elle vomissait beaucoup – ce qui lui sauva probablement la vie, car elle rejeta les pilules – et elle avait les muscles du visage et des bras raidis par l'eau froide et par la dose excessive de médicaments. Paulo la soutint jusqu'à la maison, puis il consigna dans le journal les résultats de la « cure par le désespoir ».

Je me demande de qui l'Ange s'est contenté cette fois, puisque Gisa est dans mes bras ? Elle a pleuré et elle est très fatiguée, après tout, elle a avalé huit comprimés. Nous sommes revenus à la maison et elle s'est endormie à même le tapis, mais elle s'est réveillée différente, avec les yeux plus brillants. Pendant un certain temps, on n'est pas sortis de la maison de peur de la contagion. L'épidémie de suicide se propageait comme jamais.

Quelqu'un qui aurait examiné avec curiosité ses journaux dans les mois qui précédèrent la tentative de suicide de Gisa n'aurait pas été étonné par l'énormité du comportement de Paulo. Depuis qu'il s'était initié au sujet, en lisant le livre de Molinero, Alquimia Secreta do Homem, il s'était plongé pour de bon dans l'occultisme et, ensuite, dans la sorcellerie. Il ne s'agissait plus de fréquenter des Tziganes et des cartomanciennes. À un certain stade, il avait conclu « l'occultisme est mon seul espoir, le seul refuge visible ». Comme s'il avait mis de côté le vieux rêve d'être écrivain, il concentrait maintenant toutes ses énergies dans la tentative de « pénétrer profondément dans la Magie, ultime recours et ultime issue à mon désespoir ». Tout ce qui se rapportait aux sorciers et aux pouvoirs occultes était consommé avec avidité. Sur l'étagère de livres de l'appartement où il vivait avec Gisa, les œuvres de Borges et d'Henry Miller avaient laissé place à des œuvres comme *O Dom da Profecia, Livro do Juízo Final, Lévitação* et *O Poder Secreto da Mente.* Il se rendait fréquemment dans la ville d'Ibiapas, à cent kilomètres de Rio, où il se soumettait à des bains purificateurs de boue noire administrés par un type connu sous le nom de « Pajé Katunda ». Et c'est de l'un de ces voyages à Ibiapas que date la première note de Paulo dans laquelle il s'attribuait la capacité d'interférer dans des éléments de la nature. « J'ai demandé une tempête, écrivit-il, et ensuite s'est abattue une tempête inouïe. » Mais les pouvoirs surnaturels ne fonctionnaient pas toujours. « J'ai essayé sans succès de faire se lever le vent », écrivit-il peu après, « et je suis rentré chez moi frustré. » Une autre fois, il échoua dans la tentative de détruire un objet par la seule force de la pensée :

Hier Gisa et moi nous avons essayé mentalement de briser un cendrier, mais nous n'y sommes pas arrivés. Et voilà-t-il pas que nous étions en train de déjeuner, peu après, quand la bonne est venue dire que le cendrier était cassé ? C'était dément.

Les sectes devinrent une autre obsession de Paulo. Ce pouvait être les Enfants de Dieu comme les Hare Krishna, les adeptes de la Bible du Diable, ou encore les fidèles de l'Église de Satan, qu'il avait rencontrés au cours de son voyage aux États-Unis. Il suffisait d'exhaler une odeur de surnaturel – ou de soufre, selon les cas – pour qu'il soit intéressé. Sans parler de la myriade de petits groupes d'adorateurs d'extraterrestres et de chasseurs de soucoupes volantes. Il se mit tellement au courant du monde de l'ésotérisme qu'il finit par être invité à écrire dans une publication spécialisée dans le domaine, la revue *A Pomba*. Publiée par PosterGraph, une petite maison d'édition qui se consacrait à la culture underground et à l'impression de posters politiques, la revue était un mélange d'articles et d'interviews sur les sujets qui intéressaient les tribus hippies : drogues, rock, hallucinations et expériences paranormales. Imprimée en noir et blanc, elle présentait dans tous les numéros un essai photographique avec une femme nue – comme dans les magazines pour hommes, mais à cette différence près que les modèles d'*A Pomba* semblaient des dames recrutées parmi les fonctionnaires de l'immeuble où travaillait la rédaction. Et, ce qui était le cas de dizaines d'autres publications semblables, *A Pomba* n'avait aucune répercussion, mais elle avait dû séduire un public, car elle parvint à survivre pendant sept mois. Pour la moitié du salaire qu'il recevait au petit cours, Paulo accepta d'être le factotum de la revue : il réglait les sujets, faisait les interviews, rédigeait des essais. La partie visuelle – diagrammes, illustrations et photographies – revint à Gisa. Apparemment l'expérience réussit, parce que, après la mise en circulation de deux numéros sous sa direction, le patron de PosterGraph, Eduardo Prado, accepta sa suggestion de lancer une seconde publication, qui finit par recevoir le nom de *2001*. Comme il s'occuperait des deux publications, son salaire fut doublé, mais il fut obligé d'abandonner les leçons au petit cours.

Alors qu'il enquêtait pour écrire un reportage sur l'Apocalypse, on indiqua à Paulo qu'il devait entendre un personnage qui se donnait lui-même le titre de « l'héritier de la Bête au Brésil », Marcelo Ramos Motta. Habitué aux représentations fantaisistes, courantes dans les déserts où il s'aventurait – des sorciers qui donnaient des consultations en turban, installés entourés de bougies, dans des tentes arabes – il eut une surprise quand il rendit visite à l'interviewé dans un appartement simple et austère, avec des meubles classiques et quelques dizaines de livres sur les étagères, où un détail attira son attention. Tous les volumes étaient recouverts du même papier gris, sans aucune indication de leur contenu, sauf un petit numéro manuscrit en bas du dos. L'autre surprise, ce fut quand Motta apparut, non pas en cape noire et trident à la main, comme Paulo s'y attendait, mais portant un élégant costume bleu marine, une chemise blanche, une cravate en soie et des chaussures noires vernies. De seize ans plus vieux que Paulo, grand, maigre, l'épaisse barbe noire couvrant la moitié du visage, et ce regard, il était vraiment très bizarre. Sa voix aussi avait un ton caverneux, comme s'il ne parlait pas normalement, mais tentait d'imiter quelqu'un. Il ne fit pas un sourire, il tendit simplement la main pour que l'interviewer s'assoie et il en fit de même sur une chaise face à lui. Paulo retira un bloc de son sac et, pour briser la glace, posa une question :

— Pourquoi tous vos livres sont-ils recouverts ?

L'homme ne semblait pas causant :

— Ça ne vous regarde pas.

Choqué par sa grossièreté, Paulo se mit à rire :

Un exemplaire de la revue *A Pompa*, à gauche, le leader sataniste Marcelo Motta (avec la barbe) et, ci-dessous, le sorcier Aleister Crowley, réprésentés sur la pochette du disque des Beatles.

— Excusez-moi, mais je n'ai pas voulu vous insulter, c'était simple curiosité.

Motta ne se fâcha pas :

— Ce n'est pas pour les enfants.

L'interview terminée, Paulo écrivit et publia le reportage, mais il ne parvint pas à se sortir de la tête l'image de ce sujet bizarre et de sa bibliothèque aux dos de reliure aveugles. Après plusieurs refus, Motta se disposa à le recevoir de nouveau et ouvrit le jeu :

— Je suis le leader mondial d'une société qui s'appelle A. A., Astrum Argentum.

Il se leva, attrapa sur l'étagère le disque *Sgt. Pepper's,* des Beatles, et appuya l'index sur un des personnages figurant sur l'énorme collage qui illustre la couverture. C'était un vieillard, chauve, le deuxième de la photo, à côté d'un gourou indien :

— Cet homme s'appelle Aleister Crowley, et nous sommes les propagateurs de ses idées dans le monde. Allez vous renseigner à son sujet, nous reprendrons la conversation après.

Quand il eut inspecté les bibliothèques et les librairies qui vendaient des livres d'occasion, Paulo découvrit qu'il n'y avait pas grand-chose au Brésil au sujet du petit vieux qui apparaissait sur la pochette du disque des Beatles, perdu entre les images de l'actrice Mae West, du Mahatma Gandhi, de Hitler, de Jésus-Christ et d'Elvis Presley. Tandis qu'il se préparait à retourner parler au mystérieux Motta, il s'occupait des deux revues avec Gisa. Comme le budget était insuffisant pour recruter ne serait-ce qu'un seul collaborateur, c'était lui qui finissait par écrire presque tout le contenu des deux publications. Pour que les lecteurs ne s'aperçoivent pas dans quelle pauvreté vivait la rédaction, il recourait à plusieurs pseudonymes, en plus de son propre nom. C'est là, au début de 1972, qu'un étranger se présenta à la rédaction – en réalité une modeste salle au dixième étage d'un édifice commercial au centre de Rio de Janeiro. Il portait un complet brillant, de ceux qui ne se chiffonnent jamais, une cravate fine et un porte-documents d'exécutif à la main – et il annonça qu'il voulait parler avec « le rédacteur Augusto Figueiredo ». Sur le moment, Paulo ne fit pas le rapprochement entre le visiteur et quelqu'un qui lui avait téléphoné quelques jours plus tôt, demandant ce même Augusto Figueiredo. Il n'en fallut pas plus pour réveiller des paranoïas endormies. L'individu avait tout à fait l'allure d'un policier, il devait être là à cause d'une dénonciation – des drogues ? – et, problème, Augusto Figueiredo n'existait pas, c'était un des noms qu'il utilisait pour signer ses articles. Effrayé, mais tentant de prendre un air naturel, il essaya de renvoyer l'intrus le plus vite possible :

— Augusto n'est pas là. Vous voulez laisser un message ?

— Non. C'est lui que je veux voir. Je peux m'asseoir pour l'attendre ?

Confirmation, ce type était vraiment un flic. Il s'assit sur une table, attrapa un vieil exemplaire d'*A Pomba,* alluma une cigarette et se mit à lire, de l'air de quelqu'un qui n'était pas du tout pressé. Une heure après il était toujours là. Il avait lu tous les vieux numéros de la revue, mais il ne donnait aucun signe de vouloir s'en aller. Paulo se rappela la leçon acquise au cours des séances de sauts sur le pont, dans son enfance : le meilleur moyen de diminuer la souffrance est d'affronter le problème à la source. Il décida de dire tout de suite la vérité au flic – il avait la certitude absolue qu'il s'agissait d'un flic. Mais avant, il prit la précaution de renverser les tiroirs de la rédaction pour s'assurer qu'il n'y restait pas un seul fragment de *beata,* le nom donné aux mégots de joints de marijuana. Il s'arma de courage et, clignant beaucoup des yeux, avoua qu'il avait menti :

— Excusez-moi, monsieur, mais il n'y a aucun Augusto Figueiredo ici. Celui qui a écrit l'article, c'est moi, Paulo Coelho. Quel était le problème ?

Le visiteur fit un grand sourire et, les deux bras en avant comme pour offrir une accolade, il déclara avec un fort accent bahianais :

— Mais alors, c'est avec toi que je veux parler, mon gars ! Enchanté, je m'appelle Raul Seixas.

14

Paulo et le Diable

À part leur intérêt pour les soucoupes volantes et le fait qu'ils étaient tous les deux de très mauvais élèves dans leur adolescence, Raul Seixas et Paulo Coelho semblaient avoir peu de choses en commun. Le premier était producteur musical dans une maison de disques multinationale, CBS, il avait toujours les cheveux coupés, une veste, une cravate et une serviette d'exécutif à la main. Il n'avait jamais pris de drogue, même pas une bouffée d'un joint de marijuana. L'autre portait un pantalon saint-tropez, avec la ceinture sous les hanches, les cheveux en bataille tombant sur les épaules, des sandales franciscaines, des colliers au cou et des lunettes à lentilles octogonales couleur lilas – et il passait une bonne partie de son temps défoncé. Raul avait une adresse fixe, c'était un chef de famille équilibré, père de Simone, une fillette de 2 ans, et Paulo vivait dans des tribus dont les membres se succédaient avec les saisons de l'année. Dans les derniers mois, sa famille se résumait à Gisa et à Stella Paula, une jolie hippie aussi fascinée que lui par l'occultisme. En ce qui concernait le bagage culturel, la distance entre les deux était encore plus visible. À 25 ans, l'écrivain avait lu – et commenté, avec attribution d'étoiles – plus de cinq cents livres, et il écrivait avec articulation et aisance. Quant à Raul, bien qu'il eût passé son enfance parmi les livres de son père, cheminot et poète à ses heures, on ne pouvait pas dire qu'il était un passionné de lecture.

Une date dans leurs biographies avait eu des significations différentes, mais également importantes pour l'un et pour l'autre. Le 28 juin 1967, alors que Paulo arrivait drogué au neuvième étage de la Maison de Santé Dr Eiras, pour son troisième internement, Raul avait 22 ans et se mariait avec l'étudiante américaine Edith Wisner à Salvador, Bahia, son pays natal. Ils croyaient tous les deux à l'astrologie, et s'ils avaient confronté leur thème astral ils auraient vu que le zodiaque faisait au moins une prévision certaine : le duo était prédestiné à gagner beaucoup d'argent, quelle que soit l'affaire dans laquelle ils s'engageraient.

Quand Raul Seixas entra dans sa vie, Paulo Coelho était plongé jusqu'à la racine des cheveux dans l'univers hermétique et périlleux du satanisme. Il avait réitéré ses rencontres avec Marcelo Ramos Motta, et après avoir dévoré de difficiles précis sur les pentacles, la kabbale, les systèmes de magie et l'astrologie, il put comprendre un peu et approcher l'œuvre du chauve qui apparaissait sur la pochette du disque des Beatles. Né à Leamington, en Angleterre, dans la dernière heure du 12 octobre 1875, Aleister Crowley avait 23 ans quand il reçut, dit-il, dans la ville du Caire, une entité qui lui transmit le *Liber Al vel Legis* – « Le Livre de la loi de Thélème » – son premier et plus important ouvrage à caractère mystique.

La Loi de Thélème proclamait le début d'une ère dans laquelle l'homme aurait la liberté de réaliser toutes ses volontés, objectif synthétisé dans l'épigraphe « Fais ce que tu voudras, tout sera la Loi », considérée comme la règle fondamentale de conduite des adeptes de Crowley. Parmi les instruments recommandés pour atteindre cette étape, il y avait la libération sexuelle, l'usage des drogues et la redécouverte de la sagesse orientale. En 1912 Crowley entre dans la secte Ordo Templi Orientis (OTO), une organisation de caractère maçonnique, mystique et magique, dont il prendra bientôt la tête et sera le principal théoricien. S'étant autoproclamé « La Bête », le sorcier anglais construisit un temple à Cefalù, en Sicile, mais il serait finalement expulsé d'Italie par le gouvernement du dictateur Benito Mussolini, en 1923, accusé d'organiser des orgies. Parmi ses admirateurs se trouvait le poète portugais Fernando Pessoa, lui aussi adepte de l'astrologie et avec qui Crowley échangea des lettres traitant de thèmes astraux. Non seulement ils échangèrent des lettres, mais ils se rencontrèrent quand Crowley se trouva à Lisbonne. Pendant la Seconde Guerre, l'écrivain Ian Fleming, créateur du personnage de James Bond et officier du Renseignement de la Marine britannique, l'appela pour orienter les Anglais sur la façon dont les Alliés pouvaient utiliser en leur faveur les superstitions et le mysticisme des dirigeants nazis. Et c'est Aleister Crowley, par l'intermédiaire de Fleming, qui aurait suggéré à Churchill d'utiliser comme symbole le V de la victoire – en réalité une représentation d'Apopis et Typhon, un dieu de la destruction et de l'anéantissement capable de vaincre les énergies du *svastika* des nazis.

Dans le monde de la musique, les Beatles ne furent pas les seuls à se transformer, dans leur cas pour une courte période, en thélémites, le nom donné aux adeptes de Crowley. Ses théories sataniques séduisirent plusieurs artistes et groupes de rock comme Black Sabbath, The Clash, Iron Maiden et Ozzy Osbourne (qui composa le classique « Mr Crowley »). Le célèbre château de Boleskine, où Crowley habita quelques années, allait devenir propriété de Jimmy Page, guitariste de Led Zeppelin. Mais les idées de la Bête anglaise inspirèrent aussi d'horribles tragédies : en août 1969, son disciple américain Charles Manson dirigea le massacre de quatre personnes par balles, à coups de couteau et de gourdin dans une demeure de Malibu, en Californie. Parmi les victimes se trouvait l'actrice Sharon Tate, 26 ans, qui attendait un bébé de son mari, le cinéaste Roman Polanski.

Paulo semblait tellement intoxiqué par les lectures et les pratiques surnaturelles que même des atrocités comme celles commises par Manson ne paraissaient pas le faire redescendre sur terre. L'assassin de Sharon Tate fut qualifié d'« homme le plus malin et le plus satanique qui ait marché sur la face de la Terre » par le jury populaire qui le condamna à mort – peine transformée plus tard en prison à perpétuité. Quand il lut la nouvelle, Paulo nota dans le journal :

Les armes de guerre aujourd'hui sont les plus étranges qu'il se puisse trouver. Drogues, religion, mode… C'est quelque chose contre quoi on ne peut pas lutter. Sous cet aspect Charles Manson est un martyr crucifié.

Jusqu'à ce qu'il rencontre son partenaire, Raul n'avait jamais entendu parler de Crowley ni de la nomenclature utilisée par ces gens. Ni d'Astrum Argentum, de l'OTO ou de *Liber Oz*. Il aimait lire des histoires de soucoupes volantes, mais son centre d'intérêt principal avait toujours été la musique, ou, plus précisément, le rock'n'roll, genre musical avec lequel Paulo entretenait une relation superficielle – il aimait Elvis Presley, il connaissait les groupes les plus célèbres, et ça s'arrêtait là. Sa passion pour le rock avait conduit le Bahianais à redoubler trois fois la deuxième année d'enseignement secondaire au collège São Bento, à Salvador, et à 18 ans il avait un certain succès dans des représentations dans l'intérieur de Bahia comme leader du groupe Os Panteras. Pour se plier à l'exigence de son futur beau-père, un pasteur protestant américain, il abandonna une vie artistique prometteuse et reprit ses études. Il rattrapa le temps perdu dans un cours de perfectionnement et, quand il se présenta à l'examen d'admission à la faculté de droit, fut parmi les premiers. « Je voulais seulement prouver aux autres, à ma famille, qu'il était facile d'étudier et de réussir des examens, dirait Raul, des années plus tard, parce que pour moi, cela n'avait pas la moindre importance. » Les premiers mois de son mariage, il subvint aux besoins de la maison en donnant des leçons de guitare et d'anglais, une langue qui lui était familière, pour une autre raison que l'origine d'Edith. Dès la fin des années 1930, quand furent découverts les premiers gisements de pétrole du Brésil dans le quartier du Lobato, à Salvador, la capitale bahianaise avait été envahie par des troupes de techniciens, de géologues et d'ingénieurs américains pour les travaux de terrain – une présence tellement massive qu'elle contribua à populariser la langue anglaise dans certains segments de la société. Mais avant que son mariage eût trois mois, Raul succomba à la tentation.

En octobre 1967 passait par Salvador le chanteur Jerry Andreani, recruté pour un show à l'élitiste Clube Bahiano de Tênis, auquel participeraient aussi la muse de la bossa-nova, Nara Leão, et l'humoriste Chico Anysio. Élevé au rang de star nationale de la Jeune Garde, Adriani était considéré comme un plouc par les auditeurs les plus sophistiqués, mais il avait beaucoup de succès chez les gamins. Le jour du spectacle un fonctionnaire du club alla annoncer au chanteur à son hôtel que sa participation était annulée pour une raison incroyable :

« Dans le groupe que vous avez recruté, il y a plusieurs musiciens noirs, et aucun Noir n'entre au Clube Bahiano. »

C'était bien cela qu'il entendait. Bien que depuis 1951 fût en vigueur dans le pays la Loi Afonso Arinos, qui qualifie de crime la discrimination raciale, « pas un Noir n'entrait au Bahiano même par la porte de la cuisine », ainsi que le dénoncerait quelques années plus tard la chanson *Tradição,* d'un autre Bahianais illustre, le compositeur Caetano Veloso. Le préjugé revêtait des traits d'autant plus cruels qu'il s'agissait d'un club installé à Bahia, un état dans lequel plus de 70 % de la population sont des Noirs et des mulâtres. Plutôt que d'appeler la police, l'administrateur chargé du show préféra recruter un autre groupe. Le premier auquel il pensa fut le défunt Os Panteras, de Raul Seixas, qui dans ses derniers mois de vie avait pris le nom de The

Panthers. Trouvé chez lui en pleine sieste, Raul adora l'idée de ressusciter son groupe et il partit tout de suite dans la ville à la recherche de ses anciens accompagnateurs, le bassiste Mariano Lanat, le guitariste Perinho Albuquerque et le batteur Antônio Carlos Castro, Carleba, tous des Blancs. L'improvisation finit par réussir et les *Panthers* quittèrent les planches du club sous les applaudissements. À la fin du spectacle, Nara Leão chuchota à l'oreille de Jerry Adriani :

— Ce groupe qui t'a accompagné est merveilleux. Pourquoi ne les appelles-tu pas pour jouer avec toi ?

Quand il entendit, le soir même, que le chanteur invitait le groupe à l'accompagner dans une tournée dans le Nord et le Nordeste qui commencerait la semaine suivante, Raul fut électrisé. Partir en excursion avec un artiste d'envergure nationale comme Jerry Adriani, c'était une de ces bénédictions que le destin ne place pas deux fois sur le chemin de quelqu'un. Mais il savait aussi qu'accepter la proposition c'était comme foutre en l'air son mariage avec Edith, et ça c'était mettre la barre trop haut. À regret, il dut refuser l'invitation :

— Ce serait un honneur de faire la saison avec toi, mais si je m'absente de la maison maintenant, c'en est fini de mon mariage.

Vraiment intéressé par la compagnie de l'orchestre qu'il venait de rencontrer, Jerry Adriani doubla la mise :

— Si c'est ça le problème, c'est résolu : ta femme est invitée par la production, tu l'emmènes avec toi en tournée.

Rebaptisé pour la seconde fois, du nom de Raulzito e os Panteras, le groupe alla jouer dans tout le Brésil. Outre qu'elle offrait au couple une espèce de lune de miel divertissante et inhabituelle, la tournée eut des résultats tellement satisfaisants qu'à la fin Jerry Adriani convainquit Raul et ses musiciens de déménager à Rio et de se professionnaliser. Au début de 1968, ils étaient tous installés à Copacabana pour une aventure qui n'aurait pas une fin heureuse. Bien qu'il eût réussi à enregistrer pour Odeon le

33 tours *Raulzito e os Panteras,* les difficultés étaient telles que, les deux années suivantes, le seul travail qui se présenta consista à jouer comme orchestre d'appui dans les shows d'Adriani lui-même. À certains moments, Raul dut emprunter de l'argent à son père pour payer le loyer de la maison où il vivait avec Edith et les autres membres du groupe. Le retour à Bahia par la petite porte fut un coup dur pour tous et surtout pour Raul, le leader du groupe, mais il n'y avait pas d'autre choix. À contrecœur, il reprit les cours d'anglais et commença à considérer close sa carrière de musicien quand vint Evandro Ribeiro, directeur de CBS, qui lui proposa de revenir travailler à Rio – pas comme *band leader,* mais comme directeur du domaine de la production musicale. Son nom avait été suggéré à la direction de la maison de disques par Jerry Adriani, qui souhaitait faire revenir son ami vers l'axe Rio-São Paulo, centre de la production musicale brésilienne. Tenté de régler ses comptes avec la ville qui l'avait vaincu, Raul n'y réfléchit pas à deux fois. Il demanda à Edith de mettre leurs affaires dans un camion de déménagement et quelques jours plus tard, il se mettait au travail, en veste et cravate, dans le vieux centre pollué de Rio, où se trouvaient les bureaux de CBS. Quelques mois plus tard, il produisait les disques d'artistes importants, à commencer par Adriani.

En cette fin de mai 1972, Raul ne franchit pas à pied les sept blocs qui séparaient l'immeuble de CBS de la rédaction d'*A Pomba* seulement pour féliciter Augusto Figueiredo pour son reportage sur les extraterrestres. Dans sa malette d'homme d'affaires, il apportait un article de lui sur les soucoupes volantes et il voulait savoir s'il y aurait quelque intérêt à le publier. Paulo le reçut avec courtoisie, lui dit qu'il publierait l'article. Motivé par d'autres intentions, il orienta la conversation sur l'ufologie et la vie sur d'autres planètes. La mention du nom de CBS suscita en lui de vils sentiments matériels : puisqu'il aimait la revue et était cadre de multinationale, pensa-t-il, ce garçon élégant pouvait peut-être bien obtenir des annonces de la maison de disques pour *A Pomba*. La brève rencontre se termina par une invitation que fit Raul à Paulo d'aller dîner chez lui le lendemain, un jeudi. À l'époque le futur écrivain ne dépendait pas encore du Yi-king, le célèbre ouvrage de divination chinois, pour décider ce qu'il devait faire, mais il ne prenait aucune initiative sans consulter sa famille adoptive, composée alors de Gisa et de Stella Paula qui les avait rejoints. Même une chose banale, comme aller ou non chez quelqu'un, faisait l'objet d'un vote, ainsi qu'il se le rappellera plus tard :

— Nous avons eu une véritable discussion idéologique à l'intérieur de ce minuscule parti hippie pour décider si nous devions ou non aller boire un coup chez Raul.

Même s'il comprenait que, sauf l'ufologie, les deux hommes ne semblaient rien avoir en commun, Paulo avait l'œil sur les annonces de CBS que le dîner pouvait rapporter et il vota pour qu'ils acceptent l'invitation. Gisa l'accompagna, tandis que Stella Paula, minoritaire, ne se sentit pas obligée d'y aller. Le jeudi soir, tandis qu'il se rendait avec Gisa au rendez-vous, Paulo s'arrêta dans un magasin de disques et finit par acheter le 33 tours *Préludes pour orgue,* de Jean-Sébastien Bach. L'autobus qui les conduisait de Flamengo au Jardim de Alah – un petit centre élégant entre Ipanema et Leblon, dans la zone Sud de Rio, où se trouvait l'appartement de Raul – fut arrêté en chemin par une descente de police. Depuis le durcissement de la dictature, en décembre 1968, les opérations qu'on appelait au peigne fin, comme celle-là, étaient devenues une routine dans la vie des Brésiliens des grandes villes. Mais quand Gisa vit les policiers à l'intérieur du bus demander les papiers de tous les passagers, elle prit cela pour un mauvais présage, un avertissement, et elle menaça de renoncer. Mais Paulo s'en tint à ce qui avait été décidé et, à 8 heures du soir, conformément à ce qui était combiné, ils sonnèrent à la porte de l'appartement de Raul. La rencontre dura trois heures. Pour ne rien oublier, en sortant, Paulo l'obsessionnel s'arrêta dans la première buvette, et penché au-dessus du comptoir, nota sur la pochette du disque de Bach des détails de la visite à celui que, un peu familièrement, il appelait encore « le mec ». Tous les espaces vides de l'enveloppe du disque furent occupés par la petite écriture quasi illisible :

Nous avons été reçus par sa femme, Edith, avec une toute petite fille, qui doit avoir au maximum 3 ans. Tout est très conventionnel, très poli. Ils ont servi des calebasses avec des petits pâtés salés... Il y a des années que je n'ai pas dîné chez quelqu'un qui sert des calebasses avec des petits pâtés salés. Des petits salés, que c'est ridicule ! Et là le mec est arrivé :

— Vous voulez un whisky ?

Bien sûr que nous voulions du whisky, non ? Boisson de riche. Le dîner à peine terminé, Gisa et moi mourions d'envie de nous en aller. Là Raul a dit :

— Ah ! Je voudrais vous montrer quelques-unes de mes musiques.

Putain de merde, nous allions encore devoir écouter de la musique ? Mais je devais absolument obtenir l'annonce. Nous sommes allés dans la chambre de bonne et là il a pris la guitare et il a joué des musiques merveilleuses. À la fin le mec me dit :

— Tu as écrit cet article sur les soucoupes volantes, non ? Je projette de redevenir chanteur, tu ne veux pas écrire quelques textes pour moi ?

J'ai pensé : faire des textes ? Vous m'imaginez écrire des textes pour ce conservateur qui n'a jamais touché à la drogue de sa vie ! Il ne s'est jamais mis un joint de marijuana dans la bouche. Même pas une cigarette normale. Mais nous étions déjà en train de sortir et je n'avais pas parlé de l'annonce. Je me suis armé de courage et j'ai demandé :

— Nous allons publier ton article, mais tu n'obtiendrais pas une annonce de CBS pour la revue ?

Imaginez ma stupéfaction quand il a dit qu'il avait présenté sa démission à CBS le jour même :

— Je vais chez Philips parce que je veux poursuivre mon rêve. Je ne suis pas né pour être homme d'affaires, je veux être chanteur.

À ce moment-là, j'ai compris : le conservateur, c'est moi, ce mec mérite le plus grand respect. Un mec qui largue l'emploi qui lui donne tout, la petite fille, la petite femme, la bonne, la petite famille, les petits salés ! Je suis sorti de là impressionné par le mec.

25 mai 1972

Les mauvais présages identifiés par Gisa n'étaient pas une totale méprise. Elle s'était trompée sur l'année, mais pas sur la date. S'il marquait le premier pas de Paulo vers l'un de ses rêves – la célébrité –, le 25 mai, par coïncidence, deviendrait aussi une date cruciale, un partage des eaux dans la vie du futur écrivain : le jour choisi par le destin, des années plus tard, pour fixer son rendez-vous avec le Démon, cérémonie pour laquelle il se préparait quand il rencontra Raul Seixas. Orienté par Marcelo Ramos Motta, il se sentait un disciple de la phalange de la Bête. Déterminé à s'intégrer aux forces malignes qui avaient conquis Lennon et Charles Manson, il initiait le processus pour être admis dans l'OTO comme Novice, le premier degré de la hiérarchie de la secte. Une chance pour lui, son orienteur ne serait pas Motta, mais un autre militant de l'organisation, un haut fonctionnaire de Petrobras qui s'appelait Euclydes Lacerda de Almeida – dont le nom dans la magie était Frater Zaratustra, ou Frater Z. –, et résidait dans la ville de Paraíba do Sul, à cent cinquante kilomètres de Rio. « J'ai reçu une lettre, impertinente comme toujours, de Marcelo », écrivit Paulo à Frater Z. en apprenant la nouvelle. « Je n'ai pas le droit d'entrer en contact avec lui, sauf par votre intermédiaire. » C'était un soulagement d'avoir pour instructeur un homme poli comme Euclydes, et non le grossier Marcelo Motta, qui traitait brutalement tous les subordonnés. Des passages extraits de lettres adressées à des militants de l'OTO par Parzival XI (nom que Motta s'attribuait pompeusement) révèlent que Paulo avait été prudent en qualifiant seulement d'impertinent le chef des adorateurs du Démon :

[...] De préférence ne m'écrivez plus. Si vous le faites, envoyez une enveloppe timbrée portant l'adresse pour la réponse – ou vous ne recevrez aucune réponse.

[...] Évaluez votre position sur l'échelle des vertébrés, singe que vous êtes !

[...] Si vous êtes incapable de vous lever sur vos deux jambes et de chercher le Chemin par vos propres efforts, alors restez à quatre pattes, à glapir comme le chien que vous êtes.

[...] Vous n'êtes qu'une merde dégoûtant au bout de la branche du singe.

[...] Si brusquement votre enfant le plus chéri, ou vous-même, est atteint d'une maladie mortelle, qui nécessite une opération coûteuse, et que vous ne pouvez disposer que de l'argent de l'OTO, laissez votre enfant mourir, ou mourez vous-même. Mais ne touchez pas à l'argent.

[...] Vous n'avez encore rien vu. Attendez que votre nom soit connu comme membre de l'OTO. Les services secrets de l'Armée, la CIA, le Shin Beth [le service de renseignement militaire d'Israël], les Russes, les Chinois, et les innombrables prêtres romains déguisés en initiés chercheront immédiatement à entrer en contact avec vous.

À deux reprises au moins le nom de Paulo apparaît dans la correspondance de Parzival XI avec Euclydes. La première fois, on a l'impression que le futur auteur serait un intermédiaire pour la publication par Editora Três, de São Paulo, du livre *L'Équinoxe des Dieux*, écrit par Crowley et traduit en portugais par Marcelo Motta :

[...] Je suis entré en contact directement avec Editora Três à travers son représentant à Rio, et nous verrons bientôt ce que c'est que cette histoire de publication de L'Équinoxe des Dieux. *Paulo Coelho est jeune, enthousiaste et imaginatif, mais il est encore tôt pour que nous pensions que la publication sera réellement faite par cette firme.*

La seconde, il est reproché à Euclydes d'avoir transmis prématurément et exagérément au novice des informations sur le pouvoir de Parzival XI :

[...] Paulo Coelho a dit que vous aviez dit que j'avais détruit la maçonnerie au Brésil. Vous parlez trop. Même si c'est vrai, Paulo Coelho n'a pas la maturité dans la magie pour comprendre comment on fait ces choses, et par conséquent il est troublé.

À ce stade Paulo avait réalisé ses propres expériences d'approche du Démon. Des mois avant de connaître Motta et l'OTO, dans une de ses interminables crises d'angoisse, il se répandait en lamentations. Les excuses étaient nombreuses, mais en grattant un peu, on trouvait toujours la même vérité : sur le point d'avoir 25 ans, il n'était qu'un illustre inconnu, sans la plus lointaine perspective de devenir un jour un écrivain célèbre. L'impasse semblait totale, et cette fois la douleur était si profonde que, plutôt que d'implorer le secours de la Vierge Marie ou de l'indéfectible saint Joseph, comme d'habitude, Paulo décida de s'entendre avec le Prince des Ténèbres. S'il lui donnait des pouvoirs pour réaliser tous ses rêves, le Diable recevrait en échange son âme. « En tant qu'homme instruit et en connaisseur des principes philosophiques qui régissent le monde, l'humanité et le Cosmos », se vanta-t-il dans le journal », j'ai parfaitement conscience que le Démon ne signifie pas le Mal, mais seulement un pôle dans l'équilibre de l'humanité. » Utilisant un stylo à encre rouge (« couleur de l'être surnaturel en question »), il commença à rédiger le pacte, sous la forme d'une lettre adressée au Diable. Dès les premières lignes, il affirma clairement qu'il fixerait les conditions et ne traiterait pas avec des intermédiaires :

Tu voulais ça depuis très longtemps. J'ai senti que Tu fermais le cercle autour de moi, et je sais que Tu es plus fort que moi. Tu as plus intérêt à acheter mon âme que moi à la vendre. De toute façon, j'ai besoin d'avoir une idée du prix que Tu vas me payer. Pour autant, entre aujourd'hui, 11 novembre 1971, et le 18 novembre, je vais faire une expérience. Je parlerai directement avec Toi, le Roi de l'Autre Pôle.

Pour ritualiser la négociation, il arracha une fleur d'un vase et l'écrasa sur le couvercle du pupitre, en même temps qu'il proposait à Satan une espèce de banc d'essai spectral :

Je vais massacrer cette fleur jaune et la manger. À partir de ce moment, pendant sept jours, je vais faire tout ce que je veux et je vais obtenir tout ce que je désire, parce que Tu vas faire ça pour moi. Si je suis satisfait de l'épreuve, je Te livrerai mon âme. Si un rituel est nécessaire, je me chargerai de le tracer.

Pour prouver sa bonne foi, Paulo promit au démon que, pendant la période où l'expérience serait en cours, il ferait le sacrifice de ne pas prier ni de prononcer des noms considérés comme sacrés par l'Église. Mais il tint à préciser que c'était un test, pas un contrat éternel. « Je conserve le droit de revenir en arrière », poursuivit-il, toujours en lettres rouges, « et je veux ajouter que je ne fais cela que poussé par le désespoir complet dans lequel je me trouve. » Le marché ne dura même pas une heure. Il ferma le cahier, sortit fumer une cigarette et marcher sur la plage et, en revenant à la maison, il était pâle comme un cadavre, terrorisé par la folie qu'il avait faite. Il rouvrit le cahier et écrivit en lettres majuscules qui occupaient toute la page :

PACTE ANNULÉ
J'AI VAINCU LA TENTATION !

Paulo mit fin à l'épisode, certain qu'il avait trompé le Diable, mais il ne perdait rien pour attendre. Comme leur rencontre ne venait pas, il persistait à invoquer l'esprit du Mal dans les reportages et articles qu'il écrivait pour *A Pomba* et dans la nouvelle activité qu'il avait entreprise, les scénarios d'histoires en bandes dessinées. Créés par lui, des êtres de l'Ailleurs prirent vie dans les dessins de Gisa et se mirent à illustrer les pages de la revue. La bonne réception faite à la série *Os Vampiristas,* qui décrivait les conflits et les péripéties d'un petit vampire pacifiste et solitaire, encouragea Gisa à envoyer ses travaux à King Features, une puissante agence américaine de distribution d'histoires en bandes dessinées, qui ne daigna même pas lui répondre. Le couple réussit cependant à placer des séries de dessins dans deux des principaux quotidiens de Rio, *O Jornal* et le *Jornal do Brasil* – dans ce dernier, Gisa et Paulo créèrent une bande spéciale petit vampire pour les pages pour enfants, publiées le dimanche. Le duo allait engendrer un fils très populaire, le personnage de Curingão (le petit malin), publié sur les bulletins utilisés pour les paris à la Loterie sportive. De temps en temps, même dans les pages du célèbre *Pasquim,* organe officieux de l'*intelligentsia* carioca, apparaissait une bande qu'ils avaient produite. Survivant pratiquement sans publicité – bien qu'elle soit arrivée à vendre 20 000 exemplaires, un phénomène sur le modeste marché de la contre-culture – à la mi-1972, *A Pomba* croulait sous les dettes, menaçant de faire sombrer aussi *2001*. Quand l'éditeur Eduardo Prado annonça qu'il songeait à fermer les deux publications, Paulo et Gisa passèrent au journal *Tribuna da Imprensa,* où ils signèrent une page entière, publiée le samedi, baptisée du même nom que la revue qui était morte deux numéros après sa naissance : *2001*.

La BD Vampirinho, écrite par Paulo et illustrée par Gisa.

Le changement de support était un pas de plus pour que leur travail sorte du monde souterrain des soucoupes volantes, des elfes et des sorciers, et atteigne un public plus large. Malgré un tirage modeste, comparé à celui des grands quotidiens de Rio, la *Tribuna* était un journal respecté pour sa tradition de lutte. Créé en 1949 par le journaliste Carlos Lacerda pour combattre les idées, les partisans et le futur gouvernement du président Getúlio Vargas (1951-1954) et tenu maintenant par Hélio Fernandes, le journal était une des victimes préférées de la censure militaire. L'arrivée de Paulo et de Gisa au vieil immeuble de la rue do Lavradio, dans les environs de Lapa, coïncidait avec la période la plus répressive de toute l'histoire de la dictature, et cela se reflétait dans le quotidien du journal. Cela faisait trois ans que la rédaction de la *Tribuna* était visitée tous les soirs par des officiers de la 1re Armée qui lisaient tout et ensuite décidaient ce qui pouvait et ne pouvait pas être publié. Selon

Hélio Fernandes, à cette époque, un cinquième de la production quotidienne de la rédaction était jeté à la poubelle par les censeurs. Il était lui-même un exemple de ce qui arrivait à ceux que visait la violence du régime, car il avait été arrêté pas moins de 27 fois depuis 1964, deux fois détenu. Toutefois, comme les militaires se souciaient peu des thèmes hermétiques et surnaturels, la page réalisée par Paulo et Gisa dans la *Tribuna* ne faisait l'objet d'aucune menace. Quoi qu'il en soit, la visibilité donnée par le journal encouragea le futur écrivain à présenter au service de publicité de Petrobras le projet d'un illustré réalisé par lui et par Gisa qui pourrait être distribué dans les postes d'essence du réseau d'État. Le fonctionnaire qui les reçut avait approuvé l'idée, mais Paulo, soucieux de conférer le maximum de sérieux au projet, voulut donner une démonstration de sa bonne foi :

« Pour que Petrobras ne coure aucun risque, nous pouvons travailler gratuitement pendant un mois. »

Le type recula :

« Gratuitement ? Excusez-moi, mais vous êtes bien naïf. Ici personne ne fait rien gratuitement. Retournez travailler, et quand vous serez un professionnel, rapportez votre projet. »

À nouveau dépité par ce refus, Paulo fut invité en août à accompagner sa mère et sa grand-mère maternelle, Lilisa, pour un séjour de trois semaines en Europe. Accaparé par son travail journalistique, il hésita avant de dire oui, mais ce n'était pas tous les jours qu'on pouvait renoncer à un voyage en Europe tous frais payés. Et puis, après tout, il pourrait laisser prêtes plusieurs éditions des bandes dessinées et de la page dans la *Tribuna* à Gisa pour qu'elle les illustre et les maquette pendant qu'il serait parti – car l'invitation maternelle n'incluait pas la petite amie. Pendant vingt et un jours, Paulo visita jusqu'à l'épuisement des musées, des ruines et des cathédrales sur un parcours qui commença à Nice, dans le sud de la France, et se termina à Paris, en passant par Rome, Milan, Amsterdam et Londres. Sauf deux ou trois escapades à l'écart de la surveillance maternelle pour fumer du haschich, à Amsterdam, le voyage servit aussi à l'éloigner pour un mois ou presque de la consommation quotidienne de drogues.

Habitué à sa mère méthodique et obsessionnelle, en rentrant à la maison, Paulo s'emporta quand il vit l'appartement sens dessus dessous et constata qu'au moins une collaboration à la *Tribuna* n'avait pas été remise dans les délais :

La maison est un vrai bordel, et cela m'a profondément agacé. Elle n'est même pas balayée. La note d'électricité n'a pas été payée, le loyer non plus. La page de la Tribuna *n'a pas été livrée, ce qui est une irresponsabilité totale. J'en suis tellement désorienté que je n'ai rien à écrire.*

Cependant, il n'y avait pas que des mauvaises nouvelles qui l'attendaient au Brésil. Pendant son absence était arrivée par la poste une proposition tentante. La professeur Glória Albues, du Secrétariat à l'Éducation du Mato Grosso, avait finalement mis sur le papier un vieux projet qu'elle avait imaginé avec lui lors d'un de ses voyages à Rio. L'idée était qu'il passât trois semaines tous les deux mois dans trois villes du Mato Grosso – Campo Grande, Três Lagoas (aujourd'hui dans le Mato Grosso do Sul, État qui à l'époque n'avait pas encore été créé) et Cuiabá – pour donner le cours intitulé « Théâtre et Éducation » à des professeurs et élèves du réseau public d'enseignement. Le salaire était séduisant – 1 500 cruzeiros par mois, l'équivalent de 200 euros – pratiquement la même chose que ce qu'il empochait en faisant *A Pomba* et *2001*. Mais Paulo avait une raison supplémentaire d'échanger les délices de Rio pour les parages inhospitaliers du Mato Grosso. Quand le projet du cours avait été conçu, il n'avait pas encore de relations avec l'O.T.O., mais maintenant qu'il était intéressé à propager les idées de Crowley, une lumière s'alluma dans sa tête : pourquoi ne pas transformer le cours en un laboratoire de magie noire ?

15

Paulo et Raul

Seul ou en compagnie de Gisa, qui l'accompagnait dans sa marche vers le satanisme, Paulo testait quelques-uns de ce qu'il appelait des exercices ou pratiques de magie. Un de ceux qu'il faisait fréquemment consistait à, premièrement, cueillir dans un jardin une feuille de *Sansevieria trifasciata,* une plante à feuilles dures et pointues, populairement connue sous le nom d'épée de saint Georges. Réalisé en public, l'exercice exposait le novice à un certain ridicule, parce que ensuite il fallait faire dix pas en empoignant la plante comme si c'était une vraie épée, se tourner vers le ponant, et alors révérer les quatre points cardinaux, en pointant l'« épée » vers chacun d'eux et criant à pleins poumons :

— La force est à l'Ouest !

Chaque pas vers la gauche était accompagné d'un grand cri, poussé les yeux tournés vers le ciel :

— La sagesse est au Sud ! La protection est à l'Est ! La victoire est au Nord !

Rapportée à la maison, l'épée de saint Georges était hachée en onze morceaux – onze est le chiffre magique de la théorie thélèmiste – à l'aide d'un canif ou d'un couteau préalablement enfoncé dans la terre puis chauffé au-dessus du feu et lavé dans l'eau de mer. Ensuite, les onze morceaux étaient disposés sur la table de cuisine, formant le symbole de Mars – le cercle surmonté d'une petite flèche, qui représente aussi le sexe masculin –, pendant que de l'eau bouillait dans une casserole. Mélangés aux pétales déchirés de deux roses jaunes, les fragments de l'épée de saint Georges étaient mis dans l'eau bouillante. Toute la cérémonie devait être réalisée de telle façon que cette bave épaisse et visqueuse soit prête précisément à 11 heures du soir – selon le *Liber Oz*, l'heure du Soleil –, où elle serait alors mélangée à l'eau d'une baignoire, pour un bain d'immersion qui durerait jusqu'à minuit, l'heure de Vénus. Après avoir réalisé une de ces expériences, Paulo se sécha et écrivit dans le journal, la maison quasiment dans l'obscurité et le cahier seulement éclairé par la lueur d'une bougie :

Je sais que ce rituel peut paraître extrêmement naïf. Il a duré, en tout, presque deux heures. Mais je peux dire que dans la plus grande partie de ce temps j'ai été en contact avec une dimension différente, où les choses sont reliées entre elles dans les Lois (Causes Secondes). Je sens le mécanisme, mais je ne suis pas encore capable de le comprendre. Je ne parviens pas non plus à rationaliser le mécanisme. Je sens seulement que l'intuition fonctionne très près de la rationalisation et que ces deux sphères se touchent presque. Quelque chose m'incite à croire que le Démon existe réellement.

Il y avait une autre cérémonie qu'il répétait fréquemment, qu'il appelait le « Rituel du Pentagramme Mineur », un sortilège qui consistait à étendre sur le sol un drap blanc, sur lequel il peignait en vert une étoile à cinq branches. Le dessin était entouré d'une ficelle trempée dans le soufre, avec laquelle Paulo dessinait le symbole de Mars. Lumières éteintes, la seule lampe était accrochée au plafond, bien au centre du pentagramme, de manière à simuler une colonne de lumière. Une épée en main, entièrement nu et tourné vers le sud, il foulait le centre du drap, se mettait dans l'« asana du Dragon » – une posture de yoga dans laquelle la personne s'accroupit au sol – et il se mettait à faire des bonds en l'air, comme un crapaud, tandis qu'il répétait à haute voix des invocations au Démon. À l'une de ces occasions, la cérémonie se termina de façon insolite, ainsi qu'il est rapporté dans le journal :

À la fin de la première demi-heure, mes problèmes personnels ont commencé à perturber sérieusement ma concentration, me faisant perdre beaucoup d'énergie. Je suis passé de l'asana du Dragon à celle de l'Ibis, pour finalement m'accroupir au centre du cercle, secouant mon corps. Cela m'a excité sexuellement, et j'ai fini par me masturber sans penser à aucune femme, mais seulement dans la colonne de lumière au-dessus du cercle. J'ai joui vers le haut de la colonne, dans des contractions successives. Cela a paru me consacrer définitivement. Bien sûr il m'est venu un grand complexe de culpabilité en pleine masturbation, mais c'est passé tout de suite tellement j'étais en état d'extase.

Et c'est au milieu de ces tentatives encore incorporelles pour approcher le Démon que Paulo se prépara pour son premier séjour dans le Mato Grosso. Il laissa prêts les textes et les indications pour la *Tribuna* et les autres publications auxquelles il collaborait, et il dactylographia un programme pour le cours – dans lequel un non-initié n'aurait rien trouvé de magique ou de diabolique. « C'était le truc que j'utilisais à dessein pour que personne ne comprenne », avouerait-il des années plus tard, « car je savais que je commettais la suprême irresponsabilité de recourir à des techniques et à des rituels de magie pour donner des leçons à des professeurs et à des adolescents » :

— Là je faisais de la magie à gauche, ou magie noire : j'utilisais les mecs sans qu'ils le sachent, innocemment, pour mes expérimentations magiques.

Avant d'embarquer, Paulo demanda la permission à Frater Zaratustra d'adopter dans le cours la *Table Émeraude* d'Hermès Trismégiste, un vade-mecum de treize commandements aussi mégalomaniaques que ceux de Crowley – des

Au Mato Grosso, Paulo recourt à des techniques et des rituels de magie noire pendant ses cours de théâtre pour adolescents.

choses du genre « Par tes ressources tu auras toute la gloire du monde », « Toute obscurité s'échappera de toi », ou « Ta force est au-dessus de toutes les forces ». Sans savoir qu'ils seraient utilisés comme cobayes pour les expériences d'une secte satanique, les gens du Mato Grosso le reçurent à bras ouverts. Son arrivée dans chacune des villes participant au projet était saluée par la presse locale par des éloges, des exagérations et même des pointes de fantaisie. Après l'avoir comparé à Plínio Marcos et Nelson Rodrigues, deux des plus grandes vedettes de la dramaturgie brésilienne, le *Diário da Serra,* de Campo Grande, félicitait le gouvernement d'avoir invité Paulo à apporter au Mato Grosso un cours « qui a été couronné de succès quand il a été donné à Rio de Janeiro, à Belém do Pará et à Brasília ». Le traitement qui lui fut conféré par le *Jornal do Povo,* de Três Lagoas, irait encore plus loin :

Et le tour de Três Lagoas est arrivé. Nous avons l'occasion d'apprécier une des grandes expressions du théâtre national : la figure de Paulo Coelho. Au premier abord sa personne ne nous dit quasiment rien. Mais Paulo Coelho est grand ! Le prototype du concrétisme, chez qui tout est fort, structuré et en excès. Une figure comme celle-là ne pourrait cesser de se donner, et c'est quelque chose qui le frappe à tout moment, suscitant en lui une énorme capacité de transmission. Sans vouloir pécher par exagération, nous pourrions symboliquement le comparer au Christ, qui est aussi venu pour créer.

Depuis la farce d'Aracaju, quand il avait plagié l'article de Carlos Heitor Cony, il n'avait pas reçu autant de salamalecs. Missionnaire à plein temps, Paulo profitait de ses quelques heures de relâche pour s'instruire davantage dans le mysticisme, peu lui important le moyen d'accès à ce monde mystérieux. À Três Lagoas, « par l'intermédiaire d'un Tibétain qui y accomplit une mission », il se rendit au siège de la Société brésilienne d'Eubiose, un groupe défendant la vie en harmonie avec la nature, et à la loge maçonnique Grande Ordem do Brasil. Quand il apprit qu'il y avait un village d'Indiens acculturés à la périphérie de la ville, il voulut leur rendre visite à la recherche d'informations sur la sorcellerie indigène. Au bout de trois semaines de travail, il boucla ses valises à l'hôtel de Campo Grande et enregistra le premier bilan de l'expérience :

Au début, le travail avec la Table Émeraude a été une grande déception. Personne n'a bien compris comment cela fonctionnait (même moi, malgré tous les laboratoires et toutes les improvisations que j'avais faits à ce sujet). De toute façon la graine a été semée dans la tête des élèves, et certains ont beaucoup modifié leur raisonnement et se sont mis à penser autrement. Une élève est entrée en transe pendant un cours. La grande majorité a réagi contre et ce n'est que le dernier jour que le travail a pris un certain sens, quand j'ai réussi, d'une façon ou d'une autre, à briser les blocages émotionnels de chacun. Il est clair que je parle d'un développement purement dramatique concernant la Table. Peut-être que si le dernier jour de classe avait été le premier, j'aurais pu réussir une chose intéressante avec eux.

Ah ! Avant que je n'oublie : l'autre jour je suis sorti en ville pour ramasser quelques plantes (je venais de lire Paracelse et j'allais faire une cérémonie) et j'ai vu un buisson de marijuana planté en face de l'agence du Banco do Brasil. Imaginez !

De retour à Rio, Paulo apprit par un collègue de la *Tribuna* que la rédaction d'*O Globo* avait besoin de gens. La tentation était grande d'écrire dans le journal qui se proclamait « le plus grand du pays », et il obtint un rendez-vous avec Iran Frejat, le redouté directeur de la rédaction du journal de la famille Marinho. S'il parvenait à y entrer, il disposerait d'un vrai instrument pour diffuser les idées de l'OTO. Plusieurs fois, dans sa correspondance avec Frater

Zaratustra, il avait mis la page hebdomadaire de la *Tribuna* à la disposition de la secte, mais ils ne lui avaient jamais rien demandé. Quand il annonça à Raul Seixas qu'il était intéressé par une place au *Globo*, l'ami tenta de l'en dissuader, agitant de nouveau la proposition d'une association musicale :

« Laisse tomber ça. Tu ne vas demander du travail dans aucun journal, nous allons faire de la musique. La TV Globo va réenregistrer *Beto Rockefeller* [une novela novatrice qui eut beaucoup de succès, portée à l'écran sur la défunte TV Tupi en 1968-1969] et m'a demandé la bande sonore. Pourquoi ne pas le faire ensemble ? Je compose la musique et toi tu écris les vers. »

Tandis que Paulo se frappait la tête, perdu entre le surnaturel et la nécessité de gagner sa vie, Raul construisait sa carrière de chanteur, se consacrant exclusivement à la musique : il avait un 33 tours sur le marché – la *Sociedade da Grã Ordem Kavernista,* enregistré presque clandestinement chez CBS, quelques semaines avant sa démission – et il se préparait à participer au septième Festival international de la Chanson, promu par la Rede Globo. Pour Paulo, accepter de faire équipe avec lui, ça signifiait retourner à la poésie, chose qu'il s'était juré de ne jamais faire. Au moins à ce moment-là, la place au *Globo* semblait plus à sa portée et c'était elle qu'il allait tenter d'obtenir. Le rendez-vous avec Frejat fixé, il arriva à l'heure dans l'immeuble de la rue Irineu-Marinho, se présenta au chef des reportages – qui paraissait de très mauvaise humeur – et s'assit dans un coin de la rédaction, attendant qu'on l'appelât. Avant de sortir de chez lui, Paulo avait glissé dans son sac un livre providentiel de poèmes de saint Jean de la Croix, qui l'aiderait à se distraire pendant qu'il attendait. À 2 heures de l'après-midi, une heure après son arrivée, Frejat ne lui avait pas encore adressé un regard, bien qu'il fût passé plusieurs fois devant lui, pour donner des ordres et distribuer des papiers sur les tables. Paulo se leva, se servit du café dans une thermos, alluma une cigarette et alla se rasseoir. Quand sa montre marqua 3 heures de l'après-midi, il perdit patience. Il arracha les pages du livre qu'il était en train de lire, les déchira en dizaines de petits morceaux, remplit ses mains en coque du tas de papier, se leva et jeta le tout sur la table de Frejat. Ce geste inhabituel surprit le journaliste, qui réagit par un éclat de rire :

— Qu'est-ce que c'est, gamin ? Tu es devenu fou ?

Paulo parla bas, mais gravement :

— Ça fait deux heures que j'attends, vous ne vous en êtes pas aperçu ? Vous faites ça seulement parce que je demande un emploi ? C'est un manque de respect !

Frejat mis fin à l'affaire par une réaction surprenante :

— Ça va, excusez-moi. C'était le job que vous voulez ? Alors nous allons faire un test : si vous le réussissez, il est à vous. Vous pouvez commencer immédiatement. Allez à la Santa Casa compter les défunts.

Les défunts ? Oui, ce serait l'une de ses tâches quotidiennes : passer à la Santa Casa de Misericórdia et dans deux autres grands hôpitaux de Rio pour recueillir les listes avec les noms des morts qui le lendemain rempliraient la page nécrologique du journal. Malgré son expérience au *Diário de Notícias* et à la *Tribuna,* il allait commencer au *Globo* comme débutant. Stagiaire à la section des nouvelles B, le degré le plus modeste, il travaillerait sept heures par jour, avec un jour de repos hebdomadaire, et il gagnerait encore le salaire de 1 200 cruzeiros par mois. Les premières semaines se passèrent dans ce qu'il appelait « reportages sur nature morte » ou « couverture de manifestation pacifiste » – les visites quotidiennes aux morgues de la ville. Les morts illustres, politiciens et artistes par exemple, étaient du ressort des reporters d'expérience, qui devaient rédiger les notices nécrologiques ou ce qu'on appelle les sujets de « mémoire ». Quand la macabre tournée quotidienne se terminait plus tôt, il allait se balader dans les bas-fonds de la prostitution, au Mangue, pour bavarder avec les prostituées.

Bien qu'il ne fût pas formellement recruté – et c'était ainsi pour la majorité des débutants dans une bonne partie des supports de la presse brésilienne (ce qui signifiait n'avoir accès à aucun avantage social) –, il pouvait prendre ses repas au restaurant très bon marché de l'entreprise. Pour six modiques cruzeiros, il déjeunait ou dînait à la cantine du journal, aux tables de laquelle il ne cessait pas de voir le propriétaire du *Globo,* Roberto Marinho, en personne, empoigner assiettes, couverts et serviettes. Le patron, du coup, l'avait vu aussi. Quelques jours après qu'ils se furent croisés dans la file du réfectoire, Paulo apprit par Frejat que le « Dr Roberto », ainsi qu'on appelait le journaliste et chef d'entreprise, l'avait fait prévenir qu'il avait le choix : ou bien il se coupait les cheveux – à l'époque très longs, à la hauteur des épaules – ou bien ce n'était pas la peine qu'il revienne à la rédaction. Travailler au *Globo* était plus important et il se plia à l'exigence sans trop de problèmes, élaguant sa crinière noire. De toute manière, les austères rédacteurs en veste et cravate firent peu à peu place à une faune échevelée qui épouvantait les plus vieux. Un des principaux chroniqueurs du *Globo,* le dramaturge Nelson Rodrigues, en vint à dénoncer l'invasion dans un article féroce intitulé « L'*intelligentsia* hippie » :

L'autre jour, un de mes amis est passé dans l'un de nos plus grands journaux. Il est revenu horrifié. Il avait vu une rédaction de hippies. Il avait vu, en premier lieu, des rédacteurs déchaussés. Je ne le croyais pas :

— Vraiment déchaussés ?
Il a juré :
— Je veux que Dieu me rende aveugle si je mens !
Un autre écrivait avec un petit singe sur l'épaule. Et mon ami ne comprenait pas le singe. Et trois ou quatre avaient la

tête du Satan, l'assassin de la belle Sharon. Dans un coin, une stagiaire cherchait des lentes dans la chevelure d'un compagnon. Et voilà que, tout d'un coup, une grosse rate pleine se met à courir et s'arrête. Un chroniqueur est passé, qui sentait plus mauvais que la plage de Ramos. Et les stagiaires erraient entre les tables et les chaises, légères, agiles, incorporelles comme des sylphides.

Paulo fut tout de même envoyé en reportage pour deux ou trois urgences, ce qui permit à ses supérieurs de comprendre que le nouveau aux cernes profonds savait écrire et avait assez d'aisance pour faire des interviews. Sans être jamais mis en avant pour la couverture de sujets importants, il sortit désormais tous les jours comme les autres reporters, sur lesquels il semblait avoir toujours un avantage : il ne revenait presque jamais bredouille à la rédaction. Ce que ses chefs ne savaient pas, c'est que quand il ne trouvait personne à interviewer pour accomplir l'ordre du jour, il inventait simplement les reportages – avec tous les faits, les témoignages et les personnages sortis de son imagination. Une fois, Paulo fut chargé de réaliser un reportage sur des personnes dont le travail tournât autour du Carnaval. Il passa la journée dans la rue, rentra à la rédaction et, au début de la soirée, remit au rédacteur en chef, le chevronné Henrique Caban, cinq pages d'entretiens avec, entre autres, « Joaquim de Souza, surveillant », « Alice Pereira, serveuse », « Adilson Lopes de Barros, patron de bar ». Le reportage se terminait par une « analyse du comportement des cariocas face au Carnaval », un témoignage du très suspect « psychologue Adolfo Rabbit ». Le soir, Paulo nota au-dessus de la copie-carbone du reportage qu'il avait emportée chez lui quelque chose que ni Caban ni personne ne saurait jamais : « Cet article a été COMPLÈTEMENT bidonné. »

Même s'il se servait d'expédients condamnables comme celui-là, cela marchait bien pour lui au journal. Cela ne faisait même pas deux mois qu'il avait commencé à travailler quand il vit une de ses interviews, légitime celle-là, avec Luís Seixas, président de l'Institut national de prévoyance sociale (INPS), sortir sur la manchette principale du *Globo* le lendemain : « Médicament gratuit à l'INPS ». Et tout de suite après, il allait recevoir une bonne nouvelle : s'il consentait à être le responsable éditorial du matin, il recevrait une augmentation de salaire de 50 %. L'inconvénient qui avait écarté la plupart des candidats au poste – devoir travailler tous les jours de 2 heures du matin à 9 heures – n'était pas exactement un problème pour quelqu'un comme lui, un insomniaque qui semblait se sentir aussi bien dans l'obscurité de la nuit qu'à la lumière du soleil. Les attributions du responsable éditorial du matin commençaient par la lecture de tous les journaux concurrents datés du lendemain, achetés en pleine nuit dans les kiosques du centre, afin de les comparer avec l'édition du *Globo,* et de vérifier les sujets qui mériteraient éventuellement l'attention du journal. Ensuite, il pêchait dans les informations à la radio ce qui allait être la nouvelle du lendemain, et préparait la ligne éditoriale pour les reporters qui arriveraient au début de la matinée. En outre, il lui incombait de décider, sous sa responsabilité, quels événements de la nuit méritaient ou non la présence d'un reporter ou d'un photographe. Les premiers jours, il espéra que quelque chose d'important se passerait dans son horaire. « Un de ces jours va tomber le grand scoop de la nuit et je devrai le couvrir, ce qui me donnera plus de responsabilité », nota-t-il dans son journal. « J'aimais mieux l'autre horaire, mais travailler dans celui-là ne serait pas désagréable, s'il n'y avait ce fils de pute de Frejat, qui me retient là le matin. » Dans les six mois ou presque où il occupa la fonction, un seul événement l'obligerait à mobiliser reporters et photographes : l'assassinat du joueur Almir Albuquerque, le « Pernambuquinho », un attaquant du Flamengo tué par balles par des touristes portugais dans une bagarre au restaurant Río Jerez, dans la

Zone sud. Mais le plus souvent, les nuits se passèrent sans incidents, ce qui lui laissait du temps pour, seul à la rédaction, remplir des pages d'annotations qui plus tard seraient placées dans le journal.

[...] Je pense que le chef Frejat ne m'aime pas. Il a dit à quelqu'un que j'étais « un peu intellectueloïde ».

[...] Comme je l'ai dit à Gisa, ce qui me plaît dans le journalisme, c'est que personne ne dure longtemps. Tous tombent et se relèvent d'une heure à l'autre. La chute de Frejat est proche, et elle va arriver, car la rédaction entière fait pression. Personne n'a bon caractère dans le journalisme. Celui qui l'a est foutu.

[...] J'ai lu dans le journal qu'un sujet avait tué sa femme à coups de couteau parce qu'elle ne réagissait pas. Je vais découper la nouvelle et la faire lire à Gisa. J'espère qu'elle comprendra bien.

[...] Adalgisa est partie dans le Minas en laissant la maison dans un désordre complet. Elle n'a pas remis la pagination de la Tribuna, *elle n'a pas payé l'électricité et elle n'a même pas lavé un vêtement. Ces choses m'emmerdent trop. Apparemment elle n'a pas la moindre notion du problème que c'est d'être mari et femme. Maintenant je n'ai pas envie de payer l'électricité et la maison va rester dans le noir. Au téléphone elle m'a dit qu'elle avait eu « un boulot dément » mais ce n'est pas ça. Ce n'est qu'une grande irresponsabilité.*

Comme l'engagement qu'il avait pris avec le cours au Mato Grosso était antérieur à son travail au *Globo,* à la fin de 1972, après beaucoup d'insistance, Paulo obtint que le journal le libère pour trois semaines, sans rémunération, pour donner les leçons de théâtre. Mais au début de l'année suivante, le problème allait se représenter. « Je suis dans une impasse entre le cours au Mato Grosso et le travail ici dans le plus grand journal du pays », écrivit-il dans le journal. « Caban a dit que je ne pouvais pas partir, et de ce fait je vais devoir laisser tomber l'un des deux. » En outre, Raul persistait dans l'idée qu'ils travaillent ensemble. Pour montrer que c'était en toute innocence qu'il souhaitait l'avoir comme parolier, le Bahianais lui fit une gentillesse séduisante : il signa comme si elle était de lui et de Paulo Coelho la chanson « Caroço de Manga », composée par lui seul pour la bande-son de la nouvelle version de la novela *Beto Rockefeller*. Bien qu'il ne soit pas rare, dans le monde du disque, qu'un auteur « s'associe » à un ami pour une chanson, cela signifiait aussi le partage équitable des droits d'auteur engendrés par l'œuvre. Peu à peu, le personnage Raul Seixas commençait à prendre une place dans sa vie :

[...] C'est une tranquillité de travailler la nuit. Je n'ai pas pris de bain aujourd'hui. J'ai dormi de 9 heures du matin à 7 heures du soir. Je me suis levé, Gisa n'était pas allée travailler. Nous avons téléphoné à Raul pour le prévenir que nous n'allions pas sortir aujourd'hui.

[...] Je suis fatigué. J'ai tapé à la machine toute la journée et maintenant je n'arrive pas à me rappeler la chanson que j'ai promise à Raul.

[...] Raul est bourré de scrupules idiots à l'idée de faire de la musique commerciale. Il ne comprend pas que plus tu domines les moyens d'information, plus ton action devient importante.

Ainsi qu'il l'avait prévu, en avril 1973 Paulo dut décider s'il restait ou non au *Globo*. Comme il devenait d'usage dans toutes les occasions où il se voyait obligé de prendre une décision, importante ou pas, il confia son destin au Livre des mutations, le Yi-king. Seul à la maison, et après s'être concentré, il jeta sur la table les trois pièces de l'oracle chinois et nota dans le journal les hexagrammes qui étaient sortis. Il n'y avait pas de doutes : le Yi-king le prévenait contre le travail au journal, l'avertissant que cela signifierait « un exercice lent et prolongé vers l'infortune ». Il ne lui en fallait pas plus. Le lendemain matin était définitivement close son éphémère carrière au *Globo*. Le solde avait été positif, y compris financièrement. Les petites sommes accumulées avec la vente des histoires en bandes dessinées, le cours au Mato Grosso, la page dans la *Tribuna* et le travail au *Globo* non seulement payèrent les dépenses du quotidien, mais lui permirent de commencer à constituer, toujours prudent, son bas de laine de modeste mais attentif investisseur à la Bourse. « J'ai perdu mon argent dans des actions du Banco do Brasil. Je suis vaincu... », noterait-il à une certaine étape du journal, pour quelques jours plus tard reprendre courage. « Les actions de Petrobrás, qui étaient seulement à 25 quand je les ai achetées, sont aujourd'hui à 300. »

Entre le jour où il démissionna du *Globo* et le début de son partenariat avec Raul Seixas, Paulo fit un peu de tout. En plus des activités qu'il poursuivait, il reprit les leçons

Paulo pendant le tournage du film érotique *Os Mansos*. À sa gauche, Ari Fontoura, et à sa droite, Felipe Carone.

au petit cours de *pré-vestibular*, se mit à diriger des shows de son ami musicien, et travailla même comme acteur dans la comédie pornographique *Os Mansos* – dans laquelle, à côté de vedettes de poids comme José Lewgoy, Sandra Bréa et Heloisa Mafalda, il jouait le rôle d'un fils de Calabrais trahi par sa femme. N'ayant plus l'obligation de passer les nuits à la rédaction, un horaire qui l'obligeait à dormir toute la journée, il commença à rencontrer Raul, soit chez lui, soit chez l'autre, pour faire avancer leur partenariat reporté tant de fois. La perspective qu'ils travaillent ensemble séduisait d'autant plus Paulo que, si « Caroço de Manga » engendrait déjà des royalties perceptibles sur son compte bancaire, il pouvait imaginer ce que cela signifierait d'être parolier d'un disque à succès. Pour ne pas heurter les tentations hippies de son ami, Raul ne parlait pas d'argent quand il lui faisait la cour :

— Ton air d'artiste incompris ne va pas du tout. Si tu veux agir, il faut parler de façon que les gens comprennent ce que tu veux dire.

Fort de l'expérience de quelqu'un qui, en très peu de temps, était devenu auteur de plus de quatre-vingts morceaux enregistrés par différents interprètes – bien qu'il affirmât n'en aimer aucun –, le Bahianais avait assez de pratique pour venir à bout des préjugés que Paulo cultivait encore contre toute forme de versification.

— Pour parler sérieusement avec les gens, tu n'as pas besoin de parler difficile, répétait Raul, dans les innombrables conversations qu'ils eurent désormais. Au contraire, plus simple tu seras, plus sérieux tu pourras être.

Didactique, quasi professionnel, il expliquait que ce n'était pas très compliqué :

— Faire une chanson, c'est écrire en vingt lignes une histoire qu'on peut entendre dix fois sans en avoir marre. Si tu y parviens, tu auras fait le grand saut : tu vas faire une œuvre d'art que tout le monde comprendra.

Et c'est ainsi qu'ils commencèrent. Plus que de simples partenaires musicaux, au fil des mois, ils devinrent tous les deux de grands amis – ou, ainsi qu'ils aimaient le dire aux journalistes, des « ennemis intimes ». Avec leurs femmes respectives, ils sortaient ensemble et se rendaient visite fréquemment. Il ne fallut pas beaucoup pour que Raul et Edith soient attirés dans le vertigineux sortilège des drogues et de la magie noire. À cette époque, en réalité, les drogues étaient au second plan dans la vie de Paulo, si grande était la fascination qu'exerçaient sur lui les mystères que Frater Zaratustra et l'OTO lui révélaient. L'« inimitié intime » tant proclamée entre eux deux n'était pas seulement une expression, et il semble qu'elle soit née avec l'amitié. Si Raul avait ouvert les portes de la renommée et de la fortune à son nouvel ami, celui-ci le rétribuerait en l'introduisant dans le monde des choses secrètes, dans un univers auquel n'avait pas accès le commun des mortels. D'après ce que tous les deux ne cessèrent d'affirmer durant toute leur vie, ce qui paraissait un échange de politesses n'était autre qu'une subtile, presque imperceptible rivalité personnelle, dans laquelle chacun mettait cartes sur table : Raul possédait le chemin vers la renommée, mais c'était Paulo qui savait comment arriver au Démon.

Le premier fruit de leur travail conjoint apparut en 1973 sous la forme d'un 33 tours intitulé *Krig-Ha, Bandolo !* – nom tiré d'un cri de guerre du personnage de Tarzan, héros des romans d'Edgar Rice Burroughs, au cinéma et dans les bandes dessinées. Des cinq chansons dans lesquelles Paulo apparaissait comme parolier, une seule, « Al Capone », deviendrait un de ces *hits* que les gens fredonnent dans les rues. *Krig-Ha* révélerait aussi en Raul Seixas un excellent parolier. Au moins trois des chansons dont il était parolier et compositeur – « Mosca na Sopa », « Metamorfose Ambulante » et « Ouro de Tolo » – passeraient encore à la radio des années après sa mort, survenue en 1989. Bien qu'il ne fût pas d'une efficacité à tout casser, le disque permit à

Paulo de voir, enfin, l'argent couler vraiment sur son compte bancaire. Quand il demanda son solde à l'agence du Banco do Brasil de Copacabana, quelques semaines après le lancement de *Krig-Ha,* il n'en revint pas de voir qu'avaient été déposés par Philips, productrice du disque, pas moins de 240 millions de cruzeiros, une somme énorme, comme il n'en avait jamais vu.

Le succès du disque permit aux quatre – Paulo et Gisa, Raul et Edith – de faire bombance. Ils prirent un avion, et après avoir passé une semaine comme des gamins à Disney World, en Floride, ils visitèrent Memphis, au Tennessee, la ville natale d'Elvis Presley, et se jetèrent pour un mois à New York. Au cours d'une des nombreuses promenades qu'ils firent dans la Big Apple, les deux couples frappèrent un jour à la porte du Dakota Building, l'immeuble gris, néo-gothique et un peu sinistre tourné vers Central Park où

Edith, Raul, Paulo et Gisa aux États-Unis.

vivait le Beatle John Lennon, et qui avait été le cadre d'un classique du satanisme, le film *Rosemary's Baby,* réalisé par Roman Polanski. Peut-être mus par la proverbiale immodestie brésilienne, Paulo et Raul croyaient que le succès de *Krig-Ha* serait une introduction suffisante pour leur permettre de fraterniser avec le personnage inaccessible de l'auteur d'*Imagine.* De retour au Brésil, Paulo et Raul donnèrent plusieurs interviews, y compris pour des publications internationales, révélant des détails de leur conversation avec Lennon – qui, selon eux, bien que grippé, les reçut avec sa femme Yoko, échangea des partitions de musique et envisagea même la possibilité qu'ils fassent quelque chose ensemble. Une note distribuée à la presse, quand ils rentrèrent au Brésil, révélait le contenu de la rencontre :

[...] John Lennon est finalement apparu un jour avant notre retour. Nous étions avec un journaliste d'une chaîne de TV brésilienne. Dès que nous nous sommes assis, le journaliste l'a interrogé immédiatement sur sa séparation d'avec Yoko. Sans plus de cérémonies, John a demandé au journaliste de se retirer immédiatement, car il n'allait pas perdre son temps avec des commérages. La réunion a commencé tendue à cause de cet incident, John nous prévenant que toute tentative de capitaliser cette rencontre pour notre promotion au Brésil serait très mal reçue. Passé les premières minutes, la tension a disparu, et nous avons parlé une demi-heure sans interruption du présent et de l'avenir. Les résultats de cette réunion seront divulgués petit à petit, selon le développement des situations.

C'était pur mensonge. Avec le temps, la version fut rendue conforme à la réalité : Paulo et Raul n'étaient jamais allés chez le Beatle et ils n'avaient pas non plus été reçus par sa femme, Yoko Ono. Le personnage le plus proche de John Lennon avec qui ils réussirent à parler fut le portier du Dakota : par l'interphone, il les informa sèchement que « Monsieur Lennon n'était pas chez lui » – et ce fut tout. Une autre invention diffusée par la note à la presse disait que le Beatle avait été très impressionné par un projet que Paulo et Raul se préparaient à lancer au Brésil, appelé Société Alternative.

Le plan était de créer une communauté inspirée de l'expérience développée par Aleistair Crowley au début du XXe siècle à Cefalú, en Sicile. Le lieu choisi pour siège de la « Cité des Étoiles », ainsi que Raul l'avait baptisée, était la ville de Paraíba do Sul, où vivait l'initié Euclydes Lacerda, alias Frater Zaratustra. Le rocker bahianais avait intégré si rapidement le monde des drogues et de la magie que, un an après leur rencontre, il ne rappelait plus même de loin le cadre tiré à quatre épingles qui s'était présenté à la rédaction d'*A Pomba* pour parler de soucoupes volantes. Barbu et exhibant une superbe tignasse noire, Raul s'habillait désormais de façon extravagante, avec des pantalons serrés sur les jambes et ouverts sur le côté, à pattes d'éléphant, et des vestes en lamé brillant, sans chemise dessous, qui laissaient entrevoir sa poitrine pâle, creuse et osseuse.

En revenant de leur tournée américaine, les deux amis commencèrent à concevoir ce qui serait, de loin, le plus grand succès du duo : le 33 tours *Gita*. Sur les onze chansons choisies pour composer le disque, sept avaient des textes écrits par Paulo et, de celles-là, au moins trois deviendraient des marques déposées du duo : « Medo da Chuva », « Gita » et « Sociedade Alternativa ». La première exprimait, dès le premier vers, les conceptions peu orthodoxes du parolier au sujet du mariage *(Dommage que tu penses que je suis ton esclave/En disant que je suis ton mari et que je ne peux pas partir/Comme les pierres immobiles sur la plage je reste à côté de toi/Sans connaître les amours que la vie m'a apportées et que je ne peux pas vivre...)*. Déjà la chanson-titre, « Gita », n'était autre que la traduction fidèle et bien élaborée du dialogue entre les entités Krishna et

Arjuna contenu dans le *Bhagavad-Gità,* texte sacré de l'hindouisme que les auteurs venaient de lire. Le plus intrigant de l'album, cependant, était la sixième chanson, « Sociedade Alternativa ». Ou, du moins, ce qu'elle occultait. À première vue, le texte de « Sociedade Alternativa » résonne comme une innocente plaisanterie surréaliste autour d'une unique strophe, répétée au long de toute la chanson :

Si je veux et si tu veux
Prendre un bain en chapeau
Ou attendre Papa Noël
Ou discuter de Carlos Gardel
Alors vas-y !

Mais c'était dans le refrain qui ouvrait et fermait le morceau que se cachait le mystère. Le chœur renforçant sa voix, Raul se lâchait :

Fais ce que tu veux, car tout est la loi.
Vive ! Vive ! Vive la Société Alternative !

Comme s'ils ne voulaient laisser aucun doute sur leurs intentions, les auteurs transcrivirent *ipsis litteris* des passages entiers du *Liber Oz* pour, finalement, se démasquer, montrant clairement au service de qui était le duo. Tandis que Raul chantait le refrain, sa voix, mixée en arrière-plan, déclamait :

Le numéro 666 s'appelle Aleister Crowley !
Vive ! Vive !
Vive la Société Alternative !
La loi de Thélème
Vive ! Vive !
Vive la Société Alternative !
La loi du fort
C'est notre loi et la joie du monde

Vive ! Vive !
Vive le Nouvel Aeon !

Bien que les rares initiés au monde de Crowley le comprennent, Paulo Coelho et Raul Seixas avaient décidé de se convertir en porte-parole de l'OTO et, par voie de conséquence, du Démon. Pour beaucoup de ceux qui les écoutaient, c'était un message chiffré, pour tromper la censure, et il défendait une nouvelle société comme alternative à la dictature militaire. Cette opinion semblait être aussi celle du gouvernement : après avoir libéré l'enregistrement de « Sociedade Alternativa », la censure interdit son exécution dans les shows que Raul faisait dans tout le Brésil. Avec ou sans censure, la vérité, c'est que tout allait si bien que Paulo conclut que ses jours de pénurie matérielle et émotionnelle avaient pris fin. Cette nuit-là, comme il le faisait parfois, au lieu d'écrire, il enregistra son journal sur une cassette, dramatisant son propos, comme s'il était sur une scène :

Le 15 avril 1974, à 26 ans, moi, Paulo Coelho, j'ai fini de payer pour mes crimes. À seulement 26 ans, j'ai eu clairement conscience que j'avais déjà payé. Maintenant donnez-moi la récompense.
Je veux maintenant ce qui m'est dû.
Ce qui m'est dû sera ce que je désire !
Et je désire de l'argent !
Je désire du pouvoir !
Je désire la gloire, l'immortalité et l'amour !

Tant que les autres désirs ne se réalisaient pas, il jouissait de l'argent, de la gloire et de l'amour. Début mai, Raul l'invita avec Gisa à se rendre à Brasília, où ils feraient trois spectacles pendant la Fête des Nations qui aurait lieu dans la capitale fédérale les 10, 11 et 12. Commencerait là une saison de promotion du 33 tours *Gita,* qui serait mis sur le marché quelques semaines plus tard. Esclave du Yi-king,

Paulo étala plusieurs fois les trois pièces de l'oracle sur la table jusqu'à ce qu'il fût convaincu que le voyage ne présenterait aucun risque. Installés à l'Hotel Nacional, élégant à l'époque, le vendredi après-midi, jour du premier show, ils furent convoqués à la Police fédérale pour une procédure qui était devenue une routine dans le comportement de la censure : répéter aux artistes ce qui pouvait et ce qui ne pouvait pas être chanté en public. Le colonel et le bureaucrate qui les reçurent expliquèrent que dans leur cas la seule chanson interdite était « Sociedade Alternativa ». Avec des gens entassés dans tous les coins du gymnase sportif où ils se présentaient, les deux premiers spectacles se déroulèrent sans imprévus. Le dimanche soir, jour du show de clôture, Raul, qui avait passé l'après-midi et le début de la soirée à fumer de la marijuana, eut ce qu'il appela « un égarement ». D'une heure à l'autre il ne pouvait plus se rappeler un seul texte des morceaux prévus. Tandis que l'orchestre chauffait le public, le Bahianais s'accroupit au bord de la scène et chuchota à son partenaire, assis au premier rang :

« Dom Paulete, viens à mon secours, j'ai un malaise. Monte ici et retiens le public une minute pendant que je me jette de l'eau sur la tête. »

Microphone au poing, Raul présenta Paulo à la foule comme « mon partenaire chéri » et le laissa se débrouiller. Comme l'assistance accompagnait l'orchestre en frappant dans les mains, criant le refrain interdit, Paulo fit simplement la même chose et se mit à chanter avec le public :

Vive ! Vive ! Vive la Société Alternative !
Vive ! Vive ! Vive la Société Alternative !

De retour à Rio, il résumerait en quelques lignes la fin de semaine à Brasília :

Ce fut un voyage calme. Vendredi nous avons eu un contact officiel avec le gouvernement, parlant avec le chef de la Censure et un colonel de la Police fédérale. Dimanche j'ai parlé à la foule pour la première fois, j'ai été pris complètement au dépourvu. Toute la divulgation de la Société Alternative a lieu au cours des interviews.

Cette semaine-là, Paulo prendrait une importante décision : la formalisation de son entrée dans l'OTO en situation « probatoire » (c'est-à-dire comme novice), et, à cette occasion, il jura « dévouement éternel au Grand Œuvre ». Pour les adeptes du Démon, à partir de ce 19 mai « de l'an 1974 de l'Ère Vulgaire », le « nom profane » de Paulo Coelho de Souza disparaîtrait pour laisser place au « nom magique » qu'il avait lui-même choisi : *Lumière Éternelle* – ou *Staars,* ou encore, simplement *313*. Après avoir posté son serment au courrier, il nota dans son journal : « D'être tellement invoqué, Il doit déjà souffler le feu par les narines près d'ici. » C'était le cas. Le matin du 25 mai, six jours après son entrée dans le monde des ténèbres, Paulo aurait enfin sa rencontre tant désirée avec le Démon.

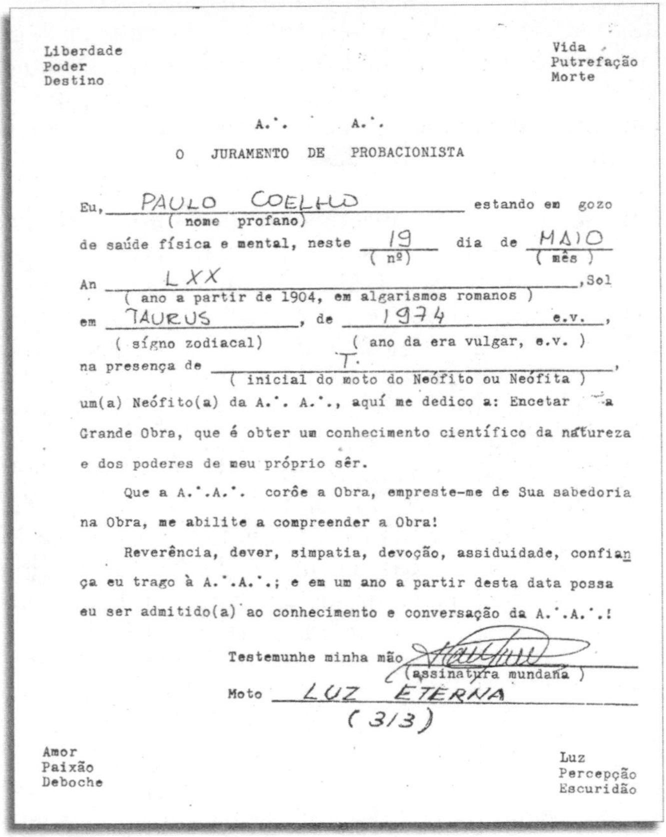

Liberdade
Poder
Destino

Vida
Putrefação
Morte

A.˙. A.˙.

O JURAMENTO DE PROBACIONISTA

Eu, PAULO COELHO estando em gozo
(nome profano)
de saúde física e mental, neste 19 dia de MAIO
(nº) (mês)
An L XX ,Sol
(ano a partir de 1904, em algarismos romanos)
em TAURUS, de 1974 e.v. ,
(sígno zodiacal) (ano da era vulgar, e.v.)
na presença de T. ,
(inicial do moto do Neófito ou Neófita)
um(a) Neófito(a) da A.˙. A.˙., aquí me dedico a: Encetar a Grande Obra, que é obter um conhecimento científico da natureza e dos poderes de meu próprio sêr.

Que a A.˙.A.˙. corôe a Obra, empreste-me de Sua sabedoria na Obra, me abilite a compreender a Obra!

Reverência, dever, simpatia, devoção, assiduidade, confiança eu trago à A.˙.A.˙.; e em um ano a partir desta data possa eu ser admitido(a) ao conhecimento e conversação da A.˙.A.˙.!

Testemunhe minha mão
(assinatura mundana)
Moto LUZ ETERNA
(313)

Amor
Paixão
Deboche

Luz
Percepção
Escuridão

Le 19 mai de l'an 1974 de l'Ère Vulgaire, le nom profane de Paulo Coelho de Souza disparaîtrait pour laisser place au nom magique *Lumière Éternelle* (*Luz Eterna*) – ou encore *313*.

16

Un autre démon

L'énorme somme d'argent que Philips avait déposée sur le compte bancaire de Paulo l'année précédente n'était qu'un échantillon de ce qui viendrait par la suite. Dans le sillage du bruyant succès de *Krig-Ha, Bandolo !* la maison de disques avait lancé un disque avec les chansons « Gita » et « Não Pare na Pista », cette dernière conçue sur la route Rio-Bahia, alors que le duo revenait de quelques jours de vacances dans la maison des parents de Paulo, dans la municipalité de Dias d'Ávila, dans l'intérieur bahianais. L'objectif du disque était seulement d'offrir au public un avant-goût du 33 tours qui arriverait sur le marché en juin, mais en moins d'un mois il avait battu le record de 100 000 copies vendues, un chiffre qui allait rapporter aux auteurs un précoce Disque d'Or, le premier des six que les deux chansons gagneraient. Chaque fois qu'une station de radio invoquait, sans le savoir, le Démon, exécutant le refrain « Vive ! Vive la Société Alternative ! », la caisse enregistreuse des deux partenaires cliquetait. En avril 1974, Paulo acheta un appartement de 150 m^2 dans la rue Voluntários-da-Pátria, à Botafogo, à quelques blocs de la villa où il était né et avait passé son enfance, et il y emménagea avec Gisa.

Le 24 mai, un vendredi, deux semaines après la minisaison à Brasília, Raul téléphona pour dire qu'il était sommé à comparaître le lundi suivant au DOPS afin d'« apporter des éclaircissements ». Habitué à des convocations fréquentes pour discuter de l'autorisation de chansons pour des shows ou des disques, il ne paraissait pas effrayé, mais dans le doute il demanda à son partenaire d'y aller avec lui. À peine le téléphone raccroché, Paulo consulta le Yi-king pour savoir s'il était risqué de se rendre au DOPS avec Raul. Comme la réponse fut négative – ou du moins sembla l'être, puisque selon ses adeptes, l'interprétation de l'oracle n'est pas toujours précise –, il n'y pensa plus.

À son réveil le samedi matin, Paulo vit sur la table de chevet un billet de Gisa, qui était sortie plus tôt et promettait de revenir très vite. Quand ses yeux se posèrent sur la première page du *Jornal do Brasil* qui avait été laissé sous la porte d'entrée, la date imprimée sous le titre attira son attention : cela faisait exactement deux ans qu'il avait rencontré Raul – et que sa vie avait été chamboulée. Il prit un café, alluma une cigarette, jeta un regard par la fenêtre, d'où l'on voyait le soleil taper sur la chaussée, puis il alla jusqu'à la chambre mettre un bermuda pour sa promenade quotidienne d'une heure. Il sentit dans la maison une légère odeur de brûlé, vérifia les prises et les appareils ménagers et ne trouva rien d'anormal. Il fit quelques pas, et il sentit que l'odeur devenait de plus en plus forte. Non, non. Ce n'était pas une odeur de combustion électrique, mais quelque chose qui lui paraissait de plus en plus familier. Il sentit un froid dans le ventre quand sa mémoire le transporta vers l'endroit où il avait senti l'odeur qui maintenant envahissait son appartement : la salle des cadavres de la Santa Casa de Misericórdia, qu'il avait fréquentée quotidiennement pendant plusieurs mois, recueillant des données sur les morts pour la page nécrologique du *Globo*. C'était l'odeur macabre des bougies allumées en permanence et éclairant, lors de la veillée funèbre de la Santa Casa, la désincarnation de ces morts. La différence, c'était que l'odeur qui empestait tout autour de lui était si forte qu'elle semblait venir de cent, mille bougies brûlant en même temps.

En se baissant pour lacer ses chaussures, il eut l'impression que les planches de bois du parquet se relevaient et s'approchaient dangereusement de son visage. Ses jambes flanchèrent de façon inattendue, comme s'il était pris d'un vertige très fort, et sa poitrine tombait en avant. Il faillit tomber par terre. Le vertige s'intensifiant, il essaya de se rappeler s'il avait mangé quelque chose de bizarre, mais non, pas du tout : en réalité, il n'avait pas de nausées ni envie de vomir, il était seulement écœuré par le tourbillon qui semblait s'emparer de tout ce qui l'entourait. Avec les accès de vertiges, qui allaient et venaient, il comprit que l'appartement était rempli d'une brume sombre, comme si le soleil disparaissait brusquement et que des nuages gris envahissaient la maison. Pendant un instant, il souhaita humblement être en train de vivre le moment le plus redouté des usagers de drogue – un *bad trip,* le voyage parfois sans retour provoqué par la consommation de LSD. Mais même cela n'était pas possible. Cela faisait très longtemps qu'il ne s'était pas mis dans la bouche le moindre petit bout de LSD. Et il n'avait jamais entendu dire que la marijuana ou la cocaïne eurent entraîné quelqu'un dans un enfer comme celui-là.

Il essaya d'ouvrir la porte et de sortir dans la rue, mais la peur le paralysait. Dehors c'était pire que dans la maison. Maintenant, en plus des vertiges et de la fumée, il entendait des bruits épouvantables, comme si une personne ou une entité brisait tout autour de lui – mais les choses restaient à leur place. Terrorisé et n'ayant pas la force de réagir, il vit ses espoirs renaître quand le téléphone sonna. Il pria Dieu que ce soit Euclydes Lacerda, Frater Zaratustra, qui, lui, pourrait mettre fin à ce martyr. Il souleva le combiné, mais il faillit raccrocher en se rendant compte qu'il était en train d'invoquer le saint nom de Dieu pour parler avec un disciple du Diable. Mais ce n'était pas Euclides : la personne qui l'appelait était son amie Stella Paula, qu'il avait recrutée, elle aussi, pour l'OTO. En larmes et aussi effrayée que lui, la jeune fille avait appelé pour demander du secours car son appartement était envahi par des bouffées de fumée noire, une forte odeur de décomposition, et autres miasmes étouffants. Il se mit à son tour à pleurer d'une façon incontrôlable. Il raccrocha le téléphone et se rappela le recours qu'il utilisait quand il exagérait dans la consommation de marijuana ou de cocaïne : il ouvrit le réfrigérateur et but plusieurs verres de lait, l'un derrière l'autre, puis il mit la tête sous le robinet du lavabo de la salle de bains, laissant couler l'eau froide. Mais rien. L'odeur des morts, la fumée et les vertiges étaient toujours là, de même que le bruit de casse, tellement fort qu'il devait se couvrir les oreilles de ses mains pour le réduire.

Alors seulement, comme si sa mémoire époussetait un vieux hiéroglyphe, il commença à comprendre ce qui se passait. Après avoir complètement rompu avec la foi chrétienne, il travaillait ces dernières années avec des énergies négatives en quête de quelque chose que même Aleister Crowley n'avait pas réussi à obtenir : rencontrer le Démon. Ce qui se passait dans cette matinée de samedi, c'était ce que Frater Zaratustra appelait un « reflux d'énergies magiques » : ce qu'il avait tellement réclamé dans ses invocations et ses bains d'épées de saint Georges s'était réalisé. Paulo était nez à nez avec le Démon. Il eut envie de se jeter par la fenêtre, mais sauter du quatrième étage pouvait signifier s'écraser au sol, souffrir terriblement, peut-être ne plus pouvoir marcher, sans mourir pour autant. Pleurant comme un bébé abandonné, les mains en coquille sur les oreilles et la tête enfoncée entre les genoux, il se souvint de fragments des menaces que le père Ruffier faisait tonner depuis la chaire de la chapelle du collège Santo Inácio. Il vit clairement les bras courts et épais du religieux du Rio Grande do Sul levés vers le ciel au milieu des imprécations :

[...] Nous sommes en enfer ! Ici on ne voit que des larmes et l'on n'entend que le grincement de dents de la haine des uns contre les autres.

[...] Pendant que nous pleurons de douleur et de remords, le démon sourit d'un sourire qui nous fait souffrir encore davantage. Mais le pire châtiment, la pire douleur, la pire souffrance c'est que nous n'avons aucun espoir. Nous sommes ici à tout jamais.

[...] Et le démon dira : mon cher, ta souffrance n'a pas encore commencé !

C'était ça, il était en enfer – un enfer bien pire que ce que le père Ruffier avait promis et auquel il paraissait condamné dans la solitude. En effet, cela faisait très longtemps que cela avait commencé – deux heures ? Trois ? Il avait perdu la notion du temps – et Gisa ne donnait pas signe de vie. Aurait-elle eu un problème ? Pour ne pas continuer à y penser, il se mit à compter les livres qu'il avait à la maison, puis les disques, tableaux, couteaux, cuillers, fourchettes, paires de chaussettes, caleçons... Quand il arriva aux dernières pièces, il recommença tout, comptant livres, disques... Il était accroupi sous l'évier de la cuisine, les mains pleines de couverts, quand Gisa arriva. Aussi secouée que lui, tremblant de froid et claquant des dents, la petite amie lui demanda ce qui se passait, mais Paulo ne savait pas. Elle se mit en colère :

— Comment, tu ne sais pas ? Tu sais tout !

Serrés l'un contre l'autre, ils s'agenouillèrent tous les deux sur le sol de la cuisine et se mirent à pleurer. S'entendant avouer à Gisa qu'il avait peur de mourir, Paulo vit renaître les fantômes du collège Santo Inácio. « Vous avez peur de mourir », lui avait crié une fois le père Ruffier, devant ses camarades, « et je suis indigné par votre lâcheté. » Gisa elle aussi avait honte de constater une telle couardise chez l'homme qui quelques jours plus tôt était le grand savant, le grand gaillard qui l'avait poussée à frayer avec les sorciers fous de l'OTO. Mais au milieu de ce pandémonium, Paulo se fichait bien de l'opinion que pouvaient avoir de lui le père, sa petite amie, ses parents. La seule vérité, c'est qu'il ne voulait pas mourir et encore moins livrer son âme au Démon. Il s'arma de courage et murmura à l'oreille de Gisa :

— Cherchons une église ! Sortons d'ici et allons tout droit vers une église !

La militante de gauche ne reconnaissait plus son petit ami :

— Une église ? Mais qu'est-ce que tu vas chercher dans une église, Paulo ?

Dieu. Il voulait une église pour prier Dieu de lui pardonner d'avoir douté de Son Existence et de mettre fin à cette souffrance. Il traîna Gisa jusqu'à la salle de bains, ouvrit le régulateur d'eau froide de la douche et s'accroupit par terre, à côté de sa petite amie. La mauvaise odeur, le nuage et les bruits étaient toujours là. Paulo se mit à réciter à voix haute toutes les oraisons qu'il connaissait – Ave Maria, Notre Père, Regina, Credo – et puis elle l'accompagna. Ils ne se rappelleraient jamais combien de temps ils étaient restés là, mais ils avaient tous les deux le bout des doigts bleui et ridé par l'eau quand Paulo se leva en courant, alla au salon et prit sur l'étagère un exemplaire de la Bible. De nouveau sous l'eau, il ouvrit le livre sacré à une page au hasard et tomba sur le verset 24, chapitre IX, de saint Marc, que lui et sa petite amie se mirent à répéter, comme un mantra, sous la douche :

Je crois, Seigneur. Viens au secours de mon manque de foi...

Je crois, Seigneur. Viens au secours de mon manque de foi...

Je crois, Seigneur. Viens au secours de mon manque de foi...

Les onze mots furent répétés par l'un et par l'autre à haute voix comme un dithyrambe des centaines, peut-être des milliers de fois. Paulo renia et abjura, toujours à voix haute, ses liens avec l'OTO, avec Crowley et avec tous les démons qu'ils paraissaient avoir libérés ce samedi-là. Quand la paix revint, la nuit entrait par la fenêtre de l'appartement. Paulo se sentait une loque, physiquement et émotionnellement.

Abasourdi par ce qu'il venait de vivre, le couple n'eut pas le courage de dormir cette nuit-là dans l'appartement. Les meubles, les livres et les objets de la maison étaient tous restés à leur place, comme si ce lieu n'avait pas été la scène d'un tremblement de terre, mais mieux valait ne pas prendre de risque et ils allèrent passer le week-end chez Lygia et Pedro, à Gávea. Depuis qu'elle avait commencé à sortir avec Paulo, Gisa fréquentait la maison des Coelho régulièrement, et y était toujours bien reçue, surtout par Lygia, qui l'entourait de toutes les gentillesses. Ce n'était pas une exception. La mère traitait les petites amies de Paulo avec une déférence particulière, et elle avait affirmé à toutes que cela lui ferait grand plaisir si la relation progressait vers un mariage. Même Vera Richter, dont l'âge et l'état civil auraient pu susciter un malaise dans une famille aussi conservatrice, n'eut pas un traitement différent. Lygia savait que si elle devait attendre une belle-fille parfaite, son fils mourrait célibataire. Pour les Coelho, le défaut de Gisa était son radicalisme politique. Dans les longs déjeuners dominicaux à Gávea, quand se rassemblaient les parents, oncles et grands-parents de Paulo, Gisa n'insistait pas pour défendre ses idées, même si elle savait qu'elle se trouvait en compagnie de salazaristes, de franquistes et, bien entendu, d'inflexibles défenseurs de la dictature militaire brésilienne. Bien que tout indiquât qu'elle avait quitté peu à peu la militance politique dans le mouvement étudiant, ses points de vue n'avaient pas changé. Marcos Medeiros Bastos, premier mari de Sônia Maria, sœur de Paulo, se souvient que la jeune fille semblait avoir plaisir à provoquer les plus vieux :

« Dans les déjeuners avec nous chez les parents ou les grands-parents de Paulo, à Gávea, elle avait des attitudes radicales. Les plus vieux étaient très conservateurs et elle était une contestatrice radicale. »

Quand le couple d'amoureux sortit, le lundi matin, dona Lygia les invita pour un petit dîner qu'elle donnait le soir pour sa sœur Heloísa, la « tante Helói ». En taxi – Paulo n'avait pas encore appris à conduire –, ils rentrèrent tous les deux à l'appartement de la rue Voluntários-da-Pátria. Ni odeurs, ni miasmes, ni bris de verre, rien n'indiquait que deux jours plus tôt cet endroit avait été la scène de ce qui leur était apparu, sans le moindre doute, comme une guerre entre le Bien et le Mal. En choisissant le vêtement qu'il allait porter après son bain, Paulo décida qu'il ne serait plus esclave de superstitions. Il prit dans sa garde-robe une chemise en toile bleu ciel, à manches courtes et poches avec broderies de couleur, un cadeau que sa mère lui avait fait trois ans plus tôt – et qu'il n'avait encore jamais porté. C'est que le vêtement avait été acheté lors d'un voyage des parents à Asunción, capitale du pays voisin dont il ne prononçait plus le nom, depuis l'arrestation à Ponta Grossa. En mettant la chemise paraguayenne, il voulait avant tout se prouver à lui-même qu'il était libéré des manies ésotériques. Il déjeuna avec Gisa et à 2 heures de l'après-midi passa à l'appartement de Raul pour l'accompagner dans sa visite au DOPS.

Pour franchir les quinze kilomètres très embouteillés qui séparent le Jardim de Alah, où habitait le Bahianais, de l'immeuble du DOPS, au centre-ville, il leur fallut plus d'une demi-heure, qu'ils passèrent à discuter des événements qui étaient devant eux, pour la divulgation du 33 tours *Gita*. Un an auparavant, quand l'album *Krig-Ha, Bandolo !* avait été lancé, ils avaient tous les deux pris la tête d'une « promenade musicale » dans les rues commerçantes du vieux centre de Rio, une idée de Paulo qui eut un grand succès. Ce *happening* inhabituel leur avait rapporté de précieuses minutes d'apparition dans les journaux télévisés, en plus de reportages dans les journaux et les magazines. Pour *Gita,* ils voulaient faire encore plus extravagant. La tranquillité avec laquelle ils se rendaient à la police politique sous une dictature militaire, sans être accompagnés d'un avocat ou d'un représentant de la maison de disques, n'était pas une attitude irresponsable. Outre qu'ils étaient des artistes raisonnablement connus – Raul du moins –, ni l'un ni l'autre n'avait de cadavres dans le placard. Hormis l'arrestation de Paulo à Ponta Grossa, en 1969, et les escarmouches avec la Censure, on ne pouvait leur imputer aucun acte qui pût se confondre avec l'opposition à la dictature. Et de toute façon, le régime avait exterminé tous les groupes de lutte armée qui agissaient dans le pays. Six mois plus tôt, à la fin de 1973, des troupes de l'Armée avaient massacré les derniers foyers de la guérilla de l'Araguaia, dans le sud du Pará, ce qui s'était soldé par 69 morts parmi les militants du PC do B. L'opposition armée anéantie, peu à peu la machine répressive était naturellement désactivée. Nombre de crimes et d'atrocités étaient encore et continueraient d'être commis par le régime, mais en ce lundi de mai 1974, ce n'était pas une folie que de répondre à une intimation du DOPS – on savait d'autre part que les accusations de tortures et élimination de prisonniers retombaient le plus souvent sur les services de renseignements et autres secteurs de l'Armée, de la Marine et de l'Aéronautique.

Quand le taxi les laissa devant la porte de l'immeuble centenaire de trois étages dans la rue da Relação, à deux blocs des bureaux de la maison de disques Philips, il était 3 heures pile le 27 mai. Tandis que Paulo s'asseyait pour lire le journal sur un banc, Raul montra l'intimation au fonctionnaire d'un guichet et ensuite entra dans un couloir. Une demi-heure plus tard, le rocker était de retour. Sans s'adresser à son partenaire, qui se préparait déjà à sortir,

Raul alla jusqu'à un téléphone public accroché au mur, feignit de composer un numéro et se mit à fredonner en anglais :

My dear partner, the men want to talk with you, not with me…
[Cher partenaire, c'est avec toi que les types veulent parler, pas avec moi…]

Comme Paulo ne semblait pas comprendre le truc auquel il recourait pour l'avertir qu'il était en danger, Raul continua à tambouriner sur le téléphone en répétant, comme si c'était un refrain :

They want to talk with you, not with me…
They want to talk with you, not with me…
[C'est avec toi qu'ils veulent parler, pas avec moi.
C'est avec toi qu'ils veulent parler, pas avec moi.]

Paulo continuait à ne rien comprendre. Debout, prêt à sortir, il demanda en souriant :

— C'est quoi cette connerie, Raul ? Qu'est-ce que tu es en train de chanter ?

Quand il fit mine de marcher vers la porte, un policier lui mit la main sur l'épaule :

— Toi, non. Tu vas devoir rester ici pour apporter quelques éclaircissements.

Abasourdi, Paulo ne parvint qu'à balbutier à Raul un rapide « préviens mon père », avant de disparaître derrière une porte. Il fut conduit par un labyrinthe de couloirs mal éclairés et traversa un patio à l'air libre puis arriva dans une galerie avec des cellules grillagées des deux côtés, dont la plupart semblaient vides et d'où montait une violente odeur d'urine mêlée de désinfectant. L'homme qui le conduisait s'arrêta devant l'une d'elles, où deux garçons étaient prisonniers, le jeta à l'intérieur d'un coup brusque, et tourna la clé dans le verrou. Sans adresser la parole aux autres, Paulo s'assit par terre, alluma une cigarette et, pris de panique, tenta de découvrir ce qui avait pu justifier cette arrestation. Il était plongé dans ses préoccupations quand l'un des deux garçons, plus jeune que lui, intervint :

— Tu n'es pas Paulo Coelho ?

Surpris, il répondit instinctivement :

— Si, c'est moi, pourquoi ?

— Nous sommes des Enfants de Dieu. Je suis marié avec Talita, que tu as connue à Amsterdam.

C'était vrai, il se souvint que, durant son voyage en Hollande, une jeune Brésilienne l'avait abordé, attirée par le drapeau du Brésil cousu sur l'épaule de sa veste en jean. Comme Paulo, les deux prisonniers ignoraient ce qu'ils faisaient là. Créée en Californie quelques années plus tôt, la secte des Enfants de Dieu avait réussi à enrôler des centaines d'adeptes au Brésil et y faisait l'objet de graves accusations, entre autres d'encourager la pratique du sexe avec des enfants, y compris des parents avec leurs propres enfants. La présence de ces trois personnes dans les cellules du DOPS était un instantané fidèle de l'état de la répression politique au Brésil. La redoutable et violente machine montée par la dictature pour affronter des guérilleros se préoccupait maintenant des hippies, des fumeurs de marijuana et des adeptes de sectes de toqués. Ce n'est que vers 6 heures du soir qu'un policier en civil, pistolet à la ceinture et un dossier en carton à la main, ouvrit la porte de la cellule et demanda :

— Lequel de vous est Paulo Coelho de Souza ?

Il s'identifia et fut conduit dans une pièce, au deuxième étage du bâtiment, où ne se trouvaient qu'une table et deux chaises. Le policier s'assit sur l'une d'elles et donna l'ordre à Paulo d'occuper l'autre. Il retira du dossier et jeta sur la table le livret illustré de quatre pages qui accompagnait le 33 tours *Krig-Ha, Bandolo !* et entreprit un dialogue surréaliste avec le détenu :

— Qu'est-ce que c'est que cette merde ?
— C'est l'encart qui accompagne l'album enregistré par moi et par Raul Seixas.
— Que signifie *Krig-Ha, Bandolo !* ?
— Ça signifie "Attention à l'ennemi !"
— Ennemi, quel ennemi ? Le gouvernement ?
— Non ! Ce n'est pas contre le gouvernement. Les ennemis sont des lions africains et c'est écrit dans la langue parlée dans le royaume de Pal-U-Don.
Certain que ce chevelu crasseux le prenait pour un clown, le policier menaça de devenir violent, l'obligeant à expliquer d'une façon didactique que tout cela était œuvre de fiction, inspirée des lieux, des personnages et du dialecte des bandes dessinées de Tarzan, situées dans un lieu imaginaire d'Afrique appelé Pal-U-Don. Le sujet n'était pas satisfait :
« Et qui a écrit ce truc ?
— Je l'ai écrit et ma femme, qui est architecte, l'a illustré.
— Comment s'appelle votre femme ? Je veux l'entendre également. Où est-elle maintenant ? »
Paulo paniqua à l'idée de mêler Gisa à ce cauchemar, mais il savait que là on ne pouvait pas mentir – et il n'y avait même pas de raisons de mentir, car ils étaient tous les deux innocents. Il regarda sa montre et vit qu'il était presque 8 heures du soir :
« Elle s'appelle Adalgisa Rios. Nous avons été invités à dîner aujourd'hui chez mes parents, et à cette heure elle doit être là-bas. »
Le policier ramassa les papiers, les cigarettes et le briquet qu'il avait étalés sur la table, se leva et donna l'ordre au prisonnier terrorisé de le suivre :
« Allons-y, alors. Allons chercher la patronne. »
Quand il fut poussé dans une camionnette noir et blanc, avec le symbole du Secrétariat à la Sécurité publique de Rio de Janeiro peint sur la portière, Paulo eut un instant de soulagement. Cela signifiait qu'il était détenu officielle-

La manifestation musicale de Paulo et Raul dans le centre-ville de Rio et, ci-dessous, le magazine de bandes dessinées *Krig-Ha, Bandolo !*, qui ne laisserait pas d'intriguer la police.

ment et, du moins en théorie, sous la protection de l'État. L'enfer, c'étaient les arrestations réalisées par des policiers en civil, dans des véhicules banalisés avec fausses plaques d'immatriculation, sans aucun ordre, aucun mandat officiel. Celles-là, oui, c'étaient souvent l'antichambre des tortures et des 117 disparitions politiques accumulées par le régime. Quand ils virent leur fils sortir du fourgon, entouré de quatre hommes armés, les parents eurent du mal à le croire. Ils avaient dit que Gisa n'était pas encore arrivée et ils voulaient savoir ce qui se passait. Paulo essaya de les calmer, disant qu'il s'agissait d'un problème avec le disque *Krig-Ha, Bandolo !* qui serait vite résolu – à temps, certainement, pour que lui et Gisa reviennent dîner. Un des policiers en rajouta, s'adressant à Lygia et Pedro :

« C'est ça, dans peu de temps, ils seront de retour. »

Dans la même position qu'il était venu – assis sur la banquette arrière du véhicule, un policier armé de chaque côté et deux sur la banquette avant –, il roula encore quelques minutes pour retourner au centre-ville. À mi-chemin, Paulo demanda s'ils pouvaient s'arrêter devant un téléphone public et inventa qu'il devait informer la maison de disques qu'il y avait des problèmes avec le disque. Un policier refusa et le tranquillisa, répétant que dans quelques heures lui et son épouse seraient libres. Il avait raté son coup : en réalité Paulo comptait téléphoner chez lui afin de demander à Gisa de jeter un pot plein de marijuana qui se trouvait sur l'étagère du salon. Il resta de glace et silencieux jusqu'à ce qu'ils arrivent à la porte de l'immeuble où ils habitaient. Un policier resta au volant du véhicule tandis que les trois autres montèrent avec lui, se serrant dans le petit ascenseur très lent – qui ce jour-là parut mettre une heure pour arriver jusqu'au quatrième étage. À l'intérieur, portant un sari indien de toutes les couleurs qui lui couvrait le corps jusqu'aux pieds, Gisa éteignait les lumières, sur le point de sortir, quand Paulo entra avec les policiers :

— Mon amour, ils sont du DOPS et ils ont besoin de quelques éclaircissements au sujet de mon disque avec Raul et du petit livret illustré que toi et moi nous avons fait pour Philips.

Bien qu'effrayée, Gisa parut prendre la chose avec sérénité :

— Eh bien, je suis à vos ordres. Que voulez-vous savoir, Messieurs ?

Un policier dit que ce n'était pas possible comme ça :

— Nous ne pouvons prendre de dépositions qu'au siège du DOPS, alors nous allons y retourner.

Elle ne comprit pas :

— Mais vous nous arrêtez ?

Le policier répondit poliment :

— Non. Vous êtes détenus pour éclaircissements, et vous serez libérés tout de suite. Mais avant de sortir, nous allons jeter un coup d'œil rapide dans l'appartement. Avec votre permission.

Le cœur de Paulo battait tellement vite qu'il pensa qu'il allait avoir un infarctus : c'était maintenant qu'ils allaient trouver la marijuana. Debout au milieu du salon, le bras sur l'épaule de Gisa, il suivait des yeux le mouvement des policiers. L'un d'eux s'empara d'une pile de près de cent livrets illustrés *Krig-Ha, Bandolo !,* un autre retournait les tiroirs et les armoires, pendant que le troisième, qui semblait le chef, examinait l'étagère de livres et de disques. Quand il vit le pot en laque de Chine de la taille d'une boîte de bonbons, il le prit en main, souleva le couvercle et vit qu'il était bourré de marijuana. Il sentit le contenu, comme s'il respirait le bouquet d'un parfum, ferma le pot et le remit à sa place d'origine. Alors seulement Paulo comprit que la situation était infiniment plus sérieuse qu'il ne le supposait : si le policier dédaignait un pot de marijuana, c'est qu'il était soupçonné de crimes beaucoup plus graves. Le syndrome de Ponta Grossa s'abattit sur sa tête : avait-il été de

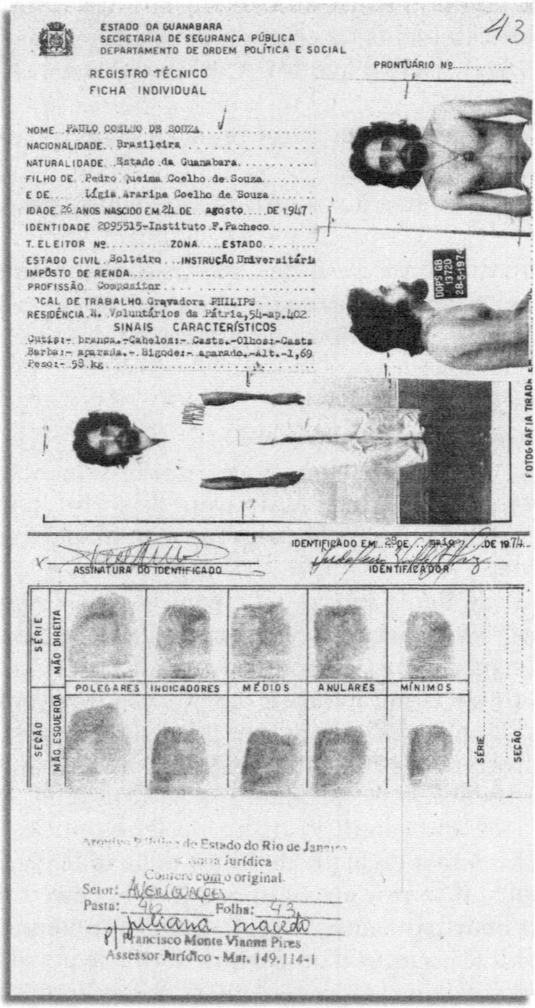

43

ESTADO DA GUANABARA
SECRETARIA DE SEGURANÇA PÚBLICA
DEPARTAMENTO DE ORDEM POLÍTICA E SOCIAL

REGISTRO TÉCNICO
FICHA INDIVIDUAL

PRONTUÁRIO Nº

NOME Paulo Coelho de Souza
NACIONALIDADE Brasileira
NATURALIDADE Estado da Guanabara
FILHO DE Pedro Queima Coelho de Souza
E DE Lígia Araripe Coelho de Souza
IDADE 26 ANOS NASCIDO EM 24 DE agosto DE 1947
IDENTIDADE 2095515-Instituto F. Pacheco
T. ELEITOR Nº ZONA ESTADO
ESTADO CIVIL Solteiro INSTRUÇÃO Universitária
IMPÔSTO DE RENDA
PROFISSÃO Compositor
LOCAL DE TRABALHO Gravadora PHILIPS
RESIDÊNCIA R. Voluntários da Pátria, 54-ap. 402

SINAIS CARACTERÍSTICOS

Cutis:- branca.-Cabelos:- Casts.-Olhos:-Casts
Barba:- aparada.-Bigode:- aparado.-Alt.-1,69
Peso:- 58 kg

DOPS GB 13720 28-5-1974

FOTOGRAFIA TIRADA

IDENTIFICADO EM 28 DE maio DE 1974

ASSINATURA DO IDENTIFICADO

IDENTIFICADOR

SÉRIE / MÃO DIREITA	POLEGARES	INDICADORES	MÉDIOS	ANULARES	MÍNIMOS
SEÇÃO / MÃO ESQUERDA					

SÉRIE
SEÇÃO

Arquivo Público do Estado do Rio de Janeiro
Assessoria Jurídica
Confere com o original.
Setor: Averiguações
Pasta: 40 Folha: 43
p/ Juliana Macedo
Francisco Monte Vianna Pires
Assessor Jurídico - Mat. 149.114-1

Arrêté par le DOPS, Paulo revêt la tenue de prisonnier et est reconnu comme « subversif ».

nouveau confondu avec un terroriste, un braqueur de banques ?

Quand ils arrivèrent au DOPS, Gisa et lui comprirent enfin qu'ils ne dîneraient pas à la maison ce soir-là. Séparés dès l'entrée, ils furent tous les deux obligés de troquer les vêtements qu'ils portaient contre des salopettes jaunes qui portaient peint sur la poche supérieure le mot « DÉTENU » en lettres majuscules. À l'aube du 28, chacun fut photographié et identifié comme criminel, et ils durent tous les deux se passer l'encre d'un tampon sur les doigts et « pianoter » sur les fiches de police ouvertes cette nuit-là à leurs noms – celle de Paulo recevrait le numéro 13720 et celle de Gisa 13 721. Toujours séparés l'un de l'autre, ils furent interrogés pendant plusieurs heures – parmi les objets personnels confisqués avec les vêtements se trouvaient les montres, ce qui leur faisait perdre un peu la notion du temps, surtout dans cette circonstance, prisonniers dans un endroit où n'entrait pas la lumière naturelle. Sans tortures physiques, les interrogatoires portèrent fondamentalement sur le psychédélique livret illustré qui accompagnait le disque *Krig-Ha, Bandolo !* et la signification de la fameuse Société Alternative. Ils avaient d'abord passé des heures à dicter aux greffiers ce que le jargon policier appelle *capivara* – un historique minutieux, détaillé de toutes les activités du détenu jusqu'à ce jour. Quand Paulo raconta qu'il était allé à Santiago en mai 1970 en compagnie de Vera Richter, les policiers le pressèrent de donner des informations sur les Brésiliens qui vivaient là-bas, mais lui n'avait rien à raconter, pour la simple raison qu'il ne gardait de relations avec aucun Brésilien exilé au Chili, ou dans tout autre pays. Gisa, quant à elle, eut beaucoup de mal à convaincre ses interrogateurs que le titre *Krig-Ha, Bandolo !* avait surgi au milieu d'une réunion de création chez Philips, quand Paulo, debout sur une table, criait partout les trois mots du royaume de Pal-U-Don.

À Gávea, les Coelho passèrent la soirée à s'arracher les cheveux d'angoisse. Grâce à l'aide d'une amie, secrétaire du gouverneur de ce qui était alors l'État de Guanabara, le journaliste et administrateur Antônio de Pádua Chagas Freitas, dona Lygia découvrit, au soulagement général, que leur fils était vraiment détenu par le DOPS et était incarcéré dans les locaux de la rue da Relação. Être détenu officiellement, c'était une garantie, même précaire, de ne pas figurer sur les listes de disparus. Avec la suppression de l'*habeas corpus* par l'AI-5, il n'y avait rien d'autre à faire que chercher des personnes ayant un quelconque lien – familial, personnel – avec des personnages influents dans les forces de sécurité. Marcos, le mari de Sônia Maria, offrit les services d'un ami, un certain colonel Imbassahy, qui avait des relations avec le SNI, mais le Dr Pedro décida de tenter d'abord les voies légales, aussi fragiles fussent-elles. Ce fut la tante Helói qui suggéra le nom de l'avocat Antônio Cláudio Vieira, 55 ans, qui avait travaillé dans le cabinet de l'« oncle Candinho », ainsi que la famille appelait l'ex-procureur général de la République Cândido de Oliveira Filho Neto, un an plus tôt. Les contacts pris, à 5 heures du soir ils étaient tous devant la porte du beau mais sombre bâtiment par les cellules duquel étaient passés des personnages illustres comme le révolutionnaire Luís Carlos Prestes et sa femme allemande Olga Benario, le leader communiste argentin Rodolpho Ghioldi et des intellectuels comme Jorge Amado, Graciliano Ramos et Mário Lago. Apprenant que seul l'avocat Vieira pourrait franchir la porte d'entrée, le Dr Pedro invoqua ses relations au Pará avec une des étoiles de la dictature :

— Nous sommes des amis du colonel Jarbas Passarinho.

Il faisait allusion à l'ex-gouverneur du Pará et ministre de trois gouvernements militaires (il avait été un des signataires de l'AI-5), qui venait d'être réélu sénateur pour l'Arena, parti soutenant le régime. Le policier en fit peu de cas :

— Mais monsieur, vous êtes au DOPS, et le petit oiseau ne vient pas pépier ici. Même Jarbas.

Pendant que l'avocat tentait d'obtenir des nouvelles de Paulo auprès du commissaire de service, Pedro, Lygia, Sônia et son mari Marcos durent attendre sur le trottoir, sous la petite pluie fine qui commençait à tomber. Au bout de quelques minutes, Vieira revint avec de bonnes nouvelles :

— Paulo est ici et il doit être libéré aujourd'hui. Le commissaire téléphone à son supérieur pour voir s'ils permettent que je le voie un instant.

Appelé par le portier, l'avocat fut emmené dans une pièce fermée où il put parler avec lui quelques minutes. Il fut impressionné par l'apparence du garçon : bien qu'il n'eût été victime d'aucune violence physique, Paulo avait la peau pâle, avec des cernes noirs qui lui tombaient sur le visage presque jusqu'aux moustaches, et le regard terne d'un zombi. Vieira le tranquillisa, disant que le commissaire avait promis de le libérer dans les prochaines heures. Et ce fut tout. Lygia insista pour rester sur le trottoir du DOPS jusqu'à ce que son fils soit libéré, mais l'avocat l'en dissuada.

Vers 10 heures du soir le mardi, un policier – celui qui avait toujours semblé à Paulo le plus sympathique et le moins menaçant – ouvrit la cellule et lui rendit ses documents et les vêtements qu'il portait au moment de son arrestation : lui et Gisa étaient libres. Paulo s'habilla en vitesse, retrouva sa petite amie dans le hall d'entrée et le couple fut accompagné par le flic jusqu'au café qui se trouvait à côté du DOPS, où ils fumèrent une cigarette ensemble (des années plus tard, quand l'écrivain serait une star internationale, ils se croiseraient de nouveau tous les deux, sans se parler, dans une rue de Milan en Italie). Désirant fuir cet endroit terrorisant, Paulo prit un taxi et donna l'adresse de ses parents, à Gávea. Le chauffeur prit l'avenue Mem-de-Sá, s'engagea sur les voies modernes et plantées d'arbres du remblai de Flamengo et, alors que le taxi roulait à toute vitesse en face de l'Hotel Glória, il fut violemment coincé par trois ou quatre véhicules civils – entre autres deux camionnettes Chevrolet Veraneio, à l'époque une espèce de véhicule-modèle des organes de répression. Plusieurs hommes en civil en sortirent et ouvrirent les deux portes arrière de la Chevette jaune dans laquelle le couple se trouvait, les frappant violemment pour les en extraire. Menotté et jeté sur l'herbe face contre terre, Paulo vit du coin de l'œil que Gisa était jetée dans une camionnette, qui démarra sur les chapeaux de roue. La dernière chose qu'il vit avant qu'ils ne lui enfoncent la tête dans une cagoule noire fut l'élégante construction blanche de l'Hotel Glória, illuminée d'une façon féerique. Assis sur la banquette arrière d'une Brasília, il parvint à balbutier une question à l'un des hommes qui l'entouraient :

— Vous allez me tuer ?

L'agent comprit dans quel état de panique il se trouvait :

— Calme-toi, mec. Personne ne va te tuer. On va seulement t'interroger.

La peur ne partait pas. Les mains tremblantes, Paulo s'effondra intérieurement, mais il oublia sa honte et demanda à celui qui le séquestrait :

— Je peux me retenir à ta jambe ?

L'agent parut trouver amusante l'insolite demande :

— Tu peux te retenir à un serpent. Et sois tranquille, on ne va pas te tuer.

17

Paulo renonce au mal

Seulement trente ans plus tard, avec le retour du pays à la démocratie, Paulo apprendrait que cette nuit-là il était séquestré par un commando du DOI-Codi. Préoccupé par les ravages que tout cela produisait sur la fragile structure émotionnelle de son fils, Pedro Queima Coelho tint à se trouver à la maison pour le recevoir avec sa solide figure paternelle, quand Paulo serait libéré. Il passa une nuit blanche, près d'un téléphone silencieux, et à 8 heures du matin, il prit un taxi pour se rendre au DOPS. En arrivant, il resta sans voix en entendant le policier de planton, dès le guichet d'entrée, lui annoncer :

— Votre fils et sa petite amie ont été relâchés hier à 10 heures du soir.

Comme le père, les yeux exorbités, semblait ne pas croire ce qu'il entendait, le fonctionnaire ouvrit un dossier et lui montra deux feuillets de papier timbré.

— Voici l'ordonnance de mise en liberté, et là ce sont leurs signatures, dit-il, le doigt sur le papier en simulant la compassion. Il a été libéré. Si votre fils n'est pas rentré à la maison, vous allez voir qu'il est entré dans la clandestinité.

Le cauchemar qui empêchait de dormir les adversaires de la dictature et leurs proches avait commencé. À 10 heures du soir la veille, Paulo et Gisa avaient rejoint la liste des « disparus » du régime. Cela signifiait que, quoi qu'il leur arrivât, y compris de disparaître, ce n'était plus la responsabilité de l'État, puisque tous les deux avaient été libérés sains et saufs, après avoir signé une ordonnance officielle d'élargissement.

Les faits qui succédèrent à l'enlèvement sont tellement enveloppés de mystère qu'à 60 ans, en 2007, l'écrivain lui-même avait encore des questions sans réponse. Les archives des organes de sécurité permettent d'affirmer que Raul ne fut même pas détenu et que, le 27 mai, le DOPS mit le couple en état d'arrestation, les ayant identifiés et entendus au petit matin et dans le courant du 28. Des documents de la 1re Armée indiquent également qu'après leur enlèvement devant la porte de l'Hotel Glória, Paulo et Gisa furent emmenés séparément au 1er Bataillon de police de l'Armée, dans la rue Barão-de-Mesquita, Zone nord de Rio, où se trouvaient les dépendances du DOI-Codi, aucune information ne permettant de savoir combien de temps ils seraient restés détenus dans cette caserne. Bien que certains de ses proches affirment, sans certitude, qu'il a pu rester « jusqu'à dix jours » au DOI-Codi, le 31, vendredi, Paulo était à Gávea, où il écrivait les premières lignes du journal suivant sa libération :

Je suis hébergé chez mes parents. J'ai peur même d'écrire ce qui m'est arrivé. J'ai fait l'une des pires expériences de ma vie – une fois de plus, une arrestation injuste. Mais mes peurs seront surmontées par la foi et la haine sera vaincue par l'amour. De l'insécurité naîtra l'assurance.

Il se trouve, cependant, que parmi les documents extraits des archives de l'Abin, l'Agence brésilienne de renseignement (succédant au défunt SNI, le Service national d'informations), figure un long interrogatoire réalisé avec Paulo de 11 heures du soir le 14 à 4 heures du matin le 15 juin dans les dépendances du DOI-Codi. L'énigme réside dans le fait qu'il assure n'être jamais retourné au DOI-Codi après sa libération. Avec la même assurance, l'avocat Antônio

Cláudio Vieira garantit qu'il ne l'a jamais accompagné à Barão-de-Mesquita et n'a pas été appelé une seconde fois par la famille Coelho pour secourir leur fils. La même version est corroborée par le Dr Pedro, la sœur Sônia Maria et son ex-mari, Marcos, qui à l'époque fut le proche témoin de toute l'affaire. Le premier et naturel soupçon – que Paulo, terrorisé, ait pu dénoncer des amis ou causer du tort à certaines personnes, et qu'il tenterait maintenant d'effacer cette tache de son histoire – ne résiste pas à la lecture des sept pages dactylographiées recouvertes du timbre de la 1re Armée d'alors. Pour ceux qui, comme les hommes du DOI, poursuivaient les ennemis de la dictature, les cinq heures d'interrogatoire n'avaient mené à rien. Les quatre premières pages sont occupées par la réitération du *capivara* qu'il avait présenté au DOPS, l'historique détaillé de sa vie jusque-là : écoles, travail dans le théâtre, voyages, l'arrestation dans le Paraná, *O Globo,* le cours dans le Mato Grosso, *A Pomba,* le partenariat avec Raul... Le passage qui se réfère à leur adhésion, lui et Raul, à l'OTO est tellement incompréhensible qu'il obligea le greffier à le saupoudrer de divers « sic » – pour qu'il ne reste aucun doute sur le fait que le prisonnier avait vraiment dit cela :

Que dès 1973 le déposant et Raul Seixas ont conclu « que le monde vit une intense période d'ennui » (sic) *; que d'autre part ils ont constaté que la carrière d'un chanteur, quand elle n'est pas suivie d'un mouvement puissant, tend à se terminer rapidement. Que le déclarant et Raul Seixas ont alors décidé de « capitaliser la fin de la mode hippie et l'intérêt soudain qu'éveille la magie dans le monde »* (sic) *; que le déposant s'est mis à étudier les livres d'une société ésotérique appelée « OTO ». Que le déposant et Raul Seixas ont alors décidé de fonder la « Société Alternative », « laquelle fut enregistrée chez un notaire pour éviter des interprétations erronées »* (sic) *; que le déposant et Raul Seixas sont allés à Brasília et ont exposé les préceptes de la Société Alternative aux chefs de* *la Police fédérale et de la Censure, qui ont établi « que l'intention n'était pas de s'opposer au gouvernement, mais même d'intéresser la jeunesse à un autre genre d'activité »* (sic*)*.

Quand les agents lui demandèrent de livrer des noms de personnes de gauche de ses relations, Paulo ne parvint à se souvenir que de deux : un habitué du Paissandu, « connu de tous sous le surnom du Philosophe », et un ex-petit ami de Gisa dans le mouvement étudiant dont le nom ne lui revenait pas non plus, mais, croyait-il, « commençait par la lettre H ou A ». L'assurance avec laquelle tous affirment qu'il n'est pas retourné au DOI-Codi après l'enlèvement est corroborée par son journal – dans lequel il n'y a absolument aucune trace du fait qu'il serait retourné déposer à l'aube du 14 au 15 juin. L'hypothèse que le greffier ait dactylographié par erreur la date est fragilisée face au fait que la déposition contient sept pages, et sur chacune la date tapée est la même, 14 juin. La preuve définitive que Paulo est effectivement allé au DOI-Codi ce jour-là réside, cependant, dans un petit détail : quand il fut photographié et identifié au DOPS, quelques heures après l'arrestation du 27, il portait moustache et barbiche. Le 14, quand il est qualifié, il apparaît avec « barbe et moustaches rasées ».

Quant à Gisa, dans la période où elle resta au DOI-Codi, elle fut soumise à deux interrogatoires. Le premier commença à 8 heures du matin le 29 mai et se termina à 4 heures de l'après-midi, et le second eut lieu entre 8 heures et 11 heures du matin le lendemain, jeudi. Dans les deux cas, elle fut entendue en tant que militante de l'AP et du PCdoB, mais, comme Paulo, elle avait peu ou pas du tout d'information à fournir, outre son travail de base dans le mouvement étudiant, quand elle avait circulé parmi diverses organisations de gauche. Un matin où ils étaient encore détenus au DOPS, il se passa quelque chose qui allait produire leur rupture définitive. La tête couverte d'un capuchon, il était conduit aux toilettes par un policier quand, passant devant une cellule, il entendit quelqu'un l'appeler en pleurant :

« Paulo ? Tu es là ? Si c'est toi, parle-moi ! »

C'était Gisa, probablement encapuchonnée comme lui, qui avait reconnu sa voix. Terrorisé par la possibilité d'être remis nu dans le « frigidaire » – la cellule fermée à l'intérieur de laquelle la température était maintenue basse au point de justifier son surnom –, il garda le silence. Sa petite amie implorait son aide :

« Paulo, mon amour ! Je t'en prie, dis oui. Seulement ça, dis que c'est toi qui es là ! »

Rien. Elle insistait :

« Je t'en prie, Paulo, dis-leur que je n'ai rien à voir avec ça. ».

Dans un geste qu'il considérerait comme la plus grande lâcheté de toute sa vie, il n'ouvrit pas la bouche. Un après-midi de cette semaine-là – très probablement le vendredi 31 –, un geôlier se présenta avec ses vêtements, lui donna l'ordre de s'habiller et de se couvrir la tête d'un capuchon. Le jetant sur la banquette arrière d'une voiture, ils le relâchèrent sur une petite place de Tijuca, un quartier de la classe moyenne à dix kilomètres de la caserne où il avait été détenu.

Les premiers jours chez ses parents furent de pure terreur. Chaque fois que quelqu'un frappait à la porte, ou que le téléphone sonnait, Paulo s'enfermait dans la chambre, redoutant d'être de nouveau emmené par la police, l'Armée ou qui que ce soit qui le séquestrerait. Pour qu'il se tranquillise un peu, il fallut que le Dr Pedro, touché par la paranoïa de son fils, jurât qu'il ne permettrait pas une nouvelle arrestation, fût-ce au prix d'une tragédie. « Si quelqu'un se présente ici pour t'arrêter sans mandat d'un juge », promit-il, « je le reçois à coup de fusil. » Au bout de deux semaines enfermé à Gávea, Paulo eut enfin le courage de remettre les pieds dans la rue, et encore il choisit pour s'aventurer pour la première fois un jour où il serait facile de découvrir s'il était suivi : le jeudi 13 juin, quand le Brésil et la Yougoslavie ouvraient la Coupe du monde de football de 1974, qui avait lieu en Allemagne – le pays entier était devant les télévisions pour soutenir la sélection nationale. Rio transformé en ville fantôme, il alla en autobus jusqu'à Flamengo et, après beaucoup d'hésitation, s'arma de courage et entra dans l'appartement où il vivait avec Gisa jusqu'au samedi de ce qu'ils croyaient être l'apparition du Diable. Il était sens dessus dessous, exactement dans l'état où les policiers l'avaient laissé le lundi soir. Avant que l'arbitre ne siffle la fin de la partie, qui se termina à égalité zéro à zéro, Paulo se trouvait déjà sous la protection de la maison paternelle. L'une des pénitences qu'il s'imposa, d'ailleurs, pour que « tout redevienne normal le plus vite possible », fut de n'assister à aucun match de la Coupe du monde – dont le Brésil sortirait classé en quatrième place.

Le plus difficile fut d'aller trouver Gisa. Depuis la terrible rencontre dans la geôle du DOI-Codi, il n'avait plus de nouvelles de sa petite amie, mais sa voix en pleurs – « Paulo ! Parle-moi, Paulo ! » – ne cessait de résonner dans sa tête. Quand finalement il parvint à appeler à l'ancien appartement où elle était retournée vivre, il se souvint que le téléphone pouvait être sur écoute et il n'eut pas le courage de lui demander si elle avait été torturée et quand elle avait été relâchée. Quand il lui proposa un rendez-vous pour qu'ils parlent de l'avenir, il reçut de Gisa le dramatique et définitif ultimatum :

« Je ne veux pas revenir vivre avec toi, je ne veux plus que tu m'adresses la parole et je préfère que tu ne prononces plus jamais mon nom. »

Son effondrement émotionnel devant ce qu'il entendit fut si grave que la famille dut appeler au secours le Dr Benjamin Gomes – lui-même, le psychiatre de la Maison de Santé Dr Eiras. Une chance pour Paulo, cette fois le médecin décida de remplacer les électrochocs par des séances quotidiennes d'analyse, qui les premières semaines se passaient à domicile – un traitement qui coûtait la somme mensuelle pas du tout modique de 3 000 cruzeiros. Ses sentiments de persécution avaient atteint de telles extrémités que, lors d'une sortie, il eut tellement peur qu'il s'évanouit dans la rue, en face d'une librairie de Copacabana, et fut secouru par des passants. Quand il reçut de Philips l'épreuve de la pochette du 33 tours *Gita*, qui était en préparation, il faillit s'écrouler : c'était une photo de Raul avec un béret à la Che Guevara, surmonté de la petite étoile rouge à cinq branches des communistes. Effrayé, il appela sur-le-champ Philips et ordonna : ou bien ils changeaient la photo de couverture ou bien ils pouvaient retirer toutes ses chansons du disque. Quand ils voulurent savoir pourquoi, il répondit si lentement qu'il semblait épeler au téléphone :

— Parce que je ne veux plus aller en prison et avec cette photo sur la pochette du disque ils vont m'arrêter de nouveau. Vous avez compris ?

La pochette de *Gita*, toujours avec le cachet de la Société Alternative : Paulo exigea que Raul porte le bonnet sans l'étoile communiste.

Après avoir beaucoup parlementé, il accepta que la pochette sorte avec Raul portant le béret du Che, mais il exigea une déclaration écrite de Philips affirmant que ce choix était de la responsabilité exclusive de l'entreprise. On finit par suivre la suggestion d'un artiste graphique qui convenait à tous : l'étoile rouge fut simplement retirée de la photo, ainsi le béret redevenait un innocent béret, sans aucune connotation communiste. Et ce fut dans cet état d'esprit qu'il s'écroula sur le divan du psychiatre. À la première séance, le sévère Dr Benjamin établit clairement qu'il n'y aurait pas d'électrochocs, mais qu'il n'était pas là pour s'amuser :

— Votre grand acte de lâcheté dans la prison s'est produit quand Adalgisa vous a appelé. Il suffisait que vous lui disiez « oui, c'est moi », mais de peur de prendre des coups vous n'avez pas eu le courage de répondre.

Comme Gisa ne répondait plus à ses appels téléphoniques, il se mit à lui écrire des lettres quotidiennes, lui demandant pardon pour ce qu'il avait fait dans la prison et proposant qu'ils reprennent leur vie commune. Dans certaines de ces lettres, il exposait l'insécurité dans laquelle il avait vécu pendant les trois ans passés ensemble :

Je n'ai pas compris quand tu t'es installée chez moi en n'apportant que les vêtements indispensables. Je n'ai jamais compris ton insistance à continuer de payer le loyer de l'autre appartement vide. J'ai voulu faire pression avec l'argent, en disant que je ne paierais plus, et pourtant tu as gardé l'autre appartement. Le fait que l'autre appartement existe me rendait assez anxieux. Cela signifiait que d'un moment à l'autre tu pouvais t'échapper de mes griffes et reprendre ta liberté.

Gisa ne répondit jamais, mais il continua à écrire. Un jour, le père, visiblement embarrassé, l'appela dans un coin.

— Mon fils, Gisa m'a téléphoné au bureau, raconta-t-il, la main sur son épaule. Elle demande que tu ne lui écrives plus. Paulo ignora la demande et continua à écrire :

Aujourd'hui j'ai su par mon vieux que tu ne voulais plus me voir. J'ai su aussi que tu travaillais, c'est bien, et j'ai été en même temps blessé et heureux. Je venais d'entendre « Gita » à la radio. Je me demande si tu penses à moi en entendant cette chanson. Je pense que c'est le plus beau texte que j'aie fait. Je suis tout ça. Maintenant je ne lis pas, je n'écris pas et je n'ai pas d'amis.

C'était là un des traits de sa paranoïa – se plaindre de l'abandon supposé de ses amis craignant d'approcher quelqu'un qui avait été arrêté et séquestré par les organes de sécurité. Réalité ou hallucination, l'important est que dans son souvenir, sauf Raul, seules deux personnes de ses relations lui tendirent la main : la journaliste Hildegard Angel et Roberto Menescal, un des pères de la bossa-nova, à l'époque directeur de Polygram. Avec Phonogram, Polydor et Elenco, l'entreprise était l'une des branches brésiliennes de la multinationale hollandaise Philips, qui avait parmi ses principales concurrentes au Brésil CBS, sous-marque de l'américaine Columbia. Hilde, ainsi qu'elle était et est connue, resta amie de Paulo même si elle avait de douloureuses raisons de ne plus vouloir d'ennuis avec la dictature : trois ans plus tôt, son frère cadet, Stuart Angel, militant du groupe de guérilla MR-8, avait été sauvagement assassiné par asphyxie dans une caserne de l'Aéronautique, la bouche attachée au pot d'échappement d'une Jeep en marche. Et sa femme, l'économiste Sônia Moraes Angel, militante de l'ALN, était morte aussi sous la torture au DOI-Codi de São Paulo quelques mois auparavant, à la fin de 1973. Comme si deux tragédies ne suffisaient pas pour la même famille, la mère de Hilde et de Stuart, la styliste Zuzu Angel, mourrait deux ans plus tard, en 1976, dans un accident de voiture ayant toutes les caractéristiques d'un attentat, qui finirait sur les écrans de cinéma dans le film militant *Zuzu Angel*.

À la gauche de Paulo, la journaliste Hildegard Angel, et les quelques personnes à lui avoir tendu la main à sa sortie de prison.

Ce fut Hilde qui, après beaucoup d'insistance, convainquit Paulo de se remettre à circuler : elle l'invita à assister au débat « La femme et la communication », auquel elle devait participer avec la féministe Rose Marie Muraro, au Musée national des beaux-arts. La paranoïa justifiée de Paulo aurait atteint des niveaux insupportables s'il avait su qu'au milieu de l'assistance se trouvait un espion, le policier Deuteronômio Rocha dos Santos, qui le jour même rédigea un rapport sur la rencontre pour la « Section de recherches spéciales » du DOPS, sans oublier de noter que : « [...] parmi les présents se trouvait le journaliste et écrivain Paulo Coelho, ami personnel d'Hildegard Angel ».

Dès qu'il eut retrouvé la force de circuler dans la ville sans redouter un nouvel enlèvement, la première mesure importante que prit Paulo, après la période qu'il se mit à appeler la « semaine noire », fut d'aller trouver l'OTO. Deux raisons l'incitaient à frapper à la porte de Frater Zaratustra : il voulait comprendre ce qui s'était passé chez lui ce samedi terrible et, ensuite, quelle que fût l'explication donnée par la secte, il allait se détacher définitivement de tout cela. Sa peur du Diable était si grande qu'il demanda à Euclydes-Zaratustra que la rencontre eût lieu dans la journée chez ses parents, où il était retourné vivre, et, pour garantie, il invita Roberto Menescal comme témoin : à sa surprise, le jour fixé, celui qui se présenta dans la maison de Gávea ne fut autre que le sinistre et mal élevé Marcelo Ramos Motta, Parzival XI en personne, gourou international et autoproclamé de la secte. Paulo décida d'aller droit au but, sans prolégomènes. Après avoir résumé ce qui s'était passé chez lui et lors de ses deux arrestations, il se renseigna :

— Je veux savoir ce qui m'est arrivé le samedi et les jours suivants.

Parzival XI lui jeta un regard méprisant :

— Tu as toujours su qu'entre nous, c'est la loi du plus fort qui prévaut. Tu te souviens que je t'ai appris ça ? Dans la loi du plus fort, celui qui tient la barre passe. Celui qui ne tient pas la barre, il danse. Point final. Tu as été faible et tu as dansé.

Menescal, qui suivait le dialogue de loin, menaça de se jeter sur le visiteur – une hypothèse qui aurait mis en danger les porcelaines et les cristaux des Coelho, vu que l'auteur de « O Barquinio » pratiquait l'aïkido et que le sorcier crowleyiste était ceinture noire de jiu-jitsu.

— Mais alors l'OTO, c'est ça, Marcelo ? Le samedi, le Démon se présente chez moi, le lundi je suis arrêté et le mercredi je suis séquestré ? C'est ça l'OTO ? Dans ce cas, mon cher, je n'en suis plus.

Dès qu'il se vit libéré du sorcier, ce fut avec un grand soulagement, comme s'il retirait de son dos une lourde croix de bois, que Paulo s'assit à la machine et rédigea une lettre officielle formalisant son détachement du mystérieux Ordo Templi Orientis. Sa brève et dramatique incursion au royaume des ténèbres n'avait même pas duré deux mois :

Rio de Janeiro, 6 juillet 1974
Moi, Paulo Coelho de Souza, qui ai prêté le serment de Probation le 19 mai de l'an LXX, le soleil dans le signe du Taureau, 1974 e. v., je demande que l'on me considère exclu de l'Ordre, pour totale incompétence quant à la réalisation des tâches qui m'ont été assignées.
Je déclare que je prends cette décision en pleine possession de ma santé physique et mentale.
93 93/93
J'atteste de ma main,
Paulo Coelho

Ce que Paulo considère comme sa rupture avec le Démon et ses adeptes ne signifia pas la fin de sa paranoïa. En réalité, il ne se sentait vraiment en sécurité qu'à la maison, ses parents présents et les portes bien fermées. C'est au milieu de ce désespoir que surgit l'idée de quitter le Brésil pour un temps, au moins jusqu'à ce que les peurs soient dissipées. Gisa éloignée, plus rien ne le retenait au Brésil. Les ventes du 33 tours *Gita* avaient dépassé les attentes les plus opti mistes et l'argent ne cessait de couler sur son compte bancaire.

Le chamboulement causé dans la vie de Paulo par son partenariat avec Raul finit par occulter un moment important de sa trajectoire : le lancement de son premier livre. Il ne s'agissait pas encore du Grand Œuvre qu'il rêvait de produire, mais c'était un livre. Publié à la fin de 1973 par la réputée Editora Forense, spécialisée dans les ouvrages didactiques, *O Teatro na Educação* [Le Théâtre dans l'Éducation] était la systématisation du programme des cours que l'auteur avait donnés dans les écoles publiques du Mato Grosso. Même un reportage élogieux, signé par Gisa et publié dans leur page hebdomadaire de la *Tribuna da Imprensa,* n'avait pas pu faire monter les ventes : un an après le lancement d'*O Teatro na Educação,* seuls cinq cents exemplaires avaient été vendus, sur un tirage initial de 3 000 exemplaires. Bien qu'il fût prévisible que l'ouvrage passerait pratiquement inaperçu dans le monde des lettres, c'était son premier livre et, par conséquent, il méritait d'être fêté. Quand Gisa arriva à la maison, le jour où *O Teatro na Educação* fut prêt, il y avait sur la table du dîner deux coupes et une petite bouteille d'une dose de liqueur Bénédictine que Paulo avait reçue à 15 ans et qu'il avait gardée tout ce temps, promettant de l'ouvrir seulement quand il publierait son premier livre. Cependant, ni l'insuccès de ses débuts comme auteur ni les cornes d'abondance de la renommée ne parviendraient à ébranler sa vieille et solide conviction, le rêve qui était devenu, comme il le reconnaissait lui-même, une obsession : être un écrivain célèbre dans le monde entier.

Même après qu'il fut connu comme parolier, dans ses moments de solitude, l'idée fixe revenait de toute sa force. En feuilletant rapidement ses journaux, on découvre, dans des phrases saupoudrées ici et là, que la reconnaissance publique comme parolier ne l'avait pas fait changer de plans : il ne prétendait pas être seulement un écrivain de plus, mais, « textuellement, célèbre dans le monde entier ». Il se plaignait qu'à son âge, les Beatles « étaient déjà les maîtres du monde », mais « même s'il prenait des coups », Paulo ne perdait pas l'espoir de voir ses rêves se réaliser. « Je suis comme un guerrier qui attend son heure pour entrer en scène de façon décisive », écrivit-il, « et mon destin est la réussite. Mon grand talent, c'est de lutter pour elle. »

Comme Raul avait été très ébranlé par les arrestations de son ami, il ne fut pas difficile de le convaincre de partir lui aussi à l'étranger pour quelque temps. Il ne s'écoula même pas dix jours entre la décision de quitter le Brésil et le départ. L'obligation de retourner au DOPS pour retirer le visa de sortie du pays – une exigence imposée par la dictature à qui voulait se rendre à l'étranger – provoqua une peur telle que, le jour fixé, Paulo affronta une terrible crise d'asthme. Le 14 juillet 1974, un mois et demi après leur séquestration, les deux compères débarquèrent à New York sans date de retour.

Chacun se pavanait avec une nouvelle petite amie. Raul s'était séparé d'Edith, mère de sa fille Simone, et il vivait avec une autre Américaine, Gloria Vaquer, sœur du batteur Jay Vaquer. Abandonné par Gisa, Paulo avait commencé à sortir avec la belle Maria do Rosário do Nascimento e Silva, une brune fluette de 23 ans. Actrice, scénariste et productrice de cinéma, Rosário était la fille du juriste du Minas Luiz Gonzaga do Nascimento e Silva qui, une semaine avant le voyage, avait été nommé ministre de la Prévoyance sociale par le général Ernesto Geisel, président de la République, un poste qu'il avait occupé dans le premier gouvernement de la dictature militaire. En dépit des activités de son père, Rosário était une activiste de gauche qui cachait des gens persécutés par le régime et avait même été arrêtée en filmant des témoignages d'ouvriers dans la gare de la Centrale du Brésil, à Rio. Quand elle se rapprocha de Paulo, par l'intermédiaire de la journaliste Hilde Angel, elle sortait de trois ans d'un mariage tumultueux avec Walter Clark, alors directeur général de la Rede Globo de Televisão.

Le solde bancaire de chacun de ces quatre voyageurs était plus que suffisant pour qu'ils logent confortablement au luxueux hôtel Plaza, en face de Central Park, ou dans le discret Algonquin, adresses naturelles des stars de passage à New York. Dans les folles années 1970, pourtant, le *cult,* c'était de se trouver dans des endroits éveillant des émotions fortes. C'est ainsi que Paulo, Rosário, Raul et Gloria frappèrent à la porte de l'hôtel Marlton – ou, plus précisément, aux grilles de fer qui protégeaient l'entrée de l'hôtel des bandes de rue de Greenwich Village, le quartier bohème où il était situé. Construit en 1900, le Marlton était célèbre pour avoir accueilli indistinctement maquereaux, prostituées, trafiquants de drogue, artistes de cinéma, musiciens de jazz et beatniks. Dans ses 114 chambres, la plupart avec toilettes dans le couloir, étaient passées des personnalités comme les acteurs John Barrymore, Geraldine Page et Claire Bloom, les chanteurs Harry Belafonte, Carmen McRae et Miriam Makeba, et l'écrivain *beat* Jack Kerouac. Et c'est de l'une des chambres du Marlton, en juin 1968, que la féministe fanatique Valerie Solanas sortit, armée d'un revolver, pour réaliser l'attentat qui faillit coûter la vie à l'artiste pop aux multiples talents Andy Warhol. L'appartement de Raul et de Gloria, avec un salon, une chambre et une salle de bains, coûtait par mois trois cents dollars. Celui de Paulo et de Rosário, avec seulement chambre et salle de bains, était à deux cents dollars, mais il n'avait pas de réfrigérateur, ce qui les obligeait à passer leurs journées à boire du Coca-Cola tiède et du whisky américain – quand, bien sûr, ils n'étaient pas en train de fumer de la marijuana ou de sniffer de la cocaïne, principales diversions de la bande.

Ce 8 août 1974, le monde entier avait les yeux tournés vers les États-Unis. Impliqué depuis deux ans et deux mois dans un scandale d'espionnage, la fameuse « Affaire du Watergate », le gouvernement du républicain Richard Nixon agonisait sur la place publique. Les grandes décisions étaient prises à Washington, mais le cœur de l'Amérique battait à New York. Il semblait y avoir dans

Paulo et Maria do Rosário : ci-dessus, au restaurant, et ci-dessous, fêtant la démission de Nixon à New York. Ce 8 août 1974, ce sera la dernière fois de sa vie qu'il prendra de la cocaïne.

l'atmosphère de la *Big Apple* une charge supplémentaire d'électricité. On s'attendait à tout moment que le Président fasse l'objet d'une procédure d'*impeachment* ou démissionne. Après une virée nocturne dans une boîte à la mode, Paulo et Rosário se réveillèrent à 3 heures de l'après-midi, descendirent pour un solide *breakfast* au Child, un bar respectable à un bloc du Marlton, et regagnèrent la chambre. Ils sniffèrent quelques lignes de cocaïne et ne reprirent leurs esprits qu'à la nuit tombée. À la radio de chevet, le speaker annonçait que dans les dix minutes un réseau national de radio et de télé serait installé pour transmettre une déclaration du président Nixon. Paulo sauta du lit où ils ronflaient tous les deux :

— Allons-y, Maria ! Descendons enregistrer les réactions du peuple à l'heure de la démission.

Il mit une veste en jean sur son corps sans chemise, chaussa des bottes de chasse qui lui arrivaient aux genoux, s'empara de son magnétophone portatif – un pavé de la taille d'un annuaire téléphonique –, remplit ses poches de bandes magnétiques et accrocha l'appareil photographique au cou de Rosário, la faisant se presser :

— Allons, Maria ! Nous ne pouvons pas rater ça. Ce sera mieux que la finale de la Coupe du monde !

Dans la rue, il alluma le magnétophone et partit raconter ce qu'il voyait, comme s'il faisait une transmission radiophonique en direct :

Paulo – Aujourd'hui nous sommes le 8 août 1974. Je suis dans la huitième rue, je me dirige vers le restaurant Shakespeare. Dans cinq minutes le président des États-Unis va démissionner. Nous arrivons. Nous sommes là au Shakespeare, la télé est allumée mais la déclaration n'a pas encore commencé… Qu'est-ce que tu dis ?

Rosário – J'ai dit que je continue à croire que le peuple américain n'a pas du tout froid. Au contraire, bon sang !

Paulo – On dirait le football. La télé est allumée ici dans le bar du Shakespeare. La déclaration n'a pas encore commencé mais on voit déjà une manifestation terrible dans la rue.
Rosário – Les gens crient, t'entends ?
Paulo – J'entends !

Dans la cohue du Shakespeare, ils trouvèrent tous les deux une place devant le poste de télévision accroché au plafond, le son à plein volume. En costume bleu marine et cravate rouge, Nixon apparut à l'écran avec une apparence funèbre. Un silence d'église s'empara des lieux quand il commença à lire son discours de démission de la charge la plus importante du monde. Pendant quinze minutes, sans que l'on entendît dans le public une voix, une toux, Nixon expliqua les raisons qui l'avaient conduit à sa dramatique décision. Son discours se termina sur une note mélancolique :

To have served in this office is to have felt a very personal sense of kinship with each and every American. In leaving it, I do so with this prayer : may God's grace be with you in all the days ahead.
[Avoir servi à ce poste, c'est avoir ressenti une proximité particulière avec chaque Américain. En le quittant, je fais cette prière : que la grâce de Dieu soit avec vous tous les jours à venir.]

À peine le discours terminé, Paulo était sur le trottoir, suivi de près par Maria do Rosário, microphone sur la bouche, comme un speaker de radio.

Paulo – Putain ! J'ai vraiment été très impressionné, Rosário, très ! Si un jour je devais démissionner, que ce soit comme ça… Regarde : Nixon vient de démissionner et il y a un mec qui danse au coin…
Rosário – Qui danse et qui joue du banjo. Pays de fous !

Paulo – Mes sentiments, en ce moment, sont complètement indescriptibles. Nous marchons dans la huitième rue.

Rosário – Les gens sont vraiment très heureux et ça, c'est trooop bien !

Paulo – Oui ! Ils sont à moitié sonnés, Maria. Vraiment ! Les télés interviewent les gens dans les rues ! C'est un jour historique !

Rosário – Il y a une femme qui pleure, il y a une petite fille qui pleure. Elle est émue, c'est certain.

Paulo – C'est vraiment un moment extraordinaire, non ? Mais vraiment extraordinaire !

Surexcités, ils retournèrent tous les deux au Marlton. Rosário descendit au troisième étage, où se trouvait leur appartement, et Paulo resta dans l'ascenseur jusqu'au septième, où il avait l'intention de faire écouter à Raul les bandes enregistrées avec la folie qu'avait été cette fin d'après-midi à New York. Quand il ouvrit la porte sans frapper, comme il était de coutume entre eux, il tomba sur son partenaire affalé sur un sofa, qui dormait la bouche ouverte. Sur la tablette de l'abat-jour, une ligne de cocaïne qu'il s'apprêtait à sniffer, une bouteille de whisky à moitié vide et une pile d'argent avec près de cinq mille dollars en billets de cent. Pour quelqu'un qui venait d'être le témoin d'une fête populaire sans égale, le choc provoqué par cette vision de son ami, défait et abandonné à la poudre et à l'alcool, eut l'effet d'un coup de pied au cul. Ce qui le désolait, ce n'était pas seulement de voir dans cet état un ami qu'il avait introduit dans le monde des drogues – mais aussi la certitude que la cocaïne l'entraînait lui aussi sur le même chemin. Paulo ne l'avait jamais avoué à personne, même pas à son journal, mais il savait qu'il devenait dépendant de la drogue. Choqué, il retourna à son appartement. Éclairé par la seule lumière bleutée qui venait de la rue, il vit le corps fluet de Rosário, nue sur le lit. Il s'assit accablé près de sa petite amie, lui caressa le dos légèrement et annonça dans un murmure :

— Aujourd'hui c'est un jour historique pour moi aussi. Le 8 août 1974, j'ai cessé de sniffer de la cocaïne.

18

Cissa

Le projet de rester à New York plusieurs mois fut écourté par un accident inattendu. Un soir, Paulo essayait un ouvre-boîte électrique – et par mégarde, il laissa la lame tranchante glisser et atteindre sa main droite. La serviette de toilette que Rosário utilisa pour tenter d'étancher l'hémorragie de la blessure devint aussitôt une énorme boule de sang. Emmené en ambulance à un poste de secours dans le Village, il apprit que la machine avait mutilé le tendon fléchisseur de son annulaire droit. Soumis à une chirurgie d'urgence, il se retrouva avec neuf points au doigt, et obligé de porter pendant plusieurs semaines une attelle métallique qui lui immobilisait la main.

Quelques jours plus tard, Rosário et lui rentraient au Brésil, tandis que Raul et Gloria continuaient vers Memphis, dans le Tennessee. De retour à Rio, Paulo pensa qu'il avait accumulé assez de forces pour affronter les fantômes et il décida d'habiter seul dans l'appartement où il avait vécu avec Gisa. Mais son courage fut de courte durée. Le 10 septembre, deux semaines après, il amarrait de nouveau son bateau dans l'inébranlable port paternel de Gávea. Désireux de se délivrer de tout ce qui pourrait lui rappeler démons, arrestations et enlèvements, avant de déménager chez ses parents, il vendit tous ses livres, ses disques et ses tableaux. Quand il vit l'appartement désert, sans rien sur les murs et sur les étagères, il écrivit dans son journal : « Je viens de me débarrasser du passé. » Ça ne serait pas si facile. Les paranoïas, les peurs et les complexes continuaient à ronger son âme. Il avouait fréquemment qu'il se sentait encore coupable même pour des faits qui s'étaient passés dans l'enfance, comme « d'avoir posé la main sur le sexe d'une fille », ou même « de rêver de choses coupables avec maman » – mais, à la maison du moins, il espérait que personne n'allait le séquestrer impunément.

À une époque où la multiplicité de partenaires et la promiscuité sexuelle impliquaient peu de risques, le va-et-vient des femmes dans sa vie était consigné dans le journal sans qu'aucune d'elles reçût une mention spéciale – sauf une évaluation ou une autre sur la performance sexuelle de celle-ci ou celle-là. Quelquefois il provoquait des retrouvailles avec d'ex-petites amies, mais la vérité, c'est qu'il ne s'était pas remis de la fin de la romance avec Gisa – à qui il continuait à écrire et dont il ne recevrait jamais de réponse. Quand il apprit que Vera Richter allait reprendre ses relations avec son ex-mari, il nota :

Aujourd'hui je suis allé en ville résoudre mon problème psychanalytique avec les actions du Banco do Brasil. J'ai pensé les vendre et donner l'argent à Mário, pour le rétribuer du fait que j'avais possédé Vera pendant plus d'un an. En réalité c'est Vera qui m'a possédé, mais dans mon délire, j'ai toujours considéré le contraire.

Le partenariat avec Raul donnait encore d'excellents résultats, mais, de l'intérieur, le navire de la Société Alternative commençait à prendre l'eau. Avant même la « nuit noire » et l'arrestation de Paulo, il avait surgi entre eux et Philips de subtiles divergences sur la signification de cette société. Tout indique que Raul avait pris au sérieux l'idée de créer une nouvelle communauté – ou secte, ou religion, ou mouvement – qui mettrait en pratique les commandements d'Aleister Crowley, de Parzival XI et de Frater Zaratustra. Pour les cadres de la maison de disques, cependant, Société Alternative n'était rien de plus qu'une bonne marque pour faire grimper les ventes de disques – quelque chose comme ce qu'avaient fait, au début des années 1960, les chevelus de la Jeune Garde. Paulo avait constaté cette différence de points de vue, en avril de cette année 1974.

Le président de Philips au Brésil, le Syrien naturalisé brésilien André Midani, avait créé un groupe de travail informel pour aider l'entreprise à mieux placer ses artistes sur le marché. Coordonné par Midani et le compositeur Roberto Menescal, la *dream-team* était formé par l'analyste de marché Homero Icaza Sánchez, l'écrivain Rubem Fonseca, et les journalistes Artur de Távola, Dorrit Harazim, Nelson Motta, Luis Carlos Maciel, João Luís de Albuquerque et Zuenir Ventura. Le groupe se réunissait une fois par semaine dans la suite d'un hôtel de luxe de Rio, et ils y passaient une journée entière à discuter du profil et de l'œuvre d'un artiste déterminé de Philips. À la première rencontre, ils discutaient seulement entre eux, et la semaine suivante ils remettaient ça en présence de l'artiste. Les participants étaient payés à prix d'or – Zuenir Ventura raconte qu'il recevait par réunion « quatre mille ou quatre millions, je ne me souviens pas, mais je sais que c'était l'équivalent de mon salaire mensuel comme directeur de la succursale carioca du magazine *Visão* ». Chaque artiste réagissait à sa manière à la nouveauté. La rebelle Rita Lee perdit patience « avec ce tas de crétins » qui voulaient donner leur avis sur tout, même la couleur de ses cheveux, et mit fin à la réunion par une provocation osée :

« Pendant que vous décidez si je dois ou non porter une perruque *black power*, je vais aux toilettes prendre un acide. »

Quelque temps plus tard, elle enregistrerait la chanson « Departamento de Criação », dont le texte traitait avec une ironie manifeste l'équipe montée par Philips :

Vivre pour servir comme ça/Ne sert pas à vivre ici/Et tu veux que je fasse tout ça/Que tu ne sais pas faire ?

Et le monde prend fin par manque d'imagination/Pas moi ! Mon département est celui de la création ! Mais quel manque d'imagination/Pas moi ! Mon département est celui de la création !

Quand vint le tour de Paulo et de Raul de se soumettre au groupe, celui qui était plongé dans une méchante paranoïa était le Bahianais. Certain d'être suivi par des policiers déguisés, Raul avait recruté comme garde du corps l'enquêteur Millen Yunes, du commissariat de police de Leblon, qui à ses heures de repos accompagnait le musicien partout. Quand Paulo lui transmit la proposition qu'avait faite Menescal qu'ils soient à leur tour passés au crible par l'excellent groupe d'intellectuels, Raul bondit :

« C'est un truc des flics pour nous attraper ! Tu peux être sûr que la police a infiltré des gens dans ce groupe pour enregistrer ce que nous dirons. Ne va pas te foutre là-dedans, dom Paulete ! Dis à Menescal que nous n'y allons pas. »

Paulo assura à son partenaire qu'il n'y avait aucun danger, qu'il connaissait la plupart des participants, que dans le groupe il y avait même des opposants à la dictature et, enfin, garantit que ni Midani ni Menescal ne feraient une telle saloperie. Comme Raul ne cédait pas, la solution fut qu'il allât seul à la réunion – mais, par acquit de conscience, il laissa sur la table un magnétophone allumé, dont il remettrait les bandes à son partenaire en fin de journée. Avant que les discussions ne s'engagent, quelqu'un donna la parole à Paulo pour qu'il explique, aussi longtemps qu'il serait nécessaire, ce qu'était exactement la Société Alternative. Plus de trois décennies plus tard, il se rappelle n'avoir pris aucune drogue, ni fumé de marijuana. Mais on pourrait croire le contraire, à en juger par ce qui suit, dûment enregistré sur le magnétophone :

La Société Alternative atteint le niveau politique, le niveau social, la couche sociale d'un peuple, vous me comprenez ? Et elle touche, merde, la couche intellectuelle d'un peuple qui n'est plus en extase, qui est plus exigeante... À tel point qu'il y a eu une discussion à Saõ Paulo au sujet de la revue Planeta. *Je pense que* Planeta *va faire faillite d'ici à un an parce que tous ceux qui lisent* Planeta *apprennent et commencent à trouver* Planeta *une revue idiote, l'entreprise a fait faillite en France, ils ont inventé* Le Nouveau Planet, *puis* Le Nouveau Nouveau Planet, *vous me comprenez ? Ils ont fini par fermer la revue. C'est ce qui va se passer aussi avec tout ce peuple qui actuellement tombe en extase dans la macumba. Non, non, non ! Pas le prolétaire, hein ? Mais ce qu'on appelle la classe moyenne. La bourgeoisie qui, brusquement, a décidé de s'intéresser, vous savez, intellectuellement ? C'est clair, il y a un autre aspect de la question qui est l'aspect de la foi, vous y allez et vous arrivez à faire une promesse, vous arrivez à obtenir un terrain, enfin d'autres choses. Bon, mais en termes culturels il va y avoir un changement, vous comprenez ? Et ce changement va venir de l'extérieur, comme il est toujours venu, vous comprenez ? Et il ne sera jamais filtré par un produit brésilien appelé spiritualisme. En discutant sur un plan spirituel parce que sur le plan politique je pense que j'ai été bien clair, non ?*

La clarté n'avait pas été sa principale vertu, mais le groupe de travail paraissait habitué à des personnages de ce genre. Paulo se cramponna une seconde et poursuivit :

Alors... Je ne veux pas défendre des positions, ni rien. Alors il va y avoir ce filtrage. À mon avis, ce n'est pas un filtrage, mais jamais le sujet ne va cesser de trouver formidable Satan, qui est une affaire hautement fascinante : « Merde, Satan ? »

C'est un tabou comme... Comme la virginité, vous me comprenez ? Alors, quand tout le monde commence à parler de Satan, même si vous avez peur du Démon et le détestez, vous voulez effectivement en être, vous comprenez ? Parce que c'est une agression, une agression du Système contre lui-même, l'agression de répressions, vous comprenez ? Il apparaît une série de choses à l'intérieur de ce schéma et vous vous mettez à trouver formidable cette... C'est une vogue qui va durer très peu, mais qui n'a pas encore commencé, celle de Satan. Mais c'est un phénomène. C'est le résultat de l'agression, la même chose que l'amour libre, le tabou sexuel que les hippies ont levé.

[...] Ce que j'ai donné n'était pas un panorama de la Société Alternative. J'ai placé certaines choses mais j'ai voulu donner un panorama de tout ce que nous concevions, la vision générale de la chose, d'accord ? Bon, alors maintenant en mettant Raul Seixas dans tout ça... La Société Alternative sert à Raul Seixas, et il ne se laisse pas influencer parce qu'on a parlé deux jours de la Société Alternative, vous comprenez ? La Société Alternative sert à Raul Seixas dans la mesure où il catalyse ce type de mouvement, vous comprenez ? Elle a été prise pour un mythe. Personne n'explique ce qu'est la Société Alternative.

Vous me comprenez ?

« Plus ou moins », s'empressa de répondre le journaliste Artur da Távola. Comme la majorité des présents, en vérité, n'avait rien compris à ce salmigondis, le problème que le groupe posait à Paulo était simple : si c'étaient là les explications que lui et Raul donneraient à la presse sur la signification de la Société Alternative, alors ils pouvaient se préparer à voir leur idée réduite en miettes par les médias. Dorrit Harazim, à l'époque rédactrice en chef de la section internationale du magazine *Veja,* trouvait que s'ils prétendaient convaincre le public que la Société Alternative n'était pas seulement un coup de marketing, mais un mouvement mystique, ou politique, il fallait avoir des arguments plus objectifs pour rendre cela clair :

— Avant tout, vous devez décider : la Société Alternative est-elle un phénomène politique ou métaphysique ? Avec ces arguments, il va vous être très difficile d'expliquer à quiconque ce qu'est en fait la Société Alternative.

Bien que ce fût la première fois que le groupe de travail émettait une opinion unanime sur un sujet, il revint à Artur da Távola d'attirer l'attention sur le risque qu'ils soient en train d'assécher une mine d'or :

— Nous devons faire très attention parce que nous trouvons des défauts à un duo qui vend des centaines de milliers de disques. N'oublions pas que Raul et Paulo sont déjà un succès indiscutable.

Mais une autre question préoccupait le groupe : l'insistance avec laquelle les deux artistes répétaient à la presse, en parlant sérieusement, qu'ils avaient vu des soucoupes volantes. Il s'agissait d'une plaisanterie, insistaient-ils tous, qui pourrait affecter le développement du groupe, et ils suggérèrent à Paulo de recommander à Raul de laisser tomber cette connerie. Ils avaient des raisons de s'inquiéter. Quelques mois auparavant, Raul avait donné une longue interview à *Pasquim* et, comme il fallait s'y attendre, il fut pressé par les journalistes d'expliquer la Société Alternative et la vision des soucoupes volantes, quand il eut l'opportunité de délirer à sa guise. Il expliqua que cette société n'était imposée par aucune vérité, aucun leader, mais qu'elle était née « comme la prise de conscience d'une nouvelle tactique, de nouveaux moyens ». Comme la réponse ne paraissait pas claire, il explicita ce qu'il voulait dire. « La Société Alternative est le fruit du propre mécanisme de la chose », continua-t-il, ajoutant qu'elle avait traversé les frontières. « Nous tenons une correspondance constante avec John Lennon et Yoko Ono, qui font aussi partie de la Société. » Sans personne pour le surveiller, Raul fantasmait même sur des faits publics, comme sa première rencontre avec Paulo.

« J'ai connu Paulo à Barra da Tijuca », raconta-t-il à *Pasquim*. « À 5 heures de l'après-midi, je méditais et lui aussi, mais je ne le connaissais pas – c'est ce jour-là que nous avons vu la soucoupe volante. » Un des interviewers demanda s'il pouvait décrire le supposé OVNI et il corrigea, très vite :

— Il était à peu près comme ça… Argenté, mais avec une aura orangée autour. Il était là immobile, énorme. Paulo est arrivé en courant, moi je ne le connaissais pas, mais il a dit : « Tu vois ce que je vois ? » On s'est assis et la soucoupe a disparu dans un zigzag incroyable.

C'étaient des déclarations comme celle-là qui faisaient craindre au groupe de travail de Philips que le duo ne se ridiculisât publiquement et, le marathon terminé, Paulo rassembla les bandes enregistrées avec l'intégralité de tout ce qui s'était dit au long de la journée pour les remettre à son partenaire. Comme les considérations n'étaient pas précisément élogieuses, plutôt que de relater personnellement à Raul ce qui s'était passé, il préféra, en arrivant chez lui, enregistrer une autre bande, dans laquelle il exposait au Bahianais son point de vue sur la réunion dans la suite de l'hôtel Méridien :

La grande crainte du groupe de travail est que la Société Alternative réussisse et que Raul – c'est-à-dire toi, qui écoutes cette bande – ne soit pas en condition d'affronter la situation. Ils ont peur que la Société Alternative se développe et qu'à l'heure où Raul ira donner une interview sur ce qu'est la Société Alternative, ses fondements, Raul, comme l'a dit Artur da Távola, expose la chose verbalement, mais n'explique pas. Et la presse va attaquer, va dire que c'est une farce, et là la carrière de Raul est grillée. Ça veut dire que toute la préoccupation de Philips, c'est le problème de la capacité de Raul à supporter cette situation. La réunion a été extrêmement tendue. Sur un point, je sens vraiment qu'ils ne céderont pas : sur son incapacité, c'est-à-dire la tienne, Raul, à supporter la situation. Tu vas entendre ça dans l'enregistrement et j'en parle maintenant parce que cette impression a été très forte.

Une autre chose a été soulevée : le problème de la soucoupe volante. Ils disent tous que c'est une blague. Ils ont dit, par exemple, que chaque fois que tu arriveras quelque part et que tu répéteras cette affaire de soucoupe volante, la presse va te tomber dessus, elle ne pardonnera pas. Merde, j'ai décidé de me taire, de ne pas expliquer si c'était vrai ou faux. Mais pour le groupe de travail cette histoire de soucoupe volante doit être abandonnée rapidement. Je n'ai rien dit, mais j'ai laissé ouverte la possibilité que nous démentions le coup de la soucoupe volante au moins pour le groupe de travail.

Bien que cette idée de Société Alternative eût encore la force de séduire des centaines de milliers d'acheteurs de disques et un nombre incertain d'adorateurs du Démon dans tout le Brésil, le temps se chargerait de montrer que le groupe de travail avait raison. Comme il ne s'agissait pas d'un mouvement politique ou métaphysique, avec les années, l'expression « Société Alternative » ne rappellerait plus qu'un refrain musical des années 1970.

À son retour de New York, la main emmaillotée et pleine de points de suture, fort du succès du 33 tours *Gita* (qui avait été lancé en leur absence) Paulo fut finalement invité par Menescal à s'intégrer au groupe de travail de Philips en tant que consultant, avec la même rémunération que les autres membres – ce qui signifiait ajouter tous les mois à son compte bancaire près de dix mille euros. Il venait de l'argent de toute part. Quand il reçut le premier relevé de comptes de la maison de disques pour les ventes initiales de *Gita*, il hésita entre placer l'argent en actions ou s'acheter une maison d'été à Araruama, mais il finit par se décider pour un appartement dans la mouvementée rue Barata-Ribeiro, à Copacabana. En plus du partenariat avec Raul, dans cette période, Paulo écrivit aussi trois textes – « Cartão Postal », « Esse Tal de Roque Enrow » et « O Toque » –

pour le 33 tours *Fruto Proibido*, que la chanteuse Rita Lee lancerait au début de 1975, et produisit encore des scénarios cinématographiques pour Maria do Rosário. Entre une activité et une autre, il travailla comme acteur dans la comédie pornographique *Tangarela, a Tanga de Cristal.* En décembre 1974, la maison de disques ferma un des robinets qui irriguaient ses comptes, en mettant fin aux activités du groupe de travail, mais en ouvrit aussitôt un autre : sur une suggestion de Menescal, André Midani recruta Paulo Coelho pour travailler comme cadre de l'entreprise, dans la fonction d'administrateur du Département de Création.

La stabilité financière et professionnelle n'eut cependant pas le pouvoir d'apaiser son âme torturée. Si jusqu'en mai 1974 il avait vécu comme un traumatisme les sentiments de persécution et de rejet, il semble qu'après l'arrestation, ils soient devenus insupportables. Sur les six cents pages de journal rédigées dans les douze mois suivant sa libération, plus de quatre cents traitaient de peurs découlant de cette semaine noire. Dans un seul cahier de soixante pages, choisi au hasard, le mot « peur » est répété 142 fois, suivi de « problème », 118 fois, en plus de dizaines de « solitude », « désespoir », « paranoïa », « étrangeté », etc. Pour traduire son état d'esprit, il recourait souvent aux classiques de la langue, comme il le fit en citant Guimarães Rosa pour clore une page du journal : « Non, ce n'est pas la peur. C'est que je n'ai plus envie d'avoir du courage. » En mai 1975, à l'occasion du premier anniversaire de sa sortie du DOI-Codi, il fit célébrer une messe d'action de grâces dans l'église São José, son saint protecteur.

Plus encore que le Dr Benjamin ou que son propre père, depuis qu'il était sorti de prison, la figure qui lui inspirait le plus de sécurité était l'avocat Antônio Cláudio Vieira, que Paulo considérait comme responsable de sa libération. Dès qu'il rentra des États-Unis, il demanda au Dr Pedro de fixer un rendez-vous pour qu'il remercie Vieira de son aide. En arrivant au luxueux appartement d'un étage entier sur le morro da Viúva, d'où l'on avait une vue privilégiée sur le remblai de Flamengo, Paulo fut surpris par Eneida, la fille de l'avocat. Brune, jolie, élégante et un peu plus grande que lui, la jeune fille attirait l'attention par l'exubérance de ses bijoux – parmi lesquels ressortait un petit scorpion en or massif qu'elle portait en permanence accroché au cou par une petite chaîne. Avocate comme son père, dans le cabinet duquel elle travaillait, Eneida défilait dans les rues de Rio les cheveux au vent, à bord d'une authentique MG décapotable, importée d'Angleterre, qui faisait des envieux. Lors de cette rencontre, ils n'allèrent pas plus loin qu'un flirt, mais quarante-sept jours exactement après, Paulo proposa le mariage à Eneida, qui accepta immédiatement la requête. Selon les valeurs en vigueur dans une bonne partie de la société brésilienne, non seulement il avait les moyens de se marier, mais il était devenu un bon parti – c'est-à-dire quelqu'un qui a suffisamment d'argent pour entretenir femme et enfants. Un nouvel album avec Raul avait été lancé fin 1975 sous le nom de *Novo Aeon*. Ils avaient signé tous les deux quatre des treize morceaux (« Rock do Diabo », « Caminhos I », « Tu És o MDC da Minha Vida » et « A Verdade sobre a Nostalgia »). Le 33 tours révélait aussi le degré d'engagement que Raul entretenait encore avec les adeptes du satanisme de l'OTO : le grossier Marcelo Motta signait pas moins de cinq morceaux du disque comme parolier (« Tente Outra Vez », « A Maçã », « Eu Sou Egoísta », « Peixuxa – O Amiguinho dos Peixes » et « Novo Aeon »). Bien que Raul et ses partisans considérassent ce travail comme un chef-d'œuvre, *Novo Aeon* n'arriva jamais à la cheville des albums précédents, un peu plus de 40 000 copies ayant été vendues.

Les conditions matérielles pour fonder une famille ne manquaient pas, comme on le voit, mais une telle célérité pour prendre la décision de demander la main de la jeune fille ne pouvait s'expliquer que par une passion foudroyante

– qui, cependant, n'était pas réciproque. Pour lui rien n'aurait pu être plus avantageux : d'un seul coup il avait trouvé une femme pour enfin se marier et *se ranger,* comme il se le promettait depuis qu'il était sorti de prison, et, en plus, il aurait désormais comme beau-père le garant de sa sécurité émotionnelle, Antônio Cláudio Vieira. Le soir du 16 juin 1975, après avoir allumé un double joint, Paulo décida qu'il était temps de résoudre cela. Il appela Eneida pour lui demander d'avertir ses parents qu'il allait formaliser les fiançailles et la demande en mariage dans quelques heures :

— Le temps de passer à la maison et de prendre mes parents. Nous serons là tout de suite après.

Les vieux dormaient profondément, mais ils furent tirés du lit par leur fils fou qui avait décidé tout d'un coup de se fiancer, un lundi. Que ce fût sous l'effet de la marijuana, ou parce qu'il n'avait jamais joué ce rôle auparavant, au moment de s'adresser à son futur beau-père, Paulo se sentit la bouche sèche, suffoqua, bredouilla et ne parvint pas à prononcer une syllabe. Devant le regard interdit de Pedro et Lygia qui avaient été réveillés en sursaut, Vieira sauva la situation par sa présence d'esprit :

— Nous savons tous ce que tu veux dire. Tu demandes la main d'Eneida en mariage, c'est ça ? Si c'est ça, elle est accordée.

Oui, c'était bien cela, répondit-il soulagé. Après un rapide toast au champagne français, Paulo ouvrit la bourse en cuir qu'il portait en bandoulière et en sortit une belle bague en brillants qu'il avait achetée pour la future épouse. Une demi-heure après l'arrivée des visiteurs, plus personne n'était debout dans l'appartement du morro da Viúva. Le lendemain, Eneida allait répondre au cadeau de fiançailles en faisant livrer chez Paulo la nouveauté qui était devenue un objet de désir pour les journalistes et écrivains : une machine Olivetti électrique que l'écrivain utiliserait jusqu'en 1992, quand il se mettrait à écrire sur des micro-ordinateurs personnels. Même pas trois semaines étaient passées et le journal commençait à révéler que les fiançailles avaient peut-être été précipitées :

J'ai de sérieux problèmes relationnels avec Eneida. Je l'ai choisie pour la sécurité et la stabilité émotionnelle que cela me donnerait. Je l'ai choisie en cherchant un équilibre pour mon tempérament naturellement déséquilibré. Maintenant je comprends le prix que je dois payer pour cela : la castration. Castration des comportements, castration des paroles, castration des folies. Je ne peux pas accepter cela.

Il n'était pas question pour lui de revenir en arrière et rompre les fiançailles, car cela aurait signifié non seulement perdre l'avocat, mais se faire un ennemi – quelque chose qui rien que d'y penser lui faisait froid dans l'estomac. Mais Paulo comprenait qu'Eneida elle aussi en avait assez de ses bizarreries. De fait, sa fiancée se moquait qu'il continuât à fumer de la marijuana, mais elle ne voulait pas être obligée de consommer elle aussi de la drogue, et Paulo passait son temps à insister pour qu'elle le fasse. Quant aux « propositions sexuelles », elle avait été claire : pas question de *ménage à trois*. Eneida n'acceptait pas que des amies à lui partagent le lit du jeune couple. Le dénouement de la relation était par conséquent prévisible. Au bout de quarante jours, Paulo enregistra dans son journal que tout avait pris fin :

Eneida m'a simplement quitté. Ç'a été très difficile, vraiment très difficile. Je l'ai choisie pour femme et compagne, mais elle n'a pas supporté la situation et elle a disparu subitement de ma vie. J'ai désespérément tenté d'entrer en contact avec sa mère, mais ils se sont éloignés aussi. Je crains qu'elle n'ait raconté à ses parents mes castanederies et les propositions sexuelles. Ces dernières, je sais qu'elle les a racontées. La dissolution a été assez dure pour moi, beaucoup plus dure que je ne l'imaginais. Ma vieille et mon vieux vont être très choqués en apprenant la rupture des fiançailles. Et ils vont avoir du mal à accepter une autre femme comme ils ont accepté mon ex-fiancée. Ça, je le sais, mais que puis-je faire ? Je repars, sans trêve, en quête d'une autre compagne.

La compagne à laquelle il s'intéressait était la stagiaire Cecília Mac Dowell, de l'équipe de presse de Philips. Mais avant de faire sa déclaration à Cissa, ainsi qu'on l'appelait, Paulo vécut encore une romance éclair avec Elisabeth Romero, elle aussi journaliste, qui l'avait interviewé pour une revue spécialisée en musique. Ils commencèrent à sortir ensemble et ce fut le début de leur amour. Beth attirait l'attention parce qu'elle se déplaçait dans les rues de Rio montée sur une robuste moto Kawasaki 900, sur laquelle Paulo se mit à circuler en croupe. Malgré sa brièveté, cette relation permit à Beth d'assister à un épisode qui serait cité par Paulo des dizaines, des centaines de fois dans des interviews publiées dans la presse internationale : sa rencontre manquée avec son idole Jorge Luís Borges. À l'approche des fêtes de fin d'année, Paulo invita Beth à se rendre avec lui à Buenos Aires, où il avait l'intention de rendre visite au grand écrivain argentin.

Il reportait le voyage depuis quelque temps, craignant d'aller au DOPS demander un visa de sortie pour le pays voisin et d'être arrêté. Sans aucun contact ni présentation préalable, le couple affronta 48 heures d'autocar entre Rio et la capitale argentine, emportant pour seule indication une adresse : rue Maipu, 900, où vivait Borges. Et ce fut là que Paulo se dirigea peu après s'être installé dans la ville. Le portier de l'immeuble, au centre-ville, l'informa que dom Jorge Luís, de l'autre côté de la chaussée, prenait un café au bar d'un vieil hôtel. Paulo traversa la rue, entra dans le hall et dans le contre-jour d'une vitre il vit distinctement la silhouette du magistral auteur de *L'Aleph,* alors âgé de 76 ans, assis tout seul à une table, avalant à petits traits une tasse d'expresso. L'émotion du Brésilien fut telle qu'il n'osa pas s'approcher. S'esquivant en silence, comme il était entré, il quitta les lieux sans adresser à Borges un « bonjour, enchanté », ce qu'il regretterait à tout jamais.

À 28 ans, il allait passer son premier Noël loin de sa famille. En marche vers sa reconversion chrétienne, le 24, il invita Beth à assister avec lui à la messe de Noël dans l'église Nuestra Señora del Pilar, aux abords de la Casa Rosada, siège du gouvernement argentin. Surpris par le refus de la jeune fille, qui préférait profiter de la soirée pour se promener dans les rues de Buenos Aires, il mit simplement fin à leur liaison. Il téléphona à Cissa, à Rio, sous prétexte de lui souhaiter de bonnes fêtes, et se déclara :

— Je suis amoureux de toi et je reviens dans trois jours. Si tu me promets de m'attendre à l'aéroport, je prends l'avion, pour que nous soyons ensemble le plus vite possible.

Menue comme lui, les yeux marron et le nez légèrement aquilin, Cecília Mac Dowell avait 19 ans et suivait un cours de communication à la PUC de Rio de Janeiro quand elle rencontra Paulo. Fille de l'Américaine Patrícia Fait et du respecté et riche phtisiologue Afonso Emílio de la Rocque Mac Dowell, propriétaire d'une grande clinique pour tuberculeux à Jacarepaguá, elle avait été élevée au traditionnel Colégio Brasileiro de Almeida, à Copacabana, créé et dirigé par la professeur Nilza Jobim, mère du compositeur Tom Jobim. Bien que ce fût un foyer conservateur – le père était de souche nordestine traditionnelle et la mère avait reçu une rigoureuse formation protestante –, les Mac Dowell accueillirent à bras ouverts le baba-cool qui était tombé amoureux de leur fille cadette. Les mois passant, Patrícia et Afonso Emilio fermèrent les yeux même sur le fait que Cissa passait tous les week-ends en compagnie de son petit ami (qui avait loué l'appartement de Voluntários-da-Pátria et s'était installé dans le deux-pièces de la bruyante Barata-Ribeiro). Trente ans plus tard, avec un humour féroce,

Cissa entreverrait des intentions cachées dans les libéralités de ses parents :

— Comme mes deux sœurs aînées ne s'étaient pas mariées, je crois que les attentes de mes parents concernant leurs futurs gendres s'étaient un peu réduites. Dans le doute, mieux valait ne pas faire fuir d'éventuels candidats.

Quelles que fussent les raisons de ses parents, Cissa profitait des week-ends que les Mac Dowell passaient dans leur maison de campagne à Petrópolis pour rassembler vêtements et objets personnels dans une sacoche en toile et se précipiter à l'appartement de Barata Ribeiro – ainsi surnommèrent-ils le vendredi le « jour de Marie Sacoche ». Le fantôme des désastreuses fiançailles avec Eneida continuait cependant à ravager l'âme de Paulo chaque fois que le sujet menaçait de resurgir, comme il le notait dans le journal.

— Ce soir il y aura un dîner chez Cissa et ces choses me préoccupent terriblement, se plaignait-il, parce que ça ressemble à des fiançailles, et ce que je veux le moins en ce moment, c'est me fiancer.

Durant l'une de ses séances psychiatriques régulières, le Dr Benjamin Gomes avança l'hypothèse selon laquelle ses tensions nerveuses provenaient de ses relations sexuelles difficiles :

Il a dit que mon désintérêt pour le sexe provoquait cette tension que je vis. En réalité, Cissa me ressemble un peu, elle ne tient pas tellement à être baisée. Je me réalisais avec ça, mais je n'avais pas d'obligation, mais maintenant je me servirai du sexe comme d'une thérapie pour apaiser les tensions. Le Dr Benjamin m'a dit que la courbe de l'électrochoc est la même que l'orgasme et la même que la crise d'épilepsie. Avec ça, j'ai découvert dans le sexe une thérapie.

Il avait beau être perturbé par tout ce qui lui rappelait des fiançailles, en mars 1976, quand sa petite amie revint d'un voyage de trois semaines en Europe, Paulo lui proposa le mariage. Cissa accepta la demande avec une joie sincère, mais à certaines conditions : il faudrait que ce soit un vrai mariage, avec passage au bureau de l'état civil, et aussi une église, un prêtre, la mariée en blanc et le marié en costume cravate. Il répondit par un éclat de rire, affirmant qu'il acceptait toutes les exigences au nom de l'amour « parce qu'il avait vraiment besoin de se ranger, et rien de mieux qu'un mariage pour cela ». Avant que la cérémonie ait lieu, Paulo interrogerait encore le Yi-king plusieurs fois, pour savoir s'il agissait correctement, et il enregistrerait dans le journal l'insécurité dans laquelle il vivait :

Hier j'ai été pris d'une grande frousse du mariage et j'ai eu peur. J'ai réagi violemment. Nous étions déjà un peu méfiants l'un envers l'autre et la chose a fini par devenir moche entre nous.

Deux jours après, son état d'esprit était différent :

J'ai dormi hors de l'appartement parce que je suis parano. Ça me rend fou que Cissa vienne vite habiter avec moi. Au fond, nous nous aimons et nous nous comprenons et elle est très facile à vivre. Mais pour ça nous devons d'abord affronter la bouffonnerie du mariage.

L'âme secouée, Paulo arriva au 2 juillet encore plus endimanché que la mariée l'avait exigé. À 7 heures du soir précises, quand un ensemble de violons commença à exécuter le « Nocturne n° 2 » de Chopin, il se glissa entre les rideaux de l'autel de l'église São José, au centre de Rio de Janeiro, et se planta à la droite du prêtre. Comparé au Paulo Coelho qui s'était laissé photographier complètement défoncé à New York, deux ans plus tôt, celui de l'autel avait l'air d'un prince. Cheveux courts, moustache et barbiche soigneusement taillées, il portait une queue-de-pie moderne, avec veston, pantalon à rayures, chaussures noires, chemise blanche à boutons et cravate argentée – un costume identique à celui que portaient son père et son beau-père, mais dont avaient été dispensés les témoins Roberto Menescal et Raul Seixas. Dona Lygia avait non seulement choisi personnellement le lieu du mariage religieux, mais elle avait fait cadeau à la paroisse de São José d'un nouveau tableau pour l'imposante église, dont les clochers atteignent une hauteur de trois étages.

Sous les accords de « Pompe et Circonstance », d'Elgar, cinq fillettes habillées en demoiselles d'honneur ouvrirent le chemin à la mariée en robe blanche et longue descendant jusqu'aux pieds, au bras de son père. Parmi les dizaines d'invités qui s'entassaient dans l'église, l'attention se portait sur la figure singulière de Raul Seixas, lunettes noires bien qu'il fît nuit, nœud papillon rouge et veste à piqûres rouges également. À l'heure de la bénédiction des alliances, les violons emplirent la nef, avec l'« Adagio » d'Albinoni qui fermait la cérémonie religieuse. De là tous partirent pour l'appartement des parents de la mariée, rue General-Urquiza, à Leblon, où fut célébré le mariage civil avant un fastueux dîner.

La lune de miel n'eut aucun attrait particulier. Comme ils devaient tous les deux retourner tout de suite au travail, ils passèrent une semaine dans une maison d'été de parents à lui dans l'île de Jaguanum, sur le littoral près de Rio. Aucun des deux ne garderait de souvenirs marquants de ces jours. Dans les journaux de Paulo, il n'y a aucune allusion au voyage de noces, et les flashes qui restent dans la mémoire de Cissa ne parlent pas non plus d'une période de félicité :

Paulo n'était pas très heureux. Je pense qu'il ne voulait pas toute cette formalité... Il a accepté, mais je crois que c'est

Paulo et Cissa, mari et femme, quittant l'autel de l'église de São José.
Ci-dessous, le couple entre leurs parents respectifs.

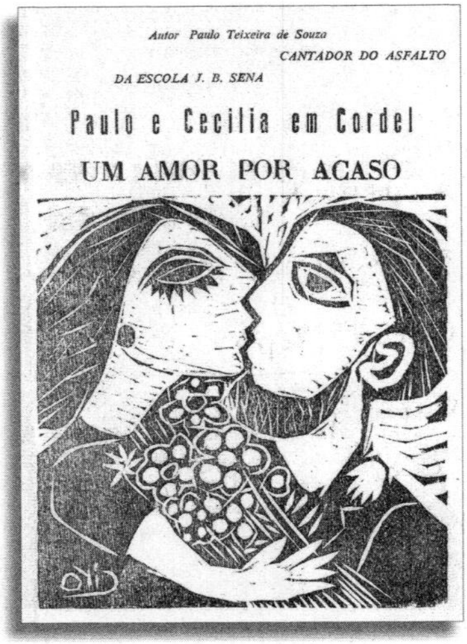

Deux invitations au mariage de Paulo et de Cissa.

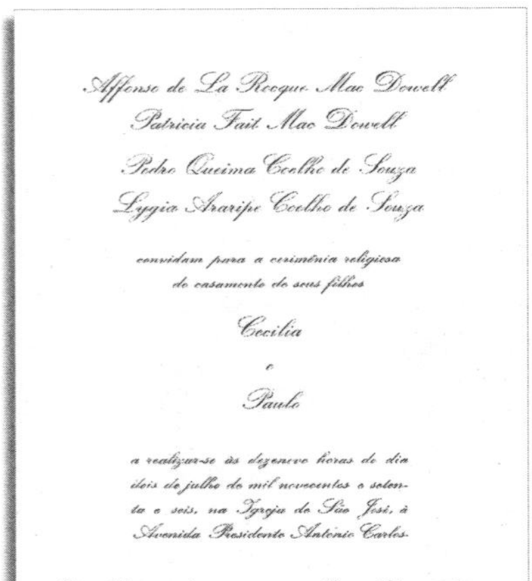

Affonso de La Rocque Mac Dowell
Patricia Fait Mac Dowell
Pedro Queima Coelho de Souza
Lygia Araripe Coelho de Souza

convidam para a cerimônia religiosa
do casamento de seus filhos

Cecilia
e
Paulo

a realizar-se às dezenove horas do dia
dois de julho de mil novecentos e seten-
ta e seis, na Igreja de São José, à
Avenida Presidente Antônio Carlos.

General Urquiza, 44/303 — Raimundo Correia, 27/703

parce que j'ai insisté. Mais cela n'a pas été une lune de miel où nous aurions dit, voilà, nous sommes totalement amoureux, c'était merveilleux. Non. Je n'ai pas ce souvenir. Je sais que nous avons passé quelques jours là-bas, je ne peux pas dire combien, et nous sommes rentrés pour la petite vie à Rio.

La petite vie allait commencer par une petite aigreur entre mari et femme. Bien qu'il fût propriétaire du spacieux appartement de la rue Voluntários-da-Pátria où il avait vécu presque trois ans avec Gisa, Paulo préférait continuer à le louer et habiter dans le second immeuble lui appartenant, le deux-pièces de la bruyante Barata-Ribeiro. Si ce choix avait eu pour objectif de faire des économies, Cissa ne s'en serait pas inquiétée. Le problème est qu'il préférait vivre là pour être près de ses parents, qui avaient vendu la maison de Gávea et dont le nouvel appartement se trouvait dans la rue Raimundo-Correia, à Copacabana, à un bloc de distance. Les souvenirs qu'elle garderait des premiers mois du mariage n'étaient pas encourageants :

Habiter là, c'était horrible. La seule chambre donnait directement sur la rue Barata Ribeiro, où il y avait un bruit infernal. Mais il était dans sa phase maternelle et il voulait rester près de sa mère, qui habitait dans le même carré. Notre appartement ne convenait même pas pour un bon salon. Il avait l'autre appartement, mais il voulait rester près de sa mère. Comme j'avais été élevée dans le protestantisme, avec le principe de tout faire pour le bonheur du couple, je m'accommodais du vacarme de Barata Ribeiro. Le mariage a eu lieu en juillet, je crois que nous y sommes restés à peu près six mois.

Ce n'était peut-être pas un début d'union très prometteur, mais comme aucun couple n'est à l'abri des intempéries de la vie commune, le mariage allait son chemin. Parfois les disputes étaient bruyantes, comme à l'aube du 24 août, quand Paulo eut 29 ans. Cissa fut réveillée à deux heures du matin par une détonation épouvantable, comme si une bombe avait explosé dans la maison. Elle se leva effrayée et tomba sur son mari dans le salon de l'appartement, une fusée brûlée dans la main. Dûment pourvu d'un bon joint, il avait décidé de fêter son anniversaire et il faisait exploser des feux d'artifice, au désespoir du voisinage. Tout cela, évidemment, enregistré pour la postérité par le magnétophone :

Paulo – Il est maintenant 1 h 59 le 24 août 1976. J'ai 29 ans. Je vais lancer une fusée pour me fêter et je vais enregistrer le bruit. [Bruit de l'explosion de la fusée]. Quel pied ! Les gens sont venus à la fenêtre !

Cecília – Paulo !!

Paulo – Quoi ? Tout le monde s'est réveillé, les chiens aboient…

Cecília – C'est absurde !

Paulo – Quoi ?

Cecília – Tu es fou ?

Paulo – Ça a fait un pétard superbe ! Ça a résonné dans toute la ville ! Je suis un champion ! [riant beaucoup] C'est formidable que j'aie acheté ces fusées ce soir ! Formidable ! Putain de merde, c'était génial [riant beaucoup]. Quel pied, mon Dieu du ciel ! Quelle folie ! Je crois que ça m'a libéré de beaucoup de choses, de lancer cette fusée !

Cecília – Reste un peu là avec moi, je suis nerveuse.

Paulo – Pourquoi t'es si nerveuse ? C'est une prémonition, quelque chose comme ça ?

Cecília – Nooon, Paulo, c'est parce que la journée a été très lourde.

Paulo – Ah, grâce à Dieu ! Merde, ç'a été une libération, Cecília. Lance une fusée, toi aussi ça va te calmer, immédiatement. Lance la à la fenêtre d'ici.

Cecília – Non ! Ceux qui entendront le bruit vont voir d'où il vient. Oublie cette histoire de fusée. Tu restes un petit peu avec moi, oui ?

Paulo – [il rit beaucoup] Quel pied ! 2 heures du matin, un feu d'artifice pour fêter mon anniversaire, le ciel plein d'étoiles. Dieu du ciel ! Merci beaucoup ! Je vais tirer d'autres feux dans la ville ! [bruit des fusées qui explosent].

Cecília – Paulo ! Les portiers de tous les immeubles vont voir que ça vient d'ici.

Cissa était une personne facile à vivre, mais elle avait une forte personnalité et n'aimait pas être forcée à faire quelque chose contre sa volonté. Comme cela était arrivé avec Eneida, elle acceptait les *castanederies* de son mari – elle l'accompagnait parfois dans sa consommation de marijuana –, mais elle ne voulait pas entendre parler des extravagances conjugales, qu'il appelait « propositions sexuelles ». Un jour, Paulo se réveilla en fin de matinée, une heure où, comme toujours, Cissa était au travail. Sur la table de nuit, elle avait laissé une feuille de papier manuscrite qui paraissait lui brûler les mains, quand il lut. Le billet révélait que si le mari avait décidé de fait de *se ranger*, cela s'était passé seulement à l'extérieur de la maison.

À ceux que cela peut intéresser :

Je suis tranquille en ce qui concerne les cinq cents femmes de Paulo, parce que aucune ne représente une menace. Mais aujourd'hui j'ai eu une angoisse en ce qui concerne mon mariage. Quand Paulo a dit, plaisantant avec une secrétaire, qu'il allait la prendre par-derrière, j'ai trouvé que cela manquait de classe. Mais le pire, ce fut d'entendre la proposition indirecte de payer « des mecs » à la Cinelândia pour participer à nos rapports sexuels. Je savais qu'il avait déjà fait ça avant, mais je n'avais jamais imaginé qu'il me proposerait une chose aussi dégoûtante, me connaissant comme Paulo me connaît, sachant ce que je pense de ça. Alors ce matin je me sens plus seule que jamais parce que je sais que je ne peux m'épancher auprès de personne. La seule chose que je puisse prévoir, et même désirer dans mon for intérieur, c'est que le plus tôt possible je me sépare de Paulo, le plus tôt que cette merde de société le permet, mais je sais que ce sera un très grand traumatisme pour moi et pour ma famille.

Le mariage n'avait pas encore atteint les noces de papier – ils étaient mariés depuis quelques mois – et il commençait à chavirer.

19
Londres

Si le mariage sombrait, on ne pouvait en dire autant de la vie professionnelle. En décembre 1976, Philips fit sortir le cinquième 33 tours de Paulo et Raul, *Há Dez Mil Anos Atrás,* qui deviendrait aussitôt un autre succès fracassant et sur les onze morceaux duquel il était l'auteur de dix. La chanson qui donnait son nom à l'album avait deux particularités : une redondance dans le titre et le fait qu'elle était la traduction adaptée de « I Was Born Ten Thousand Years Ago », une chanson traditionnelle américaine de notoriété publique qui avait plusieurs versions, la plus fameuse enregistrée par Elvis Presley quatre ans auparavant. Autre curiosité du disque, depuis qu'il s'était inspiré de l'adolescente du film de Vittorio de Sica, à 14 ans, c'était la première fois que Paulo dédiait une de ses créations à quelqu'un, dans ce cas à son père, Pedro Queima Coelho. Il s'agissait d'une forme inusitée d'hommage, puisque le texte, un brin condescendant, mentionne les différences entre lui et son père. Bien que cela n'ait été admis par l'auteur que des années plus tard, quiconque connaissait un peu son histoire familiale pouvait comprendre que le « Pedro » de la ballade rock *Meu Amigo Pedro* était le père, comme on le note clairement dans certains vers :

Chaque fois que je me sens au paradis/Ou que je me tords dans le feu de l'enfer/Je pense à toi mon pauvre ami/Qui porte toujours le même costume

Je me rappelle, Pedro, ces jours anciens/Où nous pensions tous les deux au monde/Aujourd'hui je t'appelle conservateur, Pedro/Et toi tu m'appelles vagabond

Pedro, là où tu vas je vais aussi/Mais tout finit où ça a commencé

Et je n'ai rien à te dire/Mais ne critique pas ce que je suis/ Chacun de nous est un univers, Pedro/Là où tu vas je vais aussi

Succès était synonyme d'argent et, pour Paulo, l'argent devait être placé dans la pierre. Avant que se termine l'année 1976, il devint propriétaire de son troisième bien immobilier, un appartement de deux chambres dans la rue Paulino-Fernandes, à Flamengo, à cent pas de la villa où il était né et avait été élevé. Malgré le plaisir que la propriété immobilière lui procurait, il y avait un problème à devenir riche, comme cela lui arrivait : il était préoccupé par la convoitise supposée des autres, surtout des communistes. Dans ce domaine, le partenaire de Raul Seixas s'était rangé pour de bon. Le chevelu qui peu avant contestait la société de consommation et, dans ses textes de chansons, ironisait sur la possession de biens matériels, avait maintenant la chair de poule à l'idée de perdre le bas de laine qu'il accumulait avec cupidité. « Aujourd'hui, au cinéma, j'ai eu une putain de trouille que le communisme vienne et me prenne tous mes appartements », avoua-t-il à son journal, pour corriger, sans mâcher ses mots : « Je ne lutterais jamais pour le peuple. Ce sont peut-être des paroles maudites, mais je ne ferais jamais ça. Je lutte pour la pensée et peut-être pour une élite de privilégiés qui éliraient une société à part. »

La tranquillité matérielle que le monde de la musique lui assurait ne semble pourtant à aucun moment l'avoir détourné de son vieux rêve tant ressassé : être un grand écrivain. Dans les moments d'angoisse, il en venait à croire, « avec une quasi-certitude », qu'il n'arriverait pas à le concrétiser. Il était effrayé chaque fois qu'il se rendait compte qu'approchait son trentième anniversaire – date limite qu'il s'était fixée pour devenir un écrivain célèbre, et au-delà de laquelle il imaginait ne pas avoir le moindre espoir de réussir dans la littérature. Mais il reprenait courage à la simple lecture d'une nouvelle comme celle annonçant que la célèbre écrivain anglaise Agatha Christie avait accumulé une fortune de 18 millions de dollars par la seule vente de ses livres. Dans ces moments-là, Paulo se plongeait profondément dans ses rêveries :

Je n'ai nullement l'intention de publier mes romans au Brésil. Ici il n'y a pas encore de marché pour cela. Au Brésil, un livre vendu à 3 000 exemplaires est un succès, alors qu'aux États-Unis c'est le plus gros échec possible. Il n'y a pas d'avenir. Si je veux être écrivain, je dois constamment penser à me tirer.

Tant que le destin ne lui indiquait pas la porte d'entrée vers la gloire, Paulo était obligé de se soumettre à la routine des horaires, des réunions et des voyages à São Paulo que sa charge de directeur phonographique exigeait. Philips avait décidé de concentrer tous ses départements dans un seul bureau, installé dans la lointaine Barra da Tijuca, un quartier qui commençait à sortir de terre à Rio. Le déménagement le faisait grimacer, non seulement parce qu'il allait travailler à quarante kilomètres de chez lui, ce qui l'obligeait à surmonter le traumatisme d'Araruama, acheter une voiture et passer le permis de conduire, mais aussi parce qu'on lui avait réservé une pièce minuscule. Il ne se plaignait pas, sauf auprès de son journal :

Je suis assis dans mon nouveau bureau, si l'on peut appeler bureau le local que j'occupe maintenant. Moi et mon équipe, constituée de deux secrétaires, une assistante et un garçon de bureau, nous occupons une surface équivalant à 30 m^2*, soit 5 mètres par personne. Ce qui serait déjà assez* *exigu, si nous ne prenions pas en considération l'amoncellement de meubles obsolètes qui a été placé aussi dans ce petit espace.*

Outre la distance et l'inconfort, il comprit que son poste était à l'épicentre d'un tremblement de terre permanent qui touchait les vanités, le prestige, et la dispute pour l'espace dans les médias. Ce champ de bataille, où les ego s'affrontaient constamment et où l'on était presque toujours frappé dans le dos, ne semblait pas l'endroit idéal pour quelqu'un dont l'âme était torturée par les peurs et les paranoïas. Si un grand chef le saluait avec quelque effusion dans l'ascenseur, il voyait tout de suite son emploi menacé. S'il n'était pas invité à un spectacle ou à un lancement important dans le milieu musical, cela constituait l'assurance de quelques nuits d'insomnie et d'abondantes pages de lamentations dans le journal. S'il ne figurait pas parmi les participants à une réunion dans l'entreprise, cela pouvait déchaîner des crises d'asthme incontrôlables. L'insécurité atteignait des niveaux extrêmes. Si un producteur musical s'adressait à lui d'une manière incorrecte, cela engendrait une crise intérieure capable pratiquement de l'empêcher de travailler. Quand plusieurs symptômes de persécution étaient réunis, Paulo était perdu.

Aujourd'hui je suis très mal, complètement parano. Je crois que personne ne m'aime, qu'ils vont me faire une putain de saloperie d'une heure à l'autre, et qu'ils ne m'accordent plus l'attention qu'ils m'accordaient.

La trouille a diminué parce que j'ai été pratiquement jeté d'une réunion ce matin. Mon nez s'est mis à couler, serait-ce que mes grippes ont un fond psychologique ? André Midani, président de la compagnie, entre dans la salle et il ne me parle pas bien ; mon partenaire est d'une humeur massacrante, et je crois qu'il y a un complot contre moi. Dans une colonne de journal, mon nom n'est même pas mentionné, alors qu'il devrait l'être.

Pour accroître mon complexe de persécution, qui me met l'insécurité à fleur de peau, j'ai découvert que je n'avais même pas été invité au lancement du livre de Nelson Motta. Il m'a pas mal marginalisé, mais c'est une personne pour laquelle je n'ai jamais réussi à cacher mon antipathie.

Je pense que les gens me tolèrent seulement parce que je suis ami de Menescal. Ça me dérange énormément.

Sa double activité professionnelle – il tenait en même temps les rôles de parolier et de cadre de la maison de disques – était aussi le foyer de craintes irrépressibles. Paulo était souvent obligé par sa fonction de produire de copieux rapports pour la direction de Philips, contenant des évaluations critiques du développement des artistes importants recrutés par l'entreprise, c'est-à-dire ses collègues. Bien que la lecture de ses rapports fût réservée à Midani, Menescal, Armando Pittigliani et encore un ou deux directeurs, la seule idée que ce matériel pourrait tomber dans les mains ou arriver aux oreilles des artistes évalués le glaçait. Sa crainte était fondée, car il était souvent assez avare d'éloges et dur dans ses critiques. Malgré tout le stress que signifiait occuper un poste comme celui-là, Paulo était un fonctionnaire plus que dévoué, conduit par son enthousiasme à poursuivre très souvent son activité tard dans la nuit. Le travail chez Philips était l'un des supports de sa fragile stabilité émotionnelle. L'autre était le mariage, et le troisième, une nouveauté à laquelle il s'était adonné corps et âme, le yoga. En outre, quand il n'en pouvait plus, il appelait au secours le psychiatre Benjamin Gomes, qui le remettait en état à coups de batteries d'antidépresseurs.

En janvier 1977, Paulo était déjà convaincu que Cissa était différente de ses compagnes précédentes. « Elle est ce qu'elle est, et elle ne changera pas de sitôt », avouait-il. « J'ai perdu du temps à essayer de la transformer et maintenant je comprends que c'est inutile. » Petit à petit, cependant, il parvenait à attirer son épouse vers une facette au moins de son univers – les drogues. Cissa ne deviendrait jamais une consommatrice, mais c'est avec lui qu'elle fuma pour la première fois de la marijuana puis essaya le LSD. Suivant un rituel semblable à celui adopté par Vera Richter quand elle fuma du haschich pour la première fois, ils firent tous les deux l'expérience de l'acide lysergique le 19 mars, jour de saint Joseph, dont ils baisèrent l'image avant la cérémonie. Ils allumèrent un magnétophone au moment où Cissa mit la première pastille sur sa langue, et dès lors elle décrivit les premiers moments d'insécurité, elle sentit un engourdissement et des fourmis dans tout son corps, puis atteignit l'extase. À cet instant, elle commença à entendre des sons « indescriptibles », comme il arrive souvent dans ces circonstances. En larmes, elle tentait, sans y parvenir, de révéler ce qu'elle ressentait :

Personne ne peut soutenir ce qui m'entre par les oreilles. Je n'oublierai plus jamais ce que j'ai entendu maintenant. Je dois essayer de décrire... Je sais que tu as entendu comme moi. Je regardais le plafond de notre petite maison. Je ne sais pas... Je crois qu'on ne peut pas décrire, mais je dois... Paulo, c'est un truc impressionnant.

Le mari contrôlait la « recherche » et s'occupait aussi de la bande sonore de l'enregistrement. L'ouverture était un titre du Journal National de la TV Globo, annonçant les chiffres élevés d'accidents de la circulation à Rio. Ensuite venaient la *Toccata et fugue*, de Bach, et la *Marche nuptiale*, de Wagner. Pour tranquilliser son cobaye, Paulo assurait que, dans l'éventualité d'un *bad trip*, un innocent verre de jus d'orange frais était un remède suffisant pour atténuer l'effet de l'acide lysergique.

Pourtant, si elles masquaient ses angoisses, les drogues ne suffisaient pas à les chasser. C'est durant l'un de ces creux profonds qu'un superhéros envahit sa chambre avec pour mission de le sauver. C'était le poids lourd Rocky Balboa, un personnage auquel donnait vie l'acteur Sylvester Stallone dans le film *Rocky*. Ce matin de mars 1977, en regardant au lit, avec Cissa, la remise des Oscars à la télévision, Paulo fut ému quand il vit *Rocky* remporter pas moins de trois statuettes – meilleur film, meilleur réalisateur et meilleur scénario original. Comme le boxeur, revenu du néant pour devenir un champion, il voulait lui aussi être un gagneur et il était décidé à aller chercher son prix. Et le seul qui pouvait l'intéresser était toujours le même, son vieux rêve de devenir un écrivain lu dans le monde entier. Déjà clairement défini dans sa tête, le premier pas sur le long chemin vers la gloire littéraire consistait à quitter le Brésil et à écrire ses livres à l'étranger. Le lendemain, il alla trouver Menescal dans la salle de gymnastique où son chef et ami s'entraînait à l'aïkido pour lui dire qu'il était sur le départ. Si cela avait dépendu de Paulo, la destination du couple aurait été Madrid, mais l'avis de Cissa finit par prévaloir et dans les premiers jours de mai 1977 ils débarquaient tous les deux à l'aéroport d'Heathrow, à Londres, la ville choisie pour berceau de sa première œuvre.

Quelques jours plus tard, ils étaient installés dans un studio loué dans un immeuble de trois étages au numéro sept de Palace Street, à mi-chemin entre la gare de Victoria et le palais de Buckingham, pour lequel ils payaient un loyer mensuel de 186 livres, l'équivalent de 340 dollars (2 500 reals de 2008). C'était un appartement étroit, mais bien situé et avec un élément superflu tentant : une baignoire. En arrivant dans la capitale britannique, le couple ouvrit un compte à l'agence du Banco do Brasil avec un dépôt de 5 000 dollars. L'argent n'était pas précisément un problème pour Paulo mais, outre qu'il était d'une savante parcimonie dans ses dépenses, il devait tenir compte d'une difficulté légale, qui établissait à 300 dollars la limite de remise mensuelle de valeurs pour les résidents hors du Brésil. Pour

Lune de miel en Angleterre : Paulo dans un pub londonien et Cissa dans le studio où ils vivent.

contourner l'exigence de la Banque centrale, en fin de mois, grands-parents, oncles et cousins étaient mobilisés à Rio pour envoyer chacun 300 dollars aux amis brésiliens de Paulo et de Cissa, résidant à Londres, qui ensuite repassaient les valeurs sur le compte du couple au Banco do Brasil. Grâce à ce stratagème, ils recevaient environ 1 500 dollars par mois sans aucune redevance.

En plus du revenu des loyers qu'il recevait du Brésil, Paulo tenait une chronique musicale dans la revue hebdomadaire *Amiga,* du défunt groupe Bloch. Cissa parvint à réaliser des travaux journalistiques pour un service brésilien de la BBC et elle publiait occasionnellement de petits reportages signés dans le *Jornal do Brasil.* Sans parler, bien sûr, de tout le service domestique, vu que la contribution de son mari dans ce domaine était nulle. Plus grave : outre qu'il ne partageait pas les tâches quotidiennes, il interdit l'entrée à la maison de nourriture surgelée et demanda poliment à son épouse d'acheter un livre de cuisine. Le problème devint la traduction des recettes du *Basic Cookery.* Ils perdaient tous les deux des heures à comprendre les textes afin qu'elle puisse les transformer en plats. Un menu hebdomadaire annonçant les repas de chaque jour fut solennellement intronisé en bonne place sur un mur de l'appartement. On y percevait que la viande était un mets qu'ils ne se permettaient qu'une fois par semaine, une déficience compensée par de fréquentes échappées dans la cuisine exotique des restaurants pakistanais et thaïlandais.

Jamais l'argent ne manqua et ce qu'ils recevaient était suffisant pour les dépenses – y compris, bien sûr, les cours de yoga, de photographie et de vampirisme qu'il fréquentait, les promenades, les petits voyages et le plaisir qu'offrait la vaste programmation culturelle londonienne. Ils étaient les premiers dans la queue quand était mis à l'affiche quelque chose qui avait été interdit par la censure au Brésil – comme le film *État de siège,* du Grec Costa-Gavras, qui dénonçait la dictature en Uruguay. Trois longs mois d'indolence sans faire absolument rien furent nécessaires pour que Paulo se rendît compte de l'état d'oisiveté dans lequel il se trouvait :

J'ai travaillé deux jours par semaine, au maximum. Cela signifie que, si l'on fait la moyenne, sur ces trois mois en Europe, j'ai travaillé moins d'un mois. Pour quelqu'un qui se propose de conquérir le monde, qui est venu plein de rêves et de désirs, deux jours de travail par semaine, c'est très peu.

Comme il n'y avait pas moyen de sortir le livre béni et tant espéré, Paulo tentait d'occuper son temps libre avec une activité productive. Ses penchants pour la photographie n'avaient pas résisté à la première épreuve, une tentative de réaliser un essai érotique domestique, pendant que Cissa dormait. « Aujourd'hui nous nous sommes réveillés tard, comme toujours. Cissa était nue et ça m'a donné une immense envie de prendre quelques photos d'elle pour les envoyer à un magazine. Pas pour l'argent, mais pour le plaisir. Nous l'avons fait, ce qui s'est fini par une bonne baise. » Si le cours de photographie ne présenta pas de résultats pratiques, celui de vampirisme l'encouragea à écrire le scénario d'un film intitulé *The Vampire of London*. Il fut envoyé par la poste à de grands producteurs, qui tous répondirent poliment, mais ne cachèrent pas que, à leur avis, les vampires n'attiraient pas les foules. L'un d'eux, particulièrement attentionné, s'offrit pour « examiner le film quand il sera terminé, et vous dire si à mon avis nous sommes ou non prêts à le distribuer ».

En juillet, Paulo et Cissa avaient compris qu'il ne serait pas facile de se faire des amis à Londres. Pour suppléer à cette carence, ils reçurent une visite rapide de ses parents à lui. L'échange de correspondance avec le Brésil s'intensifiait également, que ce fût sous forme de lettres ou, comme Paulo le préférait, de bandes enregistrées chaque fois qu'il

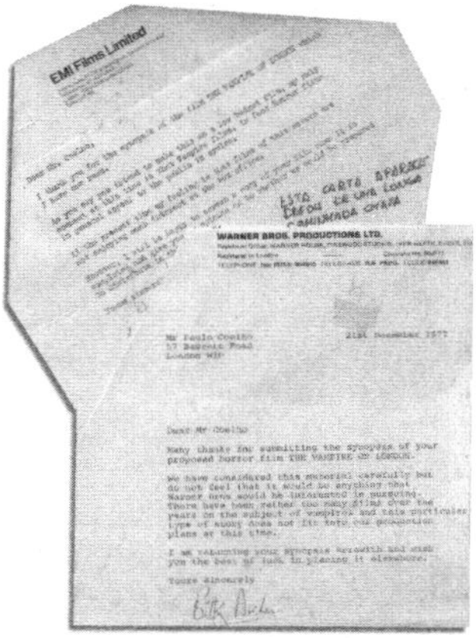
EMI Films Limited

WARNER BROS. PRODUCTIONS LTD.

Mr Paulo Coelho
57 Bassett Road
London

21st December 1977

Dear Mr Coelho

Many thanks for submitting the synopsis of your proposed horror film THE VAMPIRE OF LONDON.

We have considered this material carefully but do not feel that it would be anything that Warner Bros would be interested in pursuing. There have been rather too many films over the years on the subject of vampires and this particular type of story does not fit into our production plans at this time.

I am returning your synopsis herewith and wish you the best of luck in placing it elsewhere.

Yours sincerely

HAMMER

HAMMER FILM PRODUCTIONS LTD.

PINEWOOD STUDIOS, IVER, BUCKS. SLO ONH

Mr. Paulo Coelho,
2, Strangways Terrace,
Addison Road,
LONDON, W.14.

4th November, 1977

Dear Mr. Coelho,

Thank you for your letter of 28th October enclosing your script entitled "THE VAMPIRE OF LONDON".

We would advise, however, that our production schedule is fully committed for the next two years, and we are therefore unable to be of assistance to you.

We thank you for the consideration you have shown this Company, and wish you well in the future.

Yours sincerely,

HAMMER FILM PRODUCTIONS LIMITED

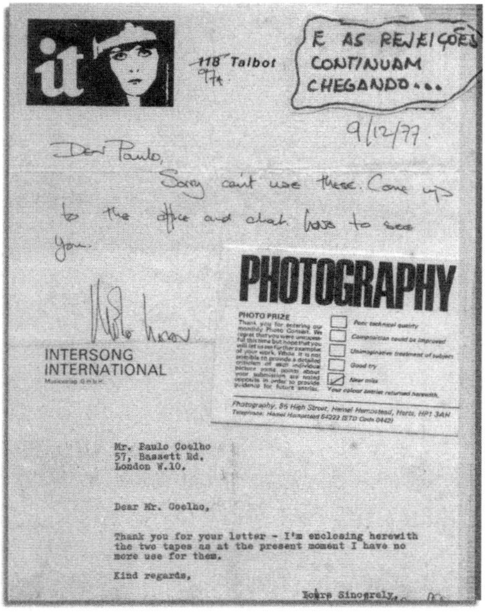
it

118 Talbot

E AS REJEIÇÕES CONTINUAM CHEGANDO...

9/12/77

Dear Paulo,

Sorry can't use these. Come up to the office and chat. Was to see you.

PHOTOGRAPHY

PHOTO PRIZE

Photography, 85 High Street, Hemel Hempstead, Herts. HP1 3AH

INTERSONG INTERNATIONAL

Mr. Paulo Coelho
57, Bassett Rd.
London W.10.

Dear Mr. Coelho,

Thank you for your letter - I'm enclosing herewith the two tapes as at the present moment I have no more use for them.

Kind regards,

Yours Sincerely,

Les éditeurs et les producteurs de cinéma répondirent « non » à tous les projets que proposait Paulo.

y avait un porteur. Des piles et des piles de cassettes s'accumulaient chez les parents et amis, surtout chez le plus chéri de tous, Roberto Menescal, par qui il apprit que Rita Lee avait un nouveau partenaire, et cela, ajouté au refus de producteurs et d'éditeurs, donne lieu à des pages de lamentations :

Ma partenaire a aussi rencontré son nouveau partenaire. J'ai été oublié beaucoup plus vite que je le pensais : trois mois. En trois mois j'ai cessé de représenter quoi que ce soit pour la vie culturelle de ce pays. Personne n'a écrit depuis plusieurs jours.

Qu'est-ce qui s'est passé ? Qu'est-ce qu'il y a derrière les mystères qui m'ont conduit jusqu'ici ? Et le rêve que j'ai fait ma vie entière ? Bon, maintenant je suis face à la réalisation de mon rêve, et je me sens comme si je n'y étais pas préparé.

Fin 1977, époque du renouvellement de leur contrat semestriel avec le propriétaire, ils décidèrent tous les deux de quitter l'appartement de Palace Street ; ils considéraient le loyer trop élevé, et ils avaient sans arrêt des problèmes avec le propriétaire. En plus, le jour de leur arrivée, le voisin gay de l'étage au-dessus avait été tué à coups de couteau, un crime qui, de l'avis de Paulo, avait laissé dans les lieux de très mauvaises énergies. Ils placèrent cinq lignes dans les annonces d'un journal londonien avec le texte suivant : « Jeune couple cherche appartement avec téléphone à partir du 15 novembre. » Quelques jours plus tard, ils étaient installés dans Bassett Road, à Notting Hill, le quartier où se trouve Portobello Road, avec son célèbre marché aux puces – où, trente ans plus tard, Paulo situerait le livre *La Sorcière de Portobello*. Ce n'était pas une adresse aussi chic que la précédente, dont elle était distante de quinze kilomètres, mais le couple habitait maintenant dans un appartement bien plus spacieux et moins cher.

Même s'il n'avait pas permis à Paulo de devenir scénariste pour le cinéma, le cours de vampirisme laisserait des traces dans sa vie. C'est là qu'il allait rencontrer une gracieuse masseuse japonaise de 24 ans, Keiko Saito, qui s'intéressait comme lui à ce sujet ténébreux. En plus de camarade du cours, Keiko devint sa compagne lors des distributions de tracts qu'ils faisaient dans les rues de Londres – un jour contre les exterminations en masse perpétrées par le « maréchal » Pol Pot, au Cambodge, l'autre pour recueillir des signatures en faveur de la légalisation de la marijuana en Grande-Bretagne. Il fit connaissance de la jeune fille, tomba sous son charme et bientôt s'engagea affectivement avec elle, dont la famille vivait à Tokyo, et qui trouvait son plaisir dans la démence londonienne des années 1970. À son habitude, et comme il continuerait de le faire avec toutes les femmes de sa vie, Paulo s'en ouvrit à Cissa :

« Je suis amoureux de Keiko et je veux savoir ce que tu en penses si je l'invite à venir vivre avec nous. »

La seule fois où il a traité publiquement de cet épisode – une interview avec le journaliste W.F. Padovani, alors au magazine *Playboy,* en octobre 1992 –, Paulo révèle que son épouse accepta de bon gré la proposition de bigamie :

Playboy – *C'est votre troisième mariage, avec Cecília Mac Dowell ?*

Paulo – *Celui-là, c'était à l'église.*

Playboy – *Vous étiez en tenue de marié et tout ?*

Paulo – *Oui, et Raul Seixas était le témoin. Alors, Cecília et moi nous sommes allés habiter à Londres, où nous avons vécu une expérience amoureuse à trois.*

Playboy – *Comment ça ?*

Paulo – *Je suis allé suivre un cours sur les vampires et je suis tombé amoureux d'une étudiante, une Japonaise appelée Keiko. Comme j'aimais aussi Cecília, j'ai décidé de vivre avec les deux.*

Playboy – *Elles étaient consentantes ?*
Paulo – *Oui, nous avons vécu un an ensemble.*
Playboy – *Et c'était comment au lit ?*
Paulo – *Je faisais l'amour avec les deux en même temps mais elles ne le faisaient pas entre elles.*
Playboy – *Elles n'étaient pas jalouses l'une de l'autre ?*
Paulo – *Non, jamais.*
Playboy – *Pas une fois vous n'avez eu envie d'en aimer une seule ?*
Paulo – *D'après ce que je me rappelle, non. C'était vraiment un amour à trois, d'une grande intensité.*
Playboy – *Cecília et Keiko ne faisaient pas l'amour, mais que ressentaient-elles exactement l'une pour l'autre ?*
Paulo – *Beaucoup de tendresse. Elles comprenaient parfaitement l'importance de mon amour pour elles et moi aussi je comprenais leur amour pour moi.*

Comme les dirigeants communistes chinois et soviétiques le faisaient avec les dissidents politiques sur les photos officielles, Paulo élimina de la scène décrite dans le magazine *Playboy* un personnage important de cette histoire, le jeune et chevelu producteur de musique brésilien connu sous le nom de Peninha, qui à l'époque vivait aussi à Londres. La maison avait une seule pièce, et un seul lit, et Cissa comprit qu'il proposait de vivre avec les deux femmes, comme un cheikh déluré. Paulo l'avait toujours considérée comme « une personne facile à vivre », mais après un an de vie commune il avait appris qu'il s'était marié avec une femme qui n'avalait pas les affronts. Surpris, il la vit réagir avec un naturel choquant, inimaginable pour une petite-bourgeoise au nom noble :

— J'accepte que Keiko vienne habiter ici, du moment que tu acceptes que Peninha, avec qui je suis aussi très engagée, vienne s'y installer.

Mis échec et mat, Paulo n'eut d'autre choix que d'accepter l'intégration du quatrième membre de ce qu'il appelait

Keiko et Paulo...

... Cissa et Peninha...

... La nouvelle famille réunie.

désormais la « famille élargie » ou « Assemblée générale de l'ONU », l'extravagante communauté conjugale dont Cissa, Keiko, Peninha et lui-même faisaient partie. L'arrivée à Londres d'un parent du couple d'origine obligeait Keiko et Peninha à disparaître pendant la présence du visiteur dans la ville – ce qui arriva, par exemple, quand Gail, sœur aînée de Cissa, passa une semaine hébergée dans l'appartement. Le premier et unique réveillon des Coelho en Angleterre serait fêté avec la famille élargie, lors d'un voyage en train de quelques jours à Édimbourg, en Écosse.

La fin de l'année était l'époque où Paulo baignait dans les interminables et frustrants calculs de ses conquêtes obtenues – et de ses défaites accumulées. Ce n'était pas encore cette fois qu'il poserait les mains sur l'Oscar imaginaire qui l'avait tellement poussé à quitter le Brésil en mars. Des mois avaient passé sans qu'il produisît une seule ligne du livre tant rêvé. C'était échec sur échec, ce qu'il n'avouait que dans la solitude à son journal :

Ç'a été une période de rejets. Tous les écrits que j'ai envoyés pour les divers concours où j'ai pu me présenter ont été rejetés. Aujourd'hui je viens de recevoir le résultat qui manquait. Toutes les femmes avec qui j'avais l'intention de sortir m'ont rejeté. Ce n'est pas une image. Quand je dis « toutes », je veux dire qu'il n'y a eu aucune exception.

[...] Déjà petit je rêvais d'être écrivain, d'aller à l'étranger créer mes œuvres et devenir mondialement célèbre. Il est clair que Londres a été ce pas que je rêvais de franchir depuis l'enfance. Il se trouve que les résultats n'ont pas été ceux que j'attendais. Ma première et plus grande déception, ç'a été moi-même. Six mois de totale inspiration autour de moi, et moi qui ne trouve pas la discipline suffisante pour écrire une ligne.

Pour l'extérieur, il tenait à apparaître comme le parolier à succès dont le hobby était d'écrire de Londres pour des magazines brésiliens. Mais le vieil ami Menescal, avec qui

Paulo correspondait fréquemment, commença à se demander si son pupille allait bien et pensa qu'il était temps de mettre fin aux vacances londoniennes. Bien que Paulo acceptât de rentrer au Brésil, il ne voulait pas le faire en vaincu. Si Philips lui proposait de rentrer pour y travailler, il embarquerait pour Rio de Janeiro le lendemain. Non seulement l'homme influent de la maison de disques se déplaça jusqu'à Londres pour lui faire la proposition, mais il emmena également avec lui Heleno Oliveira, un cadre haut placé de la multinationale. L'emploi ne se matérialiserait qu'en septembre 1978, mais Paulo avait besoin de la proposition, pas de l'emploi. La veille du départ, il rassembla les quelques écrits qu'il avait réussi à produire durant ces stériles mois londoniens, et il les mit dans une enveloppe, sur laquelle, après l'avoir cachetée, il écrivit son nom et son adresse. Ensuite, tandis qu'il buvait un whisky avec Menescal dans un modeste pub de Portobello Road, il « oublia » l'enveloppe sur le comptoir. Lors de sa dernière nuit dans la ville, il expliquait à son journal la raison de ce geste :

Tout ce que j'ai écrit cette année, je l'ai oublié dans ce bar. C'est ma dernière chance que quelqu'un me découvre et dise : génial, ce mec. Alors il y a mon nom, mon adresse. Si on le veut, on peut me trouver.

Ou bien le paquet se perdit, ou bien celui qui le trouva ne considéra pas son auteur comme un mec génial. Dûment escorté par l'ami et bienfaiteur, le couple retourna au Brésil en février 1978. Pendant le vol, tandis que Cissa éclatait en larmes, prévoyant peut-être l'aggravation de la situation qu'elle avait critiquée en septembre, Paulo faisait une synthèse de la période en quelques mots :

À Londres se sont effondrées mes chances de devenir un jour un écrivain mondialement célèbre.

Il s'agissait seulement d'une défaite de plus, jamais d'un désastre – comme le répéteraient plusieurs des personnages qu'il allait créer, des années plus tard. Sans le livre qu'il avait juré d'écrire, sans partenaires, sans emploi, avec peu d'amis, et sans la protection de l'anonymat qui à Londres lui permettait des relations conjugales hétérodoxes, il regagna avec Cissa l'appartement de la rue Barata-Ribeiro qui leur avait paru inadéquat avant même le voyage en Angleterre. Ils s'installèrent tant bien que mal et Paulo se mit à prédire des jours sombres pour le couple si la « flexibilité émotionnelle » qui prévalait à Londres ne s'étendait pas au Brésil :

La relation avec Cissa peut être durable s'il existe la même flexibilité émotionnelle qu'à Londres. Nous avons assez avancé pour qu'aucun recul ne soit acceptable. Mais d'une autre manière, il n'y aura aucune chance. Ce sera seulement une question de temps. Enfin, espérons que tout marche bien. Mais je crois que le retour au Brésil tend beaucoup plus à nous séparer qu'à nous garder unis, parce que ici nous sommes plus intransigeants quant à la fragilité de l'autre.

Quelques mois plus tard, ils déménageaient pour le pied-à-terre que Paulo avait incorporé à son petit patrimoine immobilier urbain. Acquis grâce aux royalties accumulées pendant son absence, c'était un confortable appartement de trois chambres dans la rue Senador-Euzébio, à Flamengo, situé à trois blocs du Cine Paissandu, trois de chez Eneida, son ex-fiancée, et à quelques mètres de là où habitait Raul Seixas. Ils décorèrent la moitié du mur du salon avec des photos et des objets du passage par Londres, qui finissaient par avoir une double signification : si d'un côté ils rappelaient au couple des moments heureux, d'un autre ils étaient, pour Paulo, le rappel permanent de son échec à écrire LE livre.

En mars, il prit ses fonctions de producteur artistique chez Philips et au long des mois suivants il reprit la routine de cadre phonographique. Comme il n'aimait pas se lever tôt, il n'était pas rare qu'il soit réveillé à 10 heures du matin par un coup de téléphone de la secrétaire l'avertissant que quelqu'un l'avait demandé. Il allait dans sa voiture personnelle, une modeste Ford Corcel, de chez lui à Barra da Tijuca, et il consacrait toute la journée à d'interminables réunions, beaucoup à l'extérieur, avec des artistes, des directeurs de la maison de disques et des journalistes liés au monde musical. Au bureau, il s'occupait de tout : entre des dizaines de coup de téléphone, il réglait des problèmes bureaucratiques, approuvait des couvertures, écrivait des lettres à des fans au nom d'artistes célèbres et décidait même de la couleur du foulard que devrait porter le chanteur Sidney Magal – que les médias accusaient d'être un « gitan d'éprouvette », un artiste fabriqué en laboratoire. Magal, en réalité, n'était pas un « produit maladif du cerveau de Paulo Coelho », comme alla jusqu'à l'affirmer *Pasquim,* mais une créature du producteur argentin Roberto Livi. À des degrés différents, des noms comme ceux de Rosana, Oswaldo Montenegro et Fábio Júnior, étaient parmi les talents découverts ou orientés par Paulo Coelho.

Le fait qu'il soit voisin de Raul Seixas ne contribua pas à rapprocher les partenaires. Bien qu'il ne parvînt toujours pas à expliquer aux journalistes si la Société Alternative était un oiseau ou un avion, le génial Bahianais persistait à prêcher les idées d'Aleister Crowley, avec tous les sortilèges par lesquels Paulo était passé et dont il ne voulait plus entendre parler. Éloigné de lui depuis l'énorme succès de *Há Dez Mil Anos Atrás,* Paulo suivait de loin la carrière du musicien, qui dans cette période avait lancé deux disques solo de rock et un troisième entièrement conçu avec son ami Cláudio Roberto Arezedo. À la fin de l'année, les deux « ennemis intimes » furent convaincus par WEA, la nouvelle maison de disques de Raul, d'entrer en studio pour tenter de ressusciter le duo qui avait enthousiasmé le Brésil. Ça ne marcha pas. Mis sur le marché début 1979, le 33 tours *Mata Virgem,* pour lequel Paulo écrivit cinq textes (« Judas », « As Profecias », « Tá na Hora », « Conserve su Medo » et « Magia de Amor ») n'arriva pas à atteindre un dixième des ventes d'albums comme *Gita* et *Há Dez Mil Anos*.

Roberto Menescal, venu à Londres pour convaincre Paulo de rentrer. Les vacances anglaises touchent à leur fin.

La célébrité qu'ils avaient connue tous les deux entre 1973 et 1975 était un vieux souvenir, mais Paulo avait intégré le « grand saut » que Raul lui avait enseigné – « faire de la musique et écrire en vingt lignes une histoire que l'auditeur puisse entendre dix fois sans en avoir marre » – et il ne dépendait plus de son partenaire. En plus des cinq textes pour *Mata Virgem,* au cours de l'année 1978 il composerait presque vingt chansons, en partenariat avec des gens qui marquèrent la musique populaire brésilienne de l'époque, comme Zé Rodrix, et même des artistes dont on n'aurait plus de nouvelles, comme « Miguel », « Mena » et « Pedro Paulo ». Devenu une espèce d'homme-orchestre du show-biz, il mit en scène et scénarisa des spectacles pour Rosana, Jorge Veiga, Alcione et Sidney Magal. Aussi, quand le réalisateur de comédies pornographiques Pedro Rovai décida de tourner le long-métrage *Amante Latino,* inspiré et joué par Magal, celui à qui il proposa d'écrire le scénario fut immanquablement Paulo Coelho.

Avec son fragile système émotionnel, souvent, quand le travail allait bien, le cœur allait clopin-clopant – et vice versa. Ce n'était pas différent cette fois. Le ciel serein dans lequel il volait professionnellement se couvrait de nuages quand il rentrait à la maison. L'amertume faisait place à des discussions de plus en plus fréquentes et agressives, et après venaient les interminables silences, qui pouvaient durer des jours. En février 1979, il avait décidé de se rendre seul en bateau en Patagonie. Lorsque, rentrant au Brésil, le transatlantique accosta à Buenos Aires, il appela Cissa pour lui proposer la séparation. Il est curieux qu'il lui ait échappé, soucieux des signes comme il l'était, que trois ans plus tôt, c'était également par téléphone, et de la capitale argentine, qu'il avait demandé Cissa en mariage.

La séparation eut lieu le 24 mars de cette année 1979, quand Cissa quitta l'appartement de Senador Euzébio, et elle fut confirmée légalement le 11 juin dans une juridiction civile située à cinquante mètres de l'église São José, où ils s'étaient mariés. L'audience faillit ne pas avoir lieu le jour fixé. D'abord, Cissa dut sortir à la dernière minute pour acheter une jupe, car le juge n'admettait pas le port du jean dans son tribunal. Ensuite, l'avocat oublia un document, ce qui les obligea à suborner un fonctionnaire de l'état civil et à recevoir le certificat de séparation judiciaire par la porte de derrière. Les contretemps surmontés, ex-mari et ex-femme allèrent déjeuner dans un restaurant comme des gens civilisés. Chacun enregistra différemment cette fin de mariage. Paulo le fit le jour même :

Je ne sais pas si elle est désespérée, ne serait-ce qu'un peu, mais elle a beaucoup pleuré. Pour moi, le parcours n'a pas été traumatisant du tout. Je suis sorti de là et je suis allé m'occuper de mes affaires dans d'autres bureaux, d'autres salles, d'autres mondes. J'ai bien dîné, j'ai dîné comme je n'avais pas dîné depuis longtemps, mais ça n'a aucun rapport avec la séparation. C'est simplement que la cuisinière a préparé une nourriture délicieuse.

Pour sa part, Cissa, qui s'était refusée à partager quoi que ce soit avec lui – pas même les biens acquis après le mariage, comme le lui garantissaient les lois brésiliennes –, avait résumé ses sentiments dans un billet d'un paragraphe écrit en anglais et envoyé par la poste à son ex-mari. En quelques mots, elle l'embrochait exactement là où il se considérait comme exceptionnel, au lit :

Un des principaux problèmes entre nous, à mon avis, était le lit. Je n'ai jamais compris pourquoi tu ne t'intéressais pas à moi au lit. J'aurais pu aller bien mieux si j'avais senti que tu te préoccupais de mon plaisir au lit. Mais tu ne t'en préoccupais pas. Tu ne t'en es jamais préoccupé. Alors j'ai commencé à me désintéresser de ton plaisir moi aussi.

Pour quelqu'un dont la stabilité émotionnelle dépendait tellement d'une relation affective solide, d'une femme qui l'aidât à affronter les tempêtes de l'âme, la fin du mariage était l'annonce assurée de plus de dépression, plus de mélancolie. Ce n'est pas qu'il manquât de femmes, au contraire, le problème était que désormais il s'était mis dans la tête qu'elles pompaient les énergies qu'il aurait dû destiner à sa carrière d'écrivain. « Je suis beaucoup sorti, j'ai beaucoup baisé, mais avec des femmes vampires », écrivit-il, « mais je ne veux plus rien savoir de tout ça. »

Celle qui apparemment fut sérieusement ébranlée par la séparation fut sa mère. Dans l'atmosphère des fêtes commémorant la résurrection du Christ, elle envoya à son fils une longue lettre dactylographiée sans interligne. Cela ne semblait pas écrit par « une idiote », ainsi que plus d'une fois il avait fait allusion à Lygia. Dans un portugais élégant, le document révélait aussi qu'il s'agissait d'une personne qui avait une familiarité peu commune chez les profanes avec le discours psychanalytique. Et elle insistait sur le fait que le responsable de la séparation, c'était lui, avec ses insécurités et son incapacité à reconnaître ce qu'il avait perdu :

Mon fils adoré,

Nous avons beaucoup en commun, y compris la facilité de nous exprimer à travers une lettre. C'est pourquoi, en ce dimanche de Pâques, je t'envoie ces lignes dans l'espoir de t'aider. Ou du moins de dire que je t'aime beaucoup, et que donc je souffre quand tu souffres, et que je me réjouis quand tu es heureux.

Comme tu peux l'imaginer, je ne cesse de penser à toi et à Cissa. Il n'est pas indispensable de répéter que c'est ton problème, et qu'il vaut mieux que je me calme. Je ne sais donc pas si je vais vraiment t'envoyer cette lettre.

Quand je dis que je te connais bien, je me fonde seulement sur mon intuition de mère, car une grande part de toi, malheureusement, s'est structurée loin de nous, donc beaucoup de choses en réalité m'échappent. Tu as été réprimé dans l'enfance, après tu as été étouffé dans tes propres engagements, et tu as fini par devoir rompre des relations intimes, briser des schémas, et recommencer à zéro. Même angoissé, craintif, peu sûr de toi, tu as réussi. Et comment ! Mais tu as aussi libéré tout un côté réprimé avec lequel je ne sais pas encore m'y prendre.

Je connais peu Cecília, mais elle me semble une femme pratique. Forte. Sans peurs. Intuitive. Simple. Cela a dû être un grand choc pour toi quand elle a commencé à te renvoyer ce qui venait de toi, et qu'elle avait retenu de façon névrotique comme si ça venait d'elle : ta dépendance, tes confusions, tes carences. Elle n'a pas accepté une charge supplémentaire, là l'équilibre du couple a été ébranlé ou s'est rompu. Je ne sais pas ce qu'a été le dialogue final, mais tu as pris cela pour un rejet, pour le désamour, et tu n'as pas pu le supporter. Il n'y a qu'une seule façon de résoudre le problème : le connaître. L'identifier. Tu m'as dit que tu ne savais pas perdre. On ne peut vivre pleinement sa vie que si l'on accepte de gagner et si l'on accepte de perdre.

Lygia

N.B. : Comme tu le vois, je reste une très mauvaise dactylographe. J'ai décidé d'affronter le lion… Voilà la lettre.

Fils bien aimé : à ma manière aujourd'hui j'ai beaucoup prié pour toi. Pour que Dieu fasse croître en toi la certitude qu'il t'appartient à toi de construire ta vie. Et pour qu'elle puisse toujours être ce qu'elle a été jusqu'à ce jour : pleine de réalisations conscientes et honnêtes et pleine de joies et de bonheurs.

Mille baisers.

L.

Comme lui-même se plaisait à l'écrire dans les premières pages de son journal, il n'y avait rien de nouveau sous le soleil. Et comme c'était arrivé tant de fois dans sa vie, le seul moyen de tenter de contrebalancer le chagrin d'un échec affectif était de chercher à réussir dans le travail. Aussi la proposition qu'il reçut en avril 1979 – il n'y avait pas un mois qu'il était séparé – sembla tombée du ciel : passer de son emploi chez Philips à la Gestion de Produit de sa principale concurrente, CBS. Avec la perspective d'être, en peu de temps, promu directeur artistique de la maison de disques américaine. Après un chapelet d'insuccès amoureux et professionnels – l'échec de l'album *Mata Virgem*, les fiançailles éclair avec Eneida, la stérilité littéraire de Londres, la fin du mariage... –, la proposition eut pour lui l'effet d'un baume, d'abord parce que le changement lui avait redonné une place dans les médias de Rio et de São Paulo, qu'il ne fréquentait plus depuis longtemps. Mais elle réveilla aussi un côté moche et méconnu de sa personnalité : l'arrogance. Comme une de ses tâches était de réorganiser le Département artistique, il commença à frapper aux portes. « C'est vrai, je suis arrivé là avec une arrogance inouïe », se souviendrait-il des années plus tard. « J'allais donner des ordres et j'envoyais les flagorneurs se faire voir, du pur autoritarisme ! » Soupçonnant qu'il pût y avoir détournement des ressources de la maison de disques, il se mit à refuser de signer les notes et factures sur lesquelles il avait un doute.

Sans savoir qu'il creusait sa propre tombe, il recruta, licencia, fit des coupes dans les dépenses et ferma des bureaux, attisant encore le feu dans un monde où brûlait déjà un bûcher d'égoïsmes et de vanités. Pendant ce temps, un réseau d'intrigues et de pièges était monté autour de lui par les nombreuses victimes de son opération de nettoyage. Un lundi, le 13 août 1979, au bout de deux mois et dix jours de travail, il arriva à la maison de disques en fin de matinée et, entre deux décapitations, il fut convoqué au bureau de l'Argentin Juan Truden, président de CBS au Brésil. Le patron l'attendait debout, sourire aux lèvres, la main tendue et une seule phrase à la bouche :

« Mon ami, vous êtes renvoyé. »

C'était tout. Même pas « bonjour », « portez-vous bien ». Le choc fut énorme, non seulement par la brusquerie du renvoi, mais parce qu'il savait que cela décrétait la fin de sa carrière dans l'industrie du disque. « J'ai été licencié au point maximum, le poste le plus élevé de la profession, et je ne pouvais pas reculer, redevenir ce que j'étais au début », se souviendrait Paulo des années plus tard, dans une déposition au Musée de l'image et du son (MIS) de Rio de Janeiro. « Il y avait seulement six maisons de disques au Brésil et les postes que j'aurais pu désirer étaient occupés. » Avant de faire ses valises, il rédigea encore une longue lettre pleine de ressentiment pour Truden, dans laquelle il disait que, en vertu de l'absence de structure de la compagnie, « les artistes de CBS jouissent en ce moment du déplaisir d'être les moins appréciés sur le marché brésilien ». Et il finissait sur un ton dramatique, s'appropriant l'expression qui est restée dans l'imaginaire populaire comme la marque de l'ex-président Jânio Quadros dans sa lettre de démission :

Et les mêmes forces occultes qui aujourd'hui sont responsables de ma démission un jour se retourneront avec la vérité. Parce qu'on ne peut pas boucher le soleil avec une passoire, M. Juan Truden.

Fêté par la phalange des adversaires qu'il avait accumulés comme directeur artistique, le renvoi (« pour incompétence », comme il l'apprendrait plus tard) lui apporterait encore des humiliations. Quelques jours plus tard, Paulo se trouverait dans une réunion mondaine avec Antônio Coelho Ribeiro, qui venait d'être nommé président de Philips, entreprise qu'il avait quittée pour tenter sa chance chez CBS. En le voyant, Ribeiro lança lourdement, devant un cercle d'artistes :

— Vous n'avez jamais été qu'un bluffeur.

Rien ne dit que Paulo l'ait manigancé dans un *terreiro* de macumba, mais dix mois plus tard, c'était à Antônio Ribeiro d'être licencié. Quand il apprit la nouvelle, il prit dans un tiroir un paquet-cadeau qu'il avait rangé peu après avoir été insulté en public. Il se rendit à l'appartement de l'ex-président et, quand celui-ci ouvrit la porte, Paulo s'empressa d'expliquer la raison de sa présence :

— Vous vous souvenez des mots que vous m'avez dits quand j'ai été viré ? Eh bien, maintenant, vous pouvez les répéter tous les jours en regardant de vos propres yeux.

Il sortit l'objet du paquet et le donna à Ribeiro. C'était un miroir sur lequel il avait fait peindre la phrase maudite, en lettres majuscules : « VOUS N'AVEZ JAMAIS ÉTÉ QU'UN BLUFFEUR. » L'effronterie renvoyée, il fit demi-tour, prit l'ascenseur et s'en alla.

Il était temps de soigner ses propres blessures. Marginalisé de force dans le monde du show-biz, son nom ne réapparaîtrait dans la presse qu'à la fin de l'année, quand le magazine *Fatos & Fotos* publia un reportage intitulé « Vampirologie – Une science qui a trouvé son maître au Brésil ». Le maître, c'était lui, qui maintenant se présentait comme spécialiste de la question et annonçait qu'il était en train d'écrire le scénario pour un long-métrage national sur les vampires qui, en réalité, ne fut jamais tourné. Le renvoi inattendu de CBS l'avait pris au dépourvu, alors qu'il venait de sortir d'un mariage dont les cicatrices étaient encore ouvertes, et qu'il avait du mal à supporter seul ce désastre. Échaudé par d'innombrables solitudes, son esprit errait entre délires de grandeur et sentiments de persécution, qu'il arrivait parfois à réunir, dans le journal, en une seule phrase, comme celle-ci :

Il paraît de plus en plus difficile d'atteindre mon grand idéal : être quelqu'un de célèbre et de respecté, être celui qui a écrit le Livre du Siècle, la Pensée du Millénaire, l'Histoire de l'Humanité.

Cela ne semblait être que la réitération de la vieille schizophrénie paranoïde, ou dépression maniaque, diagnostiquée par plusieurs médecins responsables de sa santé mentale, à commencer par le Dr Benjamin Gomes. Le problème était que l'heure approchait du traditionnel bilan de fin d'année, et lui, à 32 ans, n'avait pas réussi à réaliser son rêve. Parfois Paulo en venait à baisser la garde, à des moments où il paraissait se conformer à être un écrivain comme un autre. « De temps en temps je pense écrire un conte érotique, et je sais qu'il sera publié », nota-t-il dans le journal. « D'ailleurs, je peux tout de suite me consacrer à ce seul genre, qui se développe dans le pays avec la libération des revues pornographiques. Je peux signer avec un pseudonyme bien frappant. » Après les projets venaient les questions auxquelles il ne pouvait pas répondre. Mais pourquoi écrire des livres érotiques ? Pour gagner de l'argent ? Bon, c'était ce qu'il faisait et il n'était pas heureux. Pour ne pas avoir à assumer comme siens des problèmes qui n'appartenaient qu'à lui, il revenait à sa vieille rengaine : avant il n'écrivait pas parce qu'il était marié et que Cissa ne contribuait pas. Maintenant parce qu'il était seul et que la solitude l'empêchait d'écrire.

[...] Je garde toujours ces mêmes projets, qui ne sont pas encore morts en moi. Je peux les ressusciter quand je le voudrai, il suffit que je trouve la femme de ma vie. Et comme je voulais la rencontrer tout de suite...

[...] J'ai été très, très seul. Je ne peux pas être heureux sans une femme à côté de moi.

[...] Je suis fatigué de chercher. J'ai besoin de quelqu'un. Si j'avais une femme qui m'aime je supporterais bien.

Par toutes ces lamentations, Paulo semblait confirmer le refrain populaire selon lequel le pire aveugle est celui qui ne veut pas voir. Car la femme de sa vie circulait depuis plus de dix ans devant ses yeux sans avoir jamais mérité de sa part la gentillesse d'un sourire ou d'une poignée de main. Il est surprenant, d'ailleurs, qu'une jeune femme jolie comme elle – du genre mignon, cheveux noirs, regard doux et peau de porcelaine – soit passée aussi longtemps inaperçue à un coureur de jupons avéré. Christina Oiticica et lui s'étaient rencontrés en 1968, quand son oncle à elle, Marcos, demanda en mariage Sônia, sœur de Paulo.

Ainsi que l'avait exigé dona Lygia, toutes les femmes durent se présenter au dîner de fiançailles, servi à la française, en robes longues. Pour les hommes était requis le costume sombre – y compris pour Paulo, qui à l'époque arborait une vaste crinière noire et donna dans la fête la nette impression d'être bien défoncé. Les années suivantes, ils se croisèrent de nouveau plusieurs fois dans des réunions et des dîners de famille sans que jamais l'un attirât l'attention de l'autre. Peut-être parce que entre ces fêtes il y avait le mariage de Cissa et de Paulo – dont Christina était devenue parente par alliance en 1972, quand Sônia et Marcos s'étaient mariés. Quand sa sœur emmena Paulo au déjeuner de Noël de 1979 chez les parents de Christina, celle-ci était folle amoureuse de Vicente, un jeune millionnaire qui avait dans sa dot, entre autres luxes, un yacht monumental. Mais le destin avait décidé qu'elle serait la femme tant attendue pour toute la vie de Paulo. Une semaine plus tard, ils étaient ensemble pour toujours, comme dans les contes de fées.

20
Christina

Quand Christina et Paulo tombèrent amoureux l'un de l'autre, les Oiticica avaient contribué grâce à deux célébrités à l'histoire culturelle du Brésil : le philologue anarchiste José Oiticica (1882-1957) et son petit-fils Hélio Oiticica (1937-1980), un artiste plasticien révolutionnaire mondialement reconnu et l'un des inspirateurs du mouvement tropicaliste. Hélio était cousin du père de Christina, Cristiano Monteiro Oiticica, professeur d'anglais et traducteur très recherché par d'importants organismes comme la Banque interaméricaine de Développement (BID). Inscrite, à la fin du primaire, au traditionnel collège Bennet, d'orientation protestante, elle ne s'intéressait qu'aux histoires bibliques racontées dans les cours de religion. Dans les autres disciplines, elle échouait systématiquement et promptement, ce qui l'obligea à quitter le collège et errer d'école en école jusqu'à ce qu'elle renonce pour de bon comme l'avait fait Paulo. À 16 ans, elle obtint de ses parents son émancipation, nécessaire aux mineurs qui avaient l'intention de se présenter aux examens d'accès aux études supérieures – l'actuel *supletivo* –, une solution qui permettait de terminer, en moins d'un an, le *ginasial* et le *colegial*. Alors seulement elle retournerait au Benett, qui désormais avait aussi des cours supérieurs, pour étudier les arts plastiques et l'architecture. Et c'est comme architecte que Chris travaillait en cette fin de l'année 1979, quand Paulo se présenta chez ses parents pour le déjeuner de Noël.

Bien que chrétiens pratiquants, ses parents, Cristiano et Paula, avaient des positions exceptionnellement libérales. Si elle voulait aller au cours, elle y allait. Si elle préférait aller au cinéma, aucun problème. Et dès qu'elle devint adulte, elle se mit à amener ses petits amis dormir chez ses parents sans la moindre objection de leur part. Les heureux élus ne furent cependant pas très nombreux. Bien que très jolie, Chris n'était pas exactement le genre allumeuse. Elle avait fait sa première communion, elle avait un comportement réfléchi, elle aimait lire et passait des heures à écouter les chorales protestantes sur la place du Machado, à Rio, qui a une église à chacune de ses extrémités. Elle commença comme auditrice et peu après intégrait une de ces chorales amateurs. Une ou deux fois par semaine, elle se présentait à l'endroit fixé par le groupe, composé de gens très simples, et chantait pour les passants. Non pas qu'elle fût devenue béate, pas du tout. C'était une jeune fille moderne, qui voyait des films d'art et d'essai au Paissandu, achetait des vêtements chez Bibba, la boutique de mode d'Ipanema, et consommait des quantités astronomiques de whisky au Lama's, le bar préféré de la bande de *Pasquim*. Chris sortait religieusement tous les soirs et il n'était pas rare qu'elle rentre à la maison après le lever du jour en marchant de travers. « Ma drogue était l'alcool », avouerait-elle des années plus tard. « Tout simplement j'adorais l'alcool. »

En revoyant Paulo au déjeuner de Noël, Chris se rappela une des rares fois où ils s'étaient trouvés ensemble, en 1977, une rencontre qui faillit se terminer en tragédie. Quelques semaines avant qu'il parte avec Cissa s'installer à Londres, sa sœur Sônia les avait invités pour le baptême de sa deuxième fille, Ana Luísa. La cérémonie devait avoir lieu dans la petite ville de Baependi, dans le sud du Minas. Accompagnée de Mário, le violoniste de six ans plus jeune qu'elle avec qui elle sortait à l'époque, Chris, qui était la

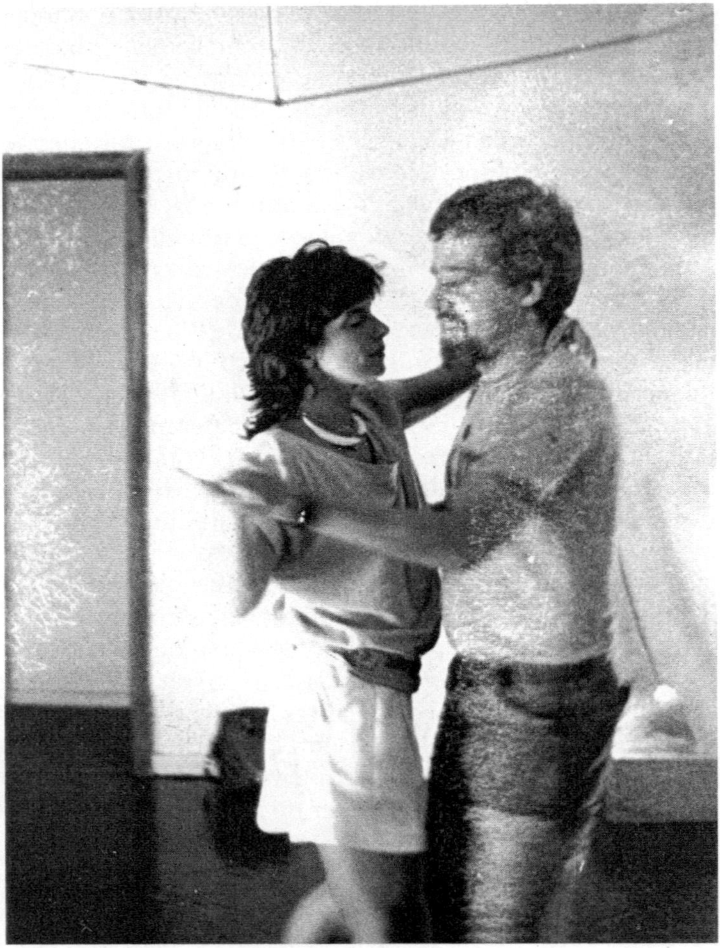

En janvier 1980, Paulo rencontre Christina Oiticica : commence alors une histoire d'amour qui résistera au tournant du siècle.

marraine de la première fille de Sônia, se présenta au baptême comme tante paternelle de la petite fille, accompagnée de plusieurs parents de la branche Medeiros Oiticica. Le voyage et le baptême constituaient l'accomplissement d'une promesse faite par Sônia à Nhá Chica, une béate pratiquant les miracles qui avait vécu au début du XXe siècle, et bâti une toute petite église à Baependi – et dont le procès en béatification serait ouvert par le Vatican au tournant du XXIe siècle. Bien des années plus tard, Paulo publierait un article dans le *Jornal do Brasil* relatant ce qui s'était passé dans la petite ville du sud du Minas :

J'étais dans cette église seulement pour accomplir un devoir social. Pendant que j'attendais l'heure du baptême, j'ai commencé à me promener dans les environs et j'ai fini par entrer dans l'humble maison de Nhá Chica, à côté de l'église. Il y avait seulement deux commodes et un petit autel avec quelques images de saints et un vase avec deux roses rouges et une blanche. Sur une impulsion, j'ai fait un vœu : si à cinquante ans j'étais déjà l'écrivain que je rêvais d'être, je reviendrais ici et j'apporterais pour Nhá Chica deux roses rouges et une blanche. En souvenir j'ai acheté un portrait de Nhá Chica et je l'ai mis dans ma poche.

Après la cérémonie, les proches fêtèrent le baptême par un déjeuner à l'hôtel où tous étaient descendus, et à cette occasion Paulo plaisanta avec Chris, la félicitant d'avoir trouvé un amoureux « beau et intelligent ». Elle avait été surprise d'apprendre que ce baba cool à tête de toxicomane était un chrétien capable de s'agenouiller devant un autel, de se signer et de prier pour une image. En fin d'après-midi, le groupe regagna les deux voitures et peu après ils retournaient à Rio par la voie Dutra. Paulo roulait devant, emmenant Cissa et une partie des invités dans la Ford Corcel que lui avait offerte son beau-père, suivi par son beau-frère Marcos, dans un autre véhicule, avec le reste des parents.

À la hauteur de Barra Mansa, un autocar qui avançait devant eux freina brusquement. Par une manœuvre instinctive, Paulo fit dévier la voiture en une fraction de seconde, de même que le beau-frère qui venait juste derrière. Un poids lourd entra en collision avec l'autocar si violemment qu'il explosa sur-le-champ. Et plusieurs véhicules qui n'avaient pas réussi à s'arrêter s'encastrèrent dans la boule de feu qu'étaient devenus le camion-citerne et l'autocar. Terrorisés, Paulo et le beau-frère se garèrent au bord de la route, pendant que des blessés et des cadavres en flammes étaient retirés de cette fournaise. En cherchant des cigarettes dans sa poche, il trouva le portrait de Nhá Chica qu'il avait pris dans la petite église quelques heures auparavant. Pour lui, il n'était pas douteux que son salut – et celui de ses proches – était un miracle silencieux de la béate.

La nuit tombait à Rio de Janeiro quand furent servis les derniers cafés du déjeuner de Noël chez les Oiticica. Ne quittant pas Chris des yeux depuis qu'elle était arrivée, Paulo recourut aux services du cousin Sérgio Weguelin, présent lui aussi, pour découvrir qu'elle n'avait aucun engagement ce soir-là – bien qu'elle eût un petit ami. Alors, à l'heure de la séparation, il ouvrit une brèche, mais pas directement. Il demanda à son cousin de l'inviter à aller voir avec eux au Cine Paissandu *Manhattan,* le dernier succès de Woody Allen. Surprise, elle ne sut que répondre. Quand elle reprit ses esprits, elle était au cinéma avec Paulo seul – pas au Paissandu, où il n'y avait plus de places, mais au Condor, assistant à une reprise du vieil *Airport*, sorti presque dix ans auparavant. Paulo parvint pendant les plus de deux heures de film à se comporter en vrai gentleman, n'essayant même pas de toucher les mains de Chris. Les yeux habitués à la pénombre du cinéma, ils tombèrent en sortant sur la féerique place du Machado qui ressemblait à Bombay, avec ses jongleurs, ses cartomanciennes, ses lecteurs de tarot, ses chiromanciennes, ses avaleurs de feu et, bien sûr, plusieurs chorales religieuses dispersées sous les grands arbres, chacun entonnant un hymne différent. Le couple se dirigea vers un faux Indien assis devant un panier en osier ; autour de son corps, visiblement peint à l'aniline, s'enroulait un répugnant et effrayant reptile de six mètres de long. C'était un énorme *sucuri*, un serpent non venimeux mais capable de tuer par asphyxie un bœuf, ou un être humain, de l'avaler sans mâcher et de passer des semaines à ruminer les restes de sa proie. Avec un mélange de peur et de dégoût pour cette bête, ils s'approchèrent tous les deux de l'Indien. De l'air naturel de quelqu'un qui demande l'heure, Paulo lança un défi à Chris :

— Si j'embrasse ce *sucuri* sur la bouche, tu me donnes un baiser, sur la bouche aussi ?

Elle n'en crut pas ses oreilles :

— Donner un baiser à ce monstre ? Tu es devenu fou ?

Comprenant qu'il parlait sérieusement, elle accepta le défi :

— C'est bien. Si tu embrasses le *sucuri*, je te donne un baiser.

À la surprise de tous les gens autour, il attrapa des deux mains l'énorme tête du serpent et lui appliqua de force un baiser. Devant des dizaines d'yeux écarquillés, il fit demi-tour, prit Chris dans ses bras et lui donna un long baiser de cinéma sur la bouche, salué par une salve d'applaudissements. Paulo avait gagné plus qu'un baiser. Quelques heures plus tard, ils dormaient ensemble dans l'appartement où il vivait, rue Senador-Euzébio.

Le dernier jour de l'année, il revint à la charge, non sans avoir d'abord consulté le Yi-king, et l'invita à passer avec lui le réveillon dans sa sixième propriété immobilière, une petite maison de vacances qu'il venait d'acquérir à Cabo Frio, une station balnéaire située à une demi-heure de l'Araruama de son enfance. Le petit chalet blanc de 50 m^2, fenêtres rouges et toit de chaume, était exactement semblable aux 74 autres de l'ensemble fermé Cabana Clube, une réalisation de l'architecte Renato Menescal, frère de son ami

Roberto. Sur la route, Paulo raconta à Christina que la nuit précédente il avait entendu en rêve une voix qui répétait plusieurs fois la même phrase : « ne passe pas la nuit du Nouvel An au cimetière ». Comme ni l'un ni l'autre ne parvenait à déchiffrer la signification de cet avertissement, et qu'ils n'avaient pas projeté de terminer l'année au milieu des sépultures, le sujet fut oublié. Peu après l'arrivée à Cabo Frio, ils sentirent tous les deux quelque chose de bizarre dans l'atmosphère de la maison, même s'ils ne pouvaient préciser quoi. Il ne s'agissait pas exactement d'une odeur ou d'un phénomène visible, mais de ce que Paulo avait coutume d'appeler une énergie négative. À la tombée de la nuit commencèrent des bruits dont l'origine ne pouvait être identifiée – cela ressemblait à une créature, humaine ou animale, cela traînait dans les pièces, mais il n'y avait personne d'autre qu'eux. Intrigués et effrayés, ils sortirent dîner. Au restaurant, quand ils expliquèrent au maître ces étranges phénomènes, ils reçurent une explication à faire se dresser les cheveux sur la tête :

— Vous êtes au Cabana Clube ? Il y avait là un cimetière d'Indiens. Quand ils ont creusé le sol pour faire les fondations de l'ensemble, ils sont tombés sur les ossements de centaines d'Indiens, mais ils ont construit les maisons tout de même, au-dessus. Tout le monde à Cabo Frio sait que ce lieu est malsain.

Bingo ! C'était cela, dans la tête de Paulo, l'avertissement que la voix lui avait donné tant de fois dans son rêve : ne pas passer la nuit du Nouvel An au cimetière. Il n'en fallait pas plus. Paulo et Chris dormirent dans un hôtel et ne regagnèrent la maison qu'en plein jour, et encore simplement pour prendre leurs vêtements. Quelques semaines plus tard, le chalet était vendu quatre mille dollars, la même somme qu'il avait coûté des mois auparavant. Le temps dirait que les fantômes n'avaient pas fait ombrage à leur relation. Après avoir rompu avec son petit ami, dans les premiers jours de l'année, Chris transféra de chez ses parents, au Jardim Botânico, à l'appartement de Senador-Euzébio ses vêtements, meubles et objets personnels – parmi lesquels se trouvait la planche à dessin sur laquelle elle gagnait sa vie comme architecte. C'était le début d'un mariage jamais formalisé mais qui passerait le siècle et serait toujours solide en entrant dans le troisième millénaire.

Le début de la vie commune, cependant, ne fut pas facile. Aussi préoccupée que Paulo de l'interprétation des signes quotidiens, en entrant pour la première fois dans l'appartement où ils vivraient ensemble, Chris n'apprécia pas du tout de trouver par hasard une biographie du comte Dracula ouverte sur un pupitre – l'appui utilisé pour soutenir la Bible pendant la messe. Non pas qu'elle eût des préjugés contre les vampires et les experts en vampirisme, elle aimait même voir des films sur le sujet, mais elle fut scandalisée par le fait que l'on utilisât un objet sacré comme un jeu – ce qui attirerait certainement, croyait-elle, les énergies négatives sur la maison. Cela lui fit si mauvaise impression qu'elle descendit dans la rue, et sur le premier téléphone public appela le pasteur baptiste qui la conseillait et lui raconta ce qu'elle avait vu. Ils prièrent ensemble, par téléphone, et avant de rentrer à la maison Chris trouva encore prudent de passer dans une église. Elle se tranquillisa quand Paulo expliqua, de façon didactique, que son intérêt pour la vampirologie n'avait absolument rien à voir avec le satanisme, l'OTO ou Aleister Crowley.

— Le mythe du vampire existe depuis cent ans avant le Christ. Et avec ces gens des ténèbres je n'ai plus de contacts depuis des années.

De fait, depuis 1974, il n'avait plus de contacts avec les adeptes de Satan de Marcelo Motta, mais il continuait à apparaître en public, ici et là, comme spécialiste de l'œuvre d'Aleister Crowley. À tel point que quelques mois plus tard il signerait un long essai sur le sorcier anglais dans la revue *Planeta* – un article illustré de dessins faits par Chris. Cette compatibilité de croyances, toutefois, n'empêcha pas le mariage de beaucoup vaciller, au début, et puis il se consolida sérieusement. Paulo se montrait capable de délicatesses particulières, comme l'emmener passer un week-end dans la suite présidentielle du Copacabana Palace, l'hôtel le plus luxueux et le plus traditionnel de Rio, mais il restait plongé dans les doutes : Chris était-elle vraiment la « compagne merveilleuse » qu'il attendait depuis tant d'années ? Même s'il voyait en elle une « fille en or », comme disait dona Lygia, il craignait qu'au fond ils ne soient ensemble pour le même motif inavouable, qu'il appelait « le désir paranoïaque d'échapper à la solitude ». En même temps qu'il disait avoir très peur de tomber amoureux d'elle, il avait des sueurs froides à la seule idée de la perdre.

Nous avons eu notre première discussion sérieuse il y a quelques jours, quand elle a refusé d'aller à Araruama avec moi. J'ai eu soudainement peur en sentant que Chris pouvait facilement m'échapper. J'ai tout fait pour l'avoir près de moi, et en ce moment je l'ai près de moi. Elle me plaît, elle m'apporte la paix, la tranquillité, et je sens que nous pouvons construire certaines choses ensemble.

Ces allées et venues du début de leur vie commune n'empêchèrent pas qu'ils se marient officieusement. Le 22 juillet 1980, un dimanche gris, ils consacrèrent leur union par un déjeuner offert aux parents, aux proches et à quelques amis dans l'appartement où ils vivaient. Christina se chargea de la décoration, dans le style hippie, et sur chaque invitation elle écrivit un psaume ou un proverbe illustré par un de ses dessins. Le seul invité à ne pas se présenter fut le pasteur baptiste qu'elle avait appelé le jour où elle avait vu le livre de Dracula reposant sur le porte-Bible.

L'intérêt éclectique de Chris pour la religion semble avoir aidé la relation du couple. Quand ils se rencontrèrent, elle

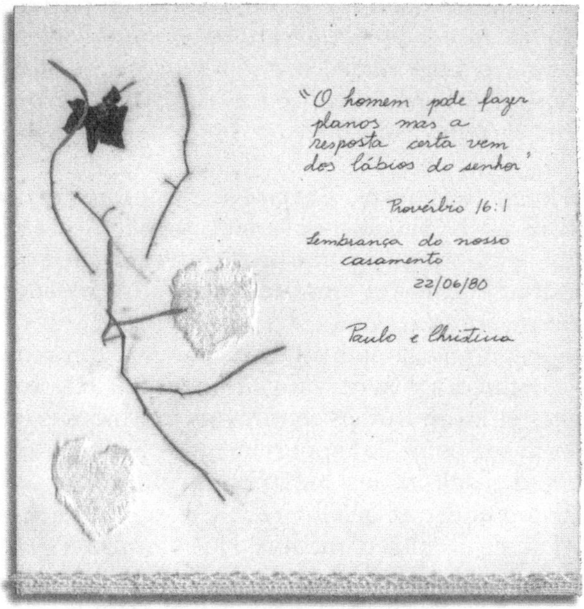

En juin 1980, Chris illustre un psaume pour le transformer en faire-part de mariage.

était déjà spécialiste du tarot, un sujet sur lequel elle avait lu beaucoup de livres, et, même sans l'obsession de Paulo, elle consultait fréquemment le Yi-king, dont elle savait aussi interpréter les prédictions. Quand Paulo lut *Le Livre des médiums,* d'Alan Kardec, le couple décida de tester sa propre médiumnité. De même que Cissa avait été son cobaye dans l'expérience avec le LSD, Paulo essayait maintenant de mener Chris à écrire sous la dictée des esprits les messages de l'Ailleurs. À la fin, la « recherche » révélerait de nouvelles découvertes et, avec elles, de nouvelles peurs :

J'ai réalisé quelques expériences. Nous avons commencé la semaine passée, date à laquelle j'ai acheté le livre. Chris a servi de médium, et on a réussi quelques communications élémentaires. Je suis profondément en conflit. Ma conception des choses a changé radicalement depuis que je suis arrivé scientifiquement à la conclusion que les esprits existent. Ils existent et ils nous entourent.

Bien longtemps après, Chris assurerait que l'expérience était parvenue à fonctionner sérieusement.

— J'ai la certitude qu'une table a vraiment bougé, se souviendrait-elle, et j'ai aussi réussi à écrire sous la dictée des esprits certains textes.

Le soupçon qu'elle pourrait avoir des pouvoirs médiumniques augmenta à partir du moment où elle fut prise d'étranges et inexplicables sentiments morbides en entrant dans la salle de bains de l'appartement de Senador-Euzébio. C'étaient des sensations bizarres, qu'elle-même avait du mal à comprendre et qu'elle n'avait jamais révélées à personne. Toutefois, plus d'une fois, l'idée lui passa par la tête d'ouvrir le régulateur du gaz de la douche, de boucher les sorties d'air et de se tuer. En fin d'après-midi un lundi 13 octobre, elle quitta la planche sur laquelle elle dessinait et entra dans la salle de bains. Cette fois, le désir suicidaire paraissait incontrôlable. Vaincue, elle décida de mettre fin à ses jours, mais craignant que la mort par asphyxie ne soit très lente et douloureuse, elle préféra recourir à des médicaments. Sereinement, elle prit un taxi jusque chez ses parents, au Jardim Botânico, où elle savait qu'il y avait des flacons d'anxiolytiques consommés régulièrement par sa mère – du Somalium, dans son souvenir, ou du Valium, selon la version de Paulo. Quel que fût le nom du médicament, ce qui est certain, c'est qu'elle vida l'emballage entier dans sa bouche, écrivit un petit billet pour son mari et tomba à la renverse sur le lit.

Quand il rentra à la maison et ne la trouva pas, Paulo se rendit à l'appartement de ses parents à elle, où tous les deux avaient l'habitude de dîner, et il trouva Christina évanouie sur le lit et à côté d'elle, en plus du billet, un emballage de médicaments vide. Avec l'aide de sa belle-mère, qui venait d'arriver, il parvint à la dégager jusqu'à l'ascenseur – non sans l'avoir avant obligée à s'enfoncer le doigt dans la gorge et à vomir ce qu'elle pouvait. Dans la rue, ils arrêtèrent le premier taxi qui passait et partirent pour la clinique São Bernardo, à Gávea, où les médecins soumirent Chris à un lavage d'estomac d'urgence. Rétablie, quelques heures plus tard, elle sortirait et rentrerait chez son mari. Pendant que Chris s'endormait dans la chambre du couple, il retourna la question qui le tourmentait : quelle était l'origine des mystérieuses émanations de la salle de bains qui provoquaient des sentiments tellement morbides chez sa femme ? La question lui martelant la tête, il descendit à l'entrée de l'immeuble et raconta au concierge ce qui était arrivé à Chris, lui demandant son aide pour déchiffrer le mystère. Le fonctionnaire croyait avoir la réponse sur le bout de la langue :

— Le dernier occupant de cet appartement, avant vous, était un commandant d'aviation de Panair qui s'est suicidé dans la salle de bains en ouvrant le régulateur de gaz.

Quand il revint à la maison et raconta l'histoire à sa femme, elle n'y réfléchit pas à deux fois : elle se leva dans une disposition inimaginable pour quelqu'un qui quelques heures avant était hospitalisée, rassembla quelques vêtements de rechange du couple, ramassa peignes, brosses à dents et objets personnels, jeta tout dans une valise et annonça :

— Allons chez ma mère. Je ne mets plus jamais les pieds dans cet appartement.

Elle ne fut pas la seule. Ni l'un ni l'autre n'y retournèrent plus jamais, même pour faire le déménagement. Ils furent hébergés un peu plus d'un mois chez Paula et Cristiano, les parents de Chris – un temps suffisant pour que les travaux soient terminés et qu'ils puissent s'installer dans le septième bien immobilier acheté par Paulo. C'était un appartement au rez-de-chaussée, avec un beau et agréable jardin et une caractéristique impayable : il se trouvait dans l'immeuble où vivaient Lygia et Pedro Queima Coelho. Plus de sécurité émotionnelle par le simple fait d'habiter dans la maison des parents.

Bien que les règles imposées par Chris aient toujours prévalu en ce qui concerne les extravagances sexuelles de son mari, ce couple n'était décidément pas comme tous les autres. Un jour, par exemple, Paulo proposa qu'ils se soumettent tous les deux à une expérience aux relents moyenâgeux à laquelle il donnait le nom pompeux d'« épreuve réciproque de résistance à la douleur ». Chris accepta, même en sachant de quoi il s'agissait : ils se mirent nus tous les deux et, avec une fine baguette de bambou d'un mètre de long, commencèrent à se fouetter. Chacun son tour, avec une force toujours croissante, ils portaient un coup de fouet sur le dos l'un de l'autre, jusqu'à ce qu'ils découvrent leurs limites envers la souffrance physique – ce qui arriva seulement quand apparurent des filets de sang sur leur peau balafrée.

En vérité, même par des voies aussi singulières, le mariage se normalisait peu à peu. Les deux premières années se passèrent sans que rien d'exceptionnel bouleverse ou altère la vie commune du couple. Stimulée par son mari, Chris se remit à peindre, une activité qu'elle avait abandonnée quatre ans auparavant, et lui commença à diriger ce qu'on appelait les « spéciales » de la Rede Globo de Televisão. Non pas qu'ils eussent besoin d'argent pour vivre. En plus des 41 chansons qu'il avait composées avec Raul Seixas, au cours des dernières années Paulo avait écrit plus de 100 textes – originaux ou versions de succès étrangers – pour des dizaines de partenaires, en majorité anonymes et inconnus du grand public. Cela signifiait que les robinets de droits d'auteur ne cessaient d'alimenter son compte bancaire. Moins pour l'argent que par crainte que l'oisiveté ne le menât à la dépression et à la souffrance, il essayait de ne pas rester sans rien faire. En plus des spéciales pour la TV Globo – *Chico Xavier, Erasmo Carlos, Globo de Oro* et *Cem Anos de Espetáculos* –, il donnait des conférences et participait à des tables rondes sur la musique et, parfois, sur le vampirisme. Mais le remède se révélait souvent inutile, car s'il était en pleine activité, de temps en temps son âme était de nouveau tourmentée. Dans ce cas, comme lors d'une crise à la fin de 1981, le déversoir de ses angoisses restait le journal :

Ces deux jours, j'ai manqué à deux engagements, sous prétexte d'une extraction dentaire. Je suis complètement désorienté, je ne sais pas quoi faire. Je ne peux même pas écrire un petit communiqué de presse qui rapporterait un minimum d'argent. C'est la situation en moi. Je n'arrive même pas à écrire ces pages et l'année, que j'espérais meilleure que la précédente, a eu pour résultat ce que j'ai noté plus haut. Ah oui ! Il y a quelques jours que je n'ai pas pris de bain.

La crise semblait avoir frappé si fort qu'elle avait modifié son comportement même à l'égard de quelque chose qui lui avait toujours été très cher, l'argent :

Plus rien ne me touche, y compris une des choses que j'aime beaucoup, l'argent. Imagine, je ne sais même pas combien j'ai à la banque, une chose que j'ai toujours sue et dans les moindres détails. Plus rien ne m'intéresse, le sexe, écrire, aller au cinéma, lire. Même les plantes que pendant si longtemps j'ai cultivées avec beaucoup de tendresse et qui maintenant pourrissent, arrosées sporadiquement.

S'il ne parvenait plus à s'intéresser à l'argent ou même au sexe, la situation était grave et méritait que soit actionnée l'alerte rouge pour de tels cas – Paulo allait de nouveau fréquenter le cabinet du Dr Benjamin, pour des séances plus espacées, une fois par semaine. Dans ces circonstances, il répétait souvent à Chris la même question : « Est-ce que je suis sur le bon chemin ? » Et ce fut ainsi, à la fin de l'année 1981, qu'elle fit une suggestion qui allait toucher une corde sensible de son âme nomade : pourquoi ne laissaient-ils pas tout tomber et ne partaient-ils pas pour un voyage de par le monde sans destination et sans date de retour ? Son instinct lui assurait que c'était le bon chemin. « Quelque chose me disait que tout marcherait bien », se souviendrait Chris des années plus tard.

— Paulo a fini par se fier à mon intuition et il a tout balancé.

Décidé à « chercher le sens de la vie » où qu'il se trouvât, Paulo demanda un congé non rémunéré à la TV Globo, acheta deux billets d'avion pour Madrid – les moins chers qu'il trouva – et promit que lui et Chris reviendraient au Brésil seulement quand serait épuisé le dernier centime des dix-sept mille dollars qu'il emportait.

Contrairement à tous les voyages antérieurs de Paulo, l'excursion qui allait durer huit mois fut finalement réalisée sans aucune préparation préalable. Bien qu'il eût emporté des ressources plus que suffisantes pour un voyage confortable et sans restrictions, Paulo n'était pas homme à gaspiller l'argent. Il choisit Iberia, la compagnie aérienne qui offrait le billet le moins cher et faisait encore cadeau d'une nuit d'hôtel à Madrid. D'Espagne, ils continuèrent au début de décembre 1981 vers Londres, où ils louèrent le véhicule disponible le moins cher, une minuscule 2 CV Citroën. Dans la capitale britannique, ils établirent aussi la première règle du voyage : ni l'un ni l'autre ne devrait porter plus de six kilos de bagages. Cela signifiait sacrifier la lourde machine à écrire Olivetti que Paulo avait emportée et qui de Londres fut réexpédiée au Brésil par voie maritime. Pendant la messe dans une église près de l'hôtel, le deuxième dimanche dans la capitale britannique, ils entendirent le prêtre raconter, dans son sermon, qu'un coup d'État venait d'avoir lieu en Pologne. Le ministre de la Défense, le général Wojciech Jaruzelski, avait pris le pouvoir, fermé le syndicat indépendant Solidarité et fait arrêter son principal dirigeant, Lech Walesa – qui, neuf ans plus tard, avec l'énorme retournement qui s'était produit dans le bloc communiste après la chute du mur de Berlin, serait élu président de la République.

Après avoir parcouru des milliers de kilomètres en 2CV Citroën, Paulo exhibe fièrement une Mercedes-Benz flambant neuve.

Pendant qu'ils réfléchissaient sur la direction à prendre, Paulo et Chris restèrent à Londres jusqu'à la mi-janvier 1982, où ils prirent la route, déterminés à connaître deux endroits : la ville de Prague, où il avait l'intention de faire une promesse à l'Enfant Jésus, et Bucarest, capitale de la Roumanie, pays où était né, cinq cent cinquante ans auparavant, le gentilhomme Vlad Tepes, un personnage qui allait inspirer l'écrivain irlandais Bram Stoker, qui créa en 1897 le plus célèbre de tous les vampires, le comte Dracula. Vaste programme pour quelqu'un qui frayait avec la vampirologie. L'après-midi du 19 janvier, un mardi, ils arrivèrent tous les deux transis de froid à Vienne, après une journée ou presque de voyage pour parcourir les mille cinq cents kilomètres qui séparent Londres de la capitale autrichienne. Pas très étanche, la modeste 2 CV n'avait pas de système de chauffage intérieur, ce qui les obligeait à voyager enveloppés dans des couvertures en laine pour supporter les basses températures de l'hiver. L'arrêt à Vienne était nécessaire pour qu'ils obtiennent un visa d'entrée en Hongrie, pays qu'ils devraient traverser pour arriver en Roumanie. Le problème résolu, ils s'adressèrent à l'ambassade du Brésil, où Chris devait résoudre un petit problème bureaucratique. Tandis qu'elle montait à l'étage de l'immeuble où fonctionnait la légation brésilienne, Paulo resta devant la porte, à fumer et marcher sur le trottoir. Soudain, explosant comme une bombe, une gigantesque plaque de glace de plusieurs mètres se détacha du toit de l'édifice, cinq étages plus haut, et s'écrasa dans la rue, fendant en plein milieu la carrosserie d'une voiture garée à quelques centimètres de l'endroit où se trouvait Paulo. À deux doigts de distance, il serait mort. Le second choc eut lieu quelques minutes plus tard, quand Chris vint lui annoncer qu'Elis Regina était morte au Brésil. Le choc ne venait pas seulement de la nouvelle de la mort de celle qui était considérée comme la plus grande chanteuse brésilienne et une amie chère, mais avait une raison particulière. Elis avait été l'interprète de la chanson avec laquelle Paulo mettait fin à sa carrière de compositeur – la version en portugais du boléro « Me Deixas Louca », dont l'auteur était le Mexicain Armando Manzanero.

Après la nuit passée à Budapest, ils prirent la direction de la capitale de l'ancienne Yougoslavie, où ils avaient décidé de rester trois jours. Non pas que Belgrade présentât un attrait particulier, mais il n'avait pas le courage de s'embarquer de nouveau dans la Citroën gelée qui, pour cause de froid et d'inconfort, menaçait de rendre le voyage impossible. La voiture devint un tel problème qu'à Belgrade ils décidèrent de la rapporter à l'agence de location. Aidés par le gérant de l'hôtel, ils découvrirent une aubaine : l'ambassade de l'Inde vendait une Mercedes-Benz bleu clair avec neuf ans d'utilisation, mais en bon état, pour la bagatelle de 1 000 dollars (2 200 dollars de 2008, ou 4 000 reals). Bien qu'ayant beaucoup roulé, le véhicule avait un moteur d'une puissance de 110 chevaux (« deux fois plus que la Chevette brésilienne », raconta Paulo à son père, dans une lettre) et était équipé d'un système de chauffage intérieur efficace. L'affaire conclue, ce serait la dernière grosse dépense du voyage. Pour le reste – hôtels, restaurants et lieux à visiter –, ils avaient pour guide le célèbre *Europe on 20 dollars a Day [L'Europe pour 20 dollars par jour]*, bien plus sophistiqué que la bible des hippies, *Europe on 5 dollars a Day*. Vraiment, en 1982, il était possible de manger et de dormir dans n'importe quel pays d'Europe pour cinq modestes dollars par jour (équivalent de neuf reals de 2008).

Maintenant qu'ils étaient à bord d'une vraie voiture, la distance de près de cinq cents kilomètres entre Belgrade et Bucarest, destination suivante du couple, aurait pu être parcourue d'une seule traite. Mais c'est précisément pour cela – parce qu'ils voyageaient dans une voiture rapide et confortable – qu'ils préférèrent faire un crochet. Après avoir traversé la Hongrie et un bout de l'Autriche, au terme de mille et quelques kilomètres, ils arrivèrent à Prague, où Paulo ferait à l'Enfant Jésus la promesse qui serait tenue presque vingt-cinq ans plus tard. Alors seulement ils redescendirent vers la Roumanie, ce qui signifiait parcourir plus de mille cinq cents kilomètres. Pour qui n'était pas pressé et n'avait pas de souci d'argent, c'était très bien. Pour une mystérieuse raison, le passage par le pays du comte Dracula ne semble avoir éveillé aucun intérêt particulier chez le vampirologue Paulo Coelho. Dans l'indéfectible journal, la seule référence à ce tronçon du voyage concerne son étonnement devant les eaux noires de la Dambovita, qui traverse Bucarest. Dans ce va-et-vient à travers l'Europe centrale, le hasard se chargea de leur inventer une destination : quelques semaines seulement après avoir acheté la Mercedes, Paulo découvrit que la voiture était originaire de l'ancienne République fédérale d'Allemagne (RFA, ou simplement Allemagne de l'Ouest) et que le changement de propriétaire devait être enregistré au service de la circulation de Bonn, alors capitale de la RFA. Aller de Bucarest à Bonn signifiait traverser l'Europe de bout en bout dans un trajet de presque deux mille kilomètres – une distance qui maintenant ne les effrayait pas du tout.

Deux jours après avoir quitté la capitale de la Roumanie, la Mercedes bleue passait la frontière pour entrer en Allemagne de l'Ouest. De Bucarest à Munich, la première ville allemande par laquelle ils étaient passés, le compteur de la voiture avait enregistré 1 193 kilomètres. Tout était recouvert de neige, il était presque midi et comme aucun des voyageurs n'avait faim, au lieu de déjeuner par là, ils décidèrent de ne s'arrêter qu'à Stuttgart, près de deux cents kilomètres plus loin. Quelques minutes après avoir dépassé Munich, la capitale de la Bavière, Paulo s'écarta de la route et s'engagea dans une allée d'arbres desséchés avec une plaque indicative en allemand : *Dachau Konzentrationslager.*

Connaître de près ce qui est resté du tristement célèbre camp de concentration nazi de Dachau était un vieux projet de Paulo – petit déjà il se passionnait pour les livres et les histoires de la Seconde Guerre mondiale –, mais il n'imaginait pas que cette visite de quelques heures allait changer radicalement sa vie et son destin.

21

Première rencontre avec Jean

Même s'il ne publierait son premier vrai livre qu'en 1987, l'écrivain Paulo Coelho naquit le 23 février 1982 à l'âge de 35 ans, dans le camp de concentration de Dachau, en Allemagne. Cinq jours avant, il avait fait une expérience étrange dans la capitale tchèque. Peu après qu'il eut fait sa promesse à l'Enfant Jésus de Prague, il était sorti avec Chris pour une promenade dans la ville qui, comme presque toute l'Europe centrale, était couverte de neige et plongée dans un froid de plusieurs degrés au-dessous de zéro. Ils traversèrent la Vltava par l'imposant Karlův Most – le pont Charles, une œuvre d'art du XIVe siècle de cinq cents mètres de long, ornée des deux côtés par trente sculptures noires représentant des saints, des héros et des personnages bibliques. Une des extrémités du pont s'enfonce dans la Vieille Ville. L'autre débouche dans la rue des Alchimistes où, murmure la légende, est située la porte d'entrée de l'Enfer – par laquelle, naturellement, Paulo n'hésita pas à passer. L'objet de son intérêt était un cachot médiéval qui quelques années plus tôt avait été ouvert au public. Pour parvenir à entrer, Chris et lui durent attendre que quitte les lieux un énorme groupe de recrues soviétiques qui semblaient se trouver là en touristes. Quelques minutes après qu'il eut franchi les portes de la sombre prison souterraine et marché entre les cellules, Paulo eut l'impression qu'étaient exhumés les fantômes dont il se croyait libéré – les électrochocs de la Maison de Santé Dr Eiras, l'épisode qu'il considéra comme sa rencontre avec le Démon, l'arrestation par le DOPS, la séquestration, l'acte de lâcheté envers Gisa. D'une heure à l'autre, tous ces événements semblaient resurgir d'une façon incontrôlable, comme s'ils venaient de se produire. Il commença à pleurer d'une façon convulsive et c'est dans cet état qu'il fut retiré de là par Chris. Ce lieu ténébreux avait réveillé des souvenirs qui menaçaient de le pousser dans une crise dépressive aux proportions alarmantes, vu qu'il se trouvait à des milliers de kilomètres de la sécurité des parents, du cabinet du Dr Benjamin ou de l'épaule amicale de Roberto Menescal.

Cette fois, les origines de ses tourments n'étaient pas métaphysiques, mais très concrètes et visibles dans les pages des journaux et dans les informations télévisées : les dictatures, l'oppression exercée par les États sur les personnes, les guerres, les enlèvements et les arrestations clandestines, comme celles dont il avait été victime et qui se multipliaient sur la planète. Sur le siège arrière de la voiture, il emportait un exemplaire du magazine américain *Times,* acheté à Belgrade (la Yougoslavie d'alors était un des rares pays du bloc soviétique dans lequel circulaient librement des publications occidentales), dont le titre de couverture était « L'agonie de l'Amérique centrale », un long reportage sur la guerre civile qui ferait périr presque 80 000 vies dans le tout petit Salvador. Quelques semaines auparavant, la une du même magazine avait été consacrée au général Jaruzelski, auteur du coup d'État en Pologne. Au Chili, la féroce dictature du général Pinochet était sur le point d'avoir dix ans et restait forte comme jamais. Au Brésil, le projet des militaires semblait s'être épuisé, mais il n'y avait pas encore de garanties que la démocratie soit à portée de vue. Il n'y aurait pu avoir de pire état d'esprit pour parcourir ce qui était resté d'un camp de concentration nazi, mais c'était celui dans lequel se trouvait Paulo quand il arrêta la Mercedes au parking des visiteurs de Dachau.

Premier camp construit par le Troisième Reich et pris comme modèle pour les 56 autres éparpillés par les nazis dans dix pays d'Europe, Dachau fonctionna de 1941 à avril 1945, quand ses portes furent ouvertes par les troupes alliées. Bien qu'il eût été prévu pour recevoir 6 000 personnes, le jour de la libération il y avait là plus de 30 000 prisonniers. Dans cette courte et tragique période, environ 200 000 personnes de seize nationalités passèrent par là. Bien que majoritairement juifs, il y avait aussi parmi eux des communistes, des socialistes et autres opposants au nazisme, comme des Tziganes et des témoins de Jéhovah. Pour des raisons restées inconnues, la chambre à gaz installée à Dachau ne fut jamais activée, ce qui signifiait que les prisonniers condamnés à mort devaient être transportés en bus jusqu'au château de Hartheim, à mi-chemin entre le camp et la ville de Linz, en Autriche, transformé en centre d'exécution en masse. Sur le trajet vers Hartheim, les bus transportant des personnes à qui il ne restait que quelques heures à vivre étaient obligés de traverser deux petites villes sur la rive gauche de l'Inn, séparées l'une de l'autre de moins de vingt kilomètres, et qui deviendraient célèbres pour avoir vu naître deux personnages qui entreraient dans l'histoire par deux portes différentes : à Braunau était né Adolf Hitler en 1889, et dans la voisine Marktl était venu au monde en 1927 Joseph Ratzinger, qui en 2005 serait sacré premier pape allemand, sous le nom de Benoît XVI.

La première surprise qu'eurent Paulo et Chris, dès qu'ils franchirent le portail d'entrée du camp de Dachau, fut de constater qu'il n'y avait là absolument personne. Il était certes compréhensible que le vent glacé ait fait fuir les touristes, mais on ne voyait pas non plus de portiers, de gardes ou de fonctionnaires qui auraient fourni des informations. Ils étaient – ou semblaient être – seuls dans cet immense rectangle de 180 000 m^2 entouré de tous les côtés de murs et de guérites vides. Lui ne s'était pas encore remis des mauvaises pensées qui l'avaient assailli à Prague, quelques jours plutôt, mais il ne voulait pas perdre l'occasion de visiter un des plus grands camps de concentration nazis. Ils suivirent les flèches indicatives et parcoururent le trajet suggéré aux visiteurs – le même qui était suivi par les prisonniers. Ils passèrent par la salle de réception où les nouveaux arrivants recevaient les uniformes, avaient les cheveux rasés et étaient « désinfectés » par un bain collectif d'insecticide. Puis ils traversèrent les couloirs où se trouvaient les cachots, virent des crochets dans les poutres des plafonds, auxquels les prisonniers étaient pendus par les bras pendant les séances de tortures, et entrèrent dans les hangars où, jusqu'à la fin de la guerre, s'amoncelaient des centaines de cabines de trois et même quatre lits – les prisonniers y dormaient comme des animaux, empilés dans des cages en bois. Toujours silencieux, ils étaient de plus en plus horrifiés à mesure qu'ils entraient dans une nouvelle aile.

À leur soulagement, la partie la plus douloureuse de la visite était terminée. Paulo semblait effondré, mais il envisageait les camps de concentration comme une tragédie du passé, d'un nazisme vaincu dans une guerre qui avait pris fin avant même sa naissance. Mais dans le salon destiné aux hommages des proches à leurs morts, il sentit qu'il se remettait à délirer, comme c'était arrivé à Prague. Les cartes accrochées à des bouquets de fleurs fraîches, placées là quelques jours plus tôt, constituaient la preuve vivante que Dachau restait une blessure ouverte. Ces 30 000 morts n'étaient pas des noms abstraits, retirés de livres, mais des êtres humains dont les morts, invariablement cruelles, étaient tellement récentes qu'elles éveillaient encore un douloureux sentiment d'absence chez les veuves, les enfants et les frères.

Abasourdis, ils regagnèrent tous les deux la zone découverte du camp, suivant une allée d'arbres secs dont les branches ressemblaient à des griffes décharnées tournées vers le ciel. Dans la zone nord du camp, il y avait trois petits temples religieux – un catholique, un protestant et un juif – à côté desquels dans les années 1990 en serait construit un quatrième, de l'église orthodoxe russe. Paulo et Christ dépassèrent les temples, attirés par la plaque qui indiquait l'endroit le plus épouvantable de Dachau – le *Krematorium*. À ce point du trajet, ils perçurent un changement radical dans l'aspect du paysage. Contrairement à l'aridité du camp, dont le sol est entièrement en pierres grises, sans un centimètre carré de vert, ce qui confère aux lieux l'apparence inhospitalière d'un paysage lunaire, le chemin qui mène au crématorium passe comme par magie par un petit bois recouvert, même dans les hivers les plus rigoureux, par une végétation d'une exubérance tropicale, avec des jardins, des fleurs et des sentiers taillés entre des allées d'arbustes. Planté dans une clairière au milieu du bois, le modeste et bucolique bloc de tuiles rouges se distinguait d'une traditionnelle maison de famille seulement par sa cheminée, trop grande pour un édifice aussi petit. C'est là que se trouvait le four crématoire où avaient été incinérés les corps de plus de 30 000 prisonniers exécutés, morts de sous-nutrition, de suicide ou de maladies, comme l'épidémie de typhus qui avait dévasté le camp quelques mois avant la libération.

L'expérience dans la prison médiévale de Prague ne semblait pas restée en arrière, car Paulo était encore saisi d'impulsions incontrôlables. Il vit les huit fours également en briques rouges, dans les bouches desquels restaient les civières en métal sur lesquelles les corps étaient empilés pour l'incinération, et il s'arrêta devant une porte arrachée, où était écrit un seul mot : *Badzimmer*. Il ne s'agissait pas d'une ancienne salle de bains, ainsi que le nom l'indiquait, mais de la chambre à gaz de Dachau. Bien qu'elle n'eût jamais été utilisée, Paulo voulait éprouver dans sa peau la terreur vécue par des millions de personnes dans les camps

Paulo a été transformé par la visite du camp de concentration nazi de Dachau ; la vue de la sculpture symbolique du camp va changer sa vie.

d'extermination nazis. Il s'éloigna un instant de Chris, entra dans la chambre et ferma la porte. Appuyé contre un mur, il leva les yeux et aperçut, accrochées au plafond, les fausses douches par où aurait dû s'échapper le gaz qui était devenu la principale arme d'Hitler et de ses sectateurs pour les exécutions en masse. La terreur lui glaçant le sang, il sortit de cet endroit empesté par l'odeur de la mort. Quand il mit les pieds hors du crématorium, il entendit les cloches du petit clocher de la chapelle catholique tinter et annoncer midi. Il marcha vers le point d'où venait le son, et quand il regagna la rigueur grise du camp, il remarqua une énorme sculpture moderne, qui rappelait *Guernica*, le célèbre panneau peint par Picasso. Dessus, il était écrit en plusieurs langues : « Plus jamais ! » La lecture de ces deux mots au moment où il entrait dans la petite église apporta un peu de paix à son âme, comme l'écrivain s'en souviendrait des années plus tard :

J'entre dans l'église, mon regard se porte sur ce « Plus jamais ! » et je dis : merde, grâce à Dieu ! Plus jamais ! Ça n'arrivera plus jamais ! Putain de merde, heureusement ! Plus jamais ! Plus jamais il n'y aura des coups frappés à la porte des gens la nuit, plus jamais ils ne feront disparaître des gens. Quelle joie ! Plus jamais le monde ne vivra ça !

Il entra dans la chapelle le cœur plein d'espoir, et le temps d'allumer un cierge et de faire une brève prière, il se sentit subitement assailli par ses vieux fantômes. Dans un virage radical à 180 degrés, il passa de la foi au désespoir. À mesure qu'il marchait dans le camp gelé, quelques mètres derrière Chris, il comprit que le « Plus jamais ! » qu'il venait de lire n'était rien de plus qu'une farce dans plusieurs langues :

Silencieusement je me suis dit : comment « Plus jamais ! » ? « Plus jamais » c'est la putain de ta mère ! Ce qui s'était passé à Dachau continuait à se produire dans le monde, sur mon continent, dans mon pays. Au Brésil, on savait que des adversaires du régime avaient été jetés d'hélicoptères en haute mer. Moi-même, à une échelle infiniment moindre, j'avais vécu plusieurs années en état de paranoïa pour avoir été victime de cette même violence ! Immédiatement me revinrent en tête la couverture de Time *avec le massacre au Salvador, la guerre sale que la dictature argentine menait contre l'opposition. À ce moment-là, j'ai perdu tout espoir dans la race humaine. J'ai senti que je touchais le fond. J'ai conclu que le monde était une merde, la vie était une merde, et moi j'étais une merde parce que je ne pouvais rien faire contre ça.*

Au milieu de ces pensées contradictoires, une phrase commença à marteler dans sa tête : « Aucun homme n'est une île. » Où avait-il lu ça ? Peu à peu et par un effort de mémoire, il parvint à reconstituer et à déclamer en silence presque tout le texte : « Aucun homme n'est une île, isolé en lui ; chaque homme fait partie du continent, partie du tout ; si un caillou est emporté par la mer, l'Europe en est plus petite, comme si c'était un promontoire, comme si c'était une partie de vos amis ou même de vous ; la mort d'un homme me diminue, parce que je fais partie de l'humanité... » Il manquait la phrase finale, dont le rappel semblait avoir ouvert toutes les portes de la mémoire : « [...] alors, ne cherche jamais à savoir pour qui les cloches sonnent, elles sonnent pour toi ». C'était résolu : il s'agissait, maintenant oui, il le savait, de l'une des *Méditations* de John Donne, poète anglais du XVIe siècle, reproduite plus tard par l'écrivain américain Ernest Hemingway dans son roman *Pour qui sonne le glas,* dont l'action se déroule pendant la Guerre civile en Espagne (1936-1939). Rien d'extraordinaire, s'il n'y avait eu le fait que les cloches de Dachau sonnaient et, surtout, que tout cela arrivait à quelqu'un qui était capable de voir des signes dans une plume de pigeon sur le trottoir ou même chez une innocente femme enceinte parlant dans un téléphone public.

Ce qui se passa dans les minutes suivantes resterait à tout jamais recouvert de mystère – alimenté surtout par le personnage central qui, les rares fois où on le pressa de décrire publiquement en détail l'événement, en fut tellement perturbé qu'il pleura copieusement.

Nous étions au milieu d'un camp de concentration, moi et ma femme, seuls, seuls, sans la moindre âme qui vive à côté ! À ce moment-là, j'ai entendu le signal : j'ai senti que les cloches de la chapelle sonnaient pour moi. C'est là que j'ai connu l'épiphanie.

Selon lui, la révélation de Dachau se matérialisa sous la forme d'un faisceau lumineux sous lequel un être d'apparence humaine parut lui dire quelque chose concernant la possibilité d'une nouvelle rencontre deux mois plus tard. Ce n'était pas une voix humaine mais, à ce qu'affirme Paulo, « une communication entre des âmes ». Bien que cet épisode ne cessât jamais d'être enveloppé d'ombres, même le plus sceptique des incroyants peut admettre que quelque chose s'est passé à Dachau – tellement la rupture dans la vie de Paulo à partir de ce jour-là serait radicale. Cependant, il semble que lui-même ne s'en était pas encore rendu compte. En arrivant au parking, il révéla en pleurant à sa femme ce qu'il venait de vivre – et le premier et terrifiant soupçon retomba sur l'OTO. Et si ce qu'il avait vécu quelques minutes plus tôt était la réincarnation de la Bête ? Les fantômes de Crowley et de Marcelo Motta étaient-ils revenus lui faire peur, huit ans après ? En arrivant à Bonn, six heures plus tard, Paulo avait opté pour la solution la plus commode – considérer la vision comme un simple délire, une brève hallucination provoquée par ses peurs et l'état de tension dans lequel il se trouvait.

Le couple prévoyait de rester dans la capitale de l'Allemagne occidentale assez longtemps pour résoudre le problème des papiers de la voiture et rencontrer Paula, la nièce qui était née quelques mois plus tôt. Comme ils étaient hébergés chez Tânia, la sœur de Chris, et par conséquent libérés des frais d'hôtel, ils prolongèrent leur séjour d'une semaine. Dans les premiers jours de mars, le couple remit la Mercedes sur la route, cette fois pour affronter les deux cent cinquante kilomètres qui les séparaient de la libérale Amsterdam, en Hollande, une ville qui avait enchanté Paulo dix ans plus tôt. Ils descendirent tous les deux au Brouwer, un petit hôtel inauguré au début du XXe siècle dans un immeuble de trois étages construit en 1652 au bord du canal Singel – où ils payaient 17 dollars par jour (l'équivalent de 40 dollars, ou 78 reals de 2008), petit déjeuner compris. Les huit chambres, six individuelles et deux doubles, étaient minuscules, mais le prix peu élevé de la journée et le charme de l'hôtel avaient mérité un éloge plaisant d'Arthur Frommer, l'auteur d'*Europe on 20 $ a Day,* enregistré dans le livre d'or du Brouwer : « Pauvres clients du Hilton... » Dans la première lettre envoyée à ses parents, Paulo parla des *potshops,* « des cafés où l'on peut acheter et fumer librement des drogues considérées comme douces, le haschich et la marijuana, bien que soient prohibés la cocaïne, l'héroïne, l'opium et les amphétamines, ainsi que le LSD » et il en profita pour faire une subtile apologie de la libéralisation de ces drogues :

Cela ne veut pas dire que la jeunesse hollandaise est droguée en permanence. Au contraire, les statistiques gouvernementales prouvent qu'il y a beaucoup moins de drogués ici, toutes proportions gardées, qu'aux États-Unis, en Allemagne, en Angleterre et en France. La Hollande a le taux de chômage le plus bas de toute l'Europe occidentale, et Amsterdam est le quatrième centre commercial du monde.

Ce fut dans cette ambiance de liberté, dans laquelle ils fumaient de la marijuana jusqu'à l'épuisement, que Chris expérimenta le LSD pour la première et unique fois. Paulo fut tellement impressionné par la dévastation physique provoquée par l'héroïne chez les usagers – des zombis de plusieurs nationalités qui erraient dans les rues de la ville – qu'il écrivit deux reportages pour le magazine brésilien *Fatos & Fotos*, intitulés « Héroïne, le chemin sans retour » et « Amsterdam : le baiser de l'aiguille ». Cependant, sa relation avec ce monde souterrain était strictement professionnelle, celle d'un reporter examinant un sujet. À en juger également par les lettres envoyées à son père, le tour qu'ils faisaient en Europe n'était un voyage de hippies qu'en apparence :

Nous nous sommes permis tout ce que vous voulions, déjeunant et dînant tous les jours. Bien que nous ayons un vrai enfant assoiffé à nourrir (la Mercedes 110 chevaux), nous fréquentons les cinémas, le sauna, le coiffeur, les boîtes et même les casinos.

La belle vie du couple paraissait sans fin. Après plusieurs semaines dans la ville, Paulo en eut assez de toute cette marijuana. N'ayant à se préoccuper d'aucune forme de répression, il avait testé des espèces originaires de lieux aussi lointains que le Yémen et la Bolivie. Il avait fumé des *blends* ayant les teneurs les plus diverses en THC – ou tétrahydrocannabinol, le principe actif de la drogue – et goûté de véritables bombes faites avec des produits primés à la Cannabis Cup, la coupe du monde de la marijuana, réalisée une fois par an à Amsterdam. Il avait même expérimenté une nouveauté appelée *skunk*, la marijuana cultivée sous serre avec des fertilisants et des protéines. Et c'est là, dans ce paradis des hippies qu'était devenue la capitale hollandaise, que Paulo découvrit que l'herbe n'avait plus rien à lui offrir. Comme il le dit lui-même, il « en avait marre » de l'éternelle réitération des effets de la drogue, et il répéta le serment qu'il avait fait huit ans plus tôt, à New York, pour la cocaïne : il ne fumerait plus jamais de marijuana.

C'étaient ces conclusions qu'il exposait à Chris dans le café de l'hôtel Brouwer, quand il se sentit trembler de froid comme à Dachau. Il tourna la tête et vit que l'image du camp de concentration avait pris corps, et se trouvait là, prenant le thé à une table voisine. Son premier sentiment fut de terreur. Il avait entendu parler de sociétés qui, pour préserver leurs secrets, avaient l'habitude de poursuivre et même de tuer les transfuges et les repentis. Était-il suivi par des gens de la magie noire et du satanisme à l'autre bout du monde ? Saisi de vagues d'épouvante, il se rappela la leçon des cours d'éducation physique à la forteresse de São João : pour réduire la souffrance, le remède est d'affronter la peur tout de suite. Il regarda l'étranger – un homme d'une quarantaine d'années, en veston et cravate, d'apparence européenne –, il s'arma de courage et s'adressa à lui en anglais et d'une façon manifestement inamicale :

— Je vous ai vu il y a deux mois à Dachau et je vais vous le dire clairement : je n'ai pas et je ne veux plus avoir la moindre relation avec l'occultisme, les sectes et les ordres. Si vous êtes ici pour cela, c'est raté.

Visiblement surpris, l'étranger leva les yeux et réagit avec sérénité, et, à la surprise de Paulo, dans un portugais avec un fort accent, mais parfait :

— Du calme. Asseyez-vous ici, nous allons parler.

— Je peux appeler ma femme, qui est à la table à côté ?

— Non, je veux parler à vous seul.

Paulo fit un geste dans la direction de Chris affirmant que tout allait bien, s'assit à la table et demanda :

— Parler de quoi ?

— Qu'est-ce que c'est cette histoire de camp de concentration ?

— J'ai l'impression de vous avoir vu il y a deux mois.

L'individu fit mine de ne pas comprendre et dit qu'il devait y avoir une confusion. Paulo insista :

— Excusez-moi, mais je crois que nous nous sommes vus au mois de février dans le camp de concentration de Dachau. Vous ne vous en souvenez pas ?

Devant cette insistance, l'homme admit que Paulo avait peut-être pu le voir effectivement, mais qu'il aurait pu également se produire un phénomène appelé « projection astrale » – une chose que le Brésilien connaissait et à laquelle il avait fait allusion d'innombrables fois dans son journal : « Je n'étais pas dans le camp de concentration, mais je comprends ce dont vous parlez. Laissez-moi voir la paume de votre main. »

Paulo ne se souvient pas si c'était la gauche ou la droite, mais immédiatement après s'être fixé sur elle, l'homme mystérieux – qui, maintenant il le savait, était chiromancien – se mit à parler lentement. Il ne semblait pas lire dans les lignes de la main, c'était comme s'il avait une vision :

— Vous avez ici une chose mal terminée. Quelque chose qui s'est défait vers 1974 ou 1975. Dans la magie, vous avez progressé dans la Tradition du Serpent. Et peut-être ne savez-vous pas ce qu'est la Tradition de la Colombe.

Non seulement comme ex-dévot, mais surtout pour avoir été un lecteur vorace de tout ce qui se rapportait à cet univers, il avait plus que de simples rudiments sur la question. B.a.-ba du monde des sciences occultes, les traditions sont deux chemins différents qui mènent au même endroit : la connaissance magique, comprise comme la capacité d'utiliser des dons que tous les êtres humains ne parviennent pas à développer. Selon les mêmes croyances, la *Tradition de la Colombe* (appelée aussi *Tradition du Soleil*) est le système d'apprentissage lent et continu, par étapes, une option dans laquelle chaque disciple ou néophyte dépendra toujours d'un Maître – ainsi, avec M majuscule. D'autre part, la *Tradition du Serpent* (ou *Tradition de la Lune*) est souvent la voie choisie par les personnes intuitives et, selon les initiés, par celles qui gardent d'existences antérieures un lien ou un engagement avec la magie. Outre qu'ils ne sont pas exclusifs, les deux courants peuvent être successifs, puisqu'on recommande normalement aux candidats à ce qui s'appelle la « formation magique » d'accomplir aussi la Tradition de la Colombe, après avoir parcouru celle du Serpent.

Il commença à se détendre quand l'homme se présenta enfin. Il était français, d'origine juive, il travaillait à Paris comme cadre de la multinationale hollandaise Philips et militait dans un ordre religieux catholique, centenaire et mystérieux, appelé RAM – *Regnus Agnus Mundi* ou, en français, « Agneau du Royaume du Monde », ou encore « Rigueur, Amour et Miséricorde ». Sa familiarité avec la langue portugaise venait de longues périodes passées au Brésil et au Portugal au service de Philips. Son vrai nom – qui peut être « Chaim », « Jayme » ou « Jacques » – ne serait jamais révélé par Paulo, qui l'appellerait désormais publiquement « le Maître », « Jean » ou simplement « J ». D'une voix posée, Jean dit qu'il savait que le Brésilien avait initié et interrompu un chemin dans la magie noire et qu'il était disposé à l'aider :

— Si vous voulez reprendre votre trajectoire dans la magie, et si vous le faites dans notre ordre, je peux vous orienter. Mais, une fois cette décision prise, vous devrez accomplir, sans résister, tout ce que je vous dirai.

Abasourdi par ce qu'il entendait, Paulo demanda du temps pour réfléchir. Jean se montra rigoureux :

— Vous avez un jour pour décider. Je vous attends demain, ici, à la même heure.

Paulo ne pensa plus à rien d'autre. Il avait ressenti un énorme soulagement après avoir abandonné l'OTO et abjuré les idées de Crowley, mais en même temps il était toujours terriblement fasciné par le monde qu'il avait laissé derrière lui. La nuit noire, l'arrestation et la séquestration avaient été une leçon plus que suffisante, mais il n'avait jamais perdu sa fascination pour le monde de la magie. « J'avais fait une très mauvaise expérience avec tout cela, mais j'avais abandonné ce monde rationnellement », se souviendrait-il plus tard. « Émotionnellement je lui restais attaché » :

— C'est comme si vous tombiez amoureux d'une femme et que vous deviez la mettre à la porte parce qu'en réalité elle ne correspond pas à votre vie. Mais vous continuez à l'aimer. Un jour, elle apparaît dans un bar, comme J est apparu, et vous tentez de dire : je t'en prie, va-t'en. Je ne veux plus te voir, je ne veux plus souffrir.

Ne parvenant pas à fermer l'œil, il passa la nuit à parler avec Chris et il faisait jour à Amsterdam quand enfin il se décida. Quelque chose lui disait qu'il était devant un moment important et il décida d'accepter le défi, que ce fût pour le bien ou pour le mal. Quelques heures plus tard, il retrouvait pour la deuxième (ou la troisième ?) fois l'homme mystérieux qui à partir de ce moment serait son Maître. Comme « démonstration de pouvoir », Jean donna des détails sur la vie personnelle de Paulo et annonça que « quelques jours plus tard » une guerre sanglante allait éclater aux abords du Brésil. Et de fait, le matin du 2 avril, l'Argentine et le Royaume-Uni entreraient en guerre pour la possession de l'archipel des Malouines, que les Britanniques appellent Falkland, un conflit qui dura deux mois, se termina par la victoire britannique et se solda par la mort de trois civils et de 904 soldats. Mais Jean n'était pas là pour exhiber ses qualités de magicien, et il transmit tout de suite à Paulo les premiers pas vers son initiation : le mardi de la semaine suivante, il devrait se trouver au Vikingskipshuset, le Musée de la navigation des Vikings, à Oslo, capitale de la Norvège :

— Allez dans la salle où sont présentés trois bateaux qui portent les noms de *Gokstad, Oseberg* et *Borre*. Là, une personne vous donnera quelque chose.

Ne comprenant pas très bien la tâche qu'il recevait, Paulo voulait en savoir davantage :

— Mais à quelle heure dois-je me trouver dans ce musée ? Comment vais-je reconnaître cette personne ? Est-ce un homme ou une femme ? Qu'est-ce que je vais recevoir d'elle ?

Tandis qu'il se levait, laissant quelques pièces de monnaie sur la table pour payer la tasse de thé qu'il avait consommée, Jean satisfit en partie seulement à sa curiosité :

— Soyez dans la salle à l'heure où le musée ouvre ses portes. Les autres questions n'ont pas besoin de réponses. Quand nous devrons nous revoir, vous serez prévenu. Au revoir.

Il disparut immédiatement comme s'il n'avait jamais existé – si tant est que Jean ait vraiment existé un jour. Réel ou surnaturel, il est certain qu'il avait confié au nouveau disciple une mission qui commençait par une longue trotte de presque mille kilomètres pour atteindre la capitale de la Norvège, ville où Paulo n'avait jamais mis les pieds et où il devrait rencontrer une personne dont il ne savait même pas si c'était un homme ou une femme. Après avoir parcouru des autoroutes couvertes de neige dans les territoires de la Hollande, de l'Allemagne et du Danemark, ils furent surpris, en arrivant à Helsingborg, en territoire suédois, par une patrouille policière renforcée qui arrêtait et fouillait méticuleusement tous les véhicules portant des plaques étrangères qui passaient la frontière. Pendant que les policiers inspectaient la Mercedes de fond en comble – même les paquets de cigarettes fermés étaient examinés – Paulo créait, sans le vouloir, un problème supplémentaire. Préoccupé par le petit paquet de joints de marijuana qu'ils avaient acheté à Amsterdam, il commença à demander à son épouse, en portugais :

— Et la drogue ? Où avons-nous caché le petit paquet avec les joints ?

Au moyen de gestes et de grimaces, Chris tentait d'expliquer que l'un des policiers comprenait le portugais, et que s'il entendait ce qu'il disait le voyage risquait de s'arrêter là. Mais ce ne furent que quelques minutes d'effroi : ou bien les autorités ne s'intéressaient pas aux drogues douces, ou bien la marijuana avait été tellement bien cachée que les policiers ne la trouvèrent pas. Ils devraient rouler encore quatre cents kilomètres jusqu'à Oslo, mais ils n'avaient pas de raison de se presser, car le rendez-vous fixé par Jean ne devait avoir lieu que deux jours plus tard. Tenant à être ponctuel et craignant que devant ce musée des queues ou des groupes de touristes ne retardent son entrée, le mardi, Paulo se leva aux aurores. La plaquette de présentation du musée prise à la réception de l'hôtel informait que les portes s'ouvraient à 9 heures du matin, mais une heure avant il était en route. Comme dans toute la Scandinavie à cette époque de l'année, à 8 heures du matin, le ciel était encore sombre et plein d'étoiles.

Situé dans la péninsule de Bygdøy, à dix minutes du centre-ville, le Vikingskipshuset est une pesante construction jaune en forme de croix, sans fenêtres et au toit pointu. Ce n'est qu'en arrivant là que Paulo comprit qu'il avait mal interprété ce qui était écrit sur la plaquette de présentation du musée : l'horaire de fonctionnement de 9 heures à 18 heures n'était valable que pour la haute saison, de mai à septembre. En basse saison, d'octobre à avril, les portes étaient ouvertes de 11 heures à 16 heures – ce qui signifiait que son cœur devrait supporter de battre encore deux heures jusqu'à ce qu'il pût faire le premier pas dans ce nouveau monde mystérieux. Il utilisa ce temps pour réfléchir à la décision qu'il venait de prendre.

— À 34 ans, j'avais tout essayé pour réaliser mon rêve d'être écrivain et je n'étais encore personne, se souviendrait Paulo plus tard. J'avais abandonné la magie et les sciences occultes en découvrant qu'elles ne m'avaient pas aidé, alors pourquoi ne pas tenter le chemin que Jean me proposait ?

À 11 heures précises, il se joignit à la demi-douzaine de touristes japonais qui s'agglutinaient gelés dans les jardins desséchés autour de l'édifice et suivit les flèches jusqu'à la salle aux murs ovales, comme une nef religieuse, où se trouvaient le *Gokstad*, l'*Oseberg* et le *Borre*. À part lui, il n'y avait qu'une personne à l'intérieur, une jolie blonde d'une quarantaine d'années, qui paraissait absorbée dans la lecture d'une plaque sur un mur. Entendant ses pas, elle se tourna vers lui, laissant voir qu'elle avait dans les mains un objet de la longueur d'une badine – ou d'une épée. Sans rien dire, la femme marcha dans sa direction, retira de son annulaire gauche une bague en argent portant la reproduction de l'ouroboros – le serpent qui se mord la queue – et la lui enfila au médium de la main gauche. Avec le bâton-épée, elle traça un cercle imaginaire sur le sol, indiquant à Paulo qu'il devait se placer à l'intérieur, et simula de la main le geste de verser dans le cercle le contenu d'une coupe. Elle passa la main droite sur le visage de Paulo, sans le toucher, insinuant qu'il devait fermer les yeux.

— À ce moment-là, j'ai senti que quelqu'un avait libéré des énergies stagnantes, dirait-il des années plus tard dans une déclaration émue, comme si elles ouvraient les vannes spirituelles d'un lac, laissant entrer l'eau fraîche.

Quand il rouvrit les yeux, il vit que la seule trace laissée par la femme mystérieuse était l'étrange bague qu'il porterait au doigt le restant de sa vie.

Paulo n'aurait de nouveaux contacts avec Jean que très longtemps après, quand il retournerait au Brésil. À la fin avril de cette année 1982 arrivait à son terme le délai dont il disposait pour reprendre son travail à la Globo, mais après avoir beaucoup réfléchi avec Chris, il décida de jeter son emploi par la fenêtre et de rester en Europe. La comptabilité contribua également à cette décision. Sauf dépenses imprévues, comme l'achat d'une nouvelle pompe à essence pour la voiture, ils dépensaient par mois environ 2 000 dollars et pouvaient s'adonner à tous les luxes qu'il avait rêvélés à ses parents. Les 7 000 dollars qu'ils avaient en caisse – sans compter les 1 000 dollars qu'il prétendait récupérer quand il revendrait la Mercedes – étaient donc plus que suffisants pour qu'ils restent encore trois mois à Amsterdam. Aussi, n'est-ce qu'à la mi-juillet qu'ils bouclèrent finalement les valises et parcoururent en trois jours les mille neuf cents kilomètres séparant Amsterdam de Lisbonne, d'où ils prendraient un avion à destination du Brésil. Mais le premier changement visible dans le comportement de Paulo Coelho après la rencontre avec son Maître se produirait encore sur le territoire européen. Au lieu de vendre la Mercedes et de se mettre mille dollars dans la poche, il préféra faire don du véhicule à une institution charitable créée en 1758 par la reine Marie Ire, la Fraternité de l'Enfant Jésus des Aveugles de Lisbonne. Attaché comme il l'était à l'argent, cela ne pouvait venir que d'une force surnaturelle.

22

Paulo et Christine – éditeurs

Revigorés par les huit longs mois en Europe, en arrivant à Rio de Janeiro, Paulo et Chris retournèrent s'installer dans l'appartement au rez-de-chaussée de la rue Raimundo-Correia, qui depuis le départ du couple était occupé par ses parents à elle. Petit à petit, il allait accomplir les tâches initiatiques, ce qu'on appelle les ordalies, qui permettraient son entrée dans l'ordre de RAM, et qui pouvaient arriver par lettres ou par des appels téléphoniques de Jean. La première, nommée « le rituel du verre », consistait à réaliser tous les jours, pendant six mois, et toujours à la même heure, une brève et solitaire cérémonie : poser sur la table un verre qui n'ait jamais servi, plein d'eau, ouvrir le Nouveau Testament à une page quelconque et lire à haute voix un paragraphe au hasard – un verset, un psaume ou autre chose – et ensuite avaler l'eau. Le passage lu devait être signalé avec la date de lecture. Les jours suivants, quand il ouvrait le livre, si le choix retombait sur un texte déjà lu, celui choisi pour la lecture devait être le paragraphe suivant. Si ce dernier avait été lu également, il poursuivrait jusqu'à ce qu'il en trouve un nouveau, non signalé par des lectures antérieures. Cela devait être répété religieusement tous les jours, durant le délai fixé, et toujours à la même heure. Pour éviter d'être surpris dans des situations où ce serait inconvenant – une réunion, un déjeuner, une séance de cinéma –, Paulo choisit la première heure du petit matin comme l'horaire le plus approprié pour sa pénitence. Et comme la taille ou le modèle du verre n'étaient pas spécifiés, il en acheta un tout petit, de ceux que l'on utilise pour servir la vodka dans les bars, qu'il pourrait transporter discrètement avec le Nouveau Testament. Ainsi, il pourrait même éventuellement se lever de table dans un dîner en public, aller aux toilettes et accomplir son obligation.

Heureusement, aucune des ordalies imposées par Jean ne l'empêcha de mener une vie normale. L'argent n'était toujours pas un problème, mais décidément le partenariat avec Raul n'était plus à la mode. Les disques continuaient à se vendre, mais les robinets de la maison de disques ne déversaient plus autant de royalties qu'auparavant. Bien que la recette régulière des cinq appartements qu'il continuait de louer en ville lui garantît une situation confortable, l'absence d'activité l'aurait certainement entraîné de nouveau vers la dépression émotionnelle. Alors, le mieux à faire était de trouver rapidement un nouveau travail.

Un an avant le voyage en Europe, Paulo avait convaincu Chris de créer une entreprise, la Shogun Editora e Arte Ltda, qui avait pour finalité d'origine d'émettre des factures pour les travaux d'architecture qu'elle réalisait, mais leur permettait aussi à tous les deux d'avoir des cartes de visite, des papiers à lettre et des enveloppes imprimés avec le sceau respectable d'une personnalité juridique. Et comme il l'avait dit lui-même, quand arriverait l'heure d'écrire ses livres, pourquoi ne pas les éditer lui-même ? En rentrant au Brésil, il décida de faire fonctionner réellement la maison d'édition et, comme première mesure, il loua un ensemble de deux salles dans un immeuble de la rue Cinco-de-Julho, à Copacabana, à deux blocs de l'appartement où le couple habitait. Bien qu'elle parvînt à se développer et même à rapporter pas mal, Shogun ne serait jamais qu'une petite entreprise familiale, tenue au jour le jour par les deux propriétaires, la comptabilité revenant au Dr Pedro, qui venait de prendre sa retraite. Elle avait un seul employé sous contrat, un garçon de bureau.

Moins de trois mois après le retour au Brésil, en octobre 1982, la maison d'édition mettrait sur le marché son premier titre, le livre *Arquivos do Inferno* [Archives de l'Enfer], un recueil de seize textes écrits par le patron, Paulo Coelho. C'était un ouvrage bourré de particularités. Sur la couverture, on peut voir l'auteur assis jambes croisées devant une machine à écrire, une cigarette entre les dents

Sur la couverture de *Arquivos do Inferno*, Paulo prend la pose d'un intellectuel aux côtés de Chris et de Stella, les seins nus.

et prenant une pose de penseur, à côté de deux jeunes femmes les seins nus. L'une était sa propre femme, Chris, et l'autre, Stella Paula, la vieille compagne des sortilèges crowleyiens – portant sur la photo une chevelure si longue que non seulement elle couvrait une partie de ses seins, mais descendait au-dessous de la taille. Bien que ce ne fût pas beaucoup plus qu'un opuscule – en tout, il n'avait que 106 pages –, *Arquivos do Inferno* battrait certainement des records pour le nombre de préfaces, présentations et jugements sur l'auteur. La première, intitulée « préface à l'édition hollandaise », était signée par le génie pop Andy Warhol (qui ne lut jamais ce livre, ainsi que Paulo l'avouerait des années plus tard) :

[...] J'ai connu Paulo Coelho dans une de mes expositions à Londres, et j'ai découvert en lui le pas en avant que très peu de gens peuvent franchir. Avant d'être un littérateur en quête de formules pompeuses, il atteint froidement – et en plein – les inquiétudes et les perspectives du temps présent. Cher Paulo, tu m'as demandé une préface pour ton livre. En réalité, j'en suis certain : ton livre est une préface pour cette nouvelle ère qui commence – avant que l'autre ne soit achevée. Celui qui, comme toi, marche devant, ne court jamais le risque de tomber dans un trou, parce que les anges tendent leurs manteaux sur le sol.

La deuxième avait été écrite par Jimmy Brouwer, patron de l'hôtel où le couple était descendu à Amsterdam, la troisième par le journaliste Artur da Távola, son collègue dans le groupe de travail de Philips, la quatrième par le psychiatre Eduardo Mascarenhas, à l'époque présentateur d'un programme de télévision et député fédéral, et la cinquième par Roberto Menescal – à qui, avec Chris, Paulo dédie le livre. Presque tout dans *Arquivos do Inferno* est intrigant et déguisé dans des informations qui ne s'emboîtent pas. D'après ce qui est dit sur la couverture, on suppose qu'il s'agit d'une coédition de Shogun et de la hollandaise Brower Free Press, une entreprise qui apparemment n'a jamais existé. Un dossier de presse brouillait encore plus les choses en affirmant que *Arquivos* avait été publié à l'étranger, ce qui n'était pas vrai :

Après avoir été lancé avec un succès absolu en Hollande – où en deux mois, il a réussi à être remarqué par la critique et le public – le livre Arquivos do Inferno, de Paulo Coelho, sera dans toutes les librairies du Brésil ce mois-ci.

Dans les pages initiales, il y avait d'autres informations qui ne faisaient qu'accroître la confusion. La première incluait parmi les œuvres de l'auteur (à côté du *Manifesto de Krig-Ha* et du *Teatro na Educação*) un certain *Lon : Diário de um Mago,* un livre qui aurait été édité par Shogun en 1979 – alors que cette année-là la maison d'édition n'existait pas encore et que le *Diário de um Mago* ne serait publié qu'en 1987. L'une des rares fois où il aborda le sujet, des années plus tard, Paulo donna de cet imbroglio une explication simple : « Ça n'a pu être qu'une prophétie. » Au verso du frontispice avait été imprimée en lettres menues une autre bizarrerie :

De la première édition en langue portugaise et en langue hollandaise ont été retirés 300 exemplaires qui seront numérotés et signés par l'auteur et vendus 350 US$ au profit de l'Ordre de l'Étoile d'Or.

Le bénéficiaire des ventes – le fameux « Ordre de l'Étoile d'Or » – dénonçait quelque chose que Paulo n'avouerait pas même à son journal. Huit ans après avoir rompu avec la magie noire, il gardait un pied dans la cuisine du satanisme. Cela paraît puéril, mais ils avaient même l'intention de gagner de l'argent avec ça. Les comptes faits, dans l'hypothèse très lointaine de vendre tous les exemplaires de ce « tirage exclusif », Shogun allait facturer pas moins de 105 000 dollars pour la seule vente d'une petite livraison du livre. À moins, évidemment, que les mots contenus dans les 106 pages d'*Arquivos do Inferno* n'aient été imprimés pour ébranler les fondements de l'Humanité. Ce n'était pas exactement cela, pourtant, que contenait le petit livre : il offrait au lecteur, en premier lieu, la surprise de ne pas contenir un seul chapitre ou essai traitant du thème mentionné dans le titre, c'est-à-dire l'Enfer. Les seize textes forment un enchevêtrement de sujets sans aucun ordre thématique ou chronologique, l'auteur réunissant des choses aussi disparates que les proverbes du poète anglais William Blake, à côté de rudiments d'homéopathie et d'astrologie, intercalant des extraits de manuscrits d'un certain Pero Vaz et des productions de sa façon, comme celle-ci, intitulée « Les morceaux » :

Il est très important de savoir que j'ai éparpillé des parties de mon corps dans le monde. Je me suis coupé les ongles à Rome, les cheveux en Hollande et en Allemagne. J'ai vu mon sang mouiller l'asphalte de New York et très souvent mon sperme est tombé sur le sol français, dans un vignoble près de Tours. Je me suis soulagé de mes excréments dans des rivières de trois continents, j'ai arrosé quelques arbres espagnols de mon urine et j'ai craché dans le Canal de la Manche et dans le Fjord d'Oslo. Une fois, je me suis griffé le visage et j'ai laissé quelques cellules accrochées sur une grille à Budapest. Ces petites choses – que j'ai engendrées et que je ne reverrai jamais – me donnent une agréable sensation d'omniprésence. Je suis un peu des lieux où je suis passé, des paysages que j'ai vus et qui m'ont ému. En outre, mes morceaux éparpillés ont une application pratique : dans ma prochaine incarnation, je ne me sentirai pas seul ou désemparé parce que quelque chose de familier – un cheveu, un bout d'ongle, un vieux crachat séché – sera toujours près de moi.

J'ai semé dans plusieurs endroits de la terre, parce que je ne sais pas où je vais renaître un jour.

Cependant, de tout le salmigondis qui compose *Arquivos do Inferno*, ce qui attire le plus l'attention, à la fin de la lecture, c'est le deuxième chapitre du livre, intitulé « La vérité sur l'Inquisition ». Paulo précise qu'il ne s'agit pas d'un texte de lui : il soutient seulement qu'il a écrit sous la dictée de l'esprit de l'Espagnol Tomás Torquemada, le redoutable frère dominicain qui commanda les tribunaux du Saint-Office dans la péninsule Ibérique à la fin du XVe siècle. Comme s'il voulait s'affranchir de toute responsabilité pour le contenu, l'auteur clarifie : non seulement l'orthographe et l'italique, mais même « certaines fautes de syntaxe » ont été maintenues, telles qu'elles ont été dictées par l'esprit du grand inquisiteur. Les huit pages du chapitre sont bourrées de louanges à la torture et au martyre comme instruments de défense de la foi :

[...] Il est donc très juste que la peine de mort soit appliquée à ceux qui, propageant l'hérésie avec obstination, font que le bien le plus précieux de l'homme, la Foi, est perdu à tout jamais !

[...] Celui qui a le droit de commander à aussi le droit de punir ! Et l'autorité qui a le pouvoir de faire les lois a aussi le pouvoir d'agir pour que ces lois soient appliquées !

[...] Les châtiments spirituels ne suffisent pas toujours. La plupart des gens sont incapables de les comprendre. L'Église doit posséder et possède le droit d'appliquer des châtiments physiques !

Apparemment dans l'intention d'attribuer à la psychographie un caractère scientifique, Paulo ferme le texte par une curieuse observation entre crochets :

[Après ces mots, aucune autre communication n'a été faite par celui qui se disait « esprit de Torquemada ». Comme il est toujours important de noter les conditions dans lesquelles s'est faite la transmission – en vue de futures interprétations scientifiques – nous enregistrons la température ambiante (29 °C), la pression atmosphérique (760 mmHg), le temps (nuageux) et l'heure de réception (de 21 h 15 à 22 h 07).]

Mais ce n'était pas la première fois que Paulo s'intéressait au tribunal du Saint-Office. En septembre 1971, il avait envisagé d'écrire une pièce sur le sujet et, dans ses recherches, il tomba sur un livre dont l'auteur était Henrique Hello, publié par l'Editora Vozes en 1936 et réédité en 1951, dont le titre était assez suggestif : *A Verdade sobre a Inquisição* [La vérité sur l'Inquisition]. Le texte de quatre-vingt-dix pages est une longue péroraison en défense des objectifs et des méthodes employés par les tribunaux de l'Inquisition. Une partie était citée dans la préface de la pièce *O Santo Inquérito,* écrite en 1966 par le dramaturge Dias Gomes. En terminant sa lecture, Paulo avait conclu ironiquement :

[…] Je suis allé travailler sur la pièce sur l'Inquisition. C'est une pièce facile. Il suffit de plagier ce que ce Henrique Hello en a dit. Plagier non, critiquer. Le type a un livre qui s'appelle « A Verdade sobre a Inquisição », merci bien !

Probablement en fonction de l'arrestation et de la séquestration dont il avait été victime en 1974, Paulo s'abstint de critiquer l'auteur et se limita à le transcrire purement et simplement. Une comparaison entre ce qui apparaît dans *Arquivos do Inferno* et ce qui fut publié en 1936 montre que, si de fait il y eut psychographie, l'esprit qui dicta *La vérité sur l'Inquisition* fut celui de Henrique Hello et non celui de Tomás Torquemada, vu que 95 % du texte furent tout simplement copiés de l'ouvrage d'Hello.

Cependant, rien de tout cela ne dépasse une information surprenante que l'auteur insère dès l'ouverture de *La vérité sur l'Inquisition* : Paulo y affirme que la psychographie aurait eu lieu « le soir du 28 mai 1974 ». Mais il se trouve qu'entre 21 h 15 et 22 h 07 le soir du 28 mai 1974, il était menotté sur le plancher d'une voiture de la police politique, la tête enfoncée dans un capuchon et conduit dans les dépendances du DOI-Codi. On a du mal à croire que les geôliers de l'un des souterrains les plus violents de la dictature brésilienne aient permis à un prisonnier de rédiger un essai de 12 000 caractères – fût-il un sermon faisant l'éloge de la torture. L'auteur lui-même, de toute manière, semble s'être rendu compte qu'*Arquivos do Inferno* ne parviendrait pas à tenir debout : la première et modeste édition épuisée, il ne chercha pas à le rééditer. Alors qu'il était déjà une personnalité internationale, l'ouvrage serait rappelé sur le site Web de l'écrivain en seize mots discrets : « En 1982, il édita lui-même son premier livre, *Arquivos do Inferno,* qui n'a eu aucune répercussion. » Un quart de siècle après cet échec retentissant, *Arquivos* deviendrait une rareté et des collectionneurs se le disputeraient dans des enchères sur Internet avec des mises à prix autour de deux cent vingt dollars comme si le caprice initial de Paulo se réalisait par des voies tortueuses.

Loin de le décourager, l'insuccès du livre marquant les débuts de Shogun lui servit de leçon, en montrant clairement que c'était une entreprise qui exigeait du professionnalisme. Décidé à s'occuper pour de bon de la maison d'édition, il se chargea de la direction de l'affaire et la première mesure qu'il prit fut de suivre avec discipline, pendant sept semaines, le Cours IOB par correspondance « pour apprendre le budget d'entreprise et la planification financière ». Le paquet d'apostilles qu'il fut obligé de lire donna, semble-t-il, des résultats, car en 1984, deux ans après son entrée en activité, Shogun occupait le 34e rang dans le classement des maisons d'édition brésiliennes publié par la revue spécialisée *Leia Livros*. Rivalisant avec des maisons d'édition traditionnelles, comme Civilização Brasileira et Agir, et devant FTD et même Rocco (qui des années plus tard serait la maison d'édition de Paulo au Brésil), Shogun louait des stands dans les foires et les biennales de livres et présentait un catalogue de plus de soixante-dix titres.

Parmi les auteurs publiés, outre les propriétaires, il n'y avait que des noms connus, et pas exactement comme écrivains : la rockeuse Neusinha Brizola, fille de celui qui était alors gouverneur de Rio, Leonel Brizola (*O Livro Negro de Neusinha Brizola*), et l'éternel « ennemi intime » Raul Seixas (*As Aventuras de Raul Seixas na Cidade de Thor*). Les chiffres qui avaient poussé Shogun sur la liste des plus grands ne provenaient cependant pas des œuvres d'un de ces personnages célèbres. Au contraire, l'or venait de centaines, de milliers de poètes anonymes et dispersés dans tout le Brésil, qui, comme il était arrivé au patron de Shogun durant tant d'années, rêvaient de pouvoir un jour avoir dans les mains un livre avec leurs vers imprimés en caractères d'imprimerie. Dans un pays où des centaines de jeunes auteurs étaient lassés de frapper en vain aux portes des maisons d'édition, implorant presque la publication, Shogun arrivait avec l'œuf de Colomb : le « Concours Raimundo Correia de Poésie ».

Au moyen de petites annonces dans les journaux ou de tracts distribués aux portes des théâtres et des cinémas, des poètes inédits de tout le Brésil étaient invités à participer au concours dont le nom – celui de la rue où se trouvait la maison de Paulo et de Chris, à Copacabana – rendait hommage au poète parnassien du Maranhão mort au début du XXe siècle. Le règlement était simple : pouvaient s'inscrire les « auteurs, amateurs ou professionnels, publiés ou non, sans aucune limite d'âge, du moment que les poèmes étaient en langue portugaise ». À chaque personne, il était permis de concourir avec jusqu'à trois poèmes d'au moins deux pages dactylographiées à double interligne, et il revenait à une « commission de critiques et de spécialistes de haut niveau » (dont les noms ne furent jamais divulgués) de choisir ceux qui seraient inclus dans une anthologie qui serait publiée par Shogun. Les sélectionnés recevaient un contrat par lequel ils s'engageaient à payer 380 000 cruzeiros, relatifs à l'achat anticipé d'un paquet de dix exemplaires – celui qui voulait recevoir vingt livres devait payer 760 000 cruzeiros, et ainsi de suite. Ça ressemblait encore à une des opérations mirobolantes des « Organisations Arco » créées par Paulo dans la villa de son enfance à Botafogo, mais à la surprise du couple, un des concours parvint à recevoir pas moins de 1 150 poèmes, sur lesquels 116 furent sélectionnés pour un livre intitulé *Poetas Brasileiros*. Pour les éditeurs, il s'agissait d'une entreprise à risque zéro, car l'ouvrage n'était imprimé qu'après que les quatre fractions eurent été soldées par les auteurs. Chacun d'eux aurait droit, en plus des livres acquis, à un diplôme émis par Shogun, signé par Chris, et à un billet manuscrit de Paulo :

Cher Untel,
J'ai reçu et j'ai lu votre livre de poèmes. Sans parler du mérite que présentent vos textes – qui sont de très haute qualité et vous le savez – je veux vous féliciter de ne pas avoir permis que vos poèmes restent dans le tiroir. Dans le monde d'aujourd'hui, et en ce moment assez singulier de l'histoire, il faut avoir le courage nécessaire pour divulguer ses propres idées.
De nouveau mes félicitations.
Paulo Coelho

Ce qui à première vue paraissait une action entre amis se révéla une grosse affaire. Quand le couple fit poster le dernier paquet de livres au courrier, la caisse de Shogun avait enregistré l'entrée de 40 millions de cruzeiros. Le succès d'une idée apparemment banale encouragea Paulo et Chris à répéter le projet sur une échelle industrielle, et bientôt il était multiplié par cinq. En plus de *Poetas Brasileiros,* quelques semaines plus tard, Shogun annonçait l'ouverture de concours pour la sélection des poèmes qui seraient publiés dans quatre nouvelles anthologies, intitulées *Poetas Brasileiros de Hoje, A Nova Poesia Brasileira, A Nova Literatura Brasileira* et *Antologia Poética de Cidades Brasileiras.* Pour pousser ceux qui n'avaient pas été retenus dans la première anthologie à continuer à ouvrir leurs tiroirs, Chris envoya à chacun une lettre d'encouragement, dans laquelle on découvre que, de 116, le nombre de poésies récompensées par la publication était passé à 250 :

Rio de Janeiro, 29 août 1982

Cher poète,

Une grande partie des travaux qui n'ont pas été classés dans le Concours Raimundo Correia de Poésie s'est révélée d'une très grande qualité. Par conséquent, bien que nous soyons forcés de limiter à 250 le nombre de poésies récompensées, nous avons décidé de chercher une solution pour ceux qui, n'ayant pas respecté le Règlement ou n'ayant pas été sélectionnés par la Commission d'évaluation, ne sont pas entrés dans l'Anthologie.

Le livre Poetas Brasileiros de Hoje, *un nouveau lancement de Shogun dans le domaine de la poésie, sera publié cette année. Nous aimerions beaucoup qu'une de vos poésies participe à cette publication. Chaque auteur souscrira avec la somme déterminée dans le Contrat d'édition en annexe, et recevra en échange dix exemplaires du premier tirage. Ainsi, vous paierez par exemplaire à peine un peu plus que ce que vous payez pour un magazine d'information hebdomadaire – et vous investirez sur vous-même, vous augmenterez le domaine d'influence de votre travail et, éventuellement, vous vous ouvrirez les portes d'une carrière fascinante.*

Shogun, conformément au Contrat d'édition en annexe, enverra des copies de Poetas Brasileiros de Hoje *aux journalistes littéraires les plus en vue du pays, et du matériel d'information à plus de deux cents journaux et magazines importants. Une part de la première édition sera offerte à des bibliothèques nationales et municipales – ce qui permettra à des milliers de lecteurs, au fil des années, d'avoir accès à votre poésie.*

Lord Byron, Lima Barreto, Edgar Allan Poe et d'autres grands noms de la Littérature ont dû financer tout seuls la publication de leurs travaux. Maintenant, grâce au système du partage des coûts, il est possible de lancer le livre sans grosses dépenses, et il est possible qu'il soit lu et commenté du nord au sud du pays. Pour participer à Poetas Brasileiros de Hoje*, il suffit de remplir le Contrat d'édition en annexe, de le signer et de l'envoyer avec la somme réclamée par Shogun.*

Si vous avez le moindre doute, écrivez-nous.

Christina Oiticica

De plus en plus populaires, les anthologies de Shogun paraissaient avoir le pouvoir de faire se reproduire comme des champignons dans tous les coins du pays des poètes romantiques, parnassiens et concrétistes. Les soirs de remise des diplômes et autres honneurs, ils étaient si nombreux, avec leurs parents et amis, que la maison d'édition avait dû louer le Circo Voador, à Lapa, un des nouveaux centres de spectacles de Rio, pour loger la foule des poètes lauréats et de leurs invités. En plus de ces solennités, Chris se chargeait de coordonner personnellement les soirées publiques, réalisées en général dans des lieux de grande affluence populaire, où les auteurs déclamaient leurs poèmes primés pour des passants et des gens désœuvrés qui, avec un intérêt sincère, s'arrêtaient pour écouter de la poésie. Il y avait toujours un contretemps, évidemment, par exemple les auteurs qui ne remplissaient pas leurs obligations et tardaient à payer, ou le poète qui écrivit une lettre au *Jornal do Brasil* pour protester contre l'initiative :

J'ai participé au Ve *Concours Raimundo Correia de Poésie, et j'ai reçu le Prix de Publication pour mon poème « Serhumano ». Pour que la publication se concrétise, j'ai dû payer quatre fractions d'une valeur totale de 380 mille Cr$, par lesquels je devais acheter d'avance dix exemplaires du livre. À la date limite de la dernière fraction, j'ai reçu les livres. Quand je les ai vus et ouverts, j'ai été déçu au point de perdre l'envie de les lire. J'ai compris à cet instant que je m'étais fait escroquer.*

Le cœur du livre est imprimé en typographie, un procédé depuis longtemps dépassé pour ce genre de travail. La mise en page est l'une des pires que j'aie jamais vue, confuse et désagréable. Selon la philosophie de Shogun, celui qui ne paie pas n'est pas publié. J'ai appris que plusieurs personnes avaient été exclues, parce qu'elles n'avaient pas les moyens de payer toutes les fractions. Cent seize poèmes ont été publiés. D'après mes calculs, Shogun a gagné un total de 44 millions de cruzeiros, avec le droit de faire travailler notre argent dès la première fraction.

Pour le prix que nous avons payé, nous méritions beaucoup mieux. Je fais ces critiques en connaissance de cause, car je suis professionnel dans le domaine graphique. Je n'offrirais pas ce livre et je ne le vendrais pas à mon pire ennemi.

Rui Dias de Carvalho,
Rio de Janeiro

Une semaine plus tard, le *Jornal do Brasil* publiait la réponse de Shogun, dans laquelle la directrice Christina Oiticica affirmait que les imprimeurs qui imprimaient ses livres étaient ceux qui prêtaient leurs services à des géants comme les maisons d'édition Record et Nova Fronteira. Quant à gagner de l'argent avec la culture, elle répliquait en disant que ces profits finançaient des projets qui n'intéresseraient jamais les grandes maisons d'édition, comme *Poesia na Prisão* (un concours réalisé parmi les prisonniers du système carcéral de Rio de Janeiro), tout cela sans dépendre de l'argent public :

Nous ne mendions pas de subventions de l'État pour nos activités culturelles. Nous sommes indépendants et nous en sommes fiers, parce que nous tous – maison d'édition et poètes – prouvons qu'il est possible au jeune artiste d'être publié et de montrer son travail.

Les plaintes ne semblaient pas partagées par les autres auteurs publiés par Shogun. Des années plus tard, le poète Marcelino Rodriguez se souviendrait avec fierté, sur son blog sur Internet, d'avoir vu son « Soneto Eterno » inclus dans l'anthologie de la maison d'édition :

Ma première aventure littéraire est venue de la maison d'édition Shogun, qui appartenait au couple Paulo Coelho (aujourd'hui notre écrivain le plus important, bien que de nombreux « académiques » ne reconnaissent pas sa valeur, peut-être parce qu'ils ne comprennent pas le contenu de son œuvre) et Christina Oiticica, qui est un peintre sympathique et de grand talent (je n'ai jamais oublié le sourire qu'elle m'a adressé quand je suis allé à la maison d'édition).

Il est vrai que le projet, qui était un encouragement pour de jeunes auteurs, s'était aussi révélé une entreprise qui marchait bien. En organisant quatre anthologies par an, Shogun rentrait par an autour de 160 millions de cruzeiros. Entre les années 1983 et 1986, où se produisit le *boom* des anthologies et des concours de poèmes, les valeurs ont peut-être été encore plus élevées, surtout après que le nombre des lauréats eut doublé. Cette intense activité conduisit la maison d'édition à recruter davantage d'employés, parmi

Chris transforme Shogun en une grande entreprise : ci-dessus, le stand de l'éditeur à la Bienal do Livro et, ci-dessous, lors d'une soirée poétique organisée à Rio.

lesquels un certain Ricardo, un graphiste argentin que Chris et Paulo soupçonnaient d'être lié aux organes de répression politique dans son pays, ce qu'ils n'eurent jamais le courage de demander.

À bientôt quarante ans, Paulo semblait voir sa vie enfin sur les rails. Chris se révélait une femme parfaite, le mariage se solidifiait de jour en jour et les affaires avaient le vent en poupe. Pour que le bonheur soit complet, il ne restait qu'à réaliser sa vieille et bien connue idée fixe : être un écrivain reconnu dans le monde entier. Il continuait à recevoir l'orientation spirituelle de Jean, mais cela ne l'éloigna pas des lectures et débats publics sur des thèmes ésotériques ou de sa vieille curiosité, le vampirisme. Et c'est en tant que vampirologue qu'en 1985 Paulo répondit à l'invitation de faire une conférence dans le plus grand centre de conventions de la ville, le Riocentro. Le local s'était fait connaître en 1981 pour avoir été le théâtre d'un attentat terroriste d'extrême droite manqué, au cours duquel un sergent fut tué, et un capitaine de l'Armée blessé, la bombe qu'ils avaient l'intention de faire sauter au cours d'un show commémorant la fête du Travail ayant explosé avant l'heure.

Cette fois, le Riocentro accueillait la première Foire ésotérique du Brésil, une initiative du gourou Kaanda Ananda, patron d'une boutique de produits ésotériques dans le quartier de Tijuca, à Rio, et auteur de la proposition faite à Paulo d'ouvrir la rencontre par une conférence sur le vampirisme. En arrivant, l'après-midi du 19 octobre, un samedi, il trouva le reporter Nelson Liano Jr. qui l'attendait, envoyé par la *Revista de Domingo* du *Jornal do Brasil* pour l'interviewer. Bien qu'il n'ait que 24 ans, Liano avait travaillé dans les principales rédactions cariocas et, comme Paulo, il était passé par toutes les sortes de drogues et il avait eu une expérience mystique à 13 ans, dans sa ville natale, Marília, dans la province de São Paulo. Si le coup de foudre existe aussi chez les ésotériques, c'est sans doute ce qui allait leur arriver. L'enchantement réciproque fut tel que leur conversation prit fin seulement quand Kaanda Ananda annonça pour la troisième fois que la salle était bondée et qu'un public impatient attendait Paulo. Ils se séparèrent tous les deux par une accolade chaleureuse, après avoir échangé leurs numéros de téléphone, et tandis que Paulo entrait dans l'auditorium, Liano se rendait sur le stand de l'Editora Eco pour prendre un café avec le patron, son ami Ernesto Emanuele Mandarino.

Créée au début des années 1960, Eco était une petite maison d'édition installée derrière le Sambódromo, inauguré récemment au centre de Rio de Janeiro. Bien qu'inconnue dans le milieu intellectuel, en plus de vingt ans de fonctionnement, elle était devenue une référence parmi ceux qui s'intéressaient à l'umbanda, au candomblé, à la magie et aux rituels populaires. Dans son vaste catalogue, on pouvait trouver, en cette fin de 1985, des titres pour le moins curieux comme *Manual da Cartomante, Manual de Rezas e Mandingas, Como Adivinhar o Futuro na Bola de Cristal, Cem Maneiras de Evitar Mau-Olhado* et *Como Desmanchar Trabalhos de Quimbanda* (celui-là en deux volumes). Rien que sur saint Cyprien, un saint tenu pour sorcier, Eco avait publié cinq ouvrages différents : *O Poderoso Livro de São Cipriano, O Antigo e Verdadeiro Livro de São Cipriano, O Livro Gigante de São Cipriano Capa de Aço, O Livro Gigante de São Cipriano Capa Preta* et, enfin, *O Livro de São Cipriano das Almas*. En prenant son petit café avec Mandarino, Liano lui raconta qu'il venait d'interviewer un vampirologue :

— Le mec s'appelle Paulo Coelho et il a étudié le vampirisme en Angleterre. En ce moment même, il parle à un auditoire bourré sur ce sujet : les vampires. Tu ne crois pas que ça pourrait donner un livre ?

Mandarino écarquilla les yeux :

— Vampirisme ? On se croirait au cinéma. Est-ce qu'il vend un livre ? Quand la conférence sera terminée, amène-le ici au stand pour un café.

Il ne fut pas nécessaire de discuter longtemps. Quelques minutes après avoir été présenté à Paulo, Mandarino lança une proposition, à brûle-pourpoint :

— Si vous écrivez un livre sur le vampirisme, Editora Eco publie.

Comme si la chose avait été combinée, il ne broncha même pas avant de répondre :

— Je consens si Nelson Liano accepte de l'écrire avec moi, à quatre mains.

Mandarino s'étonna :

— Mais Nelson m'a dit que vous veniez de vous rencontrer !

Paulo éclata de rire :

— C'est vrai, mais nous sommes amis pour toujours.

Affaire faite. Ils sortirent tous les deux de là engagés à remettre à Eco les originaux d'un livre intitulé *Manual Prático do Vampirismo*. L'ouvrage serait organisé en cinq parties, la première et la cinquième écrites par Paulo, la deuxième et la quatrième par Liano, et la troisième partagée entre les deux. Paulo et Chris résistèrent encore un peu avant de s'engager, se demandant pourquoi le futur livre ne serait pas publié par Shogun, mais ils en furent dissuadés par Liano, pour qui seule une maison d'édition ayant le profil d'Eco serait capable de mettre de façon adéquate sur le marché un livre portant sur un tel sujet – alors que la spécialité de Shogun était les anthologies poétiques. Présumant que ce serait un best-seller, à l'heure de signer le contrat, Paulo exigea des changements dans le modèle que la maison d'édition adoptait avec tous ses auteurs. Préoccupé par l'inflation, il voulait des redditions de comptes mensuelles, et non trimestrielles. En outre, bien qu'il revînt à Liano d'écrire la moitié du livre, plus la révision du texte final, Paulo fit taper la clause additionnelle suivante par la secrétaire de Mandarino au bas du contrat :

Figurera sur la couverture le seul nom de Paulo Coelho, étant entendu que sur le frontispice apparaîtra, sous le titre, « Production de Nelson Liano Júnior ».

En bon portugais, Liano allait écrire la moitié du livre et le réviser entièrement, et il apparaîtrait seulement comme producteur (et encore dans les pages intérieures). Et, conformément à une clause additionnelle finale proposée par Paulo, il recevrait seulement 5 % des droits d'auteur (c'est-à-dire 0,5 % du prix de vente public du *Manual Prático do Vampirismo*), les 95 % restants revenant au partenaire. Comme s'il entrevoyait là une poule qui lui donnerait encore de nombreux œufs d'or, Mandarino accepta patiemment les exigences de sa nouvelle recrue – et comme Liano ne présenta pas non plus d'objection, ils signèrent le contrat une semaine après leur première rencontre. Mais dans le délai fixé, seul Liano remit ses chapitres. Prétextant un excès de travail à Shogun, Paulo n'avait pas écrit une syllabe de la partie qui lui revenait. À mesure que le temps passait, les réclamations de son partenaire et de l'éditeur Mandarino étaient devenues quotidiennes, mais le texte ne sortait pas. Après beaucoup de pressions et voyant que tous les délais avaient explosé, il remit enfin son texte à Eco. Au dernier moment, regrettant peut-être l'injustice qu'il commettait envers son partenaire, il autorisa que le nom de Liano figurât sur la couverture – dans un petit corps toutefois, comme s'il n'était pas le coauteur, mais un collaborateur.

La soirée d'autographes du *Manual* eut lieu dans l'élégant Hotel Glória – en face duquel, onze ans plus tôt, Paulo avait été séquestré par le DOI-Codi – avec des garçons servant vin blanc et canapés. Créée par Chris, la couverture présentait le titre en lettres gothiques, sur une célèbre photo de l'acteur hongro-américain Béla Lugosi, qui en 1931 s'était rendu mondialement célèbre en interprétant le rôle du

En haut à gauche, Béla Lugosi en couverture du Manual Prático do Vampirismo. À droite, Toninho Buda (en chemise blanche) se plaint de l'absence de son nom en couverture. Ci-dessous, l'éditeur d'Eco, Ernesto Emanuele Mandarino.

comte Dracula dans le fameux film de Tod Browning. Les textes discouraient sur des thèmes qui allaient des origines du vampirisme aux grandes « dynasties » de sangsues humaines – divisées en branches roumaine, britannique, germanique, française et espagnole. La lecture devient particulièrement savoureuse dans le chapitre qui enseigne la façon de reconnaître un vampire. Dans la vie sociale, c'était possible en observant certaines habitudes ou certains traits de son interlocuteur. Par exemple, quand on tombait sur un amateur de viandes crues ou à point qui fût aussi appliqué et prolixe dans ses propos, il fallait se protéger : on était en présence d'un héritier légitime du Roumain Vlad Dracul. Pendant un rapport sexuel, expliquait le *Manual*, il était encore plus facile pour le lecteur de découvrir s'il couchait avec un dangereux hématophage : les vampires ne bougent pas le pelvis pendant l'acte sexuel, assure le livre, et la température de leur pénis est beaucoup plus basse que celle du commun des mortels. Le *Manual Prático do Vampirismo*, cependant, cachait encore plus de mystères qu'on ne pouvait le percevoir à première vue. Assurément, aucun des invités qui circulaient dans le hall du Glória, sirotant leur vin et tenant sous le bras des exemplaires du livre récemment dédicacé, ne savait que, bien que son nom apparût sur la couverture bien plus en évidence que celui de Liano, Paulo n'avait pas écrit un seul mot, une seule syllabe des 144 pages du *Manual*. L'auteur ne révélerait jamais que, pressé par les délais et n'ayant pas le courage de tenir sa promesse, il décida de recruter secrètement quelqu'un pour réaliser sa partie.

Le choix retomba sur un singulier garçon du Minas du nom d'Antônio Walter Sena Júnior, connu dans le monde de l'ésotérisme sous le sobriquet de « Toninho Buda » – un surnom peu approprié pour quelqu'un qui ne pesa jamais plus de 55 kg. Formé en ingénierie par l'Université fédérale de Juiz de Fora, la ville où il a toujours vécu, Toninho avait connu Paulo en 1981, au cours d'un débat sur le vampirisme au collège Bennet, à Rio. Friand de thèmes comme la magie et l'occultisme, il avait suivi de près la carrière de Paulo et de Raul Seixas, et il rêvait de la résurrection de la vieille Société Alternative. Très honoré de la possibilité de voir son nom imprimé avec celui de Paulo Coelho dans un livre, Toninho accepta la tâche en échange de « l'équivalent du prix d'un déjeuner dans un restaurant bon marché de Copacabana », comme il le dirait plus tard. Il écrivit un par un tous les chapitres qui revenaient à Paulo, et le jour fixé une enveloppe venant de Juiz de Fora laissait dans la boîte aux lettres de Shogun les originaux qui manquaient pour que le livre soit imprimé.

Le 25 avril 1986, un vendredi, Toninho Buda se trouvait à Juiz de Fora, une jambe dans le plâtre et l'autre emmaillotée, encore convalescent à la suite d'un accident dont il avait été victime quelques semaines plus tôt. Il eut un choc en lisant dans une colonne du *Jornal do Brasil* que, ce soir-là, Paulo Coelho dédicacerait au Glória son nouveau livre, *Manual Prático do Vampirismo.* Il prit pour une indélicatesse le fait qu'il n'ait même pas été invité pour le lancement, mais mieux valait croire que l'invitation n'était pas arrivée à temps. Se déplaçant avec difficulté, et toujours s'aidant d'une canne, il décida cependant de participer au lancement d'un livre qui, après tout, était aussi le sien. Il alla jusqu'à la gare routière, prit un autocar et, après deux heures de route, entra dans Rio de Janeiro à la tombée de la nuit. Il traversa la ville en taxi et, s'appuyant sur sa canne, monta lentement les quatre marches en marbre blanc de l'entrée principale de l'Hotel Gloria. Alors seulement, il comprit qu'il était arrivé le premier : hormis les employés de la maison d'édition, qui empilaient des livres sur un meuble, il n'y avait personne, même pas l'auteur.

Il en profita pour acheter son exemplaire – outre l'invitation, il n'avait pas reçu non plus d'exemplaire à titre d'hommage – et il s'assit dans un fauteuil au fond du salon pour l'examiner amoureusement en paix. Il admira la couverture, parcourut des yeux les premières pages, le frontispice, les deux rabats... Rien. Son nom n'apparaissait nulle part dans ce livre – dont la moitié avait été intégralement écrite par lui. Non, ce n'était pas possible, il avait dû mal lire. Alors que les premiers invités arrivaient et s'organisaient en file devant la table où l'auteur viendrait s'asseoir, Toninho feuilleta de nouveau le volume, page par page, et il se convainquit qu'il ne se trompait pas : son nom n'apparaissait pas dans le livre qu'il avait contribué à écrire. Il se préparait déjà à reprendre un taxi pour la gare routière quand il vit Paulo entrer en souriant, accompagné par Chris, Liano et Mandarino. À cet instant, le garçon du Minas décida qu'il ne serait pas, comme on dit dans son pays, venu pour rien, et il déchargea sa colère, agitant de haut en bas son maigre index, son gros nez pointu accompagnant le mouvement :

— Merde, Paulo ! Tu n'as pas mis mon nom dans le livre, mec ! C'est la seule chose que je t'avais demandée ! La seule chose que je t'avais demandée, mec !

Paulo feignit de ne pas comprendre, demanda de voir un exemplaire du *Manual*, le feuilleta des doigts et déplora :

— C'est vrai, Toninho. Ils n'ont pas mis ton nom. Mais je te promets : je vais faire faire un timbre avec ton nom et nous allons tamponner toute la première édition. Dans les suivantes, je corrige. Dans celle-ci, nous allons tamponner livre par livre. Excuse-moi.

Malgré sa tristesse, Toninho Buda n'avait pas envie que la fête de l'autre tournât au vinaigre et il pensa qu'il valait mieux mettre fin à cette conversation :

— Paulo, je ne suis pas stupide. Ne me fais pas le coup du timbre à moi, mec. Va à ton lancement, c'est plein de gens qui veulent des autographes. Vas-y, moi, je m'en vais, mec.

Toninho encaissa l'insolence au nom d'un espoir supérieur : attirer Paulo vers la recréation de la Société Alternative, dont il rêvait. La stratégie du garçon du Minas était simple : s'introduire dans les actions publiques et les manifestations populaires pour attirer l'attention des médias et de l'opinion sur le mouvement. Quelques mois plus tôt, il avait écrit de Juiz de Fora une longue lettre à Paulo suggérant des « actions publiques » du groupe, parmi lesquelles il proposait d'envahir la scène du premier concert international Rock in Rio, le soir où se présenteraient les Brésiliens Baby Consuelo (plus tard Baby do Brasil) et Pepeu Gomes, à côté de superstars internationales comme Whitesnake, Ozzy Osbourne, Scorpions et AC/DC. Le plan de Toninho consistait à s'emparer du microphone au moment culminant du spectacle et faire un discours pour défendre la Société Alternative :

Je pense que nous devons tout faire pour prendre le micro au Rock in Rio. Cependant, ça va dépendre presque totalement de toi et de tes relations à Rio. Je suis prêt à y aller, et je vais vraiment le faire. Si tu es d'accord, tu peux commencer à prendre des dispositions, mais ne manque pas de m'informer de la suite de l'affaire, s'il te plaît.

En janvier 1986, quelques mois avant la soirée d'autographes du *Manual*, ils avaient participé tous les deux à un happening à Rio. Profitant d'une action de protestation d'habitants de la Zone sud de Rio contre la décision de la mairie de fermer au public le Parque Lage, un des poumons verts de la ville, ils décidèrent de s'infiltrer pour annoncer le lancement d'un journal intitulé *Sociedade Alternativa* – dont l'ébauche avait été entièrement dessinée par Toninho. Et ce fut lui qui s'inscrivit auprès des organisateurs de la manifestation pour prendre la parole. Dès qu'ils appelèrent son nom, il monta à la tribune improvisée en costume cravate et se mit à lire, devant les caméras de télévision, un texte qu'il intitula « Manifeste Numéro 11 ». C'était une page entière de choses du genre « l'espace est libre, tout le monde doit occuper son espace », « le temps est libre, tout le monde doit vivre avec son temps », « la classe artistique n'existe plus : nous sommes tous écrivains, ménagères, patrons et employés, clandestins et légaux, sages et fous ». Ce n'était pas dans le contenu, mais dans la forme, que résidait le caractère inhabituel de cette performance. À chaque phrase, verset ou pensée que lisait Toninho Buda, Chris coupait soigneusement et silencieusement un morceau de son vêtement : d'abord une cravate, un bras du costume, puis une jambe, encore un bras, un col, une manche... Quand il prononça la dernière phrase (quelque chose comme « le grand miracle ne sera plus de marcher sur les eaux, mais de cheminer sur la terre »), il était complètement nu, sans un centimètre carré de tissu sur le corps.

Le soir, quand tous fêtaient la répercussion de l'« action publique » au Parque Lage, Paulo continuait à grogner qu'il fallait faire une chose plus scandaleuse, d'un plus grand impact. Chris et Paulo se figèrent sur place quand Toninho leur révéla l'acte qu'il avait imaginé de réaliser et qui, à ses dires, « laisserait éternellement la Société Alternative dans la mémoire de millions de Brésiliens » : rien de moins que de faire exploser la tête du Christ Rédempteur. Crayon et papier en main, il exposa minutieusement le plan que, en ingénieur, il avait élaboré pour faire s'envoler la tête de 3,75 mètres de haut et 30 tonnes du monument qui, à partir de 2007, deviendrait l'une des Sept Merveilles du monde moderne. Toute personne normale aurait mis à la porte un fou pareil, mais ce n'est pas ce que fit Paulo. Au contraire, il ne dit qu'un mot :

— Continue.

C'était ce que Toninho voulait entendre. Debout, gesticulant, il semblait saliver de plaisir à la vision anticipée de la grande catastrophe :

— Imagine la population de Rio de Janeiro qui se réveille le matin et voit le Christ là, sans tête et avec cet amas de barres de fer tordues lui sortant du cou dans le ciel bleu ! Imagine l'édit du pape demandant réparation, les foules en procession montant au Corcovado à la recherche de morceaux à garder en reliques. Tu y as pensé ? L'Église récoltant la dîme pour le miracle de la reconstruction et les trafiquants des favelas manifestant pour soutenir les autorités ! C'est là que les gens se mettraient à chanter « Vive ! Vive la Société Alternative ! » et à distribuer le premier numéro de notre journal avec les nouvelles toutes fraîches sur le regrettable épisode...

C'était trop hérétique, surtout pour quelqu'un qui était franchement en train de se réconcilier avec l'Église catholique, et Paulo préféra mettre un point final à la conversation et ne plus jamais aborder le sujet. Toninho ne l'apprendrait que des mois plus tard, mais Paulo était sur le point d'être admis comme Maître de RAM, l'ordre religieux dans lequel Jean l'avait introduit. La première tentative frustrée pour accéder à ce degré dans l'organisation secrète avait eu lieu en janvier de cette année-là. Profitant d'un voyage de travail au Brésil, son orienteur avait fixé au 2 janvier 1986 la cérémonie secrète au cours de laquelle il recevrait l'épée, symbole de son ordination comme Maître. Le lieu choisi fut le sommet d'une montagne de la Mantiqueira, à la limite entre les États de Minas Gerais et de Rio de Janeiro, près de l'un des points les plus élevés du Brésil, le pic des Aiguilles noires. Avec eux, seuls étaient présents Chris, un guide recruté sur place et un homme qui était lui aussi initié dans l'ordre. La seule instruction qu'il avait reçue était d'emporter la vieille épée qu'il utilisait depuis des années dans ses exercices ésotériques. Ainsi que Paulo lui-même le raconte dans le prologue de son premier grand succès littéraire, *Le pèlerin de Compostelle*, ils se réunirent tous autour d'un feu et la liturgie commença quand Jean tourna vers le ciel une épée toute neuve qu'il avait apportée et qu'il n'avait pas sortie de son fourreau, prononçant les mots suivants :

— Que devant le visage sacré de RAM, tu touches de tes mains la parole de vie, et reçoives une telle force que tu deviennes son témoin jusqu'aux confins de la Terre !

Après avoir creusé, à mains nues, une fosse longue et peu profonde, Paulo reçut de Chris sa vieille épée afin qu'elle y soit déposée et enterrée, tandis que lui, hors d'haleine et d'une voix tremblante, prononçait les phrases du rituel. Quand il eut terminé, il vit que Jean posait sur la fosse la nouvelle épée tant espérée. Toujours selon lui, ils avaient tous les bras écartés quand un phénomène se produisit :

— Le pouvoir du Maître a fait se former autour de nous une espèce de lumière bizarre, qui n'éclairait pas, mais était visible, et donnait aux visages une couleur différente du jaune projeté par le feu.

Le moment culminant approchait, non seulement de la cérémonie, mais d'un long voyage. Ne croyant toujours pas à ce qu'il voyait, il entendit les mots que Jean proférait tandis qu'il marquait légèrement son front de la pointe de la lame de la nouvelle épée :

— Par le pouvoir et par l'amour de RAM, je te nomme Maître et Chevalier de l'Ordre, aujourd'hui et pour les jours qu'il te reste à vivre. R pour Rigueur, A pour Amour, M pour Miséricorde ; R pour Regnum, A pour Agnus, M pour Mundi. Quand tu disposeras de ton épée, qu'elle ne reste jamais très longtemps dans son fourreau, parce qu'elle pourrait rouiller. Mais quand elle sortira du fourreau, qu'elle n'y retourne jamais sans avoir auparavant accompli un bien, ouvert un chemin, ou bu le sang d'un ennemi.

Le tremblement diminua et pour la première fois depuis qu'il était arrivé dans cet endroit glacé, Paulo sentit un soulagement. Quand sa main toucherait l'épée que Jean avait posée sur le sol, il serait enfin un magicien. À cet instant, quelqu'un lui écrasa violemment les doigts de la main droite qu'il venait de tendre au-dessus de l'épée. Bien que plus tard il redoutât qu'un os n'ait été fracturé, sur le moment la frayeur fut plus forte que la douleur : il leva les yeux et vit que la chaussure qui avait failli l'estropier était celle de Jean. Furieux, le Français ramassa sur le sol l'épée, la rangea dans son fourreau et la remit à Chris. Paulo s'aperçut alors que la lumière bizarre avait disparu et que Jean paraissait concentrer en lui la colère de tous les dieux :

— Si tu avais été plus humble, tu aurais refusé l'épée. Alors, elle t'aurait été remise parce que ton cœur était pur. Mais comme je le craignais, au moment sublime tu as glissé et tu es tombé. À cause de ton avidité, il te faudra cheminer de nouveau en quête de ton épée. Et à cause de ta superbe et de ta fascination pour les prodiges, il te faudra beaucoup lutter pour retrouver ce qui allait t'être remis si généreusement.

La cérémonie se termina dans la mélancolie. Seuls dans la voiture, rentrant à Rio de Janeiro, lui et Chris restèrent silencieux très longtemps, et puis Paulo ne résista plus à la curiosité et demanda :

— Qu'est-ce qu'il va m'arriver maintenant ? Jean t'a dit quelque chose ?

Sereine, son épouse le tranquillisa, en disant qu'il récupérerait certainement l'épée et le titre de Maître, ou de Magicien. Chris avait reçu de Jean des instructions précises concernant l'endroit où elle devrait cacher l'épée pour que son mari tente de rentrer en sa possession. Encore plus angoissé, Paulo voulut savoir quel lieu avait été choisi comme cachette, mais elle ne parvint pas à répondre avec précision :

— Ça, il ne l'a pas très bien expliqué. Il a seulement dit que tu devais chercher sur la carte de l'Espagne une vieille route médiévale connue sous le nom de chemin de Saint-Jacques.

23

Le chemin de Saint-Jacques

En cherchant des informations dans les agences de voyage, Paulo découvrit qu'en cette année 1986, l'intérêt pour ce qu'on appelait le chemin de Saint-Jacques était quasi nul. Moins de quatre cents pèlerins s'aventuraient chaque année à parcourir les sept cents kilomètres inhospitaliers de l'itinéraire mystique reliant la ville de Saint-Jean-Pied-de-Port, au sud de la France, et la cathédrale de Saint-Jacques-de-Compostelle, capitale de la Galice, dans le nord-ouest de l'Espagne, qui depuis le premier millénaire du christianisme était parcouru par des pèlerins à la recherche du supposé tombeau de l'apôtre Jacques. Le phénomène espagnol qui à cette époque attirait des millions de touristes de tous les coins du monde n'avait rien de religieux. Au contraire, il s'agissait de la *Movida* madrilène, un mouvement socioculturel né dans la capitale espagnole après la mort du général Francisco Franco, en novembre 1975, au terme d'une dictature de quatre décennies. Comme le résuma bien, au milieu des années 1980, le journal français *Le Monde diplomatique*, la *Movida* ne devait être qu'« une bonne cuite pour fêter la fin du franquisme, mais cette ivresse dure depuis plus de dix ans ». Au début, la *Movida* consista simplement en une tentative du maire élu de Madrid, le vieux socialiste Enrique Tierno Galván, pour rendre aux Espagnols, et surtout aux Madrilènes, un peu d'estime d'eux-mêmes, durant le processus de retour à la démocratie. Sortir dans la *Movida,* cela signifiait faire une tournée des bars, restaurants, salles de spectacles, théâtres et cinémas – et ne rentrer chez soi que lorsque la bourse ou le corps étaient hors de combat. Quiconque voulait exercer ses talents de musicien, de danseur, de jongleur ou de chanteur pouvait le faire sur la place publique, car le public n'était pas un problème. « Madrid ne dort pas ! » s'exclamaient tee-shirts et *buttons*. Des affiches convoquaient la population avec des phrases chocs comme « Madrid me tue ! » et « Cette nuit, tout le monde dans la rue ! », qui se transformaient en slogans et cris de guerre des tribus qui circulaient jour et nuit dans la ville. Le mouvement s'étendit aux arts en général, et toucha surtout le cinéma, qui donna un nouveau visage à l'Espagne en substituant à la vilaine figure du franquisme la débauche géniale de l'enfant chéri de la *Movida* et un de ses militants les plus enthousiastes, le cinéaste Pedro Almodóvar.

Pour quelqu'un qui était sur le chemin d'une pénitence, comme Paulo Coelho, il n'y aurait pu avoir escale plus tentatrice que la capitale espagnole et sa *Movida*. Il lui restait à s'armer de courage et à embarquer. La frustration provoquée par l'épisode du pic des Aiguilles noires avait été telle qu'il n'avait même pas fêté la réalisation d'un vieux rêve : son compte bancaire avait atteint l'équivalent de 300 000 dollars – autour de 550 000 dollars, ou 980 000 reals de 2008. Ne présentant pas le moindre attrait, la routine de Shogun était assumée par Chris tandis que lui passait ses journées à la maison, remplissant des pages et des pages de journaux de ses sempiternelles plaintes :

Il y a très longtemps que je n'ai pas ressenti une révolte comme celle que je ressens aujourd'hui. Et ce n'est pas contre Jésus, mais contre ma propre incompétence, pour ne pas arriver à avoir la force de volonté suffisante pour réaliser mes rêves.

De nouveau en crise avec la foi, il sentait que les forces lui manquaient et il affirmait souvent qu'il avait envie de se convertir à « l'athéisme total ». Il n'avait jamais perdu de vue l'engagement pris avec Jean (il y a plusieurs notes dans son journal du genre « ... seulement dans le pèlerinage je vais avoir une illumination et me trouver »), mais comme il paraissait décidé à reporter éternellement le voyage, il revint à Chris de prendre l'initiative. Sans que son mari le sache, à la fin de juillet, elle recourut à une agence de voyage, acheta deux billets et annonça à la maison le fait accompli :

— Nous allons à Madrid.

Il tenta de différer encore une fois le départ, prétextant que la maison d'édition ne pourrait pas rester sans direction et que cette histoire de trouver une épée que Chris avait cachée sur une route de sept cents kilomètres de long paraissait n'avoir ni queue ni tête :

— Mon Maître ne m'aurait-il pas confié une mission impossible ?

Mais elle, elle était décidée :

— Ça fait sept mois que tu ne fais rien. Il est temps de tenir l'engagement que tu as pris.

Ainsi, au début d'août 1986, ils débarquèrent tous les deux à l'aéroport international de Barajas, à Madrid, où les attendait l'esclave décharné Antônio Walter Sena Júnior – lui-même, Toninho Buda en personne, qui avait rêvé de dynamiter la tête du Christ rédempteur. Et c'était par ce mot – « esclave » – que Paulo s'était mis à en parler et à s'adresser à lui depuis que, décidé à faire le chemin de Saint-Jacques, il avait recruté l'ingénieur comme collaborateur. À peine remis de la frustration que lui avait causé le *Manual Prático do Vampirismo*, Toninho Buda montait un restaurant macrobiotique à Juiz de Fora quand il reçut la proposition – en effet, Paulo avait dit clairement qu'il ne s'agissait pas d'une invitation à voyager ensemble, mais d'un contrat de travail. En apprenant, par téléphone, les détails de la proposition, Toninho entreprit un dialogue surréaliste avec son ami – surréaliste y compris parce que c'était une servitude rémunérée :

— Mais ce que tu me proposes, c'est un boulot d'esclave !

— C'est exactement ça : je veux savoir si tu acceptes d'être mon esclave pendant les deux mois que je vais passer en Espagne.

— Mais qu'est-ce que je vais faire là-bas ? Je n'ai pas un rond, je n'ai jamais quitté le Brésil, je n'ai jamais mis les pieds dans un avion.

— Ne t'en fais pas pour l'argent. Je t'offre le billet et je te paie un salaire mensuel de 27 000 pesetas.

— C'est combien en dollars ?

— Ça doit faire dans les 200 dollars. Un paquet de fric, si tu considères que l'Espagne est le pays le moins cher d'Europe. Tu marches ?

À 36 ans, célibataire et sans empêchement, Toninho ne voyait pas pourquoi refuser : finalement, ce n'était pas tous les jours que quelqu'un l'invitait à aller en Europe, peu importait pour quoi faire. Et si les choses tournaient mal, il suffisait de reprendre un avion. Mais quand il arriva à Rio, ses valises prêtes pour le départ, et qu'il lut le contrat de travail dactylographié par Paulo, il découvrit que les choses étaient bien différentes. En premier lieu, tandis que le couple Coelho embarquerait sur un vol d'Iberia avec droit à une nuit d'hôtel, pour faire des économies Paulo lui avait acheté un billet sur la malfamée Linhas Aéreas Paraguaias (LAP). En plus des risques que cela signifiait de voler sur une compagnie qui était l'une des championnes du monde de l'insécurité, il serait obligé d'embarquer à Asunción, au Paraguay, afin de continuer sur Madrid. Et comme il s'agissait d'un billet en liaison directe, ce qui le rendait encore moins cher, il ne pourrait être utilisé qu'aux dates fixées à l'avance, ce qui signifiait que, qu'il pleuve ou qu'il fasse soleil, il ne pourrait rentrer au Brésil qu'au début d'octobre, deux mois plus tard. Jauni par le temps et perdu au fond d'un coffre à Rio de Janeiro, le contrat montre à quel point les conditions imposées par Paulo à son esclave – appelé ici « Tony » – étaient draconiennes :

COMBINAISONS

1 – Si Tony dort dans ma chambre, il n'y ira qu'à l'heure de se coucher, vu que j'y travaillerai jour et nuit.

2 – Tony recevra une aide de 200 US$ par mois, remboursables quand il arrivera à Rio s'il le veut, mais sans obligation.

3 – Dans le cas où ma chambre ou mon appartement serait occupé par un(e) autre habitant(e), Tony ira dormir ailleurs à ses frais.

4 – Tous les programmes que je voudrai faire en y associant Tony seront à mes frais.

5 – Le voyage avec Chris ne se fera pas en compagnie de Tony, qui attendra à Madrid.

6 – Tony a été bien averti des conditions suivantes :

6.1 – Le billet d'avion ne permet pas de modifier la date de retour ;

6.2 – Il est illégal de travailler là-bas ;

6.3 – Excepté l'aide mensuelle de 200 US$, il devra trouver de l'argent par ses propres moyens ;

6.4 – S'il modifie le billet de retour, il devra payer le billet correspondant à un tarif normal (2 080 US$), les US$ déjà payés pour le billet en liaison directe décomptés.

1er août 1986
Antônio Walter Sena Júnior
Paulo Coelho

Quand il lut cette énormité, Toninho Buda pensa retourner dans le Minas, mais le désir de connaître l'Europe était le plus fort et il ne lui resta d'autre choix que de signer les « Combinaisons ». Comme les horaires des vols ne coïncidaient pas, il embarqua un jour avant

Paulo et Chris, pour un voyage qui commença du pied gauche : en débarquant à l'aéroport de Madrid, il resta trois heures à expliquer aux autorités, sans parler un mot d'espagnol, comment il prétendait passer soixante-dix jours en Espagne avec les quatre billets de dix dollars qu'il avait en poche. Il se vit soumis à l'humiliation d'être déshabillé, interrogé et, enfin, libéré. Le lendemain, 5 août, il était de nouveau à l'aéroport de Barajas, attendant l'arrivé de son maître. Toninho s'était installé dans la pension d'une petite vieille aveugle qui détestait le Brésil (« un pays de femmes effrontées », marmonnait-elle) et fermait la porte d'entrée à 11 heures du soir – à partir de cette heure, celui qui restait dans la rue dormait dans la rue. Le seul avantage offert par la pension de *doña* Cristina Belarano était la somme insignifiante de 600 pesetas (7 dollars de 2008, ou 12 reals) réclamés par jour, comprenant le modeste petit déjeuner. Les nouveaux arrivants dormirent seulement la première nuit ensemble à Madrid. Le lendemain, Chris loua une voiture et partit cacher l'épée de son mari à l'endroit indiqué par Jean.

Il faisait une chaleur étouffante dans la capitale espagnole ce 7 août 1986, quand Paulo quitta la ville dans une voiture de location. Il fit au volant près de quatre cent cinquante kilomètres vers le nord, traversa la frontière française et rendit le véhicule dans une succursale de la société de location à Pau, où il dormit deux nuits. Le matin du dimanche, le 10, il prit un train jusqu'aux Pyrénées et là fit ce qui serait la dernière annotation dans le journal avant son retour du pèlerinage :

11 h 57 – Saint-Jean-Pied-de-Port
Fête dans la ville. Une chanson basque au loin.

Juste en dessous, la même page reçut un cachet sur lequel on peut lire une inscription en latin – « St. Joannes

Pedis Portus » –, et à côté une annotation manuscrite en français signée par quelqu'un appelé « J », dont le nom pourrait ressembler à « Relul » ou « Ellul » :

Saint-Jean-Pied-de-Port
Basse-Navarre
Le 10 août 1986
J. ......

Ce J initial est-il celui de Jean, celui d'Amsterdam et des Aiguilles noires ?

Comme il arrive chaque fois que quelqu'un tente de franchir avec de nombreuses questions la frontière de son uni-

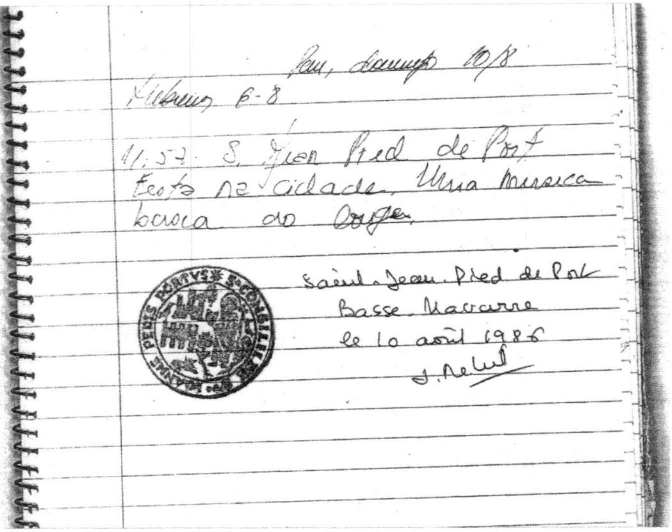

À Saint-Jean-Pied-de-Port, le kilomètre zéro du chemin de Saint-Jacques, un mystérieux « J. Relul », dont la signature figure dans le journal de Paulo serait-il Jean, le maître ?

vers mystique, Paulo Coelho ne confirme ni ne dément. Tous les indices indiquent que Jean est la personne qui s'est trouvée à Saint-Jean-Pied-de-Port (au nom de l'ordre religieux RAM, probablement) pour s'assurer, de plein droit, que le disciple entreprenait vraiment l'accomplissement de l'ordalie qui lui avait été imposée. Le pèlerinage se terminerait seulement dans la ville espagnole de Cebrero, où il trouva l'épée et mit fin à sa marche. Pendant des années, un chauffeur de taxi du nom de Pedro, résidant dans la petite ville de Roncevaux, à mi-chemin entre Pampelune et Saint-Jean-Pied-de-Port, raconta à qui voulait l'entendre que l'écrivain, déjà célèbre dans le monde entier, avait en réalité parcouru le trajet installé sur le siège arrière de sa confortable Citroën équipée de l'air conditionné. L'intrigue dura quinze ans, et puis en 2001 la chaîne nippone de télévision NHK décida de produire le documentaire *Voyage dans le monde de l'Alchimiste,* sur la vie de Paulo. Dans le chapitre qui traitait du chemin de Saint-Jacques, les Japonais installèrent leurs caméras à Roncevaux et montèrent un piège au chauffeur de taxi, qui confirma avec force détails ce qu'aurait été la commode traversée faite en août 1986. Avant que les caméras ne soient éteintes, les journalistes invitèrent Paulo à s'approcher et à se tenir face au chauffeur, à qui l'intervieweur demanda :

— Savez-vous qui est cet homme ?

Pedro le regarda de la tête aux pieds et répondit avec dédain :

— Non, je n'en ai pas la moindre idée, non, je ne l'ai jamais vu.

Révélée l'identité du sujet aux cheveux ras et à la queue-de-cheval sur la nuque, le chauffeur semblait désolé face aux caméras, pleurant presque en expliquant que tout cela n'avait été qu'un coup de marketing pour augmenter ses profits :

— Je n'ai jamais voulu faire de mal à personne, encore moins à M. Coelho. Comme les pèlerins aiment bien entendre des histoires du Chemin, j'ai inventé ça en comprenant que tout le monde préférait voyager avec le chauffeur qui a transporté Paulo Coelho.

L'épisode encouragea Paulo à inclure, dans la préface des éditions suivantes du *Pèlerin,* un petit passage dans lequel il laisse le lecteur croire à la version qu'il préfère, alimentant encore davantage le mystère au sujet du voyage :

J'ai entendu toutes sortes de commentaires au sujet de mon pèlerinage ; que je l'ai fait entièrement en taxi (imaginez le prix !) ou que j'ai reçu l'aide secrète de certaines sociétés initiatiques (imaginez la confusion).

Les lecteurs n'ont pas besoin de savoir avec certitude si j'ai fait ou non le pèlerinage ; ainsi, ils chercheront leur expérience personnelle, et pas ce que j'ai vécu (ou non ?).

J'ai fait le pèlerinage une seule fois – et je ne l'ai pas fait complètement. Je me suis arrêté au Cebrero et j'ai pris un autocar jusqu'à Saint-Jacques-de-Compostelle. Je pense très souvent à cette ironie : le texte le plus connu sur le Chemin, en cette fin de millénaire, a été écrit par quelqu'un qui ne l'a jamais fait jusqu'au bout.

La localisation de l'épée – moment le plus important et le plus mystérieux de tout le voyage, et qui n'est révélé qu'à la fin du livre – a eu lieu quand il s'approchait de la ville d'El Cebrero, alors qu'il restait encore cent cinquante kilomètres pour arriver à Saint-Jacques. Là, Paulo trouva un agneau éclopé, sans maître, au bord de la route. Mû par une sorte d'intuition, il se mit à suivre l'animal, qui s'enfonça dans le bois, jusqu'à un point d'où il pouvait voir les lumières à l'intérieur d'une vieille chapelle érigée à côté d'un petit cimetière, à l'entrée de la ville, ainsi qu'il le relate dans le livre :

La chapelle était tout illuminée quand je suis arrivé à la porte. [...] L'agneau s'est réfugié derrière un banc et j'ai regardé devant moi. Devant l'autel, souriant – et peut-être un peu soulagé – se tenait le Maître. Avec mon épée dans la main. Je me suis arrêté. Il s'est approché, il est passé devant moi et il est sorti. Je l'ai suivi. Devant la chapelle, regardant le ciel sombre, il a retiré mon épée de son fourreau et m'a demandé de la tenir avec lui. Il a levé la lame et il a prononcé le Psaume sacré de ceux qui voyagent et luttent pour gagner :

— S'il en tombe mille à ton côté, et dix mille à ta droite, toi, tu ne seras pas atteint. Il ne t'arrivera pas de malheur, aucun coup ne menacera ta tente, car il chargera ses anges de te garder en tous tes chemins.

Alors, je me suis agenouillé, et il a frappé de la lame mes épaules, en disant :

— Tu marcheras sur le lion et la vipère, tu piétineras le tigre et le dragon.

Paulo raconte qu'au moment précis où Jean finit de parler, une grosse averse d'été s'abattit sur l'endroit. « J'ai tenté de chercher des yeux l'agneau, mais il avait disparu », écrivit-il, « mais cela n'avait pas la moindre importance : l'eau vive descendait des cieux et faisait briller la lame de mon épée. » À en juger par la récompense que le pèlerin s'accorda plus tard, l'effort pour trouver l'épée a dû être surhumain.

Comme un enfant qui aurait fêté une certaine forme de renaissance, Paulo s'abandonna corps et âme à la *Movida* madrilène. Il échangea l'hôtel où il était descendu en arrivant pour un agréable appartement meublé dans l'élégant quartier d'Alonzo Martinez et se jeta dans la fête qui emportait l'Espagne. Jusqu'au début d'octobre, il continua à compter sur le travail de Toninho Buda – que, dans le journal, il appelait « l'esclave » ou seulement « l'esc. » –, mais il découvrit bientôt qu'il avait recruté le mauvais serviteur. Tandis que Paulo s'était converti en sybarite prêt à profiter jusqu'à la dernière goutte de la vie de bohème, Toninho se révéla un végétarien radical qui ne se nourrissait que de minuscules portions de nourriture macrobiotique et ne buvait rien qui contînt de l'alcool. Son refus de boire un coup de vin de Rioja, une des plus fameuses régions vinicoles du monde, avait indigné Paulo :

— Goûte, esclave. Il n'y a pas meilleur vin que celui-là, mais pour ça tu n'as aucune sensibilité...

Il ne buvait pas, ne mangeait pas de viande et ne pouvait pas non plus sortir la nuit avec son patron, car il était obligé de rentrer à la pension de *doña* Cristina à onze heures du soir, heure où la *Movida* commençait à peine à bouillonner. Et, de plus en plus fréquemment, il se plaignait que son salaire ne lui permît pas de survivre. Une fois, ils finirent par avoir une vive discussion, après une nouvelle protestation de Toninho Buda :

— Paulo, cet argent ne me permet même pas de me nourrir.

— Je crois qu'il vaut mieux que tu relises notre contrat. Il y est écrit que si le budget explose, tu devras trouver de l'argent par tes propres moyens.

— Merde, Paulo, mais dans notre contrat il est aussi écrit qu'un étranger n'a pas le droit de travailler ici en Espagne !

— Écoute, esclave, ça, c'est des conneries. Tout le monde ici se démerde. T'es pas estropié, alors démerde-toi.

Il ne lui restait plus que cela à faire. Quand ses doigts ratissaient le fond de sa poche pour y trouver le dernier sou, il recourait à la vieille guitare qu'il avait apportée du Brésil : il choisissait une station de métro fréquentée, s'asseyait par terre et se mettait à fredonner des chansons brésiliennes au son de son instrument. À côté de lui, un bonnet retourné attendait les pièces de monnaie et les rares billets jetés par les passagers. Toninho ne pouvait jamais rester très longtemps à la même place, car les contrôleurs finissaient par le chasser avec les autres mendiants, mais une heure de chant lui rapportait entre 800 et 1 000 pesetas, suffisamment pour payer une assiette de nourriture et la journée à la pension. Une autre solution pour mettre quelques sous de côté était de se prévaloir de ses connaissances rudimentaires en massages asiatiques pour se consacrer clandestinement à une activité qui n'exigeait pas qu'il parlât castillan, ou aucune autre langue : masseur, dans son cas « spécialisé dans la méthode shiatsu ». Il pensa mettre une annonce dans un journal de Madrid, mais le prix était prohibitif. Avec l'aide d'un ami, il obtint qu'une âme généreuse imprime un paquet de cartes sur lesquelles il offrait de réaliser des « *masajes terapéuticos a domicílio para insomnio, cansancio, tensión* ». Le jour où les imprimés furent prêts, il colla un exemplaire dans son cahier-journal et écrivit au-dessus :

Jeudi 25 sept 86
Je me suis réveillé tard mais je suis allé courir au Parque du Retiro. En rentrant j'ai eu la diarrhée et j'ai complètement perdu mes forces. Paulo m'a appelé et je lui ai dit qu'il allait falloir que se produise un miracle pour qu'ils me retiennent ici… J'ai fait la carte de masseur à distribuer dans les endroits stratégiques de Madrid, mais c'est moi qui ai besoin d'un massage ! J'ai besoin de prendre des forces. La tension me crève…

Étranger aux souffrances de l'« esclave » (qui retournerait au Brésil au début d'octobre sans dire au revoir), Paulo ne voulait rien savoir d'autre que la fête. Il déjeunait et dînait dans de bons restaurants, allait beaucoup au cinéma et dans les musées et finit par se livrer à deux nouvelles passions : les courses de taureaux et les jeux électroniques au flipper, appelés aussi *pinball*. Dans ceux-ci, en général, il ne quittait la machine qu'après avoir battu le record du joueur précédent. Avec le temps, il était devenu un véritable aficionado des courses de taureaux et il pouvait faire des heures de train pour voir un certain torero – ou taureau – en action. S'il n'y avait pas de courses de taureaux, il passait ses après-midi debout dans des bars pleins d'adolescents, les mains et les yeux collés sur l'écran lumineux du jeu. Quand il ne semblait plus y avoir rien à inventer, il s'inscrivit à un cours pour apprendre à jouer des castagnettes. Mais il ne fallut pas très longtemps pour que le vieux balancier euphorie-dépression revienne torturer son âme. Il avait 300 000 dollars à la banque et cinq appartements rapportant des loyers réguliers, il était bien marié et il venait de recevoir son épée de Maître, ou de Magicien (toujours avec majuscules initiales, ainsi qu'il l'orthographie), mais il était toujours malheureux. Malgré la vie agitée qu'il menait, il trouva du temps pour remplir, entre septembre et janvier, le mois de son retour au Brésil, plus de cinq cents pages de journal. La plupart, bien entendu, répétaient pour la énième fois la rengaine qu'il enregistrait depuis vingt ans et qui s'était transformée en un mantra larmoyant :

— Je vais avoir 40 ans et je ne suis pas encore un écrivain consacré.

À la fin d'octobre, Chris vint à Madrid pour une visite de quelques semaines et jeta encore plus de sel sur ses blessures. Un jour où son mari portait aux nues la capacité de production du peintre espagnol Pablo Picasso, elle en profita pour déclarer franchement :

— Écoute, Paulo, tu as autant de talent que lui. Mais depuis six ans que je te connais, tu n'as rien produit. Je t'ai apporté et je continuerai à t'apporter tout le soutien dont tu as besoin. Mais tu dois avoir un objectif concret et le suivre avec ténacité. Ainsi seulement tu arriveras où tu veux arriver.

Quand Chris retourna au Brésil, au début de décembre, il allait encore plus mal dans sa tête. Il passait son temps à se plaindre d'avoir perdu sa capacité de raconter « même des histoires sur lui ou sur sa vie ». Il pensait que le journal devenait « chiant, médiocre et sans sujet », mais finalement il reconnaissait qu'il en était responsable : « Je n'ai même pas raconté le chemin de Saint-Jacques ici. » Tenant à coups de doses régulières de Somalium, dans les moments où la dépression se faisait pesante, Paulo menaçait de reconnaître sa défaite :

Parfois je pense au fond de mon âme à me suicider parce que les choses m'effraient, mais j'ai foi en Dieu et je sais que je ne le ferai jamais. Ce serait remplacer la peur par une peur plus grande. Je dois éloigner cette idée qu'écrire un livre serait une chose importante à faire à Madrid. Je serais peut-être capable de dicter un livre à quelqu'un.

À la mi-décembre, Chris appela pour dire qu'elle ne supportait plus de travailler à côté de son beau-père, à Shogun :

— Paulo, ton père est très difficile. J'ai besoin que tu viennes tout de suite ici.

Ingénieur à la mode d'antan, Pedro Queima Coelho n'acceptait pas les dépenses que la maison d'édition faisait en publicité et cela finit par engendrer des heurts permanents entre lui et sa belle-fille. L'appel téléphonique avait été un ultimatum pour qu'il mette en marche le compte à rebours et se prépare à rentrer – avec ou sans livre écrit. Cette dernière responsabilité, au moins, Paulo l'avait reportée sur Dieu, en implorant le Créateur, dans son journal, de lui envoyer un signe quand viendrait l'heure de commencer à écrire. Quelques jours plus tard, un mardi où le jour se leva sur Madrid gelée, il sortit tôt pour se promener dans le Parque del Retiro, au centre-ville. En rentrant à la maison, il se précipita sur son journal :

J'ai failli trébucher sur le trottoir quand j'ai vu le signe spécifique que j'avais réclamé à Dieu : une plume de pigeon. L'heure est venue de me consacrer à ce livre de toute ma volonté.

Dans les biographies et sur les sites officiels, il apparaît que *Le pèlerin de Compostelle* a été écrit pendant le Carnaval de 1987, mais des indices clairs dans le journal de l'auteur montrent que les premières lignes ont commencé à naître quand il était encore en Espagne, car un jour après avoir reçu ce qu'il croyait être un signe divin, il se mit à travailler au livre, conscient de se trouver devant quelque chose de très important :

15 décembre – Je ne peux pas écrire ce livre comme si c'était n'importe quel livre. Et je ne peux pas écrire ce livre pour passer le temps, ou pour donner une justification à ma vie et/ou à mon oisiveté. Je dois écrire ce livre comme si c'était la chose la plus importante de ma vie. Parce que ce livre est le commencement d'une chose très importante. C'est le commencement de mon travail d'enseignement de la doctrine de RAM et c'est à lui que je dois me consacrer désormais.

18 décembre – J'ai écrit pendant une heure et demie. Le texte m'est venu facilement, mais il manque beaucoup de choses. Cela m'a paru très peu vraisemblable, très style Castaneda. La première personne me préoccupe. Une autre solution serait un vrai journal. Je tenterai peut-être demain. Je trouve que la première scène est bonne, donc cela permet de faire des variations sur le thème jusqu'à ce que je trouve la manière correcte.

Le miracle, apparemment, était en train de se réaliser. L'heure de retourner à Rio approchait, mais une année de folie comme celle-là n'aurait pu se terminer sans surprises supplémentaires. Le 31 décembre, Paulo reçut la visite de Norma Jacobs – une dame qui travaillait à l'ambassade du Brésil, contribuait à la promotion des artistes brésiliens en Europe et était connue comme *la gorda roquera brasileña* – qui venait lui faire une proposition inhabituelle : remplacer le joueur de tambour d'un groupe carioca de samba et mulâtresses qui allait jouer à la fête du réveillon d'une importante famille madrilène et avait été pris d'une très forte grippe. Il tenta de s'esquiver mais il ne voulait pas peiner Norma, à qui il devait beaucoup de faveurs. Quand tout fut réglé, *la gorda* fit une recommandation finale au groupe : ne pas dire de gros mots pendant la fête, parce que le maître de maison était un haut dirigeant de l'Opus Dei, la prélature ultraconservatrice de l'Église catholique. Quelques minutes seulement avant d'arriver à la grande maison remplie de femmes en robes longues et d'hommes en smoking, Paulo apprit que tout le groupe – lui y compris – devrait travailler vêtu de la chemise d'un des clubs de football les plus populaires du Brésil, le Flamengo. La batterie se déchaîna, les mulâtresses se trémoussant devant les yeux hagards de la pieuse assistance, et peu après l'entrée dans l'année nouvelle, ils rangeaient tous leurs instruments. Avant même de penser à se nourrir, Paulo s'adressa au maître de maison pour recevoir son cachet. Sans se gêner le moins du monde, l'homme fut d'une franchise déconcertante :

— Je n'ai pas aimé, donc je ne vais pas payer.

Paulo ne semblait pas s'en inquiéter quand il réagit le doigt en l'air et élevant la voix à dessein pour que tout le monde soit au courant de la menace d'escroquerie :

— Vous n'avez pas aimé ? C'est votre problème ! Je veux mon argent et je ne sors pas d'ici sans lui !

La prudence semblait être une des rares vertus de l'homme qui avait engagé le show. Comprenant que Paulo ne plaisantait pas, il sortit une liasse de billets de sa poche et la remit à Norma, pour qu'elle paie le cachet de ces sauvages – du moment que cela se passait hors de chez lui :

— Voilà l'argent. Maintenant, ayez la gentillesse de vous retirer, parce que je dois m'occuper de mes invités.

Paulo sortit de là heureux de ne pas s'être fait avoir par le faux dévot. Il fit ses premiers pas en 1987 au milieu de centaines de milliers de personnes qui s'enivraient dans les rues de Madrid pour fêter le Nouvel An. Il entra dans le premier centre de flipper qu'il trouva ouvert, demanda un sandwich au jambon et au fromage, une bière brune, et mit un jeton dans la machine, qui projetait sur son visage la lumière multicolore produite par le choc des boules d'acier qui montaient et descendaient. Quelques minutes après s'être mis à jouer, bingo ! – il battit son propre record. Il n'aurait pu y avoir meilleur signe que l'année 1987 commençait très bien.

24

L'Alchimiste

La première mesure que prit Paulo en rentrant au Brésil fut de convaincre son père de s'éloigner de Shogun pour que Chris pût travailler en paix – ce qui se ferait finalement sans ressentiments. En son absence, non seulement elle s'était occupée des affaires de la maison d'édition avec une grande compétence, mais elle avait tenté d'exporter le succès des concours de poésie au-delà des frontières de Rio de Janeiro en créant des anthologies régionales. Au second semestre de 1986, Shogun avait ouvert le concours qui déboucherait sur la *Ire Anthologie des poètes du Pará*, mais comme 44 inconnus seulement se présentèrent (à Rio ils continuaient d'arriver par centaines), l'expérience prit fin avec la première édition. La certitude que Chris s'occupait de l'entreprise aussi bien et même mieux que lui était une stimulation de plus pour que Paulo se consacrât intégralement à son livre. Cependant, l'écrivain avait encore beaucoup de doutes : fallait-il écrire un livre relatant le pèlerinage ? Ne serait-ce pas simplement un livre de plus sur le sujet ? Pourquoi ne pas renoncer à cette idée et se lancer dans un autre projet, celui d'écrire un *Traité de Magie pratique* ? Et le livre, quel que fût le thème, devrait-il être publié par Shogun ou confié à Eco, comme il l'avait fait pour le *Manual Prático do Vampirismo* ?

Ces incertitudes durèrent jusqu'au 3 mars 1987, un mardi de Carnaval. Ce jour-là, Paulo s'assit devant l'Olivetti électrique décidé à ne sortir que lorsqu'il aurait mis le point final à la dernière page du *Pèlerin de Compostelle*. Il travailla frénétiquement pendant vingt et un jours, sans mettre les pieds hors de la maison, ne se levant de sa chaise que pour manger, dormir et aller aux toilettes. Quand Chris arriva pour dîner, le 24, son mari avait devant lui un paquet de deux cents pages prêt à être envoyé à l'imprimeur. La décision de le faire éditer par Shogun mûrissait dans sa tête et il en vint même à publier des petites annonces dans le cahier *Idéias,* qui accompagnait l'édition du *Jornal do Brasil* du samedi, qui ne contenaient qu'un court appel : « À paraître *Le pèlerin de Compostelle* – Editora Shogun. »

Celui qui le dissuada de l'idée d'être en même temps auteur et éditeur fut encore le journaliste Nelson Liano Júnior, qui lui conseilla de frapper de nouveau à la porte d'Ernesto Mandarino. Dans ce cas, « frapper à la porte » était une expression littérale, car la modeste salle dans laquelle fonctionnait l'Editora Eco, au centre de la ville, n'avait qu'une porte, qui donnait directement sur la rue. Madarino rangeait le stock dans un dépôt sur l'autre trottoir. Paulo réfléchit encore quelques jours et c'est seulement à la mi-avril qu'il signa le contrat de la première édition du *Pèlerin de Compostelle* – sur le comptoir d'un petit bar à côté de la maison d'édition, dans la rue Marquês-de-Pombal. Le document contient quelques curiosités. La première est que, au lieu d'être en vigueur pour cinq ou sept ans, comme il est d'usage, Paulo exigea que le contrat soit renouvelé à chaque édition (la première fut de 3 000 exemplaires). Contrairement à l'exigence qu'il avait présentée dans le cas du *Manual Prático do Vampirismo* – il avait alors réclamé des redditions de comptes mensuelles, et non trimestrielles –, cette fois il acceptait ce qui lui était proposé, bien que l'inflation au Brésil atteignît presque 1 % par jour. L'autre est que, au bas du contrat, l'auteur ajouta un addendum apparemment dépourvu de sens qui, pourtant, se révélerait prophétique :

Après la vente des 1 000 (mille) premiers exemplaires, la maison d'édition supportera les coûts de la traduction du livre en espagnol et en anglais.

Si parmi ses dons s'était trouvée la capacité de prévoir l'avenir, Paulo aurait pu profiter de l'euphorie et faire prendre en charge par Mandarino, en plus de l'anglais et de l'espagnol, les versions dans les 44 autres langues dans lesquelles *Le pèlerin de Compostelle* serait traduit vingt ans plus tard, entre autres l'albanais, l'estonien, le farsi, l'hébreu, l'hindi, le malayalam et le marathe. Bien que très lentes au début, les ventes du livre devinrent vite supérieures à celles de tous les autres titres d'Eco. Des années plus tard, retraité et vivant dans la ville montagnarde de Petrópolis, à soixante kilomètres de Rio de Janeiro, Ernesto Mandarino se souviendrait qu'une part de ce succès fut due à une vertu de Paulo qu'ont peu d'écrivains – son engagement dans la diffusion du livre :

— Les auteurs laissaient les originaux à la maison d'édition et ne faisaient rien pour divulguer leurs œuvres. Paulo non seulement apparaissait dans la presse écrite, parlée et télévisée, mais il donnait des conférences sur le livre partout où il était invité.

Sur recommandation de son ami journaliste Joaquim Ferreira dos Santos, Paulo prit une initiative rare même chez les écrivains consacrés : il recruta, en payant de sa poche, la journaliste Andréa Cals, une jeune femme du Pará âgée de 20 ans, exclusivement pour divulguer le livre dans les médias. Le salaire était modeste – 8 000 cruzados mensuels –, mais l'écrivain annonçait des bonifications tentantes. Si vingt mille exemplaires du livre étaient vendus à la fin de 1987, Andréa gagnerait un billet d'avion Rio-Miami-Rio. Comme le contrat prévoyait également la promotion de l'exposition de tableaux de Chris intitulée « Tarô », si les vingt-deux œuvres exposées étaient vendues avant la fermeture de l'exposition, la journaliste empocherait une prime de 5 000 cruzados. En outre, Paulo et Chris réalisaient un travail parallèle de divulgation, imprimant de petits prospectus faisant la promotion du *Pèlerin,* qu'ils se chargeaient eux-mêmes de distribuer tous les soirs dans les queues devant les cinémas, les théâtres et les salles de spectacles, remettant les petits papiers de la main à la main.

Tous ces efforts n'étaient autres qu'une tentative pour compenser la résistance des grands organes médiatiques hésitant à offrir un espace pour un thème aussi spécifique que celui du *Pèlerin* – qui ne semblait intéresser que la presse underground de plus en plus affaiblie. Andréa se rappelle avoir tenté, en vain, de placer une apparition du *Pèlerin* sous forme de *merchandising* dans la novela *Mandala,* présentée alors par la Globo, et dont le thème avait une certaine ressemblance avec le contenu du livre. La première information dans la grande presse évoquant l'existence du *Pèlerin de Compostelle* serait aussi le fruit de son travail. Il s'agissait d'une petite note dans la section « Noms » de la *Revista de Domingo,* du *Jornal do Brasil,* tellement courte que sa répercussion s'arrêterait là. À côté, l'écrivain apparaissait, sur une suggestion de Joaquim, vêtu d'une cape noire et une épée à la main. Bien que petite, l'information n'échapperait pas à l'attention de la production de l'émission d'interviews *Sem Censura,* transmise en direct tous les après-midi sur le réseau national par la TV Educativa, à laquelle Paulo fut invité.

À une question de la présentatrice Lúcia Leme, et devant des millions de téléspectateurs, Paulo révéla pour la première fois en public le secret qui était jusque-là le privilège de quelques amis et de son journal : oui, il était magicien, et parmi ses pouvoirs il y avait celui de faire pleuvoir, s'il le désirait. La stratégie fonctionna. La reporter Regina Guerra, du journal *O Globo,* vit l'émission et suggéra à son

RONALD BIGGS, o famoso ladrão do trem pagador inglês, continua solto — e, se o coronel North também está, não há nenhuma injustiça nisso. Ele começou a filmar na semana passada a história de seu seqüestro, em 1979, uma produção inglesa com o ator Paul Freeman no papel principal. Está bem de vida, embora as leis o obriguem a estar em casa às dez da noite: "É até bom", diz, "com tanto assaltante na rua depois disso". Vive num casarão de Santa Teresa, protegido por um cão policial ("assaltante brasileiro tem medo de cachorro") e um telefone onde afixou um número indispensável ao bom cidadão: "Polícia, 190".

MÁRCIA MOURA, a juíza que escandalizou seus pares ao escrever um livro sobre as mil e uma maneiras de se chegar ao orgasmo múltiplo, voltou, digamos, mais *cool*. Vai fazer, no próximo dia 8, no Mistura Fina, um *show*, onde lança seu primeiro disco, *Cuidaids*. Pasmem: é um *rock* pedindo fidelidade, a história de uma mulher desprezada por um amante insaciável — "antigamente a gente podia transar com eles e com elas numa boa" — e que o vê chegando de volta, resignado com a nova realidade: "Agora se a vida quiser gozar/A mim vai ter que procurar." Nada de sexo oral, anal ou outras técnicas de estupefação sensual, o índice de seu livro *Revolução Feminina* já na 17ª edição. Márcia dá o exemplo: está namorando o ex-marido. Moderação e camisinha é o que pede desta vez. "É bom transar de camisinha", diz. "O homem precisa acabar com este preconceito." Evidentemente, a ex-juíza lamenta a doença. Mas acha que ela trouxe benefícios: "O homem agora é obrigado a ser homem e a gostar de mulher. É menos perigoso."

Joaquim Ferreira dos Santos

Paul Freeman vai fazer o papel de Ronald Biggs no cinema (em cima). Paulo Coelho (esquerda) conseguiu a espada de Mago depois de percorrer o Caminho de Santiago. E Márcia Moura, a ex-juíza, não lança mais livros sobre extravagâncias sexuais. Virou cantora e compôs rock *conclamando ao uso da camisinha*

DOMINGO 13

Pour promouvoir son livre, Paulo pose en cape et épée pour les journaux. Selon la presse, il a été le « Castaneda de Copacabana ».

chef un reportage avec le nouveau personnage de la scène culturelle carioca : l'écrivain qui faisait pleuvoir. Le chef de reportage trouvait tout cela d'une sottise achevée, mais devant l'insistance de la jeune femme, il lui permit de réaliser ce travail. Résultat, le 3 août, le cahier culturel du journal consacrait toute sa première page à Paulo Coelho, baptisé dans un titre sur huit colonnes « Le Castaneda de Copacabana ». Dans une série de photos, il apparaît au milieu des feuillages du jardin de son appartement vêtu de la même cape noire, épée en main et lunettes noires. Le texte qui coiffe l'interview paraissait avoir été fait sur commande pour quelqu'un qui affirmait posséder des pouvoirs surnaturels :

Les murs épais de l'immeuble ancien rendent l'appartement silencieux, bien qu'il se trouve dans un des points les plus bruyants de la ville – Copacabana, Poste Quatre. Une des chambres sert de bureau et donne sur une forêt en miniature : arbustes, plantes grimpantes et fougères se mêlent sur la terrasse. À la première question – « Êtes-vous un magicien ? » – Paulo Coelho, qui lance Le pèlerin de Compostelle, *son cinquième livre, répond par une autre :*

— Fait-il du vent ?

Un coup d'œil dans le feuillage compact lui suffit pour hocher la tête et murmurer un « non » fortuit, dont le ton indique le peu d'importance de la présence ou de l'absence de courants d'air pour l'interview :

— Alors, regardez.

Il reste dans la même position, assis sur un coussin, adossé à un autre, sans rien faire.

D'abord, la pointe de la plus haute feuille du petit palmier commence à se balancer légèrement. À l'instant suivant, la plante entière se courbe, comme toute la végétation autour. Les fils du rideau de bambou du couloir cliquettent, les pages de notes de la reporter s'envolent de la planchette. Au bout d'une ou deux minutes, le coup de vent cesse aussi brusque-

ment qu'il a commencé. Il reste quelques feuilles sèches sur le tapis et un doute : était-ce une coïncidence ou est-il vraiment un magicien qui sait faire lever le vent ? Il faut lire et le découvrir.

En plus du *Globo*, l'auteur capable de faire la pluie et le beau temps n'obtint encore qu'un certain espace dans *Pasquim* et dans le magazine *Manchete*. Toujours sympathique et réceptif envers les journalistes, il posait en position de yoga, se laissait photographier derrière des tubes à essai de laboratoire d'où sortait de la fumée, mettait et retirait la cape et l'épée, selon le goût du client. Les barrières commençaient à tomber. Son numéro de téléphone était peu à peu intégré aux agendas des journalistes des pages mondaines – parmi lesquels se trouvait son amie Hildegard Angel – et fréquemment on pouvait lire des brèves signalant qu'on l'avait vu dînant dans tel restaurant ou sortant de tel théâtre. Pour la première fois, Paulo sentait passer le souffle de la renommée, quelque chose qu'il n'avait jamais pu éprouver, même à l'apogée du succès musical, car à cette époque la vedette, la face visible du duo, c'était Raul Seixas. Cette surexposition se répercuterait aussitôt sur la vente des livres, mais le *Pèlerin* paraissait encore loin de devenir un best-seller.

Pour tenter de capitaliser ce que lui-même appela une « poussière de renommée », Paulo et l'astrologue Cláudia Castelo Branco, qui avait préfacé le *Pèlerin*, s'associèrent à l'entreprise spécialisée Itatiaia Turismo pour organiser un paquet touristico-spirituel baptisé « Les Trois Chemins sacrés » que seraient le christianisme, le judaïsme et la religion musulmane. Les gens intéressés devaient être guidés par Paulo et Cláudia dans un voyage qui commencerait à Madrid et, avant de se terminer à Saint-Jacques-de-Compostelle, parcourrait un exténuant zigzag passant par l'Égypte (Le Caire et Louxor), Israël (Jérusalem et Tel-Aviv), la France (Lourdes) et de nouveau l'Espagne (Pampelune, Logroño, Burgos, León, Ponferrada et Lugo). On ne sait pas si c'est la très mauvaise annonce publiée dans les journaux (qui ne précisait même pas combien de temps durerait l'excursion) ou le prix salé du paquet (2 800 dollars, soit l'équivalent de 5 000 dollars de 2008, ou 8 000 reals), mais ce qui est certain, c'est qu'il ne se présenta pas une seule personne intéressée. Bien qu'il n'eût donné aucun résultat, le projet avait nécessité du temps et du travail pour tous les deux, et l'agence, pour les rémunérer, leur vendit à moitié prix une excursion au Moyen-Orient, un des lieux suggérés pour le malheureux paquet mystico-touristique.

Accompagnés de Paula, la mère de Chris, Paulo et Cláudia embarquèrent le 26 septembre, mais dès leur arrivée au Caire, il décida de se séparer du groupe et de continuer avec sa belle-mère. Le deuxième jour dans la capitale égyptienne, il recruta un guide du nom d'Hassan et lui demanda de l'emmener dans le quartier du Moqattam, au sud-ouest de la ville, pour visiter le monastère copte de Saint-Simon le Cordonnier. De là ils traversèrent la ville en taxi et la nuit tombait quand tous les deux, après avoir franchi un immense bidonville, posèrent les pieds sur les premières franges de sable du plus grand désert de la planète, le Sahara, à quelques centaines de mètres du Sphinx et des célèbres pyramides de Khéops, Khéphren et Mykérinos. Ils échangèrent le taxi contre deux chevaux (Paulo craignait de perdre l'équilibre à dos de chameau) et continuèrent vers les pyramides. En arrivant à proximité des monuments de pierre, Paulo préféra poursuivre à pied dans le sable, tandis qu'Hassan s'occupait des chevaux, lisant le Coran, le livre sacré des musulmans. Près de l'un des monuments illuminés, Paulo affirme avoir vu, au milieu du désert, une femme coiffée d'un tchador portant un pot de terre sur le dos. Il s'agissait, selon lui, de quelque chose de très différent de ce qui s'était passé à Dachau. « Une vision est quelque chose qu'on voit, et l'apparition est une chose quasi physique », expliquerait-il. « Ce qui s'est passé au Caire, c'était une apparition. » Il avait beau être habitué à des phénomènes de cette nature, il fut surpris par ce qu'il avait vu. Il regarda l'étendue de sable sans fin qui l'entourait, ce soir-là baignée par la lumière de la pleine lune, et il ne vit personne d'autre qu'Hassan, qui continuait à balbutier les vers sacrés. En s'approchant de Paulo, la figure disparut aussi mystérieusement qu'elle avait surgi. Mais elle lui laissa une impression si forte que, des mois plus tard, il put reconstituer l'apparition minutieusement quand il écrivit son deuxième livre.

Retournant au Brésil, quelques semaines plus tard, il recevrait, encore dans l'avion, la première grande nouvelle de sa carrière. Quand l'hôtesse de la Varig lui donna un exemplaire du *Globo* du samedi précédent, il plia le journal sur ses genoux, ferma les yeux, fit une rapide opération

Avec un guide, il visite les pyramides égyptiennes. Paulo cherche l'inspiration qui alimentera ses ouvrages à venir.

mentale et seulement alors l'ouvrit, directement au cahier culturel : *Le pèlerin de Compostelle* était là, sur la liste des meilleures ventes de la semaine. Avant la fin de l'année, il signerait des contrats pour cinq nouveaux tirages du livre, dont les ventes dépasseraient les 12 000 exemplaires. Le succès l'encouragea à inscrire le *Pèlerin* pour le Prix de l'Institut national du livre pour les romans déjà publiés, promu par le ministère de l'Éducation, dont le jury se réunissait cette année-là à Vitória, capitale de l'Espírito Santo. Les jurés étaient le poète carioca Ivan Junqueira, duquel, des années plus tard, Paulo deviendrait le collègue à l'Académie brésilienne des lettres ; l'écrivain de Vitória Roberto Almada ; et le journaliste du Minas Carlos Herculano Lopes. À la fin, le choix se porta sur le livre *O Longo Tempo de Eduardo da Cunha Júnior,* du portugais Cunha de Leiradella, alors résident au Brésil. Sans même figurer parmi les finalistes, *Le pèlerin de Compostelle* obtint seulement la voix de Junqueira.

— Le livre était une chose inédite chez nous, un récit soulevant beaucoup de questions parce qu'il mêlait réalité et fantasmagorie, se rappelle l'académicien. Personnellement, il m'a intéressé dans la mesure où j'aime beaucoup la littérature de voyage et aussi ce genre de récit, un peu imaginaire.

Peu après la divulgation du résultat, Paulo allait subir une nouvelle déception. Le magazine *Veja* avait publié un long reportage sur le boom des livres ésotériques au Brésil et tout simplement ignoré *Le pèlerin de Compostelle.* La déconvenue fut telle que Paulo pensa une fois de plus abandonner la carrière d'écrivain. « Aujourd'hui j'ai pensé sérieusement tout larguer et prendre ma retraite », nota-t-il dans son journal. Mais quelques semaines plus tard, il semblait remis des deux échecs et recourait au Yi-king, pensant à un nouveau livre. Il écrivit dans le journal la question « Que dois-je faire pour que mon prochain livre se vende à 100 000 exemplaires ? », jeta les trois pièces sur la table et écarquilla les yeux de joie en voyant le résultat. En général vague et métaphorique dans ses réponses, l'oracle chinois avait été, selon Paulo, étonnement clair : « Le grand homme provoque la bonne fortune. »

La bonne fortune – le nouveau livre – était toute prête dans sa tête. La prochaine œuvre de Paulo Coelho serait basée sur une fable persane qui inspira aussi Borges, dans le conte « Histoire des deux qui ont rêvé », publié en 1935 dans l'*Histoire universelle de l'infamie*. C'est le récit de Santiago, un berger qui, après avoir rêvé à plusieurs reprises d'un trésor caché près des pyramides d'Égypte, décide de quitter son village natal en quête de ce que l'auteur appelle sa « légende personnelle ». Au cours du voyage en Égypte, Santiago rencontre divers personnages, parmi lesquels un alchimiste, et de chaque rencontre il tire une nouvelle leçon. À la fin de sa pérégrination, il découvre que l'objet de sa quête se trouvait exactement dans le village qu'il avait abandonné. Le titre aussi avait déjà été choisi : *L'Alchimiste.* Il est certes curieux que le livre qui allait devenir l'un des plus grands best-sellers de tous les temps – au début du XXIe siècle, *L'Alchimiste* s'était vendu à plus de 35 millions d'exemplaires – ait été conçu à l'origine pour être une comédie théâtrale qui réunirait Shakespeare et l'humoriste brésilien Chico Anysio, ainsi que l'auteur le nota dans son journal en janvier 1987 :

Menescal et [l'acteur] Perry [Salles] me téléphonent pour me demander de faire un spectacle avec un homme seul en scène. Par coïncidence j'étais en train de voir en vidéocassette Encurralado [Duel] *[Steven Spielberg, 1971], un film qui montre un homme seul.*

Une idée a surgi : un grand laboratoire dans lequel un vieil homme, un alchimiste, cherche la pierre philosophale, la sagesse. Il veut avoir la notion parfaite de ce qu'un homme peut atteindre avec l'inspiration. L'alchimiste (ce serait peut-être un bon titre) déclamerait des textes de Shakespeare et de

Chico Anysio. Il interpréterait des chansons et il dialoguerait avec lui-même, représentant plus d'un personnage. Il peut être un alchimiste ou un vampire. Je sais par expérience que les vampires excitent beaucoup l'imagination humaine, et il y a longtemps que je n'ai pas vu un mélange de terreur et d'humour monté sur une scène.

Mais, tel Faust, l'alchimiste comprend que la sagesse n'est pas dans les livres, mais dans les personnes – et les personnes sont dans l'assistance. Pour les désinhiber, il commence quelque chose en chœur. Perry sera l'alchimiste, pénétré de son rôle de découverte. J'insiste, tout cela doit être fait avec un grand sens de l'humour.

Comme cette pièce ne fut jamais mise en scène, cette petite ébauche de scénario fut mixée et modifiée jusqu'à ce qu'elle perde complètement son caractère dramaturgique, pour prendre la forme d'un roman. L'intimité de Paulo avec cette histoire était si grande que, lorsqu'il décida d'écrire le livre, il ne lui fallut pas plus de deux semaines pour produire deux cents pages, une dimension semblable à celle qu'avait *Le pèlerin de Compostelle.* Dès l'ouverture venait la dédicace à Jean, à qui Paulo avait offert le privilège de lire les originaux :

À J.,
Alchimiste qui connaît et utilise les secrets du Grand Œuvre

Alors que *L'Alchimiste* allait être lancé, en juin 1988, *Le pèlerin de Compostelle* avait dépassé la barre des 40 000 copies et était resté dix-neuf semaines ininterrompues sur les principales listes de best-sellers de la presse brésilienne. La superbe indifférence que les grands moyens de communication lui avaient vouée finit par conférer une saveur particulière au succès, fruit du livre lui-même et de la guerre de guérilla que Paulo, Chris et Andréa Cals avaient entamée pour le divulguer. Le Yi-king, tel que Paulo l'interprétait, lui recommanda de renouveler le contrat avec Andréa, mais comme elle s'était engagée dans un autre travail et que l'écrivain exigeait un dévouement intégral, les responsabilités de la journaliste furent reportées sur Chris. Elle et Paulo adoptèrent avec *L'Alchimiste* la même tactique que pour le premier livre : le couple continuait à fréquenter les entrées des théâtres, des bars et des cinémas, à visiter des librairies et à offrir aux vendeurs des livres dédicacés. De son expérience dans le monde du disque, Paulo avait importé dans l'univers littéraire une pratique condamnable – le *jabaculê*, nom que l'on donne au bakchich payé pour des reportages ou des commentaires radiophoniques favorables à un disque (dans ce cas, à un livre). Au milieu de la paperasse accumulée par l'écrivain, on peut trouver des traces de *jabá* [viande séchée au soleil] dans les « certificats d'irradiation » émis par la radio *O Povo AM-FM*, championne d'audience à Fortaleza, au Ceará. Les tableaux envoyés à Paulo prouvaient que durant toute la seconde quinzaine de juillet *L'Alchimiste* avait fait l'objet de « commentaires de témoins » (euphémisme pour copieux éloges) trois fois par jour dans les émissions de Carlos Augusto, Renan França et Ronaldo César, à l'époque les présentateurs les plus populaires de la ville. Chris et lui voyaient clairement qu'ils étaient au centre d'une guerre dans laquelle tous les moyens étaient bons. Depuis envoyer des exemplaires dédicacés aux grands barons des médias brésiliens (parmi lesquels seul Silvio Santos, le patron de la chaîne de télévision SBT, remercia, par un aimable télégramme) jusqu'à se convertir en conférencier à plein temps –, à cette différence près que, contrairement à l'habitude dans ces cas-là, il ne se faisait pas payer pour parler en public. Comme un missionnaire, à toute heure du jour ou de la nuit il était disponible et avait sur le bout de la langue les huit thèmes qu'il proposait aux organisateurs des causeries de choisir : « Les chemins sacrés de l'Antiquité », « Le matin des magiciens », « Les pratiques de RAM », « La philosophie et la pratique de la tradition occulte », « La tradition ésotérique et les pratiques de RAM », « Recrudescence de l'ésotérisme », « Magie et pouvoir » et « Manières d'enseigner et d'apprendre ». À la fin de chaque séance, les auditeurs avaient l'opportunité d'acquérir des exemplaires dédicacés du *Pèlerin* et de *L'Alchimiste*. Et apparemment, rassembler des gens pour l'écouter n'était pas un problème. L'agenda de Paulo de cette période montre qu'il parla autant dans des institutions renommées comme le Teatro Nacional, à Brasília, ou les facultés Cândido Mendes, à Rio, que dans des fermes hôtelières dans l'intérieur du Goiás, et même dans des résidences privées, comme la conférence qu'il donna dans l'appartement de la belle-mère du cinéaste Cacá Diegues, à Rio. Cependant, la guérilla donnait des résultats lents et son influence sur la vente de *L'Alchimiste* mettrait encore du temps à se manifester. Six semaines après le lancement, quelques milliers d'exemplaires avaient été vendus – un prodige dans un pays comme le Brésil, c'est vrai, mais rien de comparable aux résultats du *Pèlerin*, et encore moins aux projets de l'auteur :

Le livre jusqu'à présent n'a pas atteint 10 % de l'objectif fixé. Je crois que ce livre dépend d'un miracle. Je passe la journée près du téléphone, qui ne sonne pas. Mon Dieu ! Pourquoi n'y a-t-il pas un journaliste qui appelle pour dire que mon livre lui a plu ? Mon œuvre est plus grande que mes manies, mes mots, mes sentiments. Pour elle je m'humilie, je pèche, j'espère, je désespère.

Avec *Le pèlerin de Compostelle* impavide sur les listes des meilleures ventes et *L'Alchimiste* allant dans la même direction, il était devenu impossible d'ignorer l'auteur. À la différence du silence dans lequel le premier livre avait été relégué par les grands moyens de communication, le lancement de *L'Alchimiste* serait précédé d'articles en pleine page dans les principaux journaux du Brésil. Et comme *Le pèlerin de Compostelle* avait été solennellement ignoré lors de la publication, la majorité de la presse se vit obligée de le redécouvrir après le succès de *L'Alchimiste*. De l'espace, il semblait en avoir en abondance, mais aucun journaliste ne téléphona pour dire que le livre lui avait plu. Ce que les journaux avaient fait jusque-là, c'étaient des reportages sur l'auteur et un résumé de l'histoire contenue dans le livre. Les supports les plus pauvres reproduisaient purement et simplement le dossier de presse distribué par Eco.

Il revint au journal *Folha de São Paulo* la primeur de publier la première note présentant un avis sur un livre de Paulo Coelho, le 9 août 1988, dans un reportage signé par le journaliste et critique Antônio Gonçalves Filho. Celui-ci observe que *L'Alchimiste* « n'a pas l'impact de la narration séduisante » du *Pèlerin de Compostelle,* et la seule attention qu'il porte au livre réside dans le fait que l'histoire adoptée par l'auteur « a déjà servi de thème à un nombre considérable de livres, de pièces, de films et d'opéras » :

*À la rigueur il n'y a pas la moindre nouveauté dans cette fusion de légendes qui peut trouver son origine dans les manuscrits des premiers siècles de l'ère chrétienne (*Perceval, *par exemple) comme dans les textes de Saint-Exupéry.* L'Alchimiste *ne semble pas non plus exister pour cela. Comme dans* Perceval, *le héros de Coelho dans son « épopée » est aussi un « innocent idiot » à la recherche de quelque chose qui puisse neutraliser les malheurs du monde. Le culte de la foi, la restauration de l'ordre, l'affirmation de la diversité à l'intérieur d'une structure qui tend à l'uniformisation, enfin, toutes les questions présentes dans* Perceval *se retrouvent dans* L'Alchimiste. *Même la prédestination du héros.*

Le critique semblait enfoncer des portes ouvertes. L'auteur lui-même, dans la préface, montre clairement ces ressemblances et précise où il a cherché l'inspiration pour écrire son livre :

L'Alchimiste *est aussi un texte symbolique. Au fil de ses pages, en plus de transmettre tout ce que j'ai appris à ce sujet, je m'efforce de rendre hommage à de grands écrivains qui ont réussi à atteindre le Langage universel : Hemingway, Blake, Borges (qui a aussi utilisé l'histoire persane pour l'un de ses contes) et Malba Tahan (entre autres).*

Au second semestre 1988, Paulo pensait faire un grand saut dans sa vie – passer à une maison d'édition plus grande et plus professionnelle qu'Eco – quand il reçut de Jean une nouvelle ordalie : lui et Chris devaient passer quarante jours dans le désert américain du Mojave, dans le sud de la Californie. Les valises prêtes, la veille d'embarquer, il eut une conversation téléphonique décourageante avec l'éditeur Mandarino qui, bien qu'encore enthousiasmé par *Le pèlerin de Compostelle,* ne croyait pas que *L'Alchimiste* aurait le même succès. L'idéal aurait été qu'il laisse tomber le voyage et résolve tout de suite le problème, mais le maître J. fut intraitable. Ainsi, à la mi-septembre, ils réalisaient tous les deux les exercices spirituels de saint Ignace de Loyola sous la chaleur peu clémente, allant jusqu'à 50 °C, du Mojave.

De cette expérience naîtrait, quatre ans plus tard, son livre *As Valkírias* – écrit avec k et non q pour avoir onze lettres, nombre considéré comme « fort » par certains courants ésotériques.

À la fin d'octobre, ils étaient de retour à Rio. Paulo avait l'intention de résoudre rapidement ses problèmes avec Eco, mais il n'avançait à rien de quitter la petite maison d'édition tant qu'il ne savait pas à quelle porte frapper. Un soir, disposé à oublier un peu ces problèmes, il accompagna un ami à un récital de poésie qui se tenait dans un petit bar à la mode dans la Zone sud. Tout le temps, il eut l'étrange sensation que quelqu'un dans le public, assis derrière lui, le regardait fixement. Quand la soirée se termina et que les lumières s'éteignirent, il se retourna et croisa le regard fixé sur lui d'une jolie fille aux cheveux noirs dans la fleur de ses 20 ans. Il n'y avait aucune raison apparente pour que quelqu'un le regarde de cette manière. Loin du hippie échevelé qu'il avait été quelques années plus tôt, à 41 ans, Paulo avait les cheveux presque totalement blancs, coupés avec soin, une moustache et une barbiche également courtes et grisonnantes. La jeune fille était trop jolie pour qu'il ne prît aucune initiative. Il s'approcha d'elle et lui demanda sans détours :

— Est-ce que par hasard vous m'avez regardé pendant tout le récital ?

La fille sourit :

— Oui.

— Je suis Paulo Coelho.

— Je le sais. Regardez ce que j'ai dans mon sac.

Elle plongea la main dans sa sacoche en cuir et en retira un exemplaire à moitié écorné du *Pèlerin de Compostelle*. Paulo allait le dédicacer, mais quand il apprit que celui-là appartenait à une amie, il recula :

— Achetez le vôtre, et je le dédicace.

Ils décidèrent de se retrouver deux jours plus tard à la centenaire et élégante pâtisserie Colombo, au centre de la ville, où elle apporterait un exemplaire spécial pour recevoir l'autographe. Si le choix d'un lieu romantique comme la Colombo révélait des intentions secondes de l'écrivain, ce ne fut pas ce qui se passa. Le jour fixé, il arriva avec plus d'une demi-heure de retard et dit qu'il ne pourrait pas rester longtemps, car il avait un rendez-vous imprévu avec son éditeur qui venait de confirmer que continuer à publier *L'Alchimiste* ne l'intéressait plus. Pour pouvoir parler un peu plus, Paulo et la jeune fille allèrent à pied jusqu'à Eco, qui se trouvait à dix pâtés de maisons de Colombo.

Elle, c'était Mônica Rezende Antunes, 20 ans, fille unique d'un ingénieur, Jorge Botelho Antunes, et d'une secrétaire de direction, Belinda Rezende Antunes – des parents libéraux qui avaient imposé une seule obligation à leur fille, un cours de danse classique qu'elle avait vite abandonné. Élève appliquée, elle avait étudié dans la meilleure école publique de Rio, le collège Pedro II, et quand elle rencontra Paulo, elle suivait un cours d'ingénierie chimique à l'Université d'État de Rio de Janeiro (UERJ). Elle n'avait jamais été très coquette et, comme la plupart des filles de sa génération, elle aimait le cinéma, les shows et les bavardages chez ses amis ou dans des petits bars à la mode. Alors qu'elle participait à un groupe de théâtre, elle rencontra son petit ami, le pharmacien Eduardo Rangel, employé de la multinationale pharmaceutique Braun, dont le siège est en Allemagne. Quand elle se rappellerait, des années plus tard, cette visite avec Paulo chez Eco, le souvenir le plus fort qu'en avait gardé Mônica, c'est qu'elle était « habillée d'une façon ridicule ».

— Vous imaginez aller discuter des contrats avec votre éditeur en ayant pour compagnie une fille en petit short et chemise à fleurs, coiffée comme une nymphette !

Mônica fut finalement témoin du moment où Mandarino renonça à continuer à éditer la véritable poule aux œufs d'or qu'allait devenir *L'Alchimiste*. Il ne croyait pas qu'un livre de fiction comme celui-là fût capable de répéter le succès d'un récit personnel comme *Le pèlerin de Compostelle*. Bien qu'elle n'ait lu que le *Pèlerin,* Mônica ne comprenait pas comment on pouvait refuser le livre d'un auteur qui lui avait causé un tel choc. Peut-être pour se consoler du refus, Paulo lui fournit une explication peu convaincante pour ce qui pouvait être les vraies raisons d'Ernesto Mandarino : avec l'inflation annuelle locale de 1 200 %, il était plus rentable de mettre son argent dans des placements financiers que d'éditer des livres qui présentaient le risque d'être invendus. Ils firent encore quelques pas ensemble, échangèrent leurs numéros de téléphone et se séparèrent. Quelques jours plus tard, alors qu'il n'avait pas encore décidé quel destin donner aux droits de *L'Alchimiste,* il lut dans une colonne de journal que, le soir, l'écrivain Lya Luft dédicacerait son livre de poèmes, *O Lado Fatal,* dans un cocktail offert par son éditeur, Paulo Roberto Rocco, à la librairie Argumento, à Leblon, point de rencontre des intellectuels cariocas. Cela faisait longtemps que Paulo suivait l'habileté et la réussite de l'Editora Rocco qui, bien qu'elle ait un peu plus de dix ans d'existence, présentait sur son catalogue des poids lourds comme Gore Vidal, Tom Wolfe et Stephen Hawking. À 8 heures du soir, quand il entra à Argumento, la librairie était bondée. Il se faufila entre serveurs et invités, s'approcha de Rocco, qu'il ne connaissait que par des photos dans les journaux, et entama avec lui un rapide dialogue :

— Bonsoir, je m'appelle Paulo Coelho et j'aimerais beaucoup vous connaître.

— De nom je te connais déjà.

— J'aimerais parler avec toi de mes livres. J'ai même une amie, Bona, qui habite dans ton immeuble, j'ai pensé lui demander de donner un dîner pour que nous soyons présentés.

— Pas la peine de demander à qui que ce soit. Viens à la maison d'édition, nous prendrons un café et nous discuterons de tes livres.

Rocco prit rendez-vous pour le surlendemain. Mais, avant de se décider, Paulo fit appel au Yi-king pour savoir s'il devrait ou non confier *L'Alchimiste* à une nouvelle maison d'édition – évidemment, du moment que Rocco se montrerait intéressé. À ce qu'il comprit de la réponse de l'oracle, le livre ne devrait être remis que si le nouvel éditeur s'engageait à le placer dans les librairies avant Noël. C'était une interprétation du Yi-king très commode et dont il aurait pu se dispenser, vu que n'importe quel auteur sait que Noël est la meilleure époque de l'année pour le marché des livres.

Quand il sortit de chez lui pour retrouver Rocco, le téléphone sonna – c'était Mônica, qu'il invita à l'accompagner. En arrivant, il se sentit bien en constatant qu'il partageait la salle d'attente avec l'écrivain João Gilberto Noll, deux fois lauréat du prix Jabuti, de la Chambre brésilienne du livre, et dont l'œuvre avait inspiré des films tels que *Nunca Fomos Tão Felizes,* du cinéaste Murilo Salles. Après une conversation brève et agréable, Paulo laissa à Rocco un exemplaire du *Pèlerin de Compostelle* et un autre de *L'Alchimiste*. L'éditeur trouva un peu singulière l'exigence de publier le livre en si peu de temps, mais Paulo expliqua qu'il suffirait d'acheter les plaques photolithographiques d'Eco, de remplacer le nom de la maison d'édition et de mettre le livre sur le marché. Rocco demanda à réfléchir et dit qu'il répondrait dans la semaine. De fait, deux jours plus tard, il téléphonait pour prévenir que le nouveau contrat était prêt pour être signé. Rocco allait publier *L'Alchimiste*.

25
La réponse des critiques

Rejeté par Mandarino, *L'Alchimiste* finit par devenir l'un des cadeaux les plus populaires pour ce Noël-là, mais aussi pour beaucoup d'autres, ainsi que des réveillons, des Pâques, des carnavals, des carêmes et des anniversaires au Brésil et dans plus d'une centaine de pays. La première édition lancée par la nouvelle maison d'édition disparut en quelques jours, ce qui produisit un phénomène peu courant : un auteur avait deux livres sur les listes de best-sellers, un dans la colonne de la fiction, *L'Alchimiste*, et un autre en non-fiction, *Le pèlerin de Compostelle*. Il ne cessa plus de se vendre. Le phénomène dans lequel le livre se transforma grâce à Rocco encouragea Paulo à retirer aussi *Le pèlerin de Compostelle* à Eco et à l'apporter à la nouvelle maison, mais, comme il avait besoin d'un prétexte pour ce changement, il se mit à présenter des exigences à l'ancien éditeur. La première consistait à essayer de protéger ses royalties de la corrosion provoquée par une inflation stupéfiante de 1 350 % par an : au lieu de redditions de comptes trimestrielles (un privilège de rares auteurs), il exigea de Mandarino des paiements hebdomadaires, et ce changement fut finalement accepté, même s'il allait à l'encontre des pratiques du marché. Profitant de l'infinie patience du patron d'Eco (et de l'évident intérêt de ce dernier à garder le livre), Paulo ajouta bientôt deux clauses absolument inédites dans des contrats d'édition brésiliens – correction monétaire quotidienne, attachée à un mécanisme existant alors pour cela, et destination d'un pourcentage de la vente brute à la divulgation du livre :

Clause 19 – Seront crédités à la disposition de l'auteur, chaque mois, 3 % (trois pour cent) de la vente brute des exemplaires, ***corrigés quotidiennement*** *par le BTN fiscal ou tout indicateur qui le remplacerait. Cet argent sera utilisé par l'auteur, selon son critère exclusif, moyennant la présentation de factures des dépenses, pour la divulgation et la publicité du livre, et pourra être placé dans des promotions de toute espèce.*

Ce bras de fer entre l'auteur et ses deux éditeurs semblait éveiller un intérêt particulier chez Mônica Antunes, qui accompagnait maintenant Paulo partout où il allait. Au début de 1989, la jeune femme lui avoua, au cours d'un dîner dans une pizzeria de Leblon, qu'elle pensait résilier son inscription à la faculté (elle venait de passer en deuxième année d'ingénierie chimique) et partir avec son petit ami à l'étranger. Les yeux de l'écrivain se mirent à briller, comme s'il prévoyait qu'une nouvelle porte s'ouvrait pour sa carrière :

— Grande idée ! Pourquoi n'allez-vous pas vous installer en Espagne ? J'ai plusieurs amis là-bas qui peuvent t'aider. Tu peux essayer de vendre mes livres. Si tu réussis, tu gagnes la commission de 15 % à laquelle a droit tout agent littéraire.

Lorsqu'elle en parla à son petit ami, celui-ci découvrit que l'entreprise dans laquelle il travaillait avait une usine à Barcelone et, à première vue, il ne serait pas difficile d'obtenir un transfert là-bas – ou, dans la pire hypothèse, un stage rémunéré pendant quelques mois. En outre, Mônica apprit bientôt qu'à Barcelone certaines des plus grandes maisons d'édition espagnoles avaient leur siège. La dernière semaine de mai 1989, Mônica débarqua à Madrid accompagnée d'Eduardo. Elle arriva très nerveuse à cause du vol inconfortable. Elle avait des sueurs froides parce qu'elle ne parlait pas un mot d'espagnol et qu'elle avait peur d'avoir des problèmes à la douane à cause de l'excès de bagages et de l'insuffisance d'argent. Mais tout se passa bien et ils trouvèrent un hôtel propre et bon marché à Madrid, où ils resteraient jusqu'à ce qu'ils décident précisément ce qu'ils allaient faire. Comme c'était leur premier voyage en Espagne, ils profitèrent des premiers jours pour suivre toutes les recommandations de Paulo : ils allèrent trois fois au musée du Prado, parcoururent le Jardin botanique, le parc du Retiro et le Palais royal, ancien siège de la monarchie transformé en musée (que Mônica trouva « trop luxueux »). Le dimanche de Pentecôte, ils accompagnèrent des milliers de fidèles qui traversaient la ville depuis la Puerta del Sol, au cœur de la capitale, jusqu'à la cathédrale métropolitaine, chantant des chants religieux dans une procession émouvante. « Rien que d'y penser, j'en ai la chair de poule », écrivit-elle à Paulo quelques jours plus tard, dans une lettre qu'elle signait « une nymphette dans un pays étranger ». La capitale espagnole avait tout cela de bon – plus la *Movida*, qui continuait à toute vapeur –, mais leur séjour ne dura pas plus de trois semaines. En plus du stage chez Braun, Eduardo avait trouvé aussi un travail temporaire dans l'usine d'équipements chirurgicaux Palex – et les deux se trouvaient à Barcelone.

La première année en Espagne, Mônica et Eduardo habitèrent dans un appartement situé à Rubí, une des nombreuses communes dont est composée la région métropolitaine de Barcelone. Dans les foires de livres, ils parcouraient les stands en ramassant les catalogues des maisons d'édition et passaient les jours suivants à envoyer par la poste à chacune un petit dossier de presse proposant les droits d'auteurs de *L'Alchimiste* et, aux éditeurs d'autres pays, ceux du *Pèlerin de Compostelle* également. Mais ils avaient peu d'argent et tant que la fortune ne lui souriait pas,

Mônica fut obligée de faire des efforts : elle donna des leçons particulières d'anglais et de mathématiques à des enfants, distribua des prospectus publicitaires pour une boutique, fut serveuse et trouva encore le temps de suivre un cours de mode. Quand *Le pèlerin de Compostelle*, agencé et traduit par la Bolivienne H. Katia Schumer, fut publié par la maison d'édition Martinez Roca, Mônica et Eduardo apportèrent leur modeste contribution à la diffusion du livre : ils prenaient simplement le métro en feignant de lire un exemplaire pour que la couverture soit vue tout le temps par les autres passagers. « Comme je lisais vraiment, raconta-t-elle dans une lettre, j'ai fini par connaître le texte presque par cœur. »

Pendant qu'en Espagne le couple se fatiguait inutilement, *Le pèlerin de Compostelle* et *L'Alchimiste* demeuraient en tête des listes des livres les plus vendus au Brésil. Bien qu'il eût accepté toutes les exigences de l'auteur, fin 1989, Mandarino reçut la visite de Paulo Rocco, qui apportait une mauvaise nouvelle : sa maison d'édition venait d'acquérir les droits de publication du *Pèlerin de Compostelle* pour 60 000 dollars. Presque deux décennies plus tard, Ernesto Mandarino ne cache pas la tristesse que lui a causée l'auteur sur qui Eco avait misé quand il n'était encore personne :

— Les éditions s'étaient succédé et avaient éveillé la convoitise d'autres maisons. Quand il est venu me voir, Rocco m'a dit qu'il allait récupérer Paulo Coelho pour 60 000 dollars. Je me suis contenté de déclarer que si c'était sa volonté, je ne pourrais rien faire, car les contrats étaient par édition. Après 28 éditions du *Pèlerin de Compostelle*, il nous a quittés. Cela nous a beaucoup peinés. Autre grande tristesse, il n'a jamais cité qui l'avait lancé, la petite maison d'édition Eco, dans ses interviews et reportages.

Ressentiments à part, Mandarino reconnaît l'importance de l'auteur non seulement pour le marché éditorial, mais pour la littérature brésilienne :

— Paulo Coelho a transformé le livre en un produit populaire et de grande consommation. Il a révolutionné le marché éditorial brésilien, qui se limitait à des tirages ridicules de trois mille exemplaires. Avec lui, le marché s'est développé. Paulo Coelho a donné une dignité au livre au Brésil et à notre littérature dans le monde.

Dans un marché éditorial aussi maigre que celui du Brésil, il était naturel que de grands éditeurs soient intéressés par un auteur qui, avec seulement deux titres, avait atteint les 500 000 exemplaires vendus. Sous l'indifférence olympienne des médias, des piles de ses livres disparaissaient dans les librairies et des milliers de gens se pressaient dans des auditoriums dans tout le pays – et ce n'était pas pour entendre les boniments habituels. Les lecteurs paraissaient vouloir partager personnellement avec l'auteur les expériences spirituelles dont il parlait dans ses œuvres. Paulo faisait des conférences très fréquentées, et des scènes comme celle qui se produisit dans l'auditorium Martins Pena, à Brasília, où il fallut placer des haut-parleurs à l'extérieur de l'auditorium de deux mille places pour les retardataires, n'étaient pas rares. Une interview qu'il donna à la journaliste Mara Regea, de la Rádio Nacional de Brasília, dut être repassée trois fois pour satisfaire des gens qui voulaient l'entendre parler pendant une heure et demie de l'alchimie et du mysticisme. Cela se répétait dans tout le pays. À Belo Horizonte, l'auditorium de 350 places du Banco de Desenvolvimento de Minas Gerais fut insuffisant pour les mille personnes ou presque qui s'étaient présentées pour l'écouter, ce qui obligea le jeune Afonso Borges, organisateur de l'événement, à installer des appareils de télévision dans plusieurs endroits du bâtiment afin que personne ne perde le privilège d'entendre les paroles du magicien.

Quand elle se réveilla, la presse semblait désorientée et ne savait comment expliquer un succès si impérieux. Hésitant à évaluer le contenu littéraire des livres, les journaux avaient préféré les envisager comme un nouveau phénomène de marketing passager. De l'avis d'une bonne partie des journalistes, l'écrivain Paulo Coelho n'était qu'une mode, comme l'avaient été le hula hoop, le twist et même le compositeur Paulo Coelho et sa Société Alternative. Depuis qu'*O Globo* l'avait appelé le « Castaneda de Copacabana » en première page du cahier culturel, deux ans auparavant, les médias l'avaient pratiquement oublié. C'est seulement lorsque ses livres arrivèrent au premier rang des listes des meilleures ventes, et que le journal *O Estado de São Paulo* vérifia que le *Pèlerin* et *L'Alchimiste* s'étaient vendus à plus d'un demi-million de copies, que les critiques se rendirent compte que deux ans constituaient une durée de vie excessive pour quelque chose qui n'était qu'une mode. Cet homme aux cheveux précocement blancs qui parlait de rêves, d'anges et d'amour paraissait venu pour rester, mais la presse mit du temps à le comprendre. Plus tard, il ne réapparaîtrait en bonne place dans les journaux qu'en octobre 1989, également dans un reportage d'une page entière dans le *Caderno2*, le supplément culturel de l'*Estado de São Paulo*, divisé en deux parties. D'abord venait un grand profil signé par Thereza Jorge sur la trajectoire de l'auteur comme rocker, qui affirmait à la fin, en toutes lettres : « Mais c'est dans la littérature que Coelho trouve, maintenant, sa place définitive. » À côté de l'évaluation qui le consacrait, venait la preuve que les opinions sur son œuvre étaient partagées, jusque sur la même page d'un journal. Quelques centimètres à droite de l'intronisation de l'auteur dans la littérature, une petite note de vingt lignes signée par Hamilton dos Santos résumait l'œuvre de Paulo à « une synthèse gélatineuse d'enseignements qui vont du christianisme au bouddhisme ». Ainsi que l'auteur lui-même l'avouerait, c'était « le premier vrai coup » qu'il prenait de la critique :

— Je suis resté paralysé en lisant ça. Absolument paralysé. C'était comme si l'auteur m'avertissait que la renommée a un prix.

Même le tabloïd littéraire mensuel *Leia Livros*, une publication *cult* dirigée par l'éditeur Caio Graco Prado, fils du vénérable historien communiste Caio Prado Júnior, allait se plier devant la force des chiffres. Sur la couverture de l'édition de décembre 1989, Paulo apparaissait épée au poing, cheveux hérissés et regard zen tourné vers l'infini. Cependant, le traitement que lui donnait *Leia Livros* ne différait en rien de l'abord normalement adopté par le reste de la presse. Des douze pages du reportage de couverture, onze étaient occupées par un copieux profil de l'auteur, sans aucune évaluation de son œuvre. La critique proprement dite fut réduite à un encadré d'une demi-page signé par le professeur Teixeira Coelho, de l'Université de São Paulo. Le Brésilien moyen – dont on suppose que c'est le profil de la plupart des lecteurs du *Pèlerin* et de *L'Alchimiste* – a peut-être eu des difficultés à comprendre si Paulo était applaudi ou insulté, tellement le langage utilisé par l'académicien était recherché :

Il est derrière nous le temps où la vision, l'imagination, ce qui n'est pas rationnel (mais a sa rationalité propre), faisait partie intégrante du réel et venait « de haut », était une habitude mentale. Cette habitude définissait un paradigme culturel, un mode de pensée et de connaissance du monde. Paradigme qui a été mis de côté par le nouveau paradigme rationaliste du XVIII*e* *siècle. Aujourd'hui c'est ce paradigme qui se montre (temporairement) épuisé. Le phénomène Paulo Coelho est un symbole de la décadence de ce paradigme et implique la défiance à l'égard du rationalisme tel que nous l'avons connu au long de ces deux siècles.*

[...] Je préfère reconnaître dans le succès commercial de Paulo Coelho la primauté de l'imagination, qui conquiert de plus en plus ses droits, sous différentes formes (les religions, la « magie », les médecines et le sexe « alternatifs », la méthode poétique de la connaissance), celles que la pensée

rongée par l'usage emblématique cartésien désigne sous le nom d'« irrationnelles ».

[...] Dans le genre de Paulo Coelho, Lawrence Durrell avec son « quintette cathare » est meilleur écrivain et Colin Wilson un auteur plus intellectualisé. Mais des jugements de ce genre sont superflus.

Tandis que la presse se cassait la tête pour le comprendre, le phénomène ne cessait de grandir. Dans un rare moment d'incontinence verbale – surtout quand le sujet est l'argent –, Paulo laissa échapper pour le *Jornal da Tarde* que les deux livres avaient charrié sur son compte bancaire pas moins de 250 000 dollars. Il est possible que ç'ait été davantage. Si l'on tient pour vrais les chiffres que lui et Rocco divulguaient, même des calculs très réservés révèlent que, sur la facturation totale des 500 000 copies vendues jusque-là, au moins 350 000 étaient des droits d'auteur. Avec deux best-sellers, un nouvel éditeur, des centaines de milliers de dollars ajoutés à son patrimoine, sa carrière internationale donnant des signes d'un possible démarrage, Paulo fut convoqué par Jean pour accomplir encore une des quatre routes sacrées dont se composent les pèlerinages des initiés de l'ordre de RAM. Après le chemin de Saint-Jacques, il avait fait une nouvelle pénitence (dans son cas, le voyage au désert du Mojave), mais il lui restait encore la troisième et avant-dernière étape, le chemin de Rome. La quatrième serait le chemin vers la mort. Ce qui s'appelait le chemin de Rome n'était qu'une métaphore, puisqu'il aurait pu être suivi dans n'importe quel point de la planète – avec le grand avantage de pouvoir être parcouru en voiture. Son choix tomba sur le Languedoc, la frange des Pyrénées dans le sud-ouest de la France, où prospéra, aux XIIe et XIIIe siècles, une secte chrétienne dénommée les cathares – ou les Albigeois – exterminée d'une façon sauvage par la Sainte Inquisition. Une autre particularité du chemin de Rome qui, selon Paulo, lui avait été transmise par Jean, est que le pèlerin doit toujours suivre ses rêves. Paulo trouva cela trop abstrait et demanda plus d'informations, mais la réponse l'éclairerait encore moins :

— Si la nuit tu rêves d'un arrêt d'autocar, le lendemain, va jusqu'à l'arrêt d'autocar le plus proche. Si tu rêves d'un pont, ton prochain arrêt devra être un pont.

Pendant un peu plus de deux mois, il déambula dans les vallées, les montagnes et les rivières de cette région qui est l'une des plus belles d'Europe. Le 15 août, il quitta l'hôtel d'Anvers, où il était descendu dans la ville de Lourdes, sacrée pour les catholiques, et continua en direction de Foix, Roquefixade, Montségur, Peyrepertuse, Bugarach et des dizaines d'autres villages qui pour la plupart n'avaient pas plus d'une poignée de maisons. Comme il n'y avait aucune restriction en ce sens de la part de Jean, un tronçon du chemin fut réalisé en compagnie de Mônica, qui laissa de côté une semaine ses activités à Barcelone pour l'accompagner. Le soir du 21 août 1989, en arrivant dans la ville de Perpignan, il enfila plusieurs fiches dans un téléphone public et appela Chris, qui lui manquait beaucoup, au Brésil. À l'autre bout de la ligne, son épouse lui raconta que son ex-partenaire Raul Seixas venait de mourir à São Paulo, victime d'une vieille pancréatite provoquée par l'alcoolisme. Il regagna la voiture et transmit la nouvelle à Mônica :

— Raul vient de mourir.

— Raul ? Quel Raul ?

— Comment “quel Raul” ? Raul Seixas !

Il était compréhensible qu'elle ignorât de qui il s'agissait. Après tout, à l'apogée de la Société Alternative, Mônica n'avait que cinq ans. Mais pour Paulo, c'était une perte terrible. Après plusieurs années sans se voir, Raul et lui s'étaient retrouvés quatre mois plus tôt, à Rio de Janeiro, au cours d'un show que le Bahianais présentait au Canecão – et qui serait l'un de ses derniers spectacles. Il ne s'agissait pas d'une réconciliation, parce qu'ils ne s'étaient jamais disputés, mais d'une tentative de rapprochement organisée par le nouveau partenaire de Raul, le jeune rocker Marcelo Nova. Au milieu du spectacle, Paulo fut appelé sur scène et entonna avec l'orchestre le refrain « Vive ! Vive ! Vive la Société Alternative ! ». Selon l'ex-esclave Toninho Buda, qui était devenu adversaire public de Paulo, l'écrivain chantait les mains dans les poches « parce qu'il maudissait le fait qu'on l'ait obligé à entonner en public le mantra de tonton Crowley ». Les images du spectacle – filmées par un fan amateur et mises en ligne sur Internet des années plus tard – montrent un Raul Seixas tremblant, le visage gonflé et l'apparence d'un homme dévasté par l'alcool. Leur dernier travail ensemble avait été le 33 tours *Mata Virgem,* enregistré dans la lointaine année 1978. En 1982, la marque pauliste Eldorado tenta de ressusciter le duo dans un nouvel album, mais les ex-partenaires paraissaient « sérieusement en froid », comme le dit un chroniqueur carioca : Paulo habitait à Rio et Raul à São Paulo, et ils se refusaient tous les deux à se rendre là où se trouvait l'autre pour entreprendre le travail. Littéralement de Salomon, la solution fut proposée par Roberto Menescal, invité à diriger l'enregistrement : la rencontre aurait lieu exactement à mi-chemin entre les deux capitales, dans le parc national d'Itatiaia. Installé un dimanche à l'hôtel Simon, Paulo se réveilla de bonne heure le lundi et, avant même de prendre un café, laissa un billet sous la porte de la chambre de Raul : « Je suis à ta disposition pour commencer le travail. » Le Bahianais, cependant, ne montra pas le bout de son nez. Le mardi, même chose. Le mercredi, Paulo fut appelé par le patron de l'hôtel, inquiet que Raul soit resté ces trois jours enfermé dans la chambre, à boire, sans même toucher aux sandwiches qu'il avait demandés par téléphone. L'espoir de réunir de nouveau le duo qui avait révolutionné le rock brésilien était mort.

Sous le choc de la mort de son « ennemi intime » et encore sur le parcours du chemin de Rome, six jours après,

À un spectacle de Raul Seixas au Canecão, Paulo apparaît par surprise et partage la scène avec son partenaire pour la dernière fois. Raul mourra quelques mois plus tard.

Paulo allait vivre ce qui, à ce qu'il affirme, était une autre expérience extrasensorielle. Il conduisait la voiture de location en direction d'une petite ville de la région, où il devait participer à ce qui s'appelle le « rituel du feu », dans lequel des invocations sont faites à la lueur d'un bûcher. En chemin, assure-t-il, il sentit à côté de lui la présence de quelqu'un – ou de quelque chose – qui n'était pas moins que son ange gardien. Il ne s'agissait pas d'une personne palpable ou audible, même pas d'un ectoplasme, mais d'une entité dont il pouvait sentir clairement la présence et avec laquelle il ne communiquait que de façon mentale. D'après ses souvenirs, ce fut elle, l'entité, qui prit l'initiative, et alors aurait eu lieu le dialogue suivant, non verbal :

— Qu'est-ce que tu veux ?

Sans tourner la tête, l'écrivain continua à conduire le véhicule :

— Je veux que mes livres soient lus.

— Mais pour ça, tu vas devoir prendre des coups.

— Mais pourquoi ? Seulement parce que je veux que mes livres soient lus ?

— Tes livres t'apporteront la célébrité, et là tu vas commencer à en prendre plein la figure. Tu dois décider si c'est vraiment ce que tu veux.

Avant de s'évanouir dans l'atmosphère, l'entité lui aurait encore dit :

— Je te donne un jour pour réfléchir. Aujourd'hui tu vas rêver d'un certain endroit. C'est là que nous nous rencontrerons demain, à la même heure.

Dans le petit hôtel où il était descendu dans la ville de Pau, il rêva d'un tramway qui emmenait des passagers au sommet d'une montagne très élevée. À son réveil, le lendemain matin, il apprit à la réception que l'une des attractions de la ville était précisément un téléphérique, le funiculaire de Pau, dont le point de départ se trouvait à quelques mètres de là, à côté de la gare ferroviaire. La colline sur laquelle le tramway vert foncé déversait des troupes de trente touristes toutes les dix minutes n'était pas aussi haut que dans son rêve, mais il n'y avait pas de doutes, il était sur le bon chemin. Quand la nuit commença à tomber, plus ou moins vingt-quatre heures après l'apparition de la veille, Paulo affronta une file rapide, et quelques minutes plus tard il arrivait à une terrasse entourée de fontaines – la fontaine de Vigny, d'où il eut une vue éblouissante sur les premières lumières de la ville qui s'allumaient. L'écrivain se souvient avec précision non seulement de la date – « c'était le 27 septembre 1989, le jour des saints Côme et Damien » –, mais de la demande faite à l'entité :

— Je veux que mes livres soient lus. Mais je veux que ma demande puisse être renouvelée dans trois ans. Donne-moi trois ans et je reviendrai ici le 27 septembre 1992 et je dirai si j'ai la force de continuer ou non.

Alors que les interminables soixante-dix jours de pèlerinage semblaient proches de la fin, un soir, après le « rituel du feu », une jeune femme à la peau et aux cheveux clairs s'approcha de lui pour bavarder. C'était Brida O'Fern, une Irlandaise de 30 ans, qui avait atteint le degré de Maître de RAM et, comme lui, accomplissait le chemin de Rome. La compagnie de Brida ne serait pas seulement un agréable cadeau qui allégerait la fatigue de la fin du pèlerinage. Bien qu'il ait projeté d'écrire un livre sur le chemin de Rome, Paulo fut tellement enchanté par les histoires que la jeune femme lui raconta qu'il finit par choisir de s'inspirer uniquement de l'Irlandaise pour faire son troisième livre qui, comme elle, s'appellerait *Brida*. La révélation du chemin de Rome serait pour plus tard.

L'ordalie qui lui avait été imposée par Jean accomplie, l'élaboration de *Brida* allait inaugurer la méthode que l'auteur adopterait désormais dans presque tous ses livres : ruminer le thème pendant un certain temps et, quand l'histoire était mûre, écrire le livre en deux semaines. Le roman raconte l'histoire et les mésaventures de la jeune Brida O'Fern, qui à 21 ans décide d'entrer dans l'univers de la magie. Les découvertes commencent quand elle rencontre un magicien, dans une forêt à cent cinquante kilomètres de Dublin, la capitale de la république d'Irlande. Orientée par la sorcière Wicca, elle entreprend son chemin et, après avoir accompli tous les rituels, devient finalement une Maîtresse de RAM. Dès les premières pages, l'auteur présente un avertissement à ses lecteurs :

Dans le livre Le pèlerin de Compostelle, *j'ai remplacé deux des pratiques de RAM par des exercices que j'avais appris quand je m'occupais de théâtre. Bien que les résultats fussent rigoureusement identiques, cela me valut une sévère réprimande de mon Maître. « Peu importe qu'il existe des moyens plus rapides ou plus faciles, la Tradition ne peut jamais être modifiée », dit-il. Pour cette raison, les quelques rituels décrits dans Brida sont les mêmes que ceux qui ont été pratiqués pendant des siècles par la Tradition de la Lune – une Tradition spécifique qui, dans son exécution, requiert expérience et pratique. Utiliser ces rituels sans orientation est dangereux, déconseillé, inutile, et peut nuire gravement à la Quête Spirituelle.*

Enthousiasmé par le succès du *Pèlerin* et de *L'Alchimiste*, quand il sut que Paulo avait un nouveau livre qui sortait du four, Rocco prit l'initiative et lui offrit soixante mille dollars pour *Brida*. L'insolite, dans ce cas, n'était pas dans la somme offerte, qui, bien qu'élevée pour les critères brésiliens, ne battait aucun record du marché ni même de la maison d'édition – quelques mois auparavant, Rocco avait payé 180 000 dollars pour les droits de publication au Brésil du roman *Le Bûcher des vanités*, de l'Américain Tom Wolfe. Ce qui attirait l'attention, c'était la façon dont Paulo Coelho proposa que l'argent soit partagé – un modèle qu'il adopterait d'ailleurs désormais dans presque toutes les négociations de ses œuvres futures au Brésil : 20 000 dollars seraient dépensés par la maison d'édition en promotion et en publicité ; 20 000 autres seraient destinés à couvrir les frais des voyages qu'il devrait faire dans le Brésil pour promouvoir le livre ; et seulement 20 000 seraient reçus par lui comme acompte sur les droits d'auteur. Les 40 000 autres dollars sortiraient des coffres de Rocco à fonds perdu. Cependant, la grande bombe fut gardée secrète par la maison d'édition jusqu'à la veille du lancement, la première semaine d'août 1990 : la première édition de *Brida* aurait un tirage de 100 000 exemplaires ! Seul Jorge Amado et son roman *Tieta d'Agreste* avait dépassé ce chiffre au Brésil avec, en 1977, un tirage de 120 000 exemplaires.

Si l'ange que Paulo avait rencontré dans le téléphérique de Pau n'était que le fruit de sa foi, la vérité c'est qu'il avait visé juste en prédisant que l'auteur allait être massacré par la critique. Contrairement au traitement mitigé que la presse lui avait consacré pour *Le pèlerin de Compostelle* et *L'Alchimiste,* au lancement de *Brida* les médias paraissaient vouloir du sang – et en quantité proportionnelle au succès que ces livres avaient auprès des lecteurs. Impitoyables et frôlant parfois le manque de respect, les principaux moyens de communication de Rio et de São Paulo paraissaient prêts à l'écraser :

L'auteur écrit très mal. Il ne sait pas se servir de la crase, il emploie très mal les pronoms, il choisit de façon aléatoire les prépositions, il ignore des choses simples comme la différence entre les verbes « parler » et « dire ».

Luiz Garcia, O Globo

En termes esthétiques, Brida est un désastre. Imitation de l'ennuyeux modèle de Richard Bach, assaisonné de Carlos Castaneda. Les stéréotypes sont partout dans le livre de Paulo Coelho.

Juremir Machado da Silva, O Estado de São Paulo

Ce qu'il aurait peut-être dû annoncer avec plus de courage c'est qu'il fait pleuvoir. Car c'est ce que fait Paulo Coelho – dans son jardin.

Eugênio Bucci, Folha de São Paulo

L'Alchimiste *est de ces livres que, quand on l'a laissé tomber, on ne peut plus prendre.*

Raul Giudicelli, Jornal do Commercio

Les critiques acerbes venaient de partout, pas seulement des journaux et des magazines. Quelques jours après le lancement de *Brida,* l'auteur fut interviewé dans un talk-show populaire de la télévision brésilienne, le *Jô Soares Onze e Meia,* présenté sur le réseau national par SBT. Bien qu'ils soient amis et qu'ils aient joué ensemble dans la comédie pornographique *Tangarela, a Tanga de Cristal,* le présentateur s'embarqua sur la vague anti-Paulo Coelho et ouvrit l'émission avec en main une liste de dizaines d'erreurs qu'il avait découvertes dans le livre *L'Alchimiste.* L'interview finirait par provoquer une polémique parallèle. Deux jours après, le journal carioca *O Dia* exhiba une note dans la colonne d'Artur da Távola – lui-même, l'ex-collègue du groupe de travail de Philips et un de ceux qui avaient préfacé *Arquivos do Inferno* – intitulée « Et la confiance, Jô ? ».

Cette colonne atteint tout le monde. Même s'il ne nous a pas fait confiance, comme il l'aurait dû – il est entré dans le studio avec à la main un fax avec la note publiée ici au sujet des 86 fautes dans le livre L'Alchimiste, *qui nous a été demandé par la production de son émission sur SBT – Jô Soares a interviewé avant-hier l'écrivain Paulo Coelho en s'attaquant aux coquilles de correction de l'Editora Eco.*

Eh bien, le magicien a justifié la négligence de la maison d'édition en affirmant que toutes les fautes étaient délibérées.

— Ce sont des codes, a dit Paulo Coelho. Sinon, elles auraient été corrigées dans les éditions suivantes.

Jô l'interrogea alors sur le verbe « haver » au pluriel, faute rencontrée seize fois dans le livre par cet article. Et l'auteur :

— J'ai écrit « haviam » (des dunes, des étoiles, etc.) parce qu'il est habituel de dire « haviam ».

Habituel où ? Au Mozambique ?

Cependant, il lui restait le mince espoir que quelqu'un dans les médias lise ses livres sans préjugés, avec les mêmes yeux que les milliers de personnes qui affluaient dans les librairies de tout le pays pour trouver un de ses best-sellers. Le magazine *Veja,* l'hebdomadaire brésilien le plus lu et le plus influent, n'avait-il pas décidé de lui consacrer la couverture de son édition suivante ? Après avoir accordé une longue interview et posé pour des photographies, l'écrivain attendit anxieusement le dimanche matin, où le magazine arrivait dans les kiosques de Rio. Sa première surprise fut de voir que la couverture, où il imaginait trouver sa photo, reproduisait une boule de cristal sous le titre *Le raz de marée du mysticisme*. Il feuilleta le magazine rapidement puis tomba sur le reportage, intitulé *Le magicien dans les hauteurs* et illustré par une photo de lui en cape noire et tennis, bâton dans la main. Il se mit à lire en diagonale, avide de curiosité, mais n'eut pas besoin d'aller beaucoup plus loin que la dixième ligne pour comprendre que le journaliste (le reportage n'était pas signé) tirait à balles de gros calibres : *Brida* comme le *Pèlerin* et *L'Alchimiste* étaient classés comme des « livres contenant des histoires métaphysiques mal racontées, baignant dans un mysticisme diffus ». Dans les six pages suivantes, la fusillade continuait avec la même intensité, rare étant le paragraphe dans lequel ne sortaient pas une critique, une raillerie, une ironie :

[…] superstitions idiotes…

[…] personne ne sait dire avec précision où se termine la vraie conviction et où commence la farce…

[…] un surfeur de plus sur la grande vague du mysticisme lucratif…

[…] il a empoché 20 000 dollars d'acompte pour perpétrer Brida, *et il pense déjà se faire payer pour ses conférences…*

[…] assurément le pire de ses livres…

[…] fiction pédestre…

Même sa foi n'avait pas été épargnée. Faisant allusion à l'ordre religieux dont il faisait partie, *Veja* affirmait que Regnum Agnus Mundi n'était rien de plus que quelques « mots latins sans lien, qui auraient pu se traduire approximativement par Royaume de l'Agneau du Monde ». Des longues heures d'interview qu'il avait accordées, seule une phrase fut retenue intégralement. Quand on lui demanda en quoi résidait la raison d'un tel succès, il répondit :

— C'est un don divin.

Auprès de *Veja*, l'écrivain réagit par une lettre de quelques mots :

— J'aimerais faire seulement une correction dans le reportage « Le magicien dans les hauteurs ». Je ne prétends pas faire payer mes conférences au public. Le reste ne m'a pas surpris : nous sommes tous très bêtes, et vous très intelligents.

Au journaliste Luiz Garcia, du *Globo*, Paulo envoya un long texte, publié sur une demi-page du journal sous le titre « Je suis la soucoupe volante de la littérature », dans lequel, pour la première fois, il se plaint du traitement que lui réservent les médias :

[...] En ce moment je suis la soucoupe volante de la littérature – que vous aimiez ou non sa forme, ses couleurs et son équipage. Alors, regardez-moi avec étonnement, mais pas avec autant d'agressivité. Depuis trois ans, le public achète mes livres, en quantités de plus en plus grandes, et je n'ai pas pu tromper tous ces gens, de tous les âges et de toutes les classes sociales, en même temps. Tout ce que j'ai fait, c'est tenter de montrer ma vérité et les choses auxquelles je crois avec sincérité – bien que même là-dessus la critique ne m'ait pas épargné.

L'auteur de la critique répliqua sur la même page, dont la fin adopte un ton aussi abrasif que celui du texte précédent :

[...] Résigné au fait que vous continuerez, comme vous le dites, dans votre style identifiable, à « mener le bon combat », je vous conseille, simplement, de ne pas insister sur la thèse selon laquelle écrire avec simplicité et écrire mal sont la même chose. Ça ne vous convient pas.

Les chiffres, pourtant, révélaient que le bon mot de Nelson Rodrigues valait aussi pour le monde des livres : au grand bonheur de l'auteur, la critique paraissait incapable d'apporter une seule bactérie dans les librairies. Tandis que les journalistes, loupe en main, cherchaient des verbes mal conjugués, des concordances douteuses et des virgules mal placées, les lecteurs ne cessaient pas d'acheter le livre. Une semaine après sa mise sur le marché, *Brida* était en première place dans tout le pays, attribuant à l'auteur un nouveau record, celui d'avoir trois livres sur les listes des best-sellers nationaux simultanément. Le phénomène de masse que Paulo devint obligea des personnalités publiques, des intellectuels et des artistes à avoir une opinion formée à son sujet, ce qui était demandé dans la plupart des interviews. Curieusement, contrairement à l'unanimité de la critique, le monde des personnalités semblait divisé devant le nouveau prodige des lettres nationales, à en juger par les déclarations recueillies dans les journaux et magazines de l'époque :

« C'est un génie. Il enseigne que l'illumination n'est pas dans les choses compliquées. »

Regina CASÉ, actrice

« Qui ? Paulo Coelho ? Non, je n'ai jamais rien lu de lui. Mais ce n'est pas par manque d'intérêt. C'est parce que je suis depuis longtemps hors de la réalité. »

Olgária MATOS, philosophe et
professeur de l'université de São Paulo

L'Alchimiste *a quelque chose à voir avec l'histoire de chacun. J'ai été illuminé par ce livre, qui m'a tellement bouleversé que je l'ai recommandé à ma famille.*

Eduardo SUPLICY, économiste et politicien

« J'ai lu et la lumière s'est faite. La narration explore l'intuition et coule naturellement comme un fleuve. »

Nelson MOTTA, compositeur

« Les deux livres m'ont illuminé. Dedans j'ai compris des choses très difficiles à expliquer. »

Técio Lins e Silva, avocat et politicien

« J'ai lu Le pèlerin de Compostelle, *mais je préfère les textes qu'il faisait en partenariat avec Raul Seixas. »*

Cacá Rosset, directeur de théâtre

« Tout est extraordinairement lumineux. Il parle au mystère. »

Cacá Diegues, cinéaste

En dépit de l'acidité de la critique, un an après le lancement, cinquante-huit éditions de *Brida* avaient été tirées et il restait en tête de toutes les listes avec des ventes qui, ajoutées à celles des livres précédents, atteignaient le premier demi-million de copies, une limite que très peu d'auteurs brésiliens avaient réussi à atteindre jusque-là. Stimulé par le succès, Paulo se préparait à placer dans les librairies, en 1991, une bombe dans le domaine de la non-fiction : un livre autobiographique révélant en détail ce qu'avait été son aventure avec Raul Seixas dans le monde de la magie noire et du satanisme – y compris, évidemment, la « nuit noire » où il croit s'être confronté au Démon. Contrairement à ce qu'il avait fait pour ses livres précédents – donner les originaux à lire à Chris seulement quand il avait mis le point final –, cette fois il remettait à son épouse chaque chapitre qui était prêt. Pendant que Paulo passait ses journées penché sur le petit notebook Toshiba 1100, elle était enthousiasmée par sa lecture. Quand il était près de la page 600, cependant, il reçut un dur avertissement de Chris :

— Paulo, arrête d'écrire ce livre.

— Quoi ?

— J'adore le livre. Le problème c'est qu'il ne parle que du Mal. Je sais que le Mal est fascinant, mais tu ne peux pas continuer à écrire ça.

Il tenta encore – « avec des arguments et puis en donnant des coups de pied dans tout ce qui était autour de lui » – de la détourner de cette idée folle :

— Mais tu as perdu la tête, Chris ! Au moins tu aurais pu me dire ça à la page 10, pas à la 600 !

— Alors je vais te dire la raison de mon inquiétude : je me suis tournée vers Notre Dame d'Aparecida, et elle m'a dit que tu ne pouvais pas écrire ce livre.

Après beaucoup de discussions, comme il arrivait presque toujours, le point de vue de Chris prévalut. Quand il décida que cette œuvre maudite mourrait inédite, Paulo imprima une version du livre et effaça de son ordinateur toutes les traces de ce qu'il avait écrit. Il marqua un déjeuner avec l'éditeur Paulo Rocco dans l'élégant restaurant portugais Antiquarius, à Leblon, et posa sur la table le gros livre de dix centimètres de haut :

— Voici les originaux du livre. Ouvre à n'importe quelle page.

Bien que Rocco, par superstition lui aussi, n'ait jamais lu les originaux de Paulo avant de les envoyer à l'imprimerie, dans ce cas, il s'agissait d'un livre entouré de tant de cérémonie que l'éditeur fit ce que l'auteur suggérait. Il ouvrit le tas de feuilles de façon aléatoire, lut la page tirée au sort et quand il eut terminé entendit Paulo dire :

— En plus de moi et de Christina, tu auras été la seule personne à lire une partie de ce livre, parce que je vais le détruire. Je ne demande pas au garçon de brûler ces originaux simplement parce que je ne veux pas que cette énergie négative se transforme en feu. Il a déjà été entièrement effacé de mon ordinateur.

Après le déjeuner, Paulo marcha tout seul sur la plage de Leblon à la recherche de l'endroit où il pourrait enterrer le livre à tout jamais. Quand il vit un camion-benne qui broyait le contenu des poubelles des immeubles du bord de mer, il s'approcha et jeta le paquet des originaux dans la benne qui en quelques secondes les mutila complètement, mettant fin au livre qui ne serait jamais lu.

26
Le succès à l'étranger

En détruisant dans un camion poubelle les originaux chargés de tant d'énergies négatives, il est possible que Paulo se soit épargné des ennuis métaphysiques futurs. Mais le geste de jeter un livre pratiquement prêt avait aussi mis sur la table un nouveau problème pour lui et pour la maison d'édition : que lancer en 1991, pour ne pas perdre l'élan soulevé par le succès phénoménal des trois best-sellers précédents ? Tant qu'il ne se décidait pas, Paulo suggéra à Rocco d'adapter et de traduire en portugais un petit livre, un peu plus qu'un opuscule, contenant un sermon prononcé en Angleterre en 1890 par le jeune missionnaire protestant Henry Drummond. Il s'agissait de *The Greatest Thing in the World,* une prédication basée sur la lettre de saint Paul aux Corinthiens, dans laquelle l'auteur présente les vertus que sont la patience, la bonté, l'humilité, la générosité, la délicatesse, le dévouement, la tolérance, l'innocence et la sincérité comme des manifestations « du don suprême qui fut concédé à l'Humanité : l'amour ». Rebaptisée sous le titre *O Dom Supremo,* l'édition brésilienne paraissait n'avoir d'autre prétention qu'être un livre de moins de cent pages capable de toucher les cœurs sensibles. Bien qu'il fût pratiquement ignoré par les médias et mis sur le marché sans aucun tapage, en quelques semaines *O Dom Supremo* entrerait aussi sur les listes des meilleures ventes, sur lesquelles restaient, inamovibles, *Le pèlerin de Compostelle*, *L'Alchimiste* et *Brida*.

Le succès, cependant, ne paraît pas avoir satisfait l'auteur. Après tout, cette œuvre n'était pas de lui, mais une traduction lancée pour occuper l'espace laissé par les souvenirs reniés de la période satanique. À la recherche d'un thème pour son nouveau roman, Paulo finit par se décider pour une histoire qui était prête depuis 1988, l'aventure vécue avec Chris aux États-Unis. La tâche qui lui avait été confiée alors par Jean, dit Paulo, était précise : lui et sa femme devaient se soumettre à une quarantaine spirituelle dans le désert du Mojave, un des plus grands parcs nationaux américains. Avec près de 60 000 km^2 – une surface un peu inférieure au territoire de la Lituanie –, le désert est connu pour son climat hostile et pour des formations géologiques uniques, comme la vallée de la Mort, dont les rivières et lacs disparaissent pendant la moitié de l'année, laissant apparaître des lits secs et couverts de sel. Pour accomplir l'ordalie imposée par le Maître – rencontrer son ange gardien –, l'écrivain devait recourir à un guide dans cette immensité de sable qui s'étend sur les États de Californie, du Nevada, de l'Utah et de l'Arizona. Celui qu'avait indiqué Jean était un être en chair et en os portant un nom en un seul mot : Took.

Obligé de reporter au retour la solution des problèmes avec l'éditeur d'Eco Ernesto Mandarino, le 5 septembre 1988 le couple débarqua à l'aéroport de Los Angeles, en Californie, et de là partit en voiture de location pour un voyage vers le sud, en direction de la mer de Salton, un lac d'eaux salées de cinquante kilomètres de longueur et vingt de largeur. Après des heures de route, ils atteignirent un de ces postes d'essence à demi abandonnés et très courants dans les films sur l'Ouest américain. « On est encore loin du désert ? » demanda-t-il à la fille qui servait à la pompe. Elle dit que non, que le couple se trouvait à près de trente kilomètres de la petite ville de Borrego Springs, à l'entrée

Paulo et Christina en pèlerinage dans le désert du Mojave, aux États-Unis. Ci-dessous, l'endroit où il a inscrit dans le ciment l'image de Nossa Senhora Aparecida, volée par la suite.

du désert, et leur donna des conseils importants : ne pas allumer l'air conditionné avec la voiture arrêtée, pour éviter la surchauffe du moteur, mettre quatre bidons d'eau dans le coffre à bagages et ne pas abandonner le véhicule s'il arrivait quelque chose d'imprévu. Paulo fut étonné d'apprendre que le désert était si proche :

— Autour de moi le climat était agréable et la végétation d'un vert luxuriant. J'ai eu du mal à croire qu'en quinze minutes de voyage tout allait changer radicalement, mais c'est ce qui s'est passé : dès que nous avons traversé une chaîne de montagnes, la route a commencé à descendre et sont apparus devant nous le silence et l'immensité du Mojave.

Durant les quarante jours où ils campèrent ou, quand c'était possible, descendirent dans des hôtels, Paulo et Chris vécurent avec les vestiges historiques qui font partie de la légende du désert : des mines d'or abandonnées, des restes de charrettes de pionniers couvertes de poussière, des villages fantômes, des ermites qui voulaient rester loin du monde et des gens, communautés de hippies qui passaient la journée en méditation silencieuse. À part ces derniers, les seuls êtres vivants qu'ils croisèrent étaient ce qu'on appelle le « voisinage du Mojave » : crotales, lièvres et coyotes, des animaux qui pour survivre à la chaleur ne sortaient que la nuit.

Les deux premières semaines de la quarantaine devaient être passées dans le silence absolu, le couple n'ayant pas la permission d'échanger même un bonjour. Cette période serait entièrement consacrée aux exercices spirituels de saint Ignace de Loyola. Approuvés par le Vatican en 1548, les exercices spirituels, ou simplement « ES », sont le fruit de l'expérience personnelle du fondateur de la Compagnie de Jésus. Il s'agit, selon la croyance catholique, d'une spiritualité qui ne doit pas être prêchée ou intellectualisée, mais vécue. « C'est à travers l'expérience que le mystère de Dieu est peu à peu révélé à chacun, de façon singulière et individuelle », expliquent les manuels édités par les jésuites, « et c'est cette révélation qui devra transformer sa vie. » Le grand objectif de saint Ignace était que celui qui pratique les exercices spirituels devienne un contemplatif dans l'action, « ce qui signifie voir en tout et en tous la figure de Dieu, la présence de la Sainte Trinité construisant et reconstruisant le monde ». Et c'est cela, et seulement cela, que Paulo et Chris firent les premiers jours : des prières et des réflexions à la recherche de Dieu. Un soir, une semaine après leur arrivée, ils étaient plongés dans cette atmosphère de spiritualité, assis sur une dune sous un ciel de millions et de millions d'étoiles quand une première détonation brisa la paix et le silence, aussitôt suivie d'une deuxième et encore une puis encore une autre. Le bruit assourdissant venait du ciel et était le fruit de l'explosion d'énormes boules de feu qui se disloquaient en mille fragments de toutes les couleurs, illuminant par instants tout le désert. Mais il fallut quelques secondes pour qu'ils se convainquent qu'il ne s'agissait pas de l'Armageddon, ainsi que Paulo se le rappellerait, des années plus tard :

— Effrayés, nous avons vu des lumières brillantes qui tombaient lentement, éclairant le désert comme en plein jour. Soudain, nous avons commencé à entendre des détonations autour de nous : c'étaient des avions militaires qui passaient le mur du son. Éclairés par cette lumière fantasmagorique, ils lâchaient des bombes incendiaires à l'horizon. Le lendemain seulement, j'ai su que le désert était utilisé pour des exercices militaires. Ce fut terrifiant.

Achevées les deux semaines initiales de pratiques spirituelles, Paulo, accomplissant toujours les instructions transmises par Jean, arriva enfin à la vieille caravane, stationnée en permanence aux abords de Borrego Springs, où vivait Took. Ils furent tous deux surpris de voir que le puissant paranormal auquel Jean avait fait allusion n'était rien de plus qu'un gamin de vingt ans. Orienté par le jeune magicien, Paulo passerait par des dizaines de petites villes à la frontière des États-Unis et du Mexique, jusqu'à ce qu'il rencontre un groupe qu'on appelait dans la région les « Walkyries ». Il s'agissait de huit femmes très belles qui parcouraient les villes du Mojave vêtues de robes de cuir noir et pilotant de puissantes motocyclettes, dirigées par la plus vieille d'entre elles, une ex-cadre de la Chase Manhattan Bank. Comme Paulo et Took, Vahalla, la chef du groupe, était aussi une initiée dans l'ordre de RAM. Et c'est à son contact que Paulo, au trente-huitième jour de voyage, et sans la compagnie de Chris, allait affronter un papillon bleu et une voix qui, raconte-t-il, communiquait avec lui. Ensuite, l'écrivain assure qu'il a vu son ange – ou du moins la matérialisation d'une partie de celui-ci, un bras qui brillait à la lumière du soleil et dictait des paroles bibliques que Paulo transcrivit, tremblant de peur, sur un bout de papier.

Transi d'émotion, il était impatient de raconter à Chris ce qu'il avait vécu et de lui dire que « voir l'ange était encore plus facile que converser avec lui » :

— Il suffisait de croire que les anges existent, il suffisait d'avoir besoin des anges. Et ils se montraient, brillants comme le premier rayon du matin.

Pour célébrer l'événement, avant que le voyage ne s'achève, accompagné par Chris et Took, Paulo pénétra dans le désert jusqu'à un hameau connu sous le nom de Glorieta Canyon. Alors qu'ils marchaient tous les trois dans un endroit pierreux inhospitalier, l'écrivain s'arrêta devant une petite grotte. Ensuite, il retira du coffre des sacs de ciment et de sable et une grosse bouteille d'eau, et il se mit à préparer du mortier. Quand il sentit qu'il prenait de la consistance, il couvrit la base de la grotte avec cette pâte, et avant que le mélange commence à durcir, y fixa une petite image de Notre Dame d'Aparecida, la sainte noire patronne du Brésil, qu'il avait emportée dans ses bagages.

Sous l'image, il grava dans le ciment encore tendre les mots suivants :

THIS IS THE VIRGIN OF APARECIDA FROM BRAZIL. ASK FOR A MIRACLE AND RETURN HERE.
[Voici la Vierge d'Aparecida du Brésil. Demandez un miracle et revenez ici.]

Il alluma un cierge, fit une rapide oraison et partit. De retour au Brésil, Paulo passerait plus de trois ans avec les événements du Mojave en tête. Ce n'est qu'à la fin de 1991, quand il sentit que les originaux détruits dans le camion poubelle avaient besoin d'un substitut, qu'il se décida à écrire *As Valkírias*. D'après les archives du traitement de textes de son ordinateur, les premiers mots du livre ont été saisis à 23 h 30 le 6 janvier 1992, un lundi. Au bout de dix-sept jours de travail ininterrompus, comme c'était devenu son habitude, il tapa la phrase finale de la 239ᵉ et dernière page de l'œuvre :

[...] Et alors seulement nous serons capables de comprendre les étoiles, les anges et les miracles.

Le 21 avril, alors que le livre était passé par tous les procédés industriels et était sur le point d'être imprimé, Paulo envoya de son appartement à Rio un fax à l'Editora Rocco l'informant que Jean non pas suggérait, mais « ordonnait » et « exigeait » des changements dans les originaux :

Cher Rocco,
J'ai reçu il y a une demi-heure un coup de téléphone de J. (le Maître), ordonnant de supprimer (ou de modifier) deux pages du livre. Ces pages sont au milieu du livre, et se réfèrent à une scène appelée « Le rituel qui bouleverse les rituels ». Il dit que dans cette scène je ne dois absolument pas relater les choses comme elles se sont passées – je dois recourir à un

langage allégorique, ou interrompre la narration du rituel avant d'arriver à la partie interdite.

J'ai décidé d'opter pour la seconde solution, mais celle-ci va requérir certains ajustements d'ordre littéraire. Je ferai cette modification ce jour férié, mais j'ai souhaité te communiquer cela tout de suite. Alors, tu pourras envoyer prendre mercredi :

— La modification exigée par mon Maître.

— La nouvelle « note de l'auteur ».

Si je n'arrive pas à écrire, je passe un nouveau fax, mais comme mon Maître a dit qu'il fallait entrer en contact immédiatement avec la maison d'édition, je le fais (même si je sais qu'aujourd'hui est un jour férié).

Paulo Coelho

À part Jean, l'auteur et Paulo Rocco, personne ne saurait jamais ce que contenaient les passages censurés. La suppression, de toute manière, ne semble pas avoir compromis le succès d'*As Valkírias* auprès des lecteurs. Moins de 24 heures après leur lancement, en août 1992, les 120 000 exemplaires du tirage initial avaient été réduits de moitié – précisément, presque 60 000 exemplaires disparurent des rayons des librairies le jour du lancement. Quinze jours plus tard, *L'Alchimiste* quittait la première place des listes des meilleures ventes, à laquelle elle était restée 159 semaines consécutives, pour faire place aux *Valkírias*. L'auteur battait un record après l'autre. Avec *As Valkírias,* Paulo devenait le premier auteur brésilien à avoir pas moins de cinq livres sur les listes de best-sellers. En plus du dernier lancé, il y avait *L'Alchimiste* (159 semaines), *Brida* (106), *Le pèlerin de Compostelle* (68) et *O Dom Supremo* (19) – un chiffre qui n'avait été dépassé que par l'Américain Sidney Sheldon, un des auteurs les plus prospères du monde, qui était parvenu à avoir six livres sur les listes des États-Unis (des années plus tard, en 2003, Paulo reprendrait le flambeau à l'auteur de *The Naked Face* en atteignant sept livres sur la liste du *Knijnoe Obozrenie,* un influent hebdomadaire littéraire moscovite – et six mois plus tard il répéterait l'exploit sur la liste du *Sunday Newspaper,* publié à Bucarest, en Roumanie).

Ce qui attira le plus l'attention de la presse, après le premier impact des ventes du nouveau livre, ne fut pas son contenu, mais les détails du contrat de l'auteur avec Rocco. Un journal affirmait que Paulo recevrait 15 % sur le prix de vente public du livre (contrairement aux 10 % fixés universellement), un autre révélait qu'il aurait droit à une prime de 400 000 dollars quand les ventes atteindraient les 600 000 exemplaires. Un troisième spéculait sur les dépenses de la maison d'édition en publicité et informait que, pour se protéger de l'inflation, l'auteur avait exigé des relevés de comptes tous les quinze jours. Le *Jornal do Brasil* affirma que, dans le sillage du succès d'*As Valkírias,* le marché allait être « inondé de badges portant l'inscription "je crois aux anges", d'affiches annonçant que "les anges sont parmi nous" et de répliques en céramique de l'auteur, avec barbichette et tout, en plus des six cents tee-shirts de la griffe Company imprimés à l'effigie de l'archange Michel ». Une chroniqueuse de Rio de Janeiro annonça que l'auteur était supposé avoir refusé un cachet de 45 000 dollars pour apparaître dans une publicité pour des assurances dans laquelle il disait une seule phrase : « je crois à la vie après la mort, mais dans le doute, je prends une assurance ». De tout cela, ce qui semblait vraiment nouveau, c'est que désormais, Paulo interviendrait aussi dans le prix de vente public du livre – un domaine dans lequel en général les auteurs ne s'introduisent pas. Préoccupé de garder son œuvre accessible aux personnes ayant un faible pouvoir d'achat, l'auteur allait fixer contractuellement un prix maximum pour ses livres – dans le cas des *Valkírias,* il était de 11 dollars.

Publié dans le *Jornal do Brasil*, une charge contre l'auteur « indigne ». Selon les critiques, donner ses livres aux enfants serait les rendre muets.

Passé la curiosité initiale pour les nombres, les records et les chiffres, les critiques commencèrent à fuser. Et elles vinrent sur le même ton que celles qui avaient été consacrées aux livres précédents.

La médiocrité littéraire des Valkírias *finit par avoir un effet positif. Ç'aurait pu être un livre délirant, mais il est surtout insipide. Il devient ainsi plus facile de le lire.*

Folha de São Paulo

En termes de littérature, comprise ici comme l'art d'écrire, As Valkírias *présente à doses généreuses la même qualité que les livres précédents de Coelho : c'est-à-dire aucune.*

Veja

Les livres de Paulo Coelho, et As Valkírias *ne fait pas exception, ne se distinguent pas par leur virtuosité stylistique. En plus de l'intrigue affabulée, sont formées grossièrement des phrases qui semblent tirées d'une composition scolaire.*

O Estado de São Paulo

Tandis que la critique faisait rage, les journaux avaient cependant divulgué discrètement l'information selon laquelle le ministère de l'Éducation de Rio de Janeiro se proposait d'adopter les œuvres de Paulo Coelho pour inculquer aux étudiants l'habitude de la lecture. Les deux réactions à cette idée, publiées dans le *Jornal do Brasil,* paraissaient encore plus sévères que les propos des critiques. Dans la première, intitulée « Âneries », le journaliste Roberto Marinho de Azevedo se disait stupéfié par cette information et accusait le ministère de « bourrer ces innocents d'un mysticisme de bas étage, écrit dans un portugais négligé ». Pire que le texte était l'illustration qui accompagnait l'article, la caricature d'un étudiant portant des oreilles d'âne et tenant dans les mains un exemplaire du *Le pèlerin de Compostelle.* Ce n'était pas tout : dans sa colonne hebdomadaire dans le même *Jornal do Brasil,* le moine bénédictin conservateur et respecté dom Marcos Barbosa, poète, traducteur et membre de l'Académie brésilienne des lettres, reconnaissait derrière tout cela le doigt du clergé progressiste :

Certains collèges adoptent des livres de Paulo Coelho, ou même des ouvrages pornographiques, qui seraient plus intéressants pour les élèves que Machado de Assis ou Raul Pompéia. Les théologiens « avancés » qui ont mis les anges de côté, malgré les avertissements de Paul VI dans le Credo du Peuple de Dieu, doivent être surpris par les atouts récoltés par l'écrivain-magicien, dont la femme est visitée par des Anges et des Walkyries…

Devenu l'un des plus grands succès littéraires de tous les temps au Brésil, Paulo pouvait compter sur les doigts de la main les critiques positives publiées dans son pays au sujet de l'un ou l'autre de ses quatre livres publiés. Incapables d'offrir aux lecteurs une explication au fait qu'un auteur qu'ils considéraient comme médiocre eût un tel succès, les moyens de communication cherchaient vainement des réponses. Certains préféraient simplement attribuer à la publicité les records successifs que l'auteur battait – mais cela ne permettait pas de répondre à une question : si c'était si simple, pourquoi les autres écrivains et éditeurs n'adoptaient-ils pas la même recette ? Alors qu'elle était de passage au Brésil, avant le lancement d'*As Valkírias*, le *Jornal do Brasil* alla trouver Mônica Antunes avec l'indéfectible question : à quoi attribuez-vous le succès de Paulo Coelho ? Vêtue d'un élégant blazer *pied-de-poule* – trop austère peut-être pour quelqu'un qui, comme elle, avait encore l'air d'une adolescente –, l'agent repoussa la question d'une phrase prophétique :

— Ce que nous sommes en train de voir n'est que le début d'une fièvre.

Un autre argument auquel on recourait souvent pour expliquer cet énorme succès – le faible niveau culturel du Brésilien, peu habitué à la lecture – serait démoli avec l'entrée des livres de Paulo sur les deux marchés éditoriaux les plus emblématiques, l'américain et le français. La publication aux États-Unis prit naissance fin 1990. Paulo était descendu à l'hôtel Holiday Inn de Campinas, à cent kilomètres de São Paulo et se préparait pour un débat avec des étudiants de l'Université d'État de Campinas (Unicamp) au sujet de *Brida*, quand le téléphone sonna. À l'autre bout de la ligne se trouvait le quinquagénaire Alan Clarke, patron du Gentleman's Farmer, un petit hôtel de cinq chambres du type *bed and breakfast* dans la petite ville de West Barnstable, dans l'État américain du Massachusetts. Parlant portugais couramment, Clarke expliqua qu'à ses heures de loisir, il faisait fonction de traducteur assermenté et qu'il avait travaillé quelques années au Brésil comme cadre de la multinationale International Telephone & Telegraph, ITT, qui domina les télécommunications dans une bonne partie du monde jusqu'à la fin des années 1980. Il avait lu et aimé *Le pèlerin de Compostelle* et s'offrait pour le traduire en anglais. Paulo savait que le marché américain pourrait être un tremplin pour le reste de la planète, mais il ne fut pas enthousiasmé par la proposition :

— Merci pour cet intérêt, mais ce dont j'ai besoin, c'est d'un éditeur aux États-Unis, pas d'un traducteur.

Clarke ne se découragea pas :

— Mais alors puis-je essayer de trouver un éditeur pour le livre ?

Certain que cette conversation n'aurait pas de suite, Paulo accepta. N'ayant jamais travaillé sur un ouvrage littéraire, Alan Clarke traduisit les 240 pages du *Pèlerin de Compostelle* et se mit en campagne avec les originaux en anglais sous le bras. Après avoir parcouru un interminable chemin de croix et entendu 22 fois le mot « non », il trouva enfin quelqu'un d'intéressant. Tout cet effort valut la peine, parce que la maison d'édition était tout simplement HarperCollins, à l'époque la plus grande aux États-Unis. En 1992 seulement, alors que Paulo lançait *As Valkírias* au Brésil, le livre atteignit le public, baptisé *The Diary of a Magician* (très longtemps après, le titre deviendrait *The Pilgrimage*, « Le Pèlerinage »). Les jours et les semaines passèrent et on vit aussitôt que *The Diary* ne serait pas un succès écrasant.

— En réalité, le livre n'a simplement pas eu lieu, se souvient l'auteur lui-même. Les médias n'ont pas attiré l'attention dessus et il a été pratiquement ignoré par la critique.

L'insuccès, cependant, ne refroidit pas l'ardeur de celui qui était à la fois agent et traducteur. Quelques mois après le lancement, Clarke apporta aux éditeurs de Harper les originaux de la traduction qu'il avait faite de *L'Alchimiste* – et le livre conquit tous les lecteurs professionnels invités à donner leur avis sur l'intérêt ou non de sa sortie sur le marché américain. La dimension de l'enthousiasme de HarperCollins pour le livre peut se mesurer au tirage de la première édition : 50 000 exemplaires à couverture cartonnée, un exploit jamais atteint par aucun autre écrivain brésilien, même par le très respecté Jorge Amado. On allait constater que les éditeurs d'Harper avaient eu du nez : en quelques semaines, le livre apparaissait sur les listes de best-sellers de journaux aussi importants que le *Los Angeles Time*, le *San Francisco Chronicle* et le *Chicago Tribune*. Bien que plus chère, l'édition avec couverture cartonnée eut un tel succès que la maison d'édition mettrait sur le marché seulement deux ans plus tard la version brochée, en plus grande quantité.

L'explosion de *The Alchemist* ouvrit les portes de marchés auxquels l'auteur n'avait même pas rêvé, comme celui d'Océanie. Publié en Australie peu après les États-Unis, *L'Alchimiste* serait reçu par le *Sydney Morning Herald* comme « le livre de l'année ». Le journal affirmait qu'il s'agissait d'une « œuvre charmante, d'une infinie beauté philosophique ». Les lecteurs australiens paraissaient également l'admettre, puisque, quelques semaines après qu'il fut placé dans les librairies, il allait grimper à la première place sur la plus importante liste de best-sellers du pays, celle du *Herald*. Mais Paulo rêvait d'aller plus haut. Il savait que la reconnaissance en tant qu'auteur ne viendrait pas de New York, ni de Sydney, mais de l'autre côté de l'Atlantique. Comme neuf écrivains sur dix, il rêvait d'être publié – et surtout d'être lu – en France, le pays de Victor Hugo, de Flaubert et de Balzac.

Au début de 1993, au cours d'un bref voyage en Espagne, Paulo fut surpris par la première répercussion du succès américain : l'agent Carmen Balcells voulait passer contrat avec lui. Patronne de l'agence littéraire la plus respectée d'Europe, cette femme catalane comptait parmi ses auteurs des noms comme le Péruvien Mario Vargas Llosa et le Colombien Gabriel García Márquez, Prix Nobel de littérature en 1982. La tentation était grande, car être représenté par Carmen, c'était s'engager sur des chemins qui avaient été ouverts par les plus grands auteurs latino-américains. Le directeur de l'agence chargé de faire la proposition à Paulo promettait que le recrutement serait annoncé de façon festive à la Foire du livre de Francfort, qui aurait lieu au second semestre. De plus, contrairement à la majorité des agents littéraires – parmi lesquels Mônica Antunes –, qui recevaient 15 % des résultats, l'agence ne prenait que 10 % des royalties des auteurs qu'elle représentait.

La proposition l'ébranla. Paulo était préoccupé par leur inexpérience absolue – la sienne et celle de Mônica – dans le monde éditorial étranger. Ni l'un ni l'autre ne connaissait d'éditeurs ou de journalistes du milieu et il n'y avait aucune perspective à court terme que cette situation changeât. Il craignait que Mônica ne finisse par enterrer sa jeunesse dans cette aventure, qui durait depuis quatre ans sans résultats satisfaisants.

— J'étais dans l'obligation de lui dire qu'elle ne pourrait jamais vivre en étant seulement mon agent international, se souviendrait l'auteur, longtemps après. Pour qu'elle puisse en vivre bien, il fallait que je vende des millions de livres à l'étranger, et ce n'était pas le cas.

Le meilleur moyen de résoudre ce conflit intérieur était de parler franchement à sa partenaire. Après avoir pas mal réfléchi à la proposition, il l'invita à prendre un café dans un petit bar de Rubí et alla droit au sujet. Plus qu'un dialogue, ce fut un bras de fer oral tendu :

— Tu sais qui est Carmen Balcells, n'est-ce pas ?

— Je sais.

— Eh bien, elle m'a envoyé cette lettre pour proposer que désormais son agence me représente. Tu es investie dans une personne en qui tu crois, mais soyons réalistes : nous

Après le succès de *L'Alchimiste* au Brésil, la jeune agent Mônica Antunes annonce de façon prophétique : « Cette fièvre vient à peine de commencer. »

n'arriverons nulle part. Cette affaire exige de l'expérience, c'est un jeu d'intérêts très lourd.

Mônica ne semblait pas comprendre ce qu'elle entendait, mais Paulo continua :

— Acceptons que notre travail n'a pas donné les fruits que nous en attendions. Il n'y a pas de mal à ça. C'est ma vie qui est en jeu, mais je ne veux pas que tu sacrifies aussi la tienne en quête d'un rêve qui paraît impossible.

Encore plus pâle que la normale, elle entendait seulement, sans croire à ce qu'il disait :

— Alors, réalistement parlant, qu'en penses-tu, si nous mettions fin à cette relation ? Si je veux aller chez Carmen Balcells maintenant, j'y vais. Je te paie pour toutes ces années de travail et je vais vivre ma vie. Mais le dernier mot te revient. Tu as investi quatre ans de ta vie sur moi, alors ce n'est pas moi qui vais te renvoyer. Seulement tu dois comprendre que pour toi comme pour moi, le mieux est que nous en terminions. Tu es d'accord ?

— Non.

— Comment non ? Je te paie pour le temps que tu m'as consacré, pour tout ton engagement. En réalité, je n'ai pas signé de contrat avec toi, Mônica.

— Pas question. Si tu veux me renvoyer, renvoie-moi, mais je ne démissionnerai pas.

— Tu sais qui est Carmen Balcells. Tu veux que je lui dise non ? Elle va annoncer mon recrutement en remplissant la Foire de Francfort d'affiches de mes livres et tu veux que je dise non ?

— Non. Je dis que si tu veux me congédier, tu peux me congédier. Tu es libre de faire ce que tu veux. D'ailleurs, n'as-tu pas trouvé Alan Clarke aux États-Unis ? Je crois que je pourrais faire bien mieux que lui. »

La conviction avec laquelle elle parlait ne permit pas à Paulo d'avancer davantage. En une seconde s'évapora le

Paulo et Alan Clarke, son traducteur et premier agent aux États-Unis.

rêve des affiches à Francfort et de la fréquentation du même catalogue que García Márquez et Vargas Llosa. Il venait d'échanger les élégantes salles de réunion de l'étage entier que Carmen Balcells et ses dizaines d'employés occupaient sur l'avenue Diagonal, au centre de Barcelone, contre Sant Jordi Asociados – qui n'était pas plus qu'une étagère en bois avec quelques dossiers cartonnés dans le tout petit appartement où vivait Mônica. Et ce fut retranchée dans son appartement de Rubí que la jeune femme fit de *L'Alchimiste* le « sésame ouvre-toi » pour des maisons d'édition qui, en d'autres circonstances, n'auraient jamais prêté attention à une débutante. En septembre, elle s'arma de courage et se prépara pour son premier grand défi : tenter de vendre Paulo Coelho dans la plus importante réunion annuelle des éditeurs et agents littéraires, la Foire de Francfort.

À 25 ans, sans aucune expérience dans la branche et redoutant d'affronter seule ce défi, elle préféra faire appel à la compagnie d'une amie portant le même prénom qu'elle, Mônica Moreira, fille de la poétesse Marly de Oliveira. Leur première surprise en arrivant à Francfort fut de découvrir qu'il n'y avait pas une seule chambre d'hôtel disponible dans la ville. Et comme il ne leur était pas venu à l'idée de faire des réservations à l'avance, elles durent finalement dormir dans une auberge de jeunesse dans la ville voisine. Pendant les quatre jours que dura la Foire, Mônica fit un travail de fourmi. Contrairement aux posters et bannières publicitaires promis par Balcells, sa seule munition était un modeste kit – une petite biographie et un résumé des résultats de ses livres au Brésil et dans d'autres pays. Et c'est avec en main ce seul matériel qu'elle parcourut, un par un, les stands des maisons d'édition de toutes les parties de la planète, prenant date pour le plus grand nombre possible de réunions. Cet effort épuisant serait royalement récompensé : à la fin de l'année, Mônica avait vendu les droits de publication des livres de Paulo Coelho dans pas moins de seize langues.

Le premier contrat négocié par elle à Francfort – avec la maison d'édition norvégienne ExLibris – aurait le pouvoir de changer aussi sa vie personnelle : quatre ans après, en 1997, le patron d'ExLibris, Øyvind Hagen, et Mônica décidaient de se marier. En quelques mois, elle obtint des contrats pour la publication du *Pèlerin de Compostelle*, de *L'Alchimiste* ou des deux, non seulement pour la Norvège, mais pour des pays de plusieurs continents, comme l'Australie, le Japon, le Portugal, le Mexique, la Roumanie, l'Argentine, la Corée du Sud et la Hollande. En 1993, Paulo était entré dans l'édition brésilienne du *Guinness des Records* pour le fait que *L'Alchimiste* était resté 208 impressionnantes semaines consécutives sur la liste des meilleures ventes du magazine *Veja*. Mais de la France tant rêvée, pas l'ombre d'une nouvelle. Mônica avait envoyé la version américaine à plusieurs éditeurs français, mais aucun ne manifesta d'intérêt pour ce Brésilien dont ils n'avaient jamais entendu parler. Un de ceux qui refusèrent les livres de Paulo Coelho fut Robert Laffont, patron d'une maison d'édition traditionnelle et prestigieuse qu'il avait fondée au cours de la Seconde Guerre. L'indifférence avec laquelle *L'Alchimiste* fut reçu chez Laffont était telle que la lecture professionnelle, décisive pour la publication ou le refus d'un ouvrage, finit par être déléguée à la seule personne qui parlait portugais dans l'entreprise, une secrétaire administrative, qui pour sa part décréta le rejet du livre.

Paulo et Anne Carrière, sa première éditrice en France. Pour elle, découvrir l'existence de l'auteur fut une « chance infinie » et huit millions d'exemplaires vendus.

Le destin, cependant, semblait avoir décidé que l'avenir littéraire de Paulo Coelho en France passerait par la famille Laffont. Au début de 1993, la fille de Robert, Anne, quitterait le poste d'attachée de presse de l'entreprise de son père pour monter sa propre maison, les petites Éditions Anne

Carrière. Il ne s'agissait pas d'un hobby pour occuper son temps libre, mais d'une affaire dans laquelle elle et son mari, Alain, avaient investi toutes leurs économies et pour laquelle ils durent encore emprunter de l'argent aux banques, aux amis et aux parents. L'entreprise n'avait pas trois mois de vie quand Brigitte Gregony, cousine germaine et meilleure amie d'Anne (et une des investisseurs qui avaient mis de l'argent dans la nouvelle maison d'édition), téléphona de Barcelone, où elle passait des vacances, pour dire qu'elle avait lu la traduction espagnole « d'un livre fascinant appelé *El Alquimista*, écrit par un Brésilien inconnu ». Incapable de déchiffrer une syllabe en castillan ou en portugais, Anne s'appuya sur l'avis de sa cousine (et d'une brève lecture faite par son fils, Stephen, qui comprenait un peu le castillan), et lui demanda de se renseigner pour savoir si les droits de publication en France appartenaient à un éditeur. Quand elle trouva Mônica, Brigitte apprit que *L'Alchimiste* sortirait aux États-Unis en mai et qu'elle, l'agent, se chargerait de lui envoyer un exemplaire dès qu'il serait publié.

Bien que n'ayant pris connaissance du contenu de l'ouvrage qu'en lisant l'édition américaine, Anne semblait prête à investir le meilleur de ses énergies dans ce projet. Elle formalisa seulement en août une proposition de 5 000 dollars d'avance sur les royalties – près de 7 000 dollars de 2008, ou 12 000 reals –, mais en compensation elle fit appel pour traduire *O Alquimista* à un crack du métier, Jean Orecchioni, un professeur de langues qui portait dans ses bagages la traduction en français de toute l'œuvre de Jorge Amado. La cousine Brigitte, qui avait été la marraine de la publication, ne vivrait pas suffisamment pour assister au succès de *L'Alchimiste.* En juillet, avant que le livre ne soit prêt, elle mourait victime d'une tumeur au cerveau. Des années plus tard, c'est à elle qu'Anne Carrière dédierait son livre de souvenirs intitulé *Une chance infinie – L'histoire d'une amitié,* Éditions de la Table Ronde, inédit au Brésil, dans lequel elle raconte l'histoire de sa relation avec Paulo Coelho et révèle les coulisses du plus grand boom produit en France par un écrivain latino-américain.

Lents dans le monde entier, les processus de production du livre finirent par repousser le lancement de *L'Alchimiste* à mars 1994, quand Paulo se préparait à publier son cinquième livre au Brésil, *Na Margem do Rio Piedra Eu Sentei e Chorei* – ou simplement *Rio Piedra,* ainsi qu'il serait connu parmi les lecteurs. Anne était confrontée à un double problème : comment lancer le livre d'un auteur inconnu dans une maison d'édition également inconnue ? Comment faire en sorte que les libraires posent leur regard une minute de plus sur ce livre, au milieu des milliers de titres constamment jetés sur le marché par les maisons d'édition ? C'est en pensant à cela qu'elle décida de faire une préédition spéciale numérotée de *l'Alchimiste,* qui serait envoyée à cinq cents libraires français un mois avant le lancement. La quatrième de couverture du livre était occupée par un petit texte écrit par elle :

Paulo Coelho est un auteur brésilien célèbre dans toute l'Amérique latine. L'Alchimiste *raconte l'histoire d'un jeune berger qui quitte sa terre pour poursuivre un rêve : la recherche d'un trésor caché au pied des pyramides. Dans le désert, il comprendra le langage des signes et le sens de la vie, et il apprendra, surtout, à laisser parler son cœur. Il accomplira son destin.*

Au dos du livre fut imprimée une phrase utilisée par HarperCollins pour le lancement aux États-Unis :

L'Alchimiste *est un livre magique. Lire ce livre, c'est comme se réveiller le matin pour voir se lever le soleil pendant que le reste du monde dort encore.*

Si la moitié du chemin vers le succès était assurée par la bonne réceptivité des libraires, l'autre moitié – la critique – paraissait tombée du ciel. L'opinion des plus grands organes de presse en France, parmi lesquels le magazine respecté *Le Nouvel Observateur,* qui des années plus tard critiquerait sévèrement l'auteur, était hautement favorable à *L'Alchimiste,* ainsi que le révèle le résumé publié par Anne Carrière dans son livre :

[...] Sous l'apparence d'un conte, Paulo Coelho pacifie le cœur des hommes et les fait réfléchir sur le monde qui les entoure. Un livre fascinant qui met des graines de bon sens dans la tête et ouvre le cœur.

Annette Colin Simard, Le Journal du Dimanche

[...] Paulo Coelho confirme la vertu de la clarté à un haut degré, ce qui fait de son écriture un ruisseau de fraîcheur sous le feuillage, un chemin d'énergie qui mène le lecteur, même par défaut, en direction de lui-même, de son âme mystérieuse et lointaine.

Christian Charrière, Le Figaro littéraire

[...] C'est un livre rare, comme un trésor inattendu qu'il faut savourer et partager.

Sylvie Genevoix, L'Express

[...] C'est un livre qui fait du bien.

Danièle Mazingarbe, Madame Figaro

[...] Écrit dans une langue simple et très pure, ce récit d'un voyage d'initiation dans le désert où, à chaque pas, un signe renvoie à un autre, où tout le mystère du monde se trouve dans une émeraude, où l'on perçoit, même volatile, « l'âme du monde », où l'on dialogue avec le vent et le soleil, enveloppe littéralement.

Annie Copperman, Les Échos

[…] La joie de sa narration a raison de nos préjugés. Il est tellement rare, tellement nécessaire, aux jours torrides et asphyxiants d'aujourd'hui, de respirer un peu de fraîcheur.

Le Nouvel Observateur

Maintenant il fallait attendre et cueillir les fruits, et ils ne tardèrent pas à apparaître. Le timide tirage initial de 4 000 exemplaires disparut des librairies en quelques jours et, à la fin d'avril, alors que 18 000 exemplaires avaient été vendus, *L'Alchimiste* apparut pour la première fois sur une liste de best-sellers, dans l'hebdomadaire *Livres Hebdo,* consacré au monde de l'édition. Il ne s'agissait pas d'une publication grand public et sa place n'était pas des meilleures – il figurait au vingtième et dernier rang –, mais comme Mônica l'avait prédit, ce n'était que le commencement. Au mois de mai, *L'Alchimiste* entra en neuvième place sur la plus importante liste des meilleures ventes, celle du magazine hebdomadaire *L'Express,* sur laquelle il resterait trois cents incroyables semaines consécutives. Le livre avait du succès dans plusieurs pays, outre le Brésil, mais la consécration aux États-Unis et en France serait le sauf-conduit permettant à l'auteur de cesser d'être seulement une excentricité latino-américaine pour devenir un phénomène planétaire.

27

La gloire mondiale

Si le monde s'inclinait devant Paulo Coelho, la critique brésilienne paraissait fidèle à la maxime inventée par le compositeur Tom Jobim – selon laquelle « au Brésil le succès de l'autre est reçu comme une offense personnelle, une gifle » – et continuait à traiter ses livres à coups de gourdin. Le retentissement de *L'Alchimiste* semble l'avoir encouragé à rendre aux critiques la monnaie de leur pièce. « Avant, mes détracteurs auraient pu conclure, injurieusement, que les Brésiliens étaient des ânes parce qu'ils me lisaient », déclara-t-il au journaliste Napoleão Sabóia, du journal *O Estado de São Paulo*. « Maintenant que mes livres se vendent très bien à l'étranger, il est difficile d'accuser d'ânerie le monde entier. » Pas tant que cela. Pour le critique Silviano Santiago, docteur en littérature à la Sorbonne, être un best-seller même dans un pays comme la France ne signifiait absolument rien. « Il faut démystifier son succès en France », déclara-t-il au magazine *Veja*. « Le public français est aussi médiocre ou peu sophistiqué que le grand public de n'importe quel autre pays. » Certains ne se donnaient même pas la peine d'ouvrir les livres de Paulo pour les condamner. « Je n'ai pas lu et je n'ai pas aimé », déclara comme une sentence Davi Arrigucci Jr., autre critique respecté et professeur de littérature à l'Université de São Paulo. Mais rien de tout cela ne semblait importer aux lecteurs brésiliens et encore moins aux étrangers. Au contraire. À en juger par les chiffres, son armée de lecteurs et d'admirateurs semblait grossir dans la même proportion que la virulence des critiques. La situation se répéterait en 1994, quand il lança, en plus de *Rio Piedra*, un livre de 190 pages intitulé *Maktub* – un recueil de minichroniques, de fables et de réflexions qu'il publiait depuis 1993 dans la *Folha de São Paulo*.

De même qu'*As Valkírias* avait été inspiré par la pénitence suivie par lui et Chris dans le désert du Mojave, dans *Rio Piedra* Paulo partage avec les lecteurs une autre expérience spirituelle, le chemin de Rome, réalisé en 1989 dans le sud de la France, en partie en compagnie de Mônica Antunes. Dans les 236 pages du livre, il décrit sept jours de la vie de Pilar, une étudiante de 29 ans qui se bat pour terminer ses études à Saragosse, en Espagne, et retrouve un camarade avec qui elle a vécu une passion adolescente. Les retrouvailles ont lieu après une conférence donnée par le garçon – sans nom dans le livre, comme tous les autres personnages, à l'exception de la protagoniste. Maintenant séminariste et attaché au service de l'Immaculée Conception, il confesse sa passion pour Pilar au cours d'un voyage de Madrid à Lourdes, le grand centre de pèlerinage catholique en France. Elle et son compagnon représentent, selon Paulo, une plongée dans le mythe de la peur d'aimer, la peur de l'abandon total qui poursuivrait l'humanité comme une espèce de péché originel. Comme dans l'histoire de sainte Thérèse d'Ávila, le dénouement, mystique aussi, fait surgir ce que l'écrivain considère comme une conception profonde et déchirante de l'amour. Sur le chemin du retour à Saragosse, Pilar s'assoit au bord de la rivière Piedra, un petit cours d'eau à cent kilomètres au sud de la ville, et y verse ses larmes pour qu'elles se joignent à d'autres rivières et aillent se jeter dans l'océan.

Plus centré sur des rituels et des symboles du catholicisme que sur les thèmes magiques des livres précédents, *Rio Piedra* mérita des éloges inattendus de religieux comme le cardinal-archevêque de São Paulo, dom Paulo Evaristo Arms, mais du côté de la critique aucune surprise ne viendrait. Comme c'était arrivé, sans exception, avec ses cinq livres, tant *Rio Piedra* que *Maktub* seraient écorchés par les médias brésiliens. Le critique Geraldo Galvão Ferraz, du *Jornal da Tarde,* de São Paulo, reprocha à *Rio Piedra* d'être « un cocktail mal dosé de mysticisme, de religion et de fiction médiocres, baigné de lieux communs et habité par des personnages stéréotypés qui passent le plus clair de leur temps à faire des discours solennels ». Quand l'auteur aborde ce qu'il appelle « le visage féminin de Dieu » un autre journaliste y vit avec ironie « un Paulo Coelho pour les petites filles ». Le magazine *Veja* confia le compte rendu de *Maktub* à Diogo Mainardi, un jeune scénariste qui des années plus tard deviendrait l'un de ses chroniqueurs les plus polémiques. Sur un ton provocant, Mainardi reprenait ironiquement des passages piqués dans le livre pour finir en comparant *Maktub* à une paire de chaussettes sales qu'il avait oubliée dans sa voiture :

En réalité toutes ces conneries ne signifieraient rien si Paulo Coelho était seulement un charlatan qui gagne un peu d'argent grâce à la bêtise des autres. Je ne perdrais jamais mon temps à rendre compte d'un auteur médiocre s'il se limitait à lancer un manuel de grosses ficelles ésotériques de temps en temps. Mais les choses ne sont pas tout à fait cela. À la dernière Foire du livre de Francfort, dont le thème était le Brésil, Paulo Coelho a été vendu comme un vrai écrivain, comme un représentant légitime des lettres nationales. C'est déjà trop. Aussi mauvais que soient nos écrivains, ils sont toujours meilleurs que Paulo Coelho. Il peut faire ce qu'il entend. Il suffit qu'il n'essaie pas de se présenter comme écrivain. Finalement, il y a autant de littérature chez Paulo Coelho que dans mes chaussettes sales.

Comme dans les occasions précédentes, les critiques ne se révélèrent même pas capables d'aller mettre une bactérie dans les librairies. Méprisé dans les pages des journaux et des magazines, *Rio Piedra* battit pourtant le record d'*As Valkírias* et se vendit, le premier jour, à 70 000 exemplaires. Et quelques semaines après le lancement, *Maktub* brillait aussi sur les listes de best-sellers. La seule différence, c'est que cette fois la victime des attaques se trouvait à des milliers de kilomètres de Rio, parcourant la France en compagnie d'Anne Carrière pour répondre aux dizaines d'invitations à des conférences et débats avec les lecteurs qui se multipliaient de façon géométrique. Outre l'énorme succès de l'auteur, la présence de Paulo à la Foire de Francfort en 1994, la première à laquelle il participait, montra clairement que le préjugé contre son œuvre n'était pas le privilège des critiques brésiliens, mais aussi de ses collègues écrivains.

Bien que le ministère de la Culture du président Itamar Franco fût occupé à l'époque par un vieil ami de l'écrivain, le diplomate Luís Gonzaga do Nascimento e Silva, frère de son ex-petite amie Maria do Rosário, la discrimination se manifesta bientôt. Pour représenter les lettres brésiliennes – cette année-là, la foire rendait hommage au Brésil –, le ministère organisa une caravane de dix-huit écrivains, lesquels se rendraient en Allemagne tous frais payés par le gouvernement, et n'y inclut pas Paulo. Selon le ministre Nascimento e Silva, le critère de choix des invités avait été « la popularité et la connaissance des auteurs de la part des Allemands ». Aussi, Paulo finit par voyager aux frais de l'Editora Rocco. Et l'auteur ne semble pas avoir gardé de ressentiment : avant de partir, une de ses déclarations à la presse fut pour soutenir le nom du candidat du gouvernement à la présidence de la République, l'ex-ministre des Finances d'alors, Fernando Henrique Cardoso.

Francfort montrerait que de fait le succès de l'auteur de *L'Alchimiste* produisait un malaise, pas seulement chez les journalistes. Pour fêter les contrats qu'il avait accumulés dans le monde entier, son éditeur allemand à l'époque, Peter Erd, patron d'une petite maison d'édition du même nom, offrit un cocktail auquel il invita tous les éditeurs de Paulo présents à la foire et, naturellement, chacun des membres de la délégation brésilienne. Attirant une grande affluence, la fête ne fut pas une réussite absolue du fait d'une absence remarquée par tous les invités – et considérée par celui à qui on rendait hommage comme une suprême humiliation : outre Paulo lui-même, Chris et Mônica, les deux seuls Brésiliens présents étaient le romancier du Minas Roberto Drummond et le poète bahianais Waly Salomão. Des autres membres de la délégation, seul Chico Buarque eut la délicatesse de téléphoner pour remercier de l'invitation et faire savoir qu'il ne serait pas présent parce qu'il ferait une conférence à la même heure. En défense de Paulo résonnerait une voix solitaire et puissante, celle du Bahianais Jorge Amado, qui n'avait pas intégré la caravane.

— La seule chose qui mène les intellectuels brésiliens à attaquer Paulo Coelho est son succès, tonna l'auteur de *Gabriela, girofle et cannelle*.

Sourde au mépris des Brésiliens, en 1995 la fièvre surnommée « coelhomania » par le magazine britannique *Publishing News*, ou « coelhisme » par les médias français, acquit les proportions d'une pandémie. Contacté par le cinéaste français Claude Lelouch, puis par l'Américain Quentin Tarantino (qui quelques mois avant avait reçu la Palme d'or au Festival de Cannes pour le film *Pulp Fiction*), tous les deux intéressés à adapter *L'Alchimiste* pour le cinéma, Paulo répondit que le géant américain Warner Brothers était arrivé avant eux et avait emporté les droits pour 300 000 dollars (400 000 dollars de 2008, ou 720 000 reals). En outre, le réalisateur polonais Roman Polanski, lui aussi primé, avait révélé à des journalistes son intention d'écrire un scénario à partir d'*As Valkírias* et de le tourner. En mai,

Paulo pendant une interview à la Foire de Francfort, aux côtés de Chico Buarque, l'un des Brésiliens présents à cette occasion.

alors qu'Anne Carrière préparait le lancement d'une édition de *L'Alchimiste* illustrée par Moebius, le plus grand nom européen de la BD, la maison d'édition Hachette, propriétaire du magazine féminin *Elle*, annonça que le *Grand Prix des lectrices de Elle* de l'année avait été attribué à Paulo Coelho. Cela fit un tel bruit qu'il mérita un portrait dans la section « Portrait » du magazine *Lire*, la bible du monde littéraire français, mais le couronnement de tout cela viendrait en octobre. Après trente-sept semaines en deuxième place, *L'Alchimiste* détrônait *Le Premier Homme*, roman inachevé du génial écrivain franco-algérien Albert Camus, passant en tête de la liste des meilleures ventes de *L'Express*, le magazine le plus important en France. En même temps qu'il supplantait par ses ventes une icône de la culture française comme Camus, qui avait reçu le Nobel de littérature en 1957, *L'Alchimiste* était comparé par deux critiques célèbres à une autre gloire nationale, *Le Petit Prince*, d'Antoine de Saint-Exupéry. « J'ai eu le même sentiment en lisant les deux livres », écrivit Frédéric Vitoux dans sa colonne du magazine *Le Nouvel Observateur*. « J'ai été charmé par cette sensibilité, cette fraîcheur, cette ingénuité de l'âme. » Son confrère Éric Deschot, de l'hebdomadaire *Actuel*, partageait cette opinion : « Ce n'est pas une comparaison sacrilège, car la simplicité, la transparence et la pureté de cette fable rappellent le mystère de l'histoire de Saint-Exupéry. »

La nouvelle annonçant qu'il avait bondi à la première place dans *L'Express* fut reçue par Paulo Coelho en Extrême-Orient, où il se trouvait en compagnie de Chris pour accomplir un long programme de lancements et de débats avec les lecteurs. Un après-midi, quand le *Shinkansen*, le train à grande vitesse japonais qui les transportait de Nagoya à Tokyo, passa devant le mont Fuji enneigé, le plus haut accident géographique du pays, considéré comme sacré par les Japonais, l'écrivain prit une décision : quand il arriverait au Brésil, il changerait de maison d'édition. Cette résolution ne découlait pas d'un signe que lui seul aurait capté, mais concluait une longue réflexion sur ses relations avec Rocco. Entre autres divergences, Paulo revendiquait un système de distribution qui ouvrirait à ses livres des canaux de ventes alternatifs aux librairies – comme les kiosques à journaux et les supermarchés –, pour qu'ils puissent arriver aux lecteurs aux revenus les plus faibles. Rocco avait demandé une étude à l'entreprise Fernando Chinaglia, distributeur expérimenté de journaux et magazines, mais le projet n'alla pas plus loin. L'auteur parvint à garder discrets ses contacts avec quelques maisons d'édition, mais le 15 février le chroniqueur toujours bien informé Zózimo Barroso do Amaral publia une note dans le journal *O Globo* informant que venait à son terme « un des plus enviés mariages du cercle littéraire ».

Les autres journaux s'engagèrent dans la brèche et quelques jours plus tard tout le pays savait que, pour un million de dollars (équivalant en 2008 à 1,3 million de dollars, ou

2,3 millions de reals), Paulo quittait Rocco pour l'Editora Objetiva. Jamais vue pour aucun autre auteur brésilien, l'énorme somme n'irait pas entièrement dans la poche de l'auteur, mais serait partagée plus ou moins dans la même proportion que les contrats signés avec l'ancien éditeur : 55 % représentaient des acomptes de droits d'auteur et les 45 % restants seraient investis dans la divulgation de son livre suivant, *O Monte Cinco*. C'était un gros pari pour Roberto Feith, journaliste, économiste et ex-correspondant international de la Rede Globo de Televisão, qui cinq ans auparavant avait pris le contrôle d'Objetiva. Les 550 000 dollars d'avance offerts comme royalties à Paulo représentaient 15 % du total du chiffre d'affaires de la maison d'édition – une recette qui venait surtout des ventes de ses trois locomotives, les Américains Stephen King, Harold Bloom et Daniel Goleman. Les spécialistes entendus par la presse assurèrent unanimement que, si *O Monte Cinco* avait le même succès que *Rio Piedra*, en quelques mois Objetiva récupérerait le million investi dans l'opération. Apparemment le changement n'avait pas provoqué de ressentiment chez son ancien éditeur – après tout, Paulo était passé chez Objetiva, mais il avait laissé à Rocco toute sa *back list*, la rentable collection des sept livres publiés chez lui depuis 1989. De fait, un mois après l'annonce du transfert, on voyait Paulo Rocco parmi les invités de l'écrivain, à sa traditionnelle fête de saint Joseph, le 19 mars.

Inspiré d'un passage de la Bible (Rois 1, 18, 8-24), le roman *O Monte Cinco* raconte en 284 pages la souffrance, les doutes et les découvertes spirituelles du prophète Élie pendant son exil à Sarepta, en Phénicie, l'actuel Liban. La ville, dont le peuple était cultivé et célèbre pour son intelligence en matière commerciale, qui ne connaissait pas la guerre depuis trois cents ans, était sur le point d'être envahie par les Assyriens. Le prophète découvre des conflits religieux, et il est obligé d'affronter la colère des hommes, ou de Dieu, dont il se voit forcé de transgresser la volonté pour des motifs terrestres. Dans le prologue, Paulo révèle une nouvelle fois l'entrelacement de ses expériences personnelles avec la thématique de ses livres. Lorsqu'il affirme qu'il a peut-être appris, avec *O Monte Cinco*, à comprendre et à affronter l'inévitable, il se rappelle son renvoi de la maison de disques CBS, qui a eu lieu dix-sept ans plus tôt et qui a mis fin à une carrière prometteuse de cadre phonographique :

En achevant la rédaction du Monte Cinco, *je me suis souvenu de cet épisode – et d'autres manifestations de l'inévitable dans ma vie. Chaque fois que je me sentais absolument maître de la situation, un événement se produisait et me faisait échouer. Je me suis demandé pourquoi. Étais-je condamné à toujours approcher de la ligne d'arrivée, sans jamais la franchir ? Dieu serait-il cruel au point de me faire entrevoir les palmiers à l'horizon uniquement pour me laisser mourir de soif au milieu du désert ? J'ai mis longtemps à comprendre que l'explication était autre. Certaines choses sont placées dans nos existences pour nous reconduire sur le vrai chemin de notre Légende Personnelle. D'autres surgissent pour nous permettre d'appliquer tout ce que nous avons appris. Quelques-unes, enfin, se produisent pour nous enseigner quelque chose.*

Le livre était prêt pour être remis à l'Editora Objetiva quand Paulo, faisant de nouvelles recherches, découvrit des informations sur des passages de la vie du prophète Élie qui n'avaient pas été traités dans les Écritures – précisément la période où le personnage vécut son exil phénicien, l'époque choisie par l'auteur pour situer le récit du *Monte Cinco*. La découverte l'enthousiasma, mais il dut réécrire pratiquement tout le livre, qui ne fut rendu public qu'en août 1996, pendant la 14e Biennale du livre de São Paulo. Le lancement fut précédé d'une mégacampagne publicitaire créée par l'agence pauliste Salles/DMB & B – dont le patron, le publicitaire Mauro Salles, était un vieil ami et le gourou informel de l'écrivain pour les questions de marché (le livre lui a été dédié). La campagne comprenait des annonces en pleine page dans les quatre principaux journaux du pays (*Jornal do Brasil, Folha de São Paulo, O Estado de São Paulo* et *O Globo*) et dans les magazines *Veja-Rio, Veja-SP, Caras, Claudia* et *Contigo*, 350 affiches sur les autobus de Rio de Janeiro et de São Paulo, quatre-vingts panneaux extérieurs à Rio, des présentoirs pour les points de vente et des bannières publicitaires plastifiées pour les librairies. S'inspirant de l'idée d'Anne Carrière qui avait si bien marché lors du lancement en France de *L'Alchimiste*, Paulo suggéra à l'éditeur Feith de faire imprimer une édition spéciale du *Monte Cinco* numérotée et dédicacée par l'auteur et de la distribuer à quatre cents libraires dans tout le Brésil une semaine avant que l'édition normale parvienne au public. Pour prévenir toute fuite dans la presse, chaque destinataire dut signer un engagement de confidentialité, promettant de ne révéler à personne l'histoire du prophète Élie.

Le résultat serait proportionnel aux efforts de la promotion. Distribués le 8 août, en moins de 24 heures, 80 000 des 100 000 exemplaires de la première édition disparurent des librairies. 11 000 autres furent vendus en une semaine à la Biennale du livre, où Paulo était attendu par des files de lecteurs qui paraissaient interminables et où il dédicaça des exemplaires pendant dix heures de suite. *O Monte Cinco* n'avait pas encore deux mois de vie quand les ventes atteignirent 120 000 exemplaires – ce qui signifiait que les 550 000 dollars payés à l'auteur comme acompte étaient retournés dans les coffres de la maison d'édition, et les autres 450 000 dollars prirent le même chemin dans les mois suivants.

Dans le cas d'*O Monte Cinco*, la critique sembla montrer des signes d'apaisement. « Laissons les magiciens juger si Coelho est un sorcier ou un charlatan, ici cela importe peu », écrivit la *Folha de São Paulo*. « Le fait est qu'il raconte des histoires bien digestes, sans exploits littéraires, et parvient à séduire des lecteurs dans des dizaines de langues. » Dans son principal concurrent, le journal *O Estado de São Paulo,* l'exigeant critique et écrivain José Castello ne fut pas avare d'éloges pour le nouveau livre. « Le style sec et concis d'*O Monte Cinco* prouve que sa plume est plus aiguisée et plus précise », affirma-t-il dans le compte rendu publié dans le supplément culturel. « Que l'on aime ou non ses livres, Paulo Coelho est encore victime d'odieux préjugés – les mêmes [...] qui, transposés dans le domaine religieux, ont inondé la planète de sang. » Une semaine avant le lancement, même l'irascible *Veja* semblait s'être rendu à l'évidence, en consacrant à l'auteur un long et sympathique reportage intitulé « Le sourire du magicien », à la fin duquel il publiait en exclusivité un passage du *Monte Cinco*. Pour ne pas perdre l'habitude, toutefois, au milieu d'un torrent d'éloges, le magazine réduisait le contenu de l'œuvre de Paulo à ce qu'il qualifia d'« histoires ingénues dont le "message" a souvent la profondeur philosophique des films de la série Karaté Kid ».

Mais lors du lancement suivant, quand sortit le *Manuel du guerrier de la lumière,* la critique allait retrouver un appétit redoublé. Premier livre de Paulo publié à l'étranger avant de sortir au Brésil, le *Manual* était né d'une suggestion d'Elisabetta Sgarbi, de la maison d'édition Bompiani. Enthousiasmée par le succès des livres de l'auteur en Italie (*Sur le bord de la rivière Piera* venait de surpasser sur les listes locales le roman *L'Isola del Giorno Prima* [*L'île du jour d'avant*], de l'auteur consacré Umberto Eco), elle alla voir Mônica pour savoir s'il n'aurait pas un travail inédit pour la collection *Assagi,* que Bompiani venait de créer. Paulo ruminait depuis longtemps l'idée de rassembler dans un seul livre des notes et réflexions enregistrées au fil des années et peut-être était-ce le moment adéquat. Certains des messages utilisés dans le livre avaient été publiés dans la *Folha de São Paulo,* ce qui le conduisit à adopter dans le *Manuel* la limite imposée par le journal pour sa colonne : seulement onze lignes par texte, pas une de plus. Presque toujours sous forme de métaphores, de symboles et de références religieuses et médiévales, Paulo révèle aux lecteurs du *Manuel du guerrier de la lumière* l'ensemble des expériences vécues au long de ce qu'il appelle « mon processus de développement spirituel ». Pour lui, le degré d'imprégnation entre l'auteur et l'œuvre est tel que le *Manuel* devint le « livre clé » pour la compréhension de son univers.

— Pas tant de l'univers magique, mais surtout de l'univers idéologique, prévient-il. Le *Manuel du guerrier de la lumière* a pour moi l'importance qu'a eue le Livre rouge pour Mao ou le Livre vert pour Kadhafi.

En plus de la colonne dans le journal, on pouvait noter la présence de l'expression « Guerrier de la lumière » – quelqu'un qui s'emploie toujours à réaliser son rêve, quelle que soit la dimension des obstacles – dans plusieurs de ses livres, par exemple *L'Alchimiste, As Valkírias* et *Sur le bord de la rivière Piedra.* Et s'il restait encore des doutes concernant sa signification, la page personnelle de l'auteur récemment créée sur Internet se chargeait d'y répondre :

Ce livre réunit une série de textes pour nous rappeler qu'en chacun de nous vit un Guerrier de la Lumière. Quelqu'un qui est capable d'entendre le silence de son cœur, d'accepter les défaites sans se laisser abattre, de nourrir l'espoir au milieu du découragement et de la fatigue.

Quand il fut lancé au Brésil, le *Manuel* venait après le succès du *Manuale del Guerriero della Luce* en Italie, mais cela ne parut pas impressionner les critiques brésiliens. Même pas la *Folha de São Paulo,* qui avait publié à l'origine plusieurs des minichapitres reproduits dans le *Manuel.* Dans un court article sur deux colonnes, le jeune journaliste Fernando Barros e Silva, un des rédacteurs en chef du journal, parlait du lancement comme du « dernier spasme mystique de notre plus grand phénomène éditorial » et disqualifiait l'auteur dans les premières lignes :

Paulo Coelho n'est pas un écrivain, même pas un mauvais écrivain. Inutile d'appeler ce qu'il fait de la sous-littérature. Ce serait un éloge. Il est proche d'Edir Macedo [« évêque » dirigeant de l'Église universelle du Royaume de Dieu], pas de Sidney Sheldon. [...] Cela dit, allons au livre, précisément. Il n'y a pas de nouveautés. Le secret, comme toujours, n'est qu'une enfilade de platitudes pour que le lecteur puisse lire ce qui lui convient le mieux. Comme dans le « Yi-king », il s'agit d'« éclairer » des chemins, de « suggérer » des vérités à partir de métaphores vagues, de phrases tellement nébuleuses et entourées de métaphysique fumeuse qu'elles sont capables de dire exactement tout parce qu'elles ne disent rien de rien. [...] Dans cette formule à succès, reviennent tous les clichés : description écologique et idyllique de la nature, allusions à des luttes interminables entre le bien et le mal, coups de pinceau de culpabilité et de rédemption chrétiennes – le tout cousu dans une langue plate, grossière, qui paraît l'ouvrage d'un enfant de 8 ans et s'adresse à des personnes du même niveau d'âge mental. À chaque lecture de Paulo Coelho, même si on y met du soin et de l'attention, on est plus stupide et pire qu'on ne l'était avant.

Des manifestations comme celles-là montraient et réitéraient, pour l'écrivain, l'abîme ennuyeux et répétitif qui séparait l'opinion de la critique et le comportement de ses lecteurs. Comme c'était arrivé depuis son premier livre – et continuerait avec les suivants –, bien qu'il ait fait l'objet d'ironies comme celle de ce journal, le *Manuel* apparaîtrait quelques jours plus tard comme best-seller non seulement dans la *Folha* de Barros e Silva, mais sur toutes les listes publiées par la presse brésilienne. Et ensuite il allait conférer à Paulo une marque que probablement aucun autre auteur n'atteindra : être avec le même livre en première place sur la liste des meilleures ventes de non-fiction (dans ce cas, dans le journal *O Globo*) et de fiction (dans le *Jornal do Brasil*). Dans le reste du monde, ce ne serait pas différent : traduit en vingt-neuf langues, le *Manual* se vendrait à plus d'un million de copies en Italie, devenant le livre de l'auteur ayant le plus de succès dans le pays, après *L'Alchimiste* et *Onze Minutes*. Une décennie après son lancement par Bompiani, il restait encore à une moyenne de 100 000 exemplaires par an. La popularité du *Manuel du guerrier de la lumière* en Italie acquit une telle dimension que, à la fin de 1997, la styliste Donatella Versace, sœur de Gianni Versace, mort l'année précédente, annonça que la collection de la griffe pour 1998 s'inspirait du livre de Paulo. En France, *L'Alchimiste* avait atteint deux millions de copies vendues, et *Sur le bord de la rivière Piedra* 240 000, un succès qui conduirait Anne Carrière à acquérir pour 150 000 dollars (équivalant à 400 000 dollars de 2008, ou 680 000 reals) les droits de publication de *La Cinquième Montagne*. Quelques mois avant l'annonce de la vente, l'auteur recevait avec émotion du gouvernement français le titre de chevalier de l'ordre des Arts et des Lettres.

— Vous êtes l'alchimiste de millions de lecteurs, qui disent que vous écrivez des livres qui font du bien, proclama le ministre français de la Culture, Philippe Douste-Blazy, chargé de lui remettre la médaille. Vos livres font du bien parce qu'ils stimulent notre pouvoir de rêver, notre désir de nous chercher et de croire en nous dans cette quête.

Cependant, certains Brésiliens continuaient à faire mauvais accueil au compatriote reçu avec tapis rouge partout où il mettait les pieds. Cette attitude serait encore une fois explicite au début de 1998, quand on annonça que le Brésil serait le pays auquel rendrait hommage le 18e Salon du livre de Paris, entre le 19 et le

25 mars de cette année-là. Le ministre de la Culture, Francisco Weffort, avait chargé le président de la Bibliothèque nationale, l'académicien Eduardo Portela, d'organiser la caravane des écrivains qui participeraient à l'événement comme invités du gouvernement brésilien. Après plusieurs semaines de discussions, alors qu'il restait dix jours avant le voyage, la presse reçut l'énorme liste des cinquante auxquels était accordée une semaine de loisir payée à Paris. Exactement comme cinq ans plus tôt à Francfort, le nom de Paulo Coelho ne figurait pas parmi les invités. C'était une offense inutile du gouvernement envers l'écrivain qui l'avait soutenu, puisqu'il ne dépendait plus d'invitations officielles pour participer à des fêtes comme celle-là. Invité par son éditrice, le jour de l'ouverture du Salon il ferait une soirée de dédicaces de *La Cinquième Montagne* lancée avec un tirage de 250 000 exemplaires (rien de trop pour quelqu'un qui avait vendu presque 5 millions de livres dans le pays). En réalité, l'écrivain était arrivé une semaine avant la délégation brésilienne et avait affronté un véritable marathon d'interviews pour des journaux, des magazines, et pas moins de six émissions différentes de la télévision française. Finalement, le soir du 19 mars, au son d'une bruyante et authentique percussion brésilienne, le président Jacques Chirac et la première dame Ruth Cardoso, représentant son mari, le président Fernando Henrique, coupèrent le ruban inaugural du Salon et se promenèrent, entourés d'une foule de journalistes et d'agents de sécurité, dans les allées du centre de conventions Paris Expo, où avait lieu l'événement. Devant le regard déconcerté des Brésiliens, à une certaine hauteur, le président Chirac s'écarta du groupe, entra sur le stand des Éditions Anne Carrière, salua l'éditrice et, un énorme sourire sur le visage, donna une fervente accolade à Paulo Coelho, couvrant de gentillesses le seul auteur brésilien qu'il avait lu, ainsi qu'on l'apprendrait par la suite,

et qu'il décorerait personnellement deux ans plus tard de la prestigieuse Légion d'honneur, la même qui dans le passé avait été placée sur le revers de la veste de célébrités internationales comme Winston Churchill, John Kennedy et même quelques Brésiliens illustres, comme Santos-Dumont, Pelé et Oscar Niemeyer. Avant d'aller plus loin, Chirac s'adressa encore aimablement à Anne Carrière :

— Vous avez dû gagner beaucoup d'argent avec les livres de *monsieur Coelô*. Félicitations !

Ouvert au public le lendemain, l'endroit serait le théâtre d'un nouveau record du Brésilien. Pour la première fois depuis sa création, en 1970, le Salon de Paris verrait un auteur signer des autographes durant sept heures d'affilée, lors d'un marathon interrompu seulement pour aller en vitesse aux toilettes ou fumer une Galaxy. Toutefois, c'est à Anne Carrière que reviendrait la médaille de la saison parisienne. Quelques jours avant la clôture de l'événement, elle fit fermer le Carrousel du Louvre, l'élégante et très sélecte galerie située sous le célèbre musée parisien, où sont habituellement réalisés les défilés de mode des grands couturiers européens. Paulo y offrirait un banquet de six cents couverts, arrosé de vins et de champagnes fins, à des libraires, éditeurs, journalistes et personnalités du monde intellectuel. Provoquant avec ironie ceux qui l'avaient snobé, l'amphitryon tint à ce que chacun des membres de la délégation brésilienne reçoive à son hôtel une invitation personnelle pour le dîner. L'un d'eux était le journaliste et écrivain Zuenir Ventura, qui venait de lancer un livre au titre suggestif d'*Inveja,* et qui se souviendrait à quel point Paulo était préoccupé de savoir si les Brésiliens étaient bien reçus :

— Il n'a pas dîné, il a passé son temps à s'asseoir à la table de chaque groupe de convives. Il avait beau être là, au sommet, avec à ses pieds tout ce qui comptait dans le monde littéraire, Paulo restait la personne qu'il avait tou-

Sous les yeux de la première dame Ruth Cardoso, le président français, Jacques Chirac, s'éloigne de la foule pour venir complimenter Paulo, qui avait été snobé par les responsables de la délégation officielle brésilienne.

jours été. Quand il est venu à ma table, plutôt que de fêter sa soirée, il voulait savoir comment marchait mon livre *Inveja,* si j'avais des propositions pour le faire traduire, il voulait aider...

À l'heure des toasts, l'auteur demanda à l'orchestre brésilien de cesser un peu de jouer pour qu'il puisse prendre la parole. Visiblement ému et s'exprimant en bon français, il remercia tout le monde d'être présent, se répandit en éloges à l'intention de ses collègues brésiliens et dédia la soirée à un absent :

— J'aimerais que cette soirée de fête devienne un hommage de nous tous au plus grand et au meilleur de tous les écrivains brésiliens, mon cher ami Jorge Amado, et je demande à tous de se lever et de lui porter un toast.

De nouveau au son de la musique brésilienne, les six cents convives transformèrent en piste de danse les vénérables salons en marbre du Carrousel et dansèrent la samba jusqu'au petit matin. De retour à leur hôtel, ils trouvèrent une autre surprise : dans une couverture en velours, un exemplaire de *La Cinquième Montagne* dans une édition imprimée spécialement pour l'événement. Chacun contenait la même phrase, manuscrite en français et signée par l'auteur : « La persévérance et la spontanéité sont les conditions paradoxales de la légende personnelle. » Quand Paulo monta dans l'avion pour retourner au Brésil trois semaines après avoir débarqué à Paris, 200 000 exemplaires de *La Cinquième Montagne* avaient été acquis par le public français.

Paulo paraît avoir choisi l'année 1998 pour rendre publics des détails intimes de sa vie pour se libérer de certains fantômes du passé. Dans un long entretien avec le journaliste Juan Árias, correspondant au Brésil du journal espagnol *El País* – republié en dix langues dans le livre *Conversations avec Paulo Coelho* –, il montre ses entrailles et parle pour la première fois, plus ouvertement, de son chemin spirituel, de ses femmes, de sa carrière, admet qu'il a été lâche dans certaines circonstances et révèle qu'il a eu des relations avec des hommes pour tester son éventuelle homosexualité.

Solidement et confortablement installé sur le podium des auteurs qui vendaient le plus de livres dans le monde, Paulo Coelho suscita désormais l'intérêt d'un autre univers que celui de la critique. Le monde académique – pas celui de l'habit et du chapeau à plumes, mais le monde universitaire, celui des maîtres, des docteurs en philosophie. Un des premiers essayistes qui porta le regard sur son œuvre fut le professeur Mario Maestri, de l'université de Passo Fundo, du Rio Grande do Sul, auteur d'une étude, en 1993, dans laquelle il reconnaissait que les livres de Paulo « appartiennent de droit au corpus littéraire et de fiction national ». Six ans plus tard, cependant, en publiant le livre *Por que Paulo Coelho Faz Sucesso,* Maestri avait, semble-t-il, été contaminé par la mauvaise volonté de la critique littéraire :

Bourrée d'adages, d'aphorismes et d'histoires simplistes, abreuvée de lieux communs et de clichés traditionnels, la fiction initiale de Paulo Coelho a également une importante fonction d'autoassistance. Elle permet à des lecteurs démoralisés par un quotidien misérable de rêver de la conquête rapide et magique du bonheur. L'ésotérisme de la modernité sénile propose aux lecteurs des moyens faciles et à la portée de tous pour intervenir positivement sur eux-mêmes et sur le monde social, à la recherche surtout d'avantages matériels et personnels. Il s'agit d'une voie magique vers l'univers virtuel de la société de consommation.

Avec le temps, les thèses de maîtrise et de doctorat qui se multipliaient dans le pays confirmaient que, à part les exceptions d'usage, la mauvaise volonté manifeste de l'Université brésilienne à l'encontre de l'écrivain reprenait sans surprises les provocations de la presse. Ce sentiment deviendrait public dans un reportage publié dans le *Jornal do Brasil* en 1998. Le journal y dénonçait les contraintes auxquelles avait été soumise la professeur de littérature Otacília Rodrigues de Freitas, de l'université de São Paulo, qui soutenait une thèse de doctorat intitulée « Un best-seller à l'affût du lecteur : *L'Alchimiste*, de Paulo Coelho », un travail considéré par ses collègues comme sympathique à l'égard de l'écrivain. Indignée, la professeur raconta au *JB* les mauvais moments qu'elle avait passés :

— Ils disaient que Paulo Coelho m'avait payée pour faire ma thèse, que j'étais sa maîtresse.

Sur la liste des travaux académiques enregistrés au fichier des thèses de la Coordination de perfectionnement des personnels de niveau supérieur (Capes), organe du ministère de l'Éducation, on trouve onze thèses concernant l'œuvre de Paulo Coelho, huit au niveau de la maîtrise et trois du doctorat. En 2007, le professeur Ivan Luiz de Oliveira, de l'université d'État de Maringá, dans le Paraná, étudia le phénomène dans un cadre rarement examiné dans des thèses sur la littérature. Dans le travail « La liberté surveillée », Oliveira enquêta sur les motifs qui conduisirent les détenus de la prison d'État de Maringá à avoir *L'Alchimiste* pour livre préféré, et les effets que cette lecture produisait sur ce public.

Indifférent à l'opinion que maîtres et docteurs pouvaient avoir de son œuvre, en 1998 Paulo se préparait à vivre une fois de plus le tourbillon qu'étaient devenus, depuis *L'Alchimiste,* dix ans auparavant, les lancements de ses livres. La seule nouveauté, cette fois, c'est que *Veronika décide de mourir* serait son premier ouvrage pratiquement épargné par la critique. Située en Slovénie, un des pays dans lesquels fut partagée l'ancienne Yougoslavie, l'histoire a pour toile de fond la romance entre Eduard, fils d'un diplomate, et le personnage-titre qui, après une tentative de suicide, est internée par ses parents dans un asile de fous et soumise à des traitements brutaux à base d'électrochocs. Plus que l'intrigue fictionnelle, la bombe contenue dans le livre, c'étaient les révélations, faites pour la première fois par l'auteur, de ses internements à la Maison de Santé Dr Eiras, à Rio de Janeiro, au milieu des années 1960. En rendant publics des passages aussi dramatiques de son adolescence, Paulo rompait le serment de ne traiter de ce sujet publiquement qu'après la mort de ses parents. Sa mère était morte cinq ans plus tôt, en 1993, de complications consécutives à la maladie d'Alzheimer, sans que son fils pût assister à l'enterrement, car la nouvelle lui parvint au Canada, où il suivait le lancement de *L'Alchimiste,* et il ne parvint pas à rentrer au Brésil à temps. Bien que l'énergique Dr Pedro fût encore non seulement vivant mais, comme il apparaît dans le livre, « en pleine possession de ses facultés mentales et de sa santé », *Veronika décide de mourir* expose sans ambages toute la violence à laquelle l'auteur a été soumis de sa part et de celle de la défunte Lygia. « Veronika, c'est Paulo Coelho », déclara l'écrivain à qui voulait l'entendre.

Toujours soucieux que ses livres arrivent aux lecteurs au faible pouvoir d'achat, cette fois il décida de changer de tactique de lancement. Objetiva s'était orientée vers une réduction de moitié des 450 000 reals dépensés en publicité pour *La Cinquième Montagne,* une coupe qui permit de réduire le prix de vente public de 19,80 à 15 reals. Un autre pas pour la popularisation de son œuvre fut le contrat passé avec la chaîne de supermarchés Carrefour, qui inclut *Veronika* dans le paquet promotionnel des offres pour la fête des Pères. La parution du livre coïncida avec l'intense débat qui avait lieu au Brésil sur la violence dont étaient victimes les malades internés dans les hôpitaux psychiatriques publics et privés. Au Sénat était en discussion le projet de ce qui serait connu comme la loi Anti-asile – qui prévoyait l'extinction progressive des institutions dans lesquelles des patients présentant des troubles mentaux étaient maintenus dans des prisons virtuelles dans tout le pays – et, au plus vif des débats, des passages de *Veronika* furent lus dans l'assemblée. Le jour du vote et de l'approbation de la loi, le sénateur Eduardo Suplicy (PT-SP) occupa la tribune pour lire la lettre qu'il avait reçue de Paulo Coelho faisant l'éloge du projet. « Ayant été victime, dans le passé, de la violence commise lors d'internements sans aucun fondement – j'ai été interné à la Maison de Santé Dr Eiras en 1965, 1966, 1967 –, je vois non seulement comme opportune, mais comme absolument nécessaire, cette nouvelle loi décrite dans le projet. » Avec la lettre, l'écrivain avait envoyé une copie des fiches des trois internements. La répercussion des dénonciations contenues dans le livre traversa les frontières : deux ans plus tard, Paulo serait invité à faire partie du jury de l'International Russel Tribunal on Psychiatry, une institution créée par le Parlement européen.

L'histoire relatée dans *Veronika* le conduirait de nouveau à traiter du sujet en 2003, où il déposa lors du séminaire sur « La protection et la promotion des droits des personnes ayant des problèmes de santé mentale », organisé par le Comité des droits de l'homme de la Communauté européenne ». *Veronika* répéta avec une régularité implacable ce qui s'était passé précédemment : le livre battit tous les records antérieurs de Paulo – tirage initial, ventes le premier jour et la première semaine et apparition en première place sur les listes. La seule nouveauté était le traitement respectueux que les médias, sauf quelques coups de pique, allaient réserver à l'œuvre et à l'auteur. Peut-être émus par le choc des fortes révélations contenues dans le livre, plutôt que de critiquer, les journaux et magazines consacrèrent des pages et des pages de reportages à la tragédie de ses trois internements. Une des rares exceptions viendrait d'un ami de l'auteur, l'écrivain et journaliste Marcelo Rubem Paiva. Envoyé par la *Folha de São Paulo* pour rendre compte de *Veronika*, il s'acquitte de la tâche avec ironie et suggère même des changements dans le texte. Dans le passage où l'auteur écrit qu'il « était content de ce que ses yeux voyaient et de ce que ses oreilles écoutaient », le critique affirme qu'il aurait préféré autre chose :

Pourquoi pas « ses yeux regardaient et ses oreilles entendaient » ? Plus musical. Ou « ses yeux entendaient et ses oreilles regardaient » ? Plus audacieux. Ou « ses yeux lisaient et ses oreilles composaient » ? Plus poétique. Ou « ses yeux, de verre, ses oreilles, pas perdues » ? Parce que Paulo Coelho ne veut pas prendre de risques. Il veut l'évidence.

Marcelo lui-même arrive à se retenir à temps :

Mais qu'est-ce que c'est ? Je donne des palpitations à l'écrivain qui a vendu des millions, a reçu des décorations et des prix à l'étranger ?

C'était ça : à en juger par les ventes, les prix et les hommages qui le soumettaient à un agenda intense, les lecteurs continuaient à préférer ses textes tels qu'ils étaient. Peu après la publication de *Veronika* au Brésil, un des académiciens qui s'était penché sur son œuvre, le journaliste et professeur Denis de Moraes, de l'Université fédérale fluminense, dont le siège se trouve à Niterói, dans l'État de Rio de Janeiro, publia un essai intitulé *The Big Four*. Il s'agissait du quatuor champion du monde des ventes de livres, formé par les Américains Stephen King, Michael Crichton, John Grisham et Tom Clancy. Moraes utilise des fragments de l'agenda de Paulo Coelho de l'année 1998 pour montrer que le Brésilien avait un pied dans le groupe très fermé des best-sellers planétaires :

Il a parlé de la spiritualité au Forum économique de Davos, en Suisse.
Il a été reçu en audience au Vatican et il a été béni par le pape Jean-Paul II.

Il a battu le record de signatures au 18ᵉ Salon du livre de Paris, avec La Cinquième Montagne, *qui approche les 300 000 exemplaires vendus en France.*

Il a enregistré une déposition pour le documentaire O Fenômeno, *basé sur sa vie, dans une coproduction canado-franco-nord-américaine.*

Son livre Manuel d'un guerrier de lumière *a inspiré la collection 1998/1999 de la griffe Gianni Versace.*

Il a passé huit jours en Grande-Bretagne pour la divulgation de La Cinquième Montagne.

En revenant à Rio de Janeiro en mai, il a accordé des interviews à la TV5 canadienne et aux journaux anglais Sunday Times *et* The Guardian.

Entre août et octobre, il a répondu à des engagements en Nouvelle-Zélande, en Australie, au Japon, en Israël et en Yougoslavie.

Il est retourné à Rio pour des interviews aux télévisions française et allemande, et il est parti pour une tournée de lancement en Europe de l'Est (Pologne, République tchèque, Slovaquie, Slovénie et Bulgarie).

Avant de revenir au Brésil pour les fêtes de fin d'année, il devait encore passer par la Finlande et par la Russie.

Hollywood a l'intention d'adapter quatre de ses livres au cinéma.

L'actrice française Isabelle Adjani dispute à la Nord-Américaine Julia Roberts le droit de tourner Sur le bord de la rivière Piedra, je me suis assise et j'ai pleuré.

Arenas Group, lié à Sony Entertainment, souhaite porter à l'écran As Valkírias, *et la maison de production Virgin fait le même projet concernant* Le pèlerin de Compostelle.

Décoré de l'Ordre de Rio Branco par le président Fernando Henrique Cardoso.

Nommé conseiller spécial des Nations unies pour le programme Convergences spirituelles et Dialogue interculturel.

L'écrivain mondialement connu : recevant un livre dédicacé par José Sarney, reçu par le pape Jean-Paul II et assistant à un lancement au Japon avec Mônica.

Cette activité internationale fébrile de l'auteur ne serait interrompue qu'en 2000, année où Paulo mit un point final à son nouveau livre, *Le démon et mademoiselle Prym*. Bien qu'il répétât sans surprise la carrière des précédents, ce lancement aurait quelques particularités. Premièrement, l'auteur décida de ne pas sortir de chez lui pour assurer la divulgation internationale (le livre fut lancé simultanément au Brésil et dans d'autres pays). Il préféra recevoir les journalistes étrangers dans sa nouvelle résidence à Copacabana, un appartement d'un étage entier qu'il transforma en un immense loft, qu'il avait payé près de 600 000 reals et d'où l'on avait une vue privilégiée sur la plus célèbre plage brésilienne. L'idée de la procession de journalistes du monde entier était née quelques semaines plus tôt, quand la chaîne américaine de télévision CNN International enregistra avec lui une longue interview présentée dans 230 pays. Les semaines suivantes commencèrent à arriver à Rio, invités par Sant Jordi, les équipes des principaux journaux et stations de télévision d'Allemagne, d'Argentine, de Bolivie, du Chili, de Colombie, d'Équateur, d'Espagne, de France, de Grèce, d'Angleterre, d'Italie, du Mexique, du Portugal et de la République tchèque – et beaucoup profitèrent du voyage au Brésil pour réaliser des reportages sur Rio de Janeiro.

— La publicité qui a été faite à la ville dans les journaux et magazines du monde entier a été si énorme, commenterait Mônica Antunes, que si elle avait dû payer, la Mairie de Rio aurait dû investir une fortune.

L'autre particularité du *Démon et mademoiselle Prym* au Brésil fut le choix du lieu pour le lancement du livre. Plutôt que de réaliser la soirée d'autographes dans une librairie ou dans les salons d'un hôtel, Paulo préféra organiser la fête protégé par les murs conventuels de la centenaire Académie brésilienne des lettres. Il ne fallait pas être très subtil pour interpréter ce que ce choix annonçait : l'audacieux Paulo Coelho, un des écrivains les plus maltraités par la critique nationale, lorgnait un fauteuil dans l'Olympe de la littérature brésilienne, la Maison de Machado de Assis.

28
Devenir immortel

Le livre que Paulo avait l'intention de publier au tournant du millénaire n'était pas *Le démon et mademoiselle Prym.* Comme dix ans plus tôt, quand il avait jeté à la poubelle les originaux relatant ses expériences sataniques, il fit disparaître de son ordinateur, cette fois encore sur recommandation de Chris, un roman dont le thème central était le sexe. Passé au crible par Mônica et par un ami de l'auteur, le théologien et ex-administrateur Chico Castro Silva, il ne survécut pas à la lecture de sa femme, qui de nouveau refusa l'imprimatur attendu. Ce n'était pas la première fois que Paulo tentait de s'engager sur ce chemin. À la fin des années 1980, peu après la publication de *L'Alchimiste* au Brésil, il s'était aventuré à écrire un livre dans lequel le sexe était traité avec une crudité rarement vue dans la littérature. Pendant deux mois, entre janvier et mars 1989, l'écrivain produisit un roman de cent pages qui raconte l'histoire d'un homme identifié simplement comme « D. », un texte qui reçut le titre provisoire de *A Magia do Sexo, a Glória de Deus* ou, simplement, *Conversas com D.* Tourmenté par des doutes sur sa sexualité, le personnage principal ne parvient à s'épanouir au lit qu'avec son épouse et il fait des rêves horribles dans lesquels il voit sa mère nue, subissant des sévices de la part de plusieurs hommes qui, après l'avoir violée, urinent sur son corps. Ce qui préoccupe « D. », un homme de 40 ans, ce n'est pas seulement le cauchemar en soi, mais le fait de ressentir du plaisir en assistant à toute cette violence. Perdu dans ces terribles fantasmes, « D. » commence à relater régulièrement ses problèmes à un ami, qui devient le narrateur de l'intrigue. Ils se rencontrent tous les soirs pour boire une bière, moment où ils transforment la table du bar en un divan de psychanalyste. En révélant son intimité et ses insécurités, « D. » finit par avouer que, bien qu'il ne soit pas homosexuel, il a beaucoup de plaisir quand il rêve qu'il est violé par des hommes (« l'humiliation d'offrir à quatre pattes, docilement, du plaisir à l'autre me satisfait »). *Conversas com D.* est un livre inachevé, qui se termine sans que l'on sache quel destin l'auteur aurait choisi pour le personnage central – dont l'histoire, dans plusieurs passages, présente des ressemblances avec la vie et les caractéristiques de Paulo lui-même. Mais différemment de ce qui s'était passé avec le livre sur le satanisme, pour le roman au contenu sexuel, les originaux de *Conversas com D.* ne furent jamais lus par personne, car ils firent partie intégrante de la malle de journaux condamnés à l'incinération par l'auteur.

Avec une thématique qui se passe à des lieux de sujets aussi piquants – le mot « sexe » est utilisé seulement deux fois dans le livre –, *Le démon et mademoiselle Prym* naquit d'une visite que fit Paulo dans le village français de Viscos, à la frontière espagnole. Sur la fontaine de la place principale, il vit une curieuse sculpture qui montrait l'eau jaillissant d'un soleil droit dans la bouche d'un crapaud, et il eut beau s'enquérir auprès des habitants, il ne parvint pas à comprendre la signification de cette étrange composition. L'image demeura des mois dans la tête de l'auteur, et puis il décida de s'en servir comme représentation du Bien et du Mal. Avec *Mademoiselle Prym,* Paulo achevait une trilogie qu'il appela « Et le septième jour », initiée dans *Sur le bord de la rivière Piedra* (1994) et poursuivie avec *Veronika* (1998). Selon lui, « ce sont trois livres qui parlent d'une semaine dans la vie de personnes normales qui se voient subitement confrontées à l'amour, à la mort et au pouvoir ».

L'histoire se passe dans un petit village imaginaire de 281 habitants, tous tenus pour extrêmement honnêtes. La routine de l'endroit est brisée par l'arrivée de Carlos, un étranger aussitôt reconnu par la veuve Berta, la plus âgée des habitants, comme quelqu'un qui apporte le mal dans la paisible petite ville – tout simplement le Démon. L'étranger descend à l'hôtel dans le petit bar duquel travaille la seule femme célibataire de la ville, Chantal Prym. Orpheline et mal vue par les habitants, mademoiselle Prym est l'instrument que choisit le visiteur pour mettre en échec l'honnêteté de la population. Se présentant comme un administrateur qui a perdu sa femme et ses deux filles dans un crime sordide, le mystérieux Carlos offre à la jeune fille l'occasion de s'enrichir et de quitter la vie sans grâce de la ville. En échange, elle devra l'aider à convaincre les habitants des lieux de participer à une compétition macabre : si quelqu'un réussit à tuer, sans aucun motif, au moins un habitant dans le délai d'une semaine, le village recevra en paiement dix barres d'or qu'il a cachées dans un lieu secret. Le livre traite des conflits engendrés par cette proposition insolite, et reconnaît en conclusion, au moyen d'une parabole, qu'un ange et un démon particuliers peuvent coexister dans l'âme de tout être humain.

En mars 2000, après avoir remis à l'Editora Objetiva les 190 pages de *Mademoiselle Prym,* Paulo prit un avion et arriva à Paris à temps pour assister à l'ouverture de la campagne fracassante programmée par Anne Carrière pour le lancement de *Veronika décide de mourir.* Un lundi matin froid et gris, comme celle des millions de Parisiens et de touristes qui circulent quotidiennement dans la ville, son attention fut attirée par les autobus de la ligne 87, dont les carrosseries avaient été « enveloppées » par un gigantesque close-up de son visage imprimé sur un paysage bleuté, annonçant que *Veronika* était dans toutes les librairies.

Exhibant le panneau publicitaire ambulant sur leur passage, les véhicules quittaient la porte de Reuilly, à l'est de la capitale française, et franchissaient près de trente kilomètres de rues jusqu'à leur point final, le Champ-de-Mars, passant par certains des lieux les plus mouvementés de Paris, comme la gare de Lyon, la place de la Bastille et le quartier de Saint-Germain-des-Prés. Outre Paris, ce jour-là, la même scène se répétait dans quatorze autres villes françaises où le même service avait été négocié. Cette fois, cependant, la campagne publicitaire ne produisit pas les résultats espérés. Peut-être parce qu'ils trouvaient fort blâmable qu'un livre soit annoncé comme une savonnette ou un dentifrice, les lecteurs français réagirent mal. Bien qu'il ait eu une carrière supérieure même à celle des livres précédents, les ventes de *Veronika* restèrent en dessous des attentes. Pourtant, le livre fut accueilli chaleureusement par la presse française, y compris *L'Express* et le circonspect et conservateur *Figaro,* l'un des journaux les plus influents du pays. Simultanément, mais sans le même tapage, *Veronika* commençait à arriver dans les librairies à Taiwan, au Japon, en Chine, en Indonésie, en Thaïlande et aux États-Unis.

La mondialisation de son succès littéraire introduisit aussi définitivement l'auteur dans un autre cercle : celui de la jet-set internationale. Comme il le faisait depuis 1998, il avait participé quelques semaines avant au Forum économique mondial, une institution créée en 1971 par le professeur et économiste Klaus Schwab, qui réunit chaque année l'élite politique et économique mondiale dans la ville suisse de Davos (à partir de 2000, Schwab inviterait l'écrivain à faire partie de la Schwab Foundation). La plus haute personnalité invitée à la rencontre de 2000, le président américain Bill Clinton, avait été photographiée, quelques mois plus tôt, avec un exemplaire de *L'Alchimiste* dans les mains, débarquant d'hélicoptère dans les jardins de la Mai-

Les bus traversent Paris recouverts des photos de Paulo et du livre *Veronika décide de mourir*.

son Blanche. Apprenant que le Brésilien était à Davos, Clinton prit l'initiative de le rencontrer.

— C'est ma fille Chelsea qui m'a donné *L'Alchimiste* et, en plus, elle m'a obligé à le lire, déclara le président en l'accueillant. J'ai tellement aimé que je l'ai donné à Hillary pour qu'elle le lise aussi, poursuivit-il, mettant fin à la rencontre par une invitation qui finalement ne se concrétiserait pas : Quand vous viendrez aux États-Unis, prévenez-moi. Si je suis là, nous serions ravis, moi et ma famille, de vous recevoir à dîner.

Sept ans plus tard, en 2007, à la demande de l'équipe d'Hillary Clinton, Paulo divulguerait un texte de soutien à sa candidature aux primaires en vue de la présidence des États-Unis. Cette année-là et d'autres, Davos lui permettrait de connaître personnellement certains de ses plus célèbres lecteurs, comme l'ex-Premier ministre israélien et Prix Nobel de la paix Shimon Peres, l'actrice américaine Sharon

Stone et l'écrivain italien Umberto Eco, et de fréquenter des personnalités mondiales, comme le chef d'entreprise Bill Gates, et des leaders politiques comme le Palestinien Yasser Arafat et l'Allemand Gerhard Schroeder. L'actrice de *Basic Instinct* marqua même un rendez-vous en privé avec Paulo dans un café de Davos. L'écrivain trouva l'endroit et se présenta à l'heure, mais il se trompa de jour. En arrivant, il sut par le maître d'hôtel qu'il avait commis une erreur.

— Mlle Stone a attendu ici hier quelqu'un qui n'est pas venu, dit-il. Elle a bu quelque chose du bout des lèvres et elle avait l'air agacée en partant.

La frustration de n'avoir pas pu mieux connaître une des plus belles femmes du cinéma serait en partie compensée quand Paulo ouvrit sa boîte aux lettres électronique et y trouva un message de cinq mots : « Vous m'avez manqué. *Love,* Sharon. » Avec l'auteur du *Nom de la Rose,* non seulement l'auteur participa à des débats, mais il reçut de sa part un éloge capable de faire trembler sur leurs bases la critique et l'académie – du moins au Brésil. Interviewé dans un des « thés littéraires » organisés durant le Forum, le romancier Umberto Eco, un des grands sémiologues de la planète, montra qu'il connaissait intimement l'œuvre du Brésilien :

— Mon livre favori de Paulo Coelho est *Veronika*. Il m'a touché profondément. J'avoue que je n'aime pas beaucoup *L'Alchimiste,* parce que nous avons des points de vue philosophiques différents. Paulo écrit pour des croyants, moi j'écris pour des gens qui ne croient pas.

Dans la seconde moitié de l'année 2000, la « fièvre » prévue par Mônica Antunes dix ans auparavant était devenue une irruption qui se disséminait dans toutes les classes sociales, économiques et culturelles, sans distinction de race, de sexe ou d'âge – et encore moins d'idéologie. Quelques mois plus tôt, l'auteur avait réagi en lisant dans le journal anglais *The Guardian* que *L'Alchimiste* et *La Cinquième Montagne* étaient les livres de chevet de l'ex-dictateur chilien Augusto Pinochet, détenu à Londres à la demande de la Justice espagnole sous l'accusation de « torture, terrorisme et génocide ».

— J'aimerais savoir si le général Pinochet continuerait à lire mes livres s'il savait que l'auteur a été arrêté trois fois pendant le régime militaire brésilien et a eu beaucoup d'amis détenus ou expulsés du Chili pendant le régime militaire chilien, déclara-t-il à la presse.

Quelque temps plus tard, interviewé par le journal *El Universal,* de Caracas, le Vénézuélien Miguel Sanábria, commissaire idéologique d'une organisation de soutien au président Hugo Chávez, révéla la bibliographie adoptée dans ses cours de formation politique : Karl Marx, Simón Bolívar, José Carlos Mariáteguy et Paulo Coelho.

— Nous sommes en train de créer notre propre socialisme, affirmait-il solennellement.

Des livres de lui allaient apparaître dans des mains et sur des étagères encore plus insolites, comme celles de l'ex-major tadjik Viktor Bout, arrêté au début de 2008 en Thaïlande par des agents américains. Dans une interview extraordinaire, l'officier retraité du KGB, considéré comme le plus grand trafiquant d'armes de la planète (qui a inspiré le film *Lord of War,* avec en vedette Nicolas Cage), déclara de façon candide au reporter Peter Landesman, du *New York Times,* que, entre deux ventes de missiles antiaériens, il se détendait en lisant des livres de Paulo Coelho. Dans la guerre engagée par les États-Unis contre le réseau Al-Qaida, les livres du Brésilien apparaissent des deux côtés du front. Selon le journal anglais *The Sunday Times, The Alchemist* était le livre le plus retiré au baraquement-bibliothèque des soldats américains de la 10e Division de Montagne qui faisaient la chasse à Oussama Ben Laden dans les cavernes d'Afghanistan. Et en visitant le camp de concentration numéro 4 de la prison de Guantánamo, à Cuba, où étaient incarcérés des suspects de liens avec Ben Laden, la reporter Patrícia Campos Mello, du journal *O Estado de São Paulo,* découvrit des versions en farsi du *Pèlerin de Compostelle* parmi les livres offerts aux prisonniers par leurs geôliers américains.

Paulo lui-même eut la surprise, en voyant le film *Guantanamera*, du réalisateur cubain Tomás Gutierrez Alea, de constater que le personnage principal emportait, au long de son voyage à travers l'île pour enterrer un parent, un exemplaire de *L'Alchimiste*. Comme ses livres ne sont pas publiés à Cuba, il vérifia et découvrit qu'il s'agissait de l'édition espagnole, vendue au marché noir au prix exorbitant de quarante dollars.

— Je n'ai pas hésité à entrer en contact avec Cuba et à céder les droits d'auteur, sans recevoir un centime, révéla-t-il plus tard aux journaux, pour que les livres puissent être édités là-bas à des prix inférieurs et qu'un plus grand nombre y ait accès.

Dans une démonstration dans laquelle le manque de politesse n'a pas de couleur idéologique, en 2007, Paulo serait victime d'une grossièreté gratuite de la part du ministre de la Culture de Cuba, Abel Prieto, responsable de l'organisation de la Foire du livre de La Havane.

— Avec Paulo Coelho nous avons un problème, déclara Prieto à un groupe de journalistes étrangers. Bien qu'il soit un ami de Cuba et se déclare contre le blocus, je ne pouvais pas l'inviter, je ne pouvais pas discréditer la foire.

Comme il ne garde plus pour lui les insolences, l'écrivain répliqua dans son blog sur Internet par un article de six paragraphes immédiatement reproduit par le quotidien *El Nuevo Herald*, le plus important journal de langue espagnole publié à Miami, La Mecque de l'anticastrisme. « Cette déclaration ne me surprend en rien », écrivit-il. « Des gens qui ont lutté pour la liberté et la justice, une fois piqués par la mouche du pouvoir, se transforment en oppresseurs. »

Avec ou sans polémiques, la dimension internationale qu'avait acquise l'auteur ne l'éloignait pas de son pays d'origine. Après des années où il n'avait pas fait de soirée d'autographes au Brésil, le choix de l'Académie brésilienne des lettres pour le lancement de *Mademoiselle Prym*, en octobre 2000, apparut comme un pas de plus sur le chemin du Petit Trianon, ainsi qu'on appelle le siège de l'ABL et l'institution elle-même. Mais ce n'était pas le premier. Au banquet offert par Anne Carrière au Carrousel du Louvre, avaient été invités tous les membres de la délégation brésilienne présente à Paris, mais seuls trois écrivains avaient reçu de lui des appels téléphoniques personnels appuyant l'invitation – Nélida Piñón, Eduardo Portela et le sénateur et ex-président de la République José Sarney. Ce n'est par hasard si tous trois étaient membres de l'ABL. Pour la soirée d'autographes de *Mademoiselle Prym,* 4 000 invitations furent expédiées. La foule qui accourut à la grande maison de l'avenue Presidente-Wilson, au centre de Rio, obligea les organisateurs de l'événement à renforcer la sécurité et les services d'assistance. Mille gobelets en plastique contenant de l'eau minérale fraîche furent distribués parmi les présents ainsi que l'avait souhaité l'auteur, qui regretta de ne pas pouvoir faire comme en France. « À Paris, mon éditeur a servi du champagne français », dit-il en souriant aux journalistes, « mais je sais qu'ici on ne peut pas répéter la dose. »

À la surprise générale, la critique brésilienne réagit bien au *Démon et mademoiselle Prym.* « Paulo Coelho vient de produire, à 53 ans, son livre le plus abouti, avec une histoire qui éveille la curiosité et la tension chez le lecteur », écrivit le commentateur du magazine *Época.* Une des exceptions fut l'astrologue Bárbara Abramo, de la *Folha de São Paulo,* choisie par le journal pour rendre compte du lancement. « À l'exemple d'autres de ses livres, *Le démon et mademoiselle Prym* ressemble à une parabole rallongée, écrivit-elle, qui aurait pu être racontée en trois paragraphes, comme les diverses historiettes qui souvent remplissent ses récits. »

Quelqu'un qui aurait observé avec attention les pas de l'auteur aurait perçu que son énergie dans cette période n'était pas tournée vers les critiques, mais vers la préparation d'un nouveau pèlerinage, certainement aussi difficile à réussir que les précédents : occuper un fauteuil dans le panthéon des gens de lettres brésiliens. Paulo ne se faisait pas d'illusions et il savait, comme l'avait déclaré un candidat malheureux, qu'il « est plus facile de se faire élire gouverneur de n'importe quel État brésilien que d'entrer à l'Académie ». Il savait que certains des 39 électeurs rejetaient ouvertement lui et son œuvre.

— J'ai essayé de lire un de ses livres et je n'ai pas pu dépasser la huitième page, avait dit aux journaux l'écrivain du Ceará Rachel de Queiroz, sa cousine au quatrième degré.

À quoi l'auteur répondit qu'aucun de ses livres ne commençait avant la page huit. Le respecté penseur chrétien Candido Mendes, recteur et propriétaire de l'université Candido Mendes (où Paulo avait failli faire des études de droit), avait été encore plus sévère dans son évaluation :

J'ai lu tous ses livres à l'envers, ce qui revient au même. Paulo Coelho a déjà surpassé la gloire de Santos-Dumont en France. Seulement lui n'est pas d'ici, mais du monde global de l'esprit à crédit et de l'ignorance transformée en sous-magie. Notre très sympathique petit sorcier sert cet imaginaire domestiqué et sans frayeurs. Cette sous-culture déguisée en prospérité a trouvé son auteur exemplaire. Ce n'est pas un texte, mais un produit d'épicerie.

Certain que l'opinion de Rachel et de Mendes n'était pas partagée par la majorité des 37 autres électeurs de l'ABL, il ne répondit pas aux provocations et fit progresser son projet. Il courtisait les leaders des divers groupes et sous-groupes dans lesquels est divisée la maison, déjeunait et dînait avec des académiciens et ne manquait aucun lancement des livres des Immortels – ainsi que sont connus les membres de l'Académie. À la soirée d'autographes de son roman *Saraminda,* José Sarney – lui aussi victime de prédilection de la critique – poserait en souriant pour les photographes en signant l'exemplaire de Paulo, le plus courtisé des centaines de lecteurs qui faisaient la queue pour recevoir une dédicace. La vérité, c'est que, en peu de temps, son objectif était devenu un secret de polichinelle. À la fin de l'année, le très célébré romancier Carlos Heitor Cony, titulaire du fauteuil numéro 3 de l'ABL, dévoila le mystère dans la *Folha de São Paulo* :

J'ai écrit une chronique pour commenter le dédain que la critique dédie au chanteur Roberto Carlos et à l'écrivain Paulo Coelho. Je crois que c'est un miracle qu'ils survivent tous les deux, car, si cela dépendait des médias spécialisés, ils habiteraient sous le pont, mendiant et lançant des imprécations contre le monde. Ce n'est pas le cas. L'un comme l'autre, ils ont un public fidèle, ils ne prennent pas connaissance des critiques, ils vont de l'avant, ils n'exercent pas de représailles et, quand ils le peuvent, ils aident les autres. Je suis un ami personnel de Paulo Coelho, il sait qu'il peut compter sur ma voix pour l'ABL. J'admire son caractère, sa grandeur à n'attaquer personne et jouir avec dignité de son succès.

Depuis qu'il s'était mis en tête d'entrer à l'Académie, Paulo caressait un rêve secret : occuper le fauteuil numéro 23, qui avait pour fondateur Machado de Assis, le plus grand de tous les écrivains brésiliens, et était sous l'égide de José de Alencar (dont il ne savait pas encore qu'il s'agissait de son arrière-arrière-grand-oncle). Le problème est que son occupant était précisément l'académicien pour qui Paulo avait le plus de tendresse et d'admiration et qu'il avait toujours couvert d'hommages, le Bahianais Jorge Amado. Cela l'obligeait, chaque fois que le thème venait sur le tapis, à faire une réserve, toujours à voix basse :

— Comme la place que je veux est celle de Jorge, j'attendrai pour me porter candidat d'être très vieux, précisait-il, parce que je désire qu'il vive encore de très nombreuses années.

À 88 ans, Jorge Amado avait des problèmes de santé depuis 1993, où il avait souffert d'un infarctus. En 1996, il avait été interné dans un hôpital à Paris, ville où il vivait une partie de l'année, et il découvrit qu'en plus de la cardiopathie il était aussi atteint d'un œdème pulmonaire. Les années suivantes, il serait interné plusieurs fois pour réaliser des angioplasties, subir des pontages cardiaques et, se découvrant diabétique, traiter ses fréquentes crises de glycémie. En juin 2001, partiellement aveugle suite à une dégénérescence progressive de la rétine, il fut interné dans un hôpital de Salvador avec des foyers infectieux aux reins et au poumon droit. Soumis à des batteries d'antibiotiques, l'écrivain se rétablit bien, et le 16 juillet il put fêter chez lui, avec sa famille, le quarantième anniversaire de son élection à l'ABL. Toutefois, trois semaines plus tard, l'après-midi du 6 août, la famille annonça que Jorge Amado venait de décéder. Le fauteuil numéro 23 était vacant. La nouvelle parvint aux oreilles de Paulo le soir même par un bref coup de téléphone du journaliste et académicien Murilo Melo Filho :

— Jorge Amado est mort. Ton heure est venue.

Une sensation étrange et contradictoire s'empara de lui : en même temps que l'excitation de la candidature, il voyait avec une tristesse sincère mourir non seulement une idole de ses premières lectures, mais quelqu'un dont le temps avait fait son ami et fidèle défenseur. Il se rappela le geste magnanime du Bahianais, qui même sans le connaître personnellement, en 1995, accepta de le représenter pour recevoir un prix en son nom. Cependant, l'heure n'était pas au sentimentalisme. Bien que novice dans le milieu, Paulo avait appris que la course pour un fauteuil à l'ABL commençait avant même que les lys ne soient fanés sur le cercueil de son titulaire. Irrémédiablement piqué par la tentation après l'encouragement de Murilo, au premier coup de téléphone de sa campagne, il subirait une contrariété inattendue. Quand il appela le professeur et journaliste Arnaldo Niskier, occupant le fauteuil dix-huit et l'un des premiers à apprendre, des mois plus tôt, ses prétentions, il reçut une douche froide.

— Je pense que ce n'est pas encore votre heure, l'avertit Niskier. Il paraît que Zélia va se présenter, et si c'est le cas, l'Académie va pencher en sa faveur.

La Zélia à qui il faisait allusion était la veuve de Jorge Amado et aussi l'écrivain Zélia Gattai, qui, comme Niskier, fort de son expérience, l'avait prévu, avait vraiment décidé de se battre pour le fauteuil de son défunt mari.

À côté d'abondants hommages funèbres de Jorge Amado, le lendemain matin les journaux annonçaient les noms de pas moins de cinq candidats à la place libérée : Zélia, Paulo, l'astronome Ronaldo Rogério de Freitas Mourão, l'humoriste Jô Soares et le journaliste Joel Silveira. En faisant son jogging quotidien sur le grand trottoir de la plage de Copacabana, Paulo entendit une des rares voix capables de le convaincre de faire – ou de ne pas faire – quelque chose, très souvent contre son propre avis : celle de sa femme. Avec sa douceur coutumière, elle raconta qu'elle avait de mauvais pressentiments concernant cette dispute :

— Paulo, j'ai le pressentiment que tu ne vas pas gagner.

Ce fut assez pour que lui, « toujours très obéissant avec Christina », renonçât à l'idée. La candidature, qui n'avait même pas été formellement enregistrée, dura moins de douze heures. Paulo envoya un fax de condoléances à Zélia, boucla ses valises et embarqua avec Chris pour le sud de la France. Le couple allait réaliser le vieux rêve de passer une partie de l'année en Europe et le lieu choisi avait été la région proche du sanctuaire catholique de Lourdes. L'un des motifs du voyage était la recherche d'une maison convenable à acheter. Tant qu'elle n'était pas trouvée, leur adresse en France serait le modeste et accueillant hôtel

Henry IV, dans la petite ville de Tarbes. Le 9 octobre, un mardi, ils se trouvaient tous les deux dans le village d'Odos, à cinq kilomètres de Saint-Martin, où quelques mois plus tard ils allaient habiter. Comme s'il était tenté par le démon dont il s'était éloigné depuis si longtemps, Paulo avait décidé d'intégrer à son patrimoine un bien convenant davantage à une vedette du rock qu'à un homme aux habitudes quasi monastiques (selon les critères d'un millionnaire, naturellement) : un château. La préférence du couple allait se porter non pas sur n'importe quel château, mais sur le château d'Odos, où vécut et mourut Marguerite de Valois, la reine Margot, femme du roi Henri IV. L'affaire immobilière finit par ne pas se concrétiser – « si j'achetais un château », dit-il à un journaliste, « je ne le posséderais pas, mais je serais possédé par lui ». L'après-midi même, il laissa Chris à l'hôtel de Tarbes et prit un train pour Pau, d'où il embarqua sur un vol pour Monte-Carlo, capitale de la principauté de Monaco, où il devait faire partie du jury d'un festival de cinéma. Le soir, il prenait un café avec le cinéaste américain Sydney Pollack, réalisateur de classiques comme *Out of Africa* et *On achève bien les chevaux*, quand son cellulaire sonna. À l'autre bout de la ligne, il reconnut la voix d'Arnaldo Niskier :

— Roberto Campos est mort. Je peux remettre au secrétariat de l'Académie la lettre signée que tu m'as laissée pour inscrire ton nom sur la première place qui se libérerait ?

— Si tu penses que c'est l'heure, tu peux.

De retour en France quelques jours après, en chemin vers la maison, il passa par la chapelle de Notre-Dame-de-Piétat, dans le village de Barbazan-Debat, et fit une demande silencieuse à l'Enfant Jésus barbu :

— Aide-moi à entrer à l'Académie brésilienne des lettres.

Quelques heures plus tard, installé dans sa chambre à l'hôtel de Tarbes, il accordait par téléphone au reporter Marcelo Camacho, du *Jornal do Brasil,* une longue interview qui commençait par la question évidente :

— Est-il vrai que vous êtes candidat à l'Académie brésilienne des lettres ?

Il répondit à brûle-pourpoint :

— Totalement candidat.

Et ce fut sous ce titre – « Totalement candidat » – que le cahier culturel du *JB* du lendemain consacra toute sa première page au scoop. Dans l'interview, Paulo explique les raisons de sa candidature (« le désir de fréquenter des gens aussi spéciaux que les académiciens »), fait peu de cas de la critique (« si ce que j'écris n'était pas bon, mes lecteurs m'auraient abandonné depuis longtemps, dans le monde entier ») et condamne avec véhémence la politique extérieure du président George W. Bush (« ce que les États-Unis sont en train de faire en Afghanistan est un acte de terreur, exactement ça, un acte de terreur »). La campagne pour le siège vacant du défunt économiste, ambassadeur, sénateur et député Roberto Campos était officielle, mais Paulo révéla au journaliste que, en vertu d'un agenda international très chargé, il ne retournerait au Brésil que deux mois plus tard, en décembre, pour accomplir le rituel des visites auprès de chacun des 39 électeurs. Le retard n'avait pas d'importance, puisque l'élection avait été fixée au mois de mars 2002, après le congé de fin d'année de l'Académie.

Dans les semaines suivantes se présentèrent les deux candidats avec qui il allait disputer la place, le spécialiste de science politique Hélio Jaguaribe et l'ex-diplomate Mário Gibson Barbosa. Tous deux octogénaires, ils avaient chacun leurs atouts et leurs fragilités. Jaguaribe appartenait à l'élite intellectuelle qui était arrivée au pouvoir en gravitant autour du président Fernando Henrique Cardoso – un avantage de taille dans un combat où les faveurs et prébendes officielles comptent beaucoup – mais, en contrepartie, il passait pour un homme d'un commerce difficile. Mário Gibson Barbosa avait contre lui (ou en sa faveur, selon le point de vue) la circonstance d'avoir été ministre des Relations extérieures pendant le plus autoritaire de tous les gouvernements militaires, celui du général Emílio Garrastazu Médici (1970-1974). Comme il exerçait la présidence de l'entreprise qui administrait le Copacabana Palace Hotel, Gibson Barbosa monta son QG de campagne au Copa, une des adresses les plus luxueuses et les plus élégantes de Rio de Janeiro et du Brésil.

La présence dans la dispute de l'un des auteurs les plus lus dans le monde attira des attentions que l'ABL avait rarement éveillées dans son histoire. En plus des agences d'informations internationales, des supports étrangers mobilisèrent leurs correspondants au Brésil pour la couverture du sujet. Dans un long et ironique reportage publié par le *New York Times,* le correspondant Larry Rother attribue à l'ABL le pouvoir de « transformer d'obscurs et vieux essayistes, poètes et philosophes en célébrités portées aux nues presque autant que des joueurs de football, des acteurs ou des popstars ». Rother reproduit des déclarations de supporters de Paulo, comme Arnaldo Niskier (« c'est le Pelé de la littérature brésilienne »), mais il ne rate pas l'occasion de pimenter la dispute :

L'image publique de Coelho n'est pas celle d'un sobre académicien qui a goûté aux fastes des thés du jeudi après-midi pour lesquels l'Académie est célèbre. Il a commencé sa carrière comme compositeur de textes de rock'n'roll, il a écrit sur l'usage lourd de drogues qu'il a fait à cette époque, il a été interné adolescent dans une clinique psychiatrique et, le pire de tout peut-être, il se refuse à s'excuser pour son succès commercial écrasant. « La société brésilienne exige l'excellence dans cette maison », a dit au journal O Globo *l'écrivain Nélida Piñón, ex-présidente de l'Académie, dans un commentaire interprété comme une insulte à la popularité de Coelho. « Nous ne pouvons pas permettre que le marché dicte l'esthétique. »*

Sourd aux intrigues, Paulo accomplit scrupuleusement le parcours. Il envoya des lettres, rendit visite à tous les académiciens (à l'exception du père Fernando Ávila, qui le dispensa sèchement de la formalité) et reçut des soutiens spontanés qui l'émurent, comme ceux de Carlos Heitor Cony et de l'ex-président Sarney. Le jour de l'élection, disputée en quatre scrutins successifs, aucun des trois candidats ne parvint à obtenir le quorum minimal de dix-neuf voix exigé par le règlement. Comme le veut la tradition, le barbu président Alberto da Costa e Silva incinéra les bulletins de vote dans une urne en bronze, annonça que le fauteuil 21 resterait vacant et convoqua de nouvelles élections pour le 25 juillet. Le soir, quelques heures après la divulgation du résultat de la première élection, une commission d'Immortels se présenta chez lui pour les condoléances d'usage. L'un d'eux – Paulo ne se souvient plus avec précision, mais c'était peut-être le philosophe et diplomate Sérgio Paulo Rouanet ou le poète Ivan Junqueira, ou encore le président de la maison, l'ambassadeur Alberto da Costa e Silva – s'approcha avec une mine consolatrice :

— C'était une bonne chose que vous vous soyez porté candidat et nous avons vécu ensemble un très bon moment. À une autre occasion, peut-être tenterez-vous de nouveau ?

Comme il avait obtenu dix modestes voix, contre dix-sept attribuées à Jaguaribe, la commission fut hérissée par la prompte réaction du maître de maison :

— Une autre occasion, non. Demain je vais faire enregistrer ma candidature. Je vais briguer de nouveau ce fauteuil.

Il est possible que la date de la nouvelle élection n'ait eu aucune signification pour la majorité des académiciens, mais Paulo y vit un signe sans équivoque du fait qu'il devait représenter sa candidature : le 25 juillet est le jour de saint Jacques de Compostelle, le patron du pèlerinage qui avait fait changer sa vie de direction. Bien que la date choisie fût, à son avis, un indice très sûr qu'il était sur le bon chemin, il ne coûtait rien de demander une confirmation au vieux et, selon lui, infaillible Livre des mutations, le Yi-king. Répandues plusieurs fois sur la table, les trois pièces de l'oracle donnèrent toujours le même résultat : l'hexagramme du chaudron, synonyme de victoire assurée. En outre, le Yi-king avait fait une étrange recommandation – « voyage et ne reviens pas tout de suite » – qu'il accomplit sans sourciller. Il prit un avion pour la France, s'installa à l'hôtel de Tarbes et, pendant les trois mois suivants, mena campagne avec à la main un téléphone cellulaire et un notebook. En arrivant là, il lut sur Internet qu'il aurait un seul adversaire dans la dispute : Hélio Jaguaribe. Le premier changement tactique que lui et son directeur de campagne Arnaldo Niesker décidèrent d'adopter, pour éviter une perte de voix dans des groupes divisés comme celui-là, fut de le faire disparaître, en créant la figure insolite du soutien secret. Christina se souvient qu'elle a été impressionnée par l'aisance de son mari :

— J'ai découvert que Paulo avait des capacités de négociateur qui m'étaient inconnues. Le sang-froid pour prendre des décisions et parler avec les gens était un talent que je ne lui connaissais pas.

Nombre de ses coreligionnaires avaient beau considérer qu'il était risqué de piloter la campagne à distance, laissant l'électorat à la merci du corps à corps avec l'adversaire, le Yi-king insistait : « ne rentre pas ». Les pressions pour qu'il retourne au Brésil commencèrent à devenir plus fortes, mais il resta intraitable.

— Les astres me disaient de ne pas rentrer, se souvient l'écrivain, et entre les astres et les académiciens, je m'en suis tenu aux astres.

Mais la campagne commença à prendre vraiment corps quand l'un de ses soutiens se mit à recruter des voix dans les thés du jeudi avec un argument séduisant :

— Je vais voter Paulo Coelho parce que c'est du bon grain.

Dans le jargon de l'Académie, « bon grain » était une métaphore pour parler des candidats qui, élus, pourraient rapporter, outre le prestige, des bénéfices matériels à l'institution. De ce point de vue, défendait l'Immortel, l'auteur de *L'Alchimiste* représentait un grain excellent. Pas seulement pour son indiscutable prestige international, évident à en croire l'intérêt inhabituel des médias étrangers pour cette élection. Ce qui attendrissait les cœurs même les plus endurcis, c'était le fait que le millionnaire Paulo Coelho n'avait pas d'enfants, une circonstance qui alimentait l'espoir qu'à sa mort, il ferait de l'Académie un de ses héritiers – à l'exemple de ce qu'avaient fait dans le passé d'autres académiciens sans enfants, comme le politicien et diplomate José Carlos de Macedo Soares ou le grand poète du Pernambouc Manuel Bandeira. Sans savoir que certains convoitaient des yeux les trésors qui lui avaient coûté tant d'efforts et d'énergie, trois semaines avant le combat, Paulo retourna à Rio de Janeiro. Et contrairement à ce qu'indiquaient les oracles, il ne fut pas reçu par de bonnes nouvelles. La campagne de son adversaire avait beaucoup progressé en son absence et quelques électeurs qu'il considérait comme acquis menaçaient même de changer de camp.

Il ne fallut pas un gros effort pour découvrir que les tirs lancés par la troupe de choc d'Hélio Jaguaribe ne venaient pas de la Maison de Machado de Assis, mais d'un bunker installé à Brasília, à 1 200 kilomètres de Rio. Plus précisément, de derrière les délicates arcades en béton du palais de l'Itamaraty, où se trouvait le cabinet de Celso Lafer, ministre des Relations extérieures. En plus de leurs affinités personnelles et académiques, entre avril et octobre 1992 Lafer et Jaguaribe avaient été collègues dans le dernier ministère du président Fernando Collor – Lafer avec le même portefeuille et Jaguaribe au secrétariat à la Science et à la Technologie. Selon ce que Paulo vérifia et rendit public par la suite dans des interviews à des journaux et magazines, le ministre subornait les électeurs en faveur de Jaguaribe en leur offrant en échange voyages, invitations et médailles.

— Je crois qu'il est allé voir la plupart des académiciens pour qu'ils votent pour Hélio Jaguaribe, dénonça-t-il au magazine *ISTOÉ,* mais au moins trois me l'ont confirmé : Arnaldo Niskier, Marcos Almir Madeira et Carlos Heitor Cony.

Irrité par ce qu'il appela une « intervention disproportionnée », il en profita pour lancer une pique au ministre :

— Quand il faut défendre le Brésil à l'étranger contre les accusations de destruction par le feu de la forêt amazonienne, de massacre d'enfants et d'esclavage, c'est moi qui le fais, c'est moi, ce n'est pas Celso Lafer.

Ceux qui suivaient la carrière de Paulo savaient qu'il ne s'agissait pas de fanfaronnade électorale. Ce serait public des années plus tard, pendant le Forum économique de

Paulo dédicace des exemplaires de *Mademoiselle Prym* aux académiciens Murilo Melo Filho et Marcos Almir Madeira.

Davos de 2008. Quand il entendit le maestro anglais Benjamin Zander, chef de la Philharmonique de Boston, faire une allusion grossière à la femme brésilienne, il se leva en criant.

— Je suis brésilien et je suis offensé par votre réflexion, protesta-t-il. Ce n'est pas vrai que les femmes brésiliennes se comportent de cette façon, ajouta-t-il, obligeant le très spirituel personnage à présenter des excuses publiques.

Quoi qu'il en soit, si de fait le prestige de Lafer contribua à intervenir dans le résultat, ce n'était pas, assurément, la première fois que l'Académie élisait quelqu'un ou le mettait en déroute en échange de faveurs officielles. L'épisode le plus connu, et qui finirait par devenir un sujet tabou à l'ABL, avait eu lieu en 1975, en pleine dictature. Après que son mandat de sénateur eut été cassé par les militaires et qu'il eut été spolié de tous ses droits politiques pour une décennie, à 73 ans, l'ex-président de la République Juscelino Kubitschek avait décidé de briguer le fauteuil numéro un, vacant avec la mort de l'essayiste du Minas Ivan Lins. Les statuts rédigés par Machado de Assis étaient clairs et restreignaient l'accès à l'ABL à « des Brésiliens qui aient, dans un genre ou un autre de littérature, publié des œuvres au mérite reconnu ou, hors de ces genres, un livre de valeur littéraire » – et, bien qu'il fût l'auteur de *Mémoires*, JK n'entrait dans aucun de ces cas de figure. Avec le temps, cependant, l'Académie avait diminué les exigences strictement littéraires pour permettre que des personnalités influentes dans les domaines les plus divers puissent y entrer. Le meilleur exemple de ce changement était le fauteuil numéro 37, qui durant treize ans avait eu pour titulaire le président Getúlio Vargas, dont l'œuvre littéraire se résume à un livre intitulé *A Nova Política do Brasil* – une sélection des discours qu'il avait prononcés au long des dix-neuf ans où il était au pouvoir. Mus par un sentiment de vengeance, cependant, en 1975, les militaires ne voulaient pas que JK soit élu où que ce fût – même pas à la charge honorifique de membre de l'Académie brésilienne des lettres. Outre l'ex-président s'était présenté comme candidat le peu connu romancier du Goias Bernardo Élis, dont l'élection fut bientôt considérée comme une affaire d'État. Sans ambages, le gouvernement fit savoir à tous ceux que cela intéressait que le financement officiel, subventionné, sollicité par l'ABL pour construire deux tours de bureaux sur le terrain voisin de son siège, à Rio de Janeiro (terrain qui, ironiquement, avait été donné à l'Académie sur ordre de JK, quand celui-ci était président), serait libéré immédiatement après l'élection de Bernardo Élis. Dans l'hypothèse contraire, la demande de prêt serait archivée tout aussi rapidement. Le 23 octobre, la servilité de l'ABL imposerait à Juscelino Kubitschek, par 20 voix contre 18, la seule défaite électorale de sa vie.

Pour le bonheur de Paulo Coelho, le Brésil de 2002 était un pays démocratique et les coups tirés de Brasília n'atteignirent pas leur cible. Au début de la soirée du 25 juillet, les photographes, reporters et cameramen qui se pressaient à la porte de l'immeuble de l'avenue Atlântica, à Copacabana, furent invités à monter au neuvième étage pour une coupe de champagne français avec les maîtres de maison : il venait d'être élu par 22 voix, contre 15 attribuées à Jaguaribe. Entendu par la presse, le spécialiste de science politique ne semblait pas avoir digéré la défaite. Il justifia la participation du ministre Lafer dans la campagne (« c'est un vieil ami de jeunesse qui a téléphoné à des personnes qui n'allaient pas voter pour moi ») et ne fut pas précisément élégant quand il regretta le résultat.

— Avec l'élection de Paulo Coelho, l'ABL couronne le succès du marketing, grommela-t-il. Son mérite a été sa capacité à vendre des livres.

À un journaliste qui voulut savoir s'il représenterait sa candidature, Jaguaribe répliqua sans appel :

— L'Académie ne m'intéresse plus.

Trois ans après, pourtant, la frayeur passée, il reviendrait en arrière et se ferait élire au fauteuil laissé par l'économiste Celso Furtado. Encore un an et ce serait le tour de Celso Lafer en personne d'occuper le fauteuil de Miguel Reale.

Si de fait un Immortel vota pour Paulo Coelho dans l'espoir que « le grain » serait bon, il a dû le regretter amèrement. En premier lieu, les projecteurs internationaux que sa présence devait attirer sur la maison ne furent jamais allumés du fait de l'absence du personnage principal : sur les plus de deux cents séances réalisées à l'ABL depuis sa prise de fonction, il ne comparut qu'à six, ce qui le met en première place pour l'absentéisme. La même frustration se sera emparée de ceux qui rêvaient qu'une partie des royalties accumulées dans une centaine et demie de pays finirait par tomber dans la caisse du Petit Trianon. Dans le testament public qu'il a rédigé chez un notaire de Rio de Janeiro – et renouvelé trois fois après son élection –, il n'y a pas la moindre référence à la Maison de Machado de Assis.

En lune de miel avec sa victoire et salué par un reportage du magazine hebdomadaire américain *Newsweek* comme « le premier artiste pop de la littérature brésilienne à entrer dans l'institution qui est depuis cent cinq ans le bastion de la langue portugaise et une forteresse d'un goût intellectuel hautement raffiné », Paulo commençait à mettre au point son discours et à préparer la fête de sa prise de fonction, fixée au 28 octobre. Se comportant en gentleman, bien qu'il ait été élu contre des influences d'origine gouvernementale, il décida d'aller en personne à Brasília remettre au président Fernando Henrique l'invitation pour la prise de fonction. Reçu cordialement au palais du Planalto, il apprit que le président avait des engagements pris pour ce jour-là, mais qu'il enverrait un représentant. L'audience terminée, il circulait dans les couloirs de la librairie Laselva, à l'aéroport de Brasília, attendant un vol pour Rio qui avait du

Entrée de Paulo à l'Académie brésilienne des lettres : aux côtés de Nelson Liano Junior et avec le collège des Immortels. Ci-dessous, Paula Oiticica, la mère de Chris, et Pedro Queima Coelho, le père de l'écrivain.

retard. Devant une vitrine, il vit plusieurs de ses livres exposés – tous de l'Editora Rocco, aucun d'Objetiva. À ce moment-là, il commença à penser à un pas important qu'il ne franchirait que quelques mois plus tard : il allait quitter Objetiva et rejoindre son ancienne maison d'édition.

La table solennelle qui quelques jours plus tard présida la cérémonie de son entrée en fonction à l'Académie était dirigée par le ministre de la Culture, Francisco Welfort, représentant le président de la République. À sa gauche se trouvait le maire de Rio, César Maia, et à sa droite le président de l'ABL, l'ambassadeur Alberto da Costa e Silva. Les invités étaient en smoking, et les académiciens revêtus de l'habit de gala de la maison, l'uniforme en casimir vert olive, avec la poitrine et le col brodés de fils d'or. Pour compléter le costume, les Immortels portaient également un bicorne en velours recouvert de plumes blanches et, à la ceinture, une épée dorée. Estimé à 45 000 reals, l'habit porté par Paulo avait été payé, ainsi que le veut la tradition, par la Mairie de Rio, sa ville de naissance. Les discours terminés, parmi les centaines d'invités venus féliciter le nouvel Immortel, on pouvait voir les éditeurs brésiliens de Paulo, Roberto Feith et Paulo Rocco. Les politesses et les gentillesses qu'échangèrent les deux hommes ne laissaient pas prévoir les turbulences qui approchaient et qui, ce jour-là, avaient été décrétées.

L'épisode qui avait eu lieu dans la librairie de l'aéroport de Brasília, en réalité, avait simplement fait déborder des préoccupations qui s'accumulaient depuis longtemps. Un fait semblable s'était passé quelques mois plus tôt, quand l'agent Mônica, en vacances au Brésil avec son mari Øyvind, eut l'idée de prolonger son voyage de Rio jusqu'à Natal, dans le Rio Grande do Norte. Mônica, qui s'était fait voler son sac – avec passeport, documents et argent – dans un restaurant local, découvrit qu'il n'y avait nulle part de livres de Paulo en vente dans la capitale de l'État (à l'époque une ville de plus de 600 000 habitants), pas même à la librairie de l'aéroport international. Mais l'auteur avait des raisons beaucoup plus concrètes de s'inquiéter. D'après ses calculs, dans la période comprise entre 1996 et 2000 (où Objetiva lança *La Cinquième Montagne, Veronika* et *Mademoiselle Prym*) il avait perdu pas moins de 100 000 lecteurs. Et la référence pour ces calculs n'était pas les ventes du *blockbuster L'Alchimiste,* mais *Sur le bord de la rivière Piedra,* le dernier livre qui avait été publié par Rocco avant qu'il passe chez Objetiva. L'idée qui le séduisait le plus – quitter immédiatement Objetiva et retourner chez Rocco – impliquait un problème supplémentaire. Les originaux de son roman suivant, *Onze Minutes,* étaient déjà en possession d'Objetiva et, de plus, avaient reçu de l'éditeur Roberto Feith de petites suggestions de modifications, avec lesquelles l'auteur était d'accord.

Comme il était arrivé tant d'autres fois dans sa vie, c'était le Yi-king qui allait avoir le mot de la fin concernant la voie à suivre. Quatre jours avant son entrée en fonction à l'ABL, Paulo avait formulé deux questions au Livre des Mutations : « Que va-t-il se passer si je fais éditer mon prochain livre *Onze Minutes* par l'Editora Objetiva ? » et « que va-t-il se passer si je fais éditer mon prochain livre *Onze Minutes* et toute ma *backlist* par Rocco ? » Les trois pièces jetées sur la table, le résultat ne semblait pas retenir la précision de la question :

La prépondérance du petit. Succès. De petites choses peuvent être réalisées, de grandes choses ne doivent pas être faites. Il est conseillé de rester en bas. Grande et bonne fortune.

En lisant cette réponse, il est possible que la plupart des gens auraient été aussi désorientés qu'auparavant, mais pour Paulo l'oracle était clair comme le jour : après sept ans et quatre livres, l'heure était venue de quitter Objetiva et de retourner chez Rocco. Irrité par la nouvelle du changement, et surtout par la décision de l'auteur d'emporter avec lui un livre sur le point d'être imprimé, Roberto Feith décida qu'il ne libérerait les originaux de *Onze Minutes* que si Objetiva était indemnisée pour les coûts de production. Paulo comprit cela comme une menace et sortit son épée du fourreau : il prit contact avec un grand cabinet d'avocats de Rio et se prépara pour une longue et pénible bataille juridique, comme elles le sont souvent au Brésil. Décision prise, il annonça qu'il retournait chez Rocco – la maison d'édition par laquelle, assura-t-il, *Onze Minutes* serait lancé dans les premiers mois de 2003 – et il embarqua avec Chris pour Tarbes, laissant le marché éditorial brésilien grouiller de rumeurs. Des nouvelles publiées par la presse affirmaient qu'il avait quitté Objetiva jaloux d'avoir perdu la place d'auteur principal prise par l'écrivain du Rio Grande do Sul Luís Fernando Veríssimo. D'autres disaient que la raison du changement avait été l'offre de 600 000 reals faite à l'auteur par Rocco pour qu'il revienne. La température commença à baisser seulement quand Chris, au cours de leur promenade quotidienne dans la région des Pyrénées, conseilla à son mari de clore la querelle avec Feith.

— On dirait que tu as plus envie de te disputer que lui ! À quelle fin ? Pourquoi ? demandait-elle. Fais ton possible pour que tout se termine bien, sans querelles.

Paulo résista jusqu'à la dernière minute, mais finit par céder. Il s'arrêta devant un crucifix et pria Dieu d'éloigner la haine de son cœur. Après que les représentants des deux parties eurent brièvement parlementé, quelques semaines après, Feith non seulement allait libérer les originaux de *Onze Minutes,* mais il rendrait à l'auteur les quatre titres composant sa *backlist*, qui seraient apportés chez Rocco. Le patron d'Objetiva s'obstina sur un seul point : il interdit l'insertion de ses suggestions dans la version de Rocco et dans les étrangères – une détermination qui obligea Mônica Antunes à retirer les originaux qu'avaient en main des traducteurs de plusieurs pays. Le problème de la négociation avait été résolu, mais Paulo et Feith ne s'adresseraient plus jamais la parole.

Le livre qui avait provoqué ce tapage avait commencé à naître quelques années auparavant, en 1997, à Mantoue, dans le nord de l'Italie, où Paulo avait prononcé une conférence. En arrivant à l'hôtel, il trouva une enveloppe laissée par une Brésilienne du nom de Sônia, lectrice et fan de l'auteur, qui avait émigré en Europe pour travailler comme prostituée. Le paquet contenait les originaux d'un livre dans lequel elle racontait son histoire. Contrairement à son habitude de ne jamais lire les originaux d'autres auteurs, Paulo le lut, l'aima et le signala pour publication chez Objetiva, mais la maison d'édition ne se montra pas intéressée. Lorsqu'elle le rencontra de nouveau trois ans plus tard à Zurich, en Suisse, où elle s'était installée, Sônia organisa une soirée d'autographes comme probablement aucun autre auteur n'en avait jamais connu : elle l'emmena à la Langstrasse, une rue où après 10 heures du soir le trottoir grouille de prostituées de tous les coins du monde. Prévenues par la Brésilienne de la présence de Paulo sur place, des dizaines d'entre elles se présentèrent, tenant des exemplaires défraîchis de ses livres dans plusieurs langues, parmi lesquelles, remarqua l'écrivain, dominaient les langues originaires de pays de l'ancienne Union soviétique. Comme elle avait l'habitude de travailler aussi à Genève, Sônia proposa à l'écrivain de répéter ce véritable happening dans le quartier de la prostitution de la deuxième plus grande ville de Suisse. C'est là qu'il rencontra la prostituée brésilienne à qui il donna le prénom de Maria et dont l'histoire de la vie serait le fil conducteur de la narration de *Onze Minutes* : le récit de la jeune Nordestine qui est attirée en Europe pour faire des shows et découvre en arrivant qu'elle devra se prostituer. Pour l'auteur, il ne s'agissait pas d'un livre sur la prostitution, « ni sur les mésaventures d'une prostituée, mais sur le processus intérieur d'une personne en quête de son identité sexuelle », déclara-t-il aux journaux. « C'est une œuvre sur la relation compliquée entre les sentiments et le plaisir physique. »

Le titre choisi pour le livre de 255 pages est une paraphrase de *Sept Minutes,* un best-seller de 1969 dans lequel l'Américain Irving Wallace narre la discussion, dans un tribunal, au sujet de la tentative d'interdiction d'un roman sur le sexe. Sept minutes, selon Wallace, serait le temps moyen dépensé dans la réalisation d'un rapport sexuel. Quand *Onze Minutes* fut publié aux États-Unis, un reporter du journal *USA Today* demanda au Brésilien la raison pour laquelle quatre minutes avaient été ajoutées à la durée moyenne pour l'Américain. Éclatant de rire, Paulo répondit que l'estimation de l'auteur de *Sept Minutes* reflétait le point de vue d'un Anglo-Saxon et, par conséquent, « était trop conservatrice pour les critères latins ». Lancé au Brésil au premier trimestre de 2003, *Onze Minutes* serait reçu par les médias avec la mauvaise volonté et les ironies habituelles – à tel point qu'un mois avant le lancement du livre l'auteur avait prévu la réaction de la critique dans une interview au magazine *ISTOÉ* :

— Comment je sais que la critique ne va pas aimer ? C'est simple. On ne peut pas détester un auteur pour dix livres et l'adorer au onzième.

Outre qu'ils n'aimèrent pas *Onze Minutes,* beaucoup de journalistes prédirent que ce livre pourrait devenir le premier grand échec de l'auteur en matière de ventes. Selon plusieurs critiques, la thématique très relevée du livre – qui traite de sexe oral, d'orgasme clitoridien ou vaginal et de pratiques sadomasochistes – était un ingrédient trop explosif pour ce qu'ils imaginaient être le lecteur moyen de Paulo Coelho. C'est exactement le contraire qui se produisit. Avant que le tirage initial de 200 000 exemplaires n'arrive dans les librairies du Brésil, en avril 2003, Sant Jordi avait vendu le livre à plus de vingt éditeurs étrangers, après des négociations qui rapportèrent à l'auteur 6 millions de dollars. Trois semaines après le lancement, *Onze Minutes* était en première place sur les listes des meilleures ventes au Brésil, en Italie et en Allemagne. Le lancement de l'édition anglaise attira 2 000 personnes à la librairie Borders, à Londres. Comme cela s'était passé pour les dix livres précédents, ses lecteurs au Brésil et dans le monde donneraient la preuve manifeste qu'ils continuaient à l'adorer au onzième : avec les années, *Onze Minutes* deviendrait le deuxième livre le plus lu de Paulo Coelho, avec 10 millions d'exemplaires vendus, dépassé seulement par l'imbattable *Alchimiste*.

29

Le Zahir

Les premiers mois de 2004 furent consacrés par Paulo et Chris aux travaux destinés à rendre habitable le vieux moulin qu'ils avaient acheté à Saint-Martin. Le projet de passer quatre mois là, quatre mois au Brésil et quatre mois à voyager dans le monde avait été mis à mal par la proposition d'agenda envoyée au début de l'année par Mônica. Sant Jordi croulait sous pas moins de 187 invitations à des remises de prix, des événements, des soirées d'autographes, des conférences et lancements aux quatre coins de la planète. Fêté par des légions de lecteurs et d'admirateurs de toutes parts, ami de rois, de cheiks et de stars d'Hollywood, s'il avait répondu à la moitié de ces demandes, il n'aurait plus eu de temps pour rien – même pas pour quelque chose qui commençait à le préoccuper, son prochain livre. Pendant le second semestre, il combina toute l'histoire dans sa tête et à la fin de l'année deux semaines lui suffirent pour mettre sur le papier les 318 pages du *Zahir*, titre inspiré d'un conte de Jorge Luís Borges, qui parle de quelque chose qui, une fois qu'on l'a touché ou qu'on l'a vu, ne pourra jamais être oublié. Facilement identifiable, le personnage principal est un ex-rocker qui devient un écrivain au succès mondial, haï par la critique et adoré par les lecteurs. Sans nom dans l'histoire, il vit à Paris avec la journaliste et correspondante de guerre Esther. La narration commence par l'effroi du personnage quand il apprend que sa femme l'a abandonné.

Écrit à la fin de 2004, en mars de l'année suivante le livre était prêt pour être lancé au Brésil et dans plusieurs autres pays.

Mais avant qu'il ne soit connu des lecteurs d'où que ce soit au monde, Brésiliens compris, *Le Zahir* serait l'objet d'une opération un peu déconcertante – sa publication en avant-première dans l'improbable Téhéran, capitale de l'Iran, pays où Paulo était l'auteur étranger le plus lu. Il s'agissait d'une manœuvre du jeune éditeur Arash Hejazi pour affronter la piraterie locale qui, si elle n'atteignait pas les chiffres alarmants de l'Égypte, agissait avec une telle impunité que du seul *Alquimista* avaient été identifiées 27 éditions différentes, toutes pirates, du point de vue de l'auteur, mais aucune illégale, puisque l'Iran n'est pas signataire des accords internationaux sur la protection du droit d'auteur. L'absence absolue de répression contre l'industrie clandestine des livres était due à une particularité de la législation du pays des ayatollahs, qui protège seulement les œuvres dont la première édition est imprimée, éditée et lancée dans le pays. Pour garantir à sa maison d'édition, Caravan, le droit de publier seule *Le Zahir* dans le pays, Hejazi suggéra que Mônica modifie le calendrier des lancements internationaux de sorte que la première édition aille vers les librairies en Iran. Le livre fut publié en avant-première, ce qui de fait freina le piratage, mais quelques jours plus tard il était confronté à des problèmes avec le gouvernement. La mauvaise nouvelle fut transmise par un appel téléphonique de Hejazi à l'auteur, qui était en réunion avec Mônica à l'hôtel Gellert, à Budapest. Parlant d'une cabine publique pour tromper la censure téléphonique, l'éditeur de 35 ans, qui avait abandonné la médecine pour produire des livres, raconta, terrorisé, que le stand de Caravan à la Foire internationale du livre d'Iran venait d'être envahi par un groupe de Bassidji, la « police morale » du régime. Les agents avaient confisqué mille exemplaires du *Zahir*, annoncé que le livre était interdit de circulation, et l'avaient sommé de se présenter deux jours plus tard au bureau chargé de la censure.

Paulo et son éditeur iranien Arash Hejazi (avec des lunettes) : afin d'éviter le piratage de son livre, la première édition du *Zahir* sort à Téhéran avant même de paraître au Brésil.

À la fin de la conversation téléphonique rapide et tendue, ils se mirent tous les deux d'accord sur le fait que le meilleur moyen d'affronter cette violence – et de préserver l'intégrité physique de Hejazi – était de la dénoncer auprès de l'opinion publique internationale. Préoccupé, Paulo appela immédiatement deux ou trois amis journalistes, les premiers qu'il réussit à localiser, et aussitôt la radio BBC de Londres et l'Agence France-Presse rendaient publique la censure, et la nouvelle allait se répandre dans le monde. Cette répercussion semble avoir intimidé les autorités, car quelques jours plus tard les livres étaient restitués sans aucune explication, et la censure levée. Il aurait été compréhensible qu'un État répressif et moraliste comme l'État iranien s'oppose à un livre qui traite de rapports adultérins. Ce qui surprenait, c'était que la main de la répression atteigne quelqu'un d'aussi populaire dans le pays que Paulo Coelho, salué publiquement comme « le premier écrivain non musulman à visiter l'Iran après l'arrivée des ayatollahs au pouvoir » – c'est-à-dire depuis 1979.

De fait, Paulo avait visité le pays en mai 2000 en tant qu'invité du président Mohammed Khatami, qui menait une ouverture politique très contrôlée. Quand ils débarquèrent à Téhéran, bien qu'il fût 3 heures du matin, Paulo et Chris (portant une alliance à l'annulaire gauche et dûment instruite sur les limitations imposées aux femmes dans les pays islamiques) tombèrent sur une foule de plus de mille lecteurs qui avaient appris par les journaux l'arrivée de l'auteur de *L'Alchimiste*. La veille de l'entrée en fonction du nouveau Parlement, la situation politique était tendue. Tous les jours, les rues de la capitale étaient le cadre de manifestations d'étudiants soutenant les réformes de Khatami, qui subissait une forte opposition du clergé conservateur qui détient le pouvoir réel dans le pays. Bien qu'accompagné en permanence par une dizaine de journalistes brésiliens et étrangers, Paulo ne fit pas un pas hors des regards vigilants des six gardes armés de mitraillettes détachés pour le protéger. À la fin d'un marathon de cinq conférences et séances de dédicace de *Brida,* avec un public jamais inférieur à mille personnes, hommage fut rendu à l'écrivain par le ministre de la Culture, Ata'olah Mohajerani, par un dîner de gala dans lequel le fauteuil principal était occupé par le président Khatami en personne. En refusant l'invitation à prendre part au festin en hommage à son collègue brésilien, dont il se déclarait lecteur et admirateur, le romancier iranien Mahmoud Dolatabadi, 60 ans, montrait les limites et la fragilité de l'ouverture conduite par Khatami. Poursuivi par le gouvernement, il refusa de fraterniser avec ses censeurs.

— Je ne peux pas être interrogé le matin, dit Dolatabadi aux reporters, et le soir prendre le café avec le président.

Libéré par les Bassidji sans veto ni coupes, le livre put circuler en Iran avant tout autre lieu. La formalité légale accomplie, quelques semaines plus tard 8 millions de copies du *Zahir*, traduit dans 42 langues, arriveraient dans les librairies de 83 pays. Lancé en Europe, le roman allait reprendre place dans les nouvelles des journaux. Pas dans les pages politiques, comme dans le cas de la censure iranienne, mais dans les cancans sur la vie des célébrités. En ce printemps 2005, une question agitait les rédactions des médias européens tournés vers ce genre de sujet : qui était la femme qui avait inspiré Paulo quand il avait créé le personnage d'Esther, le personnage principal de son nouveau roman ? Le premier soupçon, soulevé par le tabloïd moscovite *Komsomolskaya Pravda,* s'était porté sur la belle styliste russe Anna Rossa qui, en plus d'être sa muse, aurait eu une brève affaire avec l'auteur. Quand il lut la nouvelle, reproduite sur un site littéraire italien, Paulo s'empressa d'envoyer une lettre au journal, traduite en russe par son ami journaliste Dmitry Voskoboynikov :

Chers lecteurs de la Komsomolskaya Pravda

J'ai été très intrigué en apprenant par votre journal que j'avais eu une aventure avec la styliste Anna Rossa il y a trois ans et que cette femme était supposée être le personnage principal de mon nouveau livre Le Zahir. *Heureuse ou malheureuse, nous ne le saurons jamais, l'information est simplement fausse.*

Quand on m'a montré la photo de cette jeune dame à côté de moi, je me suis immédiatement souvenu d'elle. De fait, nous avons été présentés lors d'une réception à l'ambassade du Brésil. Je ne dis pas que je suis un saint, mais il n'y a pas eu et il n'y aura probablement jamais aucune aventure entre nous deux.

Le Zahir *est peut-être un de mes livres les plus profonds, et je l'ai dédié à mon épouse Christina Oiticica avec qui je vis depuis vingt-cinq ans. Je souhaite à vous et à Anna Rossa amour et réussite.*

Votre obligé
Paulo Coelho

Devant un démenti aussi péremptoire, les regards des journalistes se tournèrent vers une autre femme connue pour sa beauté, la Chilienne Cecilia Bolocco, miss Univers 1987, qui à l'époque présentait *La Noche de Cecilia,* un *talk-show* qui avait beaucoup de succès à la télévision dans son pays. De passage à Madrid, où elle enregistrait des interviews pour l'émission, la blonde longiligne décorée par le dictateur Augusto Pinochet éclata de rire en apprenant qu'elle avait été citée comme l'inspiratrice de l'Esther du *Zahir* :

— *No digas eso ! Carlito es muy celoso...*

Le jaloux *Carlito* était l'ex-président argentin Carlos Menem, avec qui elle s'était mariée en mai 2000 – il avait alors 60 ans et elle 35 –, une union qui trois ans plus tard leur donnerait un fils. Le naturel avec lequel Cecilia réagissait à ce soupçon était compréhensible. Quelques années auparavant, la presse avait annoncé qu'elle avait vécu une romance avec l'écrivain entre le début de 1999 et octobre 2000, quand, par conséquent, elle était encore mariée avec Menem. Selon l'article, leur première nuit d'amour avait eu lieu dans une suite au plafond gothique du romantique hôtel Monasterio de Piedra, dans la ville espagnole de Saragosse – précisément là où Paulo avait situé une partie de l'intrigue du livre *Sur le bord de la rivière Piedra*. Bien qu'ils aient tous les deux démenti avec véhémence ces allégations, des employés de l'hôtel confir-

La presse tente de découvrir qui a été la muse de Paulo pour *Le Zahir* : la styliste russe Anna Rossa, l'ex-miss Univers et madame Menem Cecilia Bolocco, ou l'actrice italienne Valeria Golino ? Aucune : il s'agissait en fait d'une journaliste du *Sunday Times*, Christina Lamb (à droite ci-dessous).

mèrent que, quelques jours après les rumeurs, des détectives argentins, qu'on suppose aux ordres de l'ex-président, étaient venus là, à la recherche des fiches de tous les hôtes enregistrés durant cette période. Menem, de toute façon, se révélerait en effet un mari jaloux. Le mariage prit fin en mai 2007 quand il vit sa turbulente épouse, avec laquelle il était fâché, en couverture des magazines internationaux, faisant du topless à Miami et couvrant de brûlants baisers hollywoodiens le chef d'entreprise italien Luciano Marrochino.

Certains supports pariaient encore sur l'actrice italienne Valeria Golino, qui avait accédé à la notoriété en donnant la réplique à Dustin Hoffman et à Tom Cruise dans le film *Rain Man*, quand le mystère prit fin. Le 17 avril 2005, un dimanche, le journal portugais *Correio da Manhã* présenta le scoop en première page : la femme dont Paulo s'était inspiré pour créer le personnage du livre était la journaliste anglaise Christina Lamb, correspondante de guerre de l'hebdomadaire londonien *The Sunday Times*. Localisée par téléphone à Harare, capitale du Zimbabwe (ex-Rhodésie), où elle réalisait une interview, la reporter faillit tomber en apprenant que le secret était devenu public. Elle était « Esther en chair et en os », comme l'avait annoncé le journal. « Toute la semaine, j'ai été sollicitée par des journaux d'Espagne, du Portugal, du Brésil, d'Afrique du Sud et même d'Angleterre, dirait-elle plus tard, tous me demandant de décrire la sensation que cela faisait d'être la muse de Paulo Coelho. » Une semaine plus tard, Christina publierait un article qui occuperait toute la une du *Sunday Times Review*, le magazine dominical du journal, intitulé "He stole my soul" – « Il a volé mon âme » – et surmonté d'un curieux chapeau :

Christina Lamb a couvert beaucoup de guerres à l'étranger pour le journal britannique The Sunday Times, *mais elle s'est trouvée sans défense quand l'un des écrivains qui vend le plus de livres dans le monde a décidé de s'emparer de sa vie.*

Dans l'article, la journaliste raconte qu'elle a rencontré Paulo deux ans auparavant, alors qu'elle était envoyée pour l'interviewer à propos du succès mondial de *Onze Minutes*. À l'époque, l'écrivain habitait encore à l'hôtel Henry IV – selon elle, « une pension surannée, un mélange de boutique porno et de magasin d'accessoires orthopédiques, dans la nonchalante petite ville de Tarbes ». Ce fut leur seule rencontre. Les mois suivants, ils échangèrent des e-mails, lui dans le sud de la France, elle à Kandahar ou à Kaboul, en Afghanistan. Paulo aima tellement *The Sewing Circles of Herat,* un livre-reportage écrit par Christina sur les associations villageoises de couture dans la province afghane d'Herat, qu'il l'inclut sur la liste « Mes dix meilleurs », qu'il avait élaborée à la demande du site de Barnes & Noble, le plus grand réseau de librairies aux États-Unis. En juin 2004, en ouvrant la boîte aux lettres de son ordinateur dans la maison où elle vit avec son mari et son fils à Estoril, au Portugal, la journaliste trouva, « parmi les nouvelles monotones sur les forces de la coalition à Kaboul et les offres pour le développement du pénis », un message de Paulo avec un énorme fichier joint. C'étaient les originaux du *Zahir,* qu'il venait d'écrire, accompagnés d'un message qui commençait par une courte phrase : « C'est toi qui as inspiré le personnage féminin. » Ensuite, il expliquait que, devant la difficulté de la rencontrer de nouveau, et comme il s'agissait d'une romance, il s'était prévalu de recherches sur Internet et de la lecture de son livre pour monter le profil du personnage. Dans le texte publié par *The Sunday Times Review,* elle raconte ce qu'elle a ressenti en lisant l'e-mail :

J'ai été en partie stupéfaite, en partie flattée, en partie alarmée. Il ne me connaissait pas. Comment avait-il pu créer un personnage basé sur moi ? Je me suis sentie quasi nue. Il y a des aspects de ma vie que, comme la plupart des gens, je n'aurais pas souhaité voir publiés. [...]

Prise d'une certaine agitation, j'ai chargé le fichier de trois cent quatre pages. Pendant que je lisais le manuscrit, j'ai reconnu des passages que je lui avais racontés à Tarbes, des impressions subjectives de mon univers personnel, de même que des sujets que j'avais discutés dans mon livre. Le premier paragraphe commençait ainsi : « Elle, c'est Esther, 30 ans, mariée, sans enfant, correspondante de guerre, qui vient de rentrer d'Irak parce que l'invasion de ce pays est imminente. » Au moins, il m'avait rajeunie.

Ce qui à première vue paraissait amusant (« je commençais à bien aimer l'idée d'une héroïne basée sur ma personne, et voilà qu'elle disparaissait à la première page », écrivit Christina) devint gênant à mesure qu'avançait la lecture :

J'ai été un peu préoccupée par la description de la première rencontre entre Esther et le mari : « Un jour, une journaliste vient m'interviewer. Elle veut savoir ce que je ressens d'avoir mon œuvre connue dans tout le pays, alors que moi je suis complètement inconnu... Elle est jolie, intelligente, sereine. Nous nous rencontrons de nouveau dans une fête, où il n'y a pas la pression du travail, et j'arrive à l'emmener au lit le soir même. »

Se disant « stupéfaite » de tout cela, Christina révéla à sa mère et à son mari – un avocat portugais du nom de Paulo – ce qu'elle venait de lire.

Loin de se sentir flatté comme moi, il a été extrêmement méfiant envers le motif qui avait conduit un autre homme à écrire un livre sur sa femme. Je l'ai raconté aussi à quelques amis, qui m'ont regardée comme si j'étais folle. J'ai décidé qu'il valait mieux ne plus parler de l'affaire à personne.

Si le *Correio da Manhã* n'avait pas dévoilé le secret, l'affaire se serait arrêtée là. La révélation, de toute manière, ne causerait pas d'autre problème à la journaliste, ainsi qu'elle l'avoua dans l'article :

Une fois habituée à l'idée, j'ai décidé que ma condition de muse me plaisait bien. Cependant, je ne savais pas très bien ce que font les muses. [...] J'ai demandé à l'écrivain comment une muse devait se comporter. « Les muses doivent être traitées comme des fées », répondit-il, ajoutant qu'il n'en avait jamais eu avant. J'ai imaginé qu'être une muse impliquait probablement de se lover sur un sofa avec une énorme boîte de chocolats raffinés, l'air pensif. [...] Être une muse, toutefois, n'est pas tâche facile si vous travaillez à temps plein et si vous avez un fils de 5 ans. [...] J'ai découvert, sur ces entrefaites, qu'interviewer des écrivains qui sont des célébrités peut être plus risqué que de couvrir des guerres. Ils ne vous tireront pas dessus, mais ils peuvent vous voler votre âme.

Le livre paraissait voué à engendrer des polémiques. Habitués à l'hostilité et aux préjugés réservés par les médias aux livres précédents de Paulo, les lecteurs brésiliens furent surpris dans la dernière semaine de mars 2005. Dans tous les kiosques du pays, on pouvait voir que trois des quatre principaux magazines hebdomadaires – *Veja* (qui tirait à 1,2 million d'exemplaires), *Época* (430 000) et *ISTOÉ* (375 000) – sortaient avec des photos de Paulo Coelho en couverture et, à l'intérieur, huit copieuses pages sur l'auteur, sa vie et son œuvre. La seule exception revint à la plus petite publication, *Carta Capital* (60 000 exemplaires), qui avait choisi comme principal thème de la semaine un reportage contenant des dénonciations contre le banquier Daniel Dantas, du Banco Opportunity. La couverture montrait un photomontage de la tête du chef d'entreprise recevant un coup de marteau d'un juge, sous le titre « Dantas en danger ». De toute façon, mis au premier plan dans les trois principaux magazines hebdomadaires, *Le Zahir* sortait encore une fois des pages culturelles, mais cette fois pour celles de la critique des médias. L'inhabituel de la situation conduisit le journaliste Marcelo Beraba, *ombudsman* de la *Folha de São Paulo*, à consacrer au sujet toute sa colonne dominicale, dans laquelle on pouvait lire entre les lignes une pointe de suspicion concernant les intérêts qui avaient pu pousser les trois publications à s'impliquer dans cette coïncidence insolite :

[...] Dimanche les lecteurs ont eu un choc dans les kiosques : les trois plus grands magazines hebdomadaires avaient la même couverture, l'écrivain Paulo Coelho et son livre, Le Zahir. *Difficile d'imaginer, pour les critères éditoriaux brésiliens, lancement plus réussi.*

[...] Magazines et journaux ont déjà fait, font et continueront à faire des accords, pas toujours transparents, avec les producteurs de livres, films, CD et DVD pour garantir les lancements qu'ils considèrent comme importants. Ils courent un risque parce que les lecteurs se méfient des reportages qui ressemblent à une campagne publicitaire.

Beraba voulut entendre les responsables des trois publications et, bien qu'il reconnût que l'auteur était « un phénomène mondial de vente et comme tel devait être traité par les moyens de communication », il termina son article par une condamnation claire du comportement des magazines.

[...] Eurípides Alcântara, de « Veja », n'a pas voulu commenter le sujet. Aluizio Falcão, d'« Época », a été succinct : « Nous avons signé en décembre un accord avec la maison d'édition, qui nous a promis un chapitre en exclusivité. Ils

ont fait cela et ils nous ont facilité l'interview. » Hélio Campos Mello, d'« ISTOÉ », pense que le magazine a été cohérent en offrant sa couverture pour le nouveau livre de Paulo Coelho. « Le nouveau livre est lancé dans 83 pays. Rien de plus naturel que de donner un large espace pour le lancement. Il y a un préjugé concernant Paulo Coelho dans une partie de la presse. Dans le cas d'"ISTOÉ", il n'y a eu aucune action de marketing. J'ai traité directement avec Paulo. »

Le thème allait encore inspirer les publicitaires Eugenio Mohallem et Cebolinha Fernandes, de l'agence Fallon, responsable de la publicité institutionnelle de *Carta Capital,* pour la création d'une plaisante affiche. Dessus apparaissent les couvertures de *Veja, Época* et *ISTOÉ* avec la photo de l'écrivain et celle de *Carta Capital* avec le banquier Dantas, sous le titre ironique : « Rien contre les lapins. Mais il faut surveiller les renards. » Bien qu'elle ne fût présentée que quatre fois (deux dans *Carta,* une dans la *Gazeta Mercantil* et une autre dans l'*Estado de São Paulo*), l'annonce eut une grande répercussion, reçut deux prix importants dans la publicité (*Clube de Criação* et *Folha/Meio e Mensagem*), et finirait ses jours encadrée dans le hall d'entrée du bureau de São Paulo de l'agence d'information Reuters.

L'« affaire des trois couvertures » – c'est ainsi que l'épisode resta connu –, acquit cette dimension uniquement parce qu'elle mit en évidence le changement radical de comportement d'un média qui, sauf exceptions rares et sporadiques, avait traité l'auteur avec mauvaise volonté. C'était comme si le Brésil, avec des années de retard, avait découvert un phénomène que d'innombrables pays célébraient depuis l'éclatant succès mondial de *L'Alchimiste*. Grâce à l'avènement d'Internet, désormais un nouveau livre de l'écrivain était annoncé sur toute la planète le lendemain de son lancement, et dès lors des traducteurs parlant couramment portugais, qui ne sont pas précisément nombreux dans le monde éditorial, montaient la garde dans des dizaines de pays, attendant l'arrivée des originaux envoyés par Sant Jordi. Pendant que les Brésiliens débattaient des trois couvertures, par exemple, le motif du tapage – le livre *Le Zahir* – était en train d'être traduit dans 28 langues, un nombre qui bientôt serait de 50, encore loin toutefois des 66 langues dans lesquelles avait été publié *L'Alchimiste*. À 59 ans, Paulo était sur le point d'atteindre le chiffre astronomique de 100 millions de livres vendus – dont 10 % au Brésil.

Si, à l'étranger, les lauriers sont partagés avec Mônica Antunes – qui à l'époque administrait 1 200 incroyables contrats d'édition de livres de Paulo –, au Brésil un des coresponsables de cette prouesse est un discret Pauliste du nom de Rodrigo Meinberg. Quand il vint voir Paulo pour la première fois, en 2000, Meinberg avait 27 ans et il n'avait jamais lu un seul de ses livres. À dire vrai, hormis les abrégés qu'il avait dû ingurgiter au cours d'ingénierie mécanique de la Faculté d'ingénierie industrielle de l'USP, Meinberg avait lu très peu de livres quel qu'en fût le sujet. Après un bref passage par le fabricant de papier Klabin, il alla travailler avec deux cousins qui détenaient les droits pour le Brésil des collections de livres d'art de la National Geographic. Au cours des années 1990, ils se consacrèrent tous les trois à un segment de marché prometteur : la vente à bas prix et sur une large échelle, avec des journaux et des magazines, de livres, fascicules et CD. Réalisée avec un succès prodigieux par la *Folha de São Paulo* – qui parvint à faire passer son tirage dominical d'environ 400 000 à 1,7 million d'exemplaires –, la stratégie de marketing serait adoptée également par son principal concurrent, *O Estado de São Paulo*, et son implantation fut confiée à Meinberg et à ses cousins. Mal reçues par de nombreux journalistes, qui y virent de simples anabolisants pour les tirages, sans préoccupation pour le contenu des supports, les campagnes s'étalèrent jusqu'à la fin de la décennie avec des résultats matériels palpables. En 2000, les cousins décidèrent de changer de branche et plongèrent dans la bulle Internet, mais Rodrigo préféra poursuivre l'activité et monta sa propre entreprise, la Gold Editora. Le premier gros client à se présenter fut *O Globo,* qui lui demanda de réfléchir à « quelque chose avec les livres de Paulo Coelho » pour faire tourner les ventes dominicales.

Comme à l'époque l'écrivain avait sa *backlist* dans deux maisons d'édition, Rodrigo projeta une petite collection partagée moitié-moitié, avec trois livres de Rocco (*L'Alchimiste, Brida* et *Valkírias*) et trois d'Objetiva (*La Cinquième Montagne, Manuel du guerrier de la lumière* et *Veronika*). Les livres seraient imprimés par lui et, chaque dimanche, durant six semaines, un nouveau titre irait chez les marchands de journaux avec *O Globo.* Le lecteur qui paierait 6,90 reals emporterait le journal, vendu à l'époque 1,50 real, et un livre qui dans les librairies coûtait environ 20 reals. Approuvé sur-le-champ par la direction du *Globo,* le projet devrait encore être soumis à Paulo Rocco et à Roberto Feith, détenteurs des droits de publication au Brésil et, bien entendu, à l'auteur. Aucun des éditeurs ne fit d'objection, mais ils exigèrent tous les deux, pour la libération des droits, la moitié du prix de vente public. Ils frappaient fort, mais Meinberg, ses comptes faits, conclut que l'affaire restait rentable. Il ne restait plus qu'à attacher le grelot, une tâche dont Rocco et Feith pensèrent qu'elle lui revenait.

L'écrivain reçut la proposition par la poste, encore à l'hôtel Henri IV, à Tarbes, accepta la rémunération de 15 % sur le prix de vente public des livres et l'approuva quelques jours plus tard, en parlant au téléphone avec Meinberg. Selon ce dernier, Paulo manifesta une seule et surprenante préoccupation :

— Fais bien les comptes, parce que je redoute que tu n'aies un préjudice.

Le temps montra que ces craintes n'étaient pas fondées : en six semaines, pas moins de 200 000 exemplaires avaient été vendus. Et il ne s'agissait pas de versions condensées ou d'adaptations, ni même d'éditions populaires. Soucieux de donner à la collection une finition graphique parfaite, Meinberg fit appel pour élaborer les couvertures des livres au designer consacré João Baptista da Costa Aguiar, de São Paulo. Le succès de la campagne incita vingt autres journaux de province à acheter et répéter le projet dans leurs villes. Un an après son lancement, cette stratégie avait permis la vente de 900 000 livres. L'expérience sur le terrain révéla à Meinberg l'existence d'une véritable armée de 20 000 vendeurs autonomes qui font arriver des produits culturels dans les moindres recoins du Brésil que le commerce conventionnel ne parvient pas à atteindre. Quels produits ? Tout ce qu'on trouve dans le coffre d'une voiture : des livres, des CD, des vidéos, et, plus tard, des DVD. Tandis que le monde commençait à expérimenter des mécanismes électroniques de vente, au moyen d'Internet, le jeune entrepreneur vit dans ce système vieilli et quasi inconnu du porte-à-porte une brèche pour vendre des livres. Il envoya un e-mail à l'écrivain pour lui proposer le lancement d'un « Coffret Paulo Coelho », avec dix livres de lui, qui serait commercialisé exclusivement par des vendeurs autonomes. Des tirages très élevés permettraient que chaque collection soit vendue 40 reals, cinq fois moins que le prix demandé pour les mêmes livres dans les librairies normales. Avec l'accord de l'auteur, Meinberg produisit les 10 000 premiers coffrets, et en moins de six mois les 100 000 livres avaient été intégralement vendus dans des endroits dont les populations n'avaient jamais vu une librairie ou un magasin de disques. Sans jamais envahir le territoire sacré des maisons d'édition – les librairies –, au fil des années, l'infatigable Meinberg étendrait encore davantage la capillarité de son schéma de distribution. À partir de 2004, par exemple, les livres de Paulo intégrèrent le panier de produits que chaque semaine 1,2 million de vendeuses autonomes de l'industrie de cosmétiques Avon proposent en faisant du porte-à-porte à des millions de consommatrices résidant hors des marchés traditionnels. Les chiffres présentés ont de quoi mettre l'eau à la bouche à n'importe quel auteur.

En 2006, Paulo avait réuni sous le titre *Comme un fleuve qui coule* une sélection de contes, d'idées et de réflexions, recueillie dans ses colonnes publiées dans les journaux de 58 pays. Cependant, comme il avait en tête de lancer un nouveau roman en 2007, *Comme un fleuve qui coule* fut lancé dans douze pays. Au Brésil, la possibilité d'accès au nouveau livre fut limitée aux lecteurs des marchés alternatifs de Meinberg. Placé dans le réseau du porte-à-porte par Gold Editora en août 2007, quelques mois plus tard le livre dépassait les 50 000 exemplaires vendus. Quand on annonça que Paulo Coelho avait atteint la barre des 100 millions de livres vendus, au milieu de l'année 2007, le discret Meinberg savoura en silence le plaisir d'avoir été le responsable de 5 % de cette montagne. Exactement : sur les 10 millions de livres vendus par l'auteur Paulo Coelho au Brésil au long de sa carrière, 5 millions étaient arrivés aux mains des lecteurs par les canaux alternatifs articulés par Rodrigo Meinberg.

L'aisance avec laquelle Paulo circulait sur la planète, pourtant, ne découlait pas seulement de la quantité de lecteurs qu'il avait réussi à séduire en presque vingt ans de carrière. Ses critiques avaient beau refuser de le voir, ce qui le distinguait des autres géants des best-sellers, comme John Grisham et Dan Brown, c'était précisément le contenu de ses livres. Certains de ces auteurs avaient peut-être vendu plus de livres que le Brésilien, mais on n'a pas appris que leur présence entraînait des foules dans des auditoriums de toute la planète, comme Paulo. L'impact que son œuvre exerce sur les lecteurs peut se mesurer aux centaines d'e-mails que son bureau reçoit quotidiennement de tous les coins du monde – pour nombre d'entre eux, les expéditeurs annonçant les transformations intervenues dans leur vie après la lecture de ses livres. Des lettres conventionnelles postées des endroits les plus reculés, parfois adressées simplement à « Paulo Coelho – Brésil », lui parviennent à foison. Il y a longtemps qu'il a franchi les frontières du monde littéraire pour devenir une entité qui a donné son nom à des rues, des places et même des plats. Quand, par exemple, le médecin Jesús de la Gándara annonça, dans un congrès de psychiatrie en Espagne, qu'il y avait de forts indices selon lesquels le pèlerinage sur le chemin de Saint-Jacques entraînait des risques de « manifestations psychotiques, hallucinations, délire et paranoïa », la découverte fut immédiatement surnommée « syndrome de Paulo Coelho ». En souhaitant une heureuse année 2006 à ses lecteurs, l'éditorial de Nouvel An du journal *Los Angeles Times* recourut à l'image de Santiago, le personnage central du livre le plus populaire de l'auteur. « Selon le jeune berger andalou du roman *L'Alchimiste*, de 1988, ce qui rend la vie intéressante, c'est que les rêves peuvent se transformer en réalité. C'est cela aussi qui rend le Nouvel An intéressant. »

Pour Paulo Coelho, du moins, 2006 allait être de fait une année très intéressante. Lors de ce réveillon, il fêtait la signature d'un contrat absolument sans précédent, au Brésil ou dans tout autre pays. Sans aucune ostentation, il avait décidé son transfert chez Editora Planeta, la branche brésilienne du plus grand groupe de communication en Espagne et au septième rang mondial. Les négociations avaient été facilitées par le fait que, à l'exception du Mexique et, à l'époque, du Brésil, Planeta International détenait les droits de publication des livres de Paulo dans les douze pays où elle opère.

Planeta Mexique subit depuis 1996 une rigoureuse abstinence concernant Paulo Coelho, une pénitence imposée par l'implacable Mônica Antunes en signe de protestation contre le traitement arrogant que le directeur général de la maison d'édition, Homero Gayosso Animas, réservait aux relations avec Sant Jordi. Le coup de grâce serait donné dans deux phrases de la brève lettre dans laquelle l'agent accusait réception de la proposition de Planeta de publier

Sur le bord de la rivière Piedra au Mexique : « [...] De toute façon, et sans vouloir dédaigner votre proposition, celle-ci ne répond pas pleinement à nos attentes et à nos besoins. Aussi ai-je décidé de la refuser et de vendre les droits de *Sur le bord de la rivière Piedra* à une maison d'édition qui nous ferait des propositions plus satisfaisantes. » L'heureuse élue de Mônica pour prendre en charge le deuxième plus grand marché consommateur des livres de Paulo Coelho en castillan, derrière le marché espagnol, fut la maison d'édition traditionnelle Grijalbo, contrôlée par le géant Random House Mondadori.

Abondamment annoncée par la presse, la nouveauté contenue dans le contrat avec Planeta Brasil n'était pas la valeur – 800 000 dollars –, inférieure au million de dollars qu'il avait reçu dix ans plus tôt de Roberto Feith pour passer chez Objetiva avec *La Cinquième Montagne*. Bien que les deux parties impliquées dans la négociation refusent de le confirmer, alléguant la confidentialité prévue au contrat, le caractère inédit se trouvait dans le fait que Paulo avait reçu la moitié de cette somme à titre de commission – et pas comme acompte sur les royalties, ce qui est le cas des écrivains à succès partout dans le monde. Les 400 000 dollars restants, ceux-là oui, seraient déduits des ventes de sa *backlist*, intégralement transférée à la nouvelle maison.

En février, Paulo était dans sa maison de Saint-Martin quand il reçut de sir James Hamilton, duc d'Abercorn et chef du protocole de la Maison royale britannique, une invitation pour le banquet d'État que la reine Elizabeth II et le prince Philip offriraient au palais de Buckingham quelques semaines plus tard au président du Brésil, Luiz Inácio Lula da Silva, en voyage officiel au Royaume-Uni. L'invitation indiquait expressément que le costume exigé pour la cérémonie était "*white tie with decorations*" (habit de soirée et décorations). Alors que la date du dîner approchait, les journaux annoncèrent cependant que, à la demande du

EIIR

The Lord Steward
has received Her Majesty's command to invite

Mr. Paolo Coelho
and Mrs Christina Oiticica

to a State Banquet to be given at Buckingham Palace by
The Queen and The Duke of Edinburgh
in honour of
The President of the Federative Republic of Brazil
and Senhora Lula da Silva
on Tuesday, 7th March, 2006 at 8.30 p.m.

A reply is requested to:
The Master of the Household,
Buckingham Palace,
London SW1A 1AA.

Evening Dress (White Tie),
Decorations.
Full Ceremonial Evening Dress for
Serving Officers, or National Dress

Guests are asked to arrive at Buckingham Palace between 7.50 and 8.10 p.m.

En queue de pie et cravate blanche, Paulo est reçu par Lula (au centre, la première dame Marisa Letícia et Christina) au palais de Buckingham. Il était en fait l'invité de la reine Elizabeth.

gouvernement brésilien, le président Lula ainsi que sa délégation de soixante-dix membres avaient été dispensés par le protocole britannique du port de l'habit lors de la réception de gala. Quand il lut cette information, Paulo (qui avait sorti de ses tiroirs habit, plastron en soie et cravate blanche) ne sut que faire : la dispense du costume formel pour les Brésiliens le concernait-elle ? Craignant de commettre une gaffe, il préféra envoyer un court e-mail au service du protocole pour demander des instructions :

Je viens de lire que le président Lula a refusé le port de l'habit pour la délégation brésilienne. Je vous en prie, je dois savoir comment je dois procéder – je n'aimerais pas être le seul convive en habit au dîner.

Signée par un fonctionnaire de la Maison royale, la réponse arriva deux jours plus tard, par la même voie, et elle contenait une trahison involontaire : elle révélait que l'écrivain avait été inclus sur la liste des invités, non pas à l'initiative du président Lula, mais du palais de Buckingham :

Sr. Coelho

Sa Majesté la reine Elizabeth II a accepté que le président Lula et les membres du cortège officiel n'aient pas à porter l'habit au banquet d'État. Cela, toutefois, concernera un petit nombre de personnes (moins de 20). Les 170 autres invités seront en tenue de soirée. Ainsi, je peux vous assurer que vous ne serez pas la seule personne en tenue de soirée. La reine attend de ses invités qu'ils portent la tenue de soirée, et vous êtes officiellement un invité de Sa Majesté la Reine, et pas du président Lula.

Lula, apparemment, ne sut jamais rien de la gaffe de l'Itamaraty envers l'un des Brésiliens les plus connus en Angleterre. À tel point que, la cérémonie terminée, il invita Paulo et Christina pour une rencontre privée avec lui et la première dame Marisa Letícia dans les appartements que le couple occupait à Buckingham, et il n'aborda pas le sujet. Au cours de la conversation informelle qu'ils eurent – Paulo en tenue de soirée et Lula en costume cravate –, le président apprit une nouvelle qui n'était pas encore parvenue aux journaux : une semaine plus tôt, le mardi du Carnaval, l'écrivain avait mis le point final au roman marquant son entrée chez Planeta Brasil, intitulé *La sorcière de Portobello*.

30

100 millions d'exemplaires vendus

Quelques semaines après avoir remis à ses éditeurs les originaux d'*A Bruxa,* Paulo se préparait pour une nouvelle ordalie. Deux décennies s'étaient passées depuis la lointaine année 1986, où il avait fait le chemin de Saint-Jacques, la première et la plus importante des pénitences imposées par Jean. Les années suivantes, en accord avec Paulo, le mystérieux Maître avait prescrit régulièrement de nouvelles épreuves. L'écrivain avoue en avoir accompli au moins une, moins par plaisir que par respect de la discipline : l'obligation d'accueillir des disciples auxquels il devrait transmettre la connaissance reçue de Jean et montrer le chemin de l'élévation spirituelle : « J'ai des disciples parce que je suis obligé, mais je m'en fous complètement », déclara-t-il aux journalistes. « Je suis très fainéant et j'ai très peu de patience. » Malgré sa résistance, l'écrivain orienta quatre nouveaux initiés, ainsi que l'exigeait l'ordre religieux de RAM : l'artiste peintre carioca Gilda Breitas, l'administratrice Lizia Medeiros, elle aussi de Rio, le publicitaire du Minas José de Oliveira Soares Filho, connu sous le nom de Maqui, et la coiffeuse espagnole dont il ne connaît que le prénom – Begoña – et dont il s'inspira pour créer Pilar, le personnage féminin du livre *Rio Piedra*.

En plus de parcourir les Chemins, nom donné par les membres de l'ordre aux pèlerinages, il a été depuis lors soumis par Jean à de constantes ordalies. Certaines n'exigeaient ni force de volonté ni résistance physique, comme prier au moins une fois par jour les mains placées sous un jet d'eau courante, qui pouvait venir d'un robinet ou d'un ruisseau. Paulo reconnaît cependant avoir reçu de Jean des tâches difficiles à accomplir, il devait par exemple se soumettre au vœu de chasteté pendant sept mois – période au cours de laquelle même la masturbation était interdite. Malgré la privation, l'écrivain évoque avec bonne humeur cette expérience, qui a eu lieu à la fin des années 1980. « J'ai découvert que l'abstinence sexuelle s'accompagnait d'une grande tentation », se souvient-il. « Le pénitent a l'impression que toutes les femmes le désirent. Ou plutôt, pas toutes, seulement les très jolies. » Certaines épreuves s'apparentaient à des rituels d'autoflagellation. Pendant trois mois, par exemple, Paulo se vit obligé de marcher une heure par jour, pieds nus et sans chemise, à travers un terrain broussailleux fermé jusqu'à ce que sa poitrine et ses bras soient lacérés par les épines, et la plante de ses pieds blessée par les pierres. À côté de ces sacrifices, les jeûnes de trois jours, ou l'obligation d'observer tous les jours un arbre pendant cinq minutes, plusieurs mois de suite, étaient affrontés sans effort majeur.

Comme certaines des précédentes, la tâche que Jean transmit à son disciple en avril 2006 aurait pu sembler sans queue ni tête à un non-initié. L'heure était venue de faire le « Chemin extérieur de Jérusalem », ce qui signifiait passer quatre mois (ou, ainsi que préfèrent les initiés, « trois mois plus un ») sans mettre les pieds dans les deux maisons où il vit – celle de Saint-Martin, en France, et l'appartement de Copacabana, à Rio de Janeiro. Voilà : il lui faudrait passer les cent vingt jours suivants à errer par le monde. Dans les endroits qu'il voulait, du moment qu'il n'entrait dans aucune de ses maisons. Dans son cas, cela signifiait passer tout ce temps dans des hôtels. Quelqu'un qui n'aurait pas eu d'argent pour cette extravagance n'aurait-il pu être admis dans l'ordre ? Paulo avait été saisi de ce doute vingt ans plus tôt, à la veille de réaliser le chemin de Saint-Jacques, et il raconte que Jean lui fit une réponse encourageante :

« Voyager n'est pas toujours une question d'argent, mais de courage. Tu as passé une grande partie de ta vie à courir le monde en hippie. Quel argent avais-tu alors ? Aucun. Tu avais à peine de quoi payer le billet, et pourtant je crois que ce furent quelques-unes des meilleures années de ta vie – tu mangeais mal, tu dormais dans des gares ferroviaires, incapable de communiquer à cause de la langue, obligé de dépendre des autres même pour trouver un abri où passer la nuit. »

Si le nouveau chemin de Jérusalem était inévitable, le remède consistait à se détendre et en profiter. Les premières semaines furent consacrées à s'acquitter d'une petite partie des engagements qui s'alignaient sur l'agenda de Sant Jordi, entre autres la Foire du livre de Londres, une des plus importantes d'Europe. Lorsqu'il y rencontra par hasard le patron de la maison d'édition Sophia, Yuri Smirnoff, responsable de publication de ses livres en Russie, Paulo lui raconta qu'il était au milieu d'un pèlerinage particulier et que ce serait peut-être l'occasion de réaliser un vieux rêve – prendre le Transsibérien, la ligne légendaire qui, s'étendant sur 9 289 kilomètres, traverse 75 % du territoire de la Russie, de Moscou à Vladivostok, la plus grande ville de Sibérie. Quelques semaines plus tard, l'écrivain recevrait un coup de téléphone tandis qu'il conduisait sur les routes de la Catalogne, au nord de l'Espagne. C'était Smirnoff qui l'appelait pour dire qu'il avait décidé de réaliser son rêve et de lui offrir le voyage d'une durée de quinze jours sur l'une des plus longues voies ferrées du monde.

Comme n'importe qui l'aurait pensé, Paulo imaginait que le cadeau se résumait à une cabine dans le train. Quelle ne fut pas sa surprise en arrivant à Moscou, le 15 mai, date fixée pour l'embarquement, quand il découvrit que Smirnoff avait décidé de transformer le voyage en un luxueux happening. L'éditeur avait simplement loué deux wagons entiers, l'écrivain voyagerait dans le premier, installé dans une suite et, dans les deux compartiments restants, Smirnoff, son épouse, et Eva, lectrice et admiratrice de Paulo qui travaillerait comme interprète les quinze jours suivants. En plus, pour assurer l'intendance pendant le voyage, étaient à la disposition de l'auteur un chef de cuisine, deux cuisiniers, un serveur et deux poids lourds détachés par le gouvernement russe pour veiller sur la sécurité de l'invité d'honneur. Le second wagon affrété serait occupé par trente journalistes russes et d'autres pays européens qui avaient été invités pour accompagner l'écrivain. Parmi eux se trouvaient les équipes d'Ort TV, la principale chaîne russe de télévision, et du programme dominical *Fantástico*, de la TV Globo brésilienne (pour envoyer et entretenir pendant deux semaines en Russie la reporter Glória Maria et le cameraman Ronaldo Cordeiro, Globo dépensa 30 000 dollars). Les comptes faits finement, cette gentillesse avait coûté à Smirnoff environ 200 000 dollars (ou environ 360 000 reals), mais elle se révélerait un très mauvais investissement : quelques mois plus tard, l'auteur quitterait Sophia pour une nouvelle maison d'édition, Astrel.

Ce serait une quinzaine de jours épuisante, à cause de la distance parcourue, mais aussi de l'assaut incontrôlable des lecteurs. Le marathon commença par un blitzkrieg à Moscou, où se répéterait l'agitation qui avait eu lieu à Prague, à Budapest, au Caire et dans tant d'autres villes : billets insuffisants pour tous les présents, division du public en files des avec-billet et des sans-billet, distribution d'eau minérale pour calmer les plus impatients. Et ce serait comme cela tout au long du voyage : à chaque arrêt du train, les plateformes étaient prises d'assaut par des centaines et des centaines de lecteurs en quête d'un autographe, d'un serrement de main, d'un mot. D'après les scènes montrées par Globo dans une série de huit émissions dominicales, à tous les arrêts il y avait des foules qui attendaient l'écrivain – ce fut le cas dans les villes d'Ekaterinbourg, de Perm, de Novossibirsk et de Vladivostok. Après avoir traversé les provinces de l'Extrême-Orient russe, le long des frontières de la Mongolie et de la Chine – un trajet sur lequel on change de fuseau horaire huit fois –, le groupe arriva enfin le 30 mai à Vladivostok, sur le littoral de la mer du Japon.

De là, Paulo prit un avion pour retourner à Moscou et le 1er juin il était reçu en audience par le président Vladimir Poutine à la résidence officielle d'été de Novo-Ogaryovo, à une demi-heure de voiture de la place Rouge. « Ce que vous écrivez et la façon dont vous le faites parlent directement au cœur du peuple russe »; déclara en le saluant un Poutine souriant, sous les lumières des flashs et des projecteurs. « Brésiliens et Russes ont beaucoup en commun malgré la distance qui sépare les deux pays », répondit l'écrivain, « et j'ai été ému de rencontrer une Russie forte et optimiste. » L'inoubliable voyage était terminé. Le 9 juin, il débarquait à Munich, en Allemagne, où Christina l'attendait, à temps pour assister avec elle au München Stadium à l'ouverture de la Coupe du monde de football 2006, où le pays hôte vainquit le Costa Rica par 4 à 2.

Dans les interviews qu'il avait accordées au long du Transsibérien, Paulo avait exprimé clairement que, malgré les conforts dont il jouissait, ça n'avait pas été un voyage touristique. « Ce n'est pas seulement un voyage en train », insista-t-il plusieurs fois, « mais un voyage spirituel dans l'espace et dans le temps pour accomplir un pèlerinage imposé par mon Maître. » Ce qui retenait l'attention, après tant d'années de présence constante dans les journaux et magazines de toute la planète, c'était qu'aucun journaliste n'ait jamais réussi à obtenir la véritable identité du mystérieux personnage à qui il devait tant. Dès mois après que fut terminée la Coupe du monde en Allemagne, gagnée par la sélection italienne, quelqu'un qui se présenta simplement

Voyage en Transsibérien : avec le président Poutine, dédicaçant ses livres au cœur du grand froid de Russie et avec un garde.

comme « lecteur de Paulo Coelho » envoya au site ouvert sur le Web pour collecter des informations pour ce livre (http://www.cpc.com.br/paulocoelho/) une photo prise au milieu de la rue d'une ville. Dessus, Paulo apparaît avec un drapeau du Brésil sur le dos, accompagné de Christina et d'une troisième personne. C'est un homme mince, aux cheveux grisonnants, portant un jean usé et un tee-shirt de la sélection brésilienne de football, un téléphone cellulaire accroché au cou. Son identification est rendue difficile par le fait qu'il porte une casquette et des lunettes noires, et que sa main droite couvre partiellement son visage. La photographie était accompagnée d'une courte légende rédigée par l'internaute anonyme : « Cette photo a été prise par moi à Berlin pendant la Coupe du monde 2006. L'homme à casquette est Jean, le Maître de Paulo Coelho dans RAM. » En voyant la photo, l'écrivain réagit d'une façon volontairement vague : « Je ne sais quoi vous dire », brisa-t-il. « Mais si ce n'est pas lui, il lui ressemble beaucoup. »

Deux mois après la fin de la Coupe, les librairies brésiliennes recevaient les 100 000 premiers exemplaires d'*A Bruxa de Portobello,* qui marquait les débuts de l'auteur chez Planeta Brasil. Il s'agissait d'un livre bourré de nouveautés. La première, visible dès le début, est la technique choisie par l'auteur pour raconter les mésaventures d'Athéna, la protagoniste. L'histoire de la jeune fille d'origine tsigane, née en Transylvanie, une région de Roumanie, et abandonnée par sa mère biologique, est racontée par quinze personnages différents. Ce moyen esthétique allait produire l'un des premiers et des plus éloquents éloges de la *Folha de São Paulo* envers son œuvre. « On ne peut nier que ce roman est, en termes littéraires, l'un des plus ambitieux de l'écrivain Paulo Coelho », écrivit Marcelo Pen. Sans échapper aux inévitables coups de pique réservés à ses autres livres, le critique reconnaissait que « cette histoire d'une dirigeante de secte, racontée du point de vue d'une douzaine de personnes, paraît somptueuse ». Le livre

Un lecteur anonyme et curieux tente d'éclaircir le mystère et d'identifier l'homme sur la photo, à droite, comme Maître Jean. Paulo ne confirme ni ne nie : « Si ce n'est pas lui, il lui ressemble beaucoup. »

raconte la trajectoire d'Athéna, enfant adoptive d'un couple de Libanais qui l'emmènent à Beyrouth, d'où la famille est expulsée par la guerre civile qui a frappé le Liban de 1975 à 1990, et s'établit alors à Londres. En Grande-Bretagne, elle grandit, fait des études, se marie et a un enfant. Elle fait une carrière de cadre dans une banque puis se sépare de son mari et se rend en Roumanie pour connaître sa mère biologique. Elle part ensuite pour le golfe Persique, où elle devient un prospère agent immobilier à Dubaï, dans les Émirats arabes. De retour dans la capitale britannique, elle développe et approfondit sa spiritualité au point de se transformer en une prêtresse qui attire des centaines d'adeptes et, au cours de ces activités, devient victime de l'intolérance religieuse.

La seconde nouveauté était de nature technologique. Le livre était mis sur le blog de l'auteur avant que l'édition imprimée arrive dans les librairies du Brésil et du Portugal, et en deux jours seulement la page électronique reçut 29 000 visites, un résultat inattendu pour tous, à commencer par l'auteur. « Ce fut une surprise fantastique, qui a prouvé que l'Internet est devenu un territoire obligé pour que l'écrivain partage son travail avec le lecteur », déclara-t-il aux journaux. À ceux qui redoutaient que l'initiative ne risquât de soustraire des lecteurs aux librairies, il répondait avec des arguments concrets :

« En 1999, j'ai découvert que l'édition d'*O Alquimista* publiée en Russie était disponible sur Internet. Alors j'ai décidé d'affronter le piratage sur son terrain et j'ai commencé moi-même, en première main, à mettre mes livres sur la Toile. Les ventes dans les librairies n'ont pas baissé, elles ont augmenté. »

Comme s'il voulait réaffirmer qu'« affronter le piratage sur son terrain » n'était pas qu'une phrase, le site sur lequel il mit ses livres à disposition sur la Toile (http://piratecoelho.wordpress.com) contient une photo de l'auteur foulard sur la tête et œillère noire – c'est-à-dire comme s'il était un vrai corsaire. Convaincu que l'on ne lit des livres sur l'écran d'un ordinateur que si on n'a pas d'autre choix, et que les imprimer chez soi coûterait plus cher que de les acheter dans les librairies, Paulo se mit à adopter comme norme quelque chose qui ne deviendrait public que deux ans plus tard, en 2008 : mettre tous ses livres sur le réseau mondial d'ordinateurs. « Il est prouvé que si les gens lisent les premiers chapitres sur Internet et que ça leur plaît », assure-t-il, « ils sortiront acheter le livre. »

À la fin de 2006, le Brésil était en pleine campagne pour les élections présidentielles. Les deux concurrents qui avaient obtenu le plus de voix au premier tour, disputé le 1er octobre, étaient le président de la République et candidat à la réélection Luiz Inácio Lula da Silva, du Parti des

Pour contrer les pirates, Paulo apparaît déguisé en corsaire sur son site Internet et met ses livres à la disposition de ses lecteurs.

Travailleurs (PT), avec 46 millions de voix, suivi par l'ex-gouverneur de São Paulo Geraldo Alckim, du Parti de la social-démocratie brésilienne (PSDB), qui avait reçu 39 millions de voix. Quelques jours avant le second tour, fixé au 29 octobre, Paulo reçut un appel téléphonique d'un ami brésilien qui soutenait la campagne du PT, avec une question à brûle-pourpoint :

« Pour qui vas-tu voter ? »

L'écrivain avait la réponse sur le bout de la langue :

« Lula.

— Accepterais-tu de déclarer publiquement pour qui tu vas voter ?

— Oui, bien sûr. »

Il ne s'agissait pas d'une nouveauté. Bien qu'il n'eût jamais été militant politique, lors de presque toutes les élections depuis le retour de la démocratie au Brésil, en 1985, Paulo avait tenu à manifester publiquement ses préférences. En 1989, aux premières élections présidentielles libres après vingt ans de dictature, il avait déclaré son vote pour le candidat communiste Roberto Freire au premier tour et, au second, pour le syndicaliste Lula – qui avait finalement été vaincu par Fernando Collor, du petit PRN mais soutenu par d'autres forces politiques. En 1991, l'écrivain serait ovationné plusieurs fois en participant comme conférencier à la première Rencontre nationale du PT, dans la ville de São Bernardo do Campo, dans l'ABC pauliste. Entouré de trotskistes, de staliniens et de léninistes, il fut applaudi même par des politiciens considérés alors comme radicaux comme le député fédéral Luiz Gushiken, qui plus tard deviendrait ministre du président Lula, quand il affirma que « jamais dans l'histoire de l'humanité il n'y a eu une civilisation athée ». En 1994, il soutint le *tucano* [membre du PSDB] Fernando Henrique Cardoso, qui allait battre Lula dans les urnes.

Trois jours après avoir accepté de déclarer son soutien à Lula contre Alckmin, l'écrivain recevait chez lui à Saint-Martin une équipe de télévision de la campagne du PT pour enregistrer un témoignage d'une durée de trente secondes. Avec pour fond un champ de blé doré, Paulo avait saisi l'occasion de l'anniversaire de Lula pour préparer son discours :

Président Lula,

Tout d'abord, joyeux anniversaire. Nous le fêterons ensemble dimanche par une victoire. Une victoire du peuple, une victoire du pays, une victoire de la démocratie. Pendant ces quatre ans le Brésil a traversé des épreuves nécessaires et il en est sorti renforcé. Le peuple l'a parfaitement compris et ce dimanche nous voterons tous de nouveau pour encore quatre ans de foi, d'espoir et de réalisations dans notre Brésil.

Pour la direction de la campagne de Lula, recevoir l'appui de l'écrivain le plus populaire du Brésil, cela signifiait un tir violent contre l'adversaire. Bien que les sondages indiquassent que la réélection du président était quasi assurée, les deux candidats d'expérience savaient qu'il n'est pas rare que l'opinion de l'électorat change radicalement les derniers jours ou même dans les dernières heures, égratignant très souvent la réputation des instituts de sondages.

Aussi, le petit film contenant le soutien de Paulo fut gardé secret pour fermer d'une clé d'or la campagne présidentielle. Il était 8 h 20 le soir du 27 octobre quand l'image de l'écrivain, transmise sur le réseau national, mit fin officiellement à la campagne électorale gratuite à la télévision. À Saint-Martin, où il se trouvait, il était minuit vingt. Il venait de regarder un film à la télévision et avant de se coucher il décida de jeter un coup d'œil sur sa boîte aux lettres électronique. À sa surprise, dans les dernières minutes – c'est-à-dire immédiatement après son apparition à la télé – des dizaines d'e-mails de lecteurs lui avaient été adressés de tous les coins du Brésil, contenant des commentaires sur son soutien à Lula. Sur dix messages, un seul contenait des compliments pour son geste. Les neuf restants condamnaient de façon véhémente et indignée ce que les gens venaient de voir. Instinctivement, l'écrivain commença à leur répondre un par un, expliquant les raisons qui l'avaient poussé à prendre position pour Lula dans ces élections. Une demi-heure plus tard, cependant, il comprit qu'il ne parviendrait pas à suivre le rythme d'arrivée des nouveaux messages qui, par centaines, menaçaient d'engorger son ordinateur. La proportion restait la même : un message d'éloge, neuf de réprobation. Les deux semaines suivantes arriveraient plus de 10 000 e-mails, dont 90 % de protestation, qui reçurent de sa part une réponse-circulaire.

Sans donner de publicité à cette tentative de mutinerie de ses lecteurs, Paulo aurait l'occasion d'être témoin, une fois de plus, de ce que ses amis ont considéré comme une preuve que l'ingratitude n'a pas d'idéologie. Du bénéficiaire de l'appui qui lui avait coûté tellement d'ennuis, il ne reçut jamais un coup de téléphone, une carte ou un e-mail. Au contraire. En novembre 2007, le palais du Planalto annonça que Lula irait visiter Pavãozinho, une favela où vivent 20 000 personnes entre les plages d'Ipanema et de Copacabana. Le président allait y prendre un marteau-piqueur pour initier les travaux de construction d'ascenseurs, de téléphériques et d'améliorations dans l'infrastructure locale. Le court trajet que le président parcourrait à pied passait devant la porte de l'enfant chéri de l'écrivain, une institution appelée Solar Meninos da Luz. Depuis 1998, le Solar, qui offre une éducation complète gratuite à 430 enfants de la favela dans le besoin, est partiellement entretenu par les contributions annuelles de 400 000 dollars (720 000 reals) faites par l'Institut Paulo-Coelho, une organisation sans but lucratif, financée intégralement par les royalties de l'auteur et administrée par la très fidèle Belina Antunes, mère de son agent Mônica. Sporadiquement, Paulo fait au Solar de grasses contributions provenant d'autres de ses activités – comme le cachet qu'il reçut pour participer à la novela *Eterna Magia*, présentée par Globo. Bien qu'il fût passé à quelques mètres du Solar, le président de la République ne pensa pas à donner un bref coup d'œil dans cette oasis qui avait formé des centaines d'enfants.

Les énergies de l'écrivain, cependant, étaient tournées dans une autre direction. Depuis la mi-2006, non seulement Paulo, mais aussi Mônica et Chris, et certains de ses plus proches éditeurs, espéraient ardemment en silence que le chiffre de 100 millions de livres vendus serait atteint aux environs du 19 mars de l'année suivante, le jour de saint Joseph, quand l'écrivain fêterait son soixantième anniversaire, mais finalement cela n'arriva pas. Son 100 000 000e livre ne serait commercialisé que cinq mois après la date prévue, en août, le mois où il aurait de fait 60 ans. Bien qu'il eût déclaré aux journaux qu'atteindre 60 ans, cela avait la même importance qu'en avoir 35 ou 47, en février l'écrivain décida qu'il irait célébrer la Saint-Joseph à l'hôtel El Peregrino, à Puente la Reina, petite ville espagnole à vingt kilomètres de Pampelune, au milieu du chemin de Saint-Jacques. Le jour même, il posta sur son blog une « offre de bienvenue » aux dix premiers lecteurs qui répondraient. Quand les messages commencèrent à arriver dans son ordinateur – provenant de lieux aussi lointains que le Brésil, le Japon, l'Angleterre, le Venezuela et le Qatar –, Paulo craignit que les internautes n'aient compris que l'invitation incluait billets d'avion et hébergement, et il s'empressa de clarifier ce dont il s'agissait réellement. À sa surprise, ils étaient tous conscients de la signification réelle de sa note sur le blog et disposés à assumer les frais. Le 29 se trouvaient là cinq Espagnols (Luis Miguel, Clara, Rosa, Loli et Ramón), une Grecque (Chrissa), un Anglais (Alex), une Vénézuélienne (Marian), une Japonaise (Heiko) et une Américaine résidant en Irak (Nika). En plus, on pouvait reconnaître des personnalités comme l'ex-champion de football Raí ou de vieux amis comme Nelson Liano Jr., auteur avec lui du livre *Manual do Vampirismo*. Présente aussi à la fête, la journaliste américaine Dana Goodyear décrirait Liano, dans un reportage publié dans le magazine *New Yorker,* comme « un chaman venant d'arriver d'Amazonie ». Sur son blog, Liano résuma en quelques lignes l'atmosphère qui régnait à l'El Peregrino :

Ce fut une célébration en l'honneur de saint Joseph dans quatre langues. Paulo a adopté la journée du Saint du Travail pour fêter son anniversaire, suivant une ancienne tradition chrétienne espagnole. Pendant que la fête se déroulait, une chute de neige rendait le chemin de Saint-Jacques complètement blanc. Salsa, musiques régionales françaises, boléro, tango, samba et les inoubliables succès de Raul Seixas avec Paulo Coelho ont donné le ton panmusical de la célébration arrosée du meilleur vin de Rioja.

Cinq mois plus tard, à l'approche de la vraie date de son anniversaire, l'équipe dirigée par Mônica à Sant Jordi travaillait à toute vapeur à la préparation d'un élégant dossier de quarante pages imprimé en anglais en quadrichromie et sur papier couché, sur la couverture duquel on pouvait voir, au-dessus d'une photo de l'auteur arborant un sourire lumineux, un titre qui n'avait pas besoin d'adjectifs : « PAULO COELHO – 100 000 000 DE COPIES ». L'urgence était due au fait que la brochure devait être rendue publique la première semaine de septembre, pendant la Foire du livre de Francfort. Avec une présentation signée par Daniel Keel, patron de Diogenes, la maison d'édition des livres de Paulo en Allemagne, le texte commémoratif résumait la trajectoire de l'auteur depuis que, vingt ans auparavant, il avait publié son premier livre important, *Le pèlerin de Compostelle.* Dans les pages suivantes, il dénombrait les 31 des 63 prix (aucun brésilien) et décorations (seulement deux accordées par le Brésil) que l'auteur ou ses livres avaient reçus, et il inventoriait les 160 pays dans lesquels son œuvre avait été traduite.

Le 24 août, tandis que Sant Jordi s'agitait pour préparer le matériel à temps pour le distribuer à l'ouverture de la Foire, celui dont c'était l'anniversaire, comme d'habitude, se consacrait à la réflexion et au recueillement spirituel. Quelqu'un qui serait passé à 3 heures de l'après-midi par les petites routes de terre étroites et ensoleillées de la commune de Barbazan-Débat, à dix kilomètres de Saint-Martin, n'aurait peut-être même pas remarqué la présence de cet homme aux cheveux blancs rasés, queue-de-cheval sur la nuque. En tennis, tee-shirt et bermuda, Paulo venait de quitter l'intérieur de la petite chapelle de la Piéta – la Madone qui tient dans ses bras l'étrange Enfant Jésus barbu –, il s'était assis sur un banc de bois et, prenant appui sur ses genoux, il avait commencé à écrire quelques lignes sur les pages d'un bloc. Les rares touristes qui passaient par là en voiture auraient eu du mal à reconnaître dans cette figure à l'air fragile et d'apparence monastique l'écrivain courtisé par des rois, des émirs et des stars d'Hollywood et acclamé par ses lecteurs dans tous les endroits de la planète où il posait les pieds. Christina, qui l'observait de loin, s'était approchée de lui, curieuse de savoir ce que son mari écrivait.

« Une lettre, répondit-il sans lever les yeux.

— Pour qui ? insista-t-elle.

— Pour l'auteur de ma biographie. »

Postée quelques heures plus tard à la poste conventionnelle de Saint-Martin, la lettre, transcrite intégralement ci-dessous, mettrait sept interminables jours – une durée inadmissible pour un écrivain cybernétique comme Paulo – pour arriver à son destinataire à São Paulo.

Barbazan-Débat, 24 août 2007

Cher Fernando,

Je suis assis ici devant cette petite chapelle, et je viens de répéter le rituel habituel : allumer trois cierges pour la Vierge de la Piétat. La première pour lui demander de me protéger, la deuxième à l'intention de mes lecteurs et la troisième pour demander que mon travail puisse continuer avec dignité et sans découragement. Il fait soleil, mais ce n'est pas un été insupportable. Il n'y a personne en vue, sauf ma femme, qui regarde les montagnes, les arbres et les roses que les moines ont plantées, en attendant que je termine cette lettre.

Nous sommes venus à pied – dix kilomètres en deux heures, ce qui est raisonnable. Nous devrons rentrer en marchant, et je viens de me rendre compte que j'avais oublié de

À la fête de Saint-Joseph en Espagne : l'écrivain avec Christina ; Mônica Antunes avec Márcia Nascimento, présidente du fan-club de Paulo Coelho ; et l'auteur avec un joueur de football, Raí, et la journaliste Dana Goodyear, du *New Yorker*.

prendre assez d'eau. Tant pis ; à certains moments la vie ne te donne pas d'autre choix, et je ne peux pas rester assis ici pour toujours. Mes rêves m'attendent, les rêves donnent du travail, et je dois rentrer à la maison, même assoiffé.

Aujourd'hui j'ai 60 ans. Mon projet était de faire ce que je fais toujours, et c'est ce qui s'est passé. Hier à 23 h 15 je suis allé à Lourdes, pour passer le 24 à 0 h 05, l'heure où je suis né, devant la grotte de Notre Dame, remercier pour ce que j'ai vécu jusqu'à présent, et demander protection pour l'avenir. Ce fut un moment très fort, mais pendant que je conduisais pour retourner à Saint-Martin je me suis senti très seul. Je l'ai dit à ma femme. « Mais c'est toi qui l'as choisi ! », m'a-t-elle répondu. Oui, j'avais choisi, mais j'ai commencé à être mal à l'aise. Nous étions tous les deux seuls sur cette immense planète.

J'ai allumé mon téléphone mobile. Immédiatement il a sonné – c'était Mônica, mon agent et amie. Je suis arrivé chez moi et d'autres messages m'attendaient. Je suis allé me coucher content, et le lendemain j'ai constaté que je n'avais pas la moindre raison de sentir l'oppression de la veille. Des fleurs, des cadeaux, et cetera *ont commencé à arriver. Des membres de communautés sur Internet avaient fait des choses extraordinaires en se servant de mes images et de mes textes. Tout avait été organisé, dans la plupart des cas, par des gens que je n'ai jamais vus de ma vie – à l'exception de Márcia Nascimento, qui fait un travail magique, et qui me donne la joie de dire : je suis un écrivain qui a un fan-club (dont elle est la présidente mondiale) !*

Pourquoi je t'écris ? Parce que aujourd'hui, contrairement aux autres jours, j'ai une immense envie de me tourner vers le passé. Avec des yeux qui ne sont pas les miens, mais ceux de celui qui a eu accès à mes journaux, à mes amis, à mes ennemis, à toutes les personnes qui ont fait partie de ma trajectoire. J'aimerais beaucoup lire ma biographie maintenant, mais à ce que je vois je vais devoir attendre encore.

Je ne sais pas quelle sera ma réaction en lisant ce qui y sera écrit. Mais dans la chapelle qui en ce moment se trouve devant mon champ de vision, une phrase est écrite : « Vous connaîtrez la vérité, et la liberté vous libérera. » La vérité est un mot compliqué, après tout, en son nom beaucoup de crimes religieux ont été commis, beaucoup de guerres ont été déclarées, beaucoup de gens ont été bannis par ceux qui se disent justes. Mais une chose est certaine : quand la vérité est libératrice, il n'y a rien à craindre. Et, au fond, c'est pour cette raison que j'ai accepté que ma biographie soit écrite : pour que je puisse découvrir une autre face de moi-même. Et cela me fera me sentir plus libre.

Un avion passe dans le ciel, le nouvel Airbus 380, qui n'a pas encore été commercialisé et est en phase de test près d'ici. Je le contemple et je pense : combien de temps faudra-t-il pour que cette nouvelle merveille de la technologie devienne obsolète ? Évidemment l'idée suivante est : combien de temps faudra-t-il pour que mes livres soient oubliés ? Mieux vaut écarter cela de ma tête – je ne les ai pas écrits en pensant à l'éternité. Je les ai écrits pour découvrir ce qui sûrement, vu ta formation de journaliste et tes convictions marxistes, ne sera pas dans ton livre : mes recoins secrets, parfois obscurs, parfois lumineux, que j'ai connus seulement quand je les ai mis sur le papier.

Comme tout écrivain, j'ai toujours caressé l'idée d'une autobiographie. Mais il est impossible d'écrire sur soi-même sans finir par justifier ses erreurs et mettre en valeur ses actions raisonnables – cela fait partie de la nature humaine. D'où le fait que l'idée de ton livre a été acceptée si rapidement, même si je sais que je cours le risque de voir révélées des choses qui, à mon avis, ne sont pas nécessaires. Parce que, si elles font partie de ma vie, elles doivent voir la lumière du jour. D'où ma décision, qu'à de nombreuses reprises au long de ces trois ans j'ai regrettée, d'ouvrir les journaux que j'écris depuis mon adolescence.

Même si je ne me reconnais pas dans ton livre, je sais que là se trouve une part de moi. Pendant que tu m'interviewais, et que j'étais obligé de revoir certaines parties de ma vie, je pensais toujours : quel serait mon destin si je n'avais pas vécu les choses que j'ai vécues ?

Ce n'est pas la peine d'entrer dans ces abstractions maintenant : Chris dit que nous devons rentrer à la maison, nous avons encore deux heures de chemin, et le soleil est de plus en plus fort, la campagne est sèche. Je lui demande encore cinq minutes pour terminer. Qui serai-je, dans ta biographie ? Bien que je ne l'aie pas lue, je connais la réponse : je serai les personnes qui ont croisé mon chemin. Je serai la personne qui a tendu la main, confiant de savoir qu'il y avait une autre main attendant de me soutenir dans les moments difficiles.

J'existe parce que j'ai des amis. J'ai survécu parce qu'ils étaient sur mon chemin. Ils m'ont appris à donner ce que j'avais de meilleur, même si à certains moments de ma vie je n'ai pas été un bon élève. Mais je crois que j'ai fini par apprendre quelque chose en ce qui concerne la générosité.

Chris insiste, elle dit que les cinq minutes sont passées, mais je lui demande un petit peu plus de temps pour transcrire ici, dans cette lettre, les vers que Khalil Gibran écrivit il y a plus de cent ans. Assurément ils ne doivent pas être dans le bon ordre, parce que je les ai appris par cœur il y a très longtemps, une nuit triste, sombre, pendant que j'écoutais Simon & Garfunkel sur cet appareil que nous appelions « électrophone », maintenant dépassé (comme le sera un jour l'Airbus 380, et éventuellement mes livres). Ce sont des vers qui parlent justement de l'importance du don :

« C'est lorsque vous donnez de vous-même que vous donnez réellement. Et le moment sera toujours le jour d'aujourd'hui, et pas le temps de vos héritiers.

« Les gens disent : je donnerai à ceux qui le méritent. Mais ce n'est pas ce que disent les arbres. Ils donnent pour pouvoir continuer à vivre, car retenir, c'est périr.

« Alors, ne vous croyez pas des personnes généreuses au moment de partager quelque chose. En vérité, c'est la vie qui divise et partage tout, et les êtres humains ne sont rien d'autre que les témoins de leur propre existence. »

Je vais me lever maintenant et rentrer chez moi en marchant. Témoin de ma propre existence, c'est ce que j'ai été durant tous les jours de ces 60 ans que j'atteins aujourd'hui.

Que l'Enfant Jésus barbu te bénisse.

Paulo

Quand fut mis un point final à cette biographie, en février 2008, l'A380 était en opération commerciale. Vu la vitesse à laquelle la technologie devient obsolète, le plus probable est que le géant fabriqué par Airbus sera dépassé avant que disparaissent les centaines de millions d'exemplaires de livres de Paulo Coelho et, surtout, les profondes marques qu'ils ont laissées, en dépit de l'opinion des critiques littéraires, chez les lecteurs répandus aux confins les plus reculés de la planète.

FIN

L'affiche commémorative d'un exploit rarissime.

Paulo Coelho en chiffres

Livres publiés

Teatro na educação (1973), *Arquivos do inferno* (1982), *Manual prático do vampirismo* (1985), *Le pèlerin de Compostelle* (1987), *O alquimista* (1988), *Brida* (1990), *O dom supremo* (1991), *As Valkírias* (1992), *Na margem do Rio Piedra eu sentei e chorei* (1994), *Maktub* (1994), *O monte cinco* (1996), *Manual do guerreiro da luz* (1997), *Cartas de amor do profeta* (1997), *Veronika decide morrer* (1998), *Palavras essenciais* (1999), *O demônio e a srta. Prym* (2000), *Histórias para pais, filhos e netos* (2001), *Onze Minutes* (2003), *O gênio e as rosas* (2004), *Le Zahir* (2005), *Ser como o rio que flui* (2006) et *A bruxa de Portobello* (2006).

Si l'on exclut les éditions pirates, cent millions d'exemplaires de ses livres ont été vendus dans 455 traductions, publiées dans 71 langues.

Afrique du Sud, Albanie, Allemagne, Argentine, Arménie, Autriche, Bolivie, Bosnie-Herzégovine, Brésil, Bulgarie, Canada, Chili, Chine, Colombie, Corée du Sud, Costa Rica, Croatie, Égypte, Émirats arabes unis, Équateur, Espagne, Estonie, Finlande, France, Géorgie, Grèce, Guatemala, Honduras, Hongrie, Inde, Indonésie, Islande, Italie, Japon,

Lituanie, Mexique, Nicaragua, Norvège, Oman, Pays-Bas, Panamá, Pérou, Pologne, Porto Rico, Portugal, Royaume-Uni, République dominicaine, république d'Irlande, République tchèque, Roumanie, Russie, Salvador, Serbie, Slovaquie, Slovénie, Suède, Suisse, Taiwan, Ukraine et Venezuela.

Principaux prix et décorations

« Golden Book » – Yougoslavie – 95, 96, 97, 98, 99 et 2000

« Grand Prix littéraire *Elle* » – France 1995

« Guinness Book – Le livre des records » – Brésil – 1995/1996

« Chevalier des Arts et Lettres » – France – 1996

« Flaiano Internacional Award » – Italie – 1996

« Super Grinzane Cavour Book Award » – Italie – 1996

« Golden Book » – France – 1996

Finaliste pour « The International IMPAC Literary Award » – république d'Irlande – 1997

« Protector de Honor » – Espagne – 1997

Contribution au « 17e Istanbul book » – Turquie – 1998

« Commandeur de l'ordre du Rio Branco » – Brésil – 1998

« Fluctuat Nec Mergitur » – France – 1998

« Médaille de la Ville de Paris » – France – 1998

« Fiera del libro per i ragazzi » – Bologne, Italie – 1998

« Crystal Mirror Award » – Pologne – 1999

« Chevalier de l'ordre national de la Légion d'honneur » – France – 1999

« Libro de platina » – 300 000 exemplaires vendus d'*El Alquimista* – Argentine – 1999

« Libro de oro » – 100 000 exemplaires vendus du *Guerreiro da luz* – Argentine – 1999

« Cristal Award » – Forum économique mondial – Suisse – 1999

« Golden Medal of Galícia » – Espagne – 1999

« Huésped Distinguido de la Ciudad de Nuestra Señora de la Paz » – Bolivie – 1999

« Prix Guerrero de la Luz » – Mexique – 2001

« Bambi 2001 Award » – Allemagne – 2001

« Ville de Tarbes » – France – 2001

« Prêmio Internazionale Fregene » – Italie – 2001

« Ville d'Orthez » – Pyrénées-Atlantiques – France – 2002

« Planetary Conciousness Literature Prize » – France – 2002

« Miembro de Honor » – Bolivie – 2002

« Best Fiction Corine Internacional Award » – Allemagne – 2002

« Planetary Arts » – Allemagne – 2002

« Officier des Arts et Lettres » – France – 2003

« Golden Best Seller Prize (Vecernje Novosti) » – Serbie – 2004

« Décoration de la Foire de Lviv » – Ukraine – 2004

« Nielsen Gold Book Award » – Angleterre – 2004

« Ordre de Sainte Sophie » – Contribution pour la science et la culture – Ukraine – 2004

« Ordre d'honneur de l'Ukraine » – Ukraine – 2004

« Prix littéraire latin » – *Onze Minutes,* meilleur livre 2004 – USA – 2004

« Officier des Arts et Lettres » – Grande-Bretagne – 2004

« Special Literary Award Giovanni Verga » – Italie – 2004

« Ex Libris Award » pour *Onze Minutes* – Serbie – 2004

« DirectGroup International Author Award » – Allemagne – 2005

« Goldene Feder Award » – Allemagne – 2005

« The Budapest Prize » – Hongrie – 2005

« Las Pergolas Prize 2006 » – Association de libraires du Mexique – Mexique – 2006

« Platin Book Award » pour *Le Zahir* – Autriche – 2006

« I Premio Álava en el Corazón » – Espagne – 2006

« Cruz do Mérito do Empreendedor Jacqueline Kubitschek » – Brésil – 2006

« Wilbur Award » – Religion Communicators Council – USA – 2006

« Kiklop Literary Award » pour *Le Zahir* « Hit of the Year » – Croatie – 2006

« Empik's Ace » pour *A Bruxa de Portobello* – Pologne – 2007

« Distinction of Honour – Hans Christian Andersen Award » – Odense, Danemark – 2007

Articles hebdomadaires de l'auteur publiés sur 109 supports de presse de 61 pays

Afrique du Sud, Albanie, Allemagne, Argentine, Arménie, Autriche, Bolivie, Bosnie-Herzégovine, Brésil, Bulgarie, Canada, Chili, Chine, Colombie, Corée du Sud, Costa Rica, Croatie, Égypte, Émirats arabes unis, Équateur, Espagne, Estonie, Finlande, France, Géorgie, Grèce, Guatemala, Honduras, Hongrie, Inde, Indonésie, Islande, Italie, Japon, Lituanie, Mexique, Nicaragua, Norvège, Oman, Pays-Bas, Panamá, Pérou, Pologne, Porto Rico, Portugal, Royaume-Uni, république d'Irlande, République dominicaine, République tchèque, Roumanie, Russie, Salvador, Serbie, Slovaquie, Slovénie, Suède, Suisse, Taiwan, Ukraine et Venezuela.

Cinéma

Les droits cinématographiques de quatre de ses livres ont été négociés avec les studios américains suivants :

O Alquimista (Warner Brothers)

O Monte Cinco (Capistrano Productions)

Onze Minutes (Hollywood Gang Productions)

Veronika decide morrer (Muse Productions)

Internet

En plus du site www.paulocoelho.com, disponible dans 16 langues, l'auteur tient le blog www.paulocoelho-blog.com et la page www.myspace.com/paulocoelho sur Myspace.

INTERVIEWÉS

Acácio Paz
Afonso Galvão
Alan Clarke
Amapola Rios
André Midani
Andréa Cals
Antonio Carlos « Kakiko » Dias
Antonio Carlos Austregésilo de Athayde
Antonio Cláudio de Lima Vieira
Antônio Ovídio Clement Fajardo
Antônio Walter Sena Jr. (« Toninho Buda »)
Arash Hejazi
Ariovaldo Bonas
Arnaldo Niskier
Arnold Bruver Júnior
Artur da Távola
Basia Stepian
Beatriz Vallandro
Cecília Bolocco
Cecília McDowell
Chico Castro Silva
Christina Oiticica
Cristina Lacerda
Darc Costa
Eduardo Jardim de Moraes

Elide « Dedê » Conte
Ernesto Emanuele Mandarino
Eugênio Mohallen
Fabíola Fracarolli
Fernando Bicudo
Frédéric Begbeder
Frédéric Morel
Geneviève Phalipou
Gilles Haeri
Glória Albues
Guy Jorge Ruffier
Hélio Campos Mello
Henrique Caban
Hildebrando Góes Filho
Hildegard Angel
Ilma Fontes
Índio do Brasil Lemes
Isabela Maltarolli
Ivan Junqueira
Jerry Adriani
Joel Macedo
Jorge Luiz Costa Ramos
Jorge Mourão
José Antonio « Pepe » Domingues
José Antonio Mendonça Neto
José Mário Pereira
José Reinaldo Rios de Magalhães
José Wilker
Julles Haeri
Kika Seixas
Leda Vieira de Azevedo
Lizia Azevedo
Marcelo Nova
Márcia Faria Lima
Márcia Nascimento
Marcos Medeiros Bastos

Marcos Mutti
Marcos Paraguassu Arruda Câmara
Maria Cecília Duarte Arraes de Alencar
Maria Eugênia Stein
Marie-Christine Espagnac
Marilu Carvalho
Mário Sabino
Maristela Bairros
Maurício Mandarino
Michele Conte
Milton Temer
Mônica Antunes
Nelly Canellas Branco
Nelson Liano Jr.
Nelson Motta
Orietta Paz
Patrice Hoffman
Patricia Martín
Paula Braconnot
Paulo Roberto Rocco
Pedro Queima Coelho de Souza
Regina Bilac Pinto
Renato Menescal
Renato Pacca
Ricardo Sabanes
Rita Lee
Roberto Menescal
Rodrigo Meinberg
Rosana Fiengo
Serge Phalipou
Sidney Magal
Silvio Ferraz
Soizik Molkhou
Sonia Maria Coelho de Souza
Stella Paula Costa

Vera Prnjatovic Richter
Zé Rodrix
Zeca Araújo
Zuenir Ventura

Ce livre

Ce livre est né au début de 2005 à l'aéroport Saint-Exupéry, à Lyon, dans le sud de la France, où j'ai vu Paulo Coelho pour la première fois. Habitué par ma profession à accompagner des personnalités et des stars internationales, j'imaginais le trouver entouré de gardes du corps, de secrétaires et d'assistants. À ma surprise, l'homme avec qui je devais passer les trois années suivantes se présenta seul, sac au dos et tirant une petite valise à roulettes. Commençaient là les fouilles qui allaient révéler l'un des personnages les plus singuliers qu'il m'ait été donné de fréquenter.

Après six semaines à ses côtés, je suis retourné au Brésil. Comme toute sa trajectoire se déroule à Rio, je me suis installé dans la capitale fluminense, où j'ai vécu huit mois sur les traces et dans les marques laissées par l'écrivain. J'ai cherché Paulo Coelho dans tous les lieux possibles et j'ai découvert les événements qui avaient laissé tellement de cicatrices dans son histoire. Je l'ai cherché dans les ruelles sombres des bas-fonds de Copacabana, dans les fiches des fous et dans les ruines de l'ancienne Maison de Santé Dr Eiras, dans le monde dangereux des drogues, dans les archives de la répression politique, dans le satanisme, dans les mystérieuses sociétés secrètes, dans son partenariat avec Raul Seixas, dans sa famille et dans sa généalogie. J'ai entendu des amis, des adversaires, j'ai interviewé ses nombreuses ex-femmes et j'ai pu vivre de près avec l'actuelle –

et dernière, il le jure –, l'artiste peintre Christina Oiticica. J'ai enquêté sur sa vie, j'ai retourné son intimité, j'ai farfouillé dans son testament, j'ai examiné les notices de ses médicaments, j'ai lu ses comptes personnels, j'ai fouillé dans ses poches, j'ai cherché les enfants dont j'imaginais qu'ils avaient été engendrés au cours de ses mariages et de ses aventures amoureuses.

J'ai gagné avec lui un pari qui m'a accordé le privilège d'ouvrir et de lire un trésor qu'il avait décidé de destiner à l'incinération : un coffre contenant quarante ans de journaux, un grand nombre sous forme d'enregistrements sur cassette. J'ai passé des semaines enfermé à l'Institut Paulo-Coelho à numériser des documents, des photos, de vieux agendas, des lettres reçues et expédiées. La saison carioca terminée, je l'ai de nouveau accompagné dans ses voyages dans plusieurs coins du monde avec un magnétophone en bandoulière, écoutant sa voix nasillarde, ses commentaires et observant sa curieuse manie de chasser des mouches qui n'existent pas devant ses yeux. J'ai marché avec lui sur le chemin sacré de Saint-Jacques de Compostelle, je l'ai vu ému des manifestations de modestes lecteurs à Oñati, au Pays basque espagnol, et au Caire, en Égypte, et fêté par des hommes en smoking et des femmes en robes longues dans des banquets en son hommage à Paris et à Hambourg.

J'ai rassemblé les morceaux laissés par Paulo Coelho au long de soixante ans, un travail dont le résultat final est ce « Magicien ». Bien que la responsabilité de tout ce qui est écrit ici me revienne exclusivement, je ne peux pas manquer de partager publiquement ce livre avec les dizaines de personnes qui m'ont aidé dans ce marathon. En premier lieu, le vieil ami Wagner Homem. Crack en informatique, il a été invité à organiser la montagne d'informations, de données, d'interviews et de documents accumulés au cours de trois ans de recherches. Il a fini par s'installer chez moi, où pendant dix mois ininterrompus il a non seulement réalisé un travail exemplaire, mais lu, relu, et apporté d'importantes contributions pour améliorer la compréhension du texte final. Ma gratitude va également à deux frères : un putatif, Ricardo Setti – qui depuis « Olga » a été le fidèle gardien de la qualité de mes livres et dont le talent m'a secouru aux heures les plus difficiles – et un vrai, Reinaldo Morais, qui a remué ciel et terre pour que « Le Magicien » arrive enfin à bon port.

En outre, je remercie tous ceux qui ont collaboré généreusement à ce livre. Les dizaines de personnes interviewées et les chercheurs, journalistes, stagiaires et occasionnels qui ont localisé et interviewé les personnages qui donnent vie, couleur et chaleur humaine à cette histoire. Je fais allusion à Adriana Negreiros, Afonso Borges, Aldo Bocchini Neto, Alfonso Molinero, Ana Carolina da Motta, Ana Paula Granello, Antônio Carlos Monteiro de Castro, Armando Antenore, Armando Perigo, l'Association des anciens élèves du collège Santo Inácio, Áurea Soares de Oliveira, Áureo Sato, Beatriz de Medeiros de Souza, Belina Antunes, Carina Gomes, Carlos Augusto Setti, Carlos Heitor Cony, Carlos Lima, Célia Valente, Cláudio Humberto Rosa e Silva, César Polcino Milies, Dasha Balashova, Denis Kuck, Devanir Barbosa Paes, Diego de Souza Martins, Eliane Lobato, Evanise dos Santos, Fernando Eichenberg, Firmeza Ribeiro dos Santos, Francisco Cordeiro, Frédéric Bonomelli, Gabriel Priolli, Gemma Capdevila, Hérica Marmo, Herve Louit, Hugo Carlo Batista Ramos, Ibarê Dantas, Inês Garçoni, Ivan Luiz de Oliveira, Ivone Kassu, Joca do Som, José Antonio Martinuzzo, Juliana Perigo, Klecius Henrique, Leonardo Oiticica, Lourival Sant'Anna, Lúcia Haddad, Luciana Amorim, Luciana Franzolin, Luiz Cordeiro Mergulhão, Lyra Netto, Marcio José Domingues Pacheco, Marcio Valente, Marilia Cajaíba, Mário Magalhães, Mário Prata, Marisilda Valente, Mariza Romero, Marizilda de Castro Figuereido, Miguel Reyes-Múgica, Pascoal Soto, Ricardo Hofstetter, Ricardo Schwab, Roberto Viana, Rodrigo Pereira Freire, Samantha Quadrat,

Silvia Ebens, Talles Rodrigues Alves, Tatiana Marinho, Tatiane Rangel, Véronique Surrel, Vicente Paim et Wilson Moherdaui.

Je remercie, enfin, les deux centaines d'internautes originaires de plus de trente pays qui ont envoyé des données, des documents et des photographies sur le site http://www.cpc.com.br/paulocoelho/, ouvert afin de recevoir des contributions pour la fabrication du « Magicien » – certains d'entre eux ont offert des informations importantes utilisées dans ce livre.

Fernando MORAIS
Ilhabela, mars 2008

Table

Composition
NORD COMPO
Achevé d'imprimer en Espagne
par LITOGRAFIA ROSÉS
le 13 septembre 2010.
Dépôt légal septembre 2010.
EAN 9782290028025

Éditions J'ai lu
87, quai Panhard-et-Levassor, 75013 Paris
Diffusion France et étranger : Flammarion